한국영화 100년사
일제강점기

일러두기

▪ 소개하는 영화들은 필자가 극장 및 비디오나 한국영상자료원의 상영회를 통해 보았던 영화이다. 그 외 현존하지 않는 영화들은 자료를 참고하였다.

▪ 영화명은 한국 개봉명을 기준으로 하였으며, 원제목은 한국 개봉명 뒤에 표기하였다.

▪ 영화명은 〈 〉, 잡지, 신문명은 《 》, 서적명은 『 』, 논문명은 「 」로 표기하였다. 단, 인용문은 원전대로 표기함.

▪ 영화명은 현대어에 맞추어 표기하였으며 일본어 제명 역시 현대어로 번역하여 표기하였다.

한국영화 100년사 일제강점기

안태근 지음

글로벌콘텐츠

일제강점기의 한국영화사는 상흔의 기록이다. 대구한의대의 변정환 설립자는 "일제는 한국인을 속박하기 위해 각종 법령을 만들어 꼼짝달싹 못하게 만들었다."고 증언한다. ㈜동아수출공사 이우석 회장은 일본에서 소학교를 다녔는데, 일본 학생들로부터 "항복하라!"고 강요당하며 집단구타를 당해서 코가 비틀어져 평생을 정신과 및 이비인후과 장애인으로 살고 있다.

피압박민족으로 전락하여 겪은 고통은 이루 말할 수 없는 지경이다. 결국 한국은 1945년 8월 15일 광복을 맞는다. 김수용 감독은 "당시 아무도 독립이라는 것을 생각하지 못했다."며 철저한 일본화 정책을 말한다.

한국의 영화 역사는 일본인에게서 이식되어 발전해왔다. 그것은 영세한 산업으로 시작하여 우리의 정서와 아픔을 소개하며 대중의 호응을 받았고 일시적이나마 대중을 위로했다. 1919년 연쇄극 〈의리적구토〉는 한국영화사의 기점이다. 그리고 1926년 나운규의 〈아리랑〉은 민족영화의 대표작이 되었다. 〈아리랑〉은 온 민족의 환호를 받았고 이 땅에 영화 예술을 꽃 피웠다. 그럴수록 일제의 영화 검열은 강화되었다.

일제의 영화 검열이 강화되자 정기탁과 이경손, 전창근 등 한국 영화인들은 중국 상해로 건너가 영화를 제작했다. 대표적인 영화가 바로 안중근 의사의 일대기를 그린 정기탁 감독의 1928년 작 〈애국혼〉이다. 한국인이 중국에서 만든 최초의 민족영화이자 첫 항일영화로 기록되고 있다.

우리 영화의 초기 자료들은 많이 남아있지 않지만 1934년 작 안종화 감독의 〈청춘의 십자로〉는 원본 필름의 형태로 발굴되어 대중에 공개되었다. 농촌 출신 청년의 새로운 사랑과 생활을 그린 영화 〈청춘의 십자로〉는 국내에서 현존하는 가장 오래된 한국 극영화이다. 이 영화를 통해 무성영화 말기 우리 영화의 형태와 수준을 엿볼 수 있게 되었다.

　1930년 후반, 한국영화계에도 발성영화 시대가 열리게 된다. 1935년 작 〈춘향전〉은 한국 영화 최초의 발성영화인데 일본에서 녹음 기술을 배운 이필우가 녹음을 맡고 그의 동생 이명우가 촬영과 감독을 맡는다. 〈춘향전〉은 당연히 흥행에도 성공을 했다.

　현재 남아있는 가장 오래된 유성영화는 1936년 작 〈미몽〉인데 영화에서는 당시의 사회상을 잘 반영하고 있다. 특히 서구 문물이 들어오면서부터 등장하기 시작한 소위 신여성들을 묘사하는데, 예를 들어 남편과 싸운 후 매달리는 딸을 뿌리치고 백화점에서 비싼 옷을 사 입거나 자유롭게 애인을 사귀는 주인공의 모습은 전통적인 여성상과 거리가 먼 모습을 보여주었다.

　영화가 대중에 미치는 영향을 잘 알고 있는 총독부는 1940년 8월에 조선영화령을 시행했는데 영화의 제작 배급은 물론 전반적인 부분에 걸쳐 허가를 받게 했다. 1940년대 전반기에는 군국주의 어용영화만이 일본어로 제작되면서 일본 제국주의를 찬양하거나 전쟁에 관한 이데올로기를 담은 내용이 주를 이루게 됐다. 〈군용열차〉, 〈지원병〉, 〈병정님〉, 〈망루의 결사대〉, 〈지원병〉, 〈그대와 나〉, 〈국가아래 나는 죽으리〉가 그 영화들이다.

　1944년 작 〈병정님〉에서는 황국 신민으로서 일본에 협력할 것을 노골적으로 선동하는 내용이 담겨있다. 일본인 이마이 다다시가 연출한 1943년 작 〈망루의 결사대〉는 한국인을 강제 동원하여 만든 일제의 군국주의 선전영화이다. 한국 영화계를 완벽하게 장악한 일제는 1942년 한국영화를 통제하기 위한 사단법인 조선영화제작주식회사를 만들어 군국주의 선전영화를 본격적으로 제작한다. 영화제작에 한국 영화인들을 강제로 동원시켰다.

　　이 시기에 사단법인 조선영화주식회사에서 1945년 작 〈사랑과 맹서〉, 1943년 작 〈젊은 모습〉, 〈망루의 결사대〉 등 일본과의 합작영화들이 만들어졌는데 사실상 위장 합작 영화이다. 우리의 민족주의를 말살시키기 위해 한국 영화인들이 이용된 것이다. 이러한 나쁜 관례는 후대에도 이어져 한국영화계에 위장합작의 악습이 되풀이 된다.

　　당시 일본의 가혹한 억압은 한국 영화계의 발전을 저해하는 결정적인 요인으로 작용했지만 많은 영화인의 노력 덕분에 한국영화는 맥을 이었고 후대의 영화 발전에 토대가 된다. 그것은 철저한 민족정신의 발현에서 기인한다. 우리가 잊어서는 안 될 주요 역사가 바로 '상해파 한국영화인'들의 활동이다. 조국을 떠나 타국에서 만들 수밖에 없었던 항일영화 제작의 주역이기 때문이다. 일제강점기를 통틀어 유일한 항일영화 〈애국혼〉이 그들의 열정으로 만들어졌다. 이들의 활동을 우리는 결코 잊어서는 안 된다.

　　또 한 가지 일제강점기 이 땅에서 시작된 위장합작영화의 역사이다. 한국인을 선동하기 위해 일본영화인들이 주축이 되고 한국영화인 및 출연진을 강제동원한 영화들이다. 바로 한국인들을 대상으로 만들었기에 필요했던 꼼수인데 이러한 위장합작영화의 역사는 광복 후에도 계속된다. 이러한 편법은 영화인들의 얄팍한 상혼과 정부의 무책임한 관리 때문이다. 위장합작영화 제작은 일제강점기를 벗어나서도 계속되는데 어떻게 변화되었는지 시기만 다를 뿐 큰 맥락에서의 이해를 위해 함께 소개한다.

　　이 책은 한국영화사에 대한 애정의 기록이다. 한국의 영화 역사 100년을 추적하는 『한국영화 100년사』가 첫 발간된 2013년 이후 이 시리즈의 중요한 시기인 일제강점기를 중점으로 기록하여 우리 역사의 한 부분을 영원히 기억하고자 함이다.

안태근(문화콘텐츠학 박사/한국영화100년사연구회 회장)

추천사

20년 전, '상해파 한국영화인'에 관한 안태근 박사의 석사학위논문을 처음 읽었을 때의 충격을 아직도 잊지 못한다. 나는 당시 초기 중국영화에 관한 박사학위논문을 탈고한지 얼마 되지 않았을 때였다. 중국영화의 황금기라 불리는 1930년대 일제의 강압을 피해 한국에서 건너간 영화인이 상하이에서 활동하면서 중국 영화계에서 영향을 주고받았다는 사실을 전혀 알지 못하고 있었기 때문이다.

그 뒤, 영화의 역사를 보는 나의 시각은 조금 달라졌다. 영화란 특정한 국가(nation)의 이름만으로 만들어지고 유통되는 현상이 아니라는 생각을 갖게 되었다. 이른바 국적영화(national cinema)에 관한 담론만으로는 우리 앞에 펼쳐진 영화를 설명할 수는 없다는 깨달음이었다. 특히 아시아 영화의 역사를 기술하는 일은 일국 중심의 국적영화의 입장에서는 작지 않은 공백이 있음을 인정해야만 한다. 한국과 중국영화는 이미 1930년대에 활발히 교류했으며, 1960~70년대에는 일본영화, 홍콩영화, 한국영화가 상호작용하면서 그 역사를 일구어왔다. 아시아 영화는 여러 나라 사이의 상호작용을 통해 형성됐지만, 오늘까지도 국적영화 중심의 역사는 영화사 기술의 강고한 틀로 자리 잡고 있다. 물론 이는 거꾸로 생각하면, 공백으로 남아 있는 아시아영화의 국제적 상호작용에 관한 연구라는 영역이 앞으로 중요한 과제임을 알려준다고도 할 수 있다. 이런 생각은 안태근 박사의 석사학위논문에서 시작되었다고 해도 과언이 아니다.

『한국영화 100년사』, 『한국합작영화 100년사』, 『한중일영화 100년사』 등 역작에 이어 이번에 다시 출간하게 되는 『한국영화 100년사 일제강점기』라는 이 책은 제목이 일러주는 바와 같이 '일제강점기 한국영화'라는 주제에 집중하고 있다. 이 책은 한국영화 탄생 이야기, 일제강점기 영화인 고찰, 상해파 영화인 영화 분석과 자료, 일제강점기 합작영화 등에 관한 내용을 중심으로 다양한 자료를 수집, 정리하여 이야기하듯

말을 건넨다.

일제강점기 영화는 한국영화사에서는 대체로 초기 영화에 속한다고 할 수 있다. 그러나 사료의 부족과 필름의 유실 등으로 인해 여러 가지 학문적 논쟁도 계속되고 있는 점도 사실이다. 예컨대 최초의 한국영화가 무엇인지, 나운규의 〈아리랑〉은 어떤 미장센으로 만들어졌는지, 당시 감독과 배우의 구체적인 활동은 어떠했는지, 관객의 영화 수용 태도는 어떠했는지 등에 관한 문제가 여전히 미답의 상태로 남아 있다. 이 책은 이런 문제들에 대한 갈증을 해소해 줄 것으로 기대된다.

안태근 박사는 그동안 '한국영화100년사연구회'라는 연구 모임을 조직하고 이끌어왔다. 10년 동안 100회에 이르는 세미나를 하면서 자료를 모으고 또 기록을 남겨왔다. 이 책은 아마도 그런 노력의 작은 성과 중 하나일 것이다. 영화 현장은 물론 영화학계, 문화콘텐츠학계에서도 누구보다도 진지하고 성실한 마음으로 꾸준히 작업을 거듭하고 있는 모습에 찬사를 보낸다. 초기 한국영화의 일면을 확인하고 싶은 분들에게 『한국영화 100년사 일제강점기』의 일독을 권한다.

임대근(한국외대 교수)

한국영화100년사연구회

2022년 1월 29일, 드디어 '한국영화100년사연구회'의 100회 세미나를 가졌다. 한국영화사의 100년을 앞두고 영화 사료의 발굴과 연구를 목적으로 2013년 시작된 본 세미나는 민간 주도의 세미나였다. 단지 회장인 안태근이 사비를 출연하며 어디에서도 협찬을 받거나 후원 없이 10년여에 걸쳐 이루어낸 결과이기에 더욱 소중한 기록이다.

2018년 4월 29일, 한국영상자료원에서 열린
한국영화100년사연구회의 제60회 세미나

한국영화는 1919년 김도산 감독의 연쇄극인 〈의리적구토〉를 기점으로 하여 발전되어 왔다. 2020년 봉준호 감독의 〈기생충〉이 미국 아카데미영화제에서 작품상을 수상한 일은 한국영화 100년의 쾌거였다. 우리 영화의 이러한 발전은 당연한 것이다. 그럼에도 불구하고 한국영화에 대한 연구는 아직 미진하다. 연구자 자체도 적을 뿐 아니라 아직도 더 기록되어야 할 영역이 태산 같다. 한국영화100년사 세미나는 그 원대한 목표를 향해 매달 쉼 없이 개최되어 왔다.

『한국영화 100년사』라는 졸저의 출간을 기념해 2013년 4월 28일 첫 세미나를 한이래 지난 2022년 1월 29일 100회 세미나를 마쳤다. 매달 마지막 주 토요일마다 개최해 온 10년의 결과이다. 그동안 서울 상암동의 한국영상자료원이나 대학 부임지인

전남 광주에서 세미나를 이어왔고 2020년 코로나19 팬데믹으로 인해 줌 원격세미나로 맥을 이어왔다.

100회라는 기록은 전무후무한 한국영화사의 기록이다. 그동안의 세미나를 바탕으로 관련 연구서인『한국영화 100년사』시리즈가 계속 출간되었고 그 외 단행본도 여러 권 출간되어 소기의 목적을 이루었다고 자평한다.

이러한 정기 세미나는 100회로써 마치고 앞으로는 부정기적으로나마 이슈가 있을 경우에만 세미나를 할 예정이다. 정기 세미나는 그치지만 나의 연구는 그치지 않을 것이다. 정기 세미나는 비록 끝나지만 연구는 계속 이어지고 글쓰기 작업도 계속될 것이다. 그야말로 숙명이라는 느낌이다. 그것은 아직도 할 이야기가 남았고 남겨야 할 책이 있기 때문이다. 아래는 100회간 세미나의 연구 결과물인 '한국영화100년사' 관련 저서들이다.

순서	저서명	국가명	발행처	발행일	저자
1	한국영화 100년사	한국	북스토리	2013년 3월 20일	안태근
2	한국합작영화 100년사	한국	스토리하우스	2017년 11월 30일	안태근
3	한국영화 100년사 세미나	한국	PUB PLE	2018년 10월 24일	안태근
4	한국영화 100년사 감독열전	한국	PUB PLE	2018년 11월 20일	안태근
5	한국영화전성기 여배우 열전	한국	PUB PLE	2018년 12월 12일	안태근
6	한국무예영화배우열전	한국	PUB PLE	2019년 4월 26일	안태근
7	한국영화 100년사 영화인열전	한국	PUB PLE	2019년 6월 20일	안태근
8	한중일영화 100년사	한국	글로벌콘텐츠	2021년 11월 20일	안태근

이 중『한국영화 100년사』,『한중일영화 100년사』가 문화체육관광부 주최의 세종우수도서 학술부문 도서로 선정되는 진기록을 남겼다. 이 또한 지난 10년간의 세미

나 성과이다.

　아래는 제1기 임원진 이후로 2018년 9월 17일에 위촉된 한국영화100년사 연구회의 제2기 임원진이다.

- 고문 : 김수남(전 청주대 교수)
- 회장 : 안태근(서울디지털대 객원교수)
- 감사 : 김병윤(목원대 경영학과 교수)
- 부회장 : 이성민(영화감독), 성낙범(성길시네마 대표)
- 기획이사 : 김병현(한국영상자료원 전 이사), 배은석(한국외대 교수), 안지현(단국대 교수)
- 총무이사 : 신현명(서울텍 대표), 최영희(영화연구가)
- 대외정책이사 : 조복례(광주국제영화제 프로그래머), 박재용(광주정보문화산업진흥원)
- 학술이사 : 강익모(영화평론가), 윤성은(영화평론가), 이종승(영화평론가)
- 출판이사 : 이건웅(출판사 차이나하우스 대표), 최준란(길벗출판사 편집부장)
- 홍보이사 : 석도원(영화감독), 고명진(가요작가, 음반프로듀서)
- 자문위원 : 김종원(영화평론가), 김갑의(영화기획자), 구중모(촬영감독)

목차

1장 한국영화 탄생 이야기

목차

2장 일제강점기 영화인 고찰

3장 상해파 영화인 영화분석

목차

4장 상해파 영화인 정리

5장 일제강점기 합작영화

6장 위장합작영화 분류

1장
한국영화 탄생 이야기

일제강점기란 무엇인가?

—

일제강점기란 무엇인가? 사전적으로는 1910년의 국권 강탈 이후 1945년 해방되기까지 35년간의 시대이다. 일제란 '일본 제국주의'의 약칭이다. 조선시대는 대한제국이 수립되고 재탄생하였다. 당시 우리나라의 호칭은 무엇일까? 나라 잃은 민족의 설움은 겪어 보지 않은 이들에게 이런 이야기는 그저 남의 일일 것이다. 그러나 일제강점기를 겪은 어르신들에게 이 악몽은 끔찍한 이야기다. 〈각시탈〉(2012), 〈미스터 션샤인〉(2018), 〈파친코〉(2022), 〈영웅〉(2022) 등은 이런 시기를 배경으로 벌어지는 투쟁담이기에 더욱 와닿는다.

당시 국호가 조선, 대한제국으로 헛갈리는데 대한제국임이 확실하다. 그것은 대한제국 시기에 강점되었기 때문이다. 그래서 3.1운동 때 독립구호도 '대한독립만세'다. 일찍이 안중근 의사도 '대한국인'이라고 자신의 조국과 신분을 밝혔다. 단, 중국에 살던 한국인은 당시 중국 정부의 관례에 따라 조선이라는 호칭으로 행정 처리되며 국적이 조선으로 되었고, 민족 분류도 조선족이 되었다. 일본에서도 마찬가지였는데 일본 정부가 조선이라는 국호를 그대로 쓰면서 재일조선인으로 불리게 되었다. 그래서 조선을 당시 국호로 착각하기 쉬운 것이다.

1899년 고종은 대한제국을 선포하였는데 이전은 조선(정부)이고 이후는 대한국 또는 대한제국이다. 상해임시정부에서도 대한제국의 법통을 이어받아 대한민국임시정부라는 국명을 사용하고 있다. 우리나라에서 조선이란 이성계에 의해 세워진 조선왕조의 나라일 뿐이다. 즉 고종 이전의 나라인 셈이다. 따라서 일제강점기의 조선이라는 호칭은 일본인이 부르는 말이기 때문에 절대 우리 스스로 사용해서는 안 되는 말이다. 물론 논문 등에서 당시 고유명사를 써야 할 경우에는 어쩔 수 없지만 우리가 스스로 조선, 조선인이라고 호칭하는 것은 넌센스다. 그래서 김영삼 정부 시절에 일제의 호칭인 국민학교도 초등학교로 명칭을 바꾸었다.

안중근 의사는 스스로를 대한국인이라고 말했다. 당시 일제는 한국인을 조선인이라고 지칭했는데 멸시의 어감이 확실하였기 때문에 식민지인, 미개인, 노예 등 차별의 의미를 담고 있었다. 그래서 우리는 스스로를 조선인이 아닌 대한사람이라고 생각했다. 안 의사 역시 마찬가지였을 것이다. 그래서 유묵에도 대한국인 안중근이라고 서명하였다.

1927년 신간회 창립총회가 개최되고 신석우가 사회를 맡았다. 그가 대한민국이라는 국호를 제정하는데 지대한 공헌을 하였다. 조선 말기, 고종은 대한제국으로 선포하였으나 오히려 일제에 의해 멸망한다. 그러니 대한이라는 국명은 이후 당시의 백성들 가슴에 안타까움으로 남았고, 대한제국에서 비롯하여 대한국, 대한 등의 호칭이 자연스럽게 우리 민족의 가슴에 자리 잡았다. 그래서 일제가 우리를 지칭한 조선인보다는 한국인이라는 말이 더 심정적으로 와닿았다.

훗날 여운형이 "대한이라는 말은 조선왕조 말엽 잠깐 쓰다가 망한 이름이니 부활시킬 필요가 없다."라고 주장하자 "대한으로 망했으니 대한으로 흥하자."라는 말로 되받아 결국 '대한민국'이 국호로 채택되었다. 북한은 이에 대해 동조하지 않았고 조선이라는 국호를 채택하였는데 뭐든 우리와 빗나가야 하기 때문에 별 도리가 없었을 것이다. 그래서 태극기를 사용하다가 인공기로 바꾸어 사용하였다.

조선은 우리의 국호와 관련 없는 말인데 일제강점기 공식 용어인 조선총독부, 조선척식주식회사, 조선은행, 조선영화령, 조선어, 조선인 등의 말이 사용되며 일부에서 계속해서 조선이라는 말을 사용하는 일이 생겼다. 그러나 일제강점기의 조선이라는 단어는 일제의 용어로서 국민학교를 초등학교로 바꾸었듯이 고쳐 사용해야 할 말이다. 일본인이 한국인을 차별하고 멸시하기 위해 사용하던 말을 우리가 지금도 사용해서는 안 되는 것이다.

조선이라 함은 이성계가 세운 조선왕조를 뜻하는 말이어야 한다. 따라서 일제강점기 당시 작명된 고유명사를 제외하고는 조선이라는 말을 사용할 수 없다. 결코 우리 스스로가 일제강점기 당시를 이야기하며 조선인이나 조선 역사라고 해서는 안 될 일이다. 대한제국이 수립된 1897년 이후 조선이라는 호칭은 일제가 대한국(혹은 대한국인)을 차별하기 위해 그리고 본국과 차별화를 두기 위해 부른 말이므로 사용하면 안 된다.

일제강점기 연도별 사건일지

한국영화의 발전사를 알기 위해 일제강점기 연도별로 관련 소사를 알아본다. 일단 한일합병 전 해인 1909년 10월 26일에는 하얼빈에서 안중근 의사의 의거가 있었다. 이로써 일제의 원흉인 이토 히로부미가 사살되었다. 1910년 3월 26일에는 여순감옥에서 안중근 의사가 순국한다.

1910년_ 1910년은 순종純宗 4년으로 대한제국大韓帝國 융희隆熙 4년이었고 일제는 메이지明治 43년. 이해 8월 22일 한일 병합조약이 체결됨. 이는 예정되어 있었던 일로 8월 29일에는 대한제국이라는 국호를 폐지하고 조선으로 개칭함. 일제의 특허권, 상표법, 저작권법 등이 조선에서도 시행됨. 9월 14일 조선총독부 경무총감부가 제호에 '대한'大韓이라고 된 서적을 몰수함. 10월 1일 조선총독부 초대 총독으로 데라우치 마사타케가 임명됨.

1911년_ 8월 23일 조선 총독 테라우치 마사타케는 전문 30조로 이루어진 제1차 조선 교육령을 공포함.

1912년_ 우리의 시간대가 8시 30분에서 9시로 동경 표준시에 맞추어 변경됨.

1913년_ 제1차 세계 대전의 빌미가 시작됨. 세르비아 왕국이 런던 회의에서 발칸 전쟁의 종결을 위해 아드리아 해의 항구 할양 요구를 철회함. 제1차 발칸 전쟁이 종결되었고 바로 제2차 발칸 전쟁이 시작됨. 일제는 육해군형법陸海軍刑法을 조선에 시행하는 법률을 공포함.

1914년_ 단성사 건립. 토지대장규칙, 하천취체규칙, 항만기타공공사용수면 및 그 부지 취체에 관한 건 공포. 6월 28일, 사라예보 사건(오스트리아-헝가리 황태자 프란츠 페르디난트 부부 저격)으로 오스트리아-헝가리가 세르비아에 선전 포고로 유럽의 열강들이 전쟁을 시작. 9월 1일, 조선은행이 100원권 지폐를 발행.

1915년_ 1월 1일, 조선의 외국무선전보규칙이 개정되어 일본어 사용제를 실시. 9월 11일, 일제의 주관으로 조선물산공진회가 경복궁에서 개최. 12월 24일, 조선총독부가 광업령을 공포.

1916년_ 1월 4일, 조선총독부가 식민지 교육을 위한 '교원심득'을 공포. 5월에는 하와이 대한국민회가 《국민보》를 발행. 6월 25일 경복궁 터에 조선총독부 청사 기공. 10월 9일, 조선총독부 초대 총독인 데라우치가 일본 내각총리대신에 임명. 10월 16일, 하세가와 요세미치가 제2대 조선총독으로 임명.

1917년_ 러시아 혁명 발생. 미국이 고립주의를 폐기하고 제1차 세계 대전에 참전. 11월 10일, 조선에서 창덕궁 대화재 발생하여 3시간 만에 진화되었으나 복원 공사에 자재로 사용하기 위해 경복궁의 주요 전각들이 헐림.

1918년_ 6월 7일, 조선식산은행령이 공포. 8월 16일에는 일본, 조선에 대한 곡류수용령 공포. 11월 5일에 토지조사사업이 완료. 11월 20일, 미주 한인 교포단체가 윌슨 미국 대통령에게 한국 독립진정서를 제출. 11월 30일, 여운형이 파리평화회의에서 윌슨 미국 대통령에게 한국독립청원서를 전달.

1919년_ 대한민국 임시정부大韓民國 臨時政府 대한민국大韓民國 원년. 1월 6일에 동경유학생학우회는 동경기독교청년회관에서 독립선언에 대한 방침을 마련하고 실행위원을 선출. 1월 7일에는 조선청년독립단이 동경에서 결성되었고 2월 8일 동경에서 유학생 600여 명이 2·8 독립선언문을 발표. 3월 1일에는 민족대표 33인이 태화관에서 기미독립선언서를 낭독. 동시에 전국 각지에서 독립운동이 일어났고 3월 3일에는 고종 황제의 국장을 거행. 4월 10일, 민족운동지도자 29인이 상하이에서 대한민국 임시의정원을 개원하고, 내각을 조직함. 4월 11일, 국호를 대한민국으로 하는 임시정부가 중화민국 상하이에서 수립. 9월 11일, 대한민국 임시정부가 통합 출범하였고, 대한민국 임시정부에서 대한민국 임시 헌법을 공포. 10월 27일, 최초의 한국영화인 연쇄극 〈의리적구토〉를 단성사에서 개봉.

1920년_ 3월 1일에 서울, 평양, 선천, 황주 등지에서 독립 만세운동이 재개. 3월 5일 《조선일보》, 4월 1일 《동아일보》 창간. 6월 4일에서 7일까지 봉오동 전투가 발생. 12월 28일, 상해에서 대한민국 임시정부 초대주석 이승만의 취임. 한족회, 청년단연합회, 대한독립단이 임시정부 직할의 광복군사령부로 통합. 12월 31일, 대한제국 시절 화폐의 유통 금지.

1921년_ 3월 11일, 동포 288명이 멕시코에 이민. 의열단 소속 독립운동가 김익상, 사이토 총독 암살하려 조선총독부에 폭탄을 투척.

1922년_ 9월 9일, 태극단 결사대가 일본 경찰과 교전. 12월 4일에 총독부는 조선사편찬위원회를 설치하고 우리의 역사를 왜곡.

1923년_ 4월 19일, 최초의 극영화 〈월하의 맹세〉 개봉. 9월 1일, 일본에서 관동대지진이 발생. 9월 3일, 동경에서 박열과 가네코 후미코 등이 천황 암살기도 혐의로 검거.

1924년_ 6월, 조선키네마주식회사 설립되어 첫 작품으로 〈해의 비곡〉을 제작. 10월 13일, 《조선일보》가 한국 최초의 신문만화 〈멍텅구리〉를 연재. 12월 17일, 대한민국 임시정부 국무총리(대통령 직무대리)에 박은식 취임.

1925년_ 3월 28일, 윤백남프로덕션 작품 〈심청전〉이 조선극장에서 개봉됨. 6월 6일, 조선총독부가 조선사편수회 설치. 7월 1일, 조선인변호사회가 한국인과 일본인의 차별 대우 철폐 결의. 이해에 을축년 대홍수로 697명이 사망 및 행방불명되고 10만 호의 주택 피해가 발생.

1926년_ 1월 6일, 조선총독부가 경복궁 내 조선총독부청사로 이전. 4월 27일, 영친왕 이은이 순종 황제의 왕위 계승. 6월 10일, 순종 국장이 있었고, 6·10 만세운동이 시작됨. 7월 5일, 활동사진 필름검열규칙 공포. 10월 1일, 나운규 감독·각본·주연의 〈아리랑〉이 단성사에서 개봉.

1927년_ 2월 15일, 신간회 창립(회장 이상재). 2월 16일, 경성방송국이 서울 정동에서 JODK 호출부호로 라디오 방송을 개시. 3월에 이경손, 김을한 등이 조선영화예술협회 결성. 10월 6일에 세계 최초의 발성영화 〈재즈 싱어〉, 미국 뉴욕에서 개봉.

1928년_ 3월 28일, 조선총독부 경무국, 동아일보사의 문맹퇴치운동 금지. 10월 1일, 박승희 등이 토월회를 재조직. 정기탁 감독의 항일영화 〈애국혼〉이 상해에서 개봉. 11월 18일, 월트 디즈니의 애니메이션 〈증기선 윌리〉 개봉.

1929년_ 2월 22일, 조선가요협회 창립. 7월 10일 상해에서 여운형 검거. 8월 17일, 조선총독부 총독에 사이토 마코토 재임명. 11월 3일, 광주학생운동 발생. 11월 8일, 경성제국대학을 필두로 서울의 모든 고등보통학교 학생이 만세를 외치며 동맹휴학.

1930년_ 1월 16일, 《동아일보》에 윤백남의 〈대도전〉 연재 개시. 4월, 조선프롤레타리아예술동맹의 이름을 카프(KARF)로 약칭하기로 결정. 11월 15일, 일제에 의해 '조선미곡창고주식회사'(현 CJ대한통운) 설립.

1931년_ 6월, 제1차 카프 사건 박영희, 김기진, 임화, 김남천 등이 종로서에 검거됨. 6월 17일, 조선총독부의 사이토 마코토 총독 사퇴, 우가키 가즈시게 신임 총독 취임.

1932년_ 1월 8일, 한인애국단원 이봉창, 도쿄 사쿠라다몬 밖에서 일본왕 쇼와에게 폭탄을 투척하였으나 실패. 3월 1일, 만주국 건국. 12월 19일, 윤봉길이 일본 가나자와시 가나자와 육군형무소에서 순국.

1933년_ 1월 30일, 히틀러가 독일 수상에 취임. 6월 18일, 조선총독부가 압록강, 두만강 연안에 독립군의 출입을 감시하기 위해 국경감시단 설치. 9월 1일, 한국독립군, 왕칭과 닝안 일대의 삼림부대와 연합, 뚱링현의 일본군을 공격.

1934년_ 3월 1일, 중국 난징에서 한국독립당, 신한독립당, 조선혁명당, 의열단 등이 모여 한국대일전선통일동맹 제2차 회의 개최, 대동단 결의조직 및 실현을 강령으로 채택. 11월 1일, 부산-창춘 간 직통열차 개시.

1935년_ 4월 6일, 만주국 황제 푸이가 일본을 방문. 조선총독부와 일본 척무성(일본의 식민지사업을 총괄하는 행정기관)이 한국 농민 80만 명의 만주 이전 안을 결정. 9월 조선총독부는 각 학교에 신사 참배 강요. 10월 4일, 한국 최초의 발성영화 〈춘향전〉 단성사에서 개봉.

1936년_ 6월, 안익태 〈애국가〉 작곡. 8월 25일, 일장기 말소 사건으로 《동아일보》 무기정간 당함(~1937년 6월). 10월에 경성 명동의 명치좌 준공.

1937년_ 7월 7일, 노구교 사건 발생, 중일전쟁 발발(~1945년). 8월 1일, 우익 진영이 한국광복전선 결성, 좌익 진영은 조선민족전선 결성. 8월 22일, 일본과 서울 전역에 등화관제 실시. 9월 14일, 조선총독부, 군수동원법 실시 결정. 10월 1일, 조선총독부, 황국신민서사 제정 및 전국 시행 강요. 같은 해 12월~1938년 2월까지 난징대학살이 벌어짐.

1938년_ 1월 15일, 일본 육군성이 지원병제도 실시계획을 발표함. 2월 26일, 조선육군지원병령 공포. 3월 4일, 조선교육령 개정 공포. 4월 1일, 일본제국이 국가

총동원법을 공표함. 5월 10일, 국가총동원법의 조선 적용 공포. 5월 31일, 조선총독부, 각종 토목 공사에 부인동원령 시달. 6월 13일, 학교근로보국대 구성 지시. 7월 14일, 경기도가 중학생 6000여 명을 매일 6시간씩 근로보국 실시키로 결정. 7월 23일, 교원과 관공리 12만 명에게 제복 착용 지시.

1939년_ 1월 14일, 조선징발령세칙 공포 시행. 3월 10일, 조선악극단 일본 공연 중 태극기 사용 혐의로 이철 사장 검거. 3월 14일, 친일단체인 황군위문작가단 발족. 9월 1일, 독일군 폴란드 침공으로 제2차 세계대전 발발.

1940년_ 1월 4일, 조선영화령 공포로 영화의 제작 배급 상영을 통제. 2월 11일, 창씨 개명 실시, 조선영화인협회 창립. 2월 14일, 일제가 묘지규칙을 개정, 신고 제를 허가제로 변경. 8월 11일, 《조선일보》와 《동아일보》 강제 폐간. 8월 17 일, 국민정신총동원조선연맹, 전시생활체제 강요. 9월 9일, 학생 복장을 국 방색으로 통일. 9월 17일, 중화민국 충칭에 있었던 대한민국 임시 정부에서 한국광복군 창설. 9월 23일, 일본군, 인도차이나 반도 침공 개시. 10월 16 일, 국민총력연맹이 조직되어 황국신민화운동 강제 시행.

1941년_ 2월 12일, 조선사상범예방구금령 공포. 3월 15일, 조선총독부, 학도정신대 조직 및 근로동원 실시. 7월 2일, 조선영화협회 창립. 7월 20일, 조선잡곡배 급통제규칙 공포. 8월 26일, 외국인의 조선 입국 제한. 12월 7일, 태평양전 쟁 발발. 12월 10일, 대한민국 임시정부, 대일 선전포고. 12월 23일, 조선연 극협회 결성.

1942년_ 1월 14일, 조선군사령 공포. 5월, 잡지 《삼천리》가 《대동아》로 제호를 바꾸 고 민족지에서 친일지로 전향. 5월 8일, 징병제 실시 결정. 7월, 국민총력연 맹, 가정의 유기그릇 공출 지시. 9월 30일, 청장년 국민등록 실시. 10월 14 일 조선군사령 공포. 11월 20일, 조선징병제도 실시요강 결정.

1943년_ 3월 1일, 조선에 징병제 공포. 6월 3일, 해군 지원병 모집요강 발표. 7월, 일 본에서 윤동주 사상범 혐의로 체포. 8월, 조선식량관리령 공포. 10월 2일, 토요일 반휴일제 폐지, 정상근무. 10월 25일, 제1회 학병징병검사 실시. 11 월 27일, 카이로 선언 발표.

1944년_ 1월 18일, 긴급국민근로동원방책요강 발표. 1월 20일, 한국인 학병 입영 시직. 2월 8일, 국가총동원법에 따른 징용 실시, 광산과 군수공장에 동원. 2월 9일, 회사 등에 임시조치법 공포. 3월 3일, 전국금융통제령으로 금융기관 일요일 휴무제 폐지. 6월 17일, 미곡 강제공출제 할당제 실시. 7월 24일, 신임 조선총독에 아베 노부유키 취임. 8월 23일, 일본 후생성이 여자정신근로령을 공포, 시행. 동원된 여성들 중 대다수는 위안부로 투입되어 일본과 남양 등의 각지로 징용됨. 12월 1일, 조선 체신국, 지하방공통신사령부 설치.

1945년_ 이 해에 제2차 세계대전이 끝났으므로 1945년을 현대의 시작이라고 본다. 대한임정大韓臨政 대한민국大韓民國 27년, 중화민국中華民國 민국民國 34년, 일본 쇼와昭和 20년. 1월, 여학생을 대상으로 군수공장에 동원해 군복 깁기와 세탁을 시키고, 국민학생들에게는 솔가지와 솔뿌리, 목화뿌리 채취를 지시. 3월 10일, 미 공군 B-29 폭격기의 도쿄 대공습 감행. 3월 18일, 일제의 결전교육조치요강 선포로 조선의 국민학교 초등교과 이외의 학교 수업을 4월 1일부터 1년간 정지, 식량증산, 군수생산, 방공방위에 총동원. 5월 7일, 나치 독일이 제2차 세계대전에서 연합군에게 항복. 5월 22일, 전시교육령을 공포, 전 학교에 학도대 조직. 7월, 한국광복군의 국내 탈환작전 결정, 총지휘 이범석. 8월 10일, 일본, 전쟁 관련 최고지도자 회의서 연합국에 항복하기로 결정. 8월 15일 소비에트 연방의 만주 전략공세작전으로 함경북도 청진에서 일본과 전투를 함. 조선총독부, 소련군의 남하로 오전 9시에 여운형에게 총독부를 이양함(8.15 광복). 정오 무렵 일본제국 항복, 제2차 세계대전 종전. 8월 17일, 인도네시아가 네덜란드로부터 독립. 8월 28일, 호치민, 베트남 민주 공화국 임시정부 수립. 8월 29일, 미군, 일본 본토에 진주. 9월 2일, 도쿄 만에 정박 중인 미주리 호 함상에서 일본의 공식적인 항복조인식이 거행됨. 9월 7일, 미국 극동사령부, 38선 이남에 대한 군정을 선포.

(이상 '위키백과', '나무위키' 인용)

한국영화 100년, 초창기 영화는 조선영화인가?

안중근 의사의 유묵 '경천', 대한국인이라는 서명이 보인다.

우리 역사에서 잊을 수 없는 치욕의 세월이 있다. 바로 일제강점기이다. 고종과 민비의 무능한 통치 결과 유례없는 국가 해체의 결과를 맞았다. 왕족들은 일제의 거대한 보상을 받고 일본의 귀족이 된다. 친일파들 역시 거대 토지를 하사받고 귀족이 되었다. 나라가 통째로 일제에 넘어가며 일어난 일이다.

1897년 10월 12일, 원구단에서 대한제국이 선포되었다. 그로부터 13년 후인 1910년 8월 27일, 이제 막 탄생한 나라는 사라지고 일제의 한 지역으로 전락했다. 조선이나 대한제국이라는 호칭은 한반도에 있었던 미개국이었고 이제 한반도의 백성은 일제의 신민으로 재탄생한다지만, 그것은 그들의 노예가 된다는 의미였다. 그들은 우리 백성을 조선의 백성이란 뜻으로 조선인이라고 불렀다.

그런 치욕의 역사 시기를 살았던 안중근 의사는 1909년 10월 26일 하얼빈에서 이토 히로부미를 척살하고 1910년 3월 26일 순국하기 전까지 자신을 찾아와 유묵을 부탁했던 일본인들에게 한 점의 글을 써주며 항상 '대한국인 안중근'이라는 서명을 해주었다. 그것은 스스로 조선인이 아닌 대한제국의 백성이라는 뜻에서 써준 글이다. 대한국인 안중근이라는 표현은 그가 얼마나 조국의 독립을 염원하는지를 느끼게 해준다.

일제강점기에 사용한 '조선'이라는 단어는 일제가 조선인과 일본인을 차별화하기 위해 시용한 표현이다. 조선인, 조센징이란 단어에는 "너희가 무얼 할 수 있냐?"라는 비하의 뜻이 담겨있다. 그들이 정리한 한국사는 피폐한 나라의 역사이고 한국은 망할 수밖에 없었던 나라였다. 일본제국은 그런 조선을 보다 발전된 나라로 만들기 위해 병합했다는 그럴듯한 논리로 포장하였다. 일제강점기 후 한국인은 그들이 정리한 대로 편찬된 일제 중심 시각의 역사 교육을 받으며 정신적으로 철저히 유린되었고 그들의 노예로 살게 되었다. 이러한 친일 사관의 역사는 광복 후에도 친일 사학자들에게 계승되어 지금도 여러 문제를 야기하고 있다.

패망국의 역사는 짓밟히고 뭉개져 치욕의 역사로 기록된다. 반만 년을 이어온 한국의 역사는 일제에 의해 깡그리 변조되며 왜곡되었다. 이성계가 개국한 조선은 일제에 의해 이씨 왕가로 격하되며 이씨들의 나라로 전락했다. 그리고 조선인으로 폄하되어 온 백성들은 그런 나라의 후손으로서 대오각성하며 살아야 한다며 조선인이라는 호칭을 명에처럼 짊어지고 살았다. 그것은 일제에 의해 쓰인 주홍글씨였다.

그래서 필자는 일제강점기 당시에 일본인의 간교한 술책이 깃든 여러 가지 표현 중에서도 그들이 사용한 '조선'이라는 말은 반드시 '한국'으로 고쳐 써야 한다고 생각한다. 물론 고유명사인 조선은행, 조선척식주식회사 등은 고칠 수 없다 하더라도 적어도 조선이라고 부르며 차별했던 용어들은 고쳐 불러야 한다. 따라서 조선영화는 '한국영화'로 고쳐 써야 한다. 영화 역사 역시 그들이 부르던 조선영화사가 아닌 한국영화사이다. 그렇기 때문에 한국영화 100년이 되는 것이다.

한국영화사는 안종화, 노만, 김종혁, 이영일 등 여러 연구자가 시작하여 초창기에는 한국영화사라는 공통어가 사용되어왔다. 그런데 어느 날 신진 영화연구가들이 조선영화라는 말을 사용하며 일제강점기의 한국영화가 조선영화로 변질되었다. 아울러 한국영화 역사도 조선영화사가 되었다. 일제강점기 당시에 조선영화로 불리었으니까 조선영화로 부르겠다는 무책임한 일이 버젓이 벌어진 것이다. 이러한 일들이 아무런 고민 없이 진행되며 필자 역시 그러한 선배들의 용어를 당연시하며 사용하였다. 부끄러운 시절의 이야기이다.

필자가 잘못된 것을 인식한 때는 2001년, 한국외대 대학원의 석사논문 「일제강점기의 상해파 조선영화인 연구」라는 논문을 완성하고서이다. 당시 조선영화라는 호칭을 아무렇지 않게 간과하고 논문이 통과되어 인쇄에 들어갔다. 그리고 주변에 이 이야기를 하다 보니 의문 제기를 하는 이가 있었다. 논문이 생명력을 갖고 있으려면 조선을 한국으로 고치는 게 좋을 듯하다는 것이었다. 잘못된 용어라는 이의 제기에 따라 곰곰이 생각해보니 그동안은 그렇게 불렸어도 한국이라는 용어로 고쳐 써야 한다는 생각이 들었다. 일제강점기 용어인 국민학교를 초등학교로 고쳐 사용하는 것과 같은 맥락이다. 이후 다시 인쇄하여 논문은 「일제강점기의 상해파 한국영화인 연구」로 배포되었다. 지금도 생각하면 잘한 결정이었다. 향후 누구라도 이와 같은 시행착오가 있어서는 안 될 것이다.

그러나 아직도 일부 연구자들이나 한국영상자료원의 출간 서적들은 조선영화라는 용어를 사용하고 있다. 조선영화라는 용어는 현재 북한영화를 뜻하는 말이기도 하다. 그런데 아직도 일제강점기의 한국영화를 조선영화로 부르는 시대착오적인 일이 아무런 인식 없이 벌어지고 있다. 이는 비단 영화계만의 문제는 아닐 것이다. 역사학 연구자들은 이 문제를 정리하여 사용하고 있지만 문화콘텐츠 유사 장르에는 광범위하게 퍼져있는 일일 수도 있다. 어서 빨리 고쳐졌으면 하는 용어가 많지만, 영화계에서 아무 생각 없이 사용되는 조선영화라는 용어는 하루 빨리 근절되었으면 하는 바람이다.

앞에서 말한 바와 같이 조선영화라 함은 북한이 자신들의 영화를 칭하는 말이다. 통일 이후에 벌어질 혼란을 가중시키지 않기 위해서라도 일제강점기의 한국영화를 조선영화라는 말로 표현하는 것은 근절되어야 한다.

영화의 기점

영화映畵/motion picture는 '움직이는 사진'이라는 뜻으로, 연결된 일련의 필름을 연속적으로 영사해 스크린에 재현한 움직이는 영상을 뜻한다. 영화는 어느 날 갑자기 탄생된 것은 아니다. 원시시대에 발 8개 달린 들소를 그린 원시 벽화를 보면 당시에도 인류가 동영상을 추구했다는 것을 알 수 있다.

원시인은 카메라 대신에 돌을 들어 벽화를 남겼다. 그 벽화가 오늘날에도 남겨져 우리는 사진을 통해 원시 벽화를 접한다. 자동차 발명이 수레바퀴의 발명으로부터 시작되었듯이 영화의 모색은 동영상 형태를 그리던 원시시대의 동굴 벽화에서부터 시작된다.

움직임의 재생이라는 것은 하루아침에 만들어진 것이 아니다. 인류는 시각을 고정화시켜 회화(미술)를 발전시켰고 자연과 사물의 모습을 포착하기 위한 노력을 멈추지 않았다. 영화의 기점을 말할 때 단 카메라로 불리는 스틸 카메라의 발명을 논하지 않을 수 없다. 1826년 프랑스의 '조셉 니세포르 니엡스Joseph Nicephore Niepce'는 '헬리오그래피'라는 촬영 기법을 사용해 첫 사진을 촬영한다.

연속 셔터의 원리를 발견하게 된 동기를 만들어준 것은 원반을 돌리면 움직임이 구현되는 페나키스티코프Phenakistiscope이다. 그것에서 발전되어 만화영화의 기초를 확립한 죠트로프zoetrope가 개발되었다. 영화가 탄생되기 이전에 사진 기술의 발전이 먼저 시작된 것이다. 우리는 영화를 발명한 사람이 뤼미에르 형제인 것으로만 알고 있다. 그러나 이전부터 영화는 이미 발명되어 있었다. 상용화가 되지 않은 것뿐이다.

미국의 '에드워드 마이브리지Eadweard Muybridge'는 사진가이다. 동영상은 그의 열정으로 부터 시작된다. 그는 1867년부터 카메라를 이

2015년 영화 〈에드워드〉의 한 장면

용해 그림 대신 사진을 촬영하며 동영상에 대한 연구를 하게 된다. 대학의 공터에 작업실(촬영소)을 만들어 촬영 실험을 계속하는데 1초에 12개의 영상을 보여주면 움직이는 영상이 가능하다는 것을 알고 이에 대한 노력을 기울여 왔다. 그렇게 움직임을 표현하고자 돼지들의 뛰는 모습을 담거나 코끼리 같은 큰 동물을 연속 촬영하며 노력을 계속한다.

그러던 그는 동물 대신에 인간의 움직임, 그 중에서도 속살을 직접 보여주려고 했는데 당시로서는 꿈도 못 꿀 여인의 누드 촬영을 시도한다. 당연히 학교나 종교인들로부터 거센 항의를 듣는데 그의 집착은 이미 그 누구도 말릴 수 있는 상황이 아니었다.

그 집착은 가정생활에도 영향을 미치는데 부인과의 불화가 계속되며 영화 작업은 광기에 도달한다. 그의 움직임에 대한 집착은 산 사람을 고문하는 장면을 연출하거나 장애인의 밸런스를 잃은 걸음까지도 모두 담아낸다. 심지어 산 거북의 배를 갈라 심장의 움직임을 관찰한다.

완벽한 동영상을 만들어내고자 했던 그의 노력은 주변과 마찰을 빚었다. 또 아내의 외도를 의심하여 당시 유명 미술평론가를 찾아가 저격해 살인범으로 재판에 회부된다. 재판에서 그는 살인 행위에 대한 당위성을 인정받아 무죄 판결을 이끌어낸다. 그러나 그의 심신은 이미 회복할 수 없도록 피폐해져 있었다.

그로부터 27년 후인 1894년 발명가 에디슨에 의해 진일보한 동영상 〈무희 소녀〉라는 초단편 동영상 키네토스코프(Kinetoscope, 흔히 요지경으로 불리는 혼자서 관람하는 기구)가 개발된다. 에드워드는 자신이 누려야 할 영화 발명가의 명예가 에디슨에게 가는 것을 실감한다. 2015년 캐나다 카일 라이드아웃 각본 감독의 〈에드워드Eadweard〉는 동영상 구현에 미쳐 광적인 생애를 산 에드워드의 삶을 보여준다. 이는 동영상의 첫 걸음이 그의 호기심과 열정, 광기로부터 시작되었다는 것을 잘 보여주고 있다.

분명한 것은 모션 픽쳐라고 불리는 활동사진을 처음 발명한 사람이 미국의 에디슨과 그의 조수 딕슨이라는 사실이다. 이들은 1889년 현재의 카메라와 유사한 키네토그래프 카메라와 키네토스코프라 불리는 일종의 1인용 영사기를 이용한 상영 방식으로 특허를 받았다.

그리고 '블랙마리아'라 불리는 스튜디오에서 무용수와 곡예사, 스포츠 선수들의 모습을 기록한 20초가량의 필름을 만들었다. 에디슨의 첫 단편극은 〈어느 중국 세탁소에서의 재미〉이다. 에디슨의 키네토스코프가 파리에 도착했을 때 뤼미에르 형제는 그의 기계를 보완하여 영화 상영을 상업적으로 가능하도록 한 시네마토그라프를 만들었다.

공식적인 영화의 기점은 1895년 3월에 시네마토그라프로 촬영된 최초의 영화 〈공장을 나서는 노동자들〉이다. 뤼미에르 형제는 같은 해 12월 28일 파리의 그랑 카페에서 처음 공개하였다. 사람들에게 돈을 받고 1분 정도 길이의 영화 십여 편을 상영한다. 당시 관람표는 1프랑이었다. 그날 공개된 〈열차의 도착〉은 사람들에게 놀라움을 주기 충분했다.

결국 영화 발명의 영예는 1895년 시네마토그래프를 개발한 프랑스의 뤼미에르 형제에게로 간다. 그것은 극장의 스크린에서 공개 상영되어야 한다는 후대의 영화 정의에 의해서이다. 혼자 보는 요지경으로는 영화일 수 없다는 결론인데, 미국인은 동의하지 않았기 때문에 미국에서의 영화 발명가는 당연히 에디슨이다.

영화 탄생과 초창기 세계영화

　영화의 발명은 미국의 에디슨과 프랑스 뤼미에르 형제에 의해 동시기에 경쟁적으로 시작되었다. 그러나 뤼미에르 형제가 1895년 그랑 카페에서 〈열차의 도착〉을 공식 상영하며 영화의 기원이 되었고 영화의 아버지가 되었다. 볼거리로 시작된 영화는 차츰 이야기를 담아내며 예술로 승화되었다. 이야기는 기계적인 발명에 혼을 불어넣는 작업이었다.

　처음 영화는 희곡을 바탕으로 쓰였다. 이야기를 전달하는 데 있어 희곡은 이미 오랜 전통으로 정착되었기 때문에 그 방식을 따른 것이다. 또한 연극이나 영화가 이야기를 전달하기 위해 도식적인 방법을 구사하면서도 엿보기의 관음적인 예술이기 때문이다. 프랑스의 초기영화운동인 필름다르의 대표작 〈기즈공의 암살〉 등은 이를 그대로 실천하였다. 이때는 영화가 연극에 종속된 것이라 할 수 있다.

　이후 사람들은 미국의 그리피스의 영화를 보고 생각을 달리하게 되었다. 그리피스는 1915년 작 〈국가의 탄생〉을 만들며 내용상 영화적인 시나리오를 통해 영화적인 기법을 구사하며 편집, 쇼트의 다양함(길이, 사이즈)으로 영화문법을 보여주었다.

　롱테이크와 풀숏을 벗어나 그는 기존과 다른 영화적인 영상문법을 완성했다. 이때부터 본격적인 영화 시나리오가 쓰인 것이다. 〈국가의 탄생〉에서 스토리를 극적인 평행기법으로 교차편집하며 관객을 극에 몰입시켰다. 흑인이 여자를 구하며 그들을 추격하는 KKK단의 추격전을 극적으로 보여준 것이었다.

　그리피스에 영향을 준 것은 초기 이탈리아의 스펙터클 영화였다. 이탈리아 영화인들은 그들의 조상이 남겨준 거대한 유적지를 배경으로 카니발의 알프스 공격을 다룬 1914년 작 〈카비리아〉를 만들어 흥행에 성공했다. 그 후 제1차 세계대전 발발로 그런 영화들의 제작이 주춤한 사이에 미국이 주도권을 잡아 〈인톨러런스〉 등을 만들었다. 이 영화는 전쟁 후 소련에서 10년간 상영되었다. 소련의 영화인들은 이것을 통해 영화의 영향력을 알게 되었다. 그들은 쇼트의 다양함을 통해 정치적 메시지를 전달할 수 있다는 것을 알게 되었고 세르게이 에이젠슈테인은 소련 몽타주론을 확립시켰다.

　미국영화는 그리피스식의 영화 외에도 마술사 출신인 멜리어스 식의 코미디영화의 영향을 빚있고 슬랩스틱 코미디영화로 장르가 확장되었다. 이는 흥행에 있어서도 성공하였다.

멜리어스의 1902년 작 〈달세계 여행〉 등의 SF영화는 환상효과와 더불어 익살스러운 재치를 선보였고 이후 채플린 영화가 만들어지며 재미와 페이소스를 담았다. 또 다른 코미디영화의 주인공인 버스트 키튼 역시 무성영화 시기에 채플린과 더불어 미국영화를 보다 대중과 밀접하게 만들었다.

그리고 1903년 에디슨 컴퍼니 제작, 에드윈 포터의 35mm, 12분짜리 영화인 〈대열차 강도〉 이후 본격화 된 서부극과 로버트 플래허티의 1922년 작 〈북극의 나누크〉 등의 다큐멘터리도 대중적 관심을 끌었다. 이러한 과정을 겪으며 영화는 비로소 영화적인 독창성을 갖기 시작한 것이다. 무성영화 시대에 영화의 독주는 영화 제작사가 스튜디오 시스템을 확장시킨 결과다. 이렇게 하여 시나리오도 희곡의 틀을 벗어나 영화의 대본으로서 자연스럽게 정착하게 된 것이다.

프랑스의 장 엡스탱이 주창한 포토제니론은 카메라가 빛과 만나 영상을 창조해 내며 어떤 이미지를 창조하게 되는데, 그것은 언어로는 표현하지 못하는 이미지다. 그런 아우라를 통해 1926년 작 〈메닐몽탕〉 등 인상주의 영화들이 만들어졌다. 무성영화 시대에 포토제니론은 영화를 더욱 영화스럽게 했다. 1932년 작 〈그랜드호텔〉에서 보면 영화는 유성영화가 되어서도 시나리오의 대사 외에 영상 이미지의 힘을 보여주며 빛과 영상은 상업화의 중심이 되었다.

영화의 발전

에디슨이 비타스코프를 발명해 1896년 4월 23일 뉴욕에서 공개했다. 그해에는 미국 및 각국에서 여러 가지 영사기들이 많이 등장했다. 영사기 발전의 시작은 에디슨 같은 선각자들이 있어 가능했으나 이후 뤼미에르 형제가 야외로 이동 가능한 시네마토그래프를 개발하며 이를 소형화 하였다. 흔히 뤼미에르 형제

영화의 발명을 대중화 시킨 비타스코프

를 영화의 아버지로 알고 있지만 그보다 앞서 에디슨이 있었던 것이다. 단 에디슨은 스크린으로 보는 극장식이 아니기에 뤼미에르 형제가 영화의 아버지라고 불린다.

초기 필름의 길이는 50피트가 한도였고, 화상은 초당 48컷의 속도로 들여다보이는 구멍 앞을 지나가는데, 1회 상영 시간은 13초가량이었다. 화면 수는 이후 초당 16컷으로 줄었고 이것이 무성영화 시대의 표준이 되었다. 토키(유성)영화의 경우에는 매초 24프레임이 표준이었고 애니메이션은 매초 18프레임으로 정해졌다.

인간의 호기심이 사진으로만 머물러 있을 수는 없었다. 동영상 상영기를 통해 이처럼 개량되고 토키영화 시대를 거쳐 드디어 영상 혁명이라는 제임스 카메론 감독의 〈아바타〉 시대까지 도래하였다. 에디슨이나 뤼미에르 형제, 더 거슬러 올라가 최초로 동영상을 구현했던 에드워드 마이브리지 등 이들의 노력이 없었다면 우리는 오늘날 같은 영화 혁명의 시대를 만날 수 없었을 것이다.

스토리 영화의 진정한 탄생은 1903년 에디슨 회사의 에드윈 포터가 감독한 〈대열차 강도The Great Train Robbery〉로 시작된다. 고작 8분 정도의 1권짜리였지만, 거기에는 현대 편집 기술의 싹이 보였고, 그 급속한 인기 상승에 힘입어 니클오디언(5센트 극장)의 시대가 막을 올렸다. 〈대열차강도〉는 영화의 예술·산업의 두 분야 있어서 진정한 출발점이 되었다.

1926년 워너브러더스사에 의해 발표되었고, 이듬해 〈재즈 싱어The Jazz Singer〉가 나옴으로써 영화계는 일약 토키 시대로 돌입하였고, 얼마 후 디스크식 음향 장치는 필름식 음향 장치로 대체되었다.

1915년 허버트 캘머스와 매사추세츠공과대학의 연구 팀에 의해 개발된 테크니컬러(선명한 색채)는 3색분해법에 의한 컬러 사진 재판법의 첫걸음이 되었다. 그리고 월트 디즈니의 〈숲속의 아침〉(1932)은 그 방법을 활용한 최초의 영화가 되었다. 거기에 루벤 마물리언의 〈베키 샤프Becky Sharp〉(1935)는 예술적인 최초의 장편 컬러 영화로서 주목을 받았다.

1947년에 최전성기를 누렸던 미국의 영화 산업도 1948년 말경부터 텔레비전에 관객을 빼앗기자, 영화계는 그 타개책으로 1952년 대형영화 시네라마와 입체영화 3D(Three Dimensions Picture)를 개발했다. 3D 영화는 관객이 색안경을 껴야 했으므로 흥행에 실패했고, 오래지 않아 사라졌지만, 3벌의 필름을 이어 합친 대화면과 6개의 사운드 트랙으로 완전한 입체음향을 재현했던 시네라마는 그 입체적인 박진감으로 인기를 끌었다.

더구나 1952년에는 20세기폭스 사의 대형영화 시네마스코프도 발표되었다. 이것은 세로 대 가로의 비가 1 대 2.3의 스크린으로 3개의 입체 음향 장치를 가졌으며, 제1회 작품 〈성의聖衣 The Robe〉(1953)의 대성공 이후, 순식간에 미국은 물론 유럽·아시아에까지 보급되었다. 얼마 후 시네라마와 시네마스코프와 같은 효과를 노린 비스타비전에 이어 기타 여러 방식이 서양 여러 나라에 등장했다.

또한 〈오클라호마!Oklahoma!〉(1955)는 70㎜ 필름을 사용한 토드 AO(Todd-AO) 방식의 첫 작품이었다. 그리하여 1890년 에디슨의 키네토스코프 이래 표준이었던 35㎜로부터 영화용 필름의 크기는 대폭적으로 바뀌었다. 이어 테크니컬러가 개발한 테크니라마를 비롯하여 갖가지 대형 화면이 등장했으나 모두가 시네라마, 시네마스코프, 비스타비전(1954), 토드 AO 등의 원리를 기초로 한 것들이었다.

극장 영상 기술의 발전은 영사기에 필름이 돌아가는 아날로그 시대를 거쳐, 2002년부터 디지털영화가 시작되었다. 아이맥스, 입체영상인 3D, 영화 환경을 체험하는 4D, 실감형 영화 스크린X 등 스크린의 크기와 극장 시설의 변화를 가져왔다.

영화관의 탄생

———

극장은 연극과 오페라, 뮤지컬, 영화 등이 공연되거나 상영되는 무대와 스크린, 객석을 갖춘 공공장소이다. 극장의 역사는 인류 문명과 함께 시작되었다고 해도 과언이 아닌 문화의 구심점이었다. 영화 상영관으로서의 극장은 필름, 관객과 더불어 영화를 규정짓는 3요소 중에 하나이다. 한때 동네마다 극장이 몇 군데씩 있었는데 요즈음은 영화의 외형적인 상영 형태 변화에 따라 멀티플렉스화 되어 중심가에 몰려있다. 그나마도 OTT 시대를 맞아 각 플랫폼과 채널의 성장에 대응해 고급화 추세로 변화해 가고 있다.

영화의 기점이 관점에 따라 달라지듯이 극장의 역사도 그 기능과 형태에 따라 달라진다. 서양이 극장과 영화관의 구별이 뚜렷했던 것에 비해 우리네 극장은 1970년대까지 혼용되어 사용되었다. 극장에서 연극이나 악극, 쇼 등의 공연도 하였고 동네 사랑방으로서도 역할을 하였다.

시기별로 스크린이 대형화되며 요즘 영화관에는 아이맥스 전용관이 생기고 영화 상영관으로서만 이용되며 개인에게 대여해주는 다양한 서비스를 제공하고 있다. 코로나19 팬데믹 때문에 극장가는 한동안 호된 불황을 겪었다. 인류 문명과 함께 긴 역사를 갖고 있는 극장이 사라질 일은 거의 없다고 하지만 예상치 못한 질병 발생에 대책이 필요하다.

영화는 1888년 조지 이스트먼George Eastman이 개발한 롤 형태의 필름을 세상에 선보이며 가능해졌다. 이 롤 형태의 사진 필름은 장시간 촬영하고 영상 재생이 가능하게 되었다. 당시에는 극장보다는 간이식 가설극장이 운영되었다.

영화의 이동 상영은 필연적으로 극장의 탄생을 가져왔다. 연극을 위한 공연장이 아닌 영사기와 스크린을 설치한 본격적인 극장이 탄생한 것이다. 사람들이 모여서 볼 수 있는 가설극장 형태에서 본격적으로 진화하게 된 것이다. 극장은 꿈의 공장이었다. 볼거리에서 스토리텔링을 갖춘 영화가 등장하는 데 그리 오랜 시간이 필요치 않았다. 영화는 탄생과 함께 제7의 예술로 자리 잡았다.

1911년, 이탈리아의 시인이자 평론가인 리치오토 카뉴도는 '제7예술선언'이라는 글을 발표하며 최초로 영화를 제7의 예술로 명명하였다. 그것은 연극, 회화, 무용, 건축, 문학, 음악 다음으로 영화가 당당히 자리 잡은 것이다. 이로서 영화는 그 탄생을 아는 유일한 예술이 되었다.

볼거리인 영화에 스토리가 가미된 것은 필연적인 것으로, 1903년 에디슨 회사의 에드윈 포터가 감독한 〈대열차 강도〉가 시작이었다. 8분 정도의 길이였지만, 본격적인 극장 시대를 열었다. 초기 니클오디언(5센트 극장)이 생겨나며 〈대열차 강도〉는 영화의 산업성을 보여주었다.

초창기 무성영화는 자막과 음악 반주로 스토리를 전개시켰다. 동양에서는 변사辯士라는 특별한 직업이 탄생했는데 만담 풍으로 영화의 내용을 들려주었다. 이는 영화 외적인 재미를 주는 것으로써 관객을 영화 속 세계로 끌어주는 역할에 머물지 않고 영화를 재창조하며 배우 이상의 인기를 끌었다.

영화는 시공간을 아우르며 전개되는 혁신적인 탈바꿈을 한다. 축음기의 발명은 1877년이며 1887년에 음악을 대중화 시켰다. 최초의 유성영화는 1927년의 〈재즈 싱어〉에 의해 영화계는 한 단계 도약을 하며 전 세계에 영향을 끼쳤다. 영화는 초기의 디스크식 음향 장치를 탈피해 프린트에 사운드 트랙을 구비해 동시 발성되었다.

1932년에 개봉된 월트 디즈니의 〈숲속의 아침〉(1932)은 테크니컬러에 의한 최초의 컬러영화가 되었다. 루벤 마물리언의 〈베키 샤프Becky Sharp〉(1935)는 최초의 장편 컬러영화이다. 1939년 개봉영화 〈오즈의 마법The Wizard of Oz〉는 본격적인 컬러 영화 시대의 개막을 알린다.

이러한 외형적인 변화와 발전의 기저에는 스토리텔링의 영상 구현이 한 몫을 차지한다. 인간이 상상해낸 모든 것을 영상으로 표현하며 영화는 고학기술을 혁명적으로 바꾼 선도 역할을 톡톡히 해낸다. 수많은 SF영화(공상과학 Science Fiction Film)가 그 증거이며 인류는 영화가 보여준 과학문명을 하나하나 구현해 나가고 있는 시대를 살게 되었다.

초창기 한국의 영화관

영화 촬영도구인 영사기는 에디 슨이 발명했는데, 영화의 시작은 그 가 아니다. 영화의 공식적인 기점은 프랑스의 뤼미에르 형제가 그랑 카 페라는 상영장에서 단편 다큐멘터 리들을 상영한 1895년 2월 28일이 다. 그리고 여행가인 버튼 홈즈가 내 한하여 여러 풍광을 촬영한 시기가 1899년이다.

초창기 극장 '원각사'

한국의 경우 1903년 영미연초회사英美煙草會社 담배를 홍보하기 위해 한성전기회사 훗날 京城電氣株式會社 창고에서 영화를 상영했다. 담배 빈 갑空匣을 가져오면 무료 관람 시 키던 형태이다. 이때 공개된 활동사진들은 기차, 코끼리, 해수욕장 등을 소개하는 단 편 다큐멘터리였다.

1904년 9월 19일의《대한매일신보大韓每日申報》에 의하면 당시 한성전기회사를 경 영하는 미국인 콜부란의 광고가 실리기도 했다. 한성전기회사는 아예 활동사진관람소 活動寫眞觀覽所를 설치해 본격적인 영화상영관을 운영했다. 그 위치는 동대문 근처였고 지금의 청계천 변이다. 이러한 볼거리로서 영화가 대중에 첫 선을 보이며 점차 대중오 락으로 자리 잡게 된다.

한국 최초의 영화 전용관이 설립된 것은 1910년 2월 18일로 종로 관철동에 2층 목조양식 건물로 지어진 경성고등연예관京城高等演藝館이다. 1911년에는 황금정 2정목 에 황금연예관黃金演藝館이 생겼다. 같은 해에 본정통(명동)에는 일본인을 상대한 세계관 世界館, 1913년경에 황금연예관 근처에 대정관大正館이 개관한다. 그 외에 희락관喜樂館 이 개관하는데 이것은 모두 일본인이 운영하는 극장이었다. 이런 극장에서는 파데회 사의 영화나 미국영화, 일본영화들이 상영되었다.

근대식 종합공연장인 종로의 단성사가 건립된 것이 1907년, 우미관優美館은 1910

년에 세워진 경성고등연예관에서 1915년에 개칭되었다. 단성사가 1918년 영화 전용 관이 되기 전까지는 한국인이 운영하는 서울 내의 유일한 영화관이기도 했다. 이곳을 두고 김두한과 일본인들의 세력 다툼이 극화되기도 했다. 국도극장은 1913년에 개관 했다. 1916년에는 경성극장이 공연장으로 개관하였는데 1940년대 초에 영화전용관 으로 바뀌고, 광복 후에는 서울극장(합동영화사가 운영했던 서울극장은 아니다)으로 바뀐다.

극장들은 신축 이전하기도 하는데 황금관은 1916년 미국 유니버설 영화사 제작의 〈명금〉을 상영한다. 단성사는 1918년 활동사진(영화) 전용 상설관으로 바꾸어 재개장 한다. 당시의 극장 시설은 지금과 비교할 수 없을 정도인데 외관은 그렇다 치더라도 고 (故) 전숙희 작가에게 들은 바로는 극장 바닥에 가마니가 깔려 있어 거기에 앉아서 영화 를 보았다고 한다.

그리고 1919년 10월 27일에 드디어 한국영화 사상 첫 영화인 다큐멘터리 〈경성 전시의 경〉이 상영되고 이어서 연쇄극(Kino Drama) 〈의리적구토〉가 공연되며 한국영 화 시작의 기점이 되는 것이다. 연쇄극이란 연극 공연 중 그 일부를 야외장면으로 촬영 하여 영사막(스크린)을 내려서 상영하는 형식이다. 이를 영화로 볼 것이냐에 대한 의견 은 아직도 분분하다. 그러나 첫 다큐멘터리 〈경성전시의 경〉이 상영되었다는 것만으 로도 한국영화의 기점이 되기에 부족함이 없다.

인천의 협률사는 1895년 활동사진 상설관으로 출발해 1921년 애관愛館으로 이름 을 바꿔 현재까지도 애관극장으로 운영되고 있다. 1922년에는 조선극장이 인사동에 세워졌다. 당시에는 무성영화 시기라 변사들이 등장하며 해설을 해주었는데 서상호徐 相昊, 김조성金肇盛, 김영환金永煥, 서상일徐相鎰, 김덕경金悳經, 이병조李炳祚, 이병호李炳昊 형제, 성동호成東鎬, 박응면朴應冕, 류인성柳寅晟 씨가 관객의 인기를 모았다.

한국의 유명극장이라 하면 원각사이다. 원각사 극장은 1919년 12월 22일 건립되 었다. 원각사라는 이름은 탑골공원 터에 있었던 절 이름과 혼동이 되는데, 여기서 말 하는 원각사는 정동에 세워진 궁내부宮內府 부府 직할이었던 국립극장이었다. 협률사라 는 이름의 관청을 개보수하며 극장으로 변신한 것이다. 이 극장에서는 처음에 연극이 공연되었지만 영화가 발명되며 영화 상설관으로서 탈바꿈 했다.

극장의 영사시설은 카본carbon(아크등, 전극 따위에 쓰는 탄소봉, 탄소선)을 태우는 방식 이라서 화재의 위험을 안고 있었다. 실제로 몇 번의 화재 소동이 있었고 국민회 본부

등으로 사용되다 결국 1914년 원각사 극장은 소실되고 만다. 그 뒤에 을지로로 이전하였다가 새문안교회 터에 복원된 원각사는 1960년에 또다시 화재로 사라졌다.

영화는 당시에 움직이는 사진이라는 의미로 활동사진이라고 불리었다. 이곳에서 프랑스 파데회사의 단편영화를 유료상영하게 된다. 원각사는 신식의 극장으로서 객석을 원형식으로 만든 건물이었다. 당시 전단지를 보면 아이들이 5전, 대인大人이 10전, 그리고 귀빈석이 30전이었다. 당시의 30전은 국수 한 그릇 가격이었다고 한다.

> "이것을 영화라고 하지만 그때는 활동사진이었다. 원각사라는 극장은 궁정극장宮廷劇場 격인데 시방 시절에 30전이라고 하면 국수 한 그릇 값도 못 되지만 그 때는 30전만 해도 매우 큰돈이었는데 여余는 이 30전을 내고 엽서 반절만한 종이에 '금 30전야'라고 씌운 귀빈석 입장권을 사고 들어갔는데 생후 처음 보는 활동사진은 지금 기억되는 것으로는 기차, 미녀무용, 기마 연습, 나이아가라의 폭포 등이었다." (김정혁 『조선영화사』 중에서)

그 뒤에 연흥사演興社, 장안사長安社, 광무대光武臺(고 朴承弼씨 경영) 등 이런 곳에서 기생들의 춤과 창극, 또는 신파극이 공연되면서 활동사진을 상영하게 된다. 이곳에서 미국의 영화들이 수입되어 상영되면서 영화는 대중의 오락수단으로 확실한 자리매김을 하였다. 그러나 처음부터 이러했던 것은 아니고 신문물로서 대중과의 간극을 좁혀가며 서서히 자리 잡았다고 보아야 할 것이다.

1921년경에는 서울에 영화 상설관이 5, 6개가 생기고 지방도 대도시에는 7, 8개, 그 외로 각 지방에 극장이 20여개가 생겼다. 명치좌明治座는 1936년 10월 7일에 본정통에 세워졌다. 광복 후 미군정 시기에는 국제극장國際劇場으로 불리다가 서울시가 접수하여 명동 시공관이 되었다. 그리고 한국전쟁 이후에는 명동예술회관이 되었고 명동 국립극장으로 불리었다. 이후 금융회사 건물로 매각되었다가 2009년 이후 다시 명동국립극장으로 사용된다. 참으로 파란만장한 극장이 아닐 수 없다.

무성영화 변사

한국영화 최초의 영화는 무성영화였다. 무성영화는 소리가 녹음되지 않는 영화이다. 자막이나 해설을 담당한 변사에 의존하는 영화이다. 변사의 영화는 한국 영화가 만들어지기 전부터 존재했는데 1912년 이후에 고등연회관 같은 곳에 등장한다. 서양 활극 〈명금(The Broken Coin)〉(1915)이라든지 찰리 채플린의 무성영화를 해설하는 사람으로 시작했다.

무성영화 시기의 변사

1920년대가 변사의 성황기라고 볼 수 있다. 출발점은 바로 서울 출신의 첫 번째 변사 우정식이었다. 그리고 부산 동래 출신의 형제 변사가 있었다. 서상호, 서상필 그리고 김영덕, 김영환 형제들이다. 이들이 활동한 시기는 초창기부터이며, 1935년 발성영화가 시작되면서 생명력이 소멸되었다.

변사마다 저마다의 특징이 있었다. 활극영화 즉 액션영화에 능한 변사가 있었다면 멜로에 능한 변사가 있었다. 변사의 역할은 문맹자를 대상으로 했기 때문에 상당히 효과적인 것이었다. 변사는 요란한 박수 속에 등장하여 스크린 한쪽 귀퉁이에 앉아 영화의 내용을 소개하면서 배우도 소개하는 식의 형태였다.

변사라고 해서 특별한 지식을 갖고 있는 것도 아니고 영어를 자유롭게 구사하는 사람도 아니어서 가령 "남자 주인공은 존이고 여자는 메리다."라는 식으로 언급을 했다. 그리고 지역적인 지식이 모자랐기 때문에 가령 파리가 미국에 있는지 프랑스에 있는지 몰라서 "미국의 파리에 지나가는 포장마차가 있었다."라고 말하는 식이었다. 그런 가운데 지식이 있는 관객이 참지 못하고 야유를 던지기도 했다. 변사가 여기서 물러서면 장사가 끝나는 것이다. 그 기세에서 밀리지 않고 "어쨌든 파리는 파리였다."라고 했다.

변사의 인기는 한마디로 얘기하자면, 오늘날 중앙정부 국장급 이상인 당시 고등관리 월급이 40원이었던 시절에 인기 배우의 출연료가 50원이었다. 변사의 대우는 인기 배우의 3배였다. 뿐만 아니라 영화가 끝나기 바쁘게 지금의 자가용 격인 인력거가 서로 경쟁적으로 모셔갔다는 에피소드가 아직도 전해진다.

변사라는 직업에 시험제도가 생기기 시작한 것은 우후죽순 격으로 변사가 나타난 때부터였다. 1920년 초기까지만 해도 활동하고 있는 변사가 전국적으로 약 60명이었다. 그러다보니 가짜들이 끼기 마련이라서 변사로 활동하기 위해서는 면허 시험 봐야 했다. 대본 읽기 등의 실기를 포함하여 교양 시험을 봤다. 이는 1921년부터 시작된다. 1922년도에는 활동하는 변사 중 일부인 45명이 응시했다.

무성영화라고 쉽게 개발된 것은 아니다. 과학이 발달하는 과정에서 시행착오를 겪어가며 무성영화 시대에서 유성영화 시대로 발전했다. 영화사는 모두 중요하다. '영화전사映畵全史(개화기의 여명, 활동사진의 등장으로부터 시작해서 해방기, 동란, 중흥기를 거쳐 기업화의 고빗길에 이르기까지 한국영화 반세기의 역사를 연대기적으로 정리한 것)'라는 것은 서양의 문화가 언제 들어와 우리 손에서 언제 시작해 성장했냐는 것이다.

기점이 되는 시기의 영화는 소리가 없어 답답한 시기였다. 그렇게 만들어낸 것이 유성영화이다. 그 과정을 겪어가며 소리를 넣고 거기서 흑백으로만 만족할 수 없으니까 컬러영화를 만들었다. 그렇게 35mm 영화에서 시네마스코프로, 다시 70mm 영화로 발전해 나간다. 이런 과정에서 영화의 시작을 알린 무성영화는 의미가 있다고 할 수 있고 변사는 그 시대의 총아였다고 할 수 있다.

초창기 한국영화 1

우리나라의 극장 형태는 초기에는 마당극 형식이 공연되며 오픈된 스타일로 출발한다. 그것이 19세기 최고 문물이라고 할 수 있는 활동사진이 들어오면서 요즘 스타일의 시설이 필요해졌다. 창고 극장의 형태를 보여줬던 것은 동대문의 한성전기회사 활동사진 관람소이다. 지금

동대문 한성전기회사 활동사진 관람소
재연(한국영화100년 기념 다큐에서)

은 사라졌지만 창고에 스크린을 설치하고 가마니 정도를 깔았을 것으로 추정된다. 정식 극장으로 광무대가 만들어지는데 당시에는 꼭 활동사진만을 목적으로 한 극장은 아니었다.

1907년 7월 17일 종로구 수은동에 단성사라는 극장이 생긴다. 350석의 좌석 규모, 목조건물 2층 그리고 남녀가 유별해서 1층, 2층에 각각 성별대로 나눠 앉던 시절이다. 물론 이에 앞서서 협률사라는 극장이 1902년에 생기지만, 영화가 아닌 판소리라든가 기예, 곡예까지 낮 공연을 했다. 그러다 영화가 들어오면서 시설이 달라질 수밖에 없었던 것이다. 서울의 단성사보다 이틀 앞선 7월 15일, 부산 광복동에 부산사라는 극장이 오픈했다.

한국에 영화가 처음 전해진 시기는 언제일까? 1897년에는 남대문에 위치한 한 중국인 창고에서 영국인 이스트 하우스의 소개로 영화가 상영되었다는 설도 있고, 1903년 동대문에 있던 한 전기회사 창고에서 시작됐다는 설도 있다. 대부분의 영화 역사가들은 1903년 설을 지지하고 있어 그 설이 우세하다.

한국에서 제작된 최초의 영화에 대한 의견도 설이 분분하다. 한국 최초로 제작된 1919년 작 김도산의 〈의리적구토義理的仇討〉와 그의 1923년 작 〈국경〉, 나아가 1923년 윤백남의 〈월하의 맹서1〉 등 다양한 의견이 있다. 당시 《매일신보》에 나온 〈의리적

---

1   일제강점기의 영화인 〈월하의 맹서〉나 〈사랑과 맹세〉는 맹세로 표기하는 것이 맞다고 생각한다. 맹서는 盟

구토〉의 상영 광고를 통해 이 작품의 제작 배경과 내용을 알 수 있어 〈의리적구토〉가 우리나라 영화의 기점으로 확정되었다.

1962년 한국영화인협회의(윤봉춘 회장) '영화의 날 제정위원회'에서는 김도산의 〈의리적구토〉를 한국영화 제1호로 정하고, 이 영화가 개봉된 10월 27일을 영화의 날로 선포했다. 무대에서 재현할 수 없는 야외 장면을 사전에 촬영하다가 연극과 이어져서 진행되는 형태이다. 연극 공연 중에 스크린이 펼쳐지면서 무대에서 사라진 배우들이 스크린에 나타난 형태였는데 이는 관객에게 충격을 줬다고 할 수 있다. 연극 공연 중 일부분을 영화로 상영하는 '연쇄극'의 형식이었던 〈의리적구토〉가 흥행한 이후 약 3년 동안 연쇄극은 활발하게 만들어졌고 관객의 호응도 커져갔다.

신문물인 활동사진이 나왔을 때 상영 날짜가 연장될 정도로 성황을 이루었다. 재상영 기록도 남아있다. 세계 영화사에서 볼 때 활동사진 연쇄극이 영화의 출발점이 된 나라는 한국뿐이다. 2분 내외의 필름이 연극무대 위에서 상영된 것이다. 이보다 형식을 갖추어 본격적으로 필름만을 보여준 영화는 1923년 작 〈월하의 맹세〉이다.

그러나 이보다 더 빠른 1920년에 〈인생의 구〉라는 3권 2,700피트의 영화가 황금관에서 개봉되었다. 그동안은 영화 〈호열자〉로 잘못 소개되었는데 제작사는 경성부위생계이고 기획에는 마호정, 감독은 김소랑(본명 김현), 출연에는 마호정, 그 외 취성좌 좌원들이 출연했다. 상영일이 1920년 7월 30일부터 8월 1일까지였는데 어떤 영화인지에 대해서는 아직 확증이 부족하다. 〈인생의 구〉는 상영 길이와 장소로 보아 영화가 맞고 그렇다면 연쇄극이 아닌 조선영화의 효시작으로 볼 수도 있다는 주장이다.

입장료는 3가지로 나뉘었는데 1등석, 2등석, 3등석 등으로 구분되었다. 당시 설렁탕 값이 10전이었는데 〈의리적구토〉의 1등 입장료가 40전이었다. 당시 조선호텔에서는 영화관인 장미원을 개설해 매주 수요일마다 영화를 관람했다. 그때 아이스크림을 서비스 하고 받은 입장료가 40전이다. 그리고 3등석이 1원 50전, 학생은 절반 할인인데 우리가 익히 알고 있는 학생 관람 할인제도가 이미 1919년부터 실시된 것이다.

연쇄극과 같은 시기에 일본인이 제작을 주도하였는데 일본인 촬영기사의 〈경성 전

誓의 국음으로 한문 표기를 그대로 따른 것이다. 이 문제는 국어의 변화로 인한 문제로 예전에는 맹서로 쓰였으나 지금은 맹세로 쓰인다. 국립국어원에 문의하면 두 단어가 모두 맞다고 답한다. 참고로 한국영화 데이터베이스(Korean Movie Database) KMDb에서는 맹서와 맹세를 혼용하고 있다.

시의 경〉 같은 기록영화와 조선총독부가 예산을 집행해서 만든 〈조선의 저녁〉 같은 영화도 있었다. 1924년 우리나라에서는 최초의 영화사가 설립됐는데 일본인이 주축이 되어 부산에 설립된 조선키네마주식회사이다. 그들은 이름을 한국식으로 개명한다. 왕필렬이라는 일본인의 연출로 1924년 작 〈해의 비곡〉을 제작하고 한국영화인들을 육성했다.

1923년에는 한국인에 의해 무성영화 시대가 열렸는데 한국 최초의 무성영화인 〈월하의 맹세〉가 제작되었다. 〈월하의 맹세〉는 지금의 조선총독부 체신국에서 제작을 했는데 저축을 장려하는 계몽 극영화였다. 흥행을 목적으로 만든 건 아니었지만 각본부터, 감독은 물론 배우까지 모두 한국인인 것에 영화사적 의의를 둘 수 있다.

영화 제작이 본격화되면서 1926년 작인 춘사 나운규의 〈아리랑〉은 우리 영화사에 전환기를 마련한 작품이라고 할 수 있다. 일제강점기에 한국영화가 어떤 방향으로 나아가야 할 것인지를 보여주었다. 그리고 영화라는 매체가 나라를 잃어버린 국민의 정서를 위해 어떤 역할을 하여야 하는지 여실히 보여준 작품이었다. 〈아리랑〉의 흥행 성공 후, 나운규는 프로덕션을 창립하고 1927년에 〈금붕어〉와 〈들쥐〉, 1928년에 〈옥녀〉와 〈사나이〉 그리고 1929년에 〈벙어리 삼룡〉 등을 꾸준히 제작한다. 그로 인해 한국영화가 조심스러운 만개를 시작했다.

초창기 한국영화 2

〈의리적구토〉는 1919년 10
월 29일 공연된 김도산 감독의
연쇄극이다. 연쇄극이란 무대극
(연극) 공연 중간에 무대 위로 스
크린이 내려오며 야외 장면을 상
영하는 혼합극 형태의 공연이다.
연쇄극은 연극 무대에서 보여줄

연쇄극 〈의리적구토〉 신문광고

수 없는 장면을 야외 촬영을 하여 영화로 보여주는 것으로 연극을 보다 차원 높게 완성
해 주는 수단이었다. 종래의 극 형태에서 문명의 발달로 영화가 창조되며 연극과 더불
어 만들어진 형태인 것이다.

혹자는 연쇄극이 영화의 기점이 될 수 없다고 격하하지만 어느 나라나 불완전한 형
태라 하더라도 필름으로 촬영된 동영상 콘텐츠를 영화로 인정하고 있다. 이미 발명왕
에디슨은 1889년에 키네토스코프를 발명해 동영상 콘텐츠를 공개했다. 에디슨이 만
든 단편영화는 요지경 같은 상자를 통해 개인적으로 볼 수 있는 형태로 공개되었다. 그
러나 이는 스크린을 통한 상영이 아니라서 영화로 인정받지 못했다.

키네토스코프 발명 후인 1895년에 나온 뤼미에르 형제의 〈열차의 도착〉이라는 단편
영화가 세계영화의 기점이 된다. 파리의 그랑 카페라는 공개된 장소에서 스크린을 통
해서 상영되었다는 사실이 전 세계 영화평론가들에 의해 세계영화의 탄생작으로서 선
정된 것이다. 물론 미국인은 이 사실을 인정하지 않고 있다.

연쇄극은 초창기의 단편 다큐멘터리보다 더 진보된 형태이다. 극영화 대본에 의해
출연진이 야외 촬영을 하고 극장에서 상영이 되었기 때문이다.

후세의 영화연구가들에 의해 설정된 영화의 3요소는 시나리오에 의한 스토리 창
작, 카메라를 통한 필름 제작, 극장이라는 공간에서 스크린 상영인데 김도산 감독의
연쇄극 〈의리적 구토〉는 이러한 조건을 잘 갖추었다. 그래서 한국영화 100년의 기점
이 되기에는 충분하다. 비록 이 영화의 필름이 남아있지 않지만 신문광고 등 실증자료

도 존재한다.

그리고 또 하나의 영화, 김도산 감독의 〈경성 전시의 경〉이라는 다큐멘터리가 그 때 함께 제작되어 상영되었다. 그래서 1919년은 한국영화의 기점이 되기에 문제가 없는 해이다. 〈의리적구토〉는 단성사 전속 성우였던 김덕경이 신극좌를 이끌던 김도산에게 권유하여 시작되었다. 김도산은 각본을 썼고 단성사 사주인 박승필이 당시 5천 원을 투자하여 제작되었다. 촬영은 미야카와 소노스케 일본 오사카 덴카쓰 기사를 고용했고 촬영된 장소는 명월관, 청량리 홍릉, 장충단 공원, 한강 철교 등이라고 전해진다.

〈의리적구토〉는 무대극 중에서 일부 장면이 영화로 재현되었는데 대본이 전해지지 않고 있다. 다만 줄거리는 전해져 오는데, 부유한 집안의 아들인 송산松山이 우연히 의형제들을 만나 재산을 탐낸 간계에 맞서 싸운다는 내용이다. 권선징악의 주제에 맞추어 적당히 멜로적인 요소를 가미한 통속영화의 전형이다. 그리고 활극적인 요소를 가미하였으니 관객으로서는 볼거리가 충만한 연쇄극이었을 것으로 추정된다. 현재 이 연쇄극을 보았던 생존자는 당연히 없다. 그렇다고 이 연쇄극이 부정될 수는 없다. 당시 기록을 보면 우리나라에서 처음으로 스크린에 한국 사람과 풍광이 보여지니 비싼 입장료에도 불구하고 극장은 장사진을 이루었다고 한다.

2019년 시나리오작가협회가 펴낸 한국영화 100년사 시나리오작품선집 1권에 〈의리적구토〉 복원본 시나리오가 실려 있다. 고증을 거치지는 않은 내용이기 때문에 작가의 이름도 없다. 내용은 계모의 흉계로 일경에게 쫓기는 독립운동가 아들의 스토리인데 1919년 당시로서는 상영될 수 없는 상황이다. 이는 너무 각색되어 발표되었는데 왜곡이 심각한 수준의 시나리오이다.

한때 학자들 간에 〈의리적구토〉와 1923년 작 〈월하의 맹세〉를 가지고 한국영화 기점에 대한 논쟁이 팽배했는데 한국영화인협회는 〈의리적구토〉의 단성사 공연일인 10월 27일을 한국영화의 날로 정해 행사를 이어오고 있다.

초창기 한국 영화 주요작품

한국영화는 출발부터 우리의 의지
와 상관없이 일제의 상업적 목적과 정
책적인 선전 도구로 사용되었다. 그리
고 이 시기에 우리 영화인들은 자연스
럽게 영화 제작 과정에 유입되었다. 한
국영화는 1919년 〈의리적구토〉를 시
작으로 1945년까지 모두 171편이 제
작되었다. 이는 전범성의 『한국영화총

1919년의 연쇄극 〈의리적구토〉 신문광고문

서』, pp.103~254(한국영화진흥조합,1972)에서의 주장이다.

〈의리적구토〉의 구토는 '복수'의 일본어 표현으로 '의리의 복수'라는 뜻이다. 총
171편 중 신파조의 주제의식을 탈피한 영화는 극히 일부이며 거의가 주권을 잃은 민족
의 아픔을 비탄과 한의 정서 따위로 표현한 작품이거나 후반기에 이르러 일제 군국주의
침략정책에 동조한 어용영화들이었다. 개중에는 일본영화이지만 실제는 위장합작영화
로 한국영화에 편입된 〈망루의 결사대〉, 〈젊은 모습〉, 〈사랑과 맹세〉도 포함되어 있다.

그 당시 한국영화계 사정을 보면 제작, 각본, 감독, 촬영 등 제작 주체가 일본인이
어도 한국영화사의 한 부분으로 자리 잡고 있다. 실제로 영화 〈아리랑〉만 하더라도 제
작자는 요도 도라조淀虎藏이며 촬영 또한 가또 교헤이加藤恭平라는 일본인이었다. 하지
만 일본의 영화사가 기획을 하고 실제 제작을 하면서 한국인들을 배우로 기용하고 그
들을 통솔하기 위해 조감독을 기용한 경우까지 한국영화로 볼 수는 없다.

왕필렬이라는 한국식 이름을 썼던 일본인 다카사 간죠高佐貫長가 각본, 제작, 감독
한 〈해의 비곡(海의 悲曲)〉은 부산에 세워진 '조선키네마주식회사'의 창립작품으로서
이주경, 안종화, 이월화 등이 출연하였고 이경손이 조감독을 맡았다. 이 작품을 마친
다카사는 윤백남을 감독으로 〈운영전雲英傳〉을 제작하였는데 안종화가 출연하였고 역
시 이경손이 조감독을 맡았다. 특기할 사항은 나운규가 가마꾼으로 이 영화에 데뷔한
것이다.

〈운영전〉을 마친 윤백남은 다카사의 회사에서 독립할 것을 결심하고 뜻을 함께 한 휘하의 영화인들을 이끌고 상경하여 황금정 5정목 길가의 일본식 집에 '윤백남프로덕션'을 세운다. 그 멤버로는 이경손, 나운규, 주삼손 등이었다. 그리고 〈심청전沈淸傳〉을 제작하는데 이경손이 감독을 맡고 김정숙과 남궁운이 출연하였다. 특히 나운규가 심봉사 역을 맡아 그 연기력을 인정받았으나 〈심청전〉은 관객동원에 실패하였다. 윤백남은 두 번째 영화로 이광수 원작의 〈개척자開拓者〉를 선정하였는데, 이경손이 감독을 맡은 이 영화를 통해 정기탁과 전창근이 배우선발대회를 거쳐 공식 데뷔를 하였다. 〈개척자〉는 우연히 상하이파 한국영화인 주요 3인을 만나게 하는 계기를 제공하였다. 그런데 촬영 중반 윤백남은 일본으로 제작비를 구하러 떠났다. 그 때문에 그의 부인이 돈을 빌려와 촬영을 하는 등 이경손은 가까스로 촬영을 마친다. 결국 '윤백남프로덕션'은 문을 닫게 되고 이경손을 비롯한 연기자들은 전《매일신보》기자 조일제趙一齊의 '계림영화협회'로 자리를 옮긴다.

이 회사는 첫 작품으로 조일제 원작의 〈장한몽長恨夢〉을 찍게 되는데 여주인공 심순애 역은 김정숙, 이수일 역은 주삼손, 정기탁은 심순애를 유혹하는 김중배 역을 맡았다. 그런데 주연 배우인 주삼손이 촬영 중반에 행방불명이 되어 갑자기 주인공이 심훈으로 바뀐 1역 2인이 출연한 영화로 완성된다.

그러나 이 영화에는 의외로 관객들이 몰려들었다. 이경손 감독의 「무성영화시대의 자전無聲映畵時代의 自傳」을 보면 "개봉 첫날 단성사 벽은 터질 듯했다. (…) 일제一齊는 〈장한몽〉에 자신이 붙었는지 둘째 영화를 시작하자고 했다."라고 썼다.

흥행된 이유는 일본 원작인 〈금색야차金色夜叉〉와 조일제의 번안원작인 〈수일과 순애〉가 워낙에 알려졌기 때문이다. 이어서 이경손은 조일제의 두 번째 영화 제의에 윤백남의 오리지널 시나리오 〈산채왕山寨王〉을 권하였고 일본에서 배우로 활약한 강홍식 주연으로 정기탁, 김정숙이 출연하였는데 로빈후드 활극 스케일이어야 할 이 영화는 열악한 상황에서 제작되어 흥행은 기대 이하였다.

나운규는 〈심청전〉 이후 이경손 감독의 영화에서 계속 제외되어 있는 동안 하나의 시나리오를 완성하는데, 이것이 바로 피압박 민족의 울분을 상징화한 〈아리랑〉이었다. 나운규는 '조선키네마프로덕션'의 요도 도라조淀虎藏 사장의 지원 아래 〈아리랑〉의 각본, 감독, 주연을 맡게 된다.

1919년의 물가

———

한국영화의 기점이 되는 1919년에는 쌀 한 되에 36전이었다. 당시 극장 입장료가 특등석 1원 50전인데 얼마나 비싼 금액인지를 쌀과 비교해 보면 알 수 있다. 현재 금액으로 환산하면 쌀 한 되는 1.6kg으로 약 5천 원가량이지만 쌀값으로는 비교 불가능한 이유가 당대의 쌀값과 지금의 쌀값은 국가의 정책이 반영되어 비교가 불가능하기 때문이다.

그것을 감안하여 굳이 비교해보면 1전에 140원으로 특등석은 약 2만 천 원, 1등석은 1만 4천 원, 2등석은 8천 4백 원, 3등석은 5천 6백 원가량이다. 단순 비교로는 특등석이 지금의 관람료보다 비쌌다고 볼 수 있다. 그러나 일반적으로 궁핍한 삶속에서 돈이 귀하던 시절이니 실제 물가는 차이가 있을 것이다.

초창기 영화 시나리오 쓰기 1

한국의 초창기 시나리오는 일본의
시나리오 작법 발달사와 궤를 함께 한
다. 일본인들에 의해 이식되었기 때문
인데 놀라울 정도로 발전된 형태의 글
쓰기를 보여준다. 영화소설이라는 형
식으로도 일간지에 연재되고 별도로
발매되어 판매 되었다.

나운규 감독의 〈아리랑〉은
시리즈로 3편이 제작되었다.

당시 시나리오의 문제와 분위기를
'여명기 조선영화 영화인 좌담회'에서
"작가의 협력 요망"(《新東亞》, 1936.1.)이
라는 글을 통해서 알아본다.

서광제 : 원작이나 시나리오 문제는 중요합니다. 작가, 프로듀서, 감독의 콤비가 맞
　　　　아야 하는데… 듀비비에만 하더라도 스파크라는 시나리오 작가의 도움이
　　　　없이는 지금의 명성을 얻을 수 없었을 겁니다.

이창용 : 일반적으로 시나리오에 대한 연구가 적습니다. 문단에서도 그러리라고 생
　　　　각합니다. 좀 더 연구를 많이 해야 하겠습니다.

이무영 : 현재는 문단작가로서 시나리오 연구가 적지만은 이것은 이때까지 문단
　　　　작가의 작품을 영화화하지 않은 탓도 있겠지요.

서광제 : 영화가 활동사진으로서 인식되었을 때에는 사람의 움직이는 것만으로 만
　　　　족했지만 지금은 그 내용을 찾는 시대니까 문예에서 많이 배워야 합니다.

이창용 : 시나리오 작가 문제는 큽니다. 프랭크 캐프라Frank Capra도 러스킨의 시나
　　　　리오의 힘이 3분의 2는 된다고 할 정도인데 조선에서도 차차 시나리오의
　　　　중요성이 인식될 겁니다.

안석영 : 나는 시나리오 작가가 나오기까지 감독끼리 서로 시나리오를 상호 공급해

서 남의 이미지를 자기 것으로 만들게 되니까 좋은 경험이 될 것입니다. 물론 한때의 응급책으로지만.

윤봉춘 : 현재 형편으로 좋구먼요.

이창용 : 문단은 생활에 있어서도 또 사회적 지위로 보아도 영화인보다 나은 편이니까 먼저 영화에 손을 대어 주어야지요.

김유영 : 작가와 영화계는 좀더 긴밀한 관계를 가져야 합니다.

기　자 : 여러분은 장차 조선영화로서 어떤 작품을 만들어야 한다고 봅니다.

박기채 : 과거 영화계를 보면 원작을 중대시하지 않았는데 지금부터는 원작을 즉, 내용을 중요시해야겠지요.

김유영 : 그건 과거의 영화인에 대한 실언입니다. 과거 영화인이 어디 내용을 중대시 않았습니까?

안석영 : 영화는 처음에 호기심만 자극하면 그만이던 것이 이제는 생활을 그려야 하게 되었는데, 과거에 있어서는 예술을 위한다기보다도 먹으려고 영화를 만들었지요.

안종화 : 나는 그렇지 않았습니다. 과거에 있어서 영화인이 양심을 안 가졌다고 전반적으로 말할 수 없지요. 그때는 영화제작기구가 문예작품을 만들만큼 큰 것이 되지 못해서 그랬을 따름이지요. 지금에 와서 초창기의 고심을 모르고 험담할 수는 없습니다.

서광제 : 지금에 있어서도 예술적인 것을 전부 그대로 나타낼 수는 없지요. 한도가 있습니다. 신세리티(성실성)가 있느냐 없느냐가 문제일 뿐입니다. 기법 같은 것은 아직도 굉장히 뒤떨어져 있지 않습니까. 아직도 감독, 배우 제작인의 태도에는 신세리티가 없는 점이 많습니다.

안석영 : 사건 취급에 있어서 우리는 현실에서 취재하여 그것을 가지고 철학적인 견지에서 해야겠습니다.

박기채 : 그 점은 과거 작품이 특색을 가졌었지요.

서광제 : 농촌을 주제로 한 작품이 아마 가장 실패가 없을 듯합니다. 실재란 말을 한 김이니 말이지만. 문화인으로 무엇인가를 내려다가 실패한 것을 사주어야 합니다. 그렇지 않은 건 물론 타기唾棄해야 하지만.

김유영 : 나는 이야깃거리 없는 영화를 만들고 싶은데요. 일본 내지 영화의 <겨울하 숙>이라든가 <꾀꼬리> 같은 분위기를 내는 영화 말입니다. 그래서 소설 보다도 수필이나 시 한편에서 제재를 찾았으면 합니다.

이무영 : 문학에 있어서도 나오는 사람이 사람 같지 않고 인형 같은 것이 많은데 영 화에도 대부분인 듯 느껴집니다. 예술의 묘체는 허虛에서 실實을 낳는 것 이라 했는데 즉, 거짓말을 잘해서 참같이 보이도록 할 것이 그 반대로 참을 말해도 거짓 같이 보입니다. 전형적의 성격이 없습니다.

서광제 : 영화에도 포에지가 있어야 할 텐데 그것이 없습니다.

안종화 : 인생을 바라보는 것은 할 수 있어도 인물의 성격을 표현한다는 것은 그렇 기에 힘듭니다.

서광제 : 문학과 영화의 표현법이 달라서 영화는 한층 더 힘듭니다. 문학작품에서 는 '그는 새침때기였다'고 쓰면 될 것도 영화에서는 새침때기의 사람을 내 세워서 새침때기임을 알려야 하니까.

초창기 영화 시나리오 쓰기 2

당시의 시나리오론論을 알기 위해 '단편적斷片的인 노트'라는 이운곡李雲谷 작가의 글을 인용해 소개한다.

단편적斷片的인 노트

이운곡

■ 서설

최근 우리 조선에서는 시나리오에 대한 관심이 급격히 높아져서 이제는 문화인이라는 사람들로서는 시나리오를 말하지 않은 사람을 찾아볼 수 없으리 만치 이 구석 저 구석에서 시나리오를 논의하고 있음을 볼 수 있게 되었다.

모보某報에서는 대서특서로 영화소설을 현상모집하는 한편으로 해지상該紙上에다가 또한 시나리오를 연재하고 있으며《조광》과 같은 우리의 대표적인 대 잡지에서도 벌써 전부터 시나리오와 영화소설 같은 것을 싣고 있는 등 기타 신문이나 잡지라고 이름 지은 출판물에서 영화소설이나 시나리오 등류의 편린片鱗을 찾아보기에는 어렵지 않게 된 현상을 나타내 보이고 있다. 그 위에 확문確聞한 바에 의하면 시나리오 연구만을 주의主意로 한 잡지까지 몇몇 사계斯界의 뜻을 둔 사람들 사이에서 발행하려고 방금 준비 중이라고 하니 시나리오 열이 상당히 높아진 것을 알 수 있다.

일본 내지 같은 데에서는 벌써 수년 전부터 이런 시나리오에 대한 관심이 생겨 가지고 한 계통인 영화잡지에서는 물론 보통 신문이나 잡지에서까지도 이 시나리오에 대한 것을 논의하고 있으며 최근에 와서는 시나리오문학전집까지 발간된다는 등 실로 시나리오의 대유행시대를 연출하고 있으나 아직 우리 조선에서와 같이 대 신문이나 대 잡지에서 이렇게 떠들어대기까지는 않는 모양이다. 그리고 일본 내지에서 대두擡頭되어진 시나리오 열은 최근에 와서 일본영화가 특히 질적으로 대약진을 보이고 있는 데에 반향反響된 점이 많은 것 같으며 또 한편으로는 그 시나리오에 대하는 태도가 신중한 연구적인 것으로 그에 대한 논쟁까지도 상당히 활발히 전개되고 있음을 볼 수 있다.

　우리 조선에서도 최근에 와서 조선영화가 전에 비하여 어느 정도 약진을 거듭하고 있는 것이 사실이고 또 한편으로는 처음으로 적으나마 영화회사까지 갖게 된 데에 반향 되어서 일반적으로 시나리오에 대한 관심과 열이 생겼다고 할 수 있겠으나 그 열의 기초야말로 일본 내지에 비추어볼 때에 퍽이나 미약함을 느끼게 한다. 그런데다가 시나리오에 대하여 정당한 이해를 위한 아무런 논의도 아직 없는 것을 볼 때에 누구나 우리가 당면하고 있는 영화소설이니 시나리오이니 하고 떠드는 그 시나리오 열이 그 기초에 비추어볼 때에 너무나 떨어져 있으며 부동적浮動的 천박성淺薄性을 띠고 있다는 것을 시인하지 않을 수 없을 것이라고 생각한다. 그렇다고 나는 여기서 우리들의 앞에 전개된 시나리오에 대한 관심이나 열을 공연空然한 것이고 우리들에는 아직 소용없다는 것은 절대로 아니다. 물론 이 기운은 빈약한 우리 시나리오계의 발전을 위하여 나아가서는 우리 조선영화계의 발전을 위하여 적지 않은 도움이 될 것을 확신하기에 주저치 않은 자이다. 그러나 우리는 여기에서 이 문제에 대한 이론적인 정면인 정당한 검토와 깊은 성찰도 없이 그저 시나리오니 영화소설이니 하고 떠들어서는 안 된다는 것을 알아야 할 것이다. 사실로 우리 앞에는 현재 이에 대한 탄식誕識 착오를 많이 발견할 수 있다. 이에 우리는 좀 더 신중한 학구적인 태도로서 나아가지 않으면 안 될 것이다. 이에 아직 이 부문에는 국외자격인 내가 단편적이나마 시나리오에 대한 몇 가지 감상을 적는 바이다. 이것에 뜻을 품고 나아가는 이에게 조금이라도 도움 되는 점이 있다면 이 이상 다행한 일을 없겠다.

▬ 시나리오 여성학

　일본 내지에서는 시나리오에 대한 관심이 높아지면서 이러한 기운은 스크린을 통행通行해서 감상하게 되는 정말 영화와는 어느 정도까지 독립하여 가지고 다른 한편으로 독물讀物로서의 시나리오 즉 시나리오문학을 대립하자는 운동에까지 도달되고 있는 듯하다. 특히 작년부터 그런 기운이 움직이기 시작하여 금년 들어서는 시나리오 문학전집까지 간행되어서 이에 반향하여 시나리오 문학에 대한 활발한 논의가 전개되어 시나리오 문학운동이 자못 융성해졌다. 이에 영향을 받았는지 우리 조선에서도 일본 내지와 같이 그런 운동이 아직 구체적인 아무 것도 제출되지는 않았으나 모보某報에서 현상모집하는 영화소설이라는 것이 차소위此所謂 지금까지의 영화해설 같은 영화소설류와는 좀 더 다른 영화소설의 새로운 경지를 개척할만한 것이 된다는 것을 조건으로 제시되었던 것이 오직 우리 조선에서의 시나리오 문학의 모호하나마 첫 제시가 아닌가 생각되는 바이다.

그러나 현재 우리에게 보여주고 있는 거진 희곡 같은 거라든지 거진 소설에 가까운 거라든지 심한 것은 영화해설이라든지 또 한편으로는 카메라의 위치까지 지정한 코디네이터에 가까운 것 등등 각인각색의 여러 가지 형식의 시나리오 중에서 대체 시나리오문학의 새로운 경지를 자부하고 나아갈 형식이 과연 어느 형식의 시나리오야만 될 것인가 하는 문제에 대해서는 아직 아무런 규정도 짖지 못한 채 그저 단순한 독물이상으로 시나리오에도 독자적인 문학성이 있다는 것만을 막연하게 알고 있는데 그쳐있는 듯하다. 여기에서 우리는 이 문제를 구명究明하기 전에 먼저 초보적으로 시나리오라는 것이 어떠한 것인가를 구명해보지 않으면 안 되게 되었다.

첫째 시나리오작가가 시나리오를 생각하려면 그가 머릿속에다 관념적인 영화제작을 하지 않으면 안 될 것인데 여기에서 시나리오라는 것을 간략하게 말하자면 그 시나리오 작가의 머릿속에 창조되어지는 이러한 영화적인 내용을 문자라는 부호를 사용하여 표현한 것이라고 할 수 있을 것이다. 물론 영화의 내용을 발현하는 수단에는 시나리오 이외에도 콘티뉴이티나 설명서 같은 것이 있고 또한 그것들이 모두 독자적인 역할을 갖고 있으나 좌우간 이 영화적 내용의 표현이라는 사실이 시나리오를 다른 문학과 구별하는 첫째 조건이 된다. 따라서 만일 영화가 한 영화적 세계를 창조한 시나리오 작가 자신의 손으로서 창작된다고 한다면(소설이나 영화에서와 같이) 그 자신이 그것을 잘 이해하고 있는 이상 이 영화적 내용의 표현인 시나리오가 무슨 그뿐이 알 수 있는 암호로 되어있거나 또는 조잡한 기록문에 불과하여도 그리 지장이 없을 것이다.

그러나 실제로 그가 창조한 영화적 내용을 현실로 영화화하는 것은 감독이고 배우이므로 시나리오가 이런 암호나 불충분한 기록문에 그치어서는 결국 아무런 의미가 나타내지 못하게 된다. 여기에서 시나리오를 다른 기록문(콘티뉴이티-설명서)

과 구별하는 둘째 조건이 생겨지는 것이다. 그러므로 자연히 시나리오는 각 화면 급 그의 연속을 가장 조선朝鮮하게, 또한 가장 적확하게 연상시킬 수 있을 수 있는 특수한 문자(문학)의 법칙에 의하지 않으면 안 되게 되는 것이다. 여기에 시나리오의 문학성이 강조되는 소이所以가 생겨지는 것이다.

같이 문학의 법칙에 의한다고 해서 시나리오와 보통의 문학(소설)과 그 표현하는 대립이 같다는 것은 절대로 아니다. 소설에 있어서는 그 표현된 문자 뒤에서 독자는 곧 그 현실을 상상할 수 있으나 시나리오의 경우에는 이와 달라서 독자는 먼저 화면을 상상하고 그 상상한 화면에 의해서 비로소 처음으로 현실적인 정서와 감정이 환기되어지는 것이다.

그 특수한 목적이 또한 시나리오를 다른 문학과 구별하는 가장 특수한 형식으로 만들어 주는 것인데 좌우간 여기에서 우리는 시나리오가 일종의 문학적 창작이라는 것을 알 수 있는 동시에 시나리오 작가도 훌륭한 문학적 재능을 필요로 하며 나아가서 이 재능 없이는 훌륭한 영화예술가가 될 수 없다는 것을 알 수 있을 것이다. 그리고 또한 여기에서 우리는 시나리오문학이라는 것을 우리들이 지금까지 대체로 영화설명식의 속된 영화소설 같은 류의 말하자면 영화를 직접 대립으로 하는 시나리오와는 별개의 입장에서 그런 시나리오 문학적으로 수식하거나 개변改變한 것을 가리켜서 말하는 것이 아니라는 것을 알아야 할 것이다. 참된 의미에서 새로운 영화소설(시나리오라는 용어 이외에 이런 용어를 쓸 필요를 느끼지 않으나 굳이 사용한다 치면)의 형식과 시나리오와는 하등 별물別物이 아니라는 것을 알아야 할 것이다. 다시 말하자면 마치 극에서와 같이 희곡이 무대 상의 연출 효과를 떠나서도(연출 효과를 무시한다는 말이 아니다.) 또한 일방으로 문학적 가치를 가지고 있는 바와 마찬가지로 시나리오도 영화로 근접 대립으로 할 때에는 화면의 방면, 사상, 내용 등 모든 자세한 영화적 내용을 암시한 소재에 불과하지만 이와 동시에 한편으로 그것만으로써도 또한 독립된 독물로서의 가치, 즉 문학적 가치를 가지고 있다는 것이다. 다시 말하자면 영화를 예상하고 창작된 시나리오 자신 그 가운데에 또한 일종의 특수한 문학적 가치가 포함되어 있어서 그런 시나리오를 가리켜서 시나리오 문학(이라고 말하고 있는 새로운 영화소설)이라고 할 수 있을 것이라 생각한다. 우리들은 먼저 이것에 대한 충분한 이해를 갖지 않으면 안 될 것이다.

왜냐하면 우리는 지금까지 사실상 시나리오 자신이 문학성을 과소평가하였고 시나리오 문학(참된 의의의 영화소설)이라는 것을 영화를 대상으로 한다는 시나리오의 본질과 역할을 떠나서 별개체別個體의 단지 독물로서 재미있는 것이나 심지어 시나리오의 형식을 가미한 소설의 일종이라고 생각해 온 편이 많았던 것인 까닭이다. 만일 이와 같이 시나리오 문학(영화소설)이라는 것을 시나리오에다가 어떤 소설적(문학적)인 것을 가미시켜서 그저 흥미본위의 독물로서 만드는 것이라고 한다면 그것은 야담 이상의 무의미한 통속적 독물에 지나지 못할뿐더러 이런 괴물을 그대로 방임放任해 둔다는 것은(이것도 통속소설이 여전 존재함과 같이 용이容易)히 근절될 수는 없겠지만) 시나리오 문학의 정당한 발전을 위하여 도리어 큰 해독을 끼치게 된다는 것을 알아야만 될 것이다. 그것은 이러한 괴상한 영화소설류에서는 화면의 내용, 방향, 사상 등 영화적 내용을 암시한다는 시나리오 본래의 한계를 초월하여 있기 때문에 실제도 영화화할 때에 부적당할뿐더러 간접으로는 위에서 말한 바와 같은 본래로 시나리오 자체 가운데에 포함되어 있는 특수한 문학적 가치나 독자적인 문학형식을 말살시켜서 시나리오의 정당한 발전을 저지沮止하는 결과를 나타내는 것임으로써이다.

이에 결론으로서 참된 시나리오 문학(영화소설의 새로운 형성)이라는 것은 독물적인 시나리오나 소설적인 시나리오가 아니라 그 자신이 시나리오로서 완성된 것이 아니면 안 된다는 것으로서의 감독자인 에이젠슈테인이 말한 바와 같이 "앞으로의 새로운 시나리오는 시나리오 곧 소설의 형식이어야 한다."라고 한 것과 같이 시나리오와 참된 영화소설과는 동일한 것이어야 한다는 것을 알아야 할 것이다. 시나리오가 참된 시나리오로서 완성된 작품이라면 또한 문학성을 많이 가진 작품으로서 일방 문학적 독물 -새로운 영화소설- 로서도 완성된 작품이 될 수 있는 것이다. 나아가서 참된 시나리오의 정당한 발전을 위하여서도 오직 이 길을 지키지 않으면 안 된다는 것을 이에 뜻을 둔 사람은 누구나 명심해 두어야 할 중요한 문제이다.

▬ 다이얼로그로 본 시나리오와 희곡

연극에 있어서 희곡이 극문학으로서 성립함과 마찬가지로 영화에 있어서도 시나리오가 시나리오 문학으로서 성립할 가능성이 있음은 이미 위에서 말하였거니와 토키 시나리오의 기중其中 중요한 문학적 부분인 다이얼로그의 문학적 성질 상으로 볼 때에는 시나리오 문학은 토키 예술의 성질 때문에 극문학에 있어서의 다 이얼로그와 같이 발전을 할 수 없게 되며 나아가서 시나리오의 문학적 지위는 다이 얼로그를 통해 볼 때에 도저히 극문학의 지위를 따르지 못할 만치 저급한 지위에 처하게 되는 것이다. 이것은 물론 토키에 있어서도 시나리오의 다이얼로그가 영화 화될 때에 절대로 존중시되는 것이나 토키의 본질상으로 보아 다이얼로그를 중심 으로 하는 극문학에서와 같이 다이얼로그를 문학적으로 자유롭게 발전시킬 수 없 는 데에 기인되는 것이다.

시나리오가 다이얼로그의 문학으로서는 극문학보다 불충분하다는 데에는 여 러 가지 사정이 있겠으나 결정적인 사정은 주로 위에서 말한 바와 같이 토키에 있 어서는 극과는 반대로 다이얼로그는 그는 대체로 한 가지의 보조적 요소에 불과하 다는 것이다. 즉 결론부터 먼저 말하자면 토키에서는 극과는 반대로 다이얼로그가 극에서의 설명문ト書を과 같은 역할을 한다는 것이다. 시나리오에 있어서의 이 다 이얼로그의 특수성이야말로 시나리오에서 기중 중요한 부분이니만치 이것을 잘 이해하지 않으면 안 될 것이다. 이것에 이해를 돕기 위하여 극에 있어서의 다이얼 로그와 대비해가면서 구명해보기로 하자.

토키 영화와 연극과의 상이점은 관객의 대상이 전혀 화면에 한정되어 있는 고 로 극에 대한 관상자觀賞者가 현실의 인간을 직접으로 느끼는 심리적 효과를 가지 는 것과는 달라서 영화에서는 그것을 화면으로서의 효과에 의해서 수취受取하는 수밖에 없다는 것이 나아가서 토키의 특수성을 형성한다고 볼 수 있는 것이다. 여 기에서 극에서는 다이얼로그 자체가 극을 형성하고 있으나 토키에서는 될 수 있는 데까지 화면의 효과에 의뢰하고 다이얼로그는 그 화면의 효과를 완성시키는 보조 적 역할을 하는 데에 멈춘다는 말하자면 설명적인 역할을 하는 데에 그칠 때가 많 은 것이다. 화면만으로 될 수 있으면 다이얼로그는 소용없다고 하리만치 토키에 있 어서는 다이얼로그의 역할이란 그리 대수롭지 않게 볼 때가 많은 것이다.

극에서도 본질상으로 보면 동작으로서 될 수만 있다면 다이얼로그는 불필요 할 때가 있으나(판토마임의 형식까지 있다) 극에서는 점차로 다이얼로그를 중심으로 하게 되어서 근대극 가운데에는 인물의 동작이 없이 보이고 다이얼로그만으로 된

극까지 있는 형편이다(가령 쇼우의 극이나 골즈워디의 극 같은 것). 그것은 인물의 동작이 없는 것이 아니라 말하는 인물이 미묘한 움직임이 극적 동작으로 되어버리는 것이라고 할 수 있는 것이다.

토키에서도 물론 이런 장면이 없는 바는 아니다. 화면에서 받는 감각만으로는 다이얼로그가 인물에서 괴리乖離되어서 화면의 설명같이 들려온다. 이것은 기계의 매개媒介로써 받는 감각과 산 인간에서 직접 받는 감각과의 극히 미묘한 차위差違에 기인基因하는 것으로 어쩔 수 없는 사정이다. 즉 영화와 연극의 기본적 성질의 차위에 기인되는 필연적 산물인 것이다. 이 문제는 시나리오에 미치는 바가 극히 큰 문제이므로 좀 더 양자兩者의 다이얼로그의 성질을 자세히 구명해보기로 한다.

연극에서는 극히 좁은 공간과 한정된 시간밖에 갖지 못했으므로 이 한계를 넘을 수 있는 것은 오직 다이얼로그뿐이다. 그러므로 다이얼로그의 역할이 큰 동시에 나아가서 극의 핵심은 다이얼로그이다. 연극이 현실생활의 재현인 이상 과거, 미래를 연관하는 시간적인 연락을 갖지 않으면 안 된다. 또한 자유로 행동할 수 있는 공간을 갖지 않으면 안 될 것이나 도저히 제한 받은 무대 위에서는 이것을 갖기가 불가능하게 되어 있다. 그래서 이 한계를 넘게 하려면 전혀 다이얼로그로 전화轉化 시키지 않을 수 없게 된다. 여기에 따라서 현실을 재현시키는 경우에 임할 때 즉, 현실의 단면을 표현할 때 공간과 시간과 다이얼로그는 현실 면과 같이 일치하여 질 수는 없게 된다. 왜냐하면 거기에 재현된 시간과 공간에 긴밀하게 일치한 다이얼로그 이외에도 과거, 미래의 그런 것 등도 집약執約 되어 있지 않으면 안 되는 까닭이다. 그러므로 연극에 있어서는 자연히 공간과 시간에 비해서 다이얼로그의 양이나 사용 범위가 무척 많아질 수밖에 없는 형편에 처하게 되는 것이다.

그러나 영화에서는 극과 달라서 시간이나 공간을 자유로 부여되어져 있다. 따라서 다이얼로그의 한계가 아무래도 연극에 비해서 적어질 것은 두 말할 필요가 없다. 영화에 있어서의 한 장면이라는 것은 곧 현실생활의 일척一齣이다. 그러므로 다이얼로그도 그 공간과 시간에 준해서 일치되는 것 이상으로 비약하는 것을 허許치 않는다. 이것을 벗어나서 무리하게 장면과 조화 안 되는 다이얼로그, 장면에서 유리遊離된 다이얼로그를 사용한다면 필연적으로 실패하지 않을 수 없을 것이다. 영화의 각 장면은 언제나 현재이어야 하며, 따라서 작중인물은 언제나 화면의 현재에서 행동하고 있는 것이다. 그러므로 극에서와 같이 미래나 과거를 기다랗게 이야기 시킬 수는 없을 것이다. 아무리 작자의 자유로서 억지로 할 수 있다고 해도 영화예술의 특수성으로 볼 때에는 허용할 수 없는 일이다.

이에 영화에서는 과거나 미래를 막론하고 표현할 때에는 될 수 있는 한도까지 현재의 현상으로서 표현하지 않으면 안 된다. 그런 묘사의 곤란을 회피하고자 다이얼로그에게 그것을 전화시키는 것은 영화의 사도邪道에 지나지 못하는 것이다. 엄밀히 따지고 보면 영화에 있어서의 다이얼로그는 시간적인 관련에는 아무 소용없고 현재의 현상에 부수附隨해서 뿐 존재할 수 있는 것이다. 시간적 설명에 떨어진 다이얼로그는 도리어 영화의 예술성을 상傷케 하는 것 이외에 아무런 작용도 못하는 것이다.

또 영화의 다이얼로그는 연극과는 달라서 영화의 템포와 리듬에 따라서 나아가지 않으면 안 된다는 것을 알아야 한다. 한 시간이나 두 시간 동안이라는 한정된 시간 가운데에서 하루나 한 달이나 혹은 그 이상의 시간을 묘출描出할 때에는 언제나 템포가 생기게 된다. 또한 여기에 리듬도 없으면 안 될 것이다. 콘티뉴이티가 있는 곳에는 이것들이 필연의 산물로서 등장한다. 템포와 리듬을 무시하고서는 영화의 다이얼로그는 성립되지 않는 법이다. 물론 시나리오가 성립 안 된다. 그러므로 연극에 있어서는 버너드 쇼우의 희곡에서와 같은 한 사람이 장시간으로 지껄이게 할 수도 있으나 영화에 있어서는 이렇게 할 수 없다. 물론 실제상으로 보아서 연극에 있어서는 이런 것을 피하고 있기는 하다. 그러나 연극의 방법으로서는 허용될 수는 있는 법이 시나리오에 있어서는 수초數抄를 소비하는 다이얼로그까지는 꺼리는 때가 많은 것이다. 여기에서 다이얼로그가 영화적으로 세련되지 못하고 보면 그 영화의 템포와 리듬은 여지없이 혼란되고 만다. 이에 따라서 영화 자체의 가치를 손상하는 결과를 짓게 되는 것이다.

영화계에 있어서 차소위此所謂 '연극 냄새 나는 영화'라는 것은 주로 다이얼로그의 연극적인 것과 영화적인 것의 혼동에서 기인하는 때가 많은 것이다.

▬ 시나리오 작가의 지위
대중 예술이라는 것은 작가의 주관 가운데에 파악된 현실이 그곳에서 재구성되어서 제출되는 것으로 그 매력과 통일은 오로지 그 작가의 개성에 의존되어 있는 것이다. 그러므로 그의 공동제작-말하자면 분업이라고 하는 것은 특별한 경우 이외에는 성립되지 않을 뿐더러 또 설사 성립된다 치더라도 그리 재미없는 일임에는 틀림없으나 또 한편으로는 그것을 허용할 경우도 있는 것이다. 이는 곧 연극이나 영화와 같은 종합예술에서이다. 이런 종합예술에 있어서는 두 말할 필요도 없이 이런 분업이 절대적인 생명이다. 분업 없이는 존재조차 할 수 없는 예술부문이다. 즉 연극이나 영화와 같은 종합적인 예술은 그의 종합적 예술을 구성하는 각 요소의 전문가의 협력에 의해서만 완성되는 것이다. 이 예술의 발달 초기에 있어서는 아직 각 요소의 전문가라고 할 만한 인물이 구비되지 않아서 주로 선각자 몇 사람이 여러 부문을 맡아서 일을 한 때도 많았다.

우리 조선에 있어서는 누구나 아직 이런 원시적인 예를 볼 수 있는 현상이다. 그러나 연극이나 영화의 발달은 전혀 이의 각 요소의 전문가가 나타나서 각기 우수하여지는 데에 따라서 그것이 종합 통일되어 점차로 향상하여지는 것이다. 여기에 종합예술이 가진 바 특수성이 있는 것이다.

연극 방면으로 보자면 극작가, 연출자, 배우, 조명가, 무대장치가, 효과반, 소도구반, 의상부 등은 물론이요, 최근에 와서는 연출조수, 무대감독, 프롬프터와 같은 것까지 각기 훌륭한 전문적 부문으로서 우수한 전문가를 필요로 하게 되었다. 그리하여 벌써 일본 내지 같은 데서는 얼마 전까지도(아직도 그런 곳이 있지만) 연출자가 되기 위한 한 과정으로서 뿐의 역할만을 한다고 생각하고 있던 연출 조수나 무대감독을 한 독립적 전 부문으로서 완성된 그 전문적 예술가의 필요를 느껴서 그것을 양성하고 있는 것을 볼 수 있게 되었다. 우리 조선 극계에서도 아직 미비한 점이 있으나 극예술연구회와 같은 데에서 이것을 노력하고 있는 것이다. 이런 연극에 있어서의 여러 가지 부문은 영화방면에 있어도 대체로 같은 사정에 처해 있다. 감독, 조감독, 시나리오 라이터, 프로듀서, 배우 카메라맨, 믹서, 마이크맨, 음악감독, 미술감독, 조명가, 소도구부, 에디터 등등 기타 여러 가지의 전문가가 있는데 앞으로 영화의 발달에 따라서 그 분업은 점점 더 늘어가며 일층 세별된 것이라고 믿는다.

여기에 있어서 현재 영화계에서 시나리오 라이터의 전문적 지위라는 것이 어떻게 되어 있는가를 살펴보기로 하자. 분업 중에도 배우와 카메라맨 같은 부문은 그의 부문적 부문이 명확히 규정되어 분리되어 있어서 알기 쉬우나 아직 좀 불분명한 채로 문젯거리가 되어 내려오는 것은 프로듀서, 감독, 조감독, 시나리오라이터, 에디터 등의 그중 상층기구에 처해 있는 일군一群의 관계이다. 현재 일본 내지에서의 현상을 살펴보면 촬영소장이 프로듀서가 되어 가지고 그 아래에 기획부를 두어서 그의 도움을 받아 프로듀서의 역할을 하고 있고, 이 프로듀서의 다음으로 그중 노력을 갖고 있는 것은 간부급의 감독인데 시나리오 라이터는 이 양자 아래에 달려 있는 것 같다. 그래서 대체로 이 양자에게서 영화의 스토리를 명령받아 그것으로 시나리오를 만들고 다이얼로그를 쓰며 또는 그것을 수정하는 역할을 함으로서 언제나 이 시나리오라이터 자신이 이니시어티브를 발휘하지 못하는 지위에 처해 있는 것이 보통이다. 이런 현상이고 게다가 역량 있는 시나리오 라이터가 적은 관계상 감독 자신이 시나리오를 손수 쓰는 때가 또한 상당히 많음을 볼 수 있다. 그러나 근래에는 감독 자신이 직접 시나리오까지 쓰는 것이 점차로 적어가며 시나리오 라이터의 독자성이 어느 정도로 인정되어 가는 경향을 보여주고 있다. 그러나 그 독자성이라는 것은 아직 그 회사 프로듀서의 기업 면에서 오는 중력重力에다가 그 시나리오의 영화적 실현에 제際하여 감독적, 예술적 의향이 다분히 가미 수정되어지는 것으로 역시 제한을 받고 있는 것이 또한 사실이다. 그러므로 말하자면 현재 시나리오 라이터는 이 양자 사이에 끼어서 그의 독자성에 공격을 받아오며 고민하고 있다고 볼 수밖에 없을 것이다.

시나리오가 영화부문 중 제일 중요한 요소로서 "시나리오가 우사優私하면 감독이 좀 미숙해도 좋은 영화가 만들어진다."라고까지 하는 형편이나 결국 지금까지의 시나리오 라이터의 지위라는 것은 위에서 말한 바와 같이 그의 예술적 독립성이라는 것은 심히 박약薄弱한 것이었다. 현재와 같은 영화계의 기구에서는 기업 면, 예술 면에서 받는 의향을 무시하고 시나리오 예술의 독자성을 고집하자면 결국 그 시나리오는 영화화되지 못하고 매장을 당하고 마는 것이 통례이다. 그 위에 기획 면에 순종하여서 시나리오가 일단 완성된 후일지라도 그것이 영화적 실현방면의 스텝의 사정이나 기획의 변경 등의 사정으로 다시 처음과는 별개의 것으로 재기再起되거나 아주 촬영되어보지 못하고 우물쭈물하는 동안에 암중매장暗中埋葬되는 수도 또한 많음을 볼 수 있다. 또는 시나리오에 대한 보수도 타에 비하여 적어온 것이 사실이다.

　이런 여러 가지 좋지 못한 불리한 조건이 시나리오와 시나리오 라이터의 발전 향상을 방해하고 있는 현상이다. 이런 딱한 사정을 타개하려는 것이 곧 최근 일본 내지에서 떠들어대는 시나리오 문학의 확립 운동으로서 나타났다고 볼 수 있는 것이다. 즉, 시나리오를 일방으로 참된 예술적인 독물로서 독립할 수 있을 것으로 만들어내자는 것이 그 운동의 목표이다. 문학상의 한 잔루로서 시나리오 문학이라는 것을 새로 창조하자는 것이다. 이렇게 된다는 기획과 감독에게서 독립하여 자유로운 입장에서 쓸 수 있으므로 좀 더 새로운 지금까지 볼 수 있던 제재와 내용을 가지고 비약적으로 예술성을 풍부히 포함시킨 우수한 시나리오가 나올 기회도 많아질 것이고 이에 따르는 우수한 시나리오 라이터도 계속 많이 생길 것이라는 뜻이다. 또 일방으로는 기획서, 제작자의 측에서 보더라도 그 중에서 자기들에게 좋은 것을 선택 채용할 수 있다는 편의가 생기게 될 것이므로 양방이 모두 유리할 것이라는 논이 자못 활발히 대두하고 있는 모양이다. 그래서 지금 일본 내지의 이런 새로운 시나리오 열은 무섭게 고조되고 있어 그들은 시나리오로 하여금 단순히 독물로서 (이런 것은 지금까지도 많이 있었던 것이니까) 그뿐 만에 그치는 것이 아니라 희곡이나 소설과 다른 독자적인 매력을 가진 시나리오의 새로운 예술적인 형식을 창조하기에 급급하고 있으며 나아가서 시나리오 라이터의 지위 향상도 오직 이렇게 하는 길밖에 없다고까지 된 모양이다.

　이에 우리는 우리 조선의 시나리오 라이터에 눈을 돌려보자.

　서설에서 말한 바와 같이 우리 조선에서도 최근에 이르러서 일본 내지에서의 위에서와 같은 그런 시나리오 열에 고취되었는지 시나리오 열이 상당히 높아간다는 기쁜 현상을 보여주는 한편 이에 따라서 성실한 태도로서 나아가는 시나리오 라이터라는 사람도 하나둘 눈에 띄기 시작한 것 같다. 그러나 최근까지도 조선영화계에 대하여 박식薄識인 필자로서는 순전한 시나리오 라이터라는 층이 우리 영화계에도 과연 존재해 왔느냐? 하는 것까지 의심되리만치 그 존재는 극히 적었고 따라서 그 지위란 말할 나위도 없이 미미하였던 것이라고 생각하지 않을 수 없었다. 우리 영화계에 있어서는 지금까지 주로 영화계의 초보적 현상 그대로의 감독자 자신이 스스로 시나리오까지 써온 것을 볼 때에 누구나 내 주장을 굳이 도그마라고 할 수는 없을 것이다. 게다가 현재에 있어서도 우리의 시나리오계를 리드하고 있는 것은 역시 감독자들이다. 가까운 예를 들면 요즈음《동아일보》상에 발표되는 시나리오 라이터의 멤버를 살펴보면 알 것이다. 그들 중에 태반이 감독이라는 것을 볼 때 이 사실을 알 수 있을 것이다. 과거에 있어서(현재에도) 이런 현상이었으므로 우리의 시나리오계라는 것은 그 존재조차 의심되어 왔고(아니, 아주 존재가 없었다고 해도 그렇게 지나친 과언은 아닐 것이라고 생각된다) 또한 그의 독자성이란 말할 여지도 없었던 것이다. 왜냐하면 감독자 자신의 손으로 지금까지 만들어온 시나리오라는 것은 대체로 그가 그것을 자기 손으로 영화화시킬 전제 하에서 쓴 것이므로 시나리오에다 그렇게 주력을 할 필요조차 없었을 것이고 따라서 그 시나리오의 문학성과 같은 염두에도 넣지 않았을 뿐 아니라 소용이 없었던 것이다. 오직 영화적 스토리를 영화화할 때에 일의 편의상으로 뿐 시나리오를 기록문의 형식으로 써왔던 것이 보통일 것이다. 그렇다고 나는 여기에서 우리 감독자들이 이런 시나리오를 써왔다는 것이 잘못이라는 것도 아니고 또한 감독으로서 좋은 시나리오를 못 쓴다는 것도 절대로 아니다. 오직 우리 영화계에 있어서 시나리오 라이터라는 것이 그리 없었기 때문에 이런 한심한 현상으로 내려왔다는 것을 말하기 위한 것이다.

여기에서 또 우리의 시나리오만이 미숙했고 영화로서는 우사優私한 작품이 많이 있었느냐? 하면 이것 역시 대동소이이다. 좋은 시나리오가 없는 곳에 좋은 영화가 나올 리는 없는 까닭이다. 이에 반해서 시나리오만이 또한 영화의 수준을 벗어나서 우수하여 질 수도 없을 것은 물론이다.

지나간 날에 우리의 영화란 대체로 통속소설의 삽화에 불과한 영화, 저속한 스토리에다 미숙한 영화적 형식을 둘러씌워 놓았던 데에 불과하였다는 것은 누구나 부인 못할 사실이다. 그러므로 그런 영화의 시나리오가 어떤 것이었을까 하는 것은 상상하기에 어렵지 않은 일이다. 그러나 최근에 와서 우리 영화계에도 봄이 오려고 한다. 몇몇 전에 비하여 우수한 작품도 나타내고 있음을 볼 때에 우리들은 우리 영화계에도 꼭 봄이 있을 것을 믿고 있는 바이다. 여기에 따라서 또한 시나리오 열도 상상하기 어려울 만치 높아가고 있어서 이미 성실한 태도로 나아가려는 시나리오 라이터도 이곳저곳에서 두각을 내어 보이고 있다.

이것은 벌써 우리 영화계에서도 순전한 시나리오 라이터라는 전문적 예술가를 요구한 지가 오래인 만큼 당연한 일일뿐더러 기꺼운 현상이라고 아니할 수 없을 것이다. 그러나 우리 영화계에 있어서의 시나리오 라이터의 지위라는 것은 지금까지는(현재도 그렇지만) 과거의 일본영화계에 있어서의 그것보다 몇 배 이상으로 한심한 입장에 처해있다. 우리 영화계에 있어서도 시나리오는 현재 아무래도 제2의적인 것임으로써이다. 현재의 기구에서 설사 성실한 태도로 나아가는 시나리오 라이터가 있어서 한 개 양심적인 시나리오를 완성시킨다 치더라도 그것을 감독이 영화화할 때 수정(어느 정도까지는 허할 수도 있지만) 하거나 개작해서 하는 수 없다는 소위 속어에 울며 겨자 먹기의 격으로밖에는 안 된다는 것이다. 그렇다고 그것을 그냥 활자로서 발표한다고 해봤자 그런 부문적인 시나리오를 읽을 특지가特志家는 극히 적을 것이다. 첫째 그런 콘티뉴이티에 가까운 지금까지 보통 말하여오는 형식의 시나리오는 그것을 이해할 사람은 전문가 이외에는 재미없을 터이니까 말이다. 그러니까 우리의 시나리오와 시나리오 라이터의 지위 향상 역시 일본 내지에서 지금 노력하고 있는 바와 같은 시나리오 문학 운동을 활발히 전개시키는 데에 있다고 생각한다.

즉 시나리오의 독자적인 문학성을 존중하여 시나리오가 영화에서 독립하여도 훌륭히 독물로서 소설의 한 장르로서 되어야 된다는 것이다. 그러면서도 또한 곧 영화화시킬 수 있는 시나리오의 형식을 갖추고 있어서 기획자나 감독자로서 그것을 그대로 받아들일 만한, 말하자면 감독자를 인습因襲하여야 할 수 있는 그 자신 예술작품인 시나리오를 창작하지 않으면 안 될 것이라고 생각한다. 우리 시나리오 라이터의 지위향상도 아직 이 길에 의해서 뿐 꾀할 수 있을 것이다. 여기에서 또한 문제되는 것은 우리 시나리오 라이터들이 위에서와 같은 그런 새로운 문학 형식의 시나리오 창작을 하려면 자연 그의 응할만한 새로운 교양과 창작적 노력이 필요하게 된다는 것이다. 여전하게 무교양과 무창의無創意로서 그저 직인적職人的 태도로서 남이 떠들어댄다고 새로운 시나리오이니 시나리오 문학이니 시나리오의 문학성이니 하고 애매한 개념 밑에서만 나아가다가는 도저히 새로운 창작활동을 기대할수가 없음은 명약관화明若觀火의 사실일 것이다. 좀 더 영화나 시나리오에 대한 근본적인 데서부터 재출발하는 셈으로 이론적으로나 실천 상으로나 연명하면서 나아가지 않으면 시나리오의 발전과 및 시나리오 라이터의 지위 향상이라는 것을 꾀한다 하더라도 그것은 결국 가공적架空的인 공상에 지나지 못할 것이다.

그러므로 앞으로의 시나리오 라이터는 문학에 있어서의 작가수련과 꼭 같은 태도를 가져야된다는 것을 늘 염두에 넣고 신중한 태도로서 공부를 하여 참된 시나리오 창작에 활동하여야만 될 것이다. 이렇게 하는 데서 시나리오 라이터의 지위도 문학에 있어서의 작가와 같은 당당한 시나리오 작가라는 독자적인 지위를 획득할 수 있을 것이다.

영화의 장르 탄생

———

영화의 시작은 카메라의 발명 이후 제작된 다큐멘터리가 기점이었다. 원시인들은 카메라 대신에 돌을 들어 벽화를 남겼다. 그 벽화가 오늘날에도 남겨져 우리는 사진을 통해 원시 벽화를 접한다. 인류는 미술을 발전시켰고 자연과 사물 및 스스로의 모습을 포착하는데 머무르지 않고 움직이는 회화에 대한 시도를 하여 발이 8개인 들소를 그렸다. 인류의 동영상에 대한 노력은 멈추지 않았고 꾸준히 연구하여 스틸 카메라의 발명 후에도 동영상 기록을 연구하였다.

영화의 실제적인 창조자 에드워드가 달리는 말을 촬영하며 미지의 세계였던 동영상의 세계를 보여주었다. 결국 인류는 동시기 미국과 프랑스에서 동영상 카메라를 발명하였고 활동사진이라고 불린 영화를 제작하게 된다. 1889년에 에디슨이 찍은 30초간 움직임을 보여준 권투영화나 〈무희 소녀〉는 움직임을 포착하여 촬영한 것이다.

그리고 뤼미에르 형제가 찍은 최초의 영화는 〈공장을 퇴근하는 노동자〉, 〈열차의 도착〉 등이었다. 모두가 움직임을 포착한 다큐멘터리였던 것이다. 결국 1895년 뤼미에르 형제는 그랑카페에서 〈열차의 도착〉 등을 유료로 대중 공개하여 최초의 영화로 공인되었다.

영화는 이렇듯 다큐멘터리로부터 시작되었다. 존 그리어슨John Grierson은 "다큐멘터리는 현실의 재창조"라고 하였다. 다큐멘터리는 현실을 소재로 하여 촬영되었는데 비허구적인 영화로 우리의 실제적인 모습을 기록한 것을 다큐멘터리라고 한다.

다큐멘터리라는 용어는 1926년 로버트 플라어티Robert Flaherty의 〈모아나Moana〉를 본 존 그리어슨이 만들어낸 것으로 알려져 있다. 다큐멘터리라는 장르를 널리 알린 작품이라 평가되는 1922년의 〈북극의 나누크Nanook of the North〉는 당시 에스키모 가족에 대한 민족지적 기록을 촬영한 것이다.

영화는 다큐멘터리로 출발했지만 카메라가 갖는 기록성보다 이야기 도구로서의 기능을 아는 데에는 그리 긴 시간이 필요하지 않았다. 1902년에 죠르쥬 멜리어스Georges Melies에 의해 촬영된 최초의 극영화는 거의 무대를 촬영한 정도로 시퀀스 단위로 촬영되었다. 그러나 1903년 에드윈 포터는 최초의 서부극인 〈대열차강도大列車强

盜)를 통해 장면을 바꾸어 줄거리를 담아낸 영화를 만들었다. 이후 극영화 장르는 급속히 확산되었는데 소설 이상의 극적인 재미를 주었기 때문이다. 1927년에는 첫 발성영화 〈재즈 싱어〉가 제작되었다.

영화는 가장 짧은 시간에 가장 빨리 정착한 예술 장르가 되었다. 이후 급속도로 전 세계에 전파되고 확산되며 세계영화사는 글로벌화 된다. 지가 베르도프가 1929년에 만든 〈카메라를 든 사나이The man with the movie camera〉는 소비에트 민중의 삶을 담아내려 하였다. 그는 눈으로 보는 것에는 한계가 있고 그래서 진실을 말하기 위해 카메라로 말한다고 하였다.

레니 리펜슈탈의 1935년 작 〈의지의 승리Triumph of the will〉는 나치 전당대회를 기록한 선전영화이다. 해설은 하지 않고 영상과 음악, 음향만으로 만들었다. 촬영장비가 간편해지며 핸드헬드handheld 기법을 사용하고 고감도 필름을 사용하는 시네마 베리떼 기법이 등장한다. 이후 훨씬 사실적인 다큐멘터리가 만들어지고 비약적인 발전을 이루게 된다. 촬영 장비와 기법의 진화는 개인도 다양한 다큐멘터리를 만들 수 있는 계기가 되었다.

한국에서도 1919년에 제작된 〈경성전시의 경〉은 서울 시내의 여러 곳을 촬영한 다큐멘터리이다. 그리고 이필우가 촬영한 〈조선정구대회〉와 〈순종 장례식〉이 있다. 초창기 다큐멘터리는 필름이 현존하지 않고 활자기록으로만 존재한다. 한국에서 최초의 영화는 김도산의 〈의리적구토義理的仇討〉라지만 〈경성전시의 경京城全市一景〉이 단성사에서 먼저 상영되었다. 단지 다큐멘터리라는 편견으로 인해 연쇄극이지만 영화로 인정받은 〈의리적구토〉를 기준으로 하여 1919년 10월 27일에 맞추어 영화의 날이 지정되어 1963년부터 매년 행사를 개최해오고 있다.

연쇄극 〈의리적구토〉는 연극 공연 중에 상영된 영상이라서 이것을 영화로 볼지는 이견이 분분하다. 이후 최초의 극영화는 만주 국경지대에서 있었던 활극을 영화화 한 김도산 감독의 1923년 작 〈국경〉이다. 이 영화는 어떤 이유에서인지 상영 하루 만에 종영하게 되었고 이 영화를 기억하는 이도 없어 공식 인정받지는 못한다. 그리고 1923년 4월 9일, 조선총독부 체신국이 저축 장려용으로 만들어 상영한 윤백남 감독의 계몽영화 〈월하의 맹세〉(전 2권, 1,021피트)가 최초의 극영화로 기록된다. 그리고 순수히 한국인들이 모여 만든 최초의 영화는 박정현朴晶鉉 감독, 이필우李弼雨 촬영으로 만든 1924년 작 〈장화홍련전〉이다.

한국을 찾은 외국인들에 의해서도 다큐가 제작되었는데, 1925년에 우리나라의 풍물과 문화를 촬영한 성 베네딕도 선교회의 〈고요한 아침의 나라에서〉라는 다큐멘터리도 있다. 1940대 이전의 일제강점기에는 식민통치를 위해 제작되는 홍보용 다큐멘터리가 거의 전부이다. 콜레라 예방을 위한 〈호열자〉라는 영화, 홍수예방을 위한 내용들이 주류를 이룬다. 홍보영화는 다큐멘터리로 만들어지고 일제에 의해 문화영화로 분류되었다. 이렇듯 다큐멘터리는 우리 생활 주변에 자연스럽게 자리한다.

1950년대 우리가 제작한 다큐멘터리 기록은 많지 않다. 미군정이 투표를 권장하기 위해 기획한 다큐멘터리를 최인규 감독이 맡아 제작했다고 신상옥, 정창화 감독을 통해 들을 수 있었다. 한국전쟁 전후로 군사 다큐멘터리도 만들어졌다.

영화의 3대 장르 중 애니메이션이 있다. 동영상 만화에 목소리와 배경음을 넣은 만든 영화이다. 1877년에 프랑스에서 프락시노스코프란 기계로 움직임을 구현한 것을 보통 애니메이션의 시초로 규정한다. 스토리가 제대로 담긴 애니메이션은 윈저 맥케이가 만든 1914년의 〈공룡 거티〉이다.

1930년대 이후 2D 애니메이션은 극영화가 보여줄 수 없는 초현실적인 상상력으로 전성기를 맞는다. 미국의 월트 디즈니, 워너브라더스 등과 일본에서도 애니메이션을 제작하며 미국과 일본은 세계 애니메이션 산업의 선도국가가 된다. 1990년대 이후 컴퓨터 그래픽 기술을 이용한 디지털 방식의 3D 애니메이션이 제작되고 있다. 월트 디즈니는 세계 애니메이션 시장을 석권하다시피 하며 비약적인 발전을 이루었다.

영화 〈아리랑〉 이야기

나운규 감독·주연의 영화 〈아리랑〉은 한 때 조희문 연구자에 의해 쓰모리 히데이치津守秀一 감독 작으로 주장되었다. 영화가 현존하지 않는 상태이고 영화의 관련자들이 모두 별세하였기에 흥미로운 주장으로 받아들여졌다. 물론 학계에서의 반론이 엄청났고 결국 흐지부지 되었다. 〈일제강점기의 영화〉라는 다큐멘터리 제작 차 관심을 갖고 자료를 찾던 중 문득 〈아리랑〉의 촬영 현장을 보았다는 이남호 화백을 만났다. 이남호 화백은 1908년 생으로 2003년 별세하였다. 2000년에 내가 만났을 때 그분은 93세였다.

풍속화가로 알려진 그분은 살아있는 김홍도라고 알려져 있었다. 나는 당시에 〈우리의 전통문화- 풍속화〉를 제작 중이었다. 그래서 취재를 간 것이었는데 나는 버릇처럼 "나운규의 〈아리랑〉을 보셨습니까?"라고 질문을 시작했다. 그랬는데 그분 대답은 전혀 뜻밖이었다. "보다 뿐인가, 촬영현장도 보았는데."라는 대답이었다. 그야말로 귀가 번쩍 뜨였다.

〈아리랑〉의 감독이 과연 나운규냐 아니면 일본인인 '쓰모리 히데이치'냐로 이영일 선생 대 조희문 교수의 격론이 있었던 때였기 때문이다. "이런 인터뷰를 할 줄 알았으면 잘 봐둘 건데." 하는 이 화백은 유머까지 곁들이며 미소 지었다.

다음의 내용은 2000년 2월 14일, 역삼동 아파트에서 있었던 이남호 화백의 증언이다. 그가 〈아리랑〉 촬영 현장을 간 것은 형 때문이었는데 그의 형은 배우 이명호였다. 1904년생인 이명호는 유명배우는 아닌 듯 영화사 기록에 나오는 이름은 아니다. 이남호 화백이 소개하는 형의 이력은 서울 협성중학을 졸업하고 〈비련의 곡〉 그리고 정기탁이 출연했던 〈산채왕〉 등에 출연했던 배우이다. 임운학 배우도 친구였단다.

하여튼 형의 촬영 현장을 찾아간 것인데 전차를 타고 가서 돈암동 고개를 넘어 초가집 현장을 가셨다니 빈말은 아닌 듯싶다. 서울 성북구 돈암동 고개가 아리랑 고개인 것은 확실하고 그래서 그곳에 기념비가 서 있기도 하다.

이남호 화백이 본 현장에서 나운규는 극중 주인공인 영진의 모습으로 흰옷을 입고 낫을 든 채로 사람들에게 이래라 저래라 지시하더라는 것이다. 현장에서 이래라 저래라 지시하는 사람이 누군가? 바로 감독인 것이다.

그 후 일본인 감독설을 주장하는 조희문 교수에게 연락했지만 조 교수의 말은 일본인 감독이 한국 풍습을 잘 모르니 나운규에게 연기지도를 맡겼을 수도 있지 않느냐는 것인데 내겐 설득력이 없는 얘기이다. 그러한 상황이었다면 또 다른 목격담이 있었을 터인데 이남호 화백의 증언은 나운규 얘기뿐이었다.

이 화백이 〈아리랑〉 현장을 본 것이 18세 때이니 나로선 의심할 수 없는 사실이다. 〈아리랑〉을 찍을 당시 한국인이 만든다는 소문도 들었다고 하는데 〈아리랑 2편〉도 돈암동 고개 너머에서 찍었다고 한다.

무엇보다도 나운규가 감독한 것이 확실한 건 나운규가 잡지사에 투고한 '내가 아리랑을 만들 때'라는 글에서 일본인 이름을 대명할 수밖에 없었던 이유를 밝혔기 때문이다. 이런 확실한 자료가 있음에도 불구하고 당시를 증언해주실 분들이 모두 돌아가시니 이런 일이 발생된 것인데 역사란 확실한 사실 검증을 통해서만 쓰여야 할 것이다.

이 화백은 양정학교에 재학 중인 학생이었고 학교는 반도호텔 근처였다고 한다. 그가 본 영화로 〈산채왕〉, 〈개척자〉, 〈풍운아〉를 기억했고 〈봉황의 면류관〉은 촌영화라고 평했다. 이경손 감독은 키가 작은 선비 타입이었고 최민수 배우의 외할아버지인 강홍식 배우는 미남형의 배우였다고 기억했다. 형 이명호는 〈혈마〉에도 출연했다는데 현역에서 활동하고 있었던 만큼 기억력은 대단했고 비교적 소상히 증언해 주셨다.

그 연세에 머플러를 두르고 멋쟁이 스웨터를 입으신 이 화백도 배우 지망생이 아니었을까 추측해본다. 그와의 인터뷰는 EBS PD 시절, 일 년 간격으로 세 번 촬영을 해두었고 인터뷰 내용은 항상 대동소이했다. 역사는 기록으로 검증받아야 하는데 이 화백은 한국영화사를 밝히려는 내게 진실을 규명해 준 분이라고 할 수 있다.

나운규 감독의 〈아리랑〉 ①

한국영화사에서 비중이 큰 1926년 공개작 〈아리랑〉은 민족 영화의 걸작으로 그 영화가 보여주는 민족정신은 지금도 각종 기록과 영화를 본 사람들의 증언에 의해 이어지고 있다. 〈아리랑〉의 시작은 이경손 감독의 시 습작노트에서 시작된다. 노트의 시를 본 나운규에게는 아이디어가 떠올랐고 그 노트를 읽고 〈아리랑〉의 시나리오를 썼다.

1926년 나운규 감독의 〈아리랑〉

그리고 조선키네마 사장인 요도 도라조에게 시나리오를 보여주자 요도는 OK를 하였고 촬영은 일사천리로 진행된다. 무명의 나운규는 이 영화로 감독 데뷔를 하였고 영화는 흥행에 대성공한다. 이 영화는 모두 3편이 제작되는데 한국전쟁 전까지도 프린트가 있어 상영이 되었다. 나운규 감독의 아들인 나봉한 감독이 광복 후 우미관에서 〈아리랑〉을 보았다는 증언을 했다(1997년 2월 25일에 방송된 EBS 다큐멘터리 〈역사 속으로의 여행-한국영화개척자 춘사 나운규〉 편에서). 한국전쟁 이후 이 영화를 본 사람은 없다.

그리고 영화를 본 증언자들은 시간이 흐르면서 이제 만나보기 힘들다. 이러한 상황에서 조희문 평론가에 의해 제기된, 〈아리랑〉의 감독이 그동안 알려진 나운규가 아닌 일본인 쓰모리 히데이치라는 설은 한국영화사의 주요 논쟁거리로 대두되어 확증 없는 여건에서 지리한 논쟁으로 한때 되풀이 되었다.

〈아리랑〉에 관한 기록은 한국영화사의 각종 기록과 국내 신문이나 잡지기록 곳곳에서 찾아볼 수 있다. 그러나 관련 증언자들이 생존해 있을 당시에는 당연히 나운규 감독의 작품으로 공인돼 온 사실이 증언자 모두가 타계한 이 시점에서는 한국영화사의 미제未濟로 남을 수도 있다. 다행이 이 문제는 미궁에 빠지기에는 내게 많은 자료가 수집되어 있기에 이제 정리해본다.

이 글은 나운규를 중심으로 초창기 영화인들의 활동과 당시의 영화 제작 환경, 또 그들이 제작한 영화들 분석을 통해 그들이 한국영화에 끼친 영향을 고찰하여 한국영화사의 미제를 풀고자 하는 데 목적이 있다.

안타깝게도 조사 대상자인 한국영화 초창기 영화인 모두가 타계한 시점에서 그들이 만든 영화마저 소실되어 자료가 거의 부재하다. 그러한 이유로 문헌자료 및 스틸 사진과 기타 자료 등에 실린 〈아리랑〉 관련 자료와 그 줄거리를 분석하여 영화의 실체를 규명하고자 한다. 그 밖에 관련자 증언들은 매우 유용하게 도움이 되었다.

국내 자료로는 《동아일보》, 《매일신보》, 《조선일보》, 《조선중앙일보》 등 당시의 국내 신문기사와 《영화시대》, 《동광》, 《신동아》 등 관련 잡지의 자료들을 인용하였다. 또한 당시 상황을 증언한 관련자의 구술과 고(故) 이남호 화백의 증언은 〈아리랑〉 촬영 현장의 목격담으로 영화사적인 오류들을 바로 잡는 데에 큰 역할을 하였다.

1926년 단성사에서 상영한 〈아리랑〉은 한국영화 사상 최초로 관객이 무엇을 원하고 있었는지를 잘 보여준 영화였다. 이 영화로 감독에 데뷔한 나운규는 민족영화 감독으로서 위치를 확고히 하며 대중적 명성을 얻게 되었다.

'항일'이라는 용어를 드러내 놓을 수 없었던 그 시절, 검열을 의식해 가며 만든 민족영화 〈아리랑〉은 많은 부분이 삭제된 후에 공개될 수밖에 없었다. 당시 우리 옷을 입은 사람만 나와도 환호하던 관객들에게 나운규는 더 큰 호응을 받을 수 있는 영화가 무엇인가를 염두에 두고 〈아리랑〉을 만들어 민족적인 감동까지를 이끌어 낸 최초의 감독으로 인정받았다.

민족영화란 외형만 민족적이어서는 안 된다. 영화가 담고 있는 정신까지도 포함된 그것은 우리 민족에 의해서 만들어진 우리만이 느낄 수 있는 정서의 영화여야 할 것이다. 즉 민족영화의 전제 조건은 우리의 이야기를 우리가 만들어야 한다는 것이다. 민족영화는 다분히 자국의 전통적 사상까지를 포함하는 범위로 좁혀지며, 그런 민족영화의 한 기둥으로서 항일영화가 존재한다.

항일영화라 함은 일본제국주의에 항거하는 반제국주의 영화이다. 식민지에서 만들어진 영화들이 검열을 의식해 제대로 표현하지 못했던 그 시절, 국내에선 도저히 만들 수 없었던 영화인 것이다.

나운규 감독의 〈아리랑〉 ②

—

나운규의 〈아리랑〉이 향후 영화제작에 끼친 영향은 지대하였다고 볼 수 있다. 그 것은 이후 제작된 영화 〈들쥐野鼠〉, 〈풍운아風雲兒〉, 〈사랑을 찾아서〉 등이 다루고 있는 계급과 계급간의 투쟁과 소외된 방랑인생을 다룬 저항적인 나운규의 영화 주제에서도 볼 수 있다. 이 주제의식은 나운규와 이론적으로 부딪치면서도 계속 그의 영화를 표방 했던 카프계열의 영화 〈유랑流浪〉과 이규환 감독의 〈임자없는 나룻배〉 등의 영화에서 공통적으로 나타나는데, 〈아리랑〉 이후 우리의 민족정신과 함께 저항의식으로 이어져 간다. 그리고 그 직접적 영향 내지 민족적인 자각은 상하이파 영화인들의 항일영화 제 작에 자극제가 되었던 것이다.

이렇듯 상하이로 간 일단의 영화들은 나운규의 〈아리랑〉에서 보여주었던 민족 영화정신을 이어가고 있다. 〈아리랑〉에서 여주인공이었던 신일선申一仙의 증언이다. "뭐, 반응이 굉장했습니다. 다 같이 일어나서 아리랑 불렀고 끝나자… 그래서 경찰이 다 오고 야단났었죠. 뭐… 순전히 민족적 영화예요." 문예봉이 77세 때 구술한 것으로 1997년 8월 15일에 방송된 EBS 특집다큐멘터리 〈일제강점기의 영화〉에 소개된다.

다음은 나운규의 〈오몽녀〉五夢女에 출연했던 김일해의 증언이다. "자기 자신을 숨 기고 미쳤다는 것 (…) 일본놈 죽이는 거, 큰일 날거 아니야, 야단나니까 미친 거야, 검 열도 이해해 줄 거고 (…) 아리랑, 자기의 슬픈 감정으로 아리랑을 부른 거야, 아리랑 부르면 눈물이 나는 거야, 신나는 거야 (…) 민족사상을 정당방위로 (…) 위대한 사람 이야."

서지가 김종욱은 〈아리랑〉의 민족의식에 대해 이렇게 전하고 있다. "장장 2시간 30분여의 대장편 영화「아리랑」은 확실하지는 않으나 당시 신문보도를 통해서 〈아리 랑〉 내용 가운데에 커트 당한 곳이 있다는 사실을 알아낼 수가 있었다. 실성한 영진이 가 서슬이 퍼런 순사의 따귀를 때렸다는 대목, 엿장수가 엿목판을 엿가위로 딱딱 치면 서 세상 살기 더럽더라는 영탄조의 노래 부르는 장면, 영진 아버지가 야학을 개설하고 학생들을 모아 시국에 대한 비탄의 강연이 문제되어 숫제 〈아리랑〉에서는 야학에 관 계되는 대목은 모조리 잘라내었다는 사실, 영희의 애인 영구의 계몽적인 대사, 동리사람들 앞에서의 농촌현실에 대한 피폐상을 시장에서 토론하는 분노의 장면도 잘려나갔고, 지주계급의 타파를 역설하는 미치기 이전 영진의 회상 시인, 농악대의 흐드러지는 장단에 맞추어 동리잔치에 때마침 휘영청 높이 뜬 만월滿月을 올려다보고 영진은 히죽히죽 웃으면서 '달아달아 끼울어져라. 끼울어져라' 하는 대목이 검열당국자는 달이 기울어진다는 것은 대일본을 상징하는 히노마루를 욕되게 하는 것이라면서 그 장면도 없애버렸다는 것이고 (…)."

이상의 기록을 보면 〈아리랑〉은 항일영화의 제작을 촉진시켰고 〈애국혼〉과 같은 항일영화가 나올 수 있는 계기를 마련했다고 볼 수 있다. 〈아리랑〉은 총독부 검열에서 상기부분은 삭제되어 1926년 10월 1일 단성사에서 일반 공개 되었다. 〈아리랑〉을 완벽한 항일영화로 볼 수 없지만 다분히 항일성을 상징한 대립요소의 드라마트루기를 갖고 있으며 은유적으로 표현된 영상의 상징이 일제하의 핍박받는 피지배국민들의 환영을 받는 요소로서 작용하였다고 볼 수 있다.

일제는 〈아리랑〉이 개봉되기 전인 1926년 7월 5일자로 조선총독부령 제59호에 따라 '활동사진 필름검열규칙'을 제정 공포하였다. 이 규칙에 의하여 각 도 경찰 보안과에서 주관했던 검열업무가 신설된 총독부 도서과로 이관되어 신문, 잡지 등의 출판물 검열과 함께 영화 검열 또한 실시하게 되었다.

따라서 당시의 영화인들은 강화된 검열을 받아야 하는 일제 치하에서 제작환경의 한계성에 직면하였다. 앞으로 제대로 된 영화를 만들 수 없다는 상황을 인식할 수밖에 없었던 것이다. 본격적인 항일영화를 만들 수 없다는 현실인식은 일단의 영화인들을 상해로 진출케 하는 동기를 제공하였다.

다음은 1929년 11월 15일에 박문서관에서 발행된 문일 편『아리랑映畵小說』에 소개된 〈아리랑〉의 출연진과 가사이다.

출연

최영진崔永鎭: 나운규羅雲奎

최영희崔永姬: 신일선申一仙

그의 아버지: 이규설李圭卨

윤현구尹鉉九: 남궁운南宮雲＝本名. 金兌鎭: 필자 註

오기호吳基浩: 주인규朱仁奎

천상민千尙民: 홍명선洪明善

박선생朴先生: 김갑식金甲植

기타

주제곡

1. 아리랑 아리랑 아라리요

   아리랑 고개로 넘어간다.

   나를 버리고 가는 님은

   십리十里도 못 가서 발병 나네.

2. 아리랑 아리랑 아라리요

   아리랑 고개로 넘어간다

   청천靑天 하늘엔 별도 많고

   우리네 살림사린 말도 많다.

3. 아리랑 아리랑 아라리요

   아리랑 고개로 넘어간다

   풍년豐年이 온다네 풍년이 온다네

   이 강산江山 삼천리三千里에 풍년이 온다네

4. 아리랑 아리랑 아라리요

   아리랑 고개로 넘어간다.

   산천초목山川草木은 젊어만 가고

   인간人間에 청춘靑春은 늙어 가네.

5. (삭제)

나운규 감독의 〈아리랑〉 ③

〈아리랑〉은 광복 이후 1960년대까지도 여러 명의 감독에 의해 다시 만들어졌다. 광복 후 한국영화 정체성 확립에 영향을 끼치면서 민족영화의 맥을 이어 온 〈아리랑〉은 나운규가 연출한 영화임이 틀림없다.

1926년에 개봉된 〈아리랑〉 1편의 스냅사진

나운규의 〈아리랑〉은 계급과 계급간의 투쟁, 소외된 방랑인생이라는 저항적인 주제를 다루고 있는데, 이는 이후 제작되는 한국 영화에 큰 영향을 끼쳤다. 이 주제의식은 나운규와 이론적으로 부딪치면서도 계속 그의 영화를 표방했던 카프계열의 영화 〈유랑〉流浪과 이규환 감독의 〈임자없는 나룻배〉 등에서 우리의 민족정신, 저항의식으로 이어졌다. 그리고 그 민족적인 자각은 상해파 한국영화인들의 항일영화 〈애국혼〉 제작에도 큰 자극제가 되었다.

이처럼 나운규의 민족적 저항의식과 〈아리랑〉은 따로 생각할 수 없는 대표적인 한국의 민족영화요, 저항영화이다. 〈아리랑〉을 논하는 모든 한국영화인은 〈아리랑〉의 감독이 나운규라는 사실을 의심치 않는다. 그럼에도 불구하고 〈아리랑〉 광고문에 나타난 일본인 쓰모리 히데이치의 감독설을 기정 사실화하는 조희문의 주장이 있었다.

광고문에 의한 쓰모리 히데이치의 〈아리랑〉 감독설은 서지연구가 김종욱이 자료를 찾다가 우연히 발견하고 기사화하였다가 자신의 성급한 잘못을 인정하고 철회하였던 논쟁이었다. 그 논쟁을 다시 거론할 가치가 없는 이유는 분명하다. 〈아리랑〉 제작에 참여했던 배우나 스텝진의 증언 그리고 숱한 관계자들의 글 등이 나운규 감독설을 한결같이 인정하고 있다.

더욱 분명한 것은 나운규 자신이 〈아리랑〉이 공개된 지 10년 후 여러 명의 감독과 함께 '조선영화감독 고심담'이란 좌담회에서 "내가 각색을 하고 메가폰을 쥐고 출연한다는 괴장면을 연출할 수밖에 없었고 그것이 부끄러워서 이름만은 출연 이외에는 내지 않고 전부 다른 사람의 이름을 빌려서 외형만은 면목을 지킨 셈이다."라고 말하고 있다. 당시 같이 활동하던 여러 명의 감독 앞에서 한 말인데 거짓이 있을 수 없다. 만약 거짓을 주장했다면 반론이 계속 이어져 발표되었을 것이다.

원로 동양화가 이남호(1908년생) 화백은 초창기 영화 단역배우인 이명호李命浩의 아우로 형 따라 〈아리랑〉의 촬영현장을 구경했다. 특기할 것은 광인연기를 하며 현장지휘를 하던 감독 나운규에 대한 기억이다. 또 계림영화협회 사무실에서 만난 정기탁은 젠틀하면서도 선 굵은 배우였다고 2000년 2월 14일에 증언했다.

〈아리랑〉의 스냅사진도 명확한 증거일 수 있다. 감독이 빠진 기념촬영은 있을 수 없다. 특별히 돋보이는 두 사람은 나운규와 그 옆에 있는 중절모의 남자이다. 감독으로 보이는 그는 카메라맨인 가토로 확인되었다(전범성의 『한국영화총서』, p.140, 부록 사진 21의 가토와 동일인물이다). 그 외 특별히 감독으로 보이는 사람은 없다.

일본인 쓰모리 히데이치의 감독설은 〈아리랑〉 광고문에 나타난 사실의 발견 그 이상도 아니다. 광고문의 실증적인 사실도 이미 밝혀진 마당에 〈아리랑〉의 나운규 감독설에 대해 계속 논쟁하는 것은 의미가 없는 비생산적 논의일 뿐이다. 다음은 스태프 목록이다.

現代悲劇 "아리랑"

제작사: 조선키네마 프로덕션 제2회 작품

제작: 요도 도라조오淀 虎藏

총지휘: 쓰모리 히데가쯔津守秀一

감독: 나운규羅雲奎

원작: 나운규羅雲奎

각색: 나운규羅雲奎

촬영: 가토 교헤이加藤恭平/이창용李創用

편집: 가토 교헤이加藤恭平

제화製畵: 이명우李明雨

현상: 가토 교헤이加藤恭平

출연

최영진崔永鎭: 나운규羅雲奎

최영희崔永姬: 신홍련申紅蓮, 申一仙

윤현구尹鉉求: 남궁운南宮雲

오기호吳基浩: 주인규朱仁奎

영진 아버지: 이규설李圭卨

천千尙民: 홍명선洪明善

　　　　　이금룡李錦龍

우체부郵遞夫: 임운학林雲鶴

주제곡 가사: 나운규羅雲奎

편곡: 단성사 악대樂隊 -전 5절-(악보-4절까지-는 '아리랑'-1929-에 수록되어 있음)

노래: 단성사 악대원 코러스단원

엑스트라; 1천여 명

제작 시일: 3개월

규격: 8권 1,599피트

개봉관: 단성사

개봉일: 1926年 10月 1日-10月 5日

제작비용: 15,000원

다음은 관련 참고 자료들이다.

노만, 『한국영화사』, 한국배우전문학원, 1964.

문일 편 『아리랑映畵小說』, 박문서관, 1929.

안종화, 『한국영화측면비사』, 춘추각, 1962.

이영일, 『한국영화인열전』, 영화진흥공사, 1982.

이영일, 『한국영화전사』, 삼애사, 1969.

전범성, 『한국영화총서』, 영화진흥공사, 1972.

《동광》 23호, 수양동우회, 1931. 7.

《영화시대》, 영화시대사, 1932. 3.
《조선영화》 제1집, 경성: 조선영화사, 1936. 10. p.47 〈아리랑〉을 만들 때.

나운규 감독의 "〈아리랑〉을 만들 때"

나운규의 잡지 투고문 "〈아리랑〉을 만들 때-조선영화감독고심담(朝鮮映畵監督苦心談)"이 있어서 전량을 소개한다.

〈아리랑〉을 만들 때-朝鮮映畵監督苦心談

羅雲奎(나운규)

〈아리랑〉 촬영, 벌써 10년 전 옛 이야기다. 아득히 돌이켜보는 십 년 전 과거의 모든 것을 잊어버렸으련만 그래도 이것이 내 효시작인만큼 아직도 잊어지지 않는 가지가지 괴롭던 일이 생각난다.

〈아리랑〉을 발표하기 전까지에 조선에서 제작된 영화는 거의 다 고대극, 전설물과 문예작품의 영화화한 것이었다. 초기에 이 작품들이 흥행은 어디서든지 성공했다. 조선 사람이 조선옷을 입고 활동사진에 나온다는 것만으로도 입장료를 비싸게 받고 만원滿員시킬 수 있었다. 그러나 그 생명은 길지 못했다.

내가 〈아리랑〉을 제작하기 전 일, 이년은 조선영화제작사업은 무서운 난관에 걸린 때다.

관객은 조선 사람이 나온다는 것만으로는 만족하지 않았다. 조선영화는 따분하다. 졸음이 온다, 하품이 난다, 돈 내고 볼 재미가 없다 이런 소리가 나기 시작해서 나중에는 흥행은 되지 않고 해서 당사자들은 어쩔 줄을 모르는 때였다. 그 당시에 조선에 오는 양화洋畵를 보면 수로는 서부활극이 전성시대요 또 대작 연발시대다. 그리피스의 〈폭풍의 고아〉를 보던 관중은 참다못하여 발을 굴렀고 그리피스의 〈로빈홋〉은 조선 관객의 손바닥을 아프게 했다.

이런 때에 졸리고 하품 나는 조선영화를 보러올 사람의 수는 점점 줄어갈 수밖에 없었다.

영화의 일연구생一硏究生으로(지금도 그렇지만) 이리 밀리고 저리 밀려 쫓겨 다니던 나는 어떻게 하면 조선영화가 다시 살아날 수 있을까 하고 밤을 새워가며 애를 썼으나 관객과 나날이 멀어져 가는 원인조차 발견하지 못하는 대로 탄식만 하다가 선배 이경손 선생에게 "화나는데 서양 사람 흉내를 내서 한 작품 만들어 봅시다" 하고 말했더니 "서양 사람과 동양 사람은 체격이 틀리니 안 되오"라고 했다. 인제는 살아날 수가 없을 것 같았다.

그때에 누가 날더러 한 작품 만들어 달라는 주문이 왔다. 그때까지 출연만 해왔고 연출 이외에는 아무 자신도 없는 나에게 이런 주문을 하는 것도 우스운 일이요 아무 자신도 없는 내가 이런 일을 맡은 것도 지금 생각하면 기막힐 일이나, 존경하는 이경손 선생을 내놓고는 영화 한 개를 책임져 제작할 사람이 없으리라고 이렇게만 꼭 믿던 때니 할 수 없이 내가 각색을 하고 메가폰을 쥐고 연출한다는 괴장면을 연출할 수밖에 없었다. 그러면서도 그것이 스스로 부끄러워서 이름만은 출연이외에는 내지 않고 전부 다른 사람의 이름을 빌려서 외형만은 면목을 지킨 셈이다.

그러나 이 작품 시작할 때에 깊이 느낀 것은 졸립고 하품 나지 않는 작품을 만들리라. 그러자면 스릴이 있어야 되고 유머가 있어야 한다. 외국물 대작만 보던 눈에 빈약한 감을 없이 하려면 사람을 많이 출연시켜야 된다. 그래서 이 작품에 조선서 처음으로 800인이라는 많은 사람을 출연시켰다. 이 800인(1,000명 예정이었으나 현장에 온 사람)을 움직이는 데 고생이란 말할 수 없다.

1. 일비 1인 1원圓이니 절대로 하루에 끝내야 될 일.
2. 집합이 오전 10시에 의상이 맞지 않는 사람을 고르고 여러 가지 준비를 하면 반일半日간 일밖에 아니 되는 것.
3. 모인 사람이 동서남북에서 함부로 온 사람(거의 전부가 자유노동자)이니 학생이나 군인과 달라서 통일되지 않을 것.
4. 천기가 불순하면 하루에 1,000원 손해 보는 것.
5. 카메라가 하나니 오십 컷을 50번 움직여야 될 것.

이 모든 것을 어떻게 하면 무사히 끝낼까 하는 걱정으로 밤을 새우고 이튿날 아침에 이런 진행 방법을 생각해냈다.

800명을 16대隊(1대에 50명씩式)로 나누어 일대에 한 사람씩 대장을 내는데 그 대장은 사원 전부가 되기로 하여서 집안 심부름꾼까지가 전부 농사군農事軍 옷을 입고 그 속에 끼일 것.

각 대장은 각 대에서 그 중 나은 사람(주로 학생 극장인) 몇 사람씩 골라서 50명을 다시 5분(五分)해서 5분대로 만들 것.

현장 중에 큰 노대露臺를 만들어 지휘는 그 대 위에서 기와 메가폰으로 할 것.

춤을 추어야 할 장면이 있는데 서로 부끄러워하면 춤추기가 어려울 터이니 취하게 하기 위하여서 시내에서 막걸리를 많이 준비시키고 큰솥으로 국 세 솥을 끓일 것.

이렇게 해 가지고 일을 시작했으나 원체 수가 많고 교련 없는 사람들이라 뜻대로 될 리가 없다. 춤을 추어달라고 먹인 술이 너무 지나치게 취해서 코를 골고 자는 사람. 평생 먹었던 불평이 한잔 먹은 김에 폭발되어서 저희끼리 여기저기서 싸움이 시작되고 그것을 말리던 각 대장들이 옷을 찢긴다. 매를 맞는 사람. 끓여놓은 술국으로 배를 불리느라고 국솥 옆에 붙어 서서 떨어지지 않는 사람.

화가 난 이명우 군이 국솥에다 모래를 퍼 넣고 말았다. 노대 위에서 목이 터지게 소리를 지르나 취중건곤에 영화감독쯤의 존재는 문제도 아니다. 해는 벌써 기울어졌고 일은 절반도 진행 못되고 목은 꼭 쉬어서 소리도 못 지를 지경이고 자동차로 돈 1,000원을 1원 지폐로 바꾸어 들고 나온 전주錢主는 옆에서 발을 동동 구른다. 화가 나서 몇 사람 때려도 보고 하는 중에 극장에서 나간 몇 사람이 중간에서 춤을 추기 시작하니 제 흥에 겨워서 춤추는 사람이 하나 둘 늘어가서 점점 장면이 어우러져 들어간다. 이렇게 이 하루 일을 겨우 끝내고 돌아오는 자동차에서 그대로 쓰러져버렸다.

조선서 영화를 제작하는 사람이 누구나 이만한 고생이야 아니했으랴 10갑절만 갑절 되는 마음에 고통은 하소연할 곳조차 없다.

이렇게 처음 된 <아리랑>은 의외로 환영을 받았다. 졸음 오는 사진이 아니었고 우스운 작품이었다. 느리고 어름어름하는 사진이 아니었고 템포가 빠르고 스피드가 있었다. 외국영화를 흉내 낸 이 작품이 그 당시 조선 관객에게 맞았던 것이다. 물론 그 외에 원인도 있었다. 다만 이상에 말한 원인이 절대로 크다. 시대는 변하였고 관객도 달라졌다.

조선영화는 다시 제2의 난관을 맞이하였다. 일부의 관객층이 변하였으면서도 여전히 변해오는 작품에 취미를 가지지 못하는 관객의 존재가 또한 엄연히 있음을 어씨하랴. 이 두 관객층 사이에 끼여서 우리는 어떻게 해나가야 될까. 이 사실을 모르는 우리가 아니건만 영화가 상품이 아니면 안 되는 이상 이 제2의 난관보다 제일의 난관보다 어려운 관문인 줄 안다. 영화가 문화사업의 하나이라면 민중을 끌고 나가야 된다. 그러나 백리 밖에서 아무리 기를 흔들어야 그 기가 민중의 눈에 보일 리가 없다. 언제나 우리는 민중보다 보步만 앞서서 기를 흔들어야 되리라고 생각한다.

말이 곁길로 들어간 것을 다사多謝.

나운규 감독 인터뷰

그의 잡지 인터뷰 "당대 인기 스타 나운규 씨의 대답은 이러합니다(當代 人氣 스타 羅
雲奎氏의 對答은 이러합니다)."가 있어서 전량을 소개한다.

━ 인터뷰

<아리랑> 영화와 한 가지로 반도의 방방곡곡에 그 이름이 높아진 우리 영화계
의 쾌남아 나운규 씨는 당대의 인기 배우이다.

<아리랑> 제3편 봉절을 앞두고 불철주야不撤晝夜 모든 복잡한 사무에 이리 달
리고 저리 달리면서 분주한 가운데에서 그 매력 있는 두 눈에 열이 오른 씨를 고려
영화배급소高麗映畵配給所로 찾아, 영화배우로서의 숨김없는 대답을 듣기로 작정하
고 입춘도 지난 양춘의 조각 빛이 온 몸을 싸주는 어느 날 종로 거리를 나섰다.

나: 　　영화운동에 나선지가 몇 해나 되시나요?

나(羅): 꼭 10년이 되지요, 내가 23세 때이었으니까.

나: 　　맨 처음에 출연한 영화는 어떤 영화였나요?

나(羅): <운영전雲英傳>이란 영화에 출연하였던 것이 처음이지요.

나: 　　이래 오늘까지 10년 동안 통 털어 제작한 영화가 얼마나 되나요.

나(羅): 한 30여개 될걸요.

나: 　　무던히 많이 만들었구려. 그 영화들을 대강 말씀해 주세요.

나(羅): <야서野鼠>, <금붕어>, <아리랑> 등등 뭐, 그것을 갑자기 일일이 다 말할 수
　　　가 있어요?

나: 　　그 중에서 가장 자신 있게 된 영화가 무엇이었나요.

나(羅): 하나도 없었어요. 처음 만들 때에는 좀 자신 있게 잘 만들어 보려니 하지만
　　　은 정작 작품을 만들어 낸 다음에 보면 어데 이때까지 단 하나나 내 마음에
　　　맞도록 된 것이 있어요?

나: 　　그러나 그 가운데서 그 중 낫다고 보는 것만이라도 말씀해 주세요.

나(羅): 글쎄요.....

나: <아리랑>(처음에 만든 영화 말입니다.) 같은 영화는 일반적으로 대단한 환영과 찬사를 받지 않았나요? 이 <아리랑>보다 더 낫게 된 작품이 있었다고 보세요?

나(羅): <아리랑>이요? 글쎄요..... 나로서는 역시 만족된 작품이라고는 할 수 없지요..... 그래도 내가 만들어 낸 영화 중에서는 그 중에 나은 것이라고 하겠지요. 다시 말하면, 나의 성격에 맞는 배역이었든 관계도 되겠지요.......

나: 그러면 어떠한 역이 가장 적역으로 생각하시나요.

나(羅): 한 마디로 말하자면 무거운 역, 침울한 역이 가장 좋아요. 그러기에 러시아 영화 같은 것을 그 중 좋아하지요. 그 중에서도 <산송장>같은 영화를 하나 만들어 보았으면 합니다.

나: 그 영화 같은 것은 한 번 만들어 보고 싶지 않은가요?

나(羅): 그러한 역에 출연한다면 그리 실패할 것 같지는 않지마는 아직 조선 같은 데서는 그 영화를 구성할만한 재료도 없거니와 제작하기에는 도저히 불가능하다고 봅니다.

나: 배우로는 어떤 이를 특히 좋아하나요? 서양 배우들 중에서 말입니다.

나(羅): 별로 좋아하는 사람이라고는 없어요.

나: 그래도 한 두 사람 있겠지요?

나(羅): 글쎄요, 일률적으로 누가 좋다, 누가 싫다 말할 수는 없지요. 이름 있는 배우들은 다 각각 자기 독특한 성격을 살리는 데에 훌륭한 점이 있으니까, 말하자면 우리가 자주 스크린 위에서 대하게 되는 배우들은 모두 훌륭한 이들이지요. 다 좋아한다고 하겠지요. 그러나 동양에 많이 나오는 영화나 동양 사람에게 인기 있게 알려진 배우라도 서양에서는 그다지 유명하지 못하고, 또 동양에서 인기 없는 배우 중에서도 서양에서 훌륭한 인기를 가지고 있는 배우들이 있어요. 저, '죠지 오브라이엔'같은 배우의 인기는 동양에서 사라져 버린 지가 오래지마는 서양에서는 지금도 그의 인기가 굉장히 높아 있지요. 그 이유는 그 사람이 만든 영화는 워낙 값이 비싸서 동양으로는(더구나 조선 같은 데로는) 나오지 못하는 관계라고도 하겠지요.

나:　여배우로는 누구를....

나(羅): <모로코>에서 '게리 쿠퍼'와 같이 주역으로 나왔던 '네텔비' 같은 여배우를 가장 좋아하지요. 역시 '러프' 역으로서는 세계적으로 훌륭한 연기를 나타내는 여자로서, 또한 그의 인기가 보존되는 것으로 보아서도 훌륭하다고 하겠지요. 그 다음 '가르보' 같은 여배우도 퍽 좋게 생각합니다. '러프' 역으로서 그의 인기 역시 오래 계속되는 것으로 보아 좋아합니다.

나:　그러면 동양, 특히 조선에서는 어떠한 배우를 좋아하나요?

나(羅): 글쎄요, 더구나 조선의 배우들이란 얼마 안 되는 수요, 또 거개가 매일같이 손목을 잡고 같이 일하는 사람들이니 누가 어떠하다고 말하기는 도무지 어렵지요.

나:　최근에 출연한 영화는 어떤 영화인가요?

나(羅): <아리랑> 제3편이지요.

나:　이때까지 10여년간 30여 개의 영화에 출연한 가운데서 커트 당하지 않은 영화가 몇 있나요?

나(羅): 커트 안 당한 영화라고는 2, 3 개가 될까 말까 합니다. 그 다음 전부는 대개 7, 80척 내지 1천여 척의 커트를 당하였어요.

나:　이번에 새로이 만든 <아리랑>은 커트를 얼마나 당하였나요?

나(羅): 1천 미터 이상이 커트 되었어요. 아마 영화를 만들 던 중에 가장 많이 커트를 당한 셈입니다. 그래서 부득이 상영할 일자를 연기해서 약 1개월 동안 근 3천여 원을 손해 보면서 다시 촬영하기로 하였어요.

나:　좌익영화를 어떻게 보시나요? 더구나 금후로는 어떠한 영화를 박이고 싶은가요?

나(羅): 지금 이 자리에서 이렇다고 확답하기 어려운 문제입니다만, 나는 과거 10년 간도 그러했었지만은 금후로도 가능한 정도 내에서는 다시 말한다면 합법적인 범위 내에서는 최대한으로 우리 조선 사람이 요구하는 진실하고 무게 있는 영화를 만들려고 합니다.

나:　토키 영화는 현재 조선에 있어서도 가능하며 따라서 그 길로 나가야 하겠어요?

나(羅): 네, 물론 그리 해야만 될 줄 알며, 또한 자연히 그리 될 것입니다. 벌써 무성영화라는 존재는 존재가치를 잊었다고 하겠지요. 사람이 동작하며 말할 수 있는데 동작하면서 말을 못한다는 것은 시대적 역류逆流라고 하겠지요.

나: 　그러나 일부에서는 특히 채플린 같은 사람은 토키 반대론을 부르짖지 않았습니까?

나(羅): 그러나 채플린도 <파리의 지붕 밑> 같은 훌륭한 발성영화를 보고는 감탄하며 자기의 고집을 버렸다고 하지 않아요.

나: 　금후로 조선 영화계는 어떠한 발전이 있을 것 같습니까?

나(羅): 네, 금후로는 계속해서 크게 발전될 것입니다. 더구나 조선서도 토키 영화가 아니면 대중의 요구를 만족시키지 못할 것입니다.

나: 　기획적인 점으로 보아서나, 또는 일반 대중의 문화적 욕구로 보아서 조선 영화계란 장차로 크게 발전될 것이라면 배우라든가 영화인들을 양성하는 기관의 설립이 시급히 필요하지 않을까요?

나(羅): 네, 물론 필요하지요, 그러기에 조선서도 불원간에 그러한 좋은 기관이 생겨질 것으로 믿어집니다.

나: 　매일 매일의 취미로 하는 것은 무엇인가요?

나(羅): 몰취미沒趣味한 인간이지요. 아무런 취미라고는 없어요. 술은 한 잔도 못 먹고, 장기, 바둑도 둘 줄 모르고, 골프, 마작도 통 모르지요. 그러나 담배는 대장이지요. 하하하... 하루에 25개피 내지 35개피의 기록은 늘 보지保持하고 있으니까 흡연가 대경연회가 있다면 자격이 충분하겠지요.

나: 　그러시면 독서는 퍽 많이 하겠군요.

나(羅): 네, 틈만 있으면 독서합니다. 그러나 내 성미가 별別해서인지 영화 방면의 서적은 별로 보지 않고(원체 그리 수도 많지 않지만) 정치 경제방면의 서적을 많이 보지요.

나: 　색은 무슨 색을 좋아하시나요?

나(羅): 자주빛깔을 퍽 좋아하지요.

나: 　계시는 실내는 어떤 장치를 하여 놓았나요?

나(羅): 아무런 장치도 없어요. 아침 다섯 시나 일어나면 밤 열 한 시가 늦어서야 집에 들어가니 워낙 집안을 장치할 수도 없는 일이지만 하여야 될 필요를 느끼지 않습니다. 나는 아침 일찍이 일어나는 습관만은 있지요. 그래서 남이 잘 때에 방문訪問을 가서 꼭꼭 만나서 모든 일을 하지요.

나: 고향은 어디신가요?

나(羅): 함북 회령會寧이지요.

나: 결혼을 하셨나요?

나(羅): 네,

나: 연애를 하여 본 일이 있습니까?

나(羅): 네, 많지요.

나: 한 번 출연한 영화가 상영되면 어여쁜 여자에게서 러브레터나 좋은 선물들이 많이 오겠지요?

나(羅): 네, 그런 종류의 편지 같은 것이 많지요. 그밖에 어디서 만나자는 간곡한 편지도 많고요. 하하하...

나: 그러면 그런 경우에는 일일이 회답도 하여 주고 또 만나자는 장소로 가서 만나보시나요?

나(羅): 아니요, 그러한 예가 없었어요.

나: 그러시면 어떤 여자들과 연애를 하셨나요?

나(羅): 나는 같은 영화나 연극 방면의 여자들과는 절대로 특별히 사귀지 않으려 합니다. 그러기에 연애를 하여도 다른 방면에 있는 여자들과 사귀지요. 그것은 내가 이 영화계로 나아가는 데 있어서의 한 신조이니까요.

나: 금후로도 계속해서 영화 방면으로 나가시겠습니까? 혹은 영화 방면으로나 다른 데로 돌아가시겠습니까?

나(羅): 꾸준히 일생을 영화계에 바치렵니다. 그러나 과거에도 한동안(한 3년 전)은 연극방면으로 '新舞臺' 나섰던 일도 있지마는 자주 틈만 있으면 이 방면으로도 힘써 볼까 합니다.

나운규 감독의 투고문

《조선일보》에 1930년 5월 13일부터 5월 19일에 실린 나운규 감독의 투고문이다. 평론가들의 독설에 다소 화가 난 듯한 그의 글에서는 차라리 울분이 느껴진다. 시대 상황과 여건을 고려치 않은 평론가들의 꿈을 좇는 글들이었기 때문이다. 그가 자신의 영화 세계를 "현실을 망각한 영화평자들에게 답함"이란 글로 펼친다.

現實을 忘却한 映畵評者들에게 쏨함

羅雲奎(나운규)

최근에 와서 조선 영화계를 논하는 사람이 퍽 많다. 조선서 제작된 영화를 평해주는 사람도 퍽 많다. 1년 동안 하루도 빠지지 않고 신문지를 뒤져보아도 영화에 대한 기사라고는 한 번도 없던 5, 6년 전에 비하여 이렇게까지 이 사업의 존재를 중요시하게 된 것만은 우리들의 일을 위하여 기뻐할 일이며 문제로 삼아주는 분들에게 제작자인 우리들로는 감사한다.

그러나 그 문제를 삼아주는 주제는 아름다우면서 평론은 거의 다 오론공론誤論空論이며 필자가 거의 다 제작자(지금 제작하려는 자나 혹은 직접 간접으로 어느 제작회사에 속한 자)인 이상, 조선 영화계의 장래를 위하여 그대로 묵과할 수는 없다. 이제 그들이 간판으로 사용하려는 프로 대중을 위한 영화의 본질을 영화라고 억지로 이름 붙이는 <아리랑 후편>과 <철인도>를 작자 자신이 해석하여 대중의 공정한 판단을 나리도록 하려고 한다.

먼저 <아리랑 후편>부터 말해 보자. 이 작품이 과연 대중을 기만하는 반동영화인가? 만일 그렇다면 나는 단연코 사회적 제재를 받아야 한다. 아니, 사회와 대중이 그 벌을 나리기 전에 자살할 것이다. 내 자신이 광인이 아닌 이상 그런 반동영화를 만들었을 리가 없다. <아리랑 후편>은 단연코 군 등이 말하는 그런 영화는 아니다. 윤 군이* 문제로 삼는 노래 첫 절, "발빠진 장님아 욕하지 마라./제눈이 어두워 못 본 것을/개천을 나물해 무엇하리." 이것을 현실에 만족하라는 것으로 해석했다. 이 노래를 그렇게 해석하는 평자가 4권卷 초初에 박 선생이 입으로 영진에게 한 말 중 노래 3절을 일일이 해 놓은 것은 못 보았는지, 거기에 대하여는 일언도 아니 하였다. 노래를 말하는 사람이 그렇게도 분명히 해석해 놓은 자막을 못 읽었다는 것은 믿어지지 않는다. 영진이가 낫을 들고 동리 사람들에게 달려들 때에 박 선생이 붙잡고 영진이에게 말하는 자막 중, 제3자막이 분명하게 이 노래를 해석했다. "남을 원망하는 사람은 제 잘못과 책임을 잊어버리기 쉬운 사람이다. 마치 발빠진 장님이 개천을 나무라는 것 같이." 이렇게 분명히 해석했다. 책임을 남에게 돌리고 원망만 말아라. 뉘 탓이냐. 다 네 탓이다. 그러니 네가 할 일이요, 네가 할 책임이다. 발빠진 장님이 개천을 나무라는 것 같은 어리석은 짓은 말고 네 일은 네가 하라. 이렇게 분명히 해석해 놓은 것을 보고도 현실에 만족하라는 말로밖에 해석할 수밖에 없더라고 하는 머리, 아니 마음을 의심하지 아니할 수 없다. <아리랑 후편>을 본 사람이 이 자막 세 개를 그대로 넘겼을 사람은 없을 것이오, 사진을 전체로 보아도 제일 중요한 장면이다. 왜 그러냐 하면 라스트 씬 가까이 부르짖는 "마음이 변했다."가 이 작품이 말하려는 제일 중요한 목적이다. 그렇기 때문에 영진이가 출옥하여 돌아와 본 사회가 입옥入獄 전에 비하여 얼마나 변했다는 것이 이 작품을 보는 사람에게 제일 주의해야 될 일이 아니냐. 천부자千富者가 오른손 같이 중히 하던 오기호吳基浩를 죽인 영진이를 동리 사람들은 울며 작별했다. 그때에 그 사람들 마음에는 자기들의 할 일을 대신한 사람이다. 자기들을 위하여 희생이 되는 사람이다. 이런 생각은 누구에게나 있었을 것이다. 그러므로 이 희생자를 옥으로 보내며 울었다. 그렇게 마음 속 깊이 믿던 동지들이 영진이가 출옥 후에 그를 반갑게 대할 자유까지 빼앗겨 버렸다. 속으로 피가 끓으면서도 밧줄을 쥐고 영진이를 기다린다. 왜 그렇게 되느냐가 문제요, 이것을 말하여 '변했다'는 것이다. 사회가 변했고, 사람들의 마음이 변했다. 동지들이 전편에는 다소간이라도 힘이 있었다. 희망이 보였다. 그러나 후편(출옥 후)에는 아주 낙심하고 그야말로 현실에 인종忍從하는 사람들이 되고 말았다. 이것이 영진이가 최후까지 부르짖는 '마음이 변했다.' 라는 것이다. '마음이 변했다'고 버리지 마라. 미우나 고우나 네 형제니, 힘을 주어라. 그 책임이 네게 있다. 이렇게 분명하게 해석해 놓은 작품을 억지로 반동영화를 만들어 놓으려니 10세의 아동들이 보고도 웃을 우론愚論을 늘어놓는 수밖에 없다. 가슴에 손을 대고 생각해 보아도 양심에 발동이 없거든 칼로 찔러서라도 옳은 피를 끌어 내놓고 평을 써라. 관중이 소리치며 박수하든 작품에 제일 중요한 자막 셋을 못 보았다면 작품을 평할 자격이 없다.

이렇게 분명한 사실을 부정하고 현실에 만족운운 논자의 마음을 의심 아니할 수 없다. 에필로그에 있어서도 무대에 출연한 사람이 기생으로밖에 아니 보여지는 무식하고 비뚤어진 눈을 가지고 극을 논한다면 벌써 논자로서의 자격을 잃어버린 논평이다. 이런 논평은 해를 준다는 것보다도 차라리 죄악이라고 보는 것이 마땅하다. 출연하는 인人이 기생이든 창기娼妓던지는 문제가 아니다. 배우의 이력 조사를 해 가지고 작품을 평하려는 것과 동일한 우치愚癡다. 윤 군이 말한 것과 같이 고개는 희망이다. 독백獨白에 "저 너머에는 행복이 있다."고 말했다. 그러나 고개가 넘기 어렵다고 낙심치 말아라. 넘으면 꼭 된다고 말했다. 그리고 넘어가면 행복이 분명히 있다고 말했다. 그 행복이라는 것을 표현한 방법을 추과 노래로 한 것이다. 그러니 춤과 노래를 완전히 효과 있게 할 배우는 다시 말하면 그것을 완전히 표현할 수 있을만한 기능 있는 사람은 기생 외에는 구하기가 어렵다. 그러니 이것을 제일 잘 표현 식式해서 극 전체를 살릴 사람을 구한 것이다. 그 사람의 신분이 기생이라고 하자. 그러나 막이 열리고 무대에 나온 이상 한 사람의 배우다. 그런데 군은 연극이 말하려는 것을 보기도 전에 출연 인물의 신분부터 말했으니 인구조사를 다니는 순사가 아닌 이상, 극평劇評에 신분조사는 무식을 폭로하는 것이다. 춤을 춘 것이 나운규라는 배우가 극중에 한 인물의 역을 맡아 가지고 나왔으니 그때에는 최영진假定이다. 춤이란 희망과 행복을 말하는 한 표현 방식이다. 나운규가 기생과 같이 춤췄다고 비웃으니 그 장소가 요리집이더냐. 무대와 요리집을 분별하지도 못한 군은 아닐 줄 안다. 이런 글은 군 자신의 명예를 위해서라도 그만 두는 것이 좋겠다. 투쟁이 없는 곳에 무슨 희망이 있겠느냐고. 그렇다. 투쟁이 없으면 희망이 없을 것은 물론이오, 멸망할 밖에 없다. 부끄러운 줄을 안다.

그런데 군 등의 투쟁이라는 것은 직접 행동을 말하는 것이다. 대체로 군 등은 투쟁이 계급이니 아니니 떠들면서 그 투쟁의 상대와 계급의 대립체를 아는 듯 하면서도 또 분명히 안다고 자신하면서도 모르는 것 같은 행동을 하고 있다. 이 땅은 조선이다. 우리는 조선 사람이다. 러시아도 아니오, ××도 아니다. 팔자를 행복 되게 태어난 백인들도 아니오, ××가 형체나마 있는 ××민족도 아니다. 우리는 조선 사람이다. 처지가 다른 동시에 모든 상대가 다르다. 수많은 소작인에 지주가 누구며 공장 주인들은 누구냐. 일본 잡지를 직역이나 해서 늘어놓고 남들이 이렇게 한다 하니 우리도 이렇게 해야 될 줄로만 알았지, 제 처지와 제 사정은 문제 밖으로 안다. 먼저 투쟁의 필요를 느끼기 전에 투쟁의 상대를 알아라. 이 말은 더 길게 아니 하고 끝이겠다.

자본주의 대회사가 프로예술운동을 방해한다는 것은 일본에서나 적당한 말이지 조선에는 대회사는 고사하고 영화란 아직도 인형도 못된다. 형체도 못 이루었다. 영화로 다소간이라도 이익을 얻었다는 사람은 초기에 몇 사람밖에 없다. 프롤레타리아 이데올로기는 없었을 망정 의식적으로 부르조아의 노예가 된 영화인은 하나도 없다. 다소간이라도 부르주아지의 작품이 있었다면 그것은 인식부족이다. 왜 그러냐 하면 우리들은 매일이 현실에 생활고를 느끼는 프롤레타리아의 한 사람이기 때문이다. 영화가 완전한 상품도 못되는 형편에 영리는 무엇이며 오락은 무엇이냐? 여기에서 군 등이 말하는 바 계급적 입장에서 만들라는 영화가 무엇인지 잘 안다. 그러나 그것을 직접 다시 말하면 폭로와 투쟁으로 직접행동을 묘사한 작품이 이 땅에서 발표될 줄 아느냐? 그렇게 믿는 군이야말로 현실을 망각한 공론배空論輩들이다. 이제 모든 것의 해결은 군 등이 발표할 작품이 말해 주려니와 군 등이 아직까지 영화평자(?)로 있는 동안에 이미 발표된 남의 작품을 이렇게도 억지고 비뚤어지게 해석하고 외국 잡지에까지 자기들의 작품만이 제일 민중을 위하여 제작된 것이라고 스스로 자랑하는 것은 자가自家의 선전을 자랑한다는 이익 외에는 아무 효과도 없을 것이다. 영화의 최후의 심판관은 관중이다. 내가 내 작품을 해석하는 어리석은 일을 하지 않아도 공정하게 보는 관중이 군 등의 평문을 코웃음으로 대할 것이다.

억지로 대중에게 무리한 호소를 한다고 대중이 군들의 억양에 맹종할 리가 없는 줄 잘 알면서 당장에 판단이나 될 일을 악을 쓰고 떠드느냐 말이다. 모든 문제는 시일이 증명해줄 것이다. 내가 하는 일(또 하려는 일)이 반동영화인지 군 등이 이제 발표할 영화가 대중이 요구하는 영화인지는 시일이 증명할 것이다. 그때에 대중이

완전한 판단을 나려줄 것이다. 현실을 망각한 군 등의 공론空論이 현실이 되는가, 현실에 부대끼면서라도 최선의 방법을 취하는 우리들의 사업이 반동적 행위인가는 증명할 날이 올 것이다. 군 등은 이렇게 말하여 나려 온다. 지금까지 조선 영화(주로 필자의 작품)는 다 비현실적이라고 그러나 그렇게 말하는 군 등은 너무도 현실을 모른다. 왜 군들이 말하는 그 비현실적이라는 작품이 나오게 되느냐는 이유를 일일이 증명해주마.

조선서 한 작품이 발표되기까지는 적어도 수십 차의 개작改作을 당한다. 검열관에게 당하는 것을 말하는 것이 아니라 자기 작품을 자기 손으로 커트를 해버려야 되고, 개작해야 된다. 예를 들면 갑이 을에게 대한 복수를 방화放火로 표현하는 것이 제일 적당한 방법이라고 정했다가도 출자주出資主 편의 형편 상 비용이 많이 드니 방화 장면은 어렵다는 이유로 개작하여 그 방법을 쟁투爭鬪로 만들어 버리고 칼로 찔러 죽이기로 하자. 이렇게 개작된 각본이 감독의 손에서 촬영이 될 때에 사건은 꼭 밤에 있어야 될 사건인데 살인한 장소가 종로나 본정통本町通이라면 종로나 본정통의 밤은 조선 영화계에서는 비슷하게도 내기 어렵다. 그러니 부득이 낮으로 고치는 수밖에 없이 된다. 이렇게 해서 고치면 결국 '백주白晝에 종로 4가에서 살인했다.' 그리고 갑이라는 인물이 현장에서 잡혀서는 아니 될 극이라면 종로에서 살인한 사람이 무사히 몸을 감췄다는 물건이 된다. 그러나 이 영화는 원작은 그런 것이 아니다. '그날 밤 3경에 종로에 있는 ××의 상점은 다 타버렸다. 원인을 발견하기도 전에 방화광 ××는 벌써 국경밖에 있는 사람이다.' 이런 이야기가 수십 차나 고쳐서 발표된 것을 평자들은 비현실적이라고 떠든다. 백주에 종로 4가에서 살인한 사람이 무사히 몸을 감췄다는 사실은 조선서는 없을 일이다. 그러나 조선 영화계에는 있을 수밖에는 없다. 이것은 극히 작은 예에 지나지 못하는 것이다. 배우 한 사람에게 출연료를 못 주었기 때문에 중도에 퇴사해 버려서 한 역을 두 사람이 맡아 출연하므로 비극이 희극이 되고 12권이 9권이 되었다는 예는 얼마든지 있다. 여우 때문에 딸이 아들이 되고 어머니 대신 아버지를 시키는 것쯤은 문제거리로도 못되는 형편이다. 피 눈물을 흘려야 될 장면을 웃음거리로 넘겨 버린다. 동이라고 해야 될 말을 서쪽 반대편이라고 해야 된다. 꼭 울어야 될 곳에 웃는다. 이것을 가지고 평을 쓴다는 사람은 이렇게 말한다. "우울과 비통과 반항으로 일관해야 될 역을 웃음으로 해버리는 것은 죄악이다. 상식이 없다. 현실을 모른다. 아메리카 영화의 흉내를 함부로 내려는 부르주아의 노예다." 이렇게 평한다. 그러나 이것이 현실이다. 이렇게 하지 않고는 이만한 작품이나마 발표되지 못한다. 넌센스도 작품을 발표하는 한 가지 방법으로는 필요하다. 울려서는 못 나올 작품이 웃겨는 나온다. 그러니 이런 현실을 망각한 평은 공론에 불과하다는 말이다. 표현 방법이 넌센스적이면 덮어놓고 불근신不謹愼하다는 것은 우치愚癡에 극極이다. 돈 있는 사람과 싸우면 덮어놓고 계급운동인줄 알고 내용이야 어떻게 되었든지 목사牧師만 나오면 종교적 감화를 시켰다고 하며 노동자와 싸우면 덮어놓고 반 계급적 행동인줄 아는 것은 너무도 한심한 일이다.

그런 것은 10년 전에 소학생들이나 가르쳐 줄 시대에 뒤떨어진 이야기다. 광부들과 싸운 것이 노동자의 집단의 힘을 무시한 것이라고 해석할 수밖에 없거든 영화 평은 아니 하는 편이 났다. 분명히 가르쳐 주마. 집단된 광부의 힘이 아니라 원십장이라고 가정한 ××의 힘을 말 한 것이다. 왜냐하면 ××라고 분명히 내놓지 않느냐는 것이 군들의 요구일 것이다. 그러나 모든 것을 형편이 다른 이 땅에서 군들의 이론과 우리들의 실행은 병행竝行할 수 없다. <무엇이 그 여자를 그렇게 만들었는가?>가 상연된 줄만 알지, 도회의 교향악이 걸레보다 더럽게 가위질 당하고 개작한 줄은 모르는가. 더군다나 처지가 다른 이 땅에서 검열의 수준을 일본과 동일시하는 것은 너무도 현실을 모르는 공상이다. 일본서는 상연된 작품 중에도 우리는 맛도 못 본 작품이 얼마든지 있지 아니한가? 다소간 끊겼지만 일본서는 상연된 <볼가의 뱃노래>, <아메리카의 멸망해 가는 민족>, 그 외에도 퍽 많다. 일본서 당당히 상연하는 꼴키의 <어머니>(무대극으로)나 <전선全線> 같은 것을 상연하겠다고 각본을 들어 밀어 보아라. 결과가 어떻게 되나. 처지가 다르니 만큼 술법術法이 달라야 한다. 영화 사업이 필요를 느끼는 것은 군 등이나 우리나 똑 같이 느낀다. 그러나 군 등과 같이 너무도 현실을 떠난 이상만으로는 조선의 영화 사업은 존재할 수 없을 것이다. 검열뿐이 아니라 자본에 있어서도 그렇다. 영화 사업이 요구하는 이상 출자자가 있어야 된다. 그러면 출자할만한 한 사람은 우리들 중에는 없다. 그러면 제일 좋은 방법으로는 대중이 우리들에게 그 자본을 모아주어야겠는데 그것은 공상에 불과 한다. 그러니 할 수 없어 출자하는 사람은 우리들 이외에 있어야 한다. 그러면 출자주는 왜 출자를 하느냐. 물론 이익을 얻으려고 한다. 그러니 이익은 없더라도 손해는 없어야 다시 또 출자하지 않겠느냐. 출자하는 대로 모조리 다 없애버리면 영화 사업에 출자할 부르주아는 한 사람도 없을 것이다. 그렇게 된다면 절대로 대자본을 요하는 이 사업을 어떻게 해 가겠느냐. 그러니 이익은 없더라도 손해는 없도록 해야 된다. 자금이 없는 우리로서는 할 수 없는 현상이다. 영화 사업이 필요한 이상 우리는 이런 방법이 아니고는 이 사업을 계속해 나가지 못한다. 그러니 자본주를 위한 상품이 아니라 사업에 생명을 이어가기 위한 상품영화다. 자기가 제작한 영화를 대중에게 무료로 공개한다면 제작자로서는 이보다 더 기쁜 일이 없을 것이다. 그러나 그것은 지금 이 땅에서는 절대로 불가능한 일이다. 그러니 상품 아닌 영화는 제작될 수가 없고 상품이 못 되면 당분간은 근절이 될 것이다. 그러니 본의도 아닌 활극 장면 같은 것은 넣는 것은 이 영화가 상품으로 원금을 돌려주도록 만드는 것이요, 그래야 사업은 사업대로 언제든지 남아 있다.

안심하라. 영화로 폭리를 취하는 출자주도 조선에는 아직까지도 없고 또 그들에게 착취를 당하는 종업원도 없다. 다만 어떻게 하면 형식으로나마 남의 것 같은 것을 만들 수 있을까. 그래야 우리들의 영화도 이 땅에서만 원금을 빼려고 애쓰는 영화가 아니오, 국경 밖으로 튀어나갈 수 있을 것이다. 그러니 먼저 형식으로나마 영화를 만들어 놓고야 그것이 완전한 무기가 될 것이다. 지금까지 우리들은 만들고 있는 영화는 영화가 아니오, 영화 비슷한 장난감이다. 우리는 이 장난감을 영화라는 수준으로 끌어가야 된다. 그때에야 조선 영화도 없지 못할 한 큰 존재일 것이다. 이것을 실현하기까지는 여러 가지 문제가 있다. 그러나 여기에서는 논할 때가 아니니 후일로 미루어 두거니와 군 등은 이 형식이라는 것을 너무도 무시한다.

지금 발표되는 것을 가지고도 형식으로는 만족하다. 너무도 모르는 말이 아니냐. 아직도 조선 영화가 장난을 면하지 못하는 이상, 조선 영화는 언제까지든지 소위 조선 영화가 되고 만다. 우리는 우리들의 사업을 여기 끝이기는 싫다. 또 여기에 끝인다면 우리들의 사업은 아무 의의가 없다. 아무 희망도 없다. 물론 생명은 극히 짧다. 군들은 이만하면 어떠한 무기로라도 사용할 수 있다고 말한다(주로 촬영을). 그러나 그들에게 조금이라도 더 좋은 카메라를 맡겨 봐라. 이 땅에서 만의 무기가 아니오, 어느 곳에서든지 완전한 무기가 될 만한 것을 만들 수 있지 아니 하겠는가. 그러므로 군 등이 아직도 직접 제작해보기 전에 붓으로만 쓰는 말은 거의 다 공론이다. 군 등이 이제로부터 제작을 해보아라. 형식으로 이 현상에 만족하게 되는가. 의식적으로 군 등이 만족할만한 영화를 제작해 놓았다고 하자.(그것은 물론 어려운 일이지만) 그 작품이 흐려서 보이지 않고 상하 좌우로 제멋대로 흔들리는 작품이 되었으면 다시 말하면 형식으로 불구의 것이면 외국으로 보내고 싶겠는가. 그러니 이 형식이란 문제는 지금 우리들에게는 제일 큰 문제다.

우리들은 할 일이 많다. 우리들의 몸뚱이를 열로 쪼개도 모자랄 만큼 다사多事하다. 그러므로 이런 설명을 하고 앉았기는 너무도 시간이 아깝다. 왜 이런 무의미한 일에 시간을 보내게 되느냐. 4, 5년이나 침묵을 지키든 내가 왜 붓을 잡게 되었는가? 그것은 군 등을 최근에 와서 평자로만 볼 수 없게 된 것과 또 평자로서도 너무나 양심을 잃어버렸기 때문이다. 적대시한 것도 군 등이오, 계급적 입장에서 나온 양심이 있는 평을 못하고 욕을 시작한 것도 군 등이다. 평을 하려는 평이 아니오, 욕을 하려는 평을 시작한 것도 군 등이다. 주의主義와 목적이 다르지 아니 한 이상, 우리들이 갈 길이나 군 등의 갈 길은 똑 같다. 작품을 보는 해석법이 다르면 정당하게 평을 해라. 왜 욕을 무기로 삼느냐 말이다. 작품을 평한다는 것은 작품의 결점만 끌어내리려고 애쓰는 것이 아니라는 것은 군 등이 모를 리가 없다. 이후에라도 군 등이 논법이 양심이 없는 욕이 된다면 이 무익無益한 시간을 허비할 수밖에 없이 될 것이니 어찌 한심할 일이 아니겠느냐. 적어도 작품을 평하려거든 작품 볼만한 눈은 있어야 한다. 그리고 다음에 모든 사감私感을 떠난 양심 있는 붓을 들어야 한다. 파쟁派爭을 말한 것을 부락직部落職이라고 하며 역사 강좌가 아닌 이상 극평에 연대를 가지고 평하는 것 같은 상식이 없고 양심이 없는 평가들은 상대로 중언重言할 성의는 없다. 각본의 책임이 어디까진지, 감독의 책임이 어디서부터인지도 구별할 수도 없으면서 영화 평을 쓰겠다는 것은 너무도 대담한 일이다. 그러니 무지한 두뇌에서 내 놓을 것은 없고 욕밖에 더 하겠느냐. 특히 서군徐君에게 이 말은 해둔다. 우리는 군의 평문 전체에서 취하지 못했다. 전부가 제로다. 우리들을 보고 군 등은 '사갈시蛇蝎視하다고 말고, 쓸데없이 군 등의 적은 우리가 아니다. 군 등의 제작 사업을 방해할 사람은 우리가 아니다. 대회사의 자본력도 없고 영리를 위한 자기선전 잡지도 없다. 군 등의 적은 따로 있다. 군 등의 제작한 작품도 대중의 앞에 나올 것이오, 우리들 것도 나오는 이상, 작품으로 대중에게 호소하여라. 그것이 군 등의 취할 최선의 방법이다. 자금도 없어 남의 돈으로 이 사업을 해보겠다는 것은 군 등이나 우리나 꼭 같은 사정이다. 남을 욕하는 것이 자가自家의 선전이 되는지는 모르나 그것은 과학적 계급적 입장에서 정당한 것을 밟아 나가라는 군 등이 취할 선전법이 아니다. 그런 선전 방법은 야비한 상업가들 사이에나 사용되는 것이다. 도전이 아니오, 충고다. 평을 하려거든 공정한 입장에서 하든지 그렇지 않고 제작을 하려거든 말없이 작품을 대중의 앞에 내놓아라. 대중은 영화의 최후의 심판관이 아니냐. 지금까지 제작된 우리들의 작품이 결코 완전하다는 말은 아니다. 전에도 말하였거니와 불구의 작품이다. 이 불구를 완전한 물건을 만들려는 것이 우리들의 일이오, 보다 더 대중의 요구에 만족한 작품을 발표하려는 것이 우리들의 한 시간도 게을리 아니 하는 노력이다. 왜 적대시하느냐 말이다. 내 정신이 이상이 생기지 아니 한 이상 반동영화를 제작한다는 것은 내 정신과 내 피가 용서하지 아니 한다.

그러니 목적이 같으면서 싸운다는 것은 우치愚癡다. 다만 실행, 행법行法이 다르다면 다를는지 모른다. 이후로도 군 등의 평이 공정한 평이요, 의견에 다소간 상위相違 된다는 정도엣 것이면 문제로 삼으려니와, 그렇지 아니 하고 또 억설臆說만 늘어놓는다면 자기선전을 위한 욕으로밖에는 아니 취급할 것이다.

현실을 망각한 공론으로 동업자를 대중의 앞에 욕하고 말끝마다 자가의 선전을 하는 것은 얼마나 큰 죄악인줄 알아야 한다. 프롤레타리아를 간판으로 팔고 자가의 이익을 위하여 대중을 기만하려면 그 생명이 얼마나 갈 것인가를 잊어서는 아니 된다. 우리들에게는 실행이 있을 뿐이오, 군 등에게는 공론이 있을 뿐이다. 모든 것은 군들이 제작하여 발표하는 때에야 대중의 앞에 판명判明이 될 것이다. 먼저 사감을 없이 하여라. 그때에야 군들에게서 정당한 평을 찾겠고 군들의 작품이 완전한 물건이 될 것이다. 그리고 이런 공론을 늘어놓을 시간이 있거든 착수한 제작 사업에나 충실하여라. 끝으로 군들의 작품 성공을 빌며 붓을 던진다.

-1930년 5월 12일 아침-

나운규의 영화시감

폐병이라는 중병을 앓으면서도 영화만을 생각했던 나운규 감독은 이태준 작가를 찾아가 만나 『오몽녀』의 영화화 의사를 밝힌다. 아래는 그와 관련된 투고글이다. 참고로 이태준은 1946년에 월북하였고 생사를 알 수 없다.

映畵時感

羅雲奎(나운규)

금년 1년은 병과 싸웠다. 싸우는 동안 가끔 치료에 대한 자신을 잃어버리는 때가 있다. 이런 때마다 영화를 제작할 욕심이 백배나 더해진다. "이대로 죽어 버리면 무엇을 남겨 놓는가." 10년 싸워서 남긴 것이라고는 한데 모아놓고 불 질러 버리고 싶은 작품 몇 개가 굴러다닐 뿐이다. 문인들이 전집을 발행시키는 데 비하면 얼마나 슬픈 일이냐. 그러나 붓과 종이만으로 되는 문인들이 작품과 돈과 기계로 그리는 우리들의 일과는 형편이 다르다. 이것이 우리들이 가진 최대 고통이다. 공통으로 맛보는 쓰라린 사정이 다 용솟음치는 제작욕을 예술가로서 이 표현욕을 만족시킬 수 없어서 가슴을 치며 거리로 방황하는 동무들을 나는 수 없이 안다. 그들을 위하여서라도 조선영화를 어느 수준까지 끌어가서 완전한 시장을 얻고 싶었다. 상품으로서 이 조선 내 시장만으로는 조선영화의 장래도 현재도 없다. 이런 의미로 원작을 좋은 것을 구하려고 퍽 애를 많이 써 보았다. 외지에 보내는 조선영화를 만드는 데 아무렇게 쳐도 조선 사람의 손으로 된 이야기가 필요했기 때문에 여러 방면으로 구해봤다. 주로 단편 몇 개를 읽었으나 내 머리가 뒤졌음인지는 모르나 최근에 것보다는 오래된 작품 중에 더 좋은 것이 있는 것 같다. 그러나 그 좋다고 생각하는 작품들은 영화화할 수 없는 사정이 너무도 많다. 지금에 우리가 손대지 못할 딴 생명이 있는 것 같다.

10여 년 전 아직 철없는 학도였을 때 어느 무명작가 지방청년의 단편 하나를 읽은 일이 있다. 10년 후 지금 와서 그 작품이 머리에 남는 기억이라고는 '오몽녀'라는 제명이었던 것과 확실치 못한 이야기에 줄거리뿐이었다. 작자의 이름은 물론이거니와 어디 발표되었던 것조차 모르겠다. 이 작품을 영화화 해보려고 원작을 찾았으나 찾을 길이 없었다가 누가 이태준李泰俊씨 작품에 그것이 있던 것 같다고 하기에 이 씨를 찾아갔더니 그의 처녀작이라고 한다. 그 무명작가가 이렇게 되었는가 하고 생각할 때에 반갑기도 하였으나 그가 병중임을 슬퍼 아니할 수가 없었다. 병으로 약해진 내 몸을 두 번 쉬어 넘어간 성북동이 속屬에서 병으로 누어있는 그의 얼굴을 마주보고 앉았다. 10년 전 '오몽녀'를 쓰던 생활하던 그가 그 때에 '오몽녀'를 읽던 기운차던 내가 병인의 심중은 병인이라야 안다. 이것이 마지막 작품이 아닐까 하는 무서운 결심이 혈액을 매일 찌르는 주사의 힘으로 억지로 땅을 밟는 내가 여윈 몸에 말소리까지 힘없는 그를 마주보고 앉았다.

나는 내가 병인이란 말을 차마 못했다. 그가 내어주는 스크랩 책 속에서 '오몽녀'를 다시 보았고 그 속에 '오몽녀'와 같이 붙은 신문조각들이 10여 년 전 그이 육체를 그려놓은 것 같다. 이 땅엔 10년 풍설風雪이 그를 그렇게 만들었고 나를 이렇게 만들었다. 미리 생각했던 검열 문제로 고칠 몇 군데를 말했고 쓸쓸한 초당草堂에 그를 남겨놓고 돌아왔다. 부디 건강이 회복되소서.

50만 원 자금으로 영화회사가 된다고 떠든다. 이때까지 이런 풍설에 많이 속았기 때문에 또 떠들다가 없어질 테지, 이것이 지방에서 제일 처음 신문 기사로 읽었을 때에 생각이다. 그 후 서울 와서 각 방면으로 들리는 이야기를 종합하면 풍설만이 아니고 현금 불입까지 되었다고 한다. 얼마나 반가운 일이냐. 우리가 10년 동안 애타게 바라던 일이 성사되는 것이다. 영화는 대자금으로 될 수 있는 일이기 때문이다. 그러나 이 반가운 이야기와 같이 들리는 풍문이 의외에 헛말이었다. 소위 그들의 말로 (재래 영화인-기성 영화인-)은 한 사람도 아니 쓴다는 것이다. 다른 사업도 물론 그렇지만 더구나 영화사업은 기술자가 없으면 되지 못하는 사업이니 그럴 리가 없다고 생각했더니 그 회사 창립사무소에서 발송한 선전문이 확실히 이것을 말해버렸다. 그 발표로 보면, 기성 영화인을 아니 쓴다는 것이 아니라 기성 영화인이라도 조선서 영화 일하던 아니 쓰고 동경 가서 영화회사에 있던 사람이면 쓴다는 것이다. 물론 그들이 이런 말을 함부로 하고 다니게 된 책임이 우리들에게도 있다. 10

여 년에 빈곤한 영화 사업이 아무 발전도 없던 책임이 우리들의 무력無力에 있었다고 하면, 그 책임은 백번도 더 지겠으나, 그들 중 일부에 사람이 말하는 것 같은 부랑자라느니 비양심적이라느니 무식하다느니 하는 말에는 청종聽從할 수가 없다. 영화인은 대학 출신 아니면 아니 된다는 이유도 영화를 모르는 사람의 말이요, 우리들 동무 같이 세워서 종로거리로 걷기면 우리들 동무보다 더 부랑자라고 남들이 손가락질할 사람이 그 속에 있지 않은가? 물론 그중 일부의 사람이지만 이런 풍설을 날리는 그 회사가 그래도 창립되기를 누구나 다 바라고 있었다. 그것을 우리가 일하지는 못하더라도 그 회사의 성불성成不成이 조선 영화의 장래에 큰 파문을 일으켰기 때문이다.

어느 좌석에서 나는 그때 그 회사 중임重任 맡은 분에게 이런 말을 했다. "세상의 주목이 큰 만큼 책임이 중합니다. 누구를 쓰거나 기술자들에게 좋은 설비를 주십시오." 나는 다른 회사에 일을 보고 있으면서도 이 회사의 창립과 장래 진행을 몹시 걱정했다. 그러던 중에 스탄버그 감독이 들르게 된다고 하므로 우리들은 같이 모여서 단시간이나마 무슨 이로운 일을 들을까 해서 같이 맞이하려고 전화로 그 회사에 통지했더니 그들은 수원까지 쫓아가서 스 씨를 독점해 버렸다. 기성 영화인은 부랑자가 되어서 한 자리에 앉기도 싫다면 그만이겠지만 그가 서울 있는 시간 불과 없는 중에 우리들에게 준 시간은 불과 2시간밖에 아니 된다. 그러나 나는 이것으로 그들이 그 회사를 기어이 완성하고 말리라는 것을 믿었다. 4, 500원씩 써가며 많은 영화인에게 미움을 받아가면서 까지도 자기 회사 선전을 하려 드는 그들이 사업에 장래를 낙관樂觀 했다. 그러나 이 모든 것이 꿈이요, 이 모든 일이 수포로 돌아갔다.

조선영화주식회사는 없어졌다. 깨어졌다. 망했다. 이 한 사건이 조선영화의 장래에 무엇을 주나 하고 생각할 때에 그들의 죄가 크다. 억지로 지키려는 적은 자기이니 지위와 (실력 없는) 세상을 분별치 못하는 썩은 명예욕 때문에 자기들보다 나은 사업가와 기술자들을 적대하고 어쩔 줄 모르고 갈팡질팡하다가는 나중에 되지도 않은 허수아비 권리 다툼으로 흩어져 버렸으니 그들은 장난이라고 웃어버릴는지 모르지만 죄 없이 죄 받는 조선 영화계만 가엾지 않은가? 그대들은 손발을 씻어버리고 남이 되면 그만이지만 소위 그대들이 부랑자 사회라던 이 사회를 짓밟아 주고 갈 것까지야 없지 않은가? 훌륭한 신사로 자처하는 그대들이 그대들 신세로 우리들 부랑자 떼는 열 갑절 스무 갑절 더 애써도 장래에 보이는 앞길은 캄캄할 뿐이니 얼마나 잘 한 일인가? 생각이나 해보시오. 들으니 서로 당파를 지어 가지고 뿔뿔이 흩어져 가서 따로따로 영화 제작을 한다니 신사의 체면이나 지키려고 한 작품 중 요리 집에 가 쓴 셈치고 하겠다는 그따위 작품은 조선과 조선 영화계는 바라지 않습니다. 이것은 단언할 수 있습니다. 이번 작품 배경이 함북咸北 서수라西水羅라는 곳이므로 처음에는 각본에 대화 전부를 함북 지방 말로 썼다가 여러 사람이 다 읽어보아도 도무지 무슨 뜻인지 모른다. 동경 사람이 대판 말을 알아듣는 것과는 아주 딴 모양이다.

"아즈바니, 도사부 잘 드능구마." 이렇게 써 놓으면 타지방 사람은 못 알아보는 모양이다. "아저씨, 거짓말 잘 하시네."로 알아들을 사람이 없는 모양이다. 그래서 어느 지방 사람들이나 알아듣도록 고치려고 해봤으나 그것도 절름발이가 되는 것 같아서 할 수 없이 중앙 말로 해버렸는데 이렇게 해놓고 보니 지방색이라고는 아주 아니 한다. 로케이션을 함북까지 갈 수 없어서 처음 함남 어느 지방까지 갈까 했는데, 함남은 해변으로 원산부터 서교진西橋津까지는 요새지要塞地이므로 그보다 더 북으로 가야 될 터인데 그러는 동안에 일기가 너무 추웠으므로 강원도 북부 지방에 건물이 함경도 같더란 생각이 나서 통천通川 고저庫底로 정하고 일행이 출발해서 현지에 가보니 건물이 함경도와 평안도의 중간을 만 것 같은 것이므로 될 수 있는 대로 건물 배경을 피하고 자연 배경만 박아가지고 와서 건물은 전부 세트로 하기로 하였는데 제일 문제되는 것이 세트 짓는 사람 자신이 평생 보지 못하던 집이므로 아무리 도면대로 하려고 애쓰나 함북풍咸北風이 나지 않는다. 더구나 방안에 놓는 세간을 서울서는 구할 수가 없다. 솟鼎은 중국 것을 사왔는데 그쪽 것보다는 띄가 낫고 항아리는 배를 부르게 만드는데 세 사람이 사흘이나 애썼고 기타 모든 것이 아무리 애를 썼으나 잘 맞지 않는다. 이번 일로 보아서 작품에 지방색을 낸다는 것이 여간 어려운 일이 아니며 아무리 타지방에서 애를 써야 그 지방 사람의 눈으로 보면 틀리게 보일 것이다.

다행히 이번 작품은 지방문제가 그다지 큰 문제는 아니니 이대로 지나 보낼 수가 있으나 작품에 따라서는 큰 고난이 있을 줄로 안다.

나운규 감독의 마지막 인터뷰

나운규 감독의 마지막 인터뷰가 1937년 〈오몽녀〉를 만들고 있을 때 행해졌다. 죽음을 목전에 둔 그가 자신의 영화 세계를 처절하게 펼친다. "명우 나운규씨 〈아리랑〉 등 자작 전부를 말함"이 있어서 전량을 소개한다.

名優 羅雲奎氏 〈아리랑〉 等 自作 全部를 말함

羅雲奎(나운규)

조선영화계의 개척자요 선구자이며 아울러 그 천품天稟이 사계斯界 제일인자로 세상에 이미 정평이 있는 나운규 씨가 이제 한 사람의 영화관객으로 더불어 〈아리랑〉, 〈잘 있거라〉 등 십 수 편의 자작전부에 대하여 솔직하게 심회를 말하다.

▬ 〈아리랑〉

문: "풍년이 온다

풍년이 온다

이 강산 삼천리에

풍년이 온다

아리랑 아리랑 아라리요 아리랑 고개를 날 넘겨주오"

하는 이 노래는 누가 지었어요. 한동안—그것이 벌써 10년은 되었지만—그때 서울이든 시골이든 어디서든지 어린아이 자란 이 할 것 없이 즐겨 부르던 〈아리랑〉의 이 주제가를 누가 지었어요.

답: 내가 지었소이다. 나는 국경 회령이 내 고향이니 만큼 내가 어린 소학생 때에 청진서 회령까지 철도가 놓이기 시작하였는데 그때 남쪽에서 오는 노동자들이 철로 길 둑을 닦으면서 "아리랑, 아리랑"하고 구슬픈 노래를 부르더군요. 그것이 어쩐지 가슴에 충동을 주어서 길 가다가도 그 노랠 들리면 걸

음을 멈추고 한참 들었어요. 그러고는 애련하고 아름답게 넘어가는 그 멜로디를 혼자 외워보았답니다. 그러다가 서울 올라와서 나는 이 '아리랑' 노래를 찾았지요. 그때는 민요로는 겨우 강원도 아리랑이 간혹 들릴 뿐으로 도무지 찾아들을 길이 없더군요. 기생들도 별로 아는 이 없고 명창들도 즐겨 부르지 않고—그래서 내가 예전에 들었던 그 멜로디를 생각해내서 가사를 짓고 곡보는 단성사 음악대에 부탁하여 만들었지요.

문: 영화 스토리도 혼자 생각했어요. 어떤 데서 암시를 받았고 또 어떤 뜻을 표현하느라고 애썼어요?

답: 이야기도 모두 혼자 생각해 냈지요. 나는 거기에 표현하려 한 정신은 한 개의 아무 구속도 아니 받는 인간을 그리려 했지요. 그러자면 미친 사람이 되어야 하지요. 미친 사람 눈에는 세상의 모든 권위도 무서운 것도 머리 숙일 곳도 아무 것도 없지요. 제가 웃고 싶으면 언제든지 웃고 제가 하고 싶은 말은 아무 말이나 하고요—그래서 이 주인공을 철학을 연구하다가 미쳐버린 사람으로 만들었지요. 이 미친 사람의 누이가 있었지요. 누이가 오빠의 친구와 연애하는데 그 집 머슴이 누이를 탐내지요. 그래서 이 머슴을 미친 사람이 죽이지요. 죽이고 나자 그 사람 정신이 바로 돌아가지요. 그래서 살인죄를 쓰고 옥에 들어가는 것으로 전편의 끝을 삼았지요.

문: 그때 여우女優는?

답: 신일선申一仙이지요.

문: 신일선이는 어떻게 발견했어요?

답: 내가 부산에 갔을 적에 하루 저녁은 연극구경을 갔는데 무대 위에 올라서서 독창하는 어여쁜 나이 어린 소녀가 있더군요. 그러나 그때는 막연하게 기억만 해두었다가 서울 와서 이 처녀작을 찍으려고 생각을 하자 여우를 얻을 필요 있어 그때 함경도 함흥에 가서 극장에 있다는 그를 데려왔지요. 그 아버지는 서울 경운동 리강李堈 전하 저邸에서 마당도 쓸고 심부름하는 노인이고 그 오빠는 순사 다니다가 그만 둔 사람이지요.

문: 신일선이를 배역으로 얻은 것은 큰 성공이었지요!

답: 그랬지요. 그때는 그가 처녀 때고 열성이 있고 용모가 아름답고 퍽이나 유망

하였지요. 중도에 결혼사건만 없이 그대로 성장하였다면 지금쯤은 큰 스타가 될 것을 아까운 일을 하였지요.

문: 〈아리랑〉은 제작비가 얼마나 들었어요?

답: 3천 원.

문: 그 돈을 뽑았어요?

답: 봉절封切 당시에 거지반 그 3천 원을 다 빼었지요. 흥행 성적이 좋았으니까. 그 뒤 통계를 치면 아마 여러 10곱의 돈이 생겼을 걸요—모다 작품은 요도淀라는 흥행업자의 손에 가있습니다 만은—

■ 〈풍운아〉, 〈금붕어〉

문: 〈아리랑〉이 그렇게도 큰 센세이션을 일으킨 뒤 두 번째 작품으로 내놓은 것은?

답: 〈풍운아〉지요. 이것은 그때 '다크라스'가 전성하여 뛰고 다툼박질하고 그런 영화를 일반사회에서 요구했으니 만치 나도 이런 것을 착수해 보았지요.

문: 스토리가 어떻게 되었던가요?

답: 시베리아를 오래 방랑하고 있던 주인공이 고토라고 조선에 찾아오지요. 그가 차 칸에서 어떤 인텔리 여성을 만났는데 그 역시 외지로 돌아다니던 무슨 당원이지요. 둘은 마침내 어린아이 하나를 얻어요. 즉 다 자란 사람에게는 기대할 것 없으나 앞으로 자라나는 어린이들을 잘 길러내자—아무쪼록 잘 길러내서 우리 뜻을 본받게 하자 함에 중요한 뜻이 있었지요. 그래서 땅 위에 우리 지도도 그리어 가르쳐 주었고 거짓말과 속이는 불정직한 성격도 바로 잡아주었고—이런 것을 거칠거칠하게 선이 굵게 그리느라 했어요.

문: 그때 여우는?

답: 김정숙이었지요.

문: 김정숙이는 어떻게 발견했어요?

답: 그가 처음 윤백남 씨의 백남프로덕션에 있었어요. 그런 것을 데려왔지요. 원래는 부산서 기생노릇을 하였대요.

문: 한번 데려다가 한 촬영을 마칠 때까지 즉 한 작품을 끝낼 때까지 보수는 얼

마나 주나요? 한 300원 주어요?

답: 그럴 경제력이 있어야지요? 피차에 그저 희생적 노력이란 생각이 있으니깐? 버티어가지요. 그때나 이때나 한 100원씩 주는 폭이 되지요?

문: 김정숙이는 <금붕어>까지 나오더니 이내 종적을 감추더구만요. 영화계에서는 지금은 무얼 해요.

답: 어느 시골의 카페 여급으로 돌아다닌 대요.

문: 그도 역시 연애 때문에 타락했는가요?

답: 그런 점도 있겠지요? 그와는 <금붕어>에도 함께 나왔는데 인텔리여성으로의 특질이 있어 좀 더 발전할 수 있었던 것을요?

문: <풍운아>나 <금붕어>는 흥행 성적이 어떠했어요?

답: 내가 초기에 만든 <아리랑>, <풍운아>, <야서野鼠>의 세 편은 일본 내지인인 요도淀가 돈을 대여했는데 제4작인 <금붕어>에 와서는 단성사의 돌아가신 박승필 씨가 돈대주었어요. 그래서 그때 비로소 나운규프로덕션을 설립하고 첫 작품으로 <금붕어>를 하였는데 다 좋았어요. 모두 5, 6배씩 남았지요.

■ 〈잘 있거라〉

문: <잘 있거라>는 거칠거칠하고 남성적 작품이어서 많은 사람을 울리고 감격케 하였지요. 흥행성적도 좋았을 걸요.

답: 그것이 제작비용이 2,800원 들였지요. 그때는 원체 필름 값이 싸고 세트를 만들고 하는 것이 아니라 대부분이 그냥 들에 나가 로케이션으로 찍어냈으니까 비용이 훨씬 적게 들었지요. 그리고 열흘 동안이란 짧은 시일에 끝냈니깐요.

문: 그때 여자스타는?

답: 전옥全玉 씨였지요.

문: 성악가 강홍식 씨 마누라가 된....

답: 그렇지요. 전옥 씨와 더불어 그 뒤 <옥녀玉女>도 찍었지요. 그런데 <잘 있거라>는 열 여드레 동안의 서울 흥행에서 벌써 제 밑천을 뽑는 호성적을 내었음에 불구하고 <옥녀>에 와선 아주 망쳤지요. 비용은 4,000원씩이나 먹여

서—그것은 세트의 설비가 불완전한데다가 눈이 푸실푸실 오는 겨울이고 도무지 <옥녀> 가 단성사에서 봉절될 적에 첫날 관객 틈에 끼어 가보고 그만 낙망했어요. 완전히 실패한 작품이었거든—그래서 그 길로 집에 돌아와 이불을 쓰고 두문불출하여 큰 결심을 하고 일주일 동안 생각해 시나리오를 써낸 것이 저 <저 강을 건너서>였지요.

■ 〈저 江을 건너서〉와 〈사나이〉

문: <저 강을 건너서>는 확실히 걸작이었지요. <아리랑>에 버금갈 걸작이었지요. 어딘가 프로 작가 최서해崔曙海의 작풍作風을 연상시키는 좋은 대목이 많았지요.

답: 네, 다행히 성공했어요. 그러나 간도에까지 가서 로케이션했던 관계로 비용은 많이 나서 제작비 모두가 6,000여 원이 들었어요. 역시 요도가 대어주었어요.

문: 윤봉춘尹逢春 씨도 그때 함께 갔지요?

답: 그렇지요. 전옥, 윤봉춘 모두 함께 출연했어요.

문: 지금도 잊히지 않는 것은 <잘 있거라> 속에 북간도 어느 촌 학교에서 눈바람 치는 추운 날 학생들이 창가하고 체조하는 대목 같은 것은 참으로 좋았어요.

답: 원래 그 제목도 <저 강을 건너서>가 아니고 처음에는 <두만강을 건너서>였지요. 그러다가 그것이 재미없다고 어느 측에서 말이 있기에 중도에 변경했는데 내 생각에는 간도 동포들의 생활을 사실적寫實的으로 그려보자 함이었지요. 그러나 <저 강을 건너서>에는 다행히 호평도 받고 내 자신도 자신이 있었습니다마는 그만 그 다음 작품인 <사나이>에 와서는 또 망쳤지요.

문: <사나이>는 어떤 것이던가요?

답: 돈 가진 집안 자식이 아버지에 불평을 품고 뛰어나와 활동하는 것인데 여러 가지 장애가 있어 실패하고만 작품이 되었지요.

문: 여자 스타는 누구였던가요?

답: 류신방柳新芳이라고 새로 나온 이지요. 인천에 놀러갔다가 내가 발견했지요. 인천서 기생노릇을 하던 여성입니다. 그러나 어느 여자 고보女子高普를 마친 인텔리 여성이었지요. 문학을 좋아하여 스스로 붓을 들어 시도 짓고 극도 쓰느라 하였고 풍모도 교양이 있느니만치 인텔리의 근대적 여성으로 보였지요.

문: 나이는?

답: 그때 스물세 살.

문: 어째서 이화전문 문과출신 같은 데서 여우를 구하지 못하고 그저 기생과 여급사회에서만 구하려 들어요? 동경서는 귀족 안에서까지 구한다는데—가령 入江たか子만 하더라도 그가 자작子爵의 따님이 아녀요?

답: 이화 출신이야 어디 눈이 높아서요....

▬ 문예작품인 〈벙어리 삼룡〉

문: 그 다음이 저 유명한 문사 나도향 원작 〈벙어리 삼룡〉인가요?

답: 그렇습니다.

문: 문예작품을 착수하게 된 동기는?

답: 어릴 때부터 문학을 좋아한 탓으로 틈만 있으면 여러 작가의 작품을 읽느라고 노력했지요! 그 중에서 가장 인상 깊은 것이 이 〈벙어리 삼룡〉이었어요. 또 그 스토리 된 품이 영화화하기에 알맞고 주인공이 내 비위를 끌어요.

문: 〈벙어리 삼룡〉은 마치 저 등삼성길藤森成吉의 '何か彼女をさらさせたか(뭔가 그녀를 드러냈나?)'와 비슷한 맛이 있지요?

답: 그래요. 생각하여 보면 퍽이나 심각한 제재였어요. 그때 돈이 들기는 3,600원이었는데 스케일을 너무 크게 잡았다가 다소 실패한 점이 있었어요. 나는 지금도 생각하거니와 그것을 다시 토키로 찍어보고 싶어요.

문: 마지막의 라스트 씬인 불 놓는 장면은 세트로 했던가요?

답: 동대문밖에 나가서 대문과 마루와 안방의 세 세트를 만들어 놓고 여기에 차례차례 불을 질렀지요. 그러고 온 가옥이 타는 모양은 연막을 사용해서 만들어냈지요. 그런데 그때 혼난 일이 있었지요. 집을 짓되 종이와 헝겊으로만

형을 만들면 너무 빨리 불에 타버릴까 염려해서 그 뒤에다가 두 치 널판장을 대고 그리고 석유 한 통을 사다가 아주 골고루 뿌렸지요. 아무쪼록 오래오래 두고 골고루 붙으라고—그뿐더러 그 장면만은 아주 핍진逼眞하게 만들 생각으로 내 몸에 실지로 불이 달리는 것을 찍으려고 그래서 솜옷을 지어 입은 그 위에다가 나도 석유를 잔뜩 쳤지요. 그런데 그 장면은 안방에서 이 불난리에 울며 부르짖는 여자를 내가 뛰어 들어가서 구해 가지고 옆구리에 끼고 달려 나오는 대목인데 이걸 좀 보세요. 글쎄 불을 붙였더니 예상과 어그러져 아주 일시에 화약이 폭발하듯 탁 붙겠지요. 내 전신에도 빨간 불길이 붙었고— 나는 크게 화상했지요. 이마와 옆구리에—도 한사하고 그 여자를 구해 내기까지는 하였지요. 카메라가 자꾸 돌아가는데 그렇다고 끊을 수가 있어야지요! 그래서 그 뒤 약 한 달 동안을 두고 앓았지. 큰 화상을 당했어요. 그 여자도 머리가 타고 젖가슴이 타고 야단났지요. 마침 누가 경험 있는 이가 있어 온몸이 화광에 싸인 나를 보고 그냥 땅 위에 구르라고 하여 눈 위에 마구 굴렀기에 목숨은 구했지만 지금 생각하기에도 몸서리가 치는 큰 모험이었어요.

문: 그때 그 여자는 누구인데.

답: 역시 류신방이었지요.

■■■ 〈개화당開化黨〉과 〈임자 없는 나룻배〉

문: 선구자 김옥균金玉均을 취급한 사극 〈개화당〉은 흥행가치로는 차치하고라도 우리 영화사상에 남긴 가치 있는 사업이었지요.

답: 사실 고백하지만 사극은 어려워요. 그 시대의 말씨라든지 의복제도라든지 그런데다가 사실에만 충실하자면 작품이 싱겁게 되고 예술미를 즉 꿈을 집어넣자면 역사를 위조하게 되고요. 어쨌든 그 작품에서 가장 커트를 많이 당했어요. 그러고 그 작품이후에는 같은 사극이라도 이조 5백 년 동안의 역사물은 되도록 취급치 말라는 주의를 받았어요.

문: 〈개화당〉에도 여자가 나오던가요?

답: 나왔지요. 그때는 하소양河小楊이었지요. 이 분은 내 친구 윤봉춘군의 마누라였지요. 지금은 갈라지고 다른 곳에 시집갔다 하지만 퍽이나 소질 있는 분

이었지요.

문: <임자 없는 나룻배>에는 누가 나왔어요?

답: 김연실金蓮實이와 문예봉文藝峰 둘이.

문: 그 두 분은 어떻게 발견했어요?

답: 단성사에 있는 내 친구의 소개장을 가지고 처음 김연실 군이 찾아왔더구만. 그러나 얼굴이 그렇게 뛰어나게 어여쁜 것도 아니고 연기도 특별히 우수한 것은 아니었지만 그 사람은 열성이 있어요. 기어이 성공하고야 말겠다는 열성과 노력이 있어요. 그리고 문예봉군은 그때 '연극시장'인가 어디인가의 여우 노릇하는 것을 내가 데려왔지요. 성장할 싹이 보여요. 문군은 조만간 기록영화를 찍는다고 동경 들어가고 없지만.

문: <임자 없는 나룻배> 뒤에는 무엇이 있었어요.

답: <철인도鐵人都>와 <종로鐘路>가 있었지만 다 수준 아래고 <아리랑 제3편>도 돈은 5천 원이나 먹여가며 일부러 신일선이도 부활시켜가며, 그랬으나 연구시일이 없으며 여러 가지 장애로 결국 성공한 작품을 만들지 못하고 말았지요.

문: 아마 <아리랑 제3편>이 최초의 토키였지요?

답: 그랬어요. 그리고 이번에 찍는 <오몽녀五夢女>도.

■■■ 이태준 씨의 〈오몽녀〉

문: 문사 이태준 씨 작품에 착수하게 된 동기는?

답: 훨씬 예전에 내가 이 작품을 읽고 대단히 좋고 재미있는 것이라고 생각했으나 그것이 누구의 작품인줄 몰랐어요. 요전까지 내 기억에는 《개벽》잡지에서 현상공모에 들어온 어느 무명작가의 것인 줄만 알고 있다가 비로소 이태준 씨 원작이요 그것이 '개벽'이 아니라 '시대일보'에 났던 것인 줄 알았어요.

문: 이번 작은 대작인가요? 강원도에 로케이션도 오래 다녀오고.

답: 상당히 큰 작품이외다. 우선 경비만 해도 6,500원 예산이었는데 아무래도 초과할 것 같아요. 지금 주야불분晝夜不分하고 촬영 중인데 아마 1월의 제2주나 제3주에는 봉절될 듯해요.

문: 이태준 씨 작품은 퍽이나 인정미 있고 묘사가 깨끗하니까 영화로 해도 많은 인기를 얻을 걸요. 앞으로도 문사들 작품을 자꾸 착수하구려.

답: 그리하고 싶지만 근래에는 문예작품을 별로 읽지 못해요. 다만 예전 기억으로 말하면 춘원작품이면 영화화할 만하게 사건이 복잡하고 인물이 다채하여요. 기회 있는 대로 만들어 보려 해요.

문: 이번 <오몽녀>에는 누가 여 스타예요?

답: 노재신盧載信이라고 <아리랑고개>에 나왔던 이지요.

문: 딴 말이나 자작영화를 상연하기 전에 그 극장무대에 나서서 인사한 적이 있었어요?

답: 있지요. 대구나 평양 같은 데나 가서 가끔 하였지요. 퍽들 그리하는 것을 좋아하더군요.

━━ 여우女優는 처녀가 좋은가 부인이 좋은가요

문: 과거 10년 동안 여러 수십 개의 작품을 만들어 본 경험으로 말하여 여배우는 시집가고 아이 낳은 중년부인이 좋은가요. 아직 나이 어린 처녀가 좋은가요.

답: 그야 처녀지요.

문: 대하내大河內 같은 여우는 말하기를 예藝가 숙련되고 인생의 실감을 가진 명우를 얻자면 역시 시집도 가보고 아이도 가져본 나이도 3, 40된 여자가 좋다고 하더구만.

답: 그러나 그렇지도 않지요. 내 경험으로 보면 시집가놓으면 그만 열이 식어요. 생명같이 알던 영화를 헌신짝같이 여기고 그제는 남편이요 연애요 하고 딴데만 정신을 써서 못써요. 역시 육체의 미도 좋고 성격도 순진하던 처녀시절이 낫지요.

(12월 25일 저녁 경성촬영소 <오몽녀> 촬영현장에서 회견하다)

정기탁 감독의 후일담

정기탁 감독은 1928년 상하이에서 안중근 의사의 일대기를 다룬 영화 〈애국혼〉을 만든 이다. 2009년 어느 날 내가 운영하는 네이버 안태근 카페에 정기탁 감독의 사진이 한 장 올려졌다. 나로선 깜짝 놀랄 일이었다. 그 사진은 전혀 본적이 없는 고급스러운 사진이었다. 정기탁 감독의

정기탁 감독과 안중근 의사의 유가족. 둘째 줄 왼쪽 두 번째가 정기탁 감독

사진이라면 신문에 실린 질 나쁜 사진뿐이었는데 이렇게 상태가 좋은 사진은 처음이었다. 문제의 사진을 올린 이는 정 감독의 조카라는 정영익 씨였다. 그가 인터넷에서 정기탁의 이름을 검색하다가 내 카페 글을 읽고 올린 사진이었다.

본 글은 정기탁 감독의 조카인 정영익 씨의 인터뷰로 새로이 알게 된 내용이다. 그는 1986년도에 미국으로 이민 가서 뉴욕에 살고 있다. 정기탁 감독은 하동 정씨이다. 일부 자료에서 보이는 정기택鄭基澤은 정기탁鄭基鐸의 오류이다. 그들 형제는 모두 셋으로 '기基'자 돌림이며 기탁을 기택이라고 부르며 생긴 오류이다. 정기탁 감독은 한국이나 중국의 각종 기록에 탁鐸으로 되어있다.

정기탁 감독은 삼형제의 맏이인데 동생들이 이름은 정기호, 정기수이다. 정기호는 1907년 정미생으로 1988년에 별세하였다. 막내 동생인 정기수는 5~6년 차이가 나며 1985년에 고혈압으로 별세하셨다. 정기탁 감독은 영화를 제작한다며 재산을 탕진하여 형제간에는 사이가 안 좋았고 친할아버지는 병환을 얻었다고 한다.

정기탁 감독은 평양의 수옥리의 대창상회 맏아들이었다(그동안은 연극인 박진 선생의 저서 '세세년년'에 평양 수옥리까지만 기록이 남아있었는데 대창상회라는 것은 처음 밝혀진 사실이다). 대창상회는 평양경찰서 옆에 위치했으며 건어물과 곡물을 취급하였다고 한다. 이

상회는 둘째인 정기호가 물려받았다고 한다. 그들 가족은 한국전쟁 후 1·4후퇴 때 월남하였고 남한에서의 삶은 월남한 사람들이 그러하듯이 빈손으로 와서 많은 고생을 하였다고 한다.

정기탁은 여러 번 결혼하였는데 평양여고 출신의 누구와 결혼하였고 딸을 셋 두었다고 한다. 다시 재혼하여 둘을 두었는데 첫딸은 월남하지 못했다. 상하이에서 영화를 찍을 때에 김일송이 출연하였는데 그녀와도 함께 살았다. 정기탁 감독의 딸 한 명은 월남하여 시집가 2남 1녀를 두었다. 그녀는 생전에 안중근 의사의 따님인 안현생 여사와 교류가 있었다고 한다.

그들 일가가 안중근 의사의 유족과 교류가 있었음을 보여주는 이 사진은 정말 귀한 사진이다. 이런 교류가 있었음을 정기탁 감독의 조카를 통해 알게 되었고 이 사진도 받았다. 사진의 왼쪽이 정기탁 감독 부부, 가운데 남자 분은 정 감독과 형제 같이 지내는 중국분이다. 그 옆은 안중근 의사의 사위인 황일청 그리고 부인인 안현생 여사이다. 안 여사는 안중근 의사의 큰 딸이며 분도와 준생의 누나이기도 하다. 아래로 왼쪽은 정 감독의 생모, 그 옆은 안 의사의 외손녀 황은주, 그리고 안중근 의사의 부인인 김아려 여사이다.

정 감독의 스타일과 모습 그리고 그 옆의 부인 김일송을 보아 아마도 1928년 〈애국혼〉을 찍은 직후가 아닐까 생각해본다. 김일송은 사진은 사진관의 사진으로는 처음 보는데 역시 〈애국혼〉, 〈삼웅탈미〉, 〈화굴강도〉의 주인공을 맡을만한 미모라는 생각이 절로 든다. 사진을 찍는다고 새 옷들을 입었겠지만 모두가 상당한 멋쟁이들이다. 이들은 상하이에서 한국으로 귀국하여 정 감독이 죽은 후에도 계속 교류를 하며 살았다고 한다. 2010년 7월, 황은주 여사에게 이 사실을 말하고 전화 연결을 하여 정기탁 감독의 조카인 정영진 씨와 반가운 인사를 나누었다.

정기탁 감독의 후손들을 위한 선물

우리는 자랑스러운 영화 역사를 갖고 있다. 비록 일제강점기에 유입되어 일본인에 의해 전파되었지만 우리는 우리의 영화를 만들어 냈다. 한국영화의 기점은 1919년의 〈의리적구토〉로 공식 인정되었고 이후 〈월하의 맹세〉, 〈심청전〉, 〈아리랑〉 등 우리의 영화로 재탄생되었다.

1928년 〈삼웅탈미〉의 정기탁 감독

그러나 이러한 영화들은 글이나 기사로만 전해지고 필름은 남아있지 않다. 너무 오래 되어 남아있다 하더라도 정상적인 상태는 아닐 것이다. 그래도 간간히 들려오는 영상자료의 수집 팀의 활동은 칭찬할 만하다. 이런 와중에 1928년에 중국 상하이에서 안중근 의사의 일대기를 감독 주연한 정기탁 감독의 활동을 알게 되었다. EBS의 PD였던 필자는 결국 그에 관한 다큐멘터리를 만들었고 그가 중국에서 만든 영화들을 소개하였다.

그러나 필름이 부재한 상태에서 스틸 사진이나마 발굴하여 소개한 것은 천만 다행한 일이었다. 이는 다큐멘터리에 소개하기 위한 것보다도 문화유산으로서 가치가 우선된다. 비록 중국에서 촬영하여 중국영화로 남아있지만 감독, 주연, 또는 조연이나 스태프 참여자가 한국인이었다는 것이 중요한 점이다. 이들 영화의 스틸을 구입하기까지 턱없이 비싼 가격을 조정하느라 시간이 오래 걸렸다. 다음은 이에 관한 글로 기록을 남겨둔다.

우선 해당 영화들의 프린트 소재여부를 파악하다가 프린트는 없지만 스틸의 소장여부를 알게 되었다. 그렇게 중국전영자료관과의 지리한 협상이 시작되었다. 중국의 지인을 통해 오랫동안 교섭 끝에 결국 스틸 사진을 구입했다. 상해파 한국영화인인 정기탁 감독이 1928년에 상하이에서 연출한 〈화굴강도〉, 〈삼웅탈미〉의 스틸 23장이다. 당시 조선에서 만들 수 없었던 안중근 의사의 일대기인 〈애국혼〉 이후 같은 해에 만든 영화들이다. 외국인으로서 같은 해에 세 편의 영화를 만들기가 쉽지 않았던 상황인데 정말 미스터리이다.

더 이상의 조사가 필요하지만 이제 한국인 생존자는 없다. 정기탁을 만났던 유일한 생존자 이남호 화백도 돌아가셨고 중국의 장춘에 계신 최채 옹마저 2007년에 별세하였다.

이번 스틸의 구입도 어려웠지만 입수 또한 많은 시간이 걸렸다. 사진의 대금을 송금하는 것도 여의치 않아 마침 한국에 온 전 회장 편에 대금지불을 부탁한 날짜가 2009년 11월 20일 이었다. 전 회장이 24일에 귀국해 지흥문화의 송 감독이 전영자료관을 찾아가 사진을 받은 게 27일이다.

그리고 또 전 회장이 온다는 날짜인 2009년 12월 4일을 넘겼다. 이유는 동행 방문자들의 비자 문제 때문이라고 전해 들었다. 그로부터 열흘이 지난 2009년 12월 14일 드디어 사진이 우리에게 전달되었다. 그 동안의 경과를 보면 2009년 8월 29일 방문 이래 2009년 10월 31일 첫 협상 시작 후 지리한 과정을 거쳐 2009년 11월 15일 이후 협상이 급진전되어 가격이 정해졌고 2009년 12월 14일 드디어 내 손에 들어온 것이다.

〈화굴강도〉의 한 장면

이 사진들의 중요성은 새삼스러울 것도 없이 우리나라의 국보급 사진들이다. 올해 초창기 고전영화 일곱 편이 문화재로 지정되었다. 문화재 등록영화로는 〈미몽〉, 〈자유만세〉, 〈검사와 여선생〉, 〈마음의 고향〉, 〈피아골〉, 〈자유부인〉, 〈시집가는 날〉이 선정되었다. 영화가 문화재로 지정된 것은 처음 있는 일이다.

이런 상황에서 비록 프린트는 부재하지만 스틸이나마 우리나라에 들어온다는 것은 경사스러운 일이다.

이남호 화백의 영화사 증언

1908년생인 이남호 화백이 18
세 때, 그 당시 배우였던 그의 형 이
명호를 보려고 〈아리랑〉 촬영현장
에 갔었다는 인터뷰 내용을 앞에서
소개한 바 있다(73쪽 참고). 이남호
화백은 〈아리랑〉의 주인공인 영진
의 모습으로 흰 옷을 입고 촬영현장
에서 사람들에게 연기지도를 하던
나운규의 이야기를 생생하게 들려
주었다.

1980년대의 이남호 화백(중앙)
(출처:https://woorok.tistory.com/987)

이남호 화백에게 들은 또 하나 귀가 뜨이는 이야기가 정기탁 관련 내용이다. 전설
속의 인물인 정기탁 배우를 만났다는 것이다. 이남호 화백과 인터뷰 하던 2000년 당
시에 내가 아는 한 정기탁을 만난 유일한 분이 이남호 화백이었다. 18세의 학생이던
그가 조일제가 차린 계림영화협회로 형을 찾아갔다. 지금의 롯데호텔 자리인 반도호
텔 근처에 자리한 영화사를 자주 찾아갔는데 거기에서 정기탁을 만난 것이다.

정기탁은 뼈가 굵고 선비풍은 아니었다는데 이미 구면이라 이 화백이 가면 굵은 평
양사투리로 "어, 동생 왔어?" 하며 반겨주었다는데 키가 크고 서구형의 현대식 미남이
었다고 기억한다. 반면에 조일제는 중키에 점잖은 이로 40세 정도였고 단발에 말 수가
없었다고 한다.

안 의사의 외손녀 황은주 여사-정기탁 감독 관련 증언

안중근 의사에게는 두 아들과 따님 한 분이 계셨다. 첫째 아들 안 분도는 어린 시절 일제에 의해 독살 당했고, 둘째 아들 안준생은 한국전쟁 때 별세하였다. 그리고 따님 안 현생 여사는 황일청 씨와 결혼하여 따님 두 분을 두었는데 그중 장녀가 황은주 씨이고 미국에 거주하였다 가 신병 치료차 귀국하였다. 2010

2010년, 정기탁 감독에 대해 증언하는 황은주 여사

년 7월 19일, 귀국 소식을 듣고 전화를 드려 양재역 앞 식당에서 뵈었다.

첫 대면이지만 구면인 듯 안중근 의사의 유해 발굴에 대해 많은 이야기를 나누었다. 외손녀이지만 안중근 의사의 손녀임이 바로 느껴질 정도이고 여든 다섯의 고령임에도 불구하고 목소리는 힘차고 젊은 사람 못지않은 패기도 있었다.

황 여사는 1928년 당시 상하이에서 어린 시절을 보냈는데 당시 안중근 일대기 〈애국혼〉을 감독한 정기탁 감독을 또렷이 기억하고 있었다. 정기탁 감독의 본명이 정기택이라고 기억하는데 흔히 기탁을 발음이 편한 기택으로 했을 수도 있다. 2009년에 만난 정기탁의 조카인 정영진(당시 78세)씨도 기택으로 기억하고 있는데, 일부 자료에서 보이는 정기택鄭基澤은 정기탁鄭基鐸의 오류이다. 그것은 한국 및 중국의 대다수 자료에서 정기탁鄭基鐸으로 표기하고 있기 때문이다.

정기탁 감독에 대한 기억은 멋쟁이로 압축된다. 남자답고 시원시원한 그 사람, 정기탁 감독에 대해 증언해주었던 이남호 화백의 말과 일치한다. 황은주 여사의 아버지인 황일청 씨와 정기탁 감독은 형제처럼 지냈다고 한다.

나로선 정기탁 감독을 만난 세 번째 사람을 만난 것이다. 처음 만났던 분은 이남호 화백이었다. 그를 인터뷰했던 2000년 당시 이남호 화백은 정기탁을 만난 유일한 분이 었다.

두 번째 분은 정기탁 감독의 조카인 정영진 씨이다. SNS 시대가 아니라면 그를 만날 수가 없었을 터인데 그의 동생이 SNS에 올린 내 글을 읽고 연락을 해와 서울 응암동에 사는 그를 찾아가 만나 인터뷰한 적이 있다.

　　다음은 황은주 여사의 인터뷰 내용이다. 중요한 인터뷰이기에 휴대폰 동영상으로 촬영을 해두었다. 당시 황 여사는 기억력도 좋고 기력도 좋았다. 정기탁 감독의 이름을 정기택으로 알고 있어서 그 이야기부터 질문하였다.

안:　어떻게 정기택으로 기억을 하세요?

황:　그냥, 워낙 어려서부터 들은, 어려서부터 들은 기억이지 뭐. 워낙 가깝게 지냈으니까. 그냥 귀에 익은 거지요. 어, 기택이 아저씨, 기택이 아저씨...

안:　그분은 어떤 분이에요?

황:　멋쟁이, 우리 친정아버지하고 같은 고향이고, 너무 가까이 지냈어요. 형제지간처럼 비록 성은 달라도 형제같이 가까운 분이예요. 상해에서도 그 시절에는 어렸을 때, 그 기택이 아저씨가 중국영화, 거기에 감독으로 계시던 걸 알고, 상해에서 영화 촬영을 하시는 분이니까, 그때 망명 시절에 우리가 불란서(조계) 쪽에 있었는데, 그 안에는 ○○○가 있어요. 그 안에가 수십만 평이야. 말 타고 가도 돼. 저택이지, 저택... 하루는 그 아저씨가 우리 어머니하고 동생하고 나하고, 또 이강 할아버지... 안 의사의 동지 있어요. 이강 선생님 따님이 성악을 했어. 모리스공원이라고, 모리스예요. 그 공원에 가서, 사진이 있으면 참 멋있는데... 참 멋있는데 분수가 이렇게 있는데, 어머니 이렇게 있고 내가 앉고, 배경이 너무 좋아. 이강 선생님 따님이 찍은 그 사진도 너무 멋있어. 몰라, 집에 가봐서 봐야 돼.

안:　정기탁 감독하고 마지막으로 본 게 언제예요?

황:　그때 기억 안나. 어려서.

안:　옆집이에요?

황:　옆집은 아니에요.

안:　그럼 떨어졌습니까?

황:　가끔 우리 집에 놀러왔어요. 내왕이 있었어, 늘 왔다갔다 우리 집에 오시지.

안:　그 분 사는 집엔 안 가보셨어요?

황: (고갯짓으로 아니라며) 멋쟁이야! 아주 남자야. 생긴 게 잘 생겼어.

안: 말투는?

황: 말은 아마 평양, 이북말이겠지. 이북말이래도 한국 말투 표준말.

안: 키는?

황: 커요, 아주 남성적이야. 멋쟁이... 하하

　이야기는 길게 이어졌고 정기탁 감독의 조카인 정영진 씨와도 전화로 반가운 인사를 나누었다. 벌써 13년 전의 일로, 황 여사는 2021년 12월 12일에 별세하였다.

고 정기탁 감독과의 대화 1

———

고인과의 대화는 살아생전에 만나지 못한 사람들과의 의사소통과 궁금증을 풀기 위함이다. 그것은 막연한 호기심만으로는 안 되며 그에 대한 연구와 공부가 되어 있어야 가능한 일이다.

정기탁 감독은 1905년 평양 수옥리 태생으로 배우이자 감독이었으며 평양 부호의 아들로 평양의 광

1928년 〈삼웅탈미〉에서의 정기탁

성소학교를 거쳐 서울로 유학와 배제학당을 다닌다. 그는 학교 야구부원으로 활동한 스포츠맨이다. 그가 배제고보 2학년을 마치고 상해로 가 신문물을 접하고 다시 돌아온 것이 1925년. 이광수 원작의 〈개척자〉에 배우 응모를 하고 전창근 등과 함께 출연한다.

《동아일보》 기사에 의하면 그는 학교에서 야구선수였고 빠른 발을 자랑했다. 그는 영어공부를 한다고 상하이로 갔었다. 소설가 김훈의 할아버지에게 월사금을 내고 공부했다는 기록이 남아있다. 그는 귀국하여 이경손 감독의 〈개척자〉 오디션을 거쳐 배우로 데뷔한다. 그리고 〈장한몽〉에서 이수일 역을 맡았는데, 영화에서처럼 여주인공 역을 맡았던 김정숙을 다이아 반지로 유혹한다. 김정숙은 이미 톱스타였는데 신인배우 정기탁의 물량공세에 그만 넘어가고 말았다. 그것은 비단 반지 때문만은 아니었을 것이다. 한번 맘먹으면 꼭 해내는 사나이 정기탁의 매력 때문이었음은 두 말할 나위없다.

그녀와 몇 편의 영화를 더하고 정기탁은 김일송이라는 여배우를 캐스팅하여 그녀와 상하이로 가서 〈애국혼〉, 〈화굴강도〉, 〈삼웅탈미〉, 〈여해도〉를 만든다. 두 사람의 꿈같은 상하이 시절은 길지 않았다. 차기작에 중국 톱스타인 완령옥을 여주인공으로 캐스팅하자 정기탁을 따라갔던 여배우 정일송은 귀국한다. 정일송의 기분은 미루어 짐작할 만하다. 그녀는 자신의 본업인 기생이 되었는데 그만 폐병을 앓다가 죽는다.

정기탁이 귀국한 건 1934년이다. 완령옥과는 감독으로 혹은 배우로 〈진주관〉, 〈정욕보감〉, 〈대파구룡산〉, 〈화소구룡산〉, 〈은막자화〉, 〈상해여 잘 있거라〉 등 여섯 편의 영화를 함께 했다. 완령옥은 정기탁이 귀국한 후인 1935년에 전 애인과의 불화로 매스컴의 비난을 받자 자살로 짧은 생을 마친다. 일제강점기 치열하게 자기 삶을 개척했고 또 한국인이 만든 유일한 항일영화인 〈애국혼〉을 만든 그는 남들이 만들지 못한 항일영화를 조국을 떠나 상하이에 가서 만들었고 또 그곳에서 중국영화사에 남는 영화감독으로 자취를 남겼다.

서울의 영화사 계림영화협회 사무실에서 정기탁을 만났다는 고 이남호 화백은 정기탁의 준수한 외모를 언급했다. 훤칠한 키에 미남자 정기탁은 평양 사투리로 사람을 모으는 매력남이었다고 한다. 이러한 일들로 인해 1937년에 그가 죽자 기생과 뱃놀이 하다가 죽었다는 소문이 돌았다. 유족을 만나 확인한 건 대동강에서의 뱃놀이는 맞지만 친구들과의 뱃놀이였고 친구들은 한복을 입어 물위에 떠올랐지만 평소에 마카오 양복을 즐겨 입었던 그는 그만 익사하고 말았던 것이다.

서라벌예대 교수였던 고(故) 안종화 감독은 그의 저서 『한국영화측면비사』에서 "돈을 물 쓰듯 했던 정기탁이 가난 때문에 대동강에서 기생과 뱃놀이 하다가 죽었다더라."며 당시 소문을 인용해 글을 썼다. 그러나 당시 3개국의 배우들이 출연할 것이라는 해양영화 제작으로 의욕이 충만했던 정기탁이 아무렴 가난 때문에 죽었겠는가? 그것도 기생과 뱃놀이 때문이라면 더구나 설득력이 없다.

그가 만들려고 했던 해양영화는 '장보고' 정도를 다루려고 했던 영화일 것이다. 3개국 배우가 나오는 해양영화라면 이순신 장군을 다루지 않는 한 장보고일 것이라고 추정된다. 〈애국혼〉을 만들었던 정기탁이라면 능히 기획할 만한 영화이다. 문제는 당시가 일제강점기이고 그가 조국에 돌아와 있었다는 것이다. 일제에 밉보인 그가 만들려는 영화가 일제에게 어떻게 보였을까 생각해보면 답은 간단하다. 일제강점기 상해에서 안중근 의사의 일대기를 다룬 〈애국혼〉을 만든 정기탁 감독, 그는 영원한 연구대상이다.

고 정기탁 감독과의 대화 2

이 글은 사실에 근거하여 작성된 가상의 글입니다. 그러나 정기탁 감독을 학문적으로 연구하여 썼기에 역사적 사실 왜곡은 없음을 밝힙니다.

1928년 〈삼웅탈미〉에서의 정기탁

문1: 정 감독님을 이렇게나마 뵙게 되어 정말 반갑습니다. 국내에서는 감독님의 연구가 2001년 한국외대 석사논문이 발표됨으로 공식적으로 시작되었습니다. 그러나 아직 자료부족으로 알려지지 않은 사실들이 많고 특히나 1937년 이후의 감독님 행적은 여전히 궁금하기만 합니다.

답: (굵은 평양 말씨) 나에 대한 연구가 시작되었다는 것은 정말 반갑고 고마운 일입니다. 나는 이미 세상 사람에게 잊혀진 인물입니다. 그런데 이렇게 찾아내 나를 기록으로 남겨준다는 것은 정말 개인적으로 뿐만이 아니라 한국의 영화사를 위해서라도 귀중한 일이라고 생각합니다.

문2: 감독님의 출생과 성장과정을 말씀해주시죠.

답: 나는 1905년 평양 수옥리에서 출생하였습니다. 아버님은 미곡상을 하셨는데 평양에서는 부자 소리를 들었습니다. 평양에서 광성소학교를 졸업하고 서울로 유학와 배재고보에 다녔습니다. 어릴 때에는 뭐 평범한 소년이었지요. 하지만 신문물에 대한 호기심이 많았습니다. 특히나 영화, 즉 활동사진을 보며 영화에 대한 꿈을 키웠었죠. 언젠가 저런 영화를 만들어야지 했는데 정말 영화배우가 되었고 영화감독까지 되었습니다.

문3: 어떤 영화를 보셨고 감동을 받으셨나요.

답: 영화라는 것이 1895년에 처음 만들어졌다지요? 그것이 세계적으로 유행되고 일본에서 만들어진 영화들이 우리나라에 유입되었죠. 당시에는 주로 찬바라

ちゃんばら영화라고 해서 사무라이들이 출연하는 영화들이 인기를 끌었습니다. 그밖에도 미국이나 독일에서 만들어진 영화들이 소개되었었죠. 기억나는 영화는 닛카쓰日活가 만든 영화들이었고 오노에 마쓰노스케가 주인공인 영화들입니다. 그는 1875년생인데 특히나 활극이 장기였죠. 그 말고도 마케노 쇼오조오의 영화는 당시로는 보기 드문 순정영화라서 기억납니다. 그로부터 신파극이 성행하게 되죠. 어렸을 적이지만 1918년에 만들어진 〈쥬우신구라忠臣藏〉도 기억이 납니다. 한 시간 반짜리로 오노에 마쓰노스케가 주인공을 맡아 열연했죠. 독일 영화 중에서는 〈칼리칼리 박사〉 같은 영화가 인상적이었습니다. 미치광이 박사가 초자연적인 공포스러운 연기를 보여주었습니다. 당시에는 감독보다도 영화 배우 즉, 주인공의 영화라는 인식이 많았습니다. 아무래도 연기자의 연기력이 우선되던 시대였습니다.

문4: 정말 어릴 적부터 영화에 대한 관심이 대단하셨군요.

답: 당시에는 나뿐만이 아니라 모두가 신문물에 대한 관심이 많을 수밖에 없었죠. 새로운 문명은 누구에게나 동경의 대상이 되지요.

문5: 경성 즉 서울로 유학 와서의 활동을 말씀해 주십시오.

답: 나는 배재고등보통학교 야구부원으로 활동했습니다. 요즘 말로 스포츠맨이었지요. 그러나 일제의 압제를 받으며 뭔가 답답해서 배제고보 2학년을 마치고 훌쩍 상해로 갔습니다. 상해는 당시 우리나라 사람도 많이 가있었지만 일본을 제외하고 신문물을 접할 수 있는 유일한 곳이라는 생각이 들었습니다. 그곳에서 영어도 배우고 영화도 실컷 보며 세상 구경을 했습니다. 당시 하숙을 하면서 영어 공부는 김광주 군의 아버님에게 배웠습니다. 뭐, 영어가 단시일에 배워지는 것은 아니지요. 공부하고 세상구경도 하니까 아무래도 고향 생각도 나고 내가 활동해야 할 곳은 조선이다 싶어서 돌아왔습니다. 귀국한 것은 1925년입니다. 이광수 원작의 〈개척자〉에 배우 응모를 하고 전창근과 함께 출연했습니다.

문6: 아, 그 영어 선생님은 요즘 각광받는 김훈이라는 소설가의 할아버지 되시는 분이죠. 김광주 씨도 한국으로 돌아와 〈아름다운 수의〉라는 영화를 감독하셨고 후에는 중국 무협소설을 번역해 소개하셨죠. 자연스럽게 영화 이야기가 시작됐습니다. 당시 한국의 감독으로 〈월하의 맹세〉를 찍은 윤백남 감독이 유일하셨고(故) 이경손 감독이 조감독으로 있었죠?

답:　맞습니다. 이경손 감독이 감독으로 메가폰을 잡는다고 해서 화제가 되었고 나는 영화배우가 될 기회라고 생각해서 배우 응모를 했습니다. 훗날 상해에서 같이 활동할 전창근이도 만났는데 이 영화를 통해 만나서 나를 비롯해 이경손, 전창근 등 상해에서 같이 영화 활동을 하게 된 것입니다. 정말 인연이라고 말할 수 있습니다.

문7:　당시 주인공은 강흥식 배우였죠?

답:　맞습니다. 일본 유학을 하고 돌아온 인텔리 배우였죠. 잘생긴 호남아였습니다.

문8:　강흥식 배우는 나중에 눈물의 여왕으로 불린 전옥 배우와 결혼하는데 그 따님이 강효실 배우이고 그녀가 최무룡 배우와 결혼해서 낳은 아들이 최민수라는 배우입니다.

답:　정말 대단한 일가를 이뤘군요.

고 정기탁 감독과의 대화 3

문9: 〈개척자〉 이후 영화 활동에
대해 말씀해 주십시오.

답: 1926년에 〈장한몽〉에 출연
했고 나운규와 함께 〈금붕
어〉에도 출연했습니다. 당시
《동아일보》에서도 아주 좋게
나의 연기평을 써주었죠. 그
리고 〈산채왕〉에 출연했고

1928년 〈삼웅탈미〉에서의 정기탁(중앙)

부친을 설득해 영화사 '평양키네마'를 설립했습니다. 첫 작품이 〈봉황의 면류
관〉입니다. 그때 〈아리랑〉으로 유명해진 신일선에게 여주인공을 맡겼죠. 그러
나 영화는 흥행이 부진했습니다. 돈만 날리고 위신만 망가졌습니다.

세간에서는 나의 영화배우 활동에 대해 내가 부잣집 아들이었다는 것으로 인해
한갓 한량의 풍류쯤으로 생각되어지고 영화배우 하는 것이나, 나중에 영화배우
가 감독 하는 것 모두 그 질시의 이유가 되었습니다. 그래서 그런 것인지 신문에
악의적인 글도 실렸습니다. 그러거나 말거나 다시 자금을 마련하여 〈춘희〉를
찍었습니다. 이 영화는 소설가 김동인의 동생인 김동평이 출자를 했습니다. 그
는 마닐라대학 피아노과 출신입니다. 이 영화도 영화는 좋은데 흥행은 별로였
습니다.

훗날 조선영화 베스트5 안에 드는 영화였지만 운이 없었다고나 할까요. 게다가
출자자가 망했다고 이경손 감독을 주구라고 하질 않나 나를 가증한 간책자라고
하지 않나, 이런 상황이 되었고 번번이 흥행에 실패를 하니 나도 생각이 좀 바뀌
더군요.

문10: 그래서 상해로 갈 생각을 하셨군요?

답: 사실 국내에서 영화를 계속한다는 것은 벽에 부딪친 느낌이었습니다. 당시 승
승장구하던 나운규의 〈아리랑〉을 보면서 느낀 바가 컸습니다. 나도 저런 영화

를 만들고 싶다는 의욕이 솟구쳤죠. 그러나 '개와 고양이'로 상징하며 항일을 묘사하는 애매모호한 영화를 만들 수는 없었습니다. 진짜 항일영화를 만들어보고 싶다는 생각을 했죠. 그래서 자유롭게 영화를 만들 수 있는 상해로 갈 결심을 굳혔던 것입니다.

문11: 어떤 영화를 만들고 싶으셨는지와 상해로 가셔서 어떻게 감독을 하시게 되었는지 말씀해주시죠.

답: 당시에 암암리에 떠돌던 박은식 선생이 쓴 『안중근의사전기』를 읽고 '바로 이거다!' 생각이 들었습니다. 안 의사는 조선이나 중국에서나 영웅이셨죠. 28세의 나이에 조선 침략의 원흉인 이토 히로부미를 처단한다는 것은 정말 통쾌한 일 아닙니까?

그러나 안 의사 영화를 당시 조선에선 만들 수 없는 일이고 안 의사가 중국에서도 크게 알려진 영웅이기 때문에 상해로 가서 그의 영화를 만들 생각을 한 겁니다. 그래서 다시 배를 타고 상해로 간 겁니다. 상해는 처음도 아니었고 임시정부를 찾아갔죠. 그리고 몽양 여운형 선생을 만나 〈안중근의사전기〉 영화를 설명하니 여 선생이 대뜸 "좋다!" 하시며 나를 '대중화백합영편공사'로 데려갔죠. 나중에 들어보니 안 의사도 이곳 상해에서 독립운동을 모색하러 방문하신 적이 있다고 합디다.

문12: '대중화백합영편공사'는 당시 제일 잘 나가던 영화사인데 반응이 어땠습니까?

답: 중국인 사장이 이야기를 듣더니 단박에 "좋다!"고 했습니다. 당시 일본 타도는 조선이나 중국이나 마찬가지였고 안중근 의사 이야기는 좋은 소재였다고 판단한 것이지요.

문13: 전창근 감독이 대본을 썼다는 이야기가 있던데요?

답: 그 이야기는 잘못된 것입니다. 일부 자료에 그렇게 소개되긴 했지만 내가 시나리오를 직접 썼고 정군이라는 이름으로 발표했죠. 『중국전영자료집』에 나와 있습니다. 촬영은 일사천리로 진행되었습니다. 내가 조선에서 왔으므로 회사에서도 특별히 배려해주고 물심양면으로 지원해주었습니다. 그렇게 하지 않으면 제대로 영화를 만들 수 없었겠지요. 영화는 스케일도 컸고 이야기 구조도 단단했습니다. 좀 아쉬운 건 하얼빈 역 촬영을 하지 못하고 실내 신으로 처리한 것입니다.

문14: 왜 영화 제목이 〈애국혼〉으로 바뀌었죠?

답: 그건 〈안중근〉이라는 이름이 검열에서 통과되지 못했기 때문입니다. 일본의 눈치를 본 것인데 이름을 다른 한자로 표기했지만 어쩔 수가 없었습니다. 그래서 〈애국혼〉이라는 제목을 쓰게 된 것입니다.

문15: 흥행은 어땠습니까?

답: 상해에서 개봉되어 결과는 아주 좋았습니다. 원래 안중근 의사의 연극도 있었고 안 의사에 대한 인기(?)때문이라고 할 수 있습니다. 뭐, 중국인들도 하지 못한 일을 해내신 분이라고 중국인 또한 추앙하였던 분이셨으니까요. 일층, 이층 객석에서 관객들의 반응을 지켜봤는데 호응도가 아주 좋았습니다.

고 정기탁 감독과의 대화 4

문16: 〈애국혼〉 개봉 이후의 활동
　　　에 대해 말씀해주시죠.

답:　〈애국혼〉을 만들고 파격적
　　　으로 1928년 한해에만 두 편
　　　의 영화를 더 만들었습니다.
　　　〈화굴강도火窟鋼刀〉와 〈삼웅
　　　탈미三雄奪美〉, 1929년에만
　　　감독 또는 연기자로 6편의

1928년 〈삼웅탈미〉에서의 정기탁

영화에 관여했습니다. 〈여해도女海盜〉, 〈진주관珍珠冠〉, 〈정욕보감情慾寶鑑〉, 〈대
파구룡산大破九龍山〉, 〈화소구룡산火燒九龍山〉, 〈은막지화銀幕之花〉입니다. 뭐 〈대
파구룡산〉 같은 무술영화도 찍었는데 당시 〈화소구룡산〉같은 영화들이 인기를
끌고 시리즈로 만들어지던 때이기 때문입니다. 그렇게 7년간 모두 12편의 영화
에서 감독 또는 주연을 했습니다.

문17: 당시 이필우 촬영기사가 상해 스튜디오를 방문해 그 시설에 놀랐던 이야기를
　　　《조선일보》에 투고하기도 했습니다.

답:　이필우 선배가 〈흑의기사〉 촬영 때 와서 보곤 놀랐죠. 사실 당시 조선의 촬영 규
　　　모와는 많이 달랐으니까요. 상해는 당시 동양의 할리우드라고 할 정도로 제작
　　　이 왕성했고 그에 따라 시설도 서구적이었죠. 그런 환경에서 영화를 찍을 수 있
　　　다는 것은 정말 행운이었습니다.

문18: 그러다가 갑자기 상해를 떠나셨는데 어찌된 일입니까?

답:　좀 더 다른 환경에서 일해보고자 일본 교토로 갔지요.

문19: 아, 위험하지 않았습니까? 〈애국혼〉 같은 영화를 만들었었는데...

답:　물론 조심했지요. 내가 떠들고 다니지 않으니까 내가 정기탁인지 〈애국혼〉을
　　　만들었는지 몰랐을 겁니다.

문20: 교토로 가서의 활동을 말씀해 주세요.

답: 교토로 가서 교토 신흥키네마를 찾아갔습니다. 카메라맨 이창용과 함께였지요. 영화사도 하나 만들어 멋진 영화를 만들어보고자 했지만 결국 잘 안됐습니다. 조선인으로서 할 수 있는 일이 없었다고나 할까요. 벽에 부딪쳤던 것이죠.

문21: 그래서 다시 돌아오셨군요?

답: 네, 상해로 돌아왔죠. 그리고 만든 영화가 〈출로出路〉입니다. 이 영화 당시에 검열 때문에 라스트 장면을 고치기는 했지만 그런대로 잘 만든 영화입니다.

문22: 중국영화사에 남는 걸작이더군요. 아쉽게도 필름이 남아있지 않아 보지를 못했지만, 북경의 영화학교인 베이징 아카데미의 톈산 교수는 중국영화사 책을 보여주며 극구 칭찬하더군요.

답: 아, 그래요? (웃음) 그리고 나서 만든 영화가 〈상해여 잘 있거라〉입니다. 나운규도 〈잘 있거라〉를 만들었지만 나는 당시 신여성의 삶을 진지하게 그려보고자 했습니다. 그래서 완령옥에게 주인공을 맡겼습니다. 그녀는 그 영화를 찍고 일 년 후 그만 자살했지요.

(잠시 침묵... 그녀를 떠올리는 듯)

문23: 오늘은 영화이야기만 여쭙겠습니다. 〈상해여 잘 있거라〉는 1934년 서울 수도극장에서 상영되었습니다. 그때 필름을 가지고 귀국하신거지요?

답: 맞아요. 모처럼 귀국했지요. 이경손 감독이나 전창근이나 모두 말렸지만 〈상해여 잘 있거라〉를 국내 관객들에게 보여주고 싶었습니다.

문24: 귀국 후 안전했습니까?

답: 조심했지요, 그러나 나도 꽤 유명인사로 신문에 귀국기사가 실리기도 했으니까 일제가 쉽게 해칠 수 있는 상황은 아니었습니다.

문25: 〈상해여 잘 있거라〉는 국내에서도 흥행에 성공한 것으로 알고 있습니다. 귀국 후 몇몇 영화를 기획하신 것으로 아는데 이야기 좀 해주세요.

답: 귀국 작품으로 〈황성의 달〉이라는 영화나 또 스케일 있는 해양영화를 만들려고 했지만 모두 잘 안됐습니다. 국내의 여건이 상해와는 달랐고 또 일제의 눈치를 안볼 수가 없었기 때문입니다.

문26: 그래서 어떻게 됐습니까. 국내에서 사망하신 것으로 알려졌습니다만...

답: 나의 죽음이 대동강에서 기생들과 뱃놀이를 하던 중 익사했다고 하지만, 그냥

친구들과 뱃놀이를 했던 것입니다. 그런데 작은 배가 전복되어 마카오 양복을 입고 있던 나만 그만 익사하게 된 거지요. 친구들은 한복을 입고 있어서 물에 떠올라 모두 살았지만...

문27: 아, 그렇군요. 오늘은 여기까지 듣겠습니다. 사실 이후의 이야기가 궁금합니다. 왜냐하면 정 감독님의 자료가 여기까지만 남아 있거든요. 조사가 덜 되어 있는 것이지요. 그리고 정 감독님을 둘러싼 여성들의 이야기도 궁금합니다. 정일송이나 완령옥과 관련해서입니다.

답: (갑자기 평안도 사투리로 말한다. 아픈 데를 찔린 것 때문일까? 그를 둘러싼 두 여성의 이야기는 쉽게 들려줄 것 같지 않다.) 그깐 이야기가 뭐 중요하간?

문28: 나중에 들려주세요. 궁금하기도 하지만 영화사를 위해 여러 중요하기 때문에 궁금증을 풀어주셔야 합니다.

답: 알았어. 생각해 보디, 뭐. 그리고 사실 내 죽음이야 억울하디. 그래서 내가 이렇게 인터뷰 하는 것 아니갔어. (빙긋)

문29: 고맙습니다. 이렇게 시간 내 주셔서 다시 한 번 감사드립니다.

가상의 인터뷰 형식의 글은 나로선 처음인데 쓰는 내내 흥미로웠다. 그러나 황당하지 않으려면 충분한 시간을 가지고 연구한 자료들을 토대로 해야 한다.

조선악극단

——

2010년 3월 20일, KBS의 〈가요무대〉에서 조선악극단의 공연 모습이 소개되었다. 보기 힘든 자료를 구입한 것으로 성공회대 외래교수 이준희 씨가 일본의 동보(도호) 영화사에서 발굴한 것이라고 한다. 김정구 가수가 〈돈타령〉을 부르는 장면은 1939년 5월 1일에 개봉한 일본영화 〈생각 많은 부인〉에 삽입된 내용인데 상영시간이 길지는 않았지만 연구 노력의 결실이다.

조선악극단은 1932년 설립된 오케레코드사 단원들로 1933년에 결성되어 국내 및 일본, 중국으로 공연을 다닌 조선 최초의 공연단이다. 단장은 충남 공주 출신의 이철이고 단원으로는 악단지휘에 손목인, 가수로 고복수, 장세정, 김정구, 이화자, 이난영, 신세영, 남인수, 이봉룡, 김해송, 김용호 등 당대의 명가수와 작곡가들이 망라되어 있다.

음반 판매나 개인 공연으로는 본격적인 활동이 쉽지 않자 악극단을 조직해 함께 활동한 것이다. 공연단의 활동은 노래 외에 짤막한 꽁트나 소극 등의 악극을 보여주는 형태였다. 그것은 60년대 극장무대의 공연이 성행했던 시절의 그 모습과 크게 다르진 않았을 것이다.

김정구 가수는 일제강점기의 어용영화인 허영 감독의 〈너와 나〉에도 출연하여 〈낙화유수〉를 부르는 장면이 발굴되어 소개되었다. 그 시기라면 군 위문도 많았을 것이다. 군 위문공연이라 하면 우리 세대도 익히 문화선전대 공연을 보았듯이 호국의지를 다지기 위한 위문공연이다. 감상적인 대중가요를 부르는 공연은 아닌 것이다.

조선악극단이 활동시기가 일본군의 중국침공이나 태평양전쟁 즈음인데 조선악극단이 공연 중 태극기를 사용한 태극기 사건도 있었지만 다소 친일적인 행각도 있었을 법하다. 그러나 이날 방송에서는 "영친왕을 모시고 공연했다." 식의 감상적인 접근만 있었는데 아직은 더 연구가 되어야 할 것이다.

1930년대 한국영화

한국영화사에서 이 시기는 개화기이다. 일제강점기이던 이 시절에 우리로서는 신문명을 일본을 통해 받아들일 수밖에 없었고 영화 또한 마찬가지이다. 1919년에 윤백남 감독이 〈월하의 맹세〉라는 영화로 한국영화사가 시작된다. 그러니 1930년대라는 시기는 그리 오래되지 않은 11년이 경과한 시기이다. 필름도 귀하고 영화제작 능력을 갖춘 영화 전문 인력들도 부족했던 때 영화인들은 정열 하나로만 영화계에서 버티었다.

1925년 나운규가 〈심청전〉으로 데뷔하고 같은 해에는 〈개척자〉로 상하이에서 돌아온 정기탁, 전창근 등이 영화배우로 데뷔한다. 1926년 나운규는 〈아리랑〉으로 성공적인 감독 데뷔를 하였고, 다음해에 이경손은 정기탁 프로덕션에서 〈춘희〉로 연출한다.

이 시기는 나운규로서는 절정기이다. 〈금붕어〉, 〈들쥐〉, 〈잘 있거라〉, 〈옥녀〉, 〈벙어리 삼룡〉, 〈사랑을 찾아서〉등을 계속 발표하였다. 그는 신예감독 이규환의 〈임자없는 나룻배〉에 삭발하며 연기 투혼을 보인다. 그리고 1937년 〈오몽녀〉를 완성 후 타계한다.

나운규는 자신의 프로덕션을 차리고 열정적으로 활동했지만 기방 생활과 과로로 폐병을 얻었다. 영화도 〈아리랑〉의 성공 후 그 기록을 경신하는 영화도 없었다. 그러나 영화를 만들고자 하는 정신만은 투철하였다. 그는 한때 슬럼프를 겪으며 일본인 도산만 제작의 영화 〈개화당이문〉을 만들기도 하고 현성완 극단을 쫓아다니며 그의 딸 현방란과 동거를 하기도 한다.

이즈음의 영화로는 최근에 발굴된 1934년 작 안종화 감독의 〈청춘의 십자로〉와 1936년 작 양주남 감독의 〈미몽〉이 있다. 그 외에도 김일해 배우가 출연한 〈살수차〉를 비롯하여 안석영의 〈어화〉, 정비석 원작의 〈성황당〉 등을 들 수 있다. 당시의 영화 경향은 활동사진이라 불린 영화적 특징을 살린 활극영화나 삼각관계를 그린 멜로드라마, 고전을 소재로 한 사극영화 등이 주류를 이루었다. 치열한 이념토론이 없었던 것도 아니다.

나운규와 카프영화인, 서광제 평론가와의 열띤 공방전이 있었다. 〈철인도〉 등의 영화를 두고 나운규가 공격을 받았다. 프롤레타리아 영화인들이 보기에 나운규는 성공에 안주하고 삼각관계나 어설픈 액션영화를 만드는 영화인으로 보였을 것이다. 나운규로서는 "영화는 영화다"라고 항변할 수밖에 없었으니 이러한 논쟁은 지금도 상황과 인물을 달리해 계속되는 현상이다.

항일영화가 한 편쯤 있을 법도 한데라고 생각할 수도 있지만 당시는 그런 생각을 할 수 있는 상황이 아니었다. 후대의 사람들이 생각하는 시대가 아닌 것이 독립이나 일본의 패망을 생각했던 사람들은 없었다고 원로 영화인들은 회고한다.

친일파의 개념도 일본 사람들과 더욱 친하게 지내며 조금이라도 일을 더 하려고 처신했던 적극적인 가담자들로 한정한다. 1940년에는 전창근이 일제의 만주 개척을 장려하는 계몽영화 〈복지만리〉를 만들었다. 그는 이 영화로 상하이에서의 〈애국혼〉 등의 참여하며 반일영화 영화인으로서 활동했던 과거의 면죄부를 받으려고 했던 것이다. 이 얼마나 가슴 아픈 일인가? 그도 일본이 패망한다는 생각은 하지 못하였을 것이다.

그런 모진 세월 속에서도 나름의 주관을 갖고 예술 지향의 영화를 만들 수밖에 없었고, 일제의 어용영화 제작을 끝내 거부한 윤봉춘 감독이나 이규환 감독 같은 분들은 존경받아 마땅하다.

이 시기 극장이 대중문화의 산실로 자리 잡으며 외화는 할리우드 영화가 많았고 일본 쟌바라영화도 대중의 인기를 끌었다. 중국영화도 수입되었는데 이경손 감독의 〈양자강〉, 정기탁 감독의 〈상해여 잘 있거라〉 등이 수입되어 소개되었다.

1940년대는 일제 어용영화만이 제작되었다. 허영 감독의 〈너와 나〉, 최인규의 〈망루의 결사대〉, 박기채의 〈지원병〉, 그 외 〈국기 아래 나는 죽으리〉 등이 있다. 1930년대는 한 해에 다섯 편 정도의 영화가 만들어진 빈곤한 시기였다.

미몽 혹은 죽음의 자장가

〈미몽-죽음의 자장가〉는 1936년 경성촬영소 제작, 최독견 각본, 양주남 감독이다. 문예봉, 유선옥, 이금룡, 조택원, 김인규, 나웅 출연, 47분으로 중국전영자료관에서 발굴한 영화로 흡사 〈인형의 집〉을 보는 듯하다.

1936년이면 다소 보수적인 정서의 시대라는 생각이 들지만 이 영화의 여주인공은 꽤나 과감하다. 남편에게 할 말 다하고 다른 남자와 만나 맥주도 마시고 결국 부부써움 끝에 이혼을 선언하고 가출을 한다. 그리고 결말은 죽음이다.

바람기로 시작해 우여곡절 끝에 자살로 인생을 정리하는 당시로서는 상당히 대찬 여성상을 그려 냈다. 당시 〈인형의 집〉이라는 연극이 공연되고 정기탁 감독이 상해에서 만든 〈상해여 잘 있거라〉가 개봉되는 등 신여성 붐이 중국을 비롯하여 시작될 무렵이라서 이런 영화가 만들어졌을 것이다.

다분히 흥행을 염두에 둔 가정 파탄극인데 파격적이라고 아니할 수 없다. 문예봉의 대사가 야멸차고 다소 거슬리는데 당시에는 어땠을지 모르겠다. 이 영화는 발굴 당시 가장 오래된 한국영화였는데 2008년 3월에 1934년 작인 〈청춘의 십자로〉가 발굴되었다

이 영화가 문화재로 지정되며 양주남 감독의 연출이라는 것이 정진우 감독에 의해 문제제기가 됐었다. 양주남 감독의 공식 데뷔작은 1957년 작인 〈배뱅이굿〉인데 무려 21년간의 공백기가 있기 때문이다. 그리고 당시에도 이름을 빌려 제작하는 대명 제작이 있었다고 한다.

일제강점기 친일영화인

안석영, 박기채, 방한준, 최인규 등은 일제강점기에 원했든 원치 않든 친일영화를 감독을 하며 친일 명단에 오른 이들이다. 안석영은 〈지원병〉, 박기채는 〈이제 나는 간다今ぞ我は行く〉, 방한준은 〈병정님兵隊さん〉, 최인규는 이마이 다다시의 영화 〈망루의 결사대〉 등에서 조감독을 하였고 〈사랑과 맹서愛と誓ひ〉, 〈태양의 아이들〉 등 친일 어용영화 제작에 동원되었다. 그 외 안종화, 신경균, 이익, 전창근도 친일명단에 들어간 영화감독들이다.

당시 한국이 독립될 것이라고 누구도 생각하지 못했다는 원로 김수용 감독의 증언이 당시의 상황을 이야기해준다. 이들의 상황은 당시 영화를 하기 위해 어쩔 수 없었다는 딱한 사정일 수도 있다. 하지만 지금의 기준에서 친일영화인에서 비켜갈 수 없다.

나라를 팔아먹은 매국노는 아니지만 일제를 위해 한국의 젊은이들을 전쟁터로 내모는 선전영화를 만든 그들이다. 그들이 살아있다면 과연 자신을 어떻게 변호했을까? 다음은 친일인명사전에 수록된 연극영화인 명단이다. (출처 '위키백과')

■ 연극/영화 (58명)

- 김건金健
- 김관수金寬洙
- 김소영金素英
- 김승구金承九
- 김신재金信哉
- 김영화金永華
- 김일해金一海
- 김정혁金正革
- 김태진金兌鎭
- 김학성金學成
- 김한金漢

- 나웅羅雄
- 남승민南承民
- 독은기獨銀麒
- 문예봉文藝峰
- 박기채朴基采
- 박영신朴永信
- 박영호朴英鎬
- 박춘명朴春明
- 방한준方漢駿
- 복혜숙卜惠淑
- 서광제徐光霽
- 서월영徐月影
- 서항석徐恒錫
- 송영宋影
- 신경균申敬均
- 신고송申鼓頌
- 신정언申鼎言
- 심영沈影
- 안석영安夕影
- 안영일安英一
- 안종화安鍾和
- 양세웅梁世雄
- 오정민吳禎民
- 유장안柳長安
- 유치진柳致眞
- 이광래李光來
- 이금룡李錦龍
- 이명우李明雨

- 이병일李炳逸
- 이서구李瑞求
- 이서향李曙鄉
- 이익李翼
- 이재명李載明
- 이창용李創用
- 임선규林仙圭
- 전창근全昌根
- 주영섭朱永涉
- 최순흥崔順興
- 최승일崔承一
- 최운봉崔雲峰
- 최인규崔寅奎
- 한노단韓路壇
- 함대훈咸大勳
- 함세덕咸世德
- 허영許泳
- 홍찬洪燦
- 황철黃徹

한국영화 100년사
일제강점기

2장
일제강점기 영화인 고찰

명배우, 명감독이 모여 '조선영화'를 말함

일제강점기도 사람이 사는 세상인지라 요즘과 같은 여러 기획 기사가 실렸다. 신문사가 주관하여 명감독과 명배우를 모아 "명배우, 명감독이 모여 '조선영화'를 말함" 이라는 방담 기사를 기획하고 실었다.

名俳優, 名監督이 모여 '朝鮮映畵'를 말함

춘구월 양풍凉風이 서래徐來하고 초생달조차 명랑한 청소일석淸宵一夕을 우리 영화계의 명배우, 명감독 제씨로부터 '조선영화'를 말하는 유쾌한 하루 밤을 가지다. 일찍 사계권위斯界權威를 이렇게 한 자리에 모여 설화를 얻은 기록이 없으니 만치 심히 중요하고 재미있는 화제가 꼬리에 꼬리를 물고 이 밤에 끝없이 펴지다. 써 수만 독자의 심금에 그대로 아리따운 이 소리를 전하기로 하는 바이노라.

━ 출석제씨出席諸氏

- 나운규 씨(<아리랑>, <임자 없는 나룻배>, <금붕어>, <벙어리 삼룡>, <저 강을 건너>, <사랑을 찾아> 등의 작作을 낳은, 명우 겸 영화감독 겸 원작자)
- 문예봉 씨(<춘향전>의 춘향, <장화홍련전>의 장화 등 수다한 작품의 주역 여우)
- 복혜숙 양(<낙화유수>, <장한몽> 등 여러 영화의 주역으로 나왔던 여우)
- 김유영 씨(<화륜火輪>의 감독, 시나리오작가, 《영화시대》 잡지 주간)
- 박상엽 씨('서울프레스' 영자지 기자, 영화평론가)
- 이명우 씨(경성촬영소의 감독으로, <춘향전>, <장화홍련전>, <아리랑고개> 등 제제諸영화의 제작자)
- 김연실 양(<화륜>, <홍길동전> 등의 수다한 영화의 주역 여우)
- 박기채 씨(<춘풍> 등 여러 작품의 감독으로 조선영화주식회사의 감독)
- 본사 김동환, 박상엽, 임부원

• 9월 7일 저녁
• 서울 남산정南山町 경성호텔 가든

▬ 우리 영화계의 3대 명작

김동환(본사주간): 조선영화 가운데서 가장 잘된 명작 세 편을 고르자면 무엇 무엇을 고르겠어요. 과거 10여 년 전부터 오늘까지 무성이든 토키든 모두 통 털어서요.

나운규: 명작이라면 옆에 있군요.

김동환: 명작이라고 하기 거북하면 가작佳作이라 이름 붙여도 좋고요. 어쨌든 외국 같은 예를 보면 영화비평가들이 매년 모여 세계의 '베스트 텐'을 고르거나 동경 같은 데서도 그리하지 않습니까. 그래서 권위 있는 영화를 골라 사회적으로 공인하는 예를 만들지 않습니까. 그저 그것이지요. 다만 우리 조선은 제작된 영화 수효가 많지 못하니까 세 편쯤 '베스트 쓰리'라 하여 골라봅시다.

나운규: 그렇다면 말하여 보지요. 내 생각에는 <장화홍련전>(경성촬영소작품, 문예봉 주연, 이명우 감독), <먼동이 틀 때>(계림영화사작품, 심훈 원작·감독), <춘희>(정기 탁 작품, 김일송 주연, 정기탁 감독), 이렇게 고르고 싶어요. 그 중에서도 <장화홍련전>은 근래의 걸작이어요. 배우의 연기, 촬영기술 모든 점으로 보아서 실상 나도 <장화홍련전>에 야심이 있어 여러 번 각색하려다가 실패했는데 그렇게 10여 권으로 압축하여 놓은 각색자에게도 경이를 표하고 싶어요. <춘희>는 촬영기술을 말하자면 라이트(조명)라든지 카메라맨의 워크라든지 감독의 수법이라든지 뛰어났었지요. 심훈 씨의 <먼동이 틀 때>도 작의作意도 좋았고 스토리도 재미있었고 배우도 좋았었지요.

이명우: 나는 이렇게 추천하고 싶어요. <아리랑>(나운규 작품, 나운규·신일선 주연, 나운규 원작·감독), <춘희>(고려영화사작품, 문예봉 주연, 박기채 감독, 안석영 원작), <먼동이 틀 때>. 누구나 그렇겠지만 <아리랑> 같이 감명을 준 작품이 없었어요. 스케일도 크고 향토미가 넘쳐흐르고 출연배우의 기량이 우수한 것으로요. <춘풍>은 깨끗하고 아름답고 정돈된 작품이었지요. 무엇보다도 특

징은 라이트를 잘 쓴 점이지요. <아리랑>을 야성적이라 하면 <춘풍>은 근대적 가장 세련된 작품이라 할 걸요. <먼동이 틀 때>에 대하여는 나운규군의 비평이 적평이지요.

복혜숙: 나는 조선영화 치고 내 자신이 출연했던 작품도 꽤 많았고 남의 작품을 별로 빼어놓지 않고 거개 보아왔지만, 다만 토키 이후의 작품은 그리 많이 보지 못했어요. 그러기에 내 머리에 남은 '넘버원'을 고른다면 <아리랑>이어요. 나운규 씨 같은 선이 굵고 정열적, 성격적인데다가 신일선이 같이 연연작작 마치 백합화 같은 아름답고도 부드럽고 선이 가는 여우를 타이업 시킨 것이 성공의 첫 조건이며 그리고 춘사의 원작이 스토리로서 또한 퍽이나 우수했어요.

김유영: 스탄버그 씨를 안내하여 단성사에서 상영한 <장화홍련전>을 보고 나는 놀랐어요. <춘향전>이나 그 밖의 경성촬영소로부터 나왔다는 토키를 본 것이 별로 없어 몰랐다가 이 <장화홍련전>에 와서는 그 촬영기술 액센트의 명랑 주역배우의 열연에 감탄했어요. 그리고는 역시 나운규군의 작품인 <아리랑>과 <임자 없는 나룻배>와 같은 고동鼓動과 감명을 준 명작이었지요. 대체로 <춘향전> 같은 것은 그 시대의 인물 그 시대의 사회상을 끄집어내 가지고 감독이 적이 안배하는 편이 있지만 <아리랑>의 작품에 이르러서는 전혀 스토리부터 독창미 있는 것이 좋았어요. <임자 없는 나룻배>에서는 눈물겨운 우리의 현실을 가장 극명하게 받았었지요. 이런 점에서 나는 이렇게 '베스트 쓰리'를 천薦하려 합니다. <임자 없는 나룻배>, <아리랑>, <장화홍련전>.

문예봉: 저는 제가 출연한 작품 이외에는 남의 것은 많이 보지 못하였기 잘 모르겠어요. 다만 제 가슴을 울리던 것은 <순애와 수일>이라 하던지 저 <장한몽>이었습니다. 출연하는 배우의 성격이 모두 저마다 살았고 로케를 하여 캐치 하여 넓은 평양 대동강변 부벽루 을밀대의 그 고전적 승경이 조금도 부자연스럽지 않게 새겨졌었어요. 지금도 장면장면 머릿속에 그릴 수 있구만요.

박기채: 나는 이렇게 봅니다. <심청전>(경성촬영소작품, 주연, 이명우 감독), <아리랑>,

<장화홍련전>. 옛 전설을 시대극적으로 그 스토리를 충실하게 쫓아가며
작품화한 영화로서 <홍길동전>도 있고 그 밖의 여러 가지가 있었지만 <심
청전> 같이 관중의 머리를 충동 준 작품이 드물었어요. 순수한 예술 가치
로도 상승이거니와 교화적 뜻으로도 값 높았어요. <아리랑>, <장화홍련
전>은 이미 여러분이 설명한 대로 모두 우수했지요.

김연실: 저도 역시 좋게 생각한 것이 <아리랑고개>(경성촬영소작품, 문예봉 주연, 나운규
작품), <아리랑> 두 편이어요. <아리랑>은 앞으로 몇 십 년을 끼쳐 갈 명작
인 줄 믿으니까요.

박상엽: 스탄버그 씨가 격찬하듯이 나도 <장화홍련전>을 우수하게 보았어요. 거기
에는 조선 사람의 무드를 치는 정서가 흘러 있어요. 이데올로기는 딴 문제
로 하고요. 그래서 나도 결국 세 가지를 고르라면 이렇게 세 개를 들겠어요.
<아리랑>, <장화홍련전>, <임자 없는 나룻배>.

▬ 문예작품의 영화화

김동환: 조선 문단에서 활약하는 어느 작가의 작품을 한 번 영화화해보고 야심이
없어요?

박기채: 이태준 씨의 단편 중에 몇 개는 손대보고 싶은 것이 있어요. 장편보다는 단
편이 나아요. 그 단편들은 고개(클라이막스)도 있고 스토리로도 재미있고—
그래서 제작비도 턱없이 먹이지 않고서도 좋은 작품을 낼 수 있을 것 같아
요. 연말이나 나는 늘 여류작가의 작품을 하나 만들어보고 싶은데 최정희
씨가 장편을 하나 쓰면 꼭 해보겠다고 벌써 마음먹고 있지만요.

문예봉: 그래요. 저도 이태준 씨 작품을 애독하는데 전번에 《중앙일보》(조선중앙일
보)에 연재되는 '성모聖母'의 여주인공으로 꼭 나오고 싶어요. 그 성격이라
든지 환경이라든지 여주인공에서 받는 감격이 컸어요.

이명우: 아직 처녀각시가 '성모' 노릇이라니요(일동 웃음).

나운규: 나도 장편보다 단편에 손대보고 싶어요. 내가 예전에 나도향의 <벙어리 삼
룡>을 만들어 본 일이 있는데 이 작품은 실패였지요. 문예작품은 예술미를
주로 하고 만들어야 할 터인데 그때 시세가 관중들이 '다그라스'의 영화를

좋아하든가 때로 주인공이 이리 뛰고 저리 뛰고 해서 활극미 있어야 좋아했고 또 서양영화의 영향으로 엑스트라를 많이 써서 수십 명, 수백 명이 화면에서 욱적북적해야 좋아들 했지요. 출자주出資主와의 약속에 속박되어 이 작품을 흥행중심의 통속물 만들기에 애썼기 때문에 결함이 많은 작품을 만들고 말았지요. 지하의 도향이 살았더라면 항의라도 받았을 듯. 그러나 다시 한 번 토키로 이것을 개작하고 싶어요. 그리고 요지간에 내 놓은 <아리랑 제3편>도 마찬가지 의미에서 실패했지요. <아리랑> 그 뒤 이야기를 써서 만들어야 출자주가 돈을 내주겠다고 하니 할 수 있나요. 만여 원이나 내 놓은 사람의 말을 거역할 수도 없어 억지로 이야기를 연속시켜 흥행중심으로 만들어 보았으니 실패 안 할 수 있나요.

김동환: 옛날 춘원의 <개척자>도 하셨지요.

나운규: 초기 작품인지라 다 성공이라 할 수 없었지요. 대체로 보아 세상에 독자 많고 선전이 잘된 점으로 춘원의 작품이 흥행성적은 좋지요.

김유영: 그렇지요. 춘원 것이 좋기는 좋은데 장편은 영화하기 어렵겠어요. 단편이 낫지요.

김동환: 염상섭이나 빙허憑虛, 독견獨鵑 등 제가諸家의 작품은 어때요?

복혜숙: 글쎄요. 나는 요즘 각 신문에 나는 장편소설을 다 읽는데 특별히 내가 주인공이라도 되어서 작품을 만들어봤으면 하는 것이 없어요. 워낙 이제는 늙어서 새파란 신붓감이나 달디 단 연애소설의 주인공 노릇하기에는 다 글러먹어 그런지요.

김동환: 이제 다시 영화에 나온다면 어떤 역을 맡고 싶어요?

복혜숙: 그저 어멈 역이나 기생 역이면 한바탕 멋지게 해보지요, 호호.

김동환: 경성촬영소에서 이명우 씨 감독으로 춘원의 <무정無情>을 하고 싶다는 말을 들었는데요?

이명우: 한동안 그런 궁리를 하다가 그만 두었어요. 새로 나오는 조선영화회사의 제1회 작품으로 제작된다는 소식이 들리더군요.

문예봉: 저는 춘원선생의 '그 여자의 일생' 속 여주인공 금봉이 역을 한 번 해보고 싶어요. 미모에 있어 따르지 못하고 재주에 있어 역시 멀리 불급不及이지만

그러한 로맨틱하고 비극의 주인공 노릇을 한 번 해보고 싶어요.

김동환: 김연실 씨는 어떤 작품의 주인공으로 나오고 싶지 않아요?

김연실: 《동아일보》에 실리고 있던 김말봉 여사의 '밀림' 속 주인공이 되고 싶어요. 언젠가 말봉 여사의 이야기를 들으면 벌써 써내려 간 것이 백 칠팔십회 되지만 아직 절반 밖에 안 되었다는데 미발표의 이야기의 줄거리를 전부 들은 적이 있는데 그 주인공의 심경에 현재의 내 심경과 일맥상통하는 대목이 여간 많지 않아요. 나는 심취하여 내 재주껏 다 해서 한 번 연출하고 싶더군요. 《동아일보》가 그만 정간이 되어서 이 소설이 중단되게 되어 여간 섭섭한 일이 아니어요. 더구나 말봉 여사의 애타는 양이 보이는 듯하구만요.

김동환: 박화성 씨의 '백화'라거나 장덕조 씨의 '자장가' 같은 것을 해볼 생각한 적 없어요?

김유영: 그것은 미처 생각지 못했으나 이효석 씨 작품... 그것도 단편을 하고 싶었어요.

나운규: 최서해의 '홍염紅焰' 같은 것도 제재로는 좋은데 그런 이데올로기물物을 지금 해서 통과될 지가 의문이어요.

박상엽: 딴 말이지만 앞으로 조선영화도 문단에서 평판이 좋은 것을 골라서 하도록하겠지요. 동경서 한목 본 '백계白系'도 천경화泉鏡花의 작作이요, '설지승변화雪之承變化'도 삼상어수길三上於菟吉 것이요, 그 밖의 곡기윤일랑谷崎潤一郎, 소도정이랑小島政二郎, 국지관菊池寬 모두 그네의 작품의 영화화가 가장 흥행 상으로도 성공하였고 인기도 좋지 않았어요. 더구나 운만 트면 그 여사의 이름과 함께 출연배우나 감독 이름이 다 같이 죽백竹帛에 오르고....

김유영: 결국 그렇게 될걸요. 미기사랑尾崎士郎의 '인생극장'을 볼지라도 신문이나 잡지에 실려 한 번 인기를 얻은 것을 감독자가 잘 취급하면 더 큰 성공을 얻더구만.

이명우: 그리고 마지막 희망은 조선의 극작가가 무대 면을 고려하지 않고 쓰기 때문에 상연하게 못되는 폐가 있듯이 소설가의 작품으로서도 영화화의 문제를 전혀 도외시하고 이데올로기적으로 용납 못할 것이라거나 로케이션으로도 그러한 장면을 캐치하기 어려운 조건을 되도록 제외하여가면서 작作

을 써 주었으면 좋겠어요. 그것을 이 기회에 희망하고 싶어요.

김동환: 문인작품을 영화화시키면 원고료도 얼마씩이나 줍니까.

이명우: 다른 데 것은 잘 모르지만 경성촬영소 표준은 대개 한 작품에 50원서부터 100원까지 있지요.

박기채: <춘풍> 때에는 원작자인 안석영에게 70원을 드렸지요.

김유영: <은하에 흐르는 정열>에는 100원이라지요.

나운규: 예전에는 빈약했지만 앞으로는 다들 상당히 드리게 될걸요.

━━ 연애장면을 어떻게

김동환: 러브씬을 신중하게 하자면 어떻게 해요, 조선서는? 요전 <춘향전>에 춘향 역인 문예봉씨가 광한루에서 돌아와서 십오야삼편十五夜三更에 사초롱을 방자에게 들러 춘향집 찾아온 이도령과 러브씬 하는 장면에 밥상에 마주 앉아 숟갈에 밥을 떠 춘향이를 먹이려고 애쓸 적에 나중에 문예봉 씨가 '아—'하고 입을 벌려 떠먹던 장면 같은 것은 외국감독이 생각지 못할 조선 독특한 러브씬일 걸요.

이명우: 이기세李基世 씨가 그렇게 하는 것이 조선 맛이 나리라 하기에 그러한 테크닉을 썼더니 모두들 그 장면이 성공이라더군요.

문예봉: 조선 습관에 키스도 없고, 서로 끌어안는 포옹도 없어서 러브씬 하기 제일 어려운 것 같아요. 춘향 역도 거기에서 제일 고심했어요.

복혜숙: 나도 경험이 있소이다 만은 러브씬이 제일 땀 빠지지요. 자아 이건 사내 년 놈들이 사랑하는 여자 앞에서 무릎 꿀 줄을 아나 가슴을 두근거리며 "나는 당신을 사랑해요" 하고 금방 죽어가는 소리를 할 줄 아나... 이러니 상대역인 여자는 얼굴 붉히고 저고리 고름 쥐었다 폈다 극상劇上 잘 표현한대야 돌아서서 치마 고리로 낯을 가리는 시늉을 하는 것뿐이지요. 싱겁기 한량 없지요. 그러기에 이번에 <춘향전>에 밥 먹이는 것은 신인 독특한 걸작이었어요.

김동환: 툇마루에 이도령 갓신과 춘향 갓신을 나란히 놓은 것도 걸작이었고 그런 것이 다 춘정春情을 조발調發하는 데 효과 있지요.

김유영: <모로코> 속의 그 격정적인 러브씬이나 <파리제巴里祭>에 그 인상적 러브씬이 정말 심취케 하는 포즈지만 조선서야 그런 식이 격에 맞아야지요. 조선 러브씬은 그저 제 가슴속에서 혼자 꿈꾸고 해몽하는 식의 내면적의 것뿐이지요. 그것이 서로 청춘남녀가 외딴 방에 앉아 하는 것이라면 좋을지 모르나 스크린 속에서 배우의 표정과 동작에서 그 맛을 취하니 어디 어우러져요. 영화의 '야마'요 가장 중요한 것이 러브씬인데 조선 감독들은 여기 무슨 창안이 있어야 하겠어요.

나운규: 키스나 포옹이 없는 대신 몸을 비트는 것 좋지요. 아래위로 꼬는 표정도 좋고...저 달밤에 숲풀 사이에서 여자는 저리 멀리 쪽에 서서 차마 정면 못해서 버들가지나 휘—꺾으면서 저고리고름을 만졌다 폈다 하며 몸을 타는 것이 그러면 사내도 차마 가까이 가지 못하고 구두 뒤축으로 땅을 탁탁 파며...이것이 역시 동양적이지요. 근대적이 아닐는지 모르지만 조선맛이 나지요. 나는 여기에 조금 더 머리를 쓰면 무슨 훌륭한 장면이 하나 창작되어질 것 같아요. 우스운 일은 언젠가 정기탁 씨의 작품으로 <봉황의 면류관>이란 것이 있었는데 서양 갔다 온 청년이 돌아와서 조선 색시와 연애하는데 서양식으로 하느라고 마라톤 경주하듯 두 남녀가 마구 달러부터 서로 안고서 키스하는 장면이 있지요. 이것이 그 당시의 대표적 러브신인 모양이지요. 그랬더니 검열에 들어가서 경무국 검열관이 커트해버리면서 이런 고약한 풍속이 어디 있느냐고 톡톡이 꾸지람을 들었지요. 정말 이렇게 서양식 러브신은 우리게 맞지 않아요. 억지지요.

김동환: 역시 인간적으로 서로 상사相思하는 즉 실지로 현재 연애하고 있는 남녀끼리 붙여놓으면 러브신 연기를 잘 하는가요.

복혜숙: 그럴걸요. 서로 좋아하니까 그 감정이 저절로 나타나서요. 강전가자岡田嘉子에 죽내양일竹內良一이 같이 크라크 게이블에 구로벨 같이.

나운규: 그렇지 않은 경우가 있어요. 나는 내가 감독한 작품에 그 이름을 지적할 것은 없으나 애인 동지를 붙여놓았지요. 그랬더니 서로 수줍어하며 말을 활발스럽게 못하고 도대체 남자가 여자의 얼굴을 정시正視 못해요. 아무리 정시하래도 눈과 눈이 부딪히는 것을 두려워하고 살과 살이 접촉되는 것을

두려워 자꾸 겁내니 잘 될 까닭이 있습니까. 아주 실패하고 말았지요.

김동환: 김연실 씨는 연애 장면을 찍는다면 누구와 더불어 한 번 연기하고 싶어요.

김연실: 러브씬이라면 곤란하고요 그저 가벼운 의미에서 오빠와 누이 역으로 한 번 하고 싶은 이는...그것도 동경 일활日活영화든지요 <자매姉妹>라는 영화 같은 데 말이지요. 그렇다면 주인규朱仁奎 씨와 타이업하고 싶어요.

복혜숙: 깍쟁이! 바로 러브씬이라고 털어놓지 못하고 오빠와 누이니 뭐니...꾀주머니...(일동대소一同大笑)

김동환: 나운규 씨는 신일선 씨일걸요.

나운규: 신일선이는 재주 있고 얌전한 여성이어요. 나와 영화 속에서는 여러 번 연애동지로도 하였지요. 그래서 그 뒤에도 신일선이를 부활復活시키려고 많이 애썼지만 성격이 약해서 틀렸어요. 나의 러브신의 상대역으로는 신일선이는 이미 때가 늦었어요. 불행하고 슬픈 일이지요.

김동환: 문예봉 씨는 어때요.

문예봉: 저는 저보다 연기가 나으신 분이면 누구시던지 좋아요. 하면 될 것 같아요. 특별히 이분과 하고 싶다고 생각해본 이는 없어요.

김동환: 그러면 감독으로서 어떤 여우를 한 번 제 영화에 꼭 쓰고 싶으셔요. 마치 '스탄벅'이면 자나 깨나 '디드릿히'라 하듯이 환호하면 하천정강夏川靜江이나 입강入江다가자子라듯이.

박기채: 남궁선南宮仙 양을 한 번 쓰고 싶어요. 꼭 성공할 것 같아요.

김동환: 김유영 씨는.

김유영: 나는 채플린이 시정市井에 묻혀있는 무명여자를 새로 발견하듯이 스탄벅이 하잘 것 없는 삼류카바레 가수로 있는 데드릿지를 발견하듯이 새로운 신인을 발견해서 내 마음대로 실컷 써보고 싶어요.

■ 로케이션 때의 희비극

김동환: 로케이션 나가서 실패하든 희비극이 많을 걸요.

복혜숙: 많다 뿐이어요. 한번은 <장화홍련전>을 찍는데 감독에게 끌리어 한강에 로케이션으로 나갔지요. 마침 장마통인지라 강물이 잔뜩 불고 꺼먼 흙탕

물이 몹시 고약하지요. 이런 물 속에 내가 자살하려 뛰어 들어가야 하는구려 아무리 활동사진이라도 소름이 끼치는 노릇이지요. 그래서 정작 카메라는 돌려지고 감독은 호각을 불어 내가 뛰어들기를 재촉하는구려. 한강 다리 위에서는 가고 오는 행인들이 '여자가 자살'한다고 성수 나서 구경들 하지요.... 그래서 결국 풍덩하고 뛰어들었지요. 물살은 심한데 나는 그만 물밑에 아주 들어가 버렸구려. 이것을 이원용李源鎔 씨가 '애인이 되어' 건져내는데 이 사람이 나의 머리를 덥썩 끼어 안아 끌고 헤엄쳤으면 좋을 것을 허리를 안았지요. 그래서 나는 몸은 떴으나 머리가 물속에 자꾸 잠겨 그 진흙탕 물을 실컷 먹었지요. 나중에 나와서 물을 몇 대접 토했는지 모르지요. 며칠을 앓고...야단이었지요.

나운규: 나도 신일선이와 같이 <금붕어> 찍을 때 이야기입니다. 거기 이런 장면이 있지요. 청년 회사원이 월급날 빚쟁이를 피하여 이층 사무실에서 뛰어내려 도망해 달라는 모양이.... 그래서 그때 견지동堅志洞《조선일보》사 뒤뜰로 로케이션 장소로 정하고 내가 카메라 겸 감독으로 시켰지요. 그때 신문사 삼층에서 줄을 매고 주역되는 이창용李創用이 뛰어내리게 되는데 운동할 줄 아는 스포츠맨인 이 군이 줄 바에 '옹도리'를 여럿을 매어야 뛰어내리기 쉽다 해서 그랬더니 그만 옹도리에 걸쳐 3층 그 높은 데서 그만 헛탕 땅위에 탕—하고 떨어지겠지요. 담장 밖에서 이 광경을 보고 너무 기막혀 그 양판장을 뛰어 넘어가니 사람이 다 죽어 땅에 넘어졌겠지요. 그 길로 병원에 입원시켜 여러 날 치료했지요. 그런 뒤는 그런 위험한 로케이션은 피했지요. 혼났으니깐. 들으니 김도산金陶山이도 한강서 떨어지는 연쇄극連鎖劇을 찍다가 몸을 삐어 그 때문에 얼이 되어 죽었다더군.

김유영: 그런 말이 있었지 활극이라는 것은 위험하니까.

나운규: 지금도 어느 극단의 젊은 청년들이 활극을 한다고 무대 위에서 허공중천에 사람을 들었다가 탕탕 떼 메어치는 일을 하기에 몸을 상한 사람이 많지요. 나 보기에는 삼십 넘길 청년도 적지 않을까 해요.

이명우: 작년 겨울 일이지요. 살을 에는 섣달 초생 때 <장화홍련전>을 찍는데 연당蓮塘물에 장화가 뛰어드는 장면을 찍는데 촬영소 안에다가 커다랗게 연못

을 파고 부대에 물을 잔뜩 넣어놓았지요. 거기에 장화인 문예봉양이 뛰어드는 판인데 토키 촬영인 것만치 카메라맨 등 스물 네 명의 기술자가 죽 늘어서서 감독의 호각을 기다리고 있지요. 그럴 때에 머리를 풀어헤치고 자살하려는 문양(장화)은 내가 뒤에서 탁 떼밀었지요. 그 순간 그 찬물 속에 풍덩실 뛰어 들어갔지요. 그러자 물이 너무 차고도 얕았던 때문에 연못 속에 쏙 빠져 보이지 않아야 할 장화가 대가리는 오똑 내민 채로 있지요(일동 웃음). 기가 막혀...그 자리를 커트하고 그리고 이번에는 홍련을 또 떼밀었는데 물이 차고 무섭던지 물속에 들어갔던 홍련이 그냥 엄마! 소리를 치고 도로 뛰어나오겠지요. 하하하, 나중에 옷을 벗기고 보니 얼음에 지쳐 문예봉양 몸에는 칼로 베인 것같이 생채기가 죽죽 갔겠지요. 차마 못 보겠어요.

문예봉: 그때 혼났지요. 그 추운 물에 결사적 결심으로 뛰어들기는 했는데 물이 얕아 전신이 잠기지를 않아요. 더구나 치마를 인조견으로 하여 입었더니 물 위에 헝겊이 떠요. 죽도록 애써도 일도 잘 안되고 하니 혼자 자꾸 울었어요.

복혜숙: 나는 또 이런 일도 있었지요. 역시 <낙화유수> 때인데 청량리로 로케이션 나갔지요. 장면은 자동차 타고 가는 나를 악한이 오토바이를 타고 달려와서 내 자동차에 뛰어올라 폭행하려는 것이지요. 악한 역은 스포츠에 뛰어났다는 이원용 씨가 하였는데 평소에는 그렇게도 잘 뛰고 날래던 사내가 그날은 자동차를 아주 천천히 달리는데도 뛰어 못 오르는구려. 유월 볕은 찡찡 내려 쬐고 내가 안은 어린아이는 자꾸 울어 화장한 것은 땀에 다 씻기고.... 그런데도 5, 6차 되돌아하여도 악한 이원용 씨가 내 자동차에 뛰어 못 오르는구려. 어떻게도 화났던지 나중에는 영화도 두었다 보자 하고 "이것아 배우 되려거든 도로 태어나거라"하고 욕을 한바탕 퍼붓고 싸우고는 울며 돌아왔지요. 그랬더니 조금 있다가 단성사에서 사람이 달려왔는데 이원용이가 복혜숙에게 욕먹고 분김에 독약 먹고 자살했다지요. 사랑에 앉아 계시던 아버지는 놀라 두루마기를 쥔 채 단성사로 뛰어가고 나도 치마도 온전히 못 입고 천방지방 단성사로 뛰어갔더니 정말 자살하려는 것 같이 맥을 버리고 원용 씨가 누워있단 말이지요. 겨우 병원에 입원시켜 무사했지만도.... 별 일이 다 많지요.

박기채: 스타벅은 장화홍련 속에 장화가 물 속에 뛰어드는 장면을 아주 잘 되었다고 하더군요. 로케에 그런 실패담이 있었는지는 몰라도....

김동환: 배우가 그날 기분관계로 잘 할 줄 모르면 욕하고 때리고 그래요?

이명우: 그렇게 잘 안될 때는 그날은 쉬어버리지요.

문예봉: 잘 안되면 감독되는 이도 애타겠지만 저도 자꾸 울어져요. 한 작품에 4, 5차는 늘 울어요.

이명우: 그렇지요. 문은 저는 잘 하노라는 데 잘 안되어 다시 찍기를 여러 번 시킬 때도 늘 울더구만.

▬ 배우생활은 행복한가. 기타

김동환: 요지간 히트물物은?

김유영: <춘향전>일걸요. 처음으로 키도 되고 하여서.

김동환: 얼마나 이익이 났어요. 수 만원 될까요.

이명우: 아직 모르지요. 조선 안 도시는 거지반 돌고 요지간 동경 대판으로 갔는데 대판서는 3주간 속영續映이라니까 대단히 좋은 모양이군요.

나운규: 서울서는 아흐레 동안 했다지요.

이명우: 아흐레 동안이었지요. 그리고 배급자들도 이제는 높은 값 주고 작품 살 용기를 가져주었으니깐.

박기채: <춘풍>도 좋았지요.

김유영: 지방 성적 좋기는 <홍길동전>이라더구만.

나운규: 서울서도 좋았지요.

김유영: <장화홍련전>도 좋았지요. 어쨌든 이제는 찍어만 내놓으면 조선영화도 이익 볼 철이 왔어요.

복혜숙: 내가 한 <암영暗影>은 그만 밑졌어요.

김동환: <춘향전>이나 <홍길동전>이나 <장화홍련전> 같은 10여 권짜리 토키면 얼마나 제작비가 들어요.

이명우: 7, 8천 원 정도지요.

김동환: 싸이렌이면.

김유영: 3, 4000원이면 되지요.

김동환: 앞으로는 아마 토키가 되어야만 될걸요.

나운규: 그렇겠지요. 토키에 통제統制되겠지요.

박기채: 당분은 무성無聲도 나올걸요. 조선영화회사 작품도 무성, 발성發聲, 절반 절반이라더군요.

김동환: 외국서는 명배우, 명감독상이라 하여 정부나 어느 단체에서 가장 우수한 명감독 명배우에게 주는 제도가 있는데 여기서도 그리 되면 여러분 생활이 낫지 않을까요.

나운규: 예술적 정열로 북돋아져서 좋을걸요.

김유영: 딴 말이지만 나군은 옛날의 정열을 잃은 것 같더구만. 다시 <잘 있거라>, <아리랑> 시대의 열에 끝에는 나군이 돌아와 주었으면.

나운규: 그때보다 나이를 먹었으니 그런 게지요, 하하.

복혜숙: 나는 나이 먹는 것을 낙망하지 않아. 매사는 나이를 먹어야 하니까.

박상엽: 열 많기로는 나운규 씨만 한 분이 아직 없어요. 다시 <잘 있거라> 시대에 돌아가서 <아리랑> 이상의 명작을 내어주기를 바라요. 스탄벅도 지금 40 지냈지만 백 살 살 생각을 하더구만.

김동환: 조선영화 제작비는, 동경에 비해서 어때요.

김유영: 조선 1원이 동경 10원이요, 동경 10원이 서양 100원이지요.

김동환: 배우나 감독의 보수도 그 비례일까요.

이명우: 그렇다고 보아서 틀림없을걸요. 지금 인텔리 층으로 월 100원 수입 없이는 곤란한데 차츰 조선서도 명우, 명감독은 그렇게 되어야 옳겠지요.

나운규: 조선영화를 찍자고 해도 배우들 때문에 가끔들 야단이지만 그런 게 아니지요. 가령 배우들로서 다달이 작품에 출연할 기회 있다면 몰라도 1년에 겨우 두어 작품에 출연하게 되면 6개월 동안이나 전당잡히고 친구 돈 꾸어 쓰고 여관방 값 꿀리고 이렇게 지내다가 한 번 기회를 만났으니 그 돈을 가장 급한 것은 갚아야 하지요. 그래서 돈을 좀 달래서 쓰지요. 이런 경향이 무리는 않아요. 문제는 일정한 월급을 줄 수 있으면 다 문제 안 되어요. 어떤 동무는 날더러 2류 3류 극단을 쫓아 시골 다닌다고 타락했다고 욕하지요. 그러

나 내가 연극을 안 했으면 나는 굶어죽었거나 도적질밖에 할 것이 없었겠지요. 생활이 쪼들려 어떻게 할 수 없으니까 부득이 시골극단 쫓아다니지요. 그래서 다만 몇 달 먹을 밑천이라도 벌어가지고는 서울 올라와 영화를 만들지요. 내 생활이란 비참합네다.

김동환: 경성촬영소의 이명우 씨나 문예봉 씨는 월급제신가요.

이명우: 그래요. 많지는 못하지만….

김유영: 김연실 씨는 <임자 없는 나룻배>에 열닷새를 일급日給출연했는데 하루 10원씩 모두 150원이었다더구만.

나운규: 일급 10원이라면 남이 듣기에 많을 듯 하지만 그렇게 일급 버는 때가 일 년에 단 한차례니 어떡합니까.

이명우: 대체로 아까 무슨 영화상을 제정했으면 좋겠다고 했는데 그보다 더 필요한 것은 연극후원단체가 있었으면 좋겠어요. 그리고 이제는 조선서도 2대 영화회사가 생겨 본격적으로 영화 사업이 되어 가는데 기술자가 부족해요. 토키는 아무리 적은 커트 하나 찍자고 해도 카메라맨이라거나 라이트맨 등 24인이 일제히 동작하지 않고는 안 되어요. 기술자 양성도 퍽이나 급무예요.

김동환: 딴 말씀이나 대개 여우들은 어떤 동기로 어떻게 발견되었어요.

나운규: 맨 처음 <아리랑>을 찍을 때 상대역을 얻기에 고심하던 즈음 부산 갔다가 그곳 극장에 나타나 노래하는 여자가 좋은 사람이 있기에 그를 빼어내어 데리고 서울 왔지요. 그가 신일선이었지요.

김유영: 문예봉 씨야 워낙 문수일文秀一 씨며 대대代代 연극하는 집안의 따님이니 별견여부는 문제없고….

김연실: 저는 요, 나운규 씨 말씀에 쫓아서 나왔지요.

나운규: 어떤 친구의 소개편지를 가지고 왔더군요. 실례의 말 한 마디 하면 처음 나섰을 때 연실이 얼굴에 메이크업하려고 붓과 분가루를 들고 마주 앉으니 얼굴에 맺힌 데가 없어 붓을 댈 수 없어요. 어떻게도 낙망했던지요. 그러더니 나이를 차츰 먹어가며 아주 이제는 코, 입의 선이 분명해져서 좋게 되었어요. 복혜숙씨도 처음 나왔을 때는 얼굴이 무대나 영화에 잘 어울리지 않

더니 이제는 살도 빠지고 얼굴뼈도 굵어져서 보기 좋게 되었군요.

복혜숙: 내 스스로도 이제는 살이 좀 빠져 나아졌다는 생각이 들어요. 그러나 지금은 영화가 토키 되어 얼굴도 곱고 말도 고아야 나서게 되었어요.

김동환: 어때요. 배우는 처음 나오는 이가 좋아요. 오래 하던 분이 쓰기 좋아요.

김유영: 나는 김정숙金貞淑이와 연실 씨도 써보았는데 암만해도 죽년한 쓸 때는 마음이 편해요. 내 희망은 아주 훌륭한 연기와 인기를 가진 배우를 써보았으면! 하고 생각되어져요.

나운규: 그렇지요. 오래한 사람일수록 낫지요. 나는 3년 한 사람과 4년 한 사람이 있다면 4년 한 사람을 쓰고 싶어요.

김동환: 배우의 얼굴을 살리는 것은 순전히 감독의 수완일걸요. 마치 문예봉 씨는 프로필 즉 가면이면 대단히 좋고....

박상엽: 스탄벅도 문양 얼굴은 광선光線을 아래로 쓰지 말라고요, 눈과 입 때문에....

나운규: 나도 예봉이는 프로필만 좋은 줄 알았더니 요전 <무지개>에서 보니 정면도 좋았어요. 메리 픽포드는 왼쪽 뺨이 고와서, 늘 왼쪽 뺨만 들이댄다더군요.

김동환: 촬영할 때 배우들에게 여러 가지 버릇이 없어요.

이명우: 있지요. 문예봉양은 울기 잘하고.

나운규: 연실이는 변소에 잘 가고.... 어쨌든 한 장면에 5, 6차가니까, 아마 토키드면 세리푸 외울려고...하하하.

김동환: 배우지망자가 많은가요.

이명우: 우리 촬영소에는 매일 5, 6명씩 찾아와요. 왔다가는 이주일 못 찬 채 다 가버려요. 꿈과 현실이 다른 것을 보고 실망도 하여 물러가고 어떤 분은 괴로워서 달아나고....

김유영: 나도 전날에 배우 모집을 해보았는데 자청해오는 신인으로서는 놀라운 인물을 발견하기 어렵더군요.

■ 조선영화의 국제적 진출가능여부는

김동환: 끝으로 조선영화가 국제적으로 진출할 가능성이 있을까요. 즉 외국시장에 소화시킬 수가 있으리까.

이명우: 나는 분명히 있다고 봅니다. 지금 조선 안 상설관 극장 수효가 모두 65개소 되는데 이것만을 상대하여서는 조선영화는 경영이 되지 않아요. 일본 내지에는 2만여 개소가 있어요. 그러기에 수판이 맞게 경영하자면 조선영화가 위선 바깥 동포 사는 곳마다 중요한 시장을 가져야 하겠어요. 일본 내지면 동경, 대판, 명고옥名古屋, 만주면 신경新京, 봉천奉天, 하르빈, 대련大連, 북평北平, 상해 등 좀 더 멀리 하와이, 북미北米 등에 조선영화가 나가게 되어야 조선영화의 장래가 빛이 있어요. 또 지금의 경향은 점점 그렇게 되어 갑니다. 웬만한 것이면 지금 동경, 대판 가져가면 이주일 정도는 속영이 되니까요.

나운규: 동경, 대판이나 신경, 상해를 목표하는 것도 좋은 일이나 그러나 그보다도 아주 영미英米, 독불獨佛 등에 순전한 외국시장을 목표로 하고 진출시킬 수 있을 줄 알아요. 그러기 위해서는 우리 영화계가 기술적으로 많은 발전을 해야 할 줄 알아요. 세계 각국 사람이 다 느낄 수 있는 공통된 감성을 잘 붙잡아서 조선의 산하와 조선의 정조를 기조로 하고 만들어낸다면 나는 반드시 세계시장진출이 어렵지 않을 줄 알어요.

김동환: 그렇다면 가령 어떤 방향으로 조선영화를 인도하여야 세계 사람들이 돈을 내고 보아줄 수 있을까요. 두 가지 길이 있을 줄 아는데 첫째는 세계에 둘도 없는 조선의 풍속 습관 등을 마치 관광협회에서 제諸곳의 인용 소개하듯 사실적으로 찍어내서 그래서 외국인들의 신기한 호기벽好奇癖을 사서...쉽게 말하자면 아프리카 사자 잽이 영화나 남미의 풍속사진 같은 식으로 하여 발전시킬까요. 그렇지 않고 <흐름(유존流存)>이나 <아란>이나 <파리제>, <모로코> 모양으로 아주 당당한 예술영화를 만들어 해외시장을 획득할까요.

박기채: 내 생각에는 다른 나라 사람들이 보지 못하고 듣지 못하고 알지 못하는 정서, 풍경, 생활제도 등을 아름답게 그려내서 널리 보이는 그런 길을 취하여야 성공할 줄 알아요.

김유영: 거기는 나도 동감이나 그렇다고 아프리카 만지蠻地의 풍속습관 소개하는 식으로 해서는 안 되지요. 북구 애란의 풍광을 사실적 수법으로 그렸으면서도

만인공통의 정서와 스토리를 담았던 저 <아랑>이나 체코슬로바키아의 풍물을 그린 <흐름> 같은 예술적으로 몹시 우수한 것을 내어야 하겠지요.

나운규: 나는 두 분 의견과는 다릅니다. 조선 갓, 조선 도포 입고 백인 그런 식 영화를 내보낸다는 것이 아니라 <파리제>, <서반아광상곡>, <외인부대> 등과 비견할 수 있는 아주 예술적으로 우수한 영화를 만들기에 전력하여야 할 것이지요. 산하풍물을 소개하는 길은 혹은 부차적으로 그런 효과를 나타낼는지는 몰라도 그것은 단명短命하고 또한 그네의 호기벽 밖에 만족시키는 길이 아니니 우리의 원願할 배 아니요, 우리 속에도 에밀 야닝쓰나 크라크 게이블, 그레타 가르보, 데드릿지 같은 명우가 나고 스탄버그 같은 명감독이 나고 톨스토이, 도스토엡스키, 웰스 같은 큰 문호가 나서 본질적으로 그네들을 익힐 생각을 하여야 하겠어요.

김동환: 잘 알았어요. 이 문제는 다시 토의할 날이 있겠지요. 그런데 조선영화계의 발전을 위해서 외국 명배우, 명감독 등을 초청하여온다면 어떤 분을 희망합니까.

복혜숙: 미국의 메이 웨스트 그는 제가 원작하고 각색하고 제가 주연하며 또한 첨단회사尖端會社를 리드하는 근대적, 육감적 연출에 있어 명배우이니까.

박기채: 나는 크라크 게이블, 데드릿지를.

나운규: 나는 사람들보다 허리우드의 동물원 동물들을 데려왔으면 좋겠어요. 하하하.

김동환: 오랫동안 감사했습니다. 요다음 또 기회를 만들 터이니 그때도 또 오셔서 좋은 말씀 하여주세요. 자아, 이제는 저 달 밝고 수풀 우거진 정원에 나가 산책이나 하십시다.

(밤 9시 반 끝)

조선영화인 언파레드

이 글은 당시 소설가이며 신문기자, 영화감독, 배우였던 심훈이 《동광》 23호(1931년 7월호)에 게재한 '조선영화인 언파레드'의 글이다. 당시 영화계에서 활동하며 쓴 글이라 역사적으로 검증된 글이기에 당시 표기 그대로를 소개한다.

조선영화인 언파레드

심훈

영화인보다는 그 역사가 오랜 점으로 보더라도 연극인부터 써야 옳겠으나 필자의 형편으로 우선 가까운 영화인을 위시하여 평가도 아니요 까싶도 아닌 인명행진人名行進에 지나지 못하는 것을 끄적여 보려 한다.

인물평이란 본시 자칫하면 오해받기 쉬운 노릇이지만 더구나 만평 비슷하게 되면 당자當者에 대하여 적지 않은 실례다. 그렇다고 '정'자를 달아가며 똑바른 평을 하자니 필자의 책임이 과중하다. 그러므로 각 개인에게 일일이 예를 갖추어 정중히 또는 정확히 쓰기도 어려운 일이다.

나는 아래에 나열해보려는 영화인 여러분에게 평소에 홍모鴻毛만한 사감私感도 없으려니와 따라서 인격을 중상하려는 악의는 물론 없다. 그러나 철필 끝이란 원체 뾰족한 것이라 종이 위를 달리다가는 따끔하게 찔릴지도 모르겠고 탈선을 하면 충고 비슷한 언구가 휘어물어갈지 그 역 예측키 어렵다. 찔려서 아픈 사람은 모름지기 반항할 일이요, 아니꼬운 충고를 받은 분은 마땅히 "예끼 건방진 놈!"하고 욕할 일이다.

어쨌든 선구적 영화예술가로서 시대와 첨단을 걷는다느니 보단 빈궁과 질곡의 첨단을 걷고 있는 우리 조선의 영화인인지라 한 동지의 촌철寸鐵쯤으로는 과히 노여움을 타지 않을만한 아량이 있을 것만 믿고 비교적 솔직한 의견을 토막을 쳐서 적어보려는 것이다.

▬ 총지휘자

윤백남尹白南- 원각사圓覺社시대에 문수성좌文秀星座를 조직한 극계의 선각자의 일인으로 이래 민중극단民衆劇團, 조선키네마주식회사, 백남프로덕션, 최근의 선전영화 <정의는 이긴다>를 제작하기까지 수십년래 극계, 영화계의 허다한 풍파를 겪으며 적지 않은 제자를 양성하고 음으로 양으로 이원梨園을 가꾸어 온 분이다. 조선서 맨 처음으로 작품의 형태로 제작된 체신국 선전영화 <월하의 맹세>(이월화 주연)가 씨의 작품이요 개인의 이름으로 프로덕션을 일으킨 것도 씨로서 효시다. <심청전>, <개척자>가 그때의 소산이었으니 생각하면 벌써 아득한 옛날이다.

씨는 일본의 고상高商 출신으로 명철한 두뇌의 주인공이라 이재치산理財治産에도 밝을 듯 하나 어디까지 재자형才子型이요 다감한 성격이 주판질만 하고 늙지를 못하게 한 것이다. 그는 무대연출이나 촬영 감독 같은 실제적 활동보다는 극작가나 시나리오라이터로 적재適材일 듯 하다. 청빈한 그는 생활의 방편으로 야담 방송을 시작한 것이 어느덧 전 조선을 다리에 걸치고 입심을 부리며 다니는 야담 대가가 되고 필료筆料를 견양하고 붓을 들다가 슬그머니 대중소설가가 되고 말았다. 그러나 그것은 씨의 본도本道가 아니다. 기회가 손아귀에 잡히기만 하면 소지素志를 관철하고야 말 결심을 지금도 가지고 있을 것이다. 씨의 권토중래적捲土重來的 활동을 기대하거니와 씨는 보리밭도 못 지나가는 불주당不酒黨이면서 반주정의 명인이라 하고 좌담坐談은 입당入堂한 것이라 막론하고라도 일본의 낙어落語나 낭화절浪花節같은 소리는 일인도 명함을 못 드린다고 한다. 그러나 연치年齒가 이미 불혹不惑의 역역域을 넘은지라 여간한 자리에서는 그 은재隱才의 주머니끈을 끌르지 않는다 한다.

조일제趙一齊- 지나간 그 옛날 매신每申의 기자로 <금색야차金色夜叉>를 개작하여 장한몽長恨夢>으로 이름을 날리고 윤백남 씨 등과 같이 원각사무대에서 <불여귀不如歸>의 중장中將으로 분장하여 환도還刀 바람에 연극 감기가 들기 시작한 이후 계림영화협회鷄林映畵協會를 창립하고 <장한몽>, <산채왕山寨王>, <먼동이 틀 때> 등 수다한 작품을 제공하였다. 자본주도 아니요 실지로 메가폰을 잡은 것도 아니나 배후에서 모든 일을 주비籌備한 총지휘자였다. 신장이 6척이요 성격이 관후寬厚하기 대국 사람 같아서 발등 위에 벼락 불똥이 떨어져도 외눈하나 깜짝거리지 않는 장자의 풍도가 있고 따라서 무슨 일이든지 한번 붙잡으면 끈기 있게 잡아늘이는 힘이 대단하다. 계림이 경영 상 실패를 거듭하는 중 씨 홀로 빈 간판을 수호신과 같이 지켜오기 수년에 이르렀었다. 그는 영화가 사업적으로 유망하고 사회적으로 끽긴喫緊한 가치가 있는 것은 이해하면서 예술적으로 영화에 대하여서는 문외한과 같이 무심하다. 어쨌든 과거에 있어서 사계를 위하여 많은 고생과 아울러 적지 않은 공로가 있는 분이다. 두주斗酒를 오히려 사양해 본 적이 없는 대음가大飮家로 가끔 바지 속에서 박연폭포가 흘러내려도 태연 자약히 잔을 기울인다고-

　박정현朴晶鉉- 10여년 내 단성사주團成社主 박 씨를 보좌한 흥행사다. 전주錢主도 아니요 예술가도 아니나 조선영화에 「총지휘.....박정현」이라는 첫 자막에 여러 번 오른 사람이라 빼어놓을 수 없는 존재다. 이익을 볼 눈치를 약삭빠르게 알아서 자본을 융통해 주는 것이 그의 역할이었다. 그의 손으로 만들어진 작품이 매거枚舉키 어렵도록 많다. 얼굴이 검어서 아프리카 태생 같으나 호치晧齒를 드러내어 노상 생글생글 웃으며 접인接人한다. 그의 풍부한 경험만으로도 흥행계의 제1인자다.

■ 감독

　이경손李慶孫- 부산의 조선키네마회사에서 윤백남 씨의 조감독 노릇을 한 것을 필두로 <심청전>, <개척자>, <장한몽>, <산채왕>, <봉황鳳凰의 면류관冕旒冠>, <숙영낭자전淑英娘子傳>, 최근 상해서 제작한 <양자강揚子江> 등 허다한 작품을 감독한 촬영감독으로서 고참이요, 또한 선배다. 그의 작품이 모조리 걸작이라고 찬사를 올릴 수는 없으나 영화의 처녀지를 개척하느라고 가진 고난을 겪어온 사계의 공로자로서 그의 이름이 길이 남을 것이다. 그러나 신감각파적인 그의 성격은 오합지중烏合之重을 통어統御할만한 포용성과 통제력이 적다. 그러므로 실제 사무가로 제1선에서 서기에는 적재가 아닌 감이 없지 않다. 그를 대할 때마다 채플린을 연상시킨다. 기선의 뽀이, 전도사, 교원, 순회배우...등, 기구한 그의 평생을 보아도 그렇거니와 단구 척신短軀 瘦身의 풍개風丰 쫓아 채플린과 방사倣似하다. 고독한 그는 또다시 유랑의 길을 떠났다. <양자강> 일편은 그가 몽매간에도 잊지 못하는 고국의 동지들에게 보낸 선물이었다. 장래의 촉망이 크거니와 그가 동요작가로서 주옥같은 작품을 발표한 것은 기억하는 사람이 적을 것이다.

　이구영李龜永-단성사 선전부에서 늙어가느니 만큼 외국 영화통이요 소개자요 또 <쌍옥루雙玉淚> 시대 이래 근자에 <승방비곡僧房悲曲> 최근에 <수일과 순애>에 이르기까지 적지 않은 작품에 배후에서 메가폰을 들고, '레디', '아잇!'을 부른 사람이다. 본격적으로 감독을 하는 것보다는 대개는 합의제合議制로 일을 해온 것이나 영화에 관한 평론도 적지 않았다.

안종화安鍾和- 신파연극 전성시대에 김소랑金小浪 일파에 가담하여 대역大役을 맡아온 무대경험도 있고 부산 조선키네마 제1회작품 <해海의 비곡秘曲>에 주연하였던 것도 우리의 기억에 새롭다. 윤백남 씨의 제자로 조선영화예술협회朝鮮映畵藝術協會를 조직하여 그 중추분자中樞分子가 되었고 <가화상假花商>과 <노래하는 시절>을 감독하였다. 노력한 데 비하여서는 감독 수법에 있어서 아직 볼만한 것이 없는 것은 유감이다. 방금 촬영 중인 <싸구려 박사>를 고대한다.

김유영金幽影- 좌익영화인으로 시나리오도 쓰고 평론도 하고 또 감독도 하는 신인이다. 평론이나 소개는 외지外誌의 푸린팅이 많으나 이론을 실천하려고 부절不絶히 노력하는 사람이다. 서울키노를 통솔하고 <화륜火輪>을 감독하였다. 일본의 프롤레타리아영화들과 연락하여 각 촬영소를 순례한 후 얻은 바가 많았다 한다. <화륜>에 있어서 그의 감독으로서의 기교는 미숙한 것이 사실이요 작품의 내용을 통일도 시켜 놓지 못하였으나 좋은 체험을 얻었을 것이다. 앞으로도 프롤레타리아 리얼리즘에 입각을 더욱 튼튼히 하고 나서 실지의 활동이 있기를 바란다. 그의 나이로 보아서도 장래가 멀다.

김영환金永煥- 자타가 인정하는 해설계의 일인자요 지식분자다. 재기가 넘치는 그는 스크린 뒤에서 목청을 파는 일에만 만족치 못하는 듯 각색도 하고 자신이 나서서 <장화홍련전>, <세 동무>, <낙화유수落花流水>, <약혼約婚>, <젊은이의 노래> 등 여러 작품의 촬영을 감독하였다. 영화 소곡小曲도 작곡하여 항간에 유행시킨 것도 적지 않다. 행유여력行有餘力이든 본직 이외의 활동도 못할 바 아니나 앞으로는 영화해설을 전문으로 더욱 연찬硏鑽을 거듭해가기를 권하고 싶다. 일시는 애상적이요 또한 정열적인 그의 해설로 만도滿都의 무비 팬에게 많은 환영을 받은 터이요 관중도 또한 새로운 해설자를 요구하는 터 이므로 부절의 노력으로 사계의 권위를 잡기를 바란다. 근래에 와서는 가내의 거듭 닥치는 불행으로 건강까지 잃고 정진도 못하는 듯 그를 위하여 유감됨이 적지 않다.

◇ 이밖에 <지하촌地下村>을 감독한 강호姜湖 씨 등이 있으나 첫 작품이 완성되지 못하였으니 후일을 기대할 밖에 없다.

■ 시나리오 작가

안석영安夕影- 조선에는 아직 전문으로 시나리오만 쓰는 사람이 없으나 씨는 조선 시나리오작가협회에 가담하여 <화륜>의 일부와 <노래하는 시절>, <출발>, 그리고 현재는 영화소설 <인간궤도人間軌道>를 '조선일보'에 발표하고 있다. 신문기자로 편집자로, 삽화로, 소설로, 시로, 시나리오로 그는 실로 좌불안석의 다각적 활동가요 정력인이다. 재주덩어리인 씨는 참신한 감각과 날카로운 신경이 움직이는 대로 토운생룡吐雲生龍의 기세를 보인다. 성격상 한 가지 일을 고집하지 못하고 주위가 또한 화필만 붙잡고 앉지 못하게 하는 사정을 오해치 못함은 아니다. 그러나 재화才華와 정력을 뜯어 벌려서 남비濫費하지 말고 외골수로 집중시키면 어떠한 걸작이 나올지 모를 것이다. 새로운 의식의 파지자把持者요 문무文武(?)를 쌍전雙全한 그의 장래야말로 바라는바 크다. 씨여 모름지기 한 길을 뚫고 파 나아가라.

서광제徐光霽- 푸롤레타리아 영화이념과 작품 평을 많이 써 왔다. 그리고 <화륜> 일부와 <버스걸>등 시나리오도 발표하였다. 아직까지 정면의 활동은 없으나 혈기가 괄하여 사상과 행동이 불안하다고 일껀 맡아두었던 자동차 운전수 면허장까지 빼앗겼다고 투덜투덜. (이밖에 몇 분이 있었으나 이번에는 사정 상 할애한다.)

■ 촬영기사

이필우李弼雨- 카메라맨으로 가장 오랜 역사를 가진 분이다. <쌍옥루>도 그의 손으로 된 것이요 <동양영화사東洋映畵社>를 창립한데도 그의 배후의 노력이 컸다. 일본 가서 토키를 연구하고 방금 배귀자裵龜子와 나운규 출연의 <10년후>를 촬영하는 중이라 한다. 작년에 상해에 건너갔다가 그곳 촬영소에서 '벤앤호엘'기機를 다룰줄 몰라서 뒤통수를 긁었다는 것은 조선의 기사로는 용혹무괴容惑無怪인 그의 일화다.

이명우李明雨- 필우 씨의 영제令弟, <가화상>같은 말씀 아닌 작품도 박아냈지만 <철인도>, <승방비곡> 최근에는 <수일과 순애>같은 가작을 촬영하여 카메라맨으로 조선영화의 레벨을 올렸다. 재주 있는 사람이니 기사로서 일치가 되기에 부끄럽지 않다. 그러나 정중와井中蛙로서 만족하지 말고 용기를 내어 수업의 길을 떠났으면 사반공배事半功倍일 것이다. 새로이 설립한 현성완玄聖完 프로덕션에서 민완敏腕을 휘두르는 중이라고.

이창용李創用- 백남프로덕션 시대부터 조선키네마, 나운규프로덕션, <젊은이의 노래>, <약혼>에 이르기까지 촬영기사로서 가장 많은 작품을 박히고 풍부한 체험을 연골軟骨에 쌓은 사계의 일인자다. 두뇌가 명철하여 더욱이 타산에 밝고 매사에 면밀주도하다. 영화인으로서 주초酒草를 가까이 하지 않는 것도 드문 일이다. 지금은 생각한 바 있어 다년 숙망宿望이든 유학생의 길을 떠나 경도京都 키네에서 영목중길鈴木重吉 감독의 지도 하에 업업業業을 닦고 있는 중 벌써 적지 않은 수확이 있는 소식이 온다. 괄목刮目 상대할 날만 손꼽아 기다린다.

손용진孫勇璡- <춘희椿姬> 이전부터 <바다와 싸우는 사람>에 이르기까지 다년간 촬영에도 종사하였거니와 현상과 푸린팅으로 그를 따를 사람이 없다. 자기가 암실과 기계를 가지고 있는 관계로 남몰래 연구를 쌓아왔고 <수일과 순애>만 하더라도 거의 그의 손을 거쳐서 그만큼이나 선명하게 쓰여진 것이다. 아직 24세의 청년, 그의 전도야말로 양양하다. 천성이 굼떠 담즙질膽汁質인 데다가 술을 마시면 용기가 대발大發, 잔소리를 퍼붓는 것이 버릇.

한창섭韓昌燮- 촬영조수로 오래 고생하다가 대지를 품고 상해로 뛰어나가서 경손 씨와 <양자강揚子江>을 박아가지고 와서 일약 조선의 일류기사로 자처하는 친구요 지금 그 사진을 가지고 간도까지 가서 흥행하는 중이라 한다. 눈이 사팔뜨기라 속칭 '벤다핀'이라는 별명을 듣는데 벼룩과 같이 톡톡 튀기 잘하고 참새 외딴치게 잘 떠들어댄다. 그도 퍽 젊은 축이다. 처신을 좀더 신중히 했으면....

민우양閔又洋- <화륜>과 <지하촌>을 박았다. 후자는 출세치 않았으니 논할 바 못되나 <화륜>에 있어서는 더욱 공부할 여지가 많다고 보았다. 덴상을 소홀히 하고서 표현파나 구성파 그림을 본뜨려는 것은 망녕된 생각이다. 뛰기 전에 걸음발을 타는 것이 순서가 아닐른지?

그밖에 이진권李鎭權, 이신李信, 김재용金在龍 씨 등 제군이 있는 것을 기억하자.

■■■ 남배우

스크린에 나타났던 사람이라고 모두 배우로 간주할 수는 없다. 적어도 2회 이상 출연한 사람으로 필자의 기억 되는대로 소개하려고 한다. 대단 복잡하므로 '가나다'순으로 열기한다.

강홍식姜弘植- 영화로 무대로 그의 존재가 크다. 남성미의 권화權化인 듯한 당당한 체구와 명랑하고 저력 있는 음성과 그리고 원숙한 그의 연기는 그야말로 금상첨화라, 시기와 천재를 발휘할 장소를 얻고 그를 잘 이해하는 협력자만 있으면 에밀 야닝스란 하늘에서 떨어진 사람이 아닌 것을 느끼게 될 것이다. 일활日活의 전속배우로 있다가 귀국하여 <먼동이 틀 때>에 주연한 이후 연극사研劇舍와 관계를 맺어 지금은 동 단체의 무대감독의 중임을 맡아 활약하는 중이다. 무용가 석정막石井漠씨의 최초의 비장秘藏 제자였던 것을 아는 사람이 드물 것이요, 지금은 세계적 성악가가 된 등원의강藤原義江이와 천초淺草 시대에 같은 무대를 밟으면서 성악으로도 백중伯仲을 다투던 나 어린 가수였던 것은 더구나 기억하는 사람이 적을 것이다. 그는 테너였다. 카루소밖에는 흉내도 내지 못한다는 High C까지 뽑아 올리는 것을 들은 석정막 씨는 그의 천재에 혀를 빼물고 제자를 삼아 친동생과 같이 애지중지하였었다. 그가 만일 중도에 전락하지 아니하고 사생활을 견제하여 성악에만 정진하였은들 오페라 씽거로서 출세한지도 오래였을 것이다. 제3자로도 생각할수록 가석可惜한 일이다. 그는 전옥全玉 양과 동서한 뒤로부터 과거에 좀 방종하였던 생활을 버리고 극계의 중진이 되어 주야로 무대 위에서 땀을 흘리고 있다. 그에게는 좋은 각본과 배후에 연출자가 필요하다.

남궁 운南宮 雲- <개척자>와 <아리랑> 등에 출연하여 순진한 예풍藝風을 보이고 각색으로 자막으로 퍽 오래 고생해온 사람이다. 단아한 성격이 실지운동보다는 문사형에   향제鄕第
로 돌아간 뒤에 소식이 묘연하다.

나운규羅雲奎- 조선영화계에서 가장 많은 작품을 한 몸으로 원原, 각脚, 감監, 자自주연하고 그 중에도 <아리랑>과 같은 명편을 제작하여 전 조선영화팬의 인기를 독점하던 사계의 총아다. 지금 새삼스러이 장황하게 그를 소개할 필요와 지면이 아울러 없거니와 그가 밟아온 족적足跡은 과연 컸던 것이다. 그러나 그의 업적을 냉정히 따져볼 것 같으면 공죄功罪가 상등相等하다. '다그러쓰'나 '탈매지'의 연극을 흉내 내어서 일반관중의 저급취미를 교묘히 이용하여 뛰고 달리고 숨바꼭질하는 것으로 우선 속중俗衆의 갈채를 받았다. 기지종횡奇智縱橫하여 한 작품을 손쉽게 읽어서 꾸그려 놓는데 능하고 장기가 있으나 그 내용인즉 천편일률 소영영주의로 일관하였다. 규모는 크게 잡으나 표현이 거칠고 그의 액션, 내지 독특한 유모어까지도 결코 고상한 것이 아니었다. 험상스러운 그의 용모와 5척 남짓한 왜구矮軀가 처음부터 미친 사람이나 불구자 이외에는 적역이 없는 특수배우에 불과하다고 본다. <아리랑> 전편과 <벙어리 삼룡>이가 그 중의 백미白眉인 까닭이다. 그가 그만한 인기를 독점하고 있었던 것은 기적에 가까운 일이니 그 원인을 캐어보면 무슨 시국에 대한 대지나 품은 듯한 룸펜의 써커스적 활력과 오열이 불명嗚咽而 不鳴하는 곳에 어떠한 사상의 암시가 숨은 듯이 심각침통을 가장한 일종 흥행가치에 있었던 것이 아닐까? 내 말에 불평이 있다면 과거의 수십 편이나 되는 작품을 통하여 그 내용에 있어서 일관되는 어떠한 주의와 사상의 조류가 흐르고 있었던가를 스스로 반성, 검토해볼 일이다.

뜀박질 잘하는 기린아는 지금 언덕 비탈을 거꾸로 달리고 있다. 일본국수회國粹會의 지회장이 돈을 대는 <금강한金剛恨>에 검극劍劇배우 원산만遠山滿이와 공연하여 나운규의 '나'자가 떨어지고 미나도좌로 배귀자일행을 따라다녀서 '운'자까지 잃어버렸다는 말이 들리게 된 것은 참으로 애석하다. 일반에게 배우들이 가장 천대를 받는 제1조건인 남녀관계에 있어서도 사계의 거두로서 마땅히 삼가야 할 바가 있지 않을까? 나군이어 군에게 케케묵은 문자 하나를 바친다. 「천인비봉千仞 飛鳳이었던 전불탁속餞不啄粟하라」

나웅羅雄- 요절한 소설가 나빈羅彬 씨의 조카라는 선입견이 있어서 그런지 그는 아무래도 얌전한 문인 같은 인상을 준다. <약혼>에서 깨끗한 연기를 보였고 <젊은이의 노래>에도 주연하였다. 최근 <바다와 싸우는 사람들>에는 적역이 아니기 때문에 실패하였다고 본다. 출연보다는 시나리오를 썼으면 한다.

이경선李慶善- '메일, 뱀파이어'(색적역-色敵役-)로 단벌이다. 그의 연기는 섬세하고 경쾌하여 간드러진 폼이 아돌프 멘쥬를 사숙私淑한 보람이 있다. 몸을 자유로 움직여야만 독특한 기예를 발휘할 터인데 스테이지가 없다. 상체의 스타일이 어색한 듯하니 주의할 일.

이규설李圭卨- 오랜 노역배우다. <장한몽>과 <아리랑>에는 판박이 조선노인의 분장이 좋았다. 그러나 <홍련비련紅戀悲戀>과 <회심곡悔心曲>의 승僧과 소위 자유기자自由記者는 완전한 실패라느니보다 이제까지도 웃음거리가 되어있다. 노역이 귀하니 배우로만 나아가야 여망餘望이 있지 다른 욕심을 부린다면 결국 자신의 손해일 것이다.

이원용李源鎔- 유도柔道 잘 하는 활극 배우 <세 동무>, <낙화유수>와 <중소래>에서 남성적 연기를 보여준 쾌남아다. 계획이 뜻대로 안 되는 듯. 근자에는 별 소식이 없다. 그러나 활극도 좋지만 '탈무드'같은 넌센스 작난꾼의 모방은 이미 시대에 뒤떨어진 일이다.

임화- 카프의 맹원盟員. 이론과 비평이 앞선다. 자신이 출연한 <유랑>, <혼가昏街>는 들어서 재론할 그 무엇이 하나도 없다. <지하촌>을 기대하였으나 역시 페드, 아웃. 젊은 맑쓰 뽀이라면 군의 자존심이 펄펄 뛸 일. 타인의 보폄襃貶으로 일을 삼던 과거를 거울 삼아 자아의 동향動向에 당목瞠目하기 바란다.

임운학林雲鶴- <춘희>, <풍운아>와 <급행열차>와 <수일과 순애>의 구루마꾼은 매우 인상적이었다. 불운하여 아직껏 중역의 차례가 가지 못하였으나 장래를 촉망할만한 소질이 풍부하다.

이금룡李錦龍- 나운규프로덕션에서 노역을 전담하여 매우 원숙한 연기를 보였다. <어사 박문수>를 감독 주연하려다가 선전까지 해놓고 사불여의事不如意하여 많은 고생을 하고 물질의 손해도 적지 아니 본 모양. 신혼생활이 그의 고민을 어루만져 주기에 넉넉할까?

박제행朴齊行- 토월회土月會에서 풀라잇을 받은 이후 영화로 무대로 노인역의 분장은 제격으로 걸맞는 것부터 그를 따를 사람이 없었다. 사람된 품이 호호야好好爺라 시비 틈에 끼이지 않고 부지런히 기예를 연마하여 왔다. 그러나 목소리가 탁성이요 몸 가지는 것이 너무 빽빽한 것이 흠이다.

서월영徐月影- <운명>, <바다와 싸우는 사람> 등에 색적역으로 좋은 타입을 보이나 의외로 동작이 판에 박은 듯이 부드럽지 못하다. 영화는 카메라와 인물이 함께 유동하는데 미가 있다. 무대극을 많이 해본 버릇인 듯.

석일량石一良- 신인으로 <화륜>에 출연한 것만 보고 속단할 수는 없다. 전기 작품에는 감독의 책임도 있겠지만 위선 부장 메이크업 같은 초보의 공작부터 유의하는 것이 필요할 것 같다. 연기는 오히려 후일의 문제다.

손효웅孫孝雄- 원명 효준孝俊, 보총寶塚 야구수野球手로 있다가 스포츠배우로 마끼노에 입사하여 근자에는 주연까지 하고 일본인간에 상당한 인기가 있는 모양이다. 6척 장신의 늠름한 위장부偉丈夫다. 물론 운동을 밥보다 즐겨하는 사람, 고국에 돌아와 활동하는 날을 기대한다.

윤봉춘尹逢春- 조선키네마 이후 나운규 군과 같이 여러 작품에 출연하였고 그 후의 활동은 매거키 어렵다. 견인침중堅忍沈重한 그의 성격은 스크린에서도 엿볼 수 있다. <승방비곡> 중 철수차를 땀을 흘리며 끌고 가는 몇 커트를 보아도 특히 프롤레타리아영화에 틀이 꽉 들어맞아 실감을 주는 배우다. 그 리얼한 점이 그의 생명이다. 더구나 도시 노동자로는 앉았다가 그대로 렌즈 앞에 나서면 고만일 것이다. 재래의 미남형보다는 윤군과 같은 타입의 출연자가 지금으로는 더욱 필요할 것이다.

주인규朱仁圭- <개척자>의 성재性哉 역을 필두로 <아리랑> 기타 여러 작품과 <먼동이 틀 때> 최근에는 <도적놈>에 나왔다. 악역으로 일인자였고 진박력眞迫力이 있는 그의 연기는 특출한 것이었다. 말하자면 너무 무겁고 액션이 좀 과장적인 혐嫌이 없지 않다. 모스크바의 소브키노를 목표로 수업의 길을 떠났다가 중도에 돌아온 후 지금은 모든 것을 단념한 듯이 성흥질소회사成興窒素會社에서 일개 근육 노동자로서 쾌쾌불락快快不樂의 생활을 하고 있다고.

정기탁鄭起鐸- 상해가 있다가 돌아와서 <개척자>에 출연한 이후 자비로 <봉황의 면류관>을 박히고 <춘희>에 주연하였다. 다시 상해로 뛰어나가 여운형呂運亨씨의 소개로 대중화백합영편공사大中華百合影片公司에서 안중근安重根의 최후를 스토리로 한 <애국혼愛國魂>, <흑의黑衣의 기수騎手> 등을 감독각색 주연하여 일시 중국인간에 환영을 받고 막대한 수입까지 받았던 영화계의 풍운아 중의 한 사람이다. 무대는 큼직하게 잡았으나 아무런 주의 주장과 사도斯道의 온축蘊蓄이 적은 그는 그만 밑천이 긁히고 말았다. 그리고 보니 활동사진 난봉이 나서 '멋'을 부려보았다는 이외에 더 달리 평가할 수 없게 된 것이다. 지금은 이창용군과 같이 경도제京都帝

키네에서 연구 중이라 한다.

전창근全昌根- 상해서 <양자강>을 주연하였다. 그 작품을 제작하는 데에도 표면으로는 물론, 배후의 활동이 커서 그만한 것을 만들어 놓았다 한다. 그의 연기는 과장 안하고는 못박이는 중국 팬에게는 몰라도 부자연한 동작을 삼갈 일이다. 고국의 동포를 위하여 앞으로 가작을 보내어 달라.

주삼손朱三孫- 원명 대택유大澤柔. 본관이 물 건너 땅이다. 그러나 그는 의식주며 언어까지 조선 사람으로 융화해 버리고 말았다. <심청전>의 왕 노릇으로 출세한 후 이제까지 청년 역(소위 이매목二枚目)으로 적지 않은 인기를 끌어왔다. 그러나 진취할 정열이 적은 것은 그의 성격 소치다.

홍개명洪開明- 무대극도 하고 조선키네마에서는 오래 출연도 하고 조감독 일을 해보았고 각본도 꾸몄다. 성미가 쾌활하여 싸움이 나면 맥주병을 깨뜨려 자기 팔을 한 일자로 그어서 댓줄기 같이 뻗치는 선혈을 뿌려 적을 퇴치하는 의협아요, 호걸이다. 신문 선전에는 <명일의 여성>을 박힌다더니 앞으로 얼마든지 명일이 있으니까 어느 명일에 완성될는지 모른다고.

함춘하咸春霞- 펜네임은 어쩐지 센티멘탈한 문학청년 같은 느낌을 준다. 그의 시를 가끔 대한 적이 있다. <승방비곡>과 <노래하는 시절>에 출연하였다. 처음이라 무리는 아니나 동작에 제 버릇을 벗지 못하였고 화장은 물론, 표정까지도 ABC로부터 공부할 필요가 있지 않을까? 한 개의 '스타'가 되기에는 실로 고심참담한 노력이 있은 뒤라야 비로소 두각이 나타나지는 것이다. 이것은 결코 함 군에게 하는 말이 아니라 한 두 영화에 얼굴만 내밀면 금세 영화배우연하는 사람이 없지 않기로 사족을 달아두는 것이다.

이밖에 자막으로 김상진金尙鎭, 경도제키네의 방한준方漢駿 군과 박정섭朴正攝, 박창혁朴昌爀, 홍찬洪燦군 등 신구인을 차례로 역방歷訪치 못함은 유감이다.

▬ 여배우

김정숙金靜淑- 눌변訥辯이라 무대에는 서지 못하고 영화전문의 여우로 고참이요, 제일 많이 출연하였으니 <장한몽>부터 치더라도 <화륜>에 이르기까지 열 손가락으로 꼽을 수 없을 만큼 나오고 또 나왔다. 독특한 연기가 있는 것보다는 여배우가 귀한 조선영화계의 특수사정이 여기저기 출연하게 된 찬스를 지은 것이라고 함이 정직한 말일 것이다. 성애性愛 관계로도 파란이 중첩하였던 모양 지금은 나웅 군과 동서중이라 한다.

김연실金蓮實- 신일선이가 일박一泊한 뒤로는 김연실의 독단장獨壇場인 감이 없지 않을 만큼 새 작품은 거의 다 도맡아놓고 출연하였다. 그 역시 이렇다 할 만한 독특한 장기가 없다. 평평범범平平凡凡 앉으라면 앉고 서라면 설뿐, 곡선, 더구나 각선미가 없는 것은 모던 걸로서 아까운 일이다. 무대극으로도 상당한 지위를 점령하고 있다. 아직도 독신으로 그야말로 만도 애활가의 흠모의 적的이 되어있다고.

김일송金一松- 정기탁 군과 같이 <춘희>에 출연한 뒤에 동군과 손을 잡고 상해로 가서 그와 결혼까지 하고 여러 중국영화에 출연하여 지금도 인기가 남았다 한다. 영화인의 생활이란 전변무쌍轉變無雙하여 지금은 정군과도 이별하고 서울 와있다고. 매우 소질이 있던 사람이다. 부활할 생각은 없는가?

김보신金寶信- 고 왕덕성王德星 씨의 아내로 그의 작품 <회심곡>에 최후로 출연하였다가 대구서 일을 꾸미던 중 왕 씨의 거세去世로 실의낙담하여 눈물로 그날그날을 보내고 있다고.

이월화李月華- 토월회의 명 여우로 아득한 옛날에는 윤백남 씨의 <월하의 맹세>를 비롯하여 <해의 비곡> 이래 극단까지 조직하였던 여걸(?), 지금은 상해 어느 카페에서 댄서로 뚱뚱한 몸이 아주 절구통 같이 비대해졌다는 소식을 전한다.

복혜숙卜惠淑- 토월회배우로 상당히 노련한 기예를 가지고 무대의 여왕 노릇을 하였다. 음주무량飮酒無量하사대 필급란必及亂이요 현하懸河의 웅변이 여간 사내는 그의 앞에서 머리를 들지 못하였다. 시불이혜(時不利兮하여 호구지책糊口之策)으로 방금 인천서 기생영업을 한다고. 그의 주연한 작품은 <농중조>, <낙화유수>, <세동무> 등.

신일선申一仙- 영화 여우 중 가장 미모를 자랑하고 팬은 막론하고 조선적으로 떠들어 대던 여자니 새삼스러히 첩첩喋喋할 흥미가 없다. 솔직히 말한다면 얼굴의 윤곽은 선명하나 밑 동자童子와 같이 무표정이요, 연기를 이해하는 것 같지도 않았다. 다만 나이가 28세이고 그만큼 깨끗이 생긴 여우가 없었던 까닭에 소위 인기라는 것이 경기구輕氣球 같이 올라갔던 것에 불외不外하다. <먼동이 틀 때>를 마지막으로 출연하고 능주陵州 청년 부호였던 양모梁某의 제2부인으로 벌써 사랑의 결정結晶을 둘이나 안는 신세가 되었다 한다. 이미 과거의 사람이요, 갱생도 여망이 없으나 빼어놓을 수 없기에 두어줄 여백을 채운다.

전옥全玉- <잘 있거라>, <옥녀>, <사랑을 찾아서> 등 주로 나운규 작품에 나와서 무구無垢한 연기를 보였다. 일신상의 곡절이 많았다가 강홍식 군을 만나 지금 연극사의 퀸의 옥좌를 차지하고 있다. 스테이지와 스크린을 통하여 가장 장래가 유망하다. 강 군과 같은 지도자가 있는 것도 믿음직스럽거니와 재래의 여배우 티가 보이지 않고 진지한 태도로 기예를 연마하기에 여념이 없는 모양이다.

하소양河小楊- <도적놈>, <큰 무덤>에서 처음 출연으로는 매우 장래 있는 연기를 보였다. 미끈한 지체肢體의 주인공, 윤봉춘군의 삐터, 하프다.

류신방柳新芳- 나운규 군의 적발로 인천 기원妓園에서 뛰어나와 <사나이>, <벙어리 삼룡> 등에 나왔다가 다시 환원하였다고. 독부毒婦 역으로 쓸 만한 사람이었다.

조경희趙敬姬- <유랑>, <숙영낭자전>에서 애련한 얼굴을 보이다가 다시 학교에 다니더니 근자에는 아무개 씨와 살림살이를 한다고.

김명순金明淳- <숙영낭자전>, <노래하는 시절>에 나와서 '밤프'로 한 손 뽐내든 여우 카페 웨이트레스 노릇을 하다가 지금은 아마 애인을 쫓아 일본에 가있는 모양이라고.

◇ 이밖에 윤메리, 전광옥田光玉, 윤선희尹善姬, 김영란金鈴蘭, 박경옥朴璟玉, 김마리아... 등 제 여사, 제양諸孃이 있으나 지면 초과로 다음 기회로나 미룰 수밖에 없다. 편집인의 독촉이 성화같아서 하루 동안에 붓을 달리느라고 누락된 분도 많고 내용도 빈약한 것을 자인하면서 붓을 던진다. 또 신문기자로서 영화계로 방향을 바꾸어 활동하고 있는 이서구李瑞求, 류지영柳志永 씨가 있는 것을 추기追記한다.

*편자 왈= 제씨의 사진은 구하기 어려운 것까지 모처럼 그 전부를 구했으나 인쇄 임시하여 동판에 잘 오르지 못하여 부득이 실리지 못한 것이 않음을 독자와 필자와 또 영화인 제씨에게 사죄한다.

초창기 여배우

한국영화 최초의 여배우 설은
다양하다. 영화 초창기라고 한다면
1919~20년 사이로 연쇄극이 성행
했던 시절이다. 이 시기에 여성배우
들은 존재하지 않았다고 해도 과언
이 아니다. 한국 사회가 갖고 있는
유교적인 인습 때문에 여성이 광대
가 되는 것을 허용하지 않은 것이다.

1916년 4월 23일 공연된 〈부활〉에서 카추샤 역을 맡은
여형배우 고수철

이 시기는 바로 여장 남배우 시절이다. 일본어로 '온나가다(여형/女形)'라고 불렸던
여형배우다. 예를 들면 1919년 〈의리적구토〉에서 계모 역을 맡았던 김영덕을 비롯해
1920년에 〈지기知己〉라는 연쇄극에 출연했던 이응수이다. 다음해에 혁신단의 임용구
등에 의해 여형배우가 여자 역을 대행했다. 〈부활〉에서 카츄샤 역을 맡은 여형배우 고
수철高秀喆은 당대의 꽃미남 배우였다.

한국영화 최초의 여배우는 마호정이다. 그녀는 극단 취성좌聚星座의 운영을 맡고
있어 1920년에 일제가 제작하는 〈코레라 전염병을 막자(일명〈인생의 구〉)는 홍보영화
에 출연했다. 그러나 본격적인 여성 주인공으로 알려진 배우는 이월화이다. 그녀는
1923년에 윤백남이 감독한 조선총독부가 제작한 저축홍보영화 〈월하月下의 맹세盟誓〉
에 출연했다.

이월화는 영화 출연에 앞서서 1919년에 톨스토이 원작의 〈부활〉의 카츄사 역을
맡았다. 이를 눈여겨 본 윤백남이 그녀를 발탁해 이월화라는 이름으로 데뷔시킨다. 이
월화야 말로 한국영화사상 최초의 여성 톱스타라 할 수 있다. 그 영화가 남아있지 않은
데 당시의 보도나 전해지는 얘기로는 요부형의 배우였으며 "섹시한 스타일의 배우였
다"라고 할 수 있다.

그리고 기생들이 영화계에 진출한다. 첫 번째 상업적인 목적으로 만들어진 영화
〈춘향전〉인데, 1923년 하야가와 오슈에 의해 만들어진 〈춘향전〉의 춘향 역이 한용(본

명 한영옥)이라는 예명을 사용한 기생이 있다. 그 뒤에 1925년에 〈쌍용무〉라는 영화에 출연한 김소진, 나운규의 애인으로서 1929년 〈벙어리 삼룡〉의 주연으로 나왔던 유심방 등 10여 명의 배우들이 활동한다. 흥미로운 것은 1927년 차안수 감독의 〈낙양의 길〉이라는 영화는 조선권번에서 제작한 기생 출연의 영화이다.

이월화 이후 무성영화시대의 스타로는 1926년 나운규 감독의 〈아리랑〉에서 동생 영희 역을 맡았던 신일선, 1932년 이규환 감독의 〈임자 없는 나룻배〉에서 사공의 딸로 데뷔한 문예봉을 빼놓을 수 없다.

시나리오 작가 겸 감독 윤백남(尹白南)

윤백남尹白南은 시나리오작가 겸 감독, 제작자이며 연극인, 소설가, 방송인이다. 그처럼 다양한 분야에서 활동하였던 그는 분명 천재성을 갖고 있는 이다. 그는 본명이 윤교중으로 1888년생이며 1954년 9월 29일 별세하였다. 지금은 대중적으로 잘 알려져 있지 않지만 초창기 한국영화를 태동시킨 장본인이다. 당시는 호를 이름 대신으로 사용하던 시절이다. 일제 조중훈을 조일제로, 석영 안석주를 안석영으로 하는 식이다. 그래서 그도 윤백남으로 불리었다.

한국 최초의 대중소설은 1919년의 『대도전大盜傳』으로 윤백남의 소설이다. 고려 말 공민왕 시기, 신돈의 오만한 정치 참여에 주인공 무룡이 부모의 원수를 갚고 무리를 규합하여 나라를 바로 세운다는 내용이다. 《동아일보》에서 「수호지」를 연재 후 쓰인 것으로 「수호지」의 영향이 있을 것이다. 그는 후에 『회천기』(1932), 『흑두건』(1932) 같은 소설도 집필하였다.

한국 최초의 극영화는 만주 국경지대에서 있었던 활극을 영화화 한 김도산 감독의 1923년 작 〈국경〉인데 이 영화는 어떤 이유에서인지 상영 하루 만에 종영하게 되었고 이 영화를 기억하는 이도 없어 공식 인정받지는 못한다. 그리고 1923년 4월 9일, 조선총독부 체신국이 저축 장려용으로 만들어 상영한 윤백남 감독의 〈월하의 맹세〉(전 2권, 1021피트)가 최초의 극영화로 기록된다. 홍보영화라 할 수 있는 이 영화를 조선총독부가 그에게 의뢰하여 만들게 한 것이다.

그가 살던 시대는 신문물 도입기였다. 어린 나이인 11세에 경성학당에 입학한 그는 16세에 졸업을 했던 영재다. 특히 어학에 천재로 문필가로서의 소질도 보였다. 그후 그는 인천항에서 모험에 가까운 일본 밀항을 시도하여 고쿠라로 가서 고학생이 된다. 그는 현립 반조우중학 3학년에 보결로 입학하였다. 무일푼에 밀항으로 일본에 온 그는 우여곡절 끝에 동경에 자리 잡은 것이다.

윤백남은 와세다 실업중학 본과 3학년에 한국인 최초로 입학하였고 졸업한다. 이후 국비생 50명 중에 한 명으로 선발되어 와세다대학 정치학과 학생이 된다. 그러나 일본인들이 정치과목 수강에 제한을 두자 도쿄관립고등상업학교로 전학하여 면학에 주력한다. 결국 전문학사를 따기까지 자신의 꿈을 실현시키기 위해 좌절하지 않았던 그이다.

그즈음 그는 신(체)소설『불여귀』,『쌍옥루』,『단장록』등을 읽고 연극운동을 꿈꾼다. 그리고 이인직을 만나는데 그는 훗날『치악산』,『설중매』,『은세계』등의 신소설을 쓴 소설가이다.

윤백남은 귀국 후 유학생활 중 알던 이의 추천으로 수형조합에 부이사 직급으로 근무한다. 그곳은 조선척식주식회사의 전신이었다. 그는 일 년 간 근무하고 퇴사하여《대일신보》기자로 입사한다. 이곳에서 조일제와 더불어 극단 문수성을 창단하기 전까지 일한다.

그는 문수성에서 연극을 하던 중 안종화의 소개로 ㈜조선키네마로 가서〈운영전〉을 각본, 감독한다. 안평대군의 애첩인 운영과 김 진사의 사랑을 그린 내용으로 여주인공으로 김우연을 캐스팅하였다. 그러나 외모도 영화적이지 않았고 윤 감독과의 스캔들이 벌어져 어수선해지며 영화는 큰 적자를 본다.

이후 그는 서울로 와서 이경손, 나운규, 주인규 등을 중심으로 백남프로덕션을 만들어〈심청전〉을 제작한다. 그러나 결국 낭패를 보고 그는 수출을 상담한다며 일본으로 간다. 그리고 연락두절이 되었는데 그는 귀국해 김해 합성학교에서 교편을 잡고 있었다. 결국 영화계를 떠나 시골로 낙향한 셈이다. 백남프로덕션은 해산되고 그들 멤버는 고려키네마사로 가서 이광수 원작의〈개척자〉에 참여한다.

그는 이후 한국 최초로 개국한 경성방송국의 조선어방송과장으로 근무한다. 그의 활동은 가히 전천후라고 할 수 있다. 1953년에는 서라벌예술대학의 학장을 지내고 대한민국예술원 초대회원이 되었다. 이렇듯 한국사회 개화기에 다양한 장르에서 활동한 그는 한국영화사 초창기의 중요 인물로 기록된다.

이경손(李慶孫) 감독

대한민국에서 처음으로 조감독을 거쳐 감독이 된 이경손 감독은 나운규 초기 영화의 감독을 맡았었다. 나운규에게는 선배이지만 그의 영화인생은 그리 순탄치만은 않았다. 그는 1904년생으로 나운규보다는 두 살 어리고 훗날 영화 동지가 된 정기탁보다는 한 살이 많다.

그는 개성이 고향으로 연극배우로 활동 중 조선키네마주식회사에 입사해 배우 겸 조감독으로 활동하였는데 〈아리랑〉의 감독 나운규가 이 회사에 입사하여 〈운영전〉이라는 영화에서 가마꾼으로 단역출연하게 된다. 이경손은 1925년, 백남프로덕션에서 그의 데뷔작 〈심청전〉을 연출하며 나운규를 심봉사로 출연시켜 그의 영화적 재능을 발견하게 된다.

그의 연출작을 보면 1925년 〈심청전〉, 〈개척자〉, 1926년 〈산채왕〉, 〈장한몽〉, 〈봉황의 면류관〉, 1928년 〈춘희〉, 〈숙영낭자전〉, 1930년 중국 상하이에서 〈양자강〉을 감독했다. 그의 스승은 〈월하의 맹세〉를 연출한 윤백남 감독이다.

그는 훗날 《신동아》 잡지에 자신의 자서전을 기고한다. 그 글에는 초창기의 영화계 비화가 담겨 있다. 그가 〈아리랑〉으로 스타가 된 나운규의 주연 영화를 연출하기로 하고 고심 중이었는데 영화배우 정기탁이 찾아온다. 정기탁은 "지금 나운규에게 당신이 필요한 사람이오?" 따지듯 물었다. 이 한마디는 심약한 이경손에게 결정적으로 자존심을 건드리는 말이었다. "나와 함께 지금 평양으로 가서 멋진 영화 한 편 찍읍시다." 이경손은 그날 당장 그를 따라 나섰다.

이경손은 1926년 정기탁프로덕션에서 제작하는 〈봉황의 면류관〉의 연출을 맡는다. 물론 정기탁 주연이었다. 영화는 명편 중의 하나로 꼽혔지만 흥행은 안 되었다. 난처해진 건 정기탁도 마찬가지인데 1928년에 정기탁이 새 자본주를 끌어들여 세운 평양키네마사에서 〈춘희〉를 만드나 역시 흥행에 실패한다.

정기탁은 상하이로 훌쩍 떠나버렸다. 홀로 남은 이경손은 제 신세가 따분했다. 그는 한국인으로 최초의 기록을 갖고 있는데 바리스타로서 안국동 인근에 한국인 최초의 다방을 개점한 것이다. 1927~1928년도의 일로 약간 의외이기도 하지만 일제강점기 모던 보이로서의 한 면모이다. 하와이에서 온 여인 현 앨리스와 동업으로 '카카듀'라는 다방을 개점하자 문화예술인들의 아지트가 되었다. 그러나 이 다방은 얼마 못가서 폐업했다고 한다. 그것은 이경손 감독이 상하이로 가게 되었기 때문이었다.

'카카듀'를 운영하던 중 상하이로 간 정기탁에게서 연락이 왔다. 정기탁은 감독이 되어 있었다. 이경손은 처량 맞은 제 신세 같은 조국 땅을 떠나기로 한다. 배를 타고 상하이로 온 이경손은 제작 중이던 정기탁 감독의 영화에 투입되고 중국영화 초창기의 전설적인 여배우 완령옥과 드레스룸 한 켠에서 낮잠을 즐겼다고 추억한다.

정기탁이 이경손을 남겨놓고 일본으로 가자 그는 전창근과 함께 〈양자강〉을 만든다. 그런데 영화를 촬영한 한창섭이 이 영화를 들고 귀국하고는 연락두절이 된다. 이래저래 하는 일마다 잘 안 풀리는 이경손이었다. 곧이어 일본군의 상해침공이 시작되고 이경손은 피난배에 승선한다. 일단 홍콩으로 간 이경손은 태국 방콕에 정착하는데 그곳에서 현지인과 결혼해 자식까지 두고 산다. 이경손은 훗날 자서전을 《신동아》에 투고하여 1964년 12월호에 '무성영화의 자전', 1965년 3월호에 '상해 임정시절의 자전'이 실린다.

이경손 감독은 태국에서 한 많은 한평생을 마치고 영면한다. 참으로 기구한 운명이라 할 수 있다. 유망한 영화청년이 일제강점기라는 희망 없는 시대를 만나 제 의지와 상관없이 타의에 의해 운명의 수레바퀴에 밀려 살다 간 것이다. 그는 나운규 보다 먼저 이 땅에서 영화다운 영화를 만들었음에도 불구하고 나운규의 그늘에 가려졌고 상하이라는 낯선 곳에서 영화를 만들었지만 카메라맨에게 사기를 당하고 머나먼 타국에서 영화와 무관한 일을 하며 살다간 불운한 삶을 살았다. 그는 1977년 4월 4일, 망명지 태국에서 영면하였다.

살다 보면 줄을 잘 서야 한다는 말이 있는데 그의 인생기를 쓰며 떠오르는 말이다. 나는 1996년 영화역사 다큐멘터리 제작 때문에 '방콕한인회'를 통해 그의 유가족과의 연락을 취했는데 그의 가족들은 프랑스로 이민을 가서 연락이 안 되었다. 그러나 인터넷 시대에 이경손 감독의 딸이 한국영상자료원을 찾아와 아버지의 숨겨진 이야기를 들려주었다. 일제강점기 불행한 영화인 이경손 감독의 쓸쓸한 이야기이다.

이필우 촬영기사

———

이필우 기사는 우리나라 최초의 촬영기사로 영화 기술 전반에 참여하여 한국영화기술사에 큰 공헌을 하였다. 개척자라는 말은 이분을 두고 했던 말일 정도로 한국영화 발전에 기여한 바가 크다. 그는 후에 직접 감독을 겸하였다. 정기탁 감독의 상하이 시절 스튜디오를 방문하여 큰 스케일에 놀랐던 경험담을《조선일보》에 기고하기도 했다.

이필우 촬영기사 겸 감독

그는 촬영의 개척자이기도 하지만 동시녹음을 시도하여 한국영화의 발전을 꾀하였다. 1930년경, 미국의 유성영화를 보고 발성기술을 연구하기 위하여 일본으로 건너갔다. 1933년 귀국하여 경성촬영소에 들어갔다. 경성촬영소는 이필우의 기술력을 바탕으로 최초의 발성영화를 기획하였다(『식민지 시대 대중예술인 사전』, 소도, 2006). 그 결과가 동생인 이명우가 감독 및 촬영하고 이필우가 녹음한 발성영화 〈춘향전〉이었다(《동아일보》, 1935년 9월 1일). 그의 나이 39세 때의 일이다. 그는 나운규와 의기투합하여 〈아리랑 3〉편에서도 동시녹음을 시도하기로 하였으나 불발되었다. 다음은 위키백과 글이다.

"〈아리랑 3〉편은 한국에서 제작된 나운규 감독의 1936년 영화이다. 나운규 등이 주연으로 출연하였고 차상은 등이 제작에 참여하였다. 1936년 5월 15일에 개봉되었으며, 한양영화사漢陽映畵社가 제작했다. 나운규의 재기작再起作이기도 한 이 영화에서 춘사春史는 이필우와 더불어 한국 최초의 발성영화의 기획·제작에 들어갔으나, 서로 뜻이 달라 헤어진 후 나운규가 완성을 하였는데, 녹음관계로 〈춘향전〉보다 늦게 개봉하여, 최초로 기획했으면서도 '최초'라는 명예를 빼앗긴 작품."

그는 1978년까지 생존하여 한국영화사 전반에 대한 증언을 남겼다. 그가 살아있을 때 "〈아리랑〉의 감독이 나운규 맞습니까?" 물어보았다면 미친 놈 소릴 듣기 십상이었다. 그러나 이런 증언자들이 타계하고 한국영화사는 오리무중에 빠졌다. 이제는 누가 더 많은 자료를 갖고 있는가가 승패를 좌우한다. 다음은 영화진흥공사 시절 채록한 그의 구술기록이다.

"서울이 본적이며 어렸을 때 나의 집은 을지로의 네거리의 있었다. 거기에다가 시계포 차려놓은 나의 부친은 거기에서 말안장이며 엽총, 시계 등을 팔았다. 이때는 우리나라가 개화기의 조류가 휩쓸려 들어왔을 때이다. 이 무렵 나의 부친은 가게 이름을 이필우 시계라고 달아주었는데 나와 다섯 살 아래 동생인 이명우의 삼촌이 집의 일을 돌보아 주었으나 돈을 벌기는커녕 바람기가 있어서 재산을 거의 탕진해 버리고 말았다.

이때에 나의 가게에 시계를 대주던 일인 오리이가 나의 모친으로부터 경영을 부탁받고 가게 한쪽에 오리이 사진부를 차렸다. 말안장은 수지가 맞지 않는다고 집어치우고 약 2년 동안 시계, 축음기, 그리고 사진부로 바뀌게 되었다. 12~13세 때 나의 동생이 이명우와 함께 가게에 있는 현상기와 활동사진기를 만지며 시간가는 줄 몰랐다. 특히 프로젝터를 만지면서 활동사진에 눈을 뜨게 된 것이다. 그러다가 원각사의 영상기사를 통해 영상기사를 하게 되었다. 그리고 보성소학교를 졸업해고난 뒤 우미관의 영상기사가 되었고 그 뒤 다시 촬영 쪽에 욕심을 내게 되었다."

다음은 그의 주요 필모그래피이다.
- 〈지기〉 (1920, 이기세 감독)
- 〈장한몽〉 (1920, 이기세 감독)
- 〈장화홍련전〉 (1924, 김영환 감독)
- 〈한강대홍수〉 (1925, 이필우 감독)
- 〈쌍옥루〉 (1925, 이구영 감독)
- 〈멍텅구리〉 (1926, 이필우 감독)
- 〈홍련비련〉 (1927, 이필우 감독)
- 〈흑과 백〉 (1927, 김윤택 감독)
- 〈낙원을 찾는 무리들〉 (1927, 황운 감독)
- 〈낙양의 길〉 (1927, 천한수 감독)
- 〈창덕궁 순종황제 묘의〉 (1928, 이필우 감독)
- 〈혈마〉 (1928, 홍개명 감독)
- 〈종소리〉 (1929, 김상진 감독)

- 〈홍길동전〉 (1934, 김소봉 감독)
- 〈전과자〉 (1934, 김소봉 감독)
- 〈대도전〉 (1935, 김소봉 감독)

다음은 『한국영화감독사전』의 글이다.

"그는 1897년 11월 27일 서울 중구 을지로에서 출생하였다. 보성 소학교를 졸업한 뒤 일본으로 가서 동경 금성중학교를 졸업했다. 1920년에 연쇄극 <지기>, <장한몽>(이기세 연출)등을 찍으면서 우리나라 최초의 촬영기사가 된다. 이후 한국인이 제작(단성사 촬영부)하고 각본을 쓰고 감독하고 출연한 최초의 순수 한국영화 <장화홍련전>(1924)의 촬영 등 기술을 맡아 완성했고 전례 드문 성황을 이루었다.

권번 기생을 출연시켜 화제를 모은 <낙양의 길>(1927), 검열로 상처투성이가 된 <낙원을 찾는 무리들>(1927), 제목에서부터 수난을 겪은 <혈마>(1928) 등 순탄치 않은 시련의 연속에서도 촬영 작품을 내놓는다. 우리나라 최초의 영화평론가로서 뒷날 <낙화유수>를 감독하기도 한 이구영과 손을 잡고 고려영화사를 창립한다. 첫 영화는 매일 5컷으로 구성된 《조선일보》의 연재만화를 영화한 것으로 우리나라 최초의 희극 <멍텅구리>(1926, 주연 이원규, 김소진)에서 그는 제작 각색 감독 촬영 편집 현상에 이르기까지 1인 6역을 맡았다.

이후 당대에 이름을 떨치던 명월관 기생 강명화의 사랑과 죽음을 그린 <홍련비련>(1927, 주연 복혜숙, 이규설)도 그가 각본을 쓰고 촬영, 감독한 작품이다. 1964년 한국영화인협회 부산지회를 창설, 초대회장을 지냈으며, 1978년 10월 20일에 81세의 나이로 타계했다."

안종화 감독

────

안종화安鍾和 감독은 1902년 생으로 1996년에 별세하였다. 안종화가 감독한 영화로 2007년 영화 프린트가 발굴된 뒤 2008년 5월, 대중에게 공개된 무성영화 〈청춘의 십자로〉가 있다. 1934년 제작된 이 작품은 국내에 현존하는 가장 오래된 한국 극영화로, 2005년 중국 전영자료관을 통해 발굴된 1936년 제작의 〈미몽〉보다 2년이나 앞선 영화이다.

그는 등록문화재 제488호로 지정된 〈청춘의 십자로〉를 연출한 감독이자 한국영화를 발전시키는데 앞장섰던 감독이다. 그는 배우 출신 최초의 영화감독이다. 어린 시절 연극과 영화에 관심이 많던 안종화는 1924년 〈해의 비곡〉에 주인공으로 출연하게 되는데 그가 몸담고 있던 '무대예술연구회'의 배우들이 〈해의 비곡〉에 대거 투입되면서 단정한 귀공자풍의 미남이었던 그가 주인공인 개화한 청년 역에 선택된 것이다.

이후 윤백남 감독의 〈운영전〉에서는 운영과 목숨을 건 사랑을 감행하는 김 진사 역으로 출연하였다. 안종화는 이 작품을 마지막으로 배우 생활을 마감한다. 5년 뒤인 1930년, 영화 〈꽃장사〉를 연출하며 감독에 입문하고 같은 해에 안종화는 또 한 편의 영화를 연출한다. 〈노래하는 시절〉은 부유한 지주와 가난한 소작농이 한 여자를 두고 벌이는 삼각관계를 그렸다.

사회주의를 표방하며 한국인들의 계급적 해방을 외치던 카프의 일원들은 이 영화를 혹평했는데 지주와 소작인 간의 대립관계를 사실적으로 그리지 않았다는 것이 그 이유였다. 윤기정, 김유영, 서광제(좌익영화인)는 영화를 일제에 대항하기 위한 투쟁의 무기로 바라봤던 것인데 반면에 안종화는 영화는 순수예술이며 더 많은 대중이 보는 것을 목표로 해야 한다고 생각했던 차이였다.

그러던 1934년, 안종화는 그가 바라던 대로 대중에게 널리 사랑받는 영화 한 편을 제작하는데, 이 작품이 바로 〈청춘의 십자로〉이다. 줄거리를 보면 봉선과 결혼하기 위해 7년 동안 그녀의 집에서 데릴사위로 살아온 영복이 주인공이다. 하지만 봉선을 명구에게 빼앗기자 크게 상심한 영복은 경성으로 상경한다. 한편, 오빠를 만나기 위해 경성으로 상경한 영복의 여동생 영옥은 명구의 농간으로 겁탈을 당하게 되는데, 이에 분개한 영복이 명구에게 복수를 한 뒤 새로운 삶을 시작한다.

영화에서는 카페에 앉아 담소를 나누고 화려한 바에서 맥주를 마시는 사람들, 야외에서 골프를 치는 모습도 볼 수 있는데, 이렇듯 〈청춘의 십자로〉에서는 신문화를 받아들이면서 근대적인 면모로 변해가는 1930년대 경성의 풍경이 그대로 담겨 있다. 때문에 이 영화는 당시 현대인의 모습을 집약적으로 표출했다는 영화적인 가치는 물론 자료적 가치까지 높게 평가받고 있다. 〈청춘의 십자로〉는 신일선, 이원용, 김연실 등 무성영화시대 인기배우들이 대거 출연하면서 흥행에도 성공한다. 4년 뒤인 1938년 11월에 열린 한국 최초의 영화제인 '조선일보 영화제'에서 관객이 뽑은 최고의 무성영화 6위를 차지하기도 한다. 대중에게 사랑받는 영화를 만들고 싶다는 안종화 감독의 〈청춘의 십자로〉는 필름이 발굴된 이래 복원을 거쳐 많은 사람들에게 선보이고 있다.

〈은하에 흐르는 정열〉도 당시 관객에게 많은 사랑을 받은 영화이다. 이 영화는 서로 다른 교육 이념을 가진 두 남자와 그들의 자식인 남녀에 얽힌 비극적 이야기를 그렸는데 흥행에서도 크게 성공했다. 〈은하에 흐르는 정열〉은 당시 일제의 영화검열 때문에 통속극의 구성을 취하고 있지만 그 안에 민족의식과 계몽주의를 담아냈고 이 때문에 영화사적으로 높게 평가받는 작품이다.

그러던 1937년, 안종화는 영화 〈인생항로〉를 마지막으로 광복 후인 1948년까지 11년 동안 연출 활동을 중단한다. '조선영화인협회'의 회장을 맡게 되었기 때문이다. 이 협회는 1939년에 발족시킨 민간협력단체인데 이는 사실 일제가 영화 검열에 반발하는 영화인들을 사전에 가려내 정리할 목적으로 만든 단체이다.

광복 이후 안종화는 1948년에 〈수우〉 같은 경찰 홍보용 영화나 〈여명〉 같은 반공영화, 1956년에 〈사도세자〉와 1958년에 〈춘향전〉 같은 사극 영화를 주로 연출한다. 특히 1960년의 〈견우직녀〉는 칠월칠석의 유래설화인 견우직녀 이야기를 영화화한 것으로 그의 마지막 작품이다. 이후 안종화는 '서라벌예술대학'의 학장으로 재직하며 후학 양성에 매진했다. 안종화는 초기 연극계를 다룬 회고록인 『신극사 이야기』를 비롯해 다양한 저서를 남겼는데 특히 1962년에 저술한 『한국영화측면비사』는 1905년 활동사진이 서울에 등장한 시기부터 광복까지 한국영화계에서 안종화가 듣고 겪은 일들을 기록한 저서이다. 멜로영화부터 사극영화까지 열두 편의 작품을 남긴 감독, 안종화는 무성영화시대 현존하는 가장 오래된 필름을 연출한 감독으로 남아 있다.

한국영화 개척자 나운규 감독

—

나운규는 류관순 열사와 같은 1902년생으로 함북 회령 출생이다. 용정의 명동중학교를 다녔고 러시아 백군에서 활동하였고 안종화 선생을 만나 영화계 입문하여 〈아리랑〉으로 스타 겸 감독이 된다.

하루에 담배 30개비 정도를 피웠다는 나운규는 결국 1937년 폐결핵으로 사망한다. 화제작이었던 유작 〈오몽녀〉를 감독하고 반 년 후의 일이다. 기생과의 염문과 치열한 영화작업으로 제 명을 누리지 못했다. 그의 장례식은 장마같이 내리는 빗속에 치러졌다. 한국영화 초창기의 개척자는 그렇게 타계하였다.

지금부터 100여 년 전의 한국영화는 어떠했을까? 당시는 영화라는 예술이 들어온 지 얼마 지나지 않아 영화 제작이 활성화 되지 않았을 때이다. 1919년 〈의리적구토義理的仇討〉라는 한국영화 첫 편이 만들어지고 1923년 일본유학을 다녀온 윤백남이 조선총독부의 저축장려 선전영화 〈월하의 맹세〉를 만들게 된다.

그리고 부산에서 일본인이 세운 조선키네마라는 영화사가 생겼다. 1924년의 일인데 이 회사는 형식적으로 주식회사이고 일본에서 기술자들 데려와 영화를 준비했다. 한국시장을 의식했으므로 그들은 감독인 일본인에게 우리식의 이름으로 왕필렬이란 이름으로 지어 붙였다.

그의 각본, 감독으로 만든 첫 작품은 〈해의 비곡〉이었다. 주인공은 주삼손이라는 역시 한국 예명의 일본 배우였는데 예쁘장한 얼굴로 이후 〈장한몽〉 등의 영화에도 출연한다. 이 영화사에는 이경손이라는 문학청년이 조감독으로 활동 중이었는데 그를 찾아 멀리 함경도 회령에서 우락부락한 스타일의 작달만한 청년이 배우를 하겠노라고 찾아온다. 그가 바로 한국영화의 개척자로 불린 나운규이다.

나운규는 오디션을 보았고 심사위원 전원의 불합격 평가를 받았으나 이경손을 졸라 〈운영전〉이라는 영화에서 가마꾼 역을 맡았다. 그는 카메라 앞에 서게 되었고 꿈에 그리던 영화계에 데뷔하게 된다.

그리고 곧이어 제작된 〈심청전〉에서 심봉사 역할을 맡아 당당히 조역으로 영화배우로 자리를 굳힌다. 그의 이러한 배우로의 신분 상승은 오로지 그의 노력과 영화에 대한 열정 때문에 가능한 일이었다.

그는 남달리 사물에 관심이 많았고 이경손의 시 습작 노트를 빌려 고향으로 가서한 편의 시나리오를 완성해 돌아온다. 그 시나리오가 바로 〈아리랑〉이다. 나운규는 일본인 사장을 설득해 이 영화의 감독까지 맡게 되는데 차마 감독, 주연 모두를 자신의이름으로 할 수가 없었다. 그래서 감독의 이름만은 제작부장이었던 쓰모리 히데이치津守秀一의 이름으로 발표한다.

이런 에피소드로 인해 후세의 영화사가들 간에 "〈아리랑〉의 감독이 나운규냐? 아니면 쓰모리 히데이치냐?"며 공방이 벌어지기도 한다. 이 영화는 1926년 서울의 단성사 극장에서 개봉되었다. 당대의 내로라하는 명사들은 이 영화를 기억하며 주저 없이초창기 한국영화의 대표작으로 꼽았다. 이제 모두 돌아가셨지만 1990년대 말까지는심심찮게 이런 이야기를 들을 수 있었다.

대표적인 분으로는 아동문학가 윤석중 선생이 있다. 그는 오죽 감동을 받았으면나운규 감독을 찾아가 2편의 주제가 가사를 쓰게 된다. 또 한 분, 김동리 선생은 돌아가시기 전 《스크린》 잡지에 〈아리랑〉의 감상문을 투고하셨고 대단한 명편이었음을 기록으로 남기셨다.

이 영화로 한국영화는 지리한 신파조 영화에서 탈피하며 민중들의 뜨거운 호응을받았다. 그리고 10년간은 나운규의 독주시대였다. 1937년 타계하기 전까지 그는 영화 흥행에서 뺄 수 없는 중요한 위치에 있었다. 그러나 방탕한 생활과 무분별한 출연으로 그 스스로 가치를 떨어뜨렸다.

〈사랑을 찾아서〉, 〈옥녀〉, 〈야서(들쥐)〉 등은 민중들의 이야기로 피압박 민족의 아픔을 그리고자 했다. 그러나 〈아리랑〉의 명성과는 거리가 먼 영화들이었다. 나운규의영화를 진정으로 좋아했던 신상옥 감독은 분당 자택에서 〈철인도〉에 대해 필자에게증언해주었다.

미지의 감독 정기탁 감독

정기탁 감독은 일제강점기인
1928년 중국 상해로 가서 안중근
의사의 일대기인 항일영화 〈애국
혼〉을 감독·주연한다. 그는 한 때
한국영화사에서 미지의 인물이었
다. 중국에서 주로 활동하였기 때문
에 그만큼 국내에 기록이 희귀했다.

영화 〈애국혼〉

그의 〈애국혼〉이 한국에 알려진
것은 1997년 EBS의 광복절 다큐멘터리 〈일제강점기의 영화〉가 방송된 이후이다. 북
경전영자료관에서 그가 남긴 현존하는 유일한 영화 〈상해여 잘 있거라〉를 발굴하는
수확이 있었다. 그리고 수십 장에 이르는 그의 영화 스틸이 소개되었다. 그와 관련한
필름의 부재 이유는 중국문화혁명 때 많은 필름이 소실되었기 때문이라는 것이다. 그
래서 〈애국혼〉 등의 스틸 발굴은 귀중한 수확이었다.

그리고 정기탁 감독의 영화 인생이 필자의 논문으로 밝혀지기 시작했다. 방송 이
후에도 그의 행적을 더 조사하고자 상해로 북경으로 연길로 중국 대륙을 헤맸다. 그가
왕년에 활동했던 상해에 있던 영화박물관에서 1920년대 영화 잡지를 뒤졌지만 자국
(중국)의 영화 기사보다는 온통 할리우드 영화 기사로 가득 찼다.

연길에서는 당시 같이 활동했던 조선족 최채 씨를 만나 당시의 〈애국혼〉의 제작
상황과 영화 관람 소감을 들었다. 정기탁을 만난 분을 만났다는 것은 기적과 다름없다.
정기탁의 〈애국혼〉이 발견된다면 나운규 감독의 〈아리랑〉 발견을 넘어서는 쾌거임에
틀림없다.

정기탁을 처음 내게 소개한 이는 고(故) 이영일 영화평론가이다. 《영화예술》 잡지
에 그의 존재를 처음 알렸다. 그리고 한국영화사 다큐를 만든다는 나에게 "꼭 정기탁
을 밝혀내라."는 주문으로 그를 찾아 중국 땅을 찾아 나선 것이다.

북경전영자료관에서 처음 〈애국혼〉의 스틸을 보았을 때의 감격을 잊을 수 없다.

"이것은 한국영화사에 올라야 하는 소중한 역사기록이다"라는 확신으로 몇 차례 더 중국을 왕래한 후 논문을 쓰기 위해 만학도가 되었다. 졸업 논문 「일제강점기 상해파 한국영화인 연구」는 한국외대 정책과학대학원의 최우수논문으로 선정되었다.

평양 수옥리의 방앗간 집 아들 정기탁은 1920년대 배제고보를 다녔다. 그러나 현 배제고등학교, 배제대학에도 그의 경성 유학 기록은 없다. 한국전쟁 때 모두 불타버린 학적부, 그는 이래저래 미지왕이다. 논문을 완성할 즈음 그의 최후가 궁금해졌다. 1937년 상해에서 귀국한 그의 기사들이 신문의 한 면을 장식했는데 왜 사망 기사는 없을까?

함께 일하던 방송작가까지 동원해 당시 신문을 다 뒤졌지만 어느 신문에서도 관련 기사를 찾을 수 없었다. 1960년 《부산일보》라는 신문에 실린 그의 친구 손용진 카메라맨이 "그가 대동강에서 기생과 뱃놀이 하다 죽었다더라."는 말이 그의 죽음에 대한 유일한 글이다. 그러나 믿을 수 없는 말인 게 우선 "~했다더라."라는 확증 없는 말이고 그처럼 진취적이고 활동적인 사람의 최후라고 하기에는 믿기지 않는다.

인터넷 시대를 맞아 정기탁 감독의 조카인 정영익 씨를 인터뷰하게 된 것은 한참 후의 일이다. 정영익 씨는 서울에서 살다가 1986년도에 미국으로 이민 가서 뉴욕에 살고 있다. 그가 인터넷으로 내가 쓴 정기탁 감독의 글을 읽고 연락을 주어 정기탁 감독에 대한 더 많은 일들을 알게 되었다. 그의 죽음의 미스터리도 풀렸는데 대동강 익사는 사실이었다. 배가 전복되어 한복 입은 친구들은 옷이 구명튜브 역할을 하여 살아났는데 마카오 양복을 즐겨 입던 그만 죽었다고 한다. 미지의 감독 정기탁, 우리는 그를 잊을 수 없다. 일제강점기 한국인으로는 유일하게 항일영화를 만들었기 때문이다.

윤봉춘 감독

―

일제강점기 말기, 많은 영화감독은 일본의 식민정책에 협조해 제국주의를 찬양하는 친일영화를 연출했다. 그런 상황에서도 윤봉춘 감독은 끝까지 한국인으로서의 양심을 지켰다. 영화를 통해 한국인들의 애국심을 고취시킨 감독이다.

윤봉춘은 1902년 함경북도 회령 출생으로 회령신흥보통학교 고등과와 북간도의 명동학교를 다녔다. 동학운동에 참가했던 아버지의 영향으로 항일정신을 갖게 되었고 태극기사건으로 청진형무소로 수감되었다. 그는 친구인 나운규의 영화

윤봉춘(尹逢春) 감독

〈아리랑〉을 본 이후부터 영화를 통해 민족의 현실을 비판하고, 민중을 계몽할 수 있다고 생각했다.

윤봉춘은 자신 역시 영화를 제작해 한국인들에게 항일정신과 계몽사상을 심어주리라 결심한다. 이런 그에게 나운규는 영화 〈들쥐〉에서 윤봉춘을 배우로 기용한다. 그는 〈금붕어〉(1927), 〈잘 있거라〉(1927), 〈사랑을 찾아서〉(1928), 〈벙어리 삼룡〉(1929) 등에 연이어 출연한다.

1930년, 윤봉춘은 영화 〈도적놈〉을 통해 감독으로 데뷔한다. 이 영화는 구두쇠 아버지와 외국 유학을 꿈꾸는 아들의 갈등을 그린 작품인데 평범한 줄거리로 별다른 주목을 받지 못했다. 다음 해, 윤봉춘은 그가 오래도록 만들고 싶어 했던 민족주의와 항일사상을 담은 영화를 연출하게 된다.

이 작품이 바로 〈큰 무덤〉인데 자본가의 착취에 못 이겨 중국 간도로 건너간 한 남자! 그의 눈을 통해 본 간도는 참혹함 그 자체이다. 일본군에 의해 희생된 독립군의 시신이 큰 무덤을 이루고 있었기 때문이다. 이 영화에는 윤봉춘이 관객에게 전하고자 했던 항일사상과 민족주의가 잘 드러나 있는데 훗날 그는 〈큰 무덤〉을 연출한 이유를 이렇게 회고했다.

"일본군에 죽은 하루의 한국사람 수가 무려 3천 7백 명에 달했다고 합니다… 내가 영화계에 일하면서 〈큰 무덤〉이라는 제목의 영화를 만들어 일제를 간접적으로 고발하기도 했습니다."(윤봉춘 〈나의 고백적 자전〉 1991 중/원문: 《주간경향》 1970)

이후 윤봉춘은 영화를 통해 사회적인 문제를 다루는데 주력했는데, 1938년 〈도생록〉에서는 봉건주의 사상을 비판했고, 〈신개지〉(1942)에서는 당시 흉흉해진 인심을 고발했다. 하지만 그는 이 작품을 마지막으로 잠시 영화계를 떠나게 되는데 일제가 '조선영화령'을 공개 발표했기 때문이다. 조선영화령은 일제가 영화를 전시체제 옹호와 선전을 위한 수단으로 이용하고자 제정한 법령이다.

경기도 의정부의 외딴 시골마을 산곡리로 간 그는 '산곡학원'이라는 교육기관을 설립하고 아이들에게 한글을 가르친다. 그의 딸인 윤소정은 "일본 사람들에게 도움을 받고 영화를 했지만 그걸 유일하게 뿌리친 사람이 아버지였다고요. 그때는 한글을 못 가르칠 때거든요. 조그만 광 같은 걸 빌려서 엄마와 아버지가 한글을 가르치고 해방이 돼서 다시 영화를 시작한 거죠."라고 증언한다.

광복 후, 그는 본격적으로 조국의 독립을 알리는 〈윤봉길 의사〉(1947), 〈백범 국민장 실기〉(1949)를 감독한다. 특히 유관순의 항일 운동은 그가 평생 애착을 가졌던 소재로 〈유관순〉은 1959년 등 무려 세 번에 걸쳐 제작했다. 동생들이 옥고를 치르고 있는 유관순을 면회하는 장면은 자신의 경험을 바탕으로 한 것이었다. 학창 시절, 독립운동에 참가했다는 이유로 청진형무소에서 복역했을 당시 면회를 왔던 어머니를 생각하며 연출했다고 한다.

윤봉춘은 남흥일 감독과 함께 1959년에 〈한말풍운과 민충정공〉을 연출하기도 했는데 이 영화는 대한제국 말기, 일본의 내정간섭을 비판하다가 자결함으로써 민족의 울분을 표출한 민영환의 이야기를 다룬 작품이다.

평생을 영화를 통해서 민족정신을 고취시키려 했던 그는 1975년, 74세의 나이로 세상을 떠났는데 "나는 살아서도 죽어서도 영화인이다."라는 말을 남겼다. 끝까지 일제에 협력하지 않고 묵묵히 한국영화계를 지켜온 윤봉춘 감독은 훗날 많은 영화인들에게 귀감이 되고 있다. 시나리오 작가인 윤삼육이 그의 아들로 많은 시나리오를 집필하였고 〈살어리랏다〉(1993)를 감독했다. 다음은 윤봉춘 일기 중 1935년의 일기 끝부분이다.

가을

비수리 나무 잎사귀 하나가 지향 없는 바람에 날려서 들창 안으로 들어와서 내 가슴위에 떨어졌다. 半 남은 시드른(시든) 잎사귀가! 그것은 恨많은 人生의 넋의 울음이다. 목 메인 인생의 넋의 울음이다. 나는 가슴에 설레는 잎사귀를 만지면서 쓸쓸한 밤을 새운다.

八月도 한가위에 南山머리에 달이 둥그랬는데 虛無를 느끼는 내 가슴에도 무엇이 타오르는지 숨차 오르는 한을 참을 수가 없다. 물은 차지고 벌레소리 소리도 여물었건만 나의 (?)情만은 고개 짓을 하고 있던 것이 藝苑의 半生을 行浪의 歷史로 싸매 놓고도 되풀이조차 없던 나의 마음에 깊고 긴 가을밤을 드새어가면서 울지 않고는 人生을 論할 수 없다고 한 鶴見(학견)氏의 말이 果然 옳음이었던가? 달을 보고 느끼는 것도 아니다. 바람에 휩싸여 내 마음이 쓸쓸해짐도 아니다. 草木이 누르러졌다고 그럼도 아니다.

무엇에 끌리었나. 철없이 웃고 있던 내 마음을 무엇이 건드렸다. 울고 싶도록 무엇이 건들였노. 왜 人生을 파고들어 가노. 그곳에는 永遠한 沈黙과 눈물이 있을 뿐이거늘 人生을 파게 되는 것이 아니라 나를 파고들어 간다.

무엇을 發見했노. 처음과 나중이 무엇이드뇨(무엇이더뇨). 숨소리가 들리는 나의 生命이었던고? 六尺에 가까운 肉體이었던고? 世上에 뚜렷이 쌓아놓은 名譽이었는고? 모두 아닌 것 같다. 暫間 동안이라도 파본 나의 正體는 그도 저도 아니었다.

(?)도 버리기 前에 끝난 演士의 말소리와 같이 始作도 안된 이야기의 끝이더라. 켜기 前에 꺼져버린 촛불이더라. 먹지도 않고 배불렀던 空想에 몇 億兆에 一만 못하더라. 우수수 지나가는 바람 소리에 내 몸은 더욱더 無限히 적어 숨어드는 것 같다. 달그림자가 저편 벽에서 실오리만 하게 남았을 때는 六十萬振動 以上에서 떨고 있는 부드러운 털 같이 내 마음이 쓰린 맛에 떨고 있다.

나의 存在를 내가 疑視하면서 더욱 나의 意識까지를 疑視하면서 깊은 바다 속 같이 깊은 무덤 속 같이 千萬年 묵은 나무 통속 같이 全生을 그렇게 보아지면서도 무엇에 흔들리는지 나의 細胞가 무엇에 자극을 받아지며 때로는 아니 하루 二十四

時間 全部를 두고 肉體와 精神에 탄력이 생기고 每 마음은 마치 百米突 競走에 스타트의 신호를 기다리는 것처럼 長距里 競走에 마지막 뛰어 테이프에 가슴이 닿는 순간까지 숨차게 진장되어 있다.

내일 홈도 잊어버리고 故鄕도 잊어버리고 歷史도 잊어버리고 부평초 뿌리에 매어 달려서 動態도 없이 묵묵히 흘러가는 벌레처럼 살아보기 싶은 生覺도 있었다. 거기에 偉大한 힘이 있을 것 같았다. 人生의 眞理란 넓고 큰 곳에 있지 않고 극히 적고 껌껌한 곳에 있다고 生覺하였던 것이다.

꽃잎은 달려 있을 때보다 狂風에 휩싸여 떨어져서 진흙에 밟혔을 때가 귀엽고 값이 있어 보인다고 生覺했다. 보름의 둥근달보다 그믐 재를 마지막 숨어 넘는 그 순간이 안타까운 맛에 眞價가 있었다고 했다. 그러나 이것은 순수한 哲學의 種子이었고 순수한 사람의 空想이었다고 生覺난다. 가을이란 萬山千野에 우거진 草木들의 最后요, 그들의 잊어진 것을 提供하는 結算期다.

사람들에게는 모든 흩어진 것을 단속하는 때다. 무엇에나 거두어들이는 때다. 山中에 사는 곰도 풀잎을 굴속으로 물어들이는 때다. 제비도 돌아가는 때다. 나는 무엇을 거두노. 무엇을 러져 있다. 그러나 내 마음 속에서 宇宙에 가을을 노려보고 人生의 無常을 寫生하고 있는 넋이 있다. 이 넋은 분명히 힘차게 살아 있다. 살아서 모든 結算을 엿듣고 나의 結算을 모름지기 두텁게 꾸미려는 것이 歷歷히 있다.

事物의 反映은 거울과 같이 批判은 解部室에 메스와 같이 되어 있다. 二十世記에 天才童이단속하노. 일도 흐트러지고 마음도 흐트러져 있다. 우리들 곁에도 흐트러져 있다. 모두 흐트라고 자랑하고 있다. 가을이 오거나 겨울이 지나거나 줄기찬 넋은 泰山과 같이 動함이 없다. 千年從事에 호화롭던 新羅에 서울에 마지막을 告하던 八十八寺의 우렁찬 悲鳴의 종소리를 지루 감고 엿들을지도 오랜듯하다. 감람山에서 예루살렘을 向하여 통곡하시던 그리스토의 울음소리도 귀에 쟁쟁하다.

東阿의 안개 속에서 선하폄을 지는 뭇소리에 노랑 목소리도 기억에 새롭게 들린다. 黃河의 물을 퍼 먹고 말고삐를 틀어쥐는 壯[蔣]介石이도 江하나 사이에서 잘 보이고 있다.

山中에 머루 다래가 사냥꾼의 발밑에 없어지는 것도 不造化美로 보는 수밖에 없는 것이다. 아스팔트에 갓방을 차려놓는다고 말할 사람도 없는 처지가 아니냐.

될 수만 있으면 떰빙을 하여서라도 物價를 收入을 올려라. 溫突이 차가워 오는 때 같다. 秋期淸(?)도 오겠지. 稅納은 없는 몸이지마는 멀리로 가는 電車소리도 이상스럽게 들리는 밤이다. 十二時가 넘도록 돌아오지 않는 것이 나에게 무슨 상관 있는 일이랴마는 기다려지는 것도 사람의 마음이 아니더냐.

사람은 사람으로서의 사람의 할 일을 撤頭撤尾하게 만들어 놓는 것이 二十世記에 산 보람 있는 天才童이다. 靈! 肉! 一年間 나의 結算. 乙亥年이 저무는 가느다란 눈알이 찬 바람재에 지향 없는 狂風에 흩어지고 있다. 인제 열흘이 있으면 乙亥는 永遠히 가 버린다.

生의 愛着을 부치고 事業에 뜻을 두었던 내가 이 서글픈 映畵街에서 살아온 지가 八年이다. 어떻게 살았든지 根氣있게 八年間을 살아온 것 같다. 기쁨도 없었고 安逸도 없는 부러지려는 가지에 앉은 새와 같이 마음 놓을 수 없는 이 生涯에서 그래도 살아왔다. 乙亥는 一千九百三十五年이라서 이 해에는 무엇이든지 해보겠다고 벼르던 해가 이렇듯 바람결 같이 흘러가 버렸다.

굳이 가는 해를 붙잡으려고는 하지 않는다. 그러나 나의 生命은 이 한 해 속에서 起動을 하였다. 사람이 사는 곳에는 動함이 있고 動함이 있는 곳에는 事件이 生起고 事件이 있으면 記錄이 남아 있을 것이다. 나의 結算報告書다. 오! 나의 結算書를 어떻게 쓰랴.

그러나 正直하게 記錄해야 할 것도 事實이다. 첫째 나의 私的生活도 記錄해보자. 會寧에는 七十이 넘으신 兩親이 어린 同生들을 데리시고 계신다. 나는 그네들의 長子의 責任이 있는 몸이다. 今年 一年동안에 집에 生活費를 보내준 것이 얼마나 되느냐? 寒心한 일이다. 一年동안에 生活費를 보태어 쓰라고 보낸 것이 百萬圓밖에는 못하니 事實 억울하지 않은가? 勿論 나의 生活費와 交際費도 相當히 없어졌지마는 깊은 理解와 撤底한 覺悟가 계신 兩親이시기에 나의 일에 있어서 섭섭다고는 絶對로 生覺지 않으시나 나의 立場으로서는 할 일이 아니었었다. 그러므로 今年 一年동안에 나의 머릿속에 會寧계신 兩親任의 근심은 하루도 떠날 날이 없었든 것은 分明한 일이었었다.

이 글을 쓰는 時間까지라도 말이다. 다음으로 나의 生活이다. 나는 어떻게 살았었노. 홀몸으로 살아온 지가 벌써 二年이 넘는다. 河를 作別하고는 오늘까지 홀

실림이다. 勿論 相對者만 있었으면 結婚도 生覺했을 것이다. 그러나 내 自身이 아내를 구하려고 굳이 勞力을 내어 본 적은 없었다. 그렇다고 女性界에 아주 相關을 끊었던 것도 아니었지만 왜냐고 하면 今番에 다시 맞이할 女性으로는 一生을 同居하는 그런 人物이 나에게 있어서는 絶對로 必要한 것이다. 昨年 겨울부터 내가 다시 서울 와서 河를 가끔 만나게 되었는데 그는 亦是 살림을 復興시키자고 別말을 다하고 또 그는 그렇게 되리라고 까지 믿고 있었던 사람이다. 그러나 그런 生覺은 그 사람의 哲學이 빚어낸 말이요, 나의 生覺은 그렇지가 못해서 거절을 했다. 至今은 慶尙道 땅으로 일을 따라서 내려갔지만 그도 亦是 몹시 불쌍한 人間의 한 사람이었었다.

나는 아무래도 멀지 않은 時日內로 取妻를 해야 되겠다는 生覺이 굳어졌다. 다음으로 나의 全的事業을 하는 映畵는 어떻게 되었나. 今年 일은 봄에는 少女劇座에 連鎖劇을 만들어 주고 다음 玄聖完(현성완) 一黨에게 客員으로 가서 얼마 있다가 서울 와서 ㅋㅏ를 만나서 藝苑座에 加入을 해서 雲奎(나운규)를 데려다가 地方巡業을 하면서 無花果와 그림자를 만들어 주었다.

그리고는 곧 車相朝(차상조)君을 만나서 江건너 마을을 製作하고 다시 이어서 會社製度로 (?)가지고 토키로 아리랑 三篇을 製作하고 있다. 그러면 今年 內로 만든 作品은 네 개의 作品이다. 네 개면 朝鮮안에서는 그다지 적은 數의 作品은 勿論 아니다. 그렇지만 이것이 나의 今年度의 目的이 아니었다. 좀 더 큰 것이었다. 그리고 羅(나운규)君은 한 三年만에 다시 일을 하는데 前과는 달라진 人物로 生覺햇는데 最近에 그의 行動을 살펴본다면 오히려 나아진 것이라고는 한 点도 없고 너무나 私利에 흐르고 同人을 몰라주는 漢陽映畵社의 在存問題가 어떻게 될까 하는 疑心까지 난다.

나는 最近에 羅(나운규)君 때문에 머리가 몹시 무거워졌다. 理由는 내가 다시 羅(나운규)君을 버리느냐 그냥 참아버리고 더 기다려 보느냐가 問題다. 그의 技能과 手法도 イキツマリ가 되었는데 너무 그러지 말고 精神을 차리고 살아갔으면 하는 生覺이 每日난다.

今年 안으로 朝鮮에서 내가 보는 限 金一海(김일해)라는 俳優 한 사람과 梁世雄(양세웅)이란 技士 한 사람이 새로 나온 것을 大端히 반가워한다. 어쨌든 今年은 이

렇게 지내고 말았다.

　나의 靈은 새로운 힘이 衝動을 받고 있다. 나의 앞에 일만 있으면 얼마든지 新境地를 開拓해 나갈 自身이 生起인다. 나의 靈의 變함이 없다. 이것은 나의 사람에 위대한 原動力이요, 生命이다. 나의 肉體에 있어서도 果히 變함이 없다. 昨年에 比해서 그리 弱해짐은 없었다.

　첫째로 술을 모르고 계집을 果히 가까이 하지 않고 살아 온 것이 좋은 原因인듯 하다. 그러면 나의 몸과 마음은 아직도 튼튼하다. 얼마든지 에네륵(에너지)을 發輝할 수가 있다. 그러나 今年 中에 나는 讀書를 못했다. 冊을 보는 時間이 全혀 없었다고 해도 果焉이 아닐 것이다.

　現代는 智能의 世界다. 아는 사람이 勝利를 하고 살 수 있는 世上이어늘 讀書를 이처럼 게을리 하고야 무엇하랴. 來年부터는 틈 있는 대로 또는 억지로 時間을 내어서라도 讀書에 게을리 말 것을 굳게 約束을 하자.

　善愛(선애)와 古粉(고분)女가 上京하였으니 이 애들에 많은 責任도 크다. 어떻게 하면 하면 잘 指導할 수 있을까? 大端한 問題이다. 써놓고 보니 나의 年間 靈肉의 結算書가 되지 못했다. 너무나 彼相的으로 亂筆을 하여 놓고 말았다. 그렇다고 文學的으로나 學術的으로 쓸 必要도 없을 터이지. 十二月二十八日 밤 十二時

이규환 감독

이규환 감독은 1904년 생으로 1982년에 별세하였다. 그의 대표작인 1932년 작 〈임자 없는 나룻배〉는 일제강점기 뱃사공 부녀가 겪는 비극을 통해 당시 한국인의 현실을 상징적으로 다루고 있다. 일제강점기에 착취당하는 조선 민중들의 삶을 근대화의 상징인 열차와 맞

〈춘향전〉을 연출 중인 이규환 감독(가운데),
오른쪽은 유현목 조감독

서는 가난한 이들을 통해서 대비시킨 영화이다. 이 영화는 나운규의 〈아리랑〉과 함께 무성영화시대의 걸작으로 평가받는 영화이다.

이규환은 스물다섯 살이던 1929년에 영화감독이 되고자 일본 교토로 향한다. 이곳에서 이규환은 미조구치 겐지 등 당시 일본 유명 감독들이 활약하던 신흥키네마新興キネマ(신코키네마)의 조연출로 채용되는데 다양한 영화 경험을 쌓은 그는 3년 후인 1932년, 한 편의 시나리오를 완성한 뒤 귀국한다.

이것이 바로 유신키네마 2회 작인 〈임자 없는 나룻배〉이다. 딸과 단 둘이 살아가는 나루터의 뱃사공 춘삼. 그러던 어느 날, 강 위에 철교가 들어서고, 일본인 토목기사가 딸을 겁탈하려고 하자 이에 대항하던 춘삼은 결국 죽음을 맞는다. 이규환은 한국인 뱃사공과 일본인 토목기사를 통해 일제강점기 한국인의 울분을 우회적으로 표현한 것이다. 그는 1975년 영화진흥공사가 발행하는 월간 영화 잡지를 통해 이 영화를 만들 당시의 상황을 이렇게 밝혔다.

이 때문에 〈임자 없는 나룻배〉는 일제의 검열을 두 번이나 받아야 했다. 이 과정에서 춘삼이 도끼로 철교를 부수는 장면 등 300피트가 삭제되었는데 단성사에서 개봉한 이 영화는 흥행에 크게 성공한다. 또한 이규환은 이 영화로 한국영화계의 패권을 잡았다는 극찬을 받는다.(1932. 9. 14,《동아일보》)

뿐만 아니라 〈임자 없는 나룻배〉는 1938년 11월에 열린 한국 최초의 영화제인 조

선일보 영화제에서 관객이 뽑은 최고의 무성영화 2위를 차지했다. 춘삼 역은 당시 최고의 배우이자 감독이었던 나운규가 맡아 명연기를 펼쳤는데 〈임자 없는 나룻배〉의 시나리오를 읽고 크게 감동을 받은 그는 춘삼 역을 맡기 위해 삭발까지 할 정도였다.

이후 이규환은 향토적이고 서정성이 짙은 작품들을 주로 제작한다. 동해안 어촌에 사는 남녀가 고난을 이겨내고 사랑을 굳건히 한다는 내용의 영화 〈바다여 말하라〉(1935) 그리고 남매가 희망을 찾는 과정을 그린 〈무지개〉(1936)이다.

〈나그네〉(1937) 역시 이규환 감독의 수작으로 손꼽는다. 이 영화는 촬영과 녹음 등 기술적인 부분을 일본의 '신코키네마'가 담당했기 때문에 한국영화가 아니라는 비판을 받기도 했지만 당시 농촌 민중들의 비극을 향토적인 감성으로 표현했다는 점에서 호평을 받았다. 이 영화는 여러 나라에 수출되기도 했다.

이규환은 1941년 〈창공(돌쇠)〉 감독 이후 광복 전까지 잠시 연출을 중단하게 되는데 그 사이, 이규환의 행적에 대한 평가는 지금까지도 엇갈리고 있다. 그 이유는 일본에 대한 충성을 그린 최초의 친일영화 〈군용열차〉의 각본을 썼고 일제가 영화 검열에 반발하는 영화인들을 사전에 가려내 정리할 목적으로 만든 '조선영화인협회'의 의원을 역임했기 때문이다.

한편, 이규환은 1942년, 일제가 더욱 조직적으로 한국영화계를 통제하기 위해 설립한 '조선영화제작주식회사'의 가입을 거부했고 이로 인해 평택 비행장에서 약 1년 반 동안 강제 노동을 했다. 광복 이후, 이규환은 다양한 장르의 영화를 연출한다. 어린이 연속극을 영화화한 〈똘똘이의 모험〉(1946)과 부하의 음모에 휘말린 군수의 비극을 그린 〈민족의 새벽〉(1947)이 그것인데 별다른 주목은 받지 못했다.

그러던 이규환은 한국영화계에 큰 획을 그은 영화 〈춘향전〉을 연출하게 된다. 고전소설인 『춘향』을 원작으로 춘향과 몽룡의 사랑 이야기를 서정적인 영상으로 그려낸 이 영화는 1955년에 개봉됐는데 당시 전쟁으로 지친 사람들의 마음을 어루만져 주면서 영화가 대중화되는데 기여했다. 그리고 한국전쟁 이후 침체를 면치 못하던 한국영화계에 활력을 불어넣었다.

〈춘향전〉은 당대 최고의 흥행을 기록했다. 서울의 국도극장에서 개봉된 이후 두 달간 서울에서만 12만 명의 관객을 동원했는데 당시 서울의 인구가 150만 명이었던 것을 감안한다면 엄청난 기록이다. 〈춘향전〉의 성공으로 한국영화계는 전성기를 맞이하게 된다. 이후 〈춘향전〉은 무려 열여덟 차례에 걸쳐 영화화되기도 했다. 그 중 이규환의 〈춘향전〉은 이 영화들의 표본이 된 영화이다.

이규환은 남장을 하고 남사당패에 합류한 한 여인의 이야기를 다룬 영화 〈남사당〉을 마지막으로 영화계를 은퇴한다. 당시 그의 나이는 71세였는데 말년까지 영화에 대한 열정을 불태운 그는 다시 생을 산다 하더라도 영화감독을 할 것이라는 말을 남겼다. (《월간영화》 유현목 감독과의 대담)

일제강점기에는 민족 영화를 연출했고 광복 이후에는 한국영화의 부흥을 이끌었던 이규환은 평생을 영화와 함께한 한국 영화계를 대표하는 인물이다.

서광제 감독

———

서광제徐光霽는 1901년 한성부 출생으로 배우 겸 감독이다. 신흥영화예술가동맹에 연구생으로 가입하며 조선프롤레타리아예술가동맹에 참가하면서 김유영 감독의 〈유랑〉(1928)으로 데뷔한다. 조선시나리오라이터협회 창립회원으로 1930년부터 영화평론 활동을 시작한다. '영화노동자의 사회적 지위와 임무', '나치즈 독재 이후 독일의 영화계', '영화의 리얼리즘', '조선영화의 전망' 등을 기고한다.

서광제 감독 겸 배우
(사진출처_terms.naver.com)

1931년 〈화륜〉 공동 각색을 통해 시나리오 창작을 시작하여 일본에서 수학하고 1938년에 〈군용열차〉로 감독 데뷔를 하였다. 이후 조선영화인협회의 이사를 맡았고 영화인기능심사위원회에도 참가했다. 1940년 발표한 〈신체제와 영화〉는 조선영화령의 정당성을 옹호하는 내용을 담고 있다.

광복 후에 《신천지》에 발표한 '조선영화론'(1946)을 통해 영화 예술과 정치의 분리를 통한 영화 동맹의 개조가 필요하다고 선언한다. 1948년경에 월북한 것으로 전해지는데 북한의 시나리오 위원회에 소속되어 『위대한 역사』 등의 시나리오를 썼다. 남로당 계열이 숙청당하던 1950년대 후반에 이색분자로 비판받았다.(1957년 7월 25일, "라운규와 아리랑", 문학신문)

다음 글은 서광제徐光霽 감독이 쓴 '최근最近의 조선영화계朝鮮映畵界'라는 글이다. 1931년의 글로 일제강점기 영화계의 현실을 잘 묘사해 소개한다.

최근_{最近}의 조선영화계_{朝鮮映畵界}

서광제

작년 1년 동안에 조선영화가 몇 개가 제작되었는가. 신춘 벽두의 <화륜火輪> 봉절을 필두로 <수일守一과 순애順愛>, 뒤를 이어 <큰 무덤>, <방아타령> 등 예년에 비하여 극히 소수의 조선영화 제작을 보게 되었다. 그러면 그들의 영화의 내용은 전의 형型을 탈脫하지 못하였다 하더라도 과언이 아니다. 기술에 있어서는 조그만 진보를 보여 주었다.

모든 예술 부문 중에 영화예술 그것이 최대의 경제적 비용과 최대의 두뇌의 사용장인 까닭에 세상이 말하는 걸작 그것을 얻기에 조선에서는 너무나 무리한 요구이다. 자본은 이윤을 요구한다. 그러나 조선영화계에 투자한 그것은 막대한 원금의 결손에 돌아감으로서 자본가의 영화계 투자는 희망할 수 없을 것이다. 시장이 없는 상품은 사물死物일 것이다. 판로阪路 즉 상설관을 갖지 못한 조선에서 무슨 조선영화의 제작을 바라며 그의 발전을 바라랴.

영화는 기술을 요구하는 것이다. 기술자가 없는 조선에서 우수한 영화를 바랄 수 없을 것이다. 카메라의 앵글을 돌린다고 기술자가 아니다. 시나리오로부터 감독, 기사, 배우 내지 의장 조명에 이르기까지 너무나 조선의 소위 씨네 아스트는 무지한 까닭이다. 정치적 문제는 별문제로 하고 첨단尖端의 경제적 공황에 쌓여있는 조선에서 3, 4천 원을 최하로 계산하는 영화제작은 그것이 반동영화이든 프로영화이든 우리의 현대생활에서 바라기에 힘들 것이다.

3, 4천 원이란 돈이 많아서 영화제작을 못하는 것은 아니다. 외국영화의 세트 한 개 값도 못되는 그 돈이지만 제작하여 봉절한 후 마이너스가 됨에야 어느 자본가가 투자를 하겠는가. 그러므로 우리가 소위 말하는 조선의 반동영화 그것은 자체의 파멸에 의하여 제작될 수 없을 것이다. 더구나 프롤레타리아 영화의 탄생은 정치적 경제적 또는 기술적으로 보더라도 아무리 최근의 예술운동이 프롤레타리아트의 자주적 문화, 교육활동의 일부분으로서 정당하다고 재인식되어 우리들의 예술운동 중에 노동자 농민의 이니씨아티브를 충분히 발휘시킬 것이 당면의 문제가

되어있는 이때에 영화라도 시대의 침단적 예술품으로서 당면의 임무를 다 하겠다 하면 조선에 있어서는 다만 문필적 활동에 그칠 것이라고 믿는다. 그러므로 조선영화 제작은 어느 방면으로 보든지 바라지 못할 것을 엄연히 현실이 말하고 있으므로 무지의 조선영화 제작은 기형을 벗어나지 못할 것이다.

생활이 없는 곳에 수요가 없으며 수요가 없는 곳에 그의 사회적 비판이 없는 것과 마찬가지로 영화생활이 많지 못한 우리 사회의 그의 비판조차 적을 것은 명백한 사실이다. 상당한 영화잡지조차 갖지 못하고 설사 영화잡지를 갖고 있다 할지라도 그것이 월간인 동시에 검열제이므로 경성에서 봉절된 조선영화를 보고 그의 비판문을 게재 발표에까지 이르려면 2개월 이상을 요하니 그때에는 벌써 그 영화는 경성에서 봉절을 끝마치고 평균 대구 등 4, 5처處 밖에 아니 되는 조선에서 소위 중요하다는 봉절장은 전부 상연을 끝마쳤을 것이니 대중에게 진정한 그 영화의 진가를 속히 알려주려면 신문지가 아니고는 그 효效를 얻지 못할 것이다. 사회적 정당한 비판은 그 영화를 뽀이코트를 시킬 수도 있으며 지지를 받게 할 수 있을 만큼 비판이란 그것은 사회의 나침반인 동시에 위대한 무기이다.

비판이 없는 곳에 성장이 없으며 과오가 없는 곳에 진전이 없는 것과 같이 영화란 그 예술품이 이 우주에 존재하여 있는 이상 비판은 늘 그것을 향상시켜 준다. 그러나 조선에서는 영화비판 그것이 너무나 무기력하였다. 왜 무기력하였던가? 제일의 원인은 영화 그것이 무기력하였으니 그의 대상인 비판조차 무기력하였으며 또한 비판 그것이 소아병적 혹은 기술 찬미 또는 연결하여 제작되어 나오는 조선영화의 내용 그것이 천편일률이므로 한두 번 나오지 않는 똑같은 반동영화의 비판문이 무슨 새 맛이 있으며 기력이 있겠는가.

조선영화의 대개의 내용은 연애의 갈등 그렇지 않으면 부르조아에 대한 증오 혹은 조그마한 사회적 반항을 보이나 그것은 모두가 코스모포리탄에 불과하며, 오늘날까지 대중의 생활에 영합되는 조선영화는 보지를 못하였다. 이러한 형을 탈脫치 못하는 조선영화의 비판이요 기력을 상실한 것은 사실이다. 좀 더 조선영화의 내용이 향상되지 않을 때까지는 영화비판은 참으로 일문一文의 가치가 없으며 비판 그것이 있을 수 없을 것이다. 왜 그러냐하면 그것은 벌써 예술품이 아니므로 사회적 가치가 영零인 까닭이다. 왜 사회적 가치가 영이냐. 그것은 두 말할 것도 없이

예술이란 그것은 액체와 같으니 가령 삼각형의 용기에다가 물을 부을 때에는 그 물은 삼각형이 될 것이며 사각형의 용기에다 물을 부으면 그 물은 사각형이 되는 것과 같이 현실사회를 탈리脫離한 예술은 존재할 수 없다. 그러므로 아무리 수만 척의 필름이 영사된다 할지라도 그것은 완구玩具에 불과하다.

금년에 와서 조선영화의 비판문이 무기력하여졌다 하더라도 과거 2, 3년 동안의 축출縮出되는 반동영화의 비판 말살은 우리의 기억에 아직껏 새롭다. 그러한 와중에서 이 군의 <큰 무덤> 비판과 임 군의 <화륜> 비판 그것이 오직 1931년경의 조선영화계의 두 개의 수확이다. 그러나 나는 여기에 그들의 비판을 재 비판하고 싶지 않다. 그것은 식어가는 물에 얼음덩이를 넣는 것과 마찬가지인 까닭에.... 그러면 이와 같이 극단의 침체에 빠져있는 영화운동에 일부분인 비판이란 무기의 팬을 어떠한 방향으로 전환시킬 것인가. 나는 여기에 주저 없이 '외국영화 비판에 대한 신제의'를 부르게 된다.

필자가 '비판' 1931년 11월호 지상에 "영화비판에 대한 신제의"란 제하題下에 말한 바와 같이 조선의 영화판이란 그것은 1년에 2, 3개에 불과한 조선영화 비판에만 그 팬을 움직이는 것이 아니라 매일 수백 수천의 미 조직적 노동자 혹은 소시민 대중을 마비시킬 외국영화의 파시즘의 구가謳歌, 종교 영화, 노자협조勞資協調 등 내지 넌센스 영화에 이르기까지 우리의 일상생활에 너무나 사이가 벌어진 백퍼센트의 아메리카니즘의 순 반동영화는 대기의 일상생활에 얼마만한 마취제가 되는 것을 아는 영화비판가는 대중의 앞에 그의 반동성을 발로發露 시키지 않으면 아니 된다. 그리하여 비판이란 그 무기에 녹슬게 해서는 아니 된다. 또한 브루조아 영화의 비판 발로 그것만으로 마르크스주의 비판가에 임무력은 다 되는 것은 아니다. 그러므로 부르조아 영화의 비판 구명은 진정한 프롤레타리아 영화생산을 위한 것이 될 것이다.

소비에트 영화가 왕왕往往히 자본주의 국가사회에 와서 봉절이 된다. 조선에도 푸도트킨의 <아시아의 람-嵐->이 온 일이 있지만 소비에트 영화가 자본주의 사회에 와서 봉절이 될 때에는 검열의 가위로 말미암아 도리어 반동영화가 되는 일이 없지 않다. 이럴 때 영화비판가는 그 영화의 단연히 타협을 용서치 않는 이데올로기의 논제가 군림하여있다는 것을 대중에게 알려주어야 한다. 또한 부르조아 영화를 비판한다는 것은 제일은 관객 대중을 그의 마취제에 걸리지 말게 할 것. 따라서 위만수단僞瞞手段의 기술가를 폭로시키지 않으면 아니 된다. 그러나 이것은 비판의 일부이므로 절대로 전부인 것은 아니다. 그리하여 우리는 1931년을 받는 첫날부터 우리들의 영화운동의 궤도軌道가 될 만한略 당면의 영화운동의 이념전개 비판 확립 이야말로 최대의 긴급문제가 될 것이다.

시나리오에 대하여 말하고자 하는 필자의 근본 의도는 기성의 소수의 시나리오라이터의 비판을 쓰자고 하는 것이 아니다. 장차 이 방면의 영화분야로서 일하여 보겠다는 신인을 위하여 쓰는 것이다. 작년 1년 동안에 시나리오의 발표가 다른 문예작품에 비하여 적다고는 할 수 없다. 《동아일보》의 이효석李孝石 군의 '출범시대 出帆時代'(중도에 중단되었지만)와 김영팔金永八 군의 '싸구료 박사'의 2개의 중편물은 1930년의 '화륜'의 시나리오의 신극운동 다음에 볼 두 개의 발표이다. 그리고 '시대공론' 급 '영화시대'에서 수 3편을 볼 수가 있었다.

그러면 시나리오라는 것이 대체 무엇인가. 음악에 악보의 필요를 느끼며 연극의 연출대본과 연대連帶 설계도를 요하는 것과 같이 영화제작에 있어서는 없지 못할 것이다. 그러면 시나리오가 문학상의 문제가 되느냐 아니 되느냐는 별문제로 조선에서도 벌써 일반 문학 평에 있어서 시나리오가 문제가 된지 오래다. 더구나 경제적으로 곤란을 받고 있는 우리에게 한 개의 영화를 제작하겠다는 것보다는 열 개의 우수한 작품(시나리오)을 쓰는 것이 대중에게 이익이 될는지 모르며 또한 조선에서 영화운동이라는 것이 어느 정도까지 문학적 활동에 그치는 데 있어서 더 유효할는지도 모른다. 그만큼 영화비판이나 제작(정망正望이 없으나) 그것보다도 시나리오의 중요성을 잃었으며 따라서 그것은 대중화에 대하여 크게 논의되지 않으면 아니된다.

시나리오는 독특한 기술과 술어를 요구하는 것이다. 그러므로 보통문학 형식보다 더 전문적 기술을 요하는 것이며 소설과 같이 미문美文은 요치 않으나 장면의 전환과 몽타주의 배치는 톨스토이나 유고가 세계적 문호라 할지라도 프도프킨을 따르지 못할 만큼 전연 소설이나 희곡과는 다른 것이다. 시나리오는 작품을 규정하며 그리고 결정하는 것이다. 다만 수많은 영화제작의 시스템의 일부간으로서만 아니라 근본적으로 작품의 가치를 내용적으로 그리고 적지 않게 형성적으로도 결정하는 것이다. 시나리오가 작품을 결정하느냐 감독이 작품을 결정하느냐가 퍽 큰 의문 같으나 결코 감독이 작품을 결정치는 못하는 것이다. 왜 그러냐하면 추작醜作의 시나리오라 할지라도 감독에 의하여 좋은 작품이 나올 수 있다고 하는 사람도 있으나 그것은 감독이 시나리오를 자기가 각색을 다시 한번 고쳐서 촬영한 것에 불과한 것이므로 아무리 감독이 열등한 사람이 할지라도 훌륭한 시나리오라 할 것 같으며 칼 마이어에 A.W.무루노우와 같이 그대로만 할 것 같으면 좋은 작품이 나오는 것이다.

<썬 라이스(폭스작품 일출日出)>와 같이 좋은 시나리오 밑에는 칼 마이어와 같이 세계적 명기사名技師나 A.W.무루노우와 같이 세계적 대감독도 시나리오가 작품을 결정할 만큼 그들은 손을 더 대지 못하였다. 설계도와 상위된 건축은 설계자의 건책建策이 아니며 건축자의 임의의 건축물일 것이다. 과거의 조선영화를 보고도 감독이 좀 부족하다는 말이 작품마다 통하여 나오나 그것은 결코 감독의 부족이 아니라 원작자의 시나리오를 쓰는 데 교양 여하에 있었던 것이다. 그러면 플로레타리아 영화운동에 있어서 플로레타리아트가 그 자체의 이데올로기 혹은 심리 등을 표현시키는 데 이용될 무기의 하나인 프롤레타리아 영화도 그 자신의 본질로서 말한다 하면 영화 이외의 별개의 것은 아닌 것이다.

즉 플로레타리아트가 자본주의 문화의 유산인 영화와 그의 기술을 이용하고 있는 것인 이 근본적 사물을 보는 데 있어서 당연히 시나리오가 문제가 되는 것이며 더욱이 제일은 경제요 제2는 기술자(영화운동의 수행자)의 시간적 정력을 허비치 않는 점에서 그 생산의 합리화로서 중대성을 띄고 있는 것이다. 그러면 여하한 형식과 내용으로 시나리오를 대중에게 보여주지 않으면 아니 되겠는가. 말초신경에 뛰노는 현대인은 결코 영화시인 시나리오를 버리지 않을 것이며 또한 그 형식이 명확 단순함 등에 있어서 절대의 지지를 받을 것이며 그것으로서 시나리오라이터의 임무는 시나리오의 대중화가 문제되는 것이다. 1932년 벽두에 논의될 중요한 문제 중에 하나가 시나리오의 대중화 문제일 것이다.

1931년은 텔레비젼, 네온싸인 그리고 토키 시대이다. 라디오와 일류미네이션은 벌써 우리의 귀와 눈에 익은지 오래이다. 조선영화 외국영화 할 것 없이 작품의 기호는 제2로 새 사진에 굶주린 경성영화 팬에게 토키야말로 총아寵兒가 되고 말았다. 그것은 우리가 사는 이 현실 속에서 그리고 현실 속에 사는 인간이 발명한 발성 영화는 또한 현실로서야 하지만 사진 한 번 구경하러 가서 양편 귀로 각각 하나씩 듣고 또 두 눈으로 한 눈은 계막季幕을 보고 또 한 눈은 양면을 보고 나면 얼마 안 있어 신경통에 걸릴 것은 사실이다.

구차한 집 살림엔 부자 집 부지깽이만 와도 돌려 가서 귀찮다고 하더니 그야말로 조선에는 발성영화야말로 그의 예술적 가치를 발휘시키지 못한다. 우리는 애석하게나마 여하히 하면 발성영화를 제작하겠는가 문제가 아니라 여하히 하면 남의 발성영화를 잘 돕겠는가가 문제이다. 미국인 대개가 아메리카 작품이므로 만들려는 것도 아니요, 또한 조선 사람만 도르래는 것도 아니요, 일본인만 보라는 것도 아니다. 이 문제가 우스운 것 같으나 영화를 연구할 우리로서는 아니 하루 가서 토키를 보고 난 사람이라 할지라도 생각해볼 문제이다.

동경 모양으로 변사가 전부 없어지고 고급 팬만 들어가게 되든지 그렇지 않으면 어떠한 좀 낮은 방도를 생각하여야지 그렇지 않으면 위대한 과학의 소산인 토키가 오히려 팬에게 눈살을 찌푸리게 할 것이다. 이 문제도 신년을 당하여 한번 고려할 문제이다.

방한준 감독

―

방한준 감독은 1907년생으로 본명은 백운행白雲行이다. 그는 선린상업학교를 졸업하고 일본 쇼치쿠키네마에서 수학하고 귀국 후 1935년에서 1935년 '조선중앙영화주식회사'의 창립 작품인 〈살수차〉의 각본과 감독을 맡으면서 한국영화계에 등장한다.

영화의 줄거리는 살수차(먼지가 나지 않도록 물을 뿌리는 차) 운전기사인 귀득과 현수는 양아버지에 의해 어디론가 팔려갈 위기에 처한 순이를 구출하려 하지만 돈이 없어 좌절한다. 결국 순이가 일하던 국수가게의 주인이 그녀를 구해내고, 귀득과 현수가 살수차로 지저분한 거리를 말끔히 청소한다는 내용이다. 한국영화계는 신인감독 방한준의 출현에 주목한다.

이규환 감독은 〈살수차〉는 "일종의 새 맛을 주는 귀여운 작품"이라고 평했는데 지금까지 나온 영화 중 자칫 지루할 수 있는 내용을 사실적이고 새롭게 그려냈다는 것이 그 이유였다.

1938년의 〈한강〉은 감독으로서 방한준의 존재를 확고히 각인시켜준다. 이 영화는 한강 나루터에서 뱃사공으로 일하는 부자의 세대 갈등과 사랑을 그리고 있는데 서정적이면서도 향토적인 미학을 잘 보여주었고 심리적인 효과에 중점을 둔 카메라 기법으로 호평을 받았다. 일본에 수출되기도 했다.

1939년의 〈성황당〉은 성황당에서 소원을 빌곤 하는 순이와 그녀의 남편 현보의 비극적인 이야기를 다루고 있다. 1937년, 《조선일보》 신춘문예 당선작인 정비석의 단편소설을 영화화한 이 작품은 문학과 영화를 성공적으로 접목시켜 영화감독이자 평론가인 서광제로부터 금년 최대의 걸작이라는 극찬을 받기도 했다.

이렇듯 방한준은 한국의 전통적인 소재를 감각적이고 뛰어난 연출력으로 그려냈는데 이 때문에 한국영화사에서 그 실력을 인정받는 감독으로 자리매김한다. 하지만 1940년, 조선영화령이 공포되면서 그의 영화 성향은 크게 바뀐다. 조선영화령은 일제가 영화를 전시체제 옹호와 선전을 위한 수단으로 사용하고자 공포한 법령이다.

조선영화령의 핵심은 영화 제작회사의 허가제 그리고 영화인의 등록제이다. 이것에 근거하여 1942년에는 모든 영화 제작사가 사단법인 조선영화제작주식회사로 통합이 되고 이곳에서만 장편 극영화를 만들 수 있는 그런 구조가 되었다. 방한준 감독은 이곳에 입사를 했고 1940년에 연출한 〈승리의 뜰〉은 일제가 한국인 지원병 제도를 홍보하고자 제작한 어용영화였다.

1944년의 〈거경전〉 역시 제2차 세계대전 말기, 일제가 해군지원병 제도 실시를 앞두고 만든 어용영화이다. 같은 해 방한준은 실제 사건에 허구를 더한 세미다큐멘터리 〈병정님〉을 연출한다. 2006년 '중국전영자료관'을 통해 발굴된 이 작품에서는 방한준 감독의 뛰어난 연출력을 확인할 수 있는데 그는 인물의 심리 상태를 다양한 각도에서 촬영해 영화에 활력을 불어 넣었다. 하지만 이 영화는 방한준의 친일적인 성향이 극에 달한 작품이기도 하다.

〈병정님〉은 한국인 부모가 조선총독부로부터 아들을 지원병으로 입대시키라는 편지를 받는 것으로 시작된다. 그들은 이 사실을 매우 영광스럽게 여기며 아들을 자랑스러워한다. 지원병으로 입대해 몇 주간의 훈련을 받은 아들은 부모의 환송을 받으며 전쟁터로 떠나는데 그들은 일장기를 흔들며 일본의 군국주의를 찬양한다.

〈병정님〉은 한국 청년들을 징집할 목적으로 제작된 영화인데, 군대를 안락하면서도 먹을 것이 풍부한 천국 같은 곳으로 묘사하면서 일제의 지원병 제도를 정당화하고 있다. 특히 출전을 앞둔 장병들의 사기를 진작시키기 위해 위문공연이 펼쳐지는 장면은 한국은 물론, 중국, 일본의 인기 연예인들이 총출동해 고전무용부터 바이올린, 성악 등을 선보이기도 한다.

광복 이후, 공보부 영화과장으로 재직하던 방한준은 한국전쟁이 발발하면서 실종되었는데 납북된 후 자강도 만포시의 한 수용소에서 병사했다고 전해지고 있다. 1930년대 중반, 한국영화계에 새로운 바람을 불어넣고자 했던 방한준 감독은 일본 군국주의를 선전하는 역할을 했던 친일파 영화인으로 기록된다. 그런 그가 자연주의 영화를 미학적으로 연출한 사실주의 감독이라는 평가 또한 부정할 수 없다.

박기채 감독

———

박기채朴基采 감독은 1906년생이다. 1917년《매일신보》에 처음 연재된 이광수의 『무정』은 한국 최초의 근대 소설인데 1939년에 이를 영화화 한다. 그는 예술성과 대중성을 모두 갖춘 문예영화를 만들고자 했던 감독이다. 박기채의 첫 연출작은 1935년의 〈춘풍〉이다.

부모의 반대에 못 이겨 사랑의 도피를 하는 하숙생 남자와 주인집 딸의 이야기를 다룬 이 영화는 안석영이《조선일보》에 연재했던 동명의 소설을 영화화한 것이다. 복혜숙, 문예봉 등 당대 최고의 스타들이 대거 출연하며 흥행에도 성공했으며 세련된 연출력과 섬세한 카메라 기법을 보여주어 평단의 호평도 받았다.

1935년은 이명우 감독의 〈춘향전〉을 시작으로 발성영화가 처음 등장하던 시기였다. 박기채 역시 〈춘풍〉을 발성영화로 만들고자 했지만, 녹음 장비를 사용하게 되면 제작비가 크게 상승한다는 이유로 영화제작사로부터 거절을 당하고 결국 〈춘풍〉을 무성영화로 만들어야 했다. 이에 박기채는 한국영화의 발전을 위해서는 영화인에 대한 처우 개선은 물론 충분한 자본이 뒷받침되어야 한다고 주장한다.

결국 1937년, 박기채의 주장대로 사업가 최남주가 당시로서는 거금인 15만 원의 자본금을 투자해 '조선영화주식회사'를 창립했는데 박기채는 이곳의 창립 작품으로 이광수의 장편소설 『무정』을 영화화하기로 결심한다. 『무정』은 신문화와 민족의식, 계몽주의를 담아내면서 당시 선풍적인 인기를 끌었던 소설이다.

박기채는 『무정』을 영화라는 또 다른 예술의 형식으로 새롭게 창작하고자 한 것인데 그는 문예영화야말로 한국영화가 나아가야 할 방향이라고 생각했던 것이다. 하지만 영화 〈무정〉에 대한 평단의 평가는 그리 좋지 못했다. 김동인, 백철 등의 문인들은 이 영화가 원작을 제대로 담아내지 못했다고 혹평했는데 이광수 역시도 마찬가지였다. 이는 문인들과 박기채 감독이 서로 다른 관점으로 문예영화를 바라봤기 때문이었다.

문인들은 문예영화가 원작을 충실히 담아내야 한다고 생각했던 반면, 박기채 감독은 최대한의 각색을 통해 영화적으로 대중성을 확보해야 한다고 생각한 건데 이는 그가 문예영화의 출발점에 서 있던 감독이라는 평가를 받는 이유이기도 하다.

하지만 1940년대에 들어서면서 박기채의 영화적인 성향은 크게 변하게 된다. 1943년에 개봉된 〈조선해협〉은 멜로영화의 형식을 취하고 있지만 한국인에게 일본의 지원병이 될 것을 홍보하는 어용영화이다. 내용은 아버지의 반대를 무릅쓰고 금숙과 결혼한 성기가 아버지에게 인정을 받기 위해 일본군에 자원입대하는데 이에 감동한 아버지가 결국 금숙을 며느리로 인정한다는 것이다.

〈조선해협〉에서는 교차편집이 많이 사용되는데 전쟁터에서 적과 싸우는 성기와 공장에서 일하는 금숙의 모습, 그리고 총성과 재봉틀 소리가 교차하고, 성기가 총에 맞을 때, 금숙도 과로로 쓰러진다. 이는 일본이 전쟁을 하고 있는 상황에서 전방과 후방이 따로 없다는 것을 전달한다.

또한 주인공이 일본군에 입대한 뒤 아버지에게 인정을 받게 된다는 결말은 한국인 모두 전쟁에 참여해야 한다는 것을 의미한다. 박기채는 이 영화에서 역동적이고 다양한 카메라의 기법을 보여주는데 이 때문에 〈조선해협〉은 어용영화임에도 불구하고 작품성이 뛰어나다는 평가를 받고 있다.

광복 이후인 1948년 박기채는 영화 〈밤의 태양〉을 연출한다. 경찰들의 활약상을 다룬 이 영화는 경찰의 후원으로 제작된 홍보영화인데 경찰을 미화하는 대신 신문기자를 왜곡되고 부정적으로 그렸다는 점에서 논란이 되기도 했다. 〈밤의 태양〉은 박기채의 마지막 작품이 되었는데 한국전쟁이 발발하자 납북된 것이다.

이후 그의 행방은 전해지지 않고 있다. 해박한 영화지식과 탄탄한 이론으로 한국영화가 나아가야 할 길을 제시했던 박기채 감독은 1930년대 중반, 문예영화의 새로운 방향을 모색한 한국 문예영화의 출발점으로 기억되고 있다.

양주남 감독

———

양주남 감독은 현존하는 최고의 유성영화를 만들었다. 배우들의 대사를 들을 수 있는 흑백영화 〈미몽〉은 2005년 중국전영자료관을 통해 발굴되었는데 국내에 현존하는 발성영화 중 가장 오래된 영화이다. 양주남은 감독뿐만이 아니라 편집, 조명, 음향 등 다방면에서 활약했다.

1932년 경성촬영소에 입사한 양주남은 편집과 녹음 등 다양한 분야에서 활동 했는데 1936년, 영화를 연출할 기회를 잡게 된다. 경성촬영소에서 당대 유명 소설가 최독견崔獨鵑(1901~1970)이 쓴 시나리오 〈미몽〉을 제작하기로 결정하자 촬영기사였던 이필우가 양주남을 감독으로 추천한다.

〈미몽〉의 줄거리는 주인공인 애순은 사치와 허영심이 심한 여성인데, 남편은 가정은 돌보지 않고 자신의 욕망만을 쫓는 아내가 불만스럽다. 결국 애순은 집에서 쫓겨나고 곧 다른 남자를 만나는데 부호인 줄 알았던 남자는 사실 애순의 돈을 빼앗으려는 사기꾼이었다. 애순은 곧바로 또 다른 남자를 만나지만, 그를 만나러 택시를 타고 가던 중 교통사고가 난다. 그런데 택시에 치인 행인은 다름 아닌 애순의 딸 정희였다. 이에 좌절한 애순은 자살로 생을 마감하고 만다.

양주남 감독은 이런 비극적 결말을 통해 방탕한 여성을 부정적으로 묘사한 반면 새장에 갇힌 새를 보여줌으로써 당시 여성의 억압된 삶을 은유적으로 표현하고 있다. 양주남은 〈미몽〉 이후 연출 외에 영화를 편집하는 데 주력한다.

그리고 한국전쟁이 발발하자 1951년에 〈정의의 진격〉을 촬영하고 편집한다. 한형모 감독이 연출한 이 영화는 실제 전투 장면과 사망자들 그리고 폐허가 된 도시를 통해 전쟁의 참상을 고발하고 있는데, 양주남은 이 영화를 제작하는 데 참여한 공로로 1953년에 금성화랑 무공훈장을 받기도 했다.

양주남의 1957년 작 〈배뱅이굿〉은 상사병에 걸려 죽은 처녀 배뱅이의 원혼을 위로하기 위해 굿을 한다는 내용의 서도 소리를 영화화한 작품이다. 중요무형문화재 제29호로 지정된 명창 이은관이 주연을 맡았다. 영화 〈모정〉은 1950년대 후반, 멜로영화의 다작 현상 속에서 제작된다. 평범한 삶을 살아가던 부부인 학수와 혜옥 앞에 신호라는 아이가 나타나는데 신호는 남편 학수의 외도로 생긴 아이였다. 양주남은 남편에게 배신당한 아내의 심리를 집 안이라는 한정된 공간에서 압축해 표현하고 있다는 점에서 좋은 평가를 받았다. 신호 역에는 당시 일곱 살이었던 배우 안성기가 열연을 펼쳐 화제가 되기도 했다.

1958년 양주남 감독의 네 번째 연출작인 〈종각〉은 종을 만드는 한 장인의 생애를 그린 작품인데 영화는 절에서 노년을 보내던 석승이 영실에게 자신의 과거를 털어놓는 것으로 시작된다. 〈종각〉은 플래시백 기법을 통해 과거와 현재를 오가는 구조로 전개되는데 그 과정에서 인물들의 옷매무새부터 당시 사회상까지 40년에 걸친 시대 변천사도 세밀하게 묘사되었다. 이 때문에 영화 〈종각〉은 한국전쟁 이후 한국영화의 수준을 한 단계 끌어올린 작품으로 평가받고 있다.

양주남 감독은 종이라는 한국적인 소재를 절제된 미학으로 표현해냈는데 이 영화는 한국영화로는 최초로 해외 영화제 출품용으로 제작된 영화이기도 하다. 〈종각〉은 1959년, 제9회 베를린영화제에 출품되었지만 수상은 하지 못했다.

녹음부터 촬영, 편집에 이르기까지 영화 전반에 걸친 뛰어난 기술을 바탕으로 6편의 영화를 연출한 양주남 감독은 다재다능했던 한국영화계의 장인이자, 현존하는 가장 오래된 발성영화 〈미몽〉을 만든 감독으로 이름을 남기고 있다.

전창근 감독

전창근 감독은 1907년 회령 출생이다. 그는 18세였던 1925년에 윤백남프로덕션 제작, 이경손 감독의 〈개척자〉에서 배우로 데뷔하였다. 그리고 1926년 상해로 이주하였고 12년간을 거주하며 우창(무창)대학을 다니고 임시정부의 민족학교인 인성학교에서 교사로 재직하였다.

1946년 최인규 감독의 〈자유만세〉에 출연한 전창근

전창근은 상하이에서 정기탁 감독과 함께 상해파 영화인으로 활동하였다. 1928년에 제작된 정기탁 감독의 〈애국혼〉에서 그가 각본을 담당했다는 일부 기록이 있지만 정기탁 감독의 각본으로 확인되었고 같은 해 제작된 〈화굴강도〉의 각본을 집필했다. 그 후 상해로 온 이경손 감독이 감독하여 1937년에 국내에서 조선극장에서 개봉한 〈양자강〉에 출연하였다.

그해 중일전쟁이 시작되자 1940년에 귀국해 1941년 〈복지만리〉로 감독 데뷔하였다. 〈복지만리〉는 이창용과 함께 기획하고 고려영화협회와 만주영화협회가 합작했다. 영화의 내용은 만주로의 이민을 장려하는 영화이며 신상옥 감독도 증언했듯이 어용영화이다. 내용을 보면 만주로 이주한 한국인들이 벌목작업을 하며 힘들게 살면서 벌어지는 술집 작부들과의 갈등이다. 주인공은 같은 민족끼리 서로 도우며 살아가자며 작부와 결혼을 하고 작부들도 이민 사업에 적극적으로 동참하게 된다.

이 영화는 전창근이 상하이에서 인성학교 교사로 근무하며 김구 주석의 임시정부와 관련된 활동에 대한 사면용일 수 있다. 그가 이 영화를 완성한 뒤 일경에 체포되었다는 일부의 기록은 다른 일과 관련된 일로 왜곡된 것이다. 어용영화를 감독했는데 체포당한다는 것은 어불성설이다. 이 영화는 1941년 3월 22일 개봉되었고 백년설이 부른 "달 실은 마차다 해 실은 마차다"로 시작되어 "저 언덕을 넘어서면 새 세상의 문이 있다"라는 주제가도 크게 히트하였다.

그는 광복되기 전까지는 극단 활동에 주력하였는데 조선총독부 주최 연극제에서 개인상을 수상하기도 한다. 1946년 최인규 감독, 전창근 출연작인 〈자유만세〉는 60분이며 그 가치를 인정받아 문화재청에 문화재로 등록되어 있다.

내용은 1945년 8월 서울, 독립운동을 하다가 일제의 앞잡이 남부(독은기)의 배반으로 체포되어 감옥에 있던 한중(전창근)의 활약담이다. 그는 탈출에 성공하여 대학병원 간호부 혜자(황려희)의 집으로 숨어든다. 한중의 지하조직은 예정대로 무장봉기를 일으키기 위해 준비하던 중 박(김승호)이 다이너마이트를 가지고 오다 일본 헌병에 잡힌다. 한중은 박을 구출하고 남부의 애인인 미향(유계선)의 아파트로 피신한다. 한중을 숨겨준 미향은 그에게 매료되어 한중의 지하조직이 있는 지하실로 찾아가 정보와 자금을 전달한다. 그 뒤를 밟은 남부와 헌병들에 의해 미향은 총에 맞아 죽고, 한중은 총상으로 병원으로 옮겨진다. 한중을 사모하던 혜자가 헌병이 잠든 틈을 타 그를 탈출시킨다는 내용이다.

전창근 감독은 1946년 〈해방된 내 고향〉, 1949년 〈무기 없는 싸움〉, 1952년 〈낙동강〉, 〈불사조의 언덕〉, 1956년 〈마의태자麻衣太子〉 엄앵란의 데뷔작인 〈단종애사端宗哀史〉, 1958년 한홍합작영화인 〈이국정원異國情鴛〉, 〈고종 황제와 안중근〉, 1959년 〈3·1독립운동〉, 〈아! 백범 김구 선생〉 등 여러 작품을 발표하였다. 일제강점기 때 상하이에서 정기탁 등과 함께 영화 활동을 했던 바 광복 후 항일영화를 많이 만들었다.

그리고 1976년에 별세하였다. 딸 전향이도 배우로 활동하였고 남편이 고(故) 이대엽 배우이다. 그는 상해에서의 일화를 고(故) 이영일 선생에게 구술하였고 《영화예술》지에 글이 실렸다. 그와 관련하여서는 필자의 학위논문인 「일제강점기 상해파 한국영화인 연구」에도 기록이 되었다.

허영 감독

——

허영許泳(일본식 이름:日夏英太郎, 1908년~1952년 9월 9일)은 1941년 내선일체를 홍보하는 문예봉 주연의 〈너와 나〉를 연출했다. 이 영화는 조선영화제작주식회사와 조선군사령부의 보도부가 공동 제작을 했다. 일제강점기에 태어나 영화를 배우겠노라 일본으로 가서 조감독 활동을 하던 그는 고국으로 돌아와 감독을 하고자 조선총독부를 찾아간다. 그리고 내민 시나리오가 바로 〈너와 나〉이다. 황국신민이 되어 너와 나 하나가 되자는데 총독부가 마다할 이유가 없었다. 그는 이 영화로 감독 데뷔하고 일본군 따라 인도네시아로 가서 일본군의 활동상을 필름에 담아낸다.

인도네시아에서 일본군은 해방군이었다. 네덜란드에 강점되었던 인도네시아를 해방시켜주었기 때문이다. 그러나 그것은 착각이고 네덜란드와 마찬가지로 인도네시아 입장에서는 지배자만 바뀐 것이다.

허영, 아니 히나쓰 에이타로는 일본군의 활동상을 필름에 기록하며 일본군의 기세처럼 승승장구한다. 그는 이제 조선이 낳은 최고의 감독이 되려는 순간이었다. 내선일체의 그의 조국은 일본이고 조선이 독립되리라는 것은 생각할 수도 없는 일이었다. 그것은 그의 착각이었다. 전세는 차츰 역전되며 일본군의 참패소식이 하나 둘 들려오고 그러던 어느 날 조국은 광복을 맞았다.

친일파들이 느꼈을 당혹감보다 그는 한층 더 심각한 공황에 빠졌을 것이다. 그는 선전대의 선봉에 서서 내선일체를 외쳤던 장본인 아닌가? 포로감시원이라고 불렸던 조선인들이 법정에 서고 또는 고국으로 돌아가는 귀국선을 타는데 허영은 돌아갈 고국이 없었다. 이리 갈까 저리 갈까 하던 그는 결국 인도네시아에 주저앉는다. 그에게는 조선도 일본도 갈 수 없는 나라가 되었다.

그의 심정을 다룬 이야기는 언젠가는 영화화 될 만하다. 그는 인도네시아의 영화계 발전에 이바지한다. 인도네시아인의 독립운동을 다룬 영화를 만들고 인도네시아인의 심금을 울리며 또 다른 〈너와 나〉를 만들어 낸 것이다. 그는 영화학교를 세워 교장을 역임하고 닥터란 칭호까지 받는다.

그는 끝내 고국 땅을 밟지 못했다. 이역만리 인도네시아 땅에서 그는 영면한다. 그의 묘지를 찾아 2004년 인도네시아를 찾았다. 그의 묘지가 있다고 알려진 브랑묘지에서 그의 묘를 쉽게 찾을 수는 없었다. 브랑묘지는 너무 넓었기 때문이다. 다행이 그곳의 아이들이 그의 묘로 안내해 주었다. 브랑묘지는 그들이 매일 모여 놀던 놀이터이기 때문이다. 쓸쓸히 찾는 이 없는 닥터 후용의 묘는 묘지 한 구석에 고즈넉이 자리했다. 이국의 하늘 아래 뼈를 묻은 그를 생각하면 가슴이 아파온다. 너와 나, 하나를 외쳤던 그의 속내 마음도 과연 그러했을까 묻고 싶었다.

최인규 감독

———

최인규 감독이 연출하여 1946년에 개봉된 영화 〈자유만세〉는 일제강점기 독립운동가들의 항일 투쟁을 다룬, 광복 이후에 제작된 최초의 극영화이자 한국영화의 부활을 알리는 영화인데 광복영화의 효시이다. 최인규崔寅奎는 1911년생으로 한국전쟁 기간 중에 실종된다.

최인규는 스물여섯 살이던 1937년 영화계에 입문한다. 영화 〈심청전〉의 녹음기사였던 이필우의 조수를 맡은 것인데 2년 뒤, 최인규는 자신이 쓴 시나리오인 〈국경〉을 연출하며 감독으로 데뷔한다.

〈국경〉은 압록강 국경지대에서 활동하는 밀수단 두목과 그의 부하, 그리고 한 여인의 삼각관계를 그린 영화인데 최인규는 편집과 녹음까지 도맡으며 1인 4역을 해낸다. 최인규는 〈국경〉의 연출 의도에 대해 복잡한 내용의 영화 보다는 평온한 분위기의 영화를 만들고자 했다.

이런 최인규의 작품 세계는 1940년 실화를 바탕으로 한 영화 〈수업료〉로 이어진다. 가정 형편이 어려워 수업료를 내지 못하는 주인공 영달의 딱한 사정을 알게 된 급우들이 돈을 모아 수업료를 대신 마련해준다는 것이 이 영화의 줄거리이다.

최인규는 한 소년에게 닥친 어려운 현실과 이를 돕는 아름다운 손길을 그린 감동적인 영화로 만들고자 했다. 이 때문에 영화감독 안종화는 〈수업료〉를 서정적이면서도 동심을 떠올리게 하는 영화라고 평가했다.

1941년의 영화 〈집 없는 천사〉 역시 실화를 바탕으로 한 영화로 '향린원'이라는 고아원을 세워 갈 곳 없는 어린아이들을 돌보던 방수원 씨의 이야기를 영화화한 것이다. 고아들이 고아원을 빠져나가기 위해 강에 배를 띄우며 위험한 상황을 맞게 되는 장면은 영화에서 가장 극적인 장면으로 긴박감까지 느껴지는데 최인규는 섬세하면서도 역동적인 카메라 기법으로 이 장면을 생생하게 담아낸다. 또 당시 암담한 현실을 사실적으로 그려냈다는 점에서 완성도 높은 작품이라는 호평을 받았다.

〈집 없는 천사〉는 지난 2004년, 한국영상자료원이 필름을 입수한 이후 대중에게 공개됐는데 영화 후반부에서 일본에 충성을 맹세하는 '황국신민서사'를 낭독하고, 일장기에 경례하는 장면이 등장하면서 어용영화라는 논란이 있었다.

이후 연출한 〈사랑과 맹세〉는 전쟁에 참가하는 소년병을 찬양하는 명백한 어용영화이다. 영화에서 전쟁에서 남편을 잃은 아내는 슬퍼하기는커녕 일본군의 위상을 빛냈다며 자랑스러워한다. 또한 한국 청년 영규가 일본군에 입대하러 가는 길에 만발해 있는 벚꽃은 일본군 가미카제의 상징으로 그가 일본군을 위해 목숨을 바쳐 싸울 것이라는 사실을 암시하고 있다.

최인규는 광복 후, 그 누구보다도 먼저 광복영화를 연출한다. 1946년 작인 〈자유만세〉이다. 독립운동가인 한중은 일본 헌병대와 총격전을 벌이다가 부상을 입게 되는데 헌병대의 감시 아래 병원에서 치료를 받던 중 간호사인 혜자의 도움으로 탈출하게 되고 마침내 일본이 항복을 선언하면서 광복을 맞는다.

〈자유만세〉는 관객들에게 광복의 기쁨을 다시 한 번 선사하면서 흥행에 성공했고 타이완에 수출되기까지 했는데 이 영화를 본 뒤 큰 감명을 받은 타이완의 총통 장제스가 '자유만세 한국만세'라는 휘호까지 내렸다고 한다. 뿐만 아니라 〈자유만세〉는 〈윤봉길 의사〉, 〈안중근 사기〉 등 훗날 많은 광복영화들이 제작되는 계기가 되었다는 점에서 큰 의미가 있다.

1948년 최인규는 광복을 맞아 고국으로 돌아온 남매의 이야기를 그린 〈독립전야〉와 1948년 흑산도 어민들의 삶을 그린 영화 〈파시〉를 연출하며 활발하게 활동했는데 한국전쟁이 발발하면서 납북된다. 뛰어난 연출력과 탁월한 감각으로 훗날 많은 감독들에게 영향을 준 최인규는 친일행적에도 불구하고 완성도 높은 영화를 만들어 한국 영화계에 뚜렷한 이정표를 남긴 감독으로 기억되고 있다.

마호정 배우

—

한국영화 최초의 여배우라고 할 수 있는 마호정馬豪政은 1875~6년생으로 추정되는데 개성 출생으로 신파극 연극인 김소랑金小浪의 처이다. 김소랑은 취성좌聚星座의 명의상의 좌장인 극단장일 뿐 실질적인 운영은 부극단장인 마호정이 담당하였다. 여장부인 그녀는 취성좌를 운영하면서 무대에서는 주로 상류가정의 소실 역(少室 役)이나 계모 역(繼母 役)을 맡아 했는데 그 연기가 워낙 출중하여 관객들에게 미움도 많이 받았다.

한국영화 최초의 여배우 마호정

그녀는 1920년의 영화 〈코레라 전염병을 막자〉에 출연한다. 이 영화는 일제가 제작한 홍보영화로 일명 〈호열자〉 혹은 〈인생의 구〉로 추정된다. 이 영화는 조선총독부 위생과에서 제작한 콜레라 예방을 위한 위생상식 계몽영화이다. 이것을 취성좌에서 만들었다. 이 영화의 길이는 2,700피트였다고 한다.

당시의 연극인들은 대부분이 배일사상排日思想을 갖고 있었고 처음 조선총독부의 제작 의뢰를 받은 취성좌는 난색을 보였다. 그러나 위생과의 직원들은 취성좌의 실질적인 운영자인 마호정에게 지속적인 압력을 가하였다. 결국 그녀는 제작에 착수하고 출연까지 하며 완성한 영화가 바로 호열자 예방선전 영화인 〈코레라 전염병을 막자〉이다.

마호정은 1919년 12월 우미관에서 상영한 김소랑의 〈야성〉에서 계모의 역할을 맡아 연기했다. 조선극장에서 김회향의 〈병처〉(1928. 7.31)에 출연하였고 〈그림엽서〉, 〈깨어진 시계〉, 〈리狸와 토兎〉에 출연하였다. 신파극단 취성좌는 1929년 12월에 해산되었다.(두산백과) 후세에 잘 알려지지 않아서 한국영화 최초의 여배우가 이월화로 잘못 알려져 있었는데 한국영화 최초의 여배우는 마호정이다.

이월화 배우

———

이월화李月華(본명 이정숙)는 1904년 서울 창성동 출생이며 진명보통학교를 거쳐 이화학당을 중퇴하였다. 인텔리였던 그녀는 우미관을 드나들며 연극계에 관심을 가꼈고 1918년 김도산이 이끄는 신파극단 신극좌新劇座를 거쳐 1921년에 소녀들만으로 구성된 여명극단에 소속되어 2막극 〈운명運命〉에 메리 역으로 출연한다.

한국영화사가 주목하는 여배우인
비운의 여인 이월화

그리고 극장을 찾은 윤백남을 만나 1922년에 그의 민중극단에 들어간다. 그녀의 예명인 월화는 윤백남이 선물한 것이다. 그녀는 민중극단에서는 〈등대직燈臺直〉, 〈진시황〉, 〈사랑의 싹〉에 출연한다. 그리고 〈영겁의 처〉에서 오르가 역을 맡아 주목받는 배우가 된다. 1923년에 토월회의 〈그 남자가 그 여자의 남편에게 무어라 거짓말했나〉에서 여주인공 오로라 역을 하였고 〈부활〉에서 카츄샤 역, 1924년 톨스토이 원작의 〈산송장〉에서 마샤 역, 〈알트 하이델베르크〉의 케티 역을 맡아 인기를 끌었다.

1923년 윤백남은 한국의 첫 극영화이며 조선총독부가 제작한 저축홍보영화 〈월하月下의 맹서盟誓〉에 이월화를 출연시킨다. 1924년에는 윤백남 감독의 〈해의 비곡〉에 출연하였고 1927년에는 김태진 감독의 〈뿔 빠진 황소〉, 1928년에는 유장안 감독의 〈지나가의 비밀〉에 출연하였다.

이월화는 잘 나가는 영화계의 스타가 되는데 1925년에 오양가극단五洋歌劇團 단장을 맡았고 1926년에는 경복궁 경회루 연못 서편에 대흥관이라는 서양식당을 개업한다. 그녀의 인생의 절정기에 뭇 남성들이 등장하며 그녀의 인생은 꼬여버린다. 그녀는 한량인 이응수, 토월회의 박승희, 소설가이며 영화인인 석영 안석주와의 실연에 좌절한다.

이러는 사이에 이채전李彩田·김우연金雨燕 등 신인배우들에게 밀려나며 조연으로 추락하게 되었고, 이후 여러 남성과 동거를 하며 와룡동에 있었던 조선권번의 기생으로 전락한다. 그 사정은 생계를 위한 것이었다. 《조선일보》 1928년 1월 5일자에는 그녀의 인터뷰가 실렸다. "제가 기생으로 나온 것은 참으로 이럴 수도 없고 저럴 수도 없어 나온 것이에요. 조선에 완전한 극단이라도 있어서 생활의 보장만 해준다면 누가 이런 기생질을 하겠어요..."

1929년에 여성으로 구성된 오양극단五洋劇團을 결성하고 연극계로 복귀하지만 운영을 둘러싸고 문제가 생겨 그 역시 실패로 끝난다. 국내를 떠나 중국의 상해에서 댄서로 일하였고 귀국 후 혼혈인 이춘래와 결혼하기도 했지만 그 역시 불행한 결말이었다. 결혼생활은 시댁과의 갈등으로 이어졌고 1933년 3월 18일, 후쿠오카현 기타큐슈시 모지구 사카에마치 시댁에서 돌연 죽음을 맞는다. 그녀의 죽음을 두고 음독설, 관부연락선에서 투신 자살설 등이 나돌았다.

당대의 두 스타인 이월화와 나운규

그녀의 뒤를 이어 김정숙金靜淑과 토월회 출신의 복혜숙卜惠淑과 석금성石金星이 영화계에 유입된다. 그리고 많은 여배우가 등장하며 대중의 꽃이 되었다. 그녀는 당대의 톱 스타인 나운규의 파란만장한 인생과 절묘하게 비교되는 비운의 여배우였다.

강홍식 배우

강홍식(예명 진훈秦薰) 배우는 1902년 평양 출생으로 영화배우, 연극배우, 가수로 활동하고 한국전쟁 전에 북한으로 가서는 영화분야 행정가로 일했던 인물이다. 그는 1917년 평양고보 재학시절 학교 선생님을 구타 후 몰래 일본으로 간다. 그리고 동경의 극단에서 아사쿠사 오페라

강홍식(왼쪽 두 번째, 《동아일보》, 1936.3.18.)

의 이시이 바쿠에게서 무용을 배우고 〈해적 디아보로〉(1919)에 출연한다.

이후 닛카츠에서 배우 활동을 하며 여러 편에 출연한다. 귀국 후에 여러 한국영화에 출연하는데 조선키네마프로덕션에서 〈풍운아〉 이후 심훈의 〈먼동이 틀 때〉에서 주인공을 맡는다. 강홍식은 신파극단인 취성좌의 전옥을 만나 단원관계에서 연인관계로 발전한다. 그는 극단의 운영에 불만을 갖고 조선연극사를 창립하고 지두한을 운영자로 초빙한다. 그의 세 딸 지최순, 지경순, 지계순 등 여배우를 영입한다. 강홍식은 연기 책임자로 활동하며 극단을 발전시킨다.

그리고 일본으로 가서 가요 취입을 한다. 그러나 녹음 부적응으로 첫 취입은 실패로 끝나고 후에 재녹음한 〈흥타령〉의 재창작곡인 〈처녀 총각〉이 대박이 난다. 그리고 〈서울 구경〉이 악극단에서 인기곡이 되었다. 그러면서 인기가수 4위에 오른다. 그는 전옥과 결혼하는데 연예인으로서 이상적인 커플이었다.

1935년 무렵 조선연극사가 폐업하고 배우들이 서대문의 동양극장으로 자리를 옮기자 그는 다시 배우로의 꿈을 이루고자 고려영화협회의 〈복지만리〉에 출연하게 된다. 이 영화는 대작으로 한중일 3국을 다니며 촬영을 한다. 촬영이 길어지자 극단 고협을 만들어 활동하는데 일본 여인과 내연의 관계를 가진 강홍식과 전옥은 이혼을 한다. 그는 조선영화주식회사에서 제작하는 〈망루의 결사대〉, 〈거경전〉에 출연하고 〈태양

의 아이들〉 등 선전영화에 계속 출연한다.

그는 황해도 신천에서 살다가 해방을 맞는다. 해방 후 그곳에서 극단을 조직하여 해방 기념 연극을 올린다. 1946년 강홍식은 평양에 있던 주인규가 불러 북조선영화인동맹의 초대위원장을 맡는다. 그리고 연출부장을 맡아 북한영화 초석의 일원이 되어 다큐멘터리 〈3·8선〉, 극영화 〈내 고향〉을 감독한다. 그가 15살에 낳은 아들 강효선도 〈내 고향〉에 출연한다. 그는 이기영의 원작소설 『땅』을 감독 중 한국전쟁이 벌어져 서울로 와서 이명우 등을 북으로 데려간다.

그는 숙청을 피해 〈비행기 사냥꾼〉등을 감독하고 연기 활동을 재개하여 〈산맥〉, 〈백두산은 부른다〉, 〈바다는 부른다〉에 출연한다. 1958년에는 프랑스 좌익들과 만든 〈모란봉〉에 출연했다. 그는 공훈배우가 되어 1960년대 후반까지 연출가 겸 배우로 활동하다가 숙청을 당한다. 〈최학신의 일가〉(1966)가 마지막 영화이다. 70세 즈음에 재교육을 받으며 1971년에 사망하기에 이

강홍식(사진출처=KMDb)

른다. 그의 아들 강효선이 복권되며 그도 복권이 되었다.

김정숙 배우

—

김정숙金靜淑은 1906년 부산 출생으로 양어머니의 손에서 자랐다는 기록 외에 출생이나 성장에 관해 알려진 바가 없다. 16세에 기생이 되었다가 1925년에 윤백남이 제작한 〈심청전〉에 출연하면서 영화배우로 데뷔했다.

같은 해 이경손 감독의 〈개척자〉에 출연하였고 1926년에 이경손 감독의 〈산채왕〉, 〈장한몽〉, 나운규 감독의 〈풍운아〉에 출연한다. 1927년에는 전해운 감독의 〈운명〉, 심훈 감독의 〈먼동이 틀 때〉, 1929년에 김영환 감독의 〈약혼〉에 출연하며 1930년에 남궁운 감독의 〈지지마라 순이야〉, 김영환 감독의 〈젊은이의 노래〉, 1931년에 김영환

초창기 한국영화사의 화제작인
〈장한몽〉에서 김정숙

감독의 〈연애광상곡〉, 도야마 미치루遠山滿 감독의 〈남편은 경비대로〉, 김유영 감독의 〈화륜〉, 나운규 감독의 〈금강한〉, 그리고 한참 후인 1958년에 신경균 감독의 〈화심〉에 출연한다.

김정숙은 눈에 뜨이는 미모의 소유자였으나 말을 더듬어 별명이 '에테테'였다. 그녀는 여러 영화에 출연하면서 1930년대 초반까지 가장 다작한 여배우이다. 특히 〈장한몽〉에 여주인공 심순애 역을 맡아 출연하며 상대역인 정기탁과의 로맨스는 화제가 되었다. 정기탁은 극중에서처럼 다이아반지를 선물하며 그녀를 공략했다고 전한다.

〈장한몽〉은 〈육혈포강도〉와 함께 한국의 대표적인 신파극이다. 장안 최고의 갑부의 아들인 김중배와 가난한 고학생 이수일, 그리고 그 여주인공 심순애의 삼각관계를 그린다. 영국 소설 『여자보다 약한Weaker than a woman』을 일본의 오자키 고요尾崎紅葉가 『금색야차金色夜叉』라는 제목으로 번안한 것이다. 그것을 당시 조중환이 「장한몽長恨夢」이라는 제목으로 1913년부터 2년 반에 걸쳐 조선총독부 기관지인 《매일신보》에 연재했던 인기소설이었다.

그녀는 활발한 출연을 하며 활동하였지만 사생활은 순탄하지 않았다. 다음은 위키백과 글이다.

초창기 한국영화사에서 가장 다작 출연을 하였던
비운의 여배우 김정숙

데뷔 전 기생 시절에는 신문 기자와 동거하였고, 배우 데뷔 후 안석영을 짝사랑했으나 이루어지지 않았으며, 영화감독 정기탁과 동거하다가 버림받은 데 이어 나웅과의 동거도 파경을 맞았다. 1931년에 4편의 영화에 출연한 뒤 돌연 종적을 감추었으며, 술집과 카페에서 일하며 생계를 이어 갔다.

이후 영화계에는 복귀하지 못하고 간혹 사생활에 대한 소식만 전해졌다. 1934년에 한 카페의 여급으로 일하고 있다는 소식에 이어, 같은 해 부호의 자제를 유인하여 경찰서에서 취조를 받고 있다는 보도가 있었다. 1936년에 목포의 술집에서 일하고 있었다는 것이 마지막으로 알려진 행적이다. 음악가에게 실연당하고 자살했다는 소문과 길에서 횡사했다는 소문이 떠돌았다.

그렇다면 KMDb의 기록인 1958년에 신경균 감독의 〈화심〉에 출연했다는 것은 동명이인일 수도 있다.

복혜숙 배우

복혜숙卜惠淑은 1904년 4월 24일(음력) 충청남도 대천 출생으로 본명은 마리馬利이다. 1919년 이화학당을 졸업하고 16세에 일본에 건너가 수예선생이 될 생각으로 요코하마 기예학교橫濱 技藝學校에 들어갔다. 그러나 이 시기에 많은 영화와 연극을 보고 배우가 될 꿈을 갖게 되었다.

기예학교를 졸업한 뒤에도 곧 귀국하지 않고 무용연구소에서 무용을 배우기도 했다. 귀국한 뒤 부친의 권유로 강원도의 금화여학교金華女學校에서 교편을 잡게 되었으나 배우에의 꿈을 버리지 못하고 곧 서울로 올라와, 1920년 당시 단성사의 인기 변사인 김덕경金惠經의 소개로 김도산金陶山을 알게 되어 신극좌新劇座에 입단한다.

신극좌의 〈오! 천명天命〉에서 처음 무대에 서게 됨으로써 거의 같은 무렵 연기생활을 시작한 이월화李月華와 더불어 한국 최초의 여배우로서의 길을 걷게 된다. 1922년에는 조선배우학교 졸업 후 극단 토월회土月會에 입단하였으며, 그 뒤에는 조선극우회·중앙무대로 옮겨 무대에 섰다. 만년에는 배우극장俳優劇場에 입단하여 연기생활을 계속하였다.

최초로 영화에 출연한 것은 1925년 조선영화사 단원을 거쳐 이규설李圭卨 감독의 〈농중조籠中鳥〉(1926)이었으며, 그 뒤 이구영李龜永 감독의 〈낙화유수〉(1927), 이규설 감독의 〈순정은 신과 같다〉(1928), 김영환金永煥 감독의 〈세 동무〉(1928), 〈지나가의 비밀〉(1928) 등에서 주연을 맡았다.

의학박사 김성진金晟鎭과 결혼하며 연기생활이 일시 중단되기도 하였으나, 박기채朴基彩 감독의 〈춘풍春風〉(1935)에 출연함으로써 다시 꾸준한 연기생활이 시작되었다. 안종화安鍾和 감독의 〈역습〉(1936), 최인규崔寅奎 감독의 〈수업료〉(1940), 신경균申敬均 감독의 〈감격시대〉(1943) 등이 광복 전의 주요 출연작품이다.

광복 후에는 최인규 감독의 〈자유만세〉(1946)에 출연한 것을 시작으로 1947년 극단 신협을 거쳐 1982년 별세하기 전까지 20여 편의 영화에 출연하였다. 그는 연극·영화 등에서 온후하고 다정한 연기를 보여주었을 뿐 아니라 만년에는 텔레비전 드라마에도 출연하였다. 출연 드라마로는 〈아내의 얼굴〉(KBS, 1962), 〈아씨〉(TBC, 1970), 〈옛날 나 어릴 적에〉(MBC 신년특집, 1981)가 있다.

그녀는 연기 활동 외에도 한국영화배우협회 회장(1955), 한국영화인협회 연기분과 초대위원장(1961), 서울소녀가극단 대표(1966), 극회 아카데미 대표(1973) 등을 지내며 영화계의 원로로서 많은 공로를 쌓았다.

신일선 배우

───

신일선은 나운규 감독의 〈아리랑〉(1926)에서 데뷔한다. 극중 최영진의 누이동생인 최영희 역으로 출연하여 알려진 인기여배우다. 그녀는 1912년 9월 21일 서울 창신동에서 태어났다. 일제강점기의 가난했던 시절이라 그녀는 조선예술가극단에 테스트를 거쳐 입단하여 무대에 서게 되는데 14세 때였다. 나운

이웃집 아주머니를 연상시키는 신일선 배우

규와는 1926년 함흥 공연 때 만나 〈아리랑〉에 출연하게 된다. 그해 4월말께 안암골(지금의 고려대 부근)에서 크랭크인하였고 9월 1일 단성사에서 개봉하였다.

영화는 기마경찰이 출동할 정도로 대성공이었고 그녀는 본격적인 배우 활동을 하게 된다. 당시 동갑이었던 단원 중에는 전옥 배우도 있었다. 그녀는 이경손 감독의 〈봉황의 면류관〉, 나운규 감독의 〈들쥐〉(1927), 심훈 감독의 〈먼동이 틀 때〉(1927), 안종화 감독의 〈청춘의 십자로〉(1934)에 출연하였다.

그녀는 수더분하며 평범한 인상으로 이웃집 여인네를 연상시킨다. 그런 가련한 모습이 당대 여인을 상징하였고 〈아리랑〉에서 겁탈 당하는 그녀를 본 최영진이 미친 정신에 낫을 휘둘러 오기호를 척살할 만하다. 그녀의 일생 역시 다른 여배우와 크게 다르지 않고 굴곡진 인생을 살았다. 그녀의 말년도 그리 행복하지는 못하였다. 그녀는 자서전을 남긴 최초의 여배우다.

아래는 영화평론가 고(故) 이영일 선생이 남긴 복혜숙 배우와의 대담이다.

(질문)   저기요, 아까 이월화 이야기는 나왔습니다. 그담에 신일선이를 좀... .

(대답-복혜숙) 신일선이는 내가 그 인저 나운규한테 보낸거야! 신일선이를..., 그 나이
　　　　가 어리구 그런 여배우를 하나 구해달라 해서... .

(질문) 신일선이는 저기가, 어딥니까? 저, 출생도가요?

(대답) 이 서울이야, 서울 사람.

(질문) 서울입니까? 예.

(대답) 그때 저이 부모는 나서지 않아서, 있는지…, 난 그런 거 안 물어. 그냥 지 오빠가 있어서 데리구 댕기구 그랬어.

(질문) 아 그랬습니까?

(대답) 음. 오빠 때문에 신세 망쳤지. 그때는, 그때는 보험회사 댕긴다 허더군. 그랬는데 신일선이가 무대 나오고, 이…, 영화하고 그러니깐드루 꼭 붙어댕기면서 다니무시(진드기 벌레)처럼 말이야. 걔, 그러군 저 전라도 양 씨한테다 팔아먹다시피 했단 말이야. 제 집 사고 뭐 허고 다. 그리구 데려다줬다구. 그래가서 그렇게 고생을 하고, 그래가지구… .

(질문) 예. 영화계 은퇴하게 된 게 그, 그게 원인이었구만요? 아! 오빠가 그랬군요.

(대답) 것두 아들이 둘이 있었는데, 죽었는지 살았는지 뭐 아는지 몰라. 하여간 저 거시기 가는데, 저번에두 저 양산 가서 거기 가서. 아니 그 저, 청송 가서 거시기 해오구. 나는 또 여기서 허고 그래서 대담을 했어. 걔하구.

(질문) 예.

-이영일의 한국영화사를 위한 증언록(김성춘 복혜숙 이구영 편), 도서출판 소도, 2003년 12월 발행 참고.

김연실 배우

———

김연실金蓮實(1911~1997)은 배우 겸 가수로서 평양 출생으로 수원에서 성장하였다. 그녀의 부친은 여러 곳에서 군수를 역임했는데 말년에는 수원에서 정착하며 유년기를 보낸다. 그녀는 조실부모하자 숙부를 찾아가 살면서 자혜의원에서 간호부로 일하게 된다. 그곳에서 만난 의사와 사이에 자식까지 두었는데 서울로 공부하

김연실 배우

러 떠난다. 그녀는 오빠였던 변사 김학근과 살며 근화여학교(현 덕성여고)를 다닌다.

김연실은 변사로 활동하는 오빠 김학근의 영향으로 영화에 관심을 갖게 되었다. 얼마 후 고향의 자식이 죽고 가정도 파탄 나자 동생 김학성과 이필우를 찾아가 단성사에 취업을 부탁한다. 그때 나운규가 새로운 영화를 준비한다는 말을 듣고 창신동의 나운규 프로덕션을 찾아가 〈잘 있거라〉(1927)에 시골소녀 역으로 출연하게 된다.

나운규에 의해 연기는 다듬어졌다. 〈옥녀〉(1928) 출연 이후 신일선의 은퇴로 그녀는 〈세 동무(삼걸인)〉(1928) 등에서 여주인공으로 급부상하는데 나운규가 출연하는 이구영 감독의 〈아리랑 후편〉(1930) 등 1930년에만 나운규 감독의 〈철인도〉와 이구영 감독의 〈승방비곡〉에서 주인공으로 캐스팅된다. 그리고 카프영화인 〈화륜〉(1931)에 출연한다. 영화는 그들 간의 견해 차이로 미숙한 영화가 되었고 대구로 내려가 양철 감독의 〈바다와 싸우는 사람들〉(1930)에 출연한다.

그녀는 무성영화의 무대에서 주제가를 부르고 레코드 취입도 하며 인기를 끌었다. 1930년대 그녀는 인기 최고의 여배우이며 가수였다. 그녀가 〈아리랑〉의 주제가를 불렀다는 북한의 인터뷰가 EBS에서 방송한 〈한국영화 개척자 나운규〉(1995)편에서 소개되기도 했다.

윤봉춘은 그녀의 후견인(매니저)을 맡아 〈바다와 싸우는 사람들〉과 자신이 감독한

〈승방비곡〉 등에 출연시킨다. 그녀는 촬영 틈을 활용해 토월회에서도 연극에 출연하는데 복혜숙, 전옥, 심영 등과 공연한다. 그리고 심영과 함께 〈방아타령〉(1931), 〈수일과 순애〉(1931) 등에 출연한다. 그녀는 인기여배우로 승승장구했고 〈임자 없는 나룻배〉(1932)에 나운규와 함께 출연한다. 〈종로〉(1933), 〈청춘의 십자로〉(1934) 출연 후에 〈홍길동전〉(1934)에서 홍길동으로 출연하고 최초의 발성영화인 〈춘향전〉(1935)에 이몽룡 역으로 출연 제의를 받으나 거절한다. 이후 그녀는 영화계에서 퇴출되었고 그녀는 생계 대책으로 낙랑다방을 인수하여 운영한다.

그녀의 동생인 김학성은 일본으로 가서 영화 촬영 공부를 하며 촬영기사로 데뷔한다. 귀국 후에는 최인규 감독의 〈집 없는 천사〉(1941)의 촬영을 맡고 조선영화주식회사 소속으로 활동한다. 그녀는 다방 등을 운영하며 원만하지 않자 만주로 이주한다.

그녀는 신경(장춘)에서 술집을 운영하였고 영화사 만영의 후원으로 전선의 위문공연을 다닌다. 그러면서도 귀국을 하는데 그때 평양에서 미술 디자이너 김혜일을 만나 가정을 꾸린다. 그리고 영구 귀국을 하여 서울로 돌아온다. 김혜일은 경향신문사에 취직하고 그녀는 명동에서 낙랑다방을 재개업한다.

그리고 김학성이 촬영을 맡은 신경균 감독의 〈새로운 맹서〉(1947)에 출연한다. 이 영화에서 최은희가 데뷔하는데 그녀를 예쁘게 본 김연실은 그녀를 김학성과 사귀도록 하여 두 사람은 결혼하기에 이른다.

그때 한국전쟁이 발생하여 김연실 부부는 북으로 간다. 인천상륙작전 시기인데 어린 딸 계자를 옆집에 맡기고 간 것으로 보아 이것은 정황 상, 납북일 가능성이 많다. 이산가족이 된 후 북에서 활동 역시도 활발했는데 그들 부부는 조선예술영화촬영소에 배속되어 만주에 있던 장춘촬영소에서 5편의 영화 제작에 참여한다.

그녀는 〈정찰병〉(1953)에서 할머니 역으로 첫 출연하고 〈빨치산의 처녀〉(1954) 이후 외국인 역까지 맡아 출연한다. 그녀는 큰 시련 없이 1970년대까지 〈처녀 리발사〉(1970), 〈아름다운 거리〉(1970), 코미디 영화인 〈잔칫날(도시편)〉(1974) 등에 출연했다.

그녀는 납북된 최은희와 만나는데 한국전쟁 이후 처음이라서 깜짝 놀랄 일이어서 부둥켜안고 울었다. 정진우 감독의 말에 의하면 신상옥 감독과 함께 김연실의 집을 방문하는데 커피를 가져갔다고 한다. 그녀는 딸의 소식이 궁금하여 물었는데 최은희는 대충 둘러댔다고 한다. 그것은 김계자는 커서 가수 활동을 하다가 미국으로 이민 갔기 때문이었다.

그녀는 대사 암기력이 떨어져 출연작이 없는 터이라 신 감독에게 부탁해 〈탈출기〉(1984)에 출연했고 신 감독 부부가 북한을 탈출하고 난 후에도 〈림꺽정〉(1987~1989) 등에 꾸준히 출연했다. 그리고 1997년 8월에 사망하였는데 60여 년간 출연을 했으니 다른 배우들에 비해 순탄한 배우생활을 한 셈이다. 1977년에는 인민배우의 칭호를 수여받았으며 국기훈장 1급을 받았다.

김연실 인민배우

김일송 배우

김일송은 1927년부터 1929년까지 활동한 배우이다. 그녀에 대한 기록이 흔치 않은데 그야말로 미지의 여배우이다. 그녀는 1908년생으로 추정되며 정기탁과 〈춘희〉 등에서 공연했던 여배우로 그의 연인이기도 하다. 정기탁을 따라 상해로 같이 가서 1928년작인 〈애국혼〉, 〈삼웅탈미〉, 〈화굴강도〉 등에 출연했는데 사실상의 부부관계였다. 그러나

1920년대 말 김일송 배우와 정기탁 감독

정기탁과의 불화로 1930년경 그녀만 혼자 서울로 돌아온다. 정기탁은 그녀를 떠나보내고 중국의 톱스타인 완령옥과 공연한다.

귀국한 김일송은 결국 배우로서 부활하지는 못했다. 국내로 돌아와 기생으로 남은 생을 보냈는데 폐병으로 죽었다고 전해진다. 혹은 그녀의 죽음이 자살이라는 말도 있다. 당시로는 불치병인 결핵 때문이었다는 설이 유력한데 불행한 시대에 태어나 남자 잘 못 만나 인생을 그르친 여인의 삶이다.

《동아일보》 기사를 인용한 한국영상자료원 KMDb 기록에 의하면 그녀는 전라북도 금산 부호의 차녀로 태어나서, 공주 영명학교를 다니다가 1923년 숙명여자보통학교 2학년에 보결시험으로 입학하였고 재학시절에는 정구 선수로 이름을 떨쳤다고 한다. 그녀는 1926년에 발생한 '한건단韓建團 사건'에 연루되었는데 한건단 사건은 군자금 모집을 위해 시내의 부호들을 협박하다가 부호 한 명을 권총으로 살해한 사건이다. 김일송의 애인이 이 사건의 주범이었다고 하는데, 이들은 김일송의 아버지에게도 협박하여 금품을 받았다고 한다.

《매일신보》에 의하면 그녀는 1927년 작 〈낙화유수〉 등에 잠시 출연하였다고 한다. 이 때 김향원金香媛이라는 이름을 사용했다. 그녀의 나이 19세였다고 하여 그녀의

출생이 1908년으로 추정된다.

이 사건으로 집에서 쫓겨난 김일송은 유랑생활을 하다가 친구의 권유로 영화계에 들어오게 되었다. 이후《동아일보》기사에 의하면 1928년 이경손이 감독한〈춘희〉의 주연을 맡게 되었고, 이 영화를 통해 함께 출연했던 정기탁과 연인 관계가 되었다. 김일송은 3년 예정으로 예술학교에 다녀볼 계획을 가지고 1928년 4월 1일 정기탁과 함께 상해로 떠났다.

당시 잡지인《만국부인》에 의하면 "상해에서는 여운형의 소개로 백합영편공사百合影片工司라는 중국인 영화촬영소에 들어가서 활동하였다.〈애국혼〉과〈여해도女海盜〉등에 출연하였다. 백합영편공사가 해산한 이후, 생활고 때문에 댄서로 일하기도 하였다. 1930년 8월경에 상해에서 종적을 감췄다.《조선일보》에 의하면 이후 서울에서 카페 여급으로 생활하였다."고 한다.

소설가이며 영화인인 심훈은《동광》23호(1931.7.) 254쪽 '조선영화인 언파레드'에서 "鄭基鐸군과『椿姬』에 출연한 뒤에 鄭군과 손을 잡고 상하이로 가서 그와 결혼까지 하고 중국 영화에 여러 번 출연하여 지금도 인가가 남았다고 한다. 영화인의 생활이란 轉戀無雙하여 지금은 鄭군과도 이별하고 서울 와 있다고. 매우 소질 있던 사람이다. 부활할 생각은 없는가?"라고 썼다.

그녀가 정기탁을 만나지 않았다면 그녀의 삶은 조금은 나았을지도 모른다. 김일송과 만나기 전, 정기탁은 김정숙이라는 선배 여배우와 연인관계였다. 영화〈장한몽〉을 찍으며 극중에서 맡은 역할인 김중배의 짓처럼 김정숙을 다이아 반지로 유혹했었다. 그런 정기탁에게 순진한 김일송이 빠진 것은 시간문제였을 텐데 빠져나오기도 힘들었을 것이다. 그 모든 것이 자신의 팔자소관일 것이다.

그녀는 중국에서 활동하며 정기탁의 성을 따 정일송이라는 예명을 썼다. 그녀에게 정기탁은 무엇이었을까? 사랑하면서도 증오했던 애증의 대상이 아니었을까 생각해본다. 한국적인 미모를 보여주는 일제강점기를 살았던 비운의 스타, 그리고 한국영화 100년사에 최초로 해외로 진출했던 여배우, 그녀가 바로 김일송이다.

그녀의 출연작인〈춘희〉를 보고 쓴 글 '平壤시네마作〈椿姬〉를 보고'라는 R生의 글이 있어서 소개한다.

平壤시네마作 〈椿姬〉를 보고

R生

〈춘희〉라 하면 혹은 무대극으로 혹은 영화극으로 많이 상연이 되어 극히 파풀라한 것이 되었다. 그러나 이번 평양시네마의 작품 〈춘희〉는 듀마의 스토리를 토대 삼아 어디까지든지 조선화 시킨 곳에 각색자의 고심이 보이고 조선영화로서 특가를 발휘한 것이라 할 수 있다. 자막 가운데에 가끔가다가 유모어와 경구驚句를 볼 때에 매우 유쾌하였고 어떠한 때에는 고미소苦微笑가 절로 나왔다.

춘희로서 김일송金一松 양이 적역일는지는 의문이나 지금까지 스크린에 나타난 여배우로서 그 연기에 그만큼 무게가 들어 보인 이가 없었던 것도 과언이 아니다. 그에게서 알 수 없는 일종의 매력이 들어 보이는 것이 연기에 약간 실수가 있더라도 그것을 넉넉히 보충할 관용성을 펜에게 가지게 하는 것인지도 알 수 없다. 폐병들은 춘희가 폐병 든 것같이 보이지 않은 것은 화장술에도 미숙한 면이 있겠지만은 김일송 양은 선천적으로 춘희의 역에는 부적당하지 않은가 하는 느낌이 없지 않다. 나치모바가 춘희로 성공하고 달마치가 성공치 못한 것은 연기상의 문제가 아니요, 질의 문제인가 한다. 결국 실감을 주었느냐 못 주었느냐가 문제이다. 수홍으로서 정기탁 군은 연기가 너무 무거웠다. 순진은 잘 표현하였으나 좀 재자才子다운 곳이 보였으면 더욱 실감을 주었으리라고 생각한다. 란옥이의 김명순 양에게는 그 연기에 매우 난숙한 점이 있었다. 학자님인 이경손 씨의 조육에는 액션의 프린시플이 흘려보인 것은 근래에 드문 웃음거리였다. 명승지 평양을 배경으로 한만큼 그림 같은 장면도 더러 있어서 카메라 워크에 큰 공로가 있었으나 가끔 선명치 못한 느낌도 없지 못하였다. 세트 하나 없이 방안이나 마루 같은 것을 이용한 것으로는 그만큼 한 것도 성공이라 하겠지만은 희미한 곳이 더러 있는 것은 유감이었다.

김일해 배우

氏는 일즉히 京都新興키네마에서 演技員에한사람으로서 技術을 研磨한후 서울에 도라와서 「撒水車」 「春風」 「五夢女」 等等에서 그 存在를 알리었을만아니라 그후 「漢江」 「圖生錄」에서 赫然한地位를 세웠다.

氏는 스크린을 通해서 얻어볼수었는 여러映畵人들가운데서 한個의 完備한 映畵排優로서의데리케-트한 藝術性을 發見할수가있었고 따라서 映畵를 잘 理解하는 참된 映畵人의 한사람이다.

氏의 一貫된 演技와 洗練된臺詞는 퍽 좋다. 氏는 「無情」과 「새出發」에서 奇技한 演技를 發揮했다. 氏는 참으로 映畵를 사랑한다. 映畵는 氏에게 아름다운 微笑와 달큼한 사랑을 주웠다.

이 映畵는 氏의久遠의愛人이요 生命이다. 氏의希望은 遠大하다. 앞날 氏에게 바라는 우리의期待는 바야흐로 크고 크다. 앞으로 氏의 成功에 우리는 拍手와 喝采를 아끼지 말자.

『映畵排優術』(경성: 삼중당서점, 1939). 박누월, p.320

김일해 배우는 2001년에 아흔 여섯을 맞은 당시 한국영화계의 최고령 원로배우이다. 본명은 正錫으로 1906년 수원 남양에서 경주 김씨 가문의 5남 2녀 중 막내로 태어났다. 그의 부친은 염전을 운영하던 분으로 그가 어렸을 적에 재산을 정리해 서울로 이주한다.

2001년 필자와 인터뷰를 마친 김일해 배우

어린 시절 그의 인상에 아직도 강렬히 남아있는 것은 3·1 만세운동이다. 13세 즈음 여학생들이 광화문에서 만세 부르다 쫓겨 가고 파고다 공원에서 100여 명의 왜경

기마대에 쫓겨 가던 사람들의 모습을 아직도 선명히 기억한다.

그의 큰형은 인텔리로서 총독부 사무관을 지냈는데 그의 집에 출입이 잦은 일본인들을 보며 그는 일본을 배우기 위해 일본행을 결심한다. 당시 유행하던 "하늘엔 안창남, 땅엔 엄복동"이라는 성공담이 그를 자극했었다. 그는 안창남 비행사의 영향을 받고 일본행 결심을 굳힌다.

그를 애지중지하던 어머니도 공부하겠다는 그의 고집에 어쩔 수가 없었다. 형이 마련해준 30원(당시 순사월급이 30원 정도였다고 한다)을 가지고 일본으로 간 그는 처음 형의 소개로 당시 첨단기술인 비행기 정비 공부를 한다.

"내 머리가 나쁘진 않았던 모양이죠?" 눈썰미가 있었던 그는 대담하게도 사장이 없을 때 직접 비행기를 조종하게 되고 그 일이 알려져 그곳을 그만 두고는 영국제 세러리 오토바이 조립공장에 취직한다. 이틀에 오토바이 한 대 씩을 생산하던 그 시절에 그는 600cc 오토바이를 타게 되고 고베, 나라 등지에서 열리는 경주 대회에 출전해 1200cc 급인 하레 오토바이를 제치고 1등을 하기도 한다.

때문에 "조선인 가네꼬 마사오가 오토바이로는 오사카에서 최고다."라고 소문이 나면서 당시 유명배우인 다까다 미노루의 조수인 조선인의 소개로 데이코쿠 키네마에 입사하게 된다. 오토바이 선수이며 권투와 럭비 등을 한 그의 존재는 스턴트맨을 하며 눈에 띄어 1928년 일본 영화 〈내일은 승리다〉에 데뷔하게 되고 그 영화는 수입되어 을지로 4가에 있었던 황금좌에서 상영되었다.

그리고, 일본에서도 인기를 얻게 된 그의 연애담은 꽤나 화려했다. 국내에 돌아와서까지 그에 관한 소문은 뭇 남성의 부러움을 사기에 충분했고 영화감독 안종화 씨가 쓴 『한국영화측면비사』에도 그에 관한 글 전체를 연애담으로 채우고 있을 정도이다.

그는 일본인 여자와 연애 후 결혼까지 하게 되고 이스루 죠지라는 아들까지 얻는다. 그러나 마냥 행복한 시절만이 계속되진 않았다. 이후 홀로 된 그는 귀여운 아들이 네 살 되던 해 귀국하는데 그 아들마저 치염으로 사망했다.

그는 1935년 중앙영화사 작품인 방한준 감독의 〈살수차〉로 국내영화계에 데뷔한다. 일본에서 알게 되어 훗날 영화잡지를 발간했던 박누월의 소개로 〈살수차〉를 제작하며 주연까지 했던 김성춘에게 발탁되어 이 영화에서 물을 뿌리며 거리를 청소하는 청소부로 나온다. 그는 이 영화에서 그의 부모도 화면속의 아들을 몰라볼 정도로 분장을 하고 열연을 했다고 한다. 그의 존재가 차츰 알려지며 1937년 대구영화사 작품인 신경균 감독의 〈순정해협〉으로 더욱 빛나기 시작했고, 박기채 감독의 영화시대사 작품 〈춘풍〉, 나운규 감독의 경성촬영소 작품 〈오몽녀〉 등에 출연하게 되는데 나운규와 처음으로 일을 하게 된다.

그의 나운규 평가는 조금 독특하다. 그의 말에 의하면 나운규는 20분짜리, 30분짜리 짧은 영화(즉 연쇄극용 영화) 배우로서 나운규에게 12권 분량의 영화는 무리라는 것이다. 나운규가 흥행 배우가 된 것도 한국 사람을 괴롭히는 한국 사람을 미친놈이라서 죽이는 것인데 못된 한국 사람을 죄다 죽이는 것으로 일본인(검열관)들에게도 무리 없이 통과되었고 관객들에게도 대리만족을 시키며 이상야릇하게 죽이는 역으로 한 몫 본 것으로 평가한다. 이런 평가는 기존의 미화일색인 나운규론과는 사뭇 다른 시각이다.

당시 나운규는 폐병 말기 환자로 위독 상태였다는데 나운규가 사상범(좌익사상범에 민족주의자)으로 경찰서로 불려가 며칠씩 촬영을 못하게 되자 그가 나서서 형사와 따져 본인이 책임을 지겠다며 나운규를 데려와 촬영을 마쳤다 한다. 그렇게 찍은 〈오몽녀〉는 다섯 사람의 꿈을 그린 영화라 한다.

"생선 팔아 아버지를 먹여 살리는 여자 주인공이 생선을 훔치러 다니게 되는데… 그 여자에게 반한 뱃주인(김일해粉)에게 걸려 그와 함께 멀리 떠나게 되는데 러브가 시작돼… (팔을 들며) 이 팔만 믿어라. 여자를 설득하는데…" 그 대사를 아직도 기억해 내며 하는 진지한 증언에서 당대 명배우로서의 모습을 엿볼 수 있다.

그런데 나운규의 연출이 이것을 잘 살리지 못했단다. "내 이미지하고는 영 틀려요. 자꾸 나운규는… 감독이 나운규니까 내가 참견을 못했어요." 이 인터뷰는 방송용 카메라로 기록되어 EBS에 보관되어 있다.

그는 1938년에 방한준 감독의 반도영화사 작품 〈한강〉 외에 윤봉춘 감독의 천일영화사 작품 〈도생록〉, 1939년에 박기채 감독의 〈무정〉, 이규환 감독의 〈새 출발〉, 신경균 감독의 〈처녀도〉, 1940년에 김유영 감독의 마지막 작품 〈수선화〉, 이익 감독의 〈국기 밑에서 나는 죽으리〉, 1941년에 최인규 감독의 〈집 없는 천사〉, 이병일 감독의 〈반도의 봄〉 1942년에 안석영 감독의 〈흙에서 산다〉 등에 출연하게 되는데 일제가 정책적으로 통합한 '조선영화제작주식회사'에 안석영 등과 함께 입사하여 시국협찬계몽영화에 출연하게 된다. 당시의 월급은 260원이었다는데 꽤 많은 금액이었다고 한다. 광복 후 그는 〈의사 안중근 사기〉 등에 출연하며 수많은 영화에서 빛나는 조역으로 활동하는데 이두용 감독의 〈장남〉에서 신성일 배우의 아버지 역할이 마지막 출연이다.

그는 너무나 많이 흘러간 세월 탓에 많은 부분 질문에 대해 말씀을 제대로 못하였으나 모 식품회사 이사인 장남과 함께 행복한 노후를 보내고 있다. 슬하에 4남 2녀를 두고 1999년에 상처한 그의 소망이라면 회의에 참석해 후배들을 만나 이런저런 얘기를 하고 싶다며 사람들에 대한 그리움을 보인다.

"배우 김일해는 행복한 사람이야... 그런 소리를 들으면 그게 행복한 거지..." 아직도 붉은 운동복을 입은 그는 과연 멋쟁이 배우구나 싶다. "영화는 관객의 시선으로 만들어야 한다"는 김일해 배우. 불행한 시대에 많은 영화인이 그러했듯이 한때 일제어용 영화 출연 배우라는 오점을 남기기도 했지만 춘사 나운규 외 초창기 많은 영화인과 함께 활동했던 최후의 증인으로서 그의 만수무강을 다시 한 번 빌어본다.

윗글은 1997년 여름의 첫 인터뷰와 2000년 1월 20일, 2001년 3월 24일 등 세 번에 걸친 인터뷰를 토대로 『한국영화전사』, 『영화배우술』, 『한국영화측면비사』 등의 자료를 참조하였다.

전택이 배우

전택이田澤二는 배우 출신 감독이
다. 서울 출생으로 경성사범부속국
민학교와 양정고등보통학교를 졸업
했다. 신무대와 황금좌 등 극단에서
활동하다가 나운규의 〈강 건너 마
을〉(1935)로 데뷔하여 〈칠번통 소사
건〉, 〈무화과〉(이상 1935), 〈아리랑 3
편〉(1936) 등에 출연했다.

전택이 배우(사진출처 KMDb)

이후 홍개명의 〈청춘부대〉(1938)를 비롯한 방한준의 〈성황당〉(1939), 최인규의
〈국경〉(1939), 이마이 다다시의 〈망루의 결사대〉(1943), 홍성기의 〈출격명령〉(1954),
〈실락원의 별〉(1957), 김소동의 〈돈〉(1958) 등 115편에 출연하고 1966년 이봉래 감독
의 〈무정가 1번지〉가 은퇴작이다.

활달한 성격으로 배역도 그러한 캐릭터였다. 6편을 제작·감독했는데 〈애정무
한〉(1958), 〈푸른 날개〉(1959), 〈추억은 영원히〉(1960), 〈홍도야 울지마라〉(1965) 등이
다. 1946년 노경희盧耕姬(1995년 작고) 배우와 결혼하였다. 노경희 배우는 1980년대 어
느 해인가 내가 영화진흥공사에서 수상할 때 그녀가 시상해준 기억이 있다.

1995년에 그에게 EBS 다큐 〈일제강점기의 영화〉 인터뷰 요청을 하니 스카라 극
장 옆의 다방에서 만나자고 하여 내 생애 처음으로 다방에서 인터뷰 촬영을 하였다. 다
음은 그가 직접 저술한 자신의 기록 '연극배우演劇俳優에서 영화배우映畵俳優'라는 글이
남아있어 소개한다.

연극배우演劇俳優에서 영화배우映畫俳優

전택이

'배우생활 10년기'라는 과제를 받았을 때, 나는 저윽이 놀랐다. 10년이란 그리 짧은 시일이 아니다. 내가 그 도道에 몸을 담은 지가 벌써 그렇게 됐나? 하는 생각이 새삼스러워 지며 감개가 무량한 바 있다. 사람이란 때에 따라 기회와 쇼크를 받아야 과거를 추억도 하게 되고 따라서 반성도 하게 되는 성싶다. 내가 지금 그렇다. 이번 편집자의 청탁은 오랫동안 과거를 잊고 살아오든 나로 하여금 지난날의 즐거웠든 일이며 괴로웠든 일을 한꺼번에 뭉쳐서 안전에다 갖다 놓는 감이 없지 않다.

가만히 눈을 감고 과거를 회상해 보면 어물어물하는 동안에 세월이 획획 지나간 것도 같고 또 어떻게 생각하면 벽에 붙은 일력을 안타깝게 한 장 두 장 넘기듯이 오랜 세월이 흐른 것도 같다. 물론 이렇게 생각키우는 것은 과거 생활이 평탄平坦치 못했든 탓일 것이다. 이 고도苦道에서 10년 동안을 헤매는 동안에 참말 괴로운 일도 많았고 즐거운 일도 많았다. 허나 그때 죽고 싶을 만치 안타깝고 쓰라렸든 일이 지금 와서 돌이켜 생각하면 도리어 즐거운 추억으로 남아있는 일도 한 두 가지가 아니며 또 그와는 반대로 그땐 그렇게 슬프게 격지 않았든 일이 지금 와서는 몹시 슬프게 생각되는 일이 한 두 가지가 아니다. 이것이 모두 사람만이 가질 수 있는 아름다운 면인지도 모른다.

내가 배우 되기는 지금으로부터 12년 전이다. 맨 처음으로 '야명가극단夜明歌劇團'이라는 극단에 잠깐 몸을 담았다가 곧 김소랑金小浪씨와 신불출申不出씨 등과 협력하여 '내외극단內外劇團'을 만들었다. 그때는 연극이 좋고 나쁜 것을 탄하는 관중이 아니고 그저 연극이라면 덮어놓고 모여들 때다. 이 단체를 끌고 3, 4개월 동안을 지방으로 다녔다. 그때 나는 홍안紅顏의 소년이라 그저 무대에 나가서 연극을 하는 것을 유일한 낙으로 알았다.

그후 '신무대新舞臺', '황금좌黃金座'를 거치면서 비로소 연극이 무엇이며 따라서 배우라는 것이 무엇을 하는 것인지 알려고 애를 썼다. 그와 동시에 내 자신을 그 도道에다 물쳐 버리기로 결심은 했다. 이때도 배우라면 광대라고 손가락질하든 때다. 부모가 한사코 말리든 때도 이때였고 멸시를 받은 때도 이때다. 그렇기 때문에 재능 있는 동무들이 많이 물러났다.

어떤 친구는 눈물을 흘리며 물러났고, 또 어떤 친구는 이를 악 물고 물러났다. 나는 때때로 물러난 그들을 생각하면서 안부安否를 근신하는 때가 한 두 번이 아니다. 당시 이 땅에는 문화인을 알아주는 민중이 없었다. 그 후 나는 연극행동을 중지하고 영화계에 나갈 심사로 기회를 엿보고 있든 차에 조선극장 지배인으로 있던 김한金漢 군을 알게 되어 영화계에 진출하게 되었다. 바로 그때가 소화 9년(1934년)인데 고 나운규 씨를 만나 황금정 뒷골목 작은 가게 윗 층을 얻어 가지고 '한양영화사漢陽映畵社'라는 간판을 걸었다. 자본주가 있어서 그런 것이 아니고 먼저 간판부터 걸고 구할 심사였다. 애쓴 보람이 있어서 고인이 된 차상은車相銀 군을 맞아 <강 건너 마을>을 제작하게 되었다. 이젠 카메라가 없다. 그래 협의한 결과 경비를 줄이고 인건비를 통 없이하고라도 먼저 카메라를 장만하자 하여 각방면으로 알아보던 차에 마침 조선에 뉴스를 찍으러 왔든 등정藤井이가 카메라를 팔겠다는 말을 듣고 부랴부랴 부산까지 내려가서 사 가지고 왔다. 그 카메라는 낡은 '도루모'였다. 그래가지고 간신히 일을 시작한 셈이다. 나는 그때 용수 역을 맡아 하였는데 어찌 떨리는지 지금 생각해도 우습다. 처음이기 때문에 감독의 말도 떨어지기 전에 카메라 편을 봐서 NG를 낸 것도 그때다. 완성 후 단성사에서 봉절을 했는데 흥행 성적이 양호하였다. 이때에 용기를 얻은 차 군은 다시 3만 원을 투자하여 한강통 이태원에다가 촬영소를 만들고 동경에서 녹음기며 라이트를 사들이는 한 편 배우들도 전속계약을 맺고 <아리랑> 제3편을 착수하였다. 제 딴은 허울 좋게 동시녹음인데 3개월 동안이나 애써 만들어 놓고 보니 말소리가 들리지 않는다. 발성영화란 놈이 말을 못하니 큰 탈이다. 게다가 화면조차 안개 낀 하늘처럼 뿌옇고 누가 누군지 분간할 수 없게 되었다. 감독을 한 운규 씨는 물론, 전원이 그만 입을 벌리고 서로 얼굴만 쳐다보게 되었다. 촬영을 한 이신웅李信雄 씨는 어찌 기가 막혔든지 졸도를 해서 병원엘 가느니 야단법석이었다. 남은 이런 기막힌 곤경에 빠졌는데, 한편 경성촬영소京城撮影所에서는 조선 최초의 발성영화 <춘향전>이니 뭐니 해 가지고 우리들을 비웃는 듯이 단성사에다 올렸다. 누구나 할 것 없이 조선 영화계를 위하여 하는 노력인 줄 알면서도 그때는 경성촬영소 패들이 어찌 밉든지 모조리 한 바탕 해내고 싶었다. 그러나 기술이 부족하니까 할 수 없는 일이었다. 그래 우리는 하는 수 없이 이창용 씨의 힘을 빌려 몇 군데를 다시 촬영하고 녹음을 해 가지고 동경 가서 '시야개'를 하였다. 이러는 동안에 우리는 남의 빚을 상당히 지게 되었다. 일을 계속할 수 없게 되어서 뿔뿔이 헤어지는 수밖에 별 도리가 없었다.

그 후 나는 <심청전>, <청춘부대靑春部隊>, <국경國境> 등에 출연하면서 몇 해를 보냈다. 이러면서도 나는 한양영화사의 재건운동을 게을리 하지 않았다. 좋은 작품을 내놓았건 못 내놓았건 전 재산을 우리 영화계에 받친 차 군을 위하여서도 그런 의무를 느꼈던 것이다. 사회에서 불량자들이라고 멸시를 하든 우리 영화인들을 이해하고 사재私財를 던진 그 용기만 해도 나는 장하다고 생각한다.

얼마를 지난 후 김갑기金甲起 씨를 만나 한양영화사를 살리었다. 그리고 <귀착지歸着地>를 만들었다. 그때 김갑기 씨는 영화에 대하여서는 전혀 문외한으로써 필름이 어떻게 생겼나 하고 생 필름 한 통을 열어본 일까지 있는 분이다. 그야 어느 나라를 물론하고 과도기엔 그랬겠지만 우리 영화계에는 참말 영화를 이해하지 못하고 나왔다가 실패를 하고 물러 간 사람이 어지간히 많을 것이다. 영화인 자신들의 성의가 부족한 탓인지 또는 기업가들이 영화 사업을 이해하지 못하는 탓인지 하여 간 30년 역사를 가지고도 요 모양이니 한심하기 짝이 없는 노릇이다. 최근에 와서 출연할 작품을 적어보면 <성황당城隍堂>, <복지만리福地萬里>, <수업료授業料>, <돌쇠>, <집 없는 천사天使>, <안해의 윤리倫理>, <반도半島의 봄> 등이다. 이렇게 한 작품 두 작품 출연은 하나 여지껏 한 번이라도 자기가 맡은 역을 만족하게 해치워 본 적이 없다. 아직도 카메라 앞에 자기 자신을 알지 못한다. 완전히 자기를 잊고 작중 인물로 화하여야 할 텐데 그것이 힘이 든다. 언제나 발뒤축을 땅바닥에 떡 붙이고 서서 유유히 연기를 할지 의문이다.

하여간 1년을 통하여 단 한 번만이라도 훌륭한 연기를 발휘하고 죽었으면 원이 없으리라고 생각한다.

전옥 배우

전옥全玉은 활동 당시에 눈물의 여왕으로 불렸다. 그만큼 연기력이 뛰어났고 타고난 배우였다. 본명은 전덕례全德禮이다. 비극적인 내용의 작품에 많이 출연하였으며 진훈으로 불리던 배우 겸 감독 강홍식의 전 아내이자 강효실과 강효선 남매의 모친이다. 강효실과 혼인한 최무룡의 장모이며, 최민수의 외할머니이기도 하다.

당찬 이미지의 그녀는 의외로 '눈물의 여왕'으로 불릴 정도로 연기파였다.

그녀는 1911년 함흥 출생으로 1927년 〈낙원을 찾는 무리들〉로 데뷔한다. 그리고 나운규프로덕션에 입사하여 〈잘 있거라〉(1927), 〈옥녀〉(1928), 〈사랑을 찾아서〉(1928)에 출연했다. 이 무렵 연극계로 진출해 화조회와 토월회에서 활동한다.

눈물 연기로 호평을 받으면서 1929년에 강홍식을 만나게 되었고 나운규프로덕션이 해체 후 연극을 중심으로 활동하면서 가수로도 인기를 끌었다. 1933년에 〈째즈의 멜로디〉로 데뷔하여 강홍식과 함께 《삼천리》 잡지 선정 인기순위 4위를 차지할 정도로 성공적인 활동을 한다.

전옥은 1940년대부터는 당시 유행하던 악극 무대에서 각광을 받았다. 이 시기에 영화 〈복지만리〉(1941)에 출연을 하며 강홍식과 이혼을 하고 최일과 재혼하여 함께 남해예능대를 설립하고 군국주의 선전공연을 하며 전국을 순회한다. 이마이 다다시 감독의 〈망루의 결사대〉(1943), 방한준 감독의 〈병정님〉(1944)에도 출연하는데 그녀로서는 향후 한국이 해방을 맞을 줄은 몰랐을 것이다.

그녀의 활동은 광복 후에 더욱 빛이 난다. 백조가극단을 통해 가극으로 인기를 끌며 한국전쟁 시기에 비극 위주의 레퍼토리로 최고의 인기를 누린다. 이 당시 전옥의 창법은 '눈물의 여왕'으로 불릴 정도로 관객에게 인정받았다.

악극단이 대중에게서 멀어지자 문화성 감독의 〈애정 파도〉(1956)로 영화계로 복귀한 그녀는 1970년 이희중 감독의 〈특호실의 여자손님〉까지 필모그래피를 늘린다. 일제강점기의 7편을 포함하여 그녀의 출연작은 모두 76편이다.

강홍식과 사이에서 낳은 강효실은 대한민국에서 배우가 되었고, 아버지와 함께 북으로 간 강효선 역시 유명 배우가 되었다. 전옥은 김화랑 감독의 〈항구의 일야〉(1957)에 출연하는데 상대역이 최무룡이었다. 최무룡은 강효실과 결혼하는데 낳은 아들이 배우인 최민수이다. 전옥은 지병으로 1969년 10월 22일에 별세하였다.

전옥이 출연하고 레코드까지 취입한 〈항구의 일야〉

한국영화 100년사
일제강점기

3장
상해파 영화인 영화분석

시대배경을 통해서 본 중국영화산업

　중국이 동양에서 처음으로 영화를 받아들이고 영화를 만들어 낸 배경에는 종이호랑이라는 별명처럼 국권을 상실한 역사적 사건과 무관하지 않다.

　중국에서 영화가 최초로 상영된 것은 1896년 8월 11일 상하이에서였다. 당시 중국은 서구 열강들의 침탈이 극에 달했던 시기였고, 제국주의 국가들이 중국 내의 조차권을 하나씩 가질 때마다 중국의 산업경제 체제와 정치권력 체계는 붕괴의 위기에 몰리고 있었다...............

　중국인들도 점진적으로 영화를 제작하기 시작했다. 1903년, 북경에서 중국인 린 츄샤우(Lin Chushau)가 만든 영화가 처음 상영되었으며, 중국 최초의 극영화가 그 이듬해 북경의 펭타이 사진관(Feng Tai Photogrphy shop)의 직원들에 의해 만들어졌다.[2]

또 다른 자료인 『상해 키네마포트』에는 다음과 같이 나와 있다.

　중국에서의 영화 상영은 우선 세상실사 필름에서 시작되지만 .... 중국을 촬영하러 오는 외국인도 조금씩 나타나기 시작한다. 중국인에 의한 최초의 영화 촬영은 1905년 가을에 북경의 豊泰寫眞館에서 촬영된 경극인 「定軍山」이다. 이 사진관에서 북경의 풍물을 촬영하러온 프랑스인의 조수를 맡은 적이 있었다. 주인인 任景豊은 일본에서 사진 기술을 배운 남자로 영화에 흥미를 갖고 스스로 촬영에 착수해서 경극을 촬영한 것 같다. 중국인에 의한 영화 만들기가 우선 전통연극인 경극과 연결되어지는 것과 같이 일본에서도 최초의 영화 촬영은 가부끼로 시작되는 것이다.[3]

2　이언경, "중국편"『아시아 영화의 이해』(서울: 제3문학사), pp.97-98.
3　佐藤忠男・刈間文俊 공저, 「中國映畵通史」, 『上海キネマポート』(東京: 凱風社), p.222.

중국은 세계열강의 각축장으로서 서양문물이 일본보다 먼저 상륙했으며 특히 상해는 동서 문명의 집결지로 동양의 할리우드라고 불리었다. 영화라는 신문명의 상징적인 존재는 중국 대륙에 유입되어 빠르게 자리를 잡게 된다.

중국 최초의 극영화 기록을 찾아보면 다음과 같다.

> 극영화의 촬영은 북경에서의 경극 촬영에 몇 년 뒤지는 1913년 상해의 아시아
> 影戲公司가 촬영한 難夫難妻(別名·洞房花燭)가 제일 첫 작품이다. 제작을 담당한
> 장석천과 정정추는 중국 최초의 영화감독과 시나리오 작가로 되지만 影戲公司는
> 완전한 외자로 운영되었다.[4]

중국은 영화선진국으로서의 면모를 갖추며 상해에서 최초의 극영화를 내놓게 된 것이다.

조선영화계가 연간 5편 안팎의 영화를 제작하던 1930년대 그 당시 중국은 연간 50여 편가량의 영화를 제작하였다. 그 중심이었던 상해는 동양의 할리우드라는 별칭처럼 일제가 침공하기 전인 1930년대 초반기에 황금기를 구가했었다.[5]

'연화영화사'에서 만들어진 상해파 영화로는 〈광명지로〉, 〈재회파상해〉 등이 있다. 이 시기에 만들어진 영화는 거의가 활극이었으며 요즘도 제작되어지는 홍콩제 활극영화의 원류가 된다. 1930년대 중반을 넘기면서 사회주의 계열의 영화가 인기를 끌기 시작하며 활극영화 제작의 붐이 식었다.

1930년대 초반, 상해의 영화제작 환경을 당시 카메라맨 이필우의 탐방기에서 볼 수 있다.

---

4 佐藤忠男·刈間文俊 공저, 위의 책, p.223.
5 중국영화는 1930년대에 들어와서야 최초의 황금시대를 맞이하게 된다. 그 첫 시도가 라명우에 의한 연화의 결성이다(...) 연화는 원래 몇 개의 회사가 합병해서 생긴 영화사이다. 佐藤忠男·刈間文俊 공저, 위의 책, pp.241-252.

中國의 映畵界 - 上海를 中心으로

李弼雨

共同租界地에 五萬餘坪이나되는곳에 大中華百合影片公司라는撮影所가 잇다 經營者는 上海人吳氏요 製作責任者는 朱瘦菊氏와 王元龍氏이다

(...)

그런대 이곳에는 우리朝鮮映畵界의 同志인 鄭基澤君, 金一松孃, 全昌根君, 張良君等이 大活躍을하고잇다 그래서筆者가 鄭基澤君의 案內로이곳을 求景하게되엿다. 門을 드러서서 庭園과 運動場을지내면 揚○間에 十坪쯤되는 中國式 八角亭이 잇고 約四十坪되는연못에는 오리떼가 遊泳하고잇다 左側으로 正面에는 四百坪되는 라스·스터지가잇고後面에는 衣裳室과 化粧室이잇스며 左右에는 背景室과 發電室及製畵室이 잇다

中央廣場에는 놉히八十呎나되는 宏大한「쎗트」가잇스니이「쎗트」는 鄭基澤氏의 脚色, 監督, 主演인『黑衣의 騎士』라는映畵의 宮殿「씬」이라하며 이「쎗트」費用은 三萬圓이라한다 이곳에諸般設備는 日本京都 牧野「프로덕슌」보다나으며 電力은 二五「볼트」二00「안피아」에「제레네타」가 잇고「호엘」撮影機가 二臺 佛國「데-부리」社「꽈쁘」가 四臺 同社「바벨」二臺「벨엔드호엘」社移動撮影器가 二臺가잇스며『라이트』는 水銀燈으로 全部되여잇다

어느날『黑衣의 騎士』夜間撮影을 求景코 鄭基澤君과가티또갓섯다 벌서準備가되여撮影은 始作되엿다

오랫동안 듯지못하든『라이트의소래와 반가운『호엘』機의『크랑크』도는소래를들으면서求景할때 不過五十『커트』쯤 撮影하고 고만문허버린다

이러한 設備아래서 撮影을한번도못하고「레-프」조각과 機關銃소리가나는 撮影機械에다가 生命을걸고 苦心하는우리 朝鮮同志가가엽슨생각이낫다 그리고또現像室을보게되엿다. 現像室의諸般設備는 日本松竹「키네마」社 蒲田「스터디오」現像室과 갓다.[6]

---

6   이필우, 《조선일보》, 1930. 1. 22.

한국 최초 카메라맨으로서 한국 최초 발성영화인 〈춘향전〉(1935년)을 촬영한 바 있는 이필우는 이 글을 통해서 한국 영화문물의 후진성에 대해 안타까워하면서도, 한국인으로서의 자부심을 갖고 우리도 이런 정도의 시설만 갖추면 해낼 수 있다는 강한 자신감을 나타냈다.7 특히 고국의 독자들에게 정기탁을 비롯한 상해파 영화인들의 활동상을 처음으로 소상히 소개하였다. 이필우가 이때 느꼈던 사실들은 이후 한국 최초로 발성영화를 만드는 계기가 되었다.

이처럼 1920년대 중국의 영화산업은 미국영화의 무차별한 수입에도 불구하고 꾸준한 성장세를 유지하였다. 정기탁이 활동했던 1929년의 제작편수만 보더라도 50여 편가량이었다. 특기할 만한 것은 이 시기 정기탁이 참여한 영화가 〈여해도女海盜〉, 〈진주관珍珠冠〉, 〈정욕보감情慾寶鑑〉, 〈대파구룡산大破九龍山〉, 〈화소구룡산火燒九龍山〉, 〈은막지화銀幕之花〉 등 6편이었는데 결코 적은 편수가 아니다. 1920년대 말 상해파 영화인의 활동은 제작편수로만 본다면 최고의 전성기에 있었던 것이다.8

사실 한국영화인들이 활동하던 시기의 중국 영화계의 상황은 결코 한국 현실과 비교하여서 나은 편은 아니었다. 오히려 전쟁의 혼란 속에서 중경으로 홍콩으로 옮겨 다니면서도 계속 영화를 제작했다. 이 시기의 절박했던 영화 제작 환경이 오히려 영화인들의 제작 열을 자극하여 우수한 영화들을 제작한 것이라 생각된다.

---

7 이상에서 소개한거와가티 中國映畵界는 諸般設備가 相當히 發展하여잇스나 映畵는 그리 進步되지못하엿다. 少數를 除하고는 『필림』이 악가워서 볼수가업는 映畵가多數를 占領하고잇다. 이에 反하야 우리朝鮮映畵界는 짜른時日에 놀라울만한發展을가지고잇다 우리는그들에 比하면 天才일것이다 萬一에우리映畵界에 中國과가튼設備가되여잇다할 것가트면 世界映畵市場에내여노아도 북그럽지아니할만한 훌륭한 名作이얼마든지나 오리라고 筆者는 自信하고잇는바이다.
이필우, 위의 신문, 1930. 1. 24.

8 1920년대 중국 영화산업은 미국 영화가 거의 완벽하게 지배하고 있었다. 예를 들어 1929년 중국에서 제작된 영화는 50편을 넘지 못했고, 이 영화들이 경쟁해야 했던 영화 시장에는 450편으로 추산되는 수입영화들(이 중 90%가 미국 영화)이 있었다. 1933년도 이와 비슷하게, 중국 영화사가 자체적으로 만든 영화는 67편(이 중 14편의 무성영화)이었고, 500편의 미국 영화와 100편의 다른 나라 영화가 수입되었다.
이언경, 앞의 책, pp.99-100.

상해파 영화인 연구

상해파 영화인 중 상해를 처음 방문한 사람은 정기탁이다. 배제고보를 2년 다니다 중퇴한 그는 영화 선진도시인 상해를 방문하는데 그 목적은 중국영화계 시찰과 아울러 영어를 배우기 위한 것이었다. 그는 귀국해 이경손 감독의 〈개척자〉에 출연하게 되는데 같이 데뷔했던 전창근은 〈개척자〉 출연 후 상해를 찾는다.

전창근의 상해 방문 목적도 크게 다르지 않다. 그는 학교를 다니는 한편 시나리오를 준비하였다. 그때 정기탁이 상해로 와 〈애국혼〉의 시나리오를 가지고 여운형 씨의 도움으로 영화제작을 하게 되며 중국영화계에 조선인으로 처음 데뷔하게 된다. 그 당시 이경손은 서울에서 직접 자신의 프로덕션을 차리고 〈숙영낭자전淑英娘子傳〉을 찍고 있었다. 초창기 영화계에서 누구보다도 많은 영화를 감독하였던 이경손은 열악한 상황에서 악전고투하고 있었다.

〈아리랑〉을 나운규가 만들고 〈애국혼〉을 정기탁이 만들게 되니 그들의 스승이었던 이경손으로서는 한국영화계에서 이름을 떨칠 수 있는 또 한 번의 기회를 놓친 셈이다.

■ 정기탁론

정기탁은 1905년생인데 평양 시내인 수옥리에서 미곡상을 하던 부호의 아들이다.9 그는 평양의 광성소학10을 마치고 서울로 유학을 왔다.

연세대 김형석金亨錫 명예교수의 평양에 대한 증언이다.

평양사람들의 기질이 혁명적인데다 광성중학은 가톨릭 선교사에 의해 설립된 감리교 계통의 학교로 민족 사상교육을 시켰고 해마다 3.1절이 돌아오면 일본인 선

9 　평양태생으로 상당한재산을 가진 아버지를 뫼섯겟다여러서 광성소학을 졸업하고한양에 일으러 명동잇는 배제고보이년까지마치고(...)
　　《동아일보》, 1926. 10. 26.
10 　광성소학은 광성중학(光城中學)의 오기가 아닌가 싶다. 광성소학을 나왔을 수도 있지만 바로 배제고보 진학을 할 수는 없다. 광성중학은 대표적인 반일주의 학교로 유명하며 광주학생의거 때에도 평양의 동맹휴학을 주도 했다. 유주현의 소설 『조선총독부』에도 소개되었다.

생들이 교실에도 못 들어 올 정도여서 총독부에서도 항상 주시하고 있었다. 정기탁이 살았다는 수옥리는 평양시내 서북쪽이며 중상류층이 살던 곳이다.[11]

정기탁은 혁명적인 기질인 있는 평양의 상류 집안에서 자라 소년시절부터 민족사상 교육을 받았고 감리교 계통인 서울의 배제고보[12]에 입학하여 2년간 학교를 다니던 중 상해로 간다.

상해에서 정기탁이 영화배우의 수업을 했다는 기록이 남아있다.

> 때마침 李慶孫은 한作品의 監督을 맡아가지고 그것을 構想하기 위해서 旅館에 묵고 있는 中이었다. 그作品이란 平壤市內 水玉里에서 쌀장사米壓를 하며 상당한 치부를한 사람의 아들인 鄭基鐸이란 靑年으로서 上海에서 映畵排優의 修業을 했다는 當時로는 「울트러·모던보이」로서 저의 아버지의 주머니를 털어 가지고 서울에서 「鳳凰의 冕旒冠」이라는 活動寫眞을 찍는데 自身이 主演을 하고 李慶孫에게 監督을 付託했던 것이다.[13]

정기탁은 윗글에서 보듯이 당시 영화계에서 보기 드문 상류층의 인텔리였고 그의 영화 활동은 시기의 대상이었다. 그가 부호집 아들이었다는 것부터 한갓 한량의 풍류쯤으로 생각되어지고 영화에 출연하는 것이나, 출연자가 감독까지 한다는 것 모두 질시의 대상이었다. 그에 대한 글들에서 그것을 느낄 수 있다.

> 이경손씨- 조선에서 가장 경험 있는 감독이다. 조선의 명우라할 만한 나운규씨 외 여러 배우는 씨의 지휘하에 성공하였다 하여도 과언이 아닐 만큼 조선영화 촬영 감독으로서 자타가 공인하는 바이다. 그러나 나는 씨에게 추호秋毫만한 희망도 붙일 수 없는 것이다. 씨가 지금 상해인가 어디인가 있다니 정신이 어떻게 전환되었는지는 모르지만 씨의 감독 태도는 신중치 못하였으며 진실치 못한 것이 상례였다.

---

11   김형석 구술, 2001. 4. 12.

12   배제고보는 배제고등학교의 전신으로 1886년에 배제학당으로 개교하였다. 정기탁은 1920년부터 1922년 사이에 재학했을 것이나 학적부 등 구체적인 기록은 남아있지 않다.

13   朴珍, "活動寫眞製作과 名花 申一仙』『歲歲年年』(서울: 京和出版社, 1966), p.70.

<봉황의 면류관>을 감독하고 비난과 악평을 많이 들었음에도 불구하고 일개 허영
아인 모某의 사욕을 채우려는 가증한 간책자奸策者의 주구로서 소위 문예영화라는
<춘희>를 또다시 감독하였다.[14]

이경손도 주구라는 단어로 매도되어 있지만 정기탁도 허영아 내지는 가증한 간책
자라 되어 있다. 그런가 하면 바람둥이로 묘사된 글도 있다.

사랑만을 위하여서 존재한 정기탁 씨는 김 씨와 같이 상해대중화편합영편공
사에서 대활약을 한다는 것을 이필우 씨의 '중국의 영화계'에서 알았다.[15]

이밖에 윤봉춘이 쓴 글에도 정기탁이 바람둥이로 묘사되어 있다.[16] 그가 국내에
데뷔하는 소개 기사이다. 이때만 해도 악의적인 글은 없었다.

朝鮮映畵界明星點考
상해에 건너가서 사년간을 음악과 운동에 힘을 썼는데 지금의 꽃다운 나희는
이십하고도 삼세이다.[17]

그는 1925년에 서울로 돌아와 이경손 감독의 영화 <개척자>에 전창근과 함께 영
화배우로 데뷔하였다. 1926년 영화 <장한몽>에 출연한 후 그는 당시 인기절정의 배우
나운규와 함께 <금붕어>에 출연도 하였다. 당시 《동아일보》 영화평란에 영화의 성과
나 나운규의 연기는 별로이나 정기탁의 연기는 대단했다는 극생尅生이라는 필명의 극
찬평이 실려 있다.

---

14   박완식, "조선영화인 개관", 《중외일보》, 1930. 3. 13.

15   박완식, 위의 신문, 1930. 3. 13.

16   (...) 양에 정모라는 부자집 아들로 일본과 상해로 돌아다니며 난봉을 부리다가 돌아와서 연기도 하고 감독도
     하면서 최후의 목적은 여성에게 있어서 상설관에서나 길에서도 마음에 드는 여성만 보면 뒤를 추격하고 그리
     되면 10에6, 7은 자기의 소유가 된다는 것이다. (...)
     윤봉춘, "映畵 界今昔"(책 제목 미상 자료), p.66.

17   《동아일보》, 1926. 10. 26.

(...) 출연으로 보아 라운규羅雲奎 군은 덕 역이 아니였다고 생각한다. 그 까닭에 이번 출연은 실패에 갓가웟다. 김정숙金靜淑은 감독의 노력으로 이제껏 한 출연에 비하야는 성공이라고 하겟다. 그러나 역시 아니였던 것 갓흔 늣김이 잇엇다. 이 영화에 출연자로 대성공자는 정긔탁鄭基鐸 군이엇다. 미국『파라마운트』사의『아돌프멘주』의 모방을 한 모양인데 일본서 화제和製『차푸린』이라는 칭호를 듯는 부면영삼富田永三의 명도 이상으로 조선제『아돌프멘주』이엇다고 생각한다. 비로소 그는 역을 차진 모양이다. 실로 그대로이면 일본영화계에 갓다 놋트라도『내로라!』할 만하다고 나는 생각한다.[18]

국내영화계에서 자리 잡기에 성공한 그는 이경손을 찾는다. 그는 '조선키네마'가 나운규를 주인공으로 제작에 들어갈 영화 〈잘 있거라〉의 감독으로 내정된 인물로 바로 나운규와 정기탁을 배우로 데뷔시켰던 장본인이다. 정기탁은 이경손에게 나운규 곁을 떠나 자신과 함께 갈 것을 권유했다. 1926년 대중의 큰 호응을 얻은 영화 〈아리랑〉의 감독 주연으로 명성이 높아진 나운규에게 이경손의 존재 가치는 예전 같지 못했던 것이다.

정기탁은 이경손 감독의 영화 〈산채왕〉에 출연한 후 이 영화의 실패로 이경손이 재정적으로 어렵게 되자 평양의 부친을 설득해 영화사 '평양키네마사'를 설립한다. 이경손을 끌어들인 그는 첫 작품 〈봉황의 면류관鳳凰의 冕旒冠〉을 신일선을 여주인공으로 본인이 제작 주연한다. 그러나 이 영화는 자금 부족으로 인해 실패작이 되었다.[19]

흥행참패의 결과에도 불구하고 정기탁의 영화제작은 계속 된다.[20] 정기탁은 새 자본주 김동평을 끌어들여 '뒤마' 원작의 〈춘희〉를 제작한다. 이 영화 역시 흥행은 신통치 않았다. 그가 상해로 가고자 결정한 것은 그즈음이다. 연이은 흥행 참패와 동료 배우 나운규의 승승장구에 따른 경쟁심과 영화다운 영화를 만들어 보고픈 그의 마음은

---

18 위의 신문, 1927. 7. 10.

19 朴珍, 위의 책, p.71.

20 「鳳凰의 冕旒冠」은 朝鮮劇場에서 첫 개봉을 했다. 실상 雲奎의 映畵에 비해 산만하다. 나는 영화를 보며 부끄러움을 느꼈다. 이 映畵로 基鐸은 자기 아버지에게 탄 돈 전부를 탕진했다. 그러자 金東平이 출자를 제의했다. 그는 金東仁의 동생으로 「마닐라」音樂大學의 「피아노」科 출신이었다.
이경손, 앞의 책, p.349.

자연히 상해로 향했다. 신문 보도에 따르면 〈봉황의 면류관〉을 상해에 수출하려고 시도했던[21] 정기탁의 국제적 활동에 비추어 볼 때 그가 상해로 향한 것은 당연한 일이었다. 그러나 〈봉황의 면류관〉 수출에 관련된 다음 기사가 없는 것으로 봐 영화 수출은 무산된 듯하다. 정기탁의 출국은 적어도 1928년 6월에 있었던 〈춘희〉의 개봉 이후일 것이다. 이때 이경손은 본인의 프로덕션을 차리고 〈숙영낭자전〉 촬영에 이미 착수하였던 시점이었다.

상해파 영화의 기점이 되는 영화 〈애국혼〉은 정기탁에게 진정한 영화인으로서의 입지를 확고하게 세워줬다. 안중근 의사의 의거를 다룬 영화 〈애국혼〉은 자신뿐 아니라 암울한 상황에 처해있었던 중국인들과 우리 민족에게 희망을 심어준다.

상해로 간 한국의 영화인들이 처음 만든 영화 〈애국혼〉은 원작 박은식, 각본·감독·주연 정기탁, 여우주연 김일송으로 이 영화의 내용은 일제강점기의 조국을 떠나온 이들의 염원을 담은 저항영화였다. 망국의 한을 가져온 이른바 한일합방의 치욕을 강요했던 일본 정치인 이토 히로부미를 응징한 안중근 의사의 애국투혼이 담긴 영화가 바로 〈애국혼〉인 것이다. 한국에서 만들어 한국의 민중들에게 보여주고 싶었을 영화 〈애국혼〉은 비록 한국에서는 만들지 못했지만 포기할 수 없었던 영화였다.

1928년 여름, 상해로 간 정기탁은 당시 교포사회에서 읽혀지던 박은식의 『애국혼』을 읽고 시나리오화 했다. 중국말과 글을 어느 정도 할 수 있었던 그는 상해영화계에 진출하기 위해 이 시나리오를 들고 민족지도자였던 여운형과 함께 당시 3대 영화사의 하나인 '대중화백합영편공사'를 찾는다. 여운형呂運亨(1886~1947)은 상해임시정부 의정원 의원과 상해 거류민단장 등 요직을 역임했던 당시 상해내의 민족지도자로 존경을 받으며 중국인들에게도 명망이 있던 인물이다. 여운형의 도움으로 안중근 의사의 영화화는 선뜻 받아 들여졌고 이 영화의 감독까지 본인이 맡게 된다.

1928년, 조국은 비록 일제치하였지만 정기탁은 독립을 맞은 것 같았을 것이다. 정

---

21 鳳凰의 冕旒冠
上海에 輸出
뎡기탁(鄭基鐸) 데공의 리경손(李慶孫) 창작 감독 조선명화 봉황의 면류관(鳳凰의 冕旒冠)은 방금 인사동 조선극장(朝鮮劇場)에서 예고편을 상영하는 중으로 지금 원판정리는 다맛치고 현상에 분망 중임으로 오는 십일경에는 동극장에서 봉절 상영을 하게될 터이라는데 그 영화는 장차 중국 상해(中國上海)로 수출을 식히게 될 터이라 하며 조선영화의 상해 수출은 처음이라더라.
《동아일보》, 1926. 11. 6.

한국영화 100년사 일제강점기

기탁은 한국인 최초로 중국영화계에 무성영화 안중근 의사의 일대기 〈애국혼〉으로 데뷔한다. 중국인들에게도 충격적이었던 안중근 이야기는 반일 감정이 높아가던 당시의 중국 관객들에게도 좋은 반응을 얻었다. 그 시대에 마땅히 만들어야 할 영화로 인류 평화의 역사를 깬 일본에 대항하는 영화 〈애국혼〉의 탄생은 그 훌륭한 명분처럼 통쾌한 작품이었다.

이 영화를 감독한 같은 해에 정기탁은 두 편의 영화를 더 연출하였는데 강압적인 폭력에 대한 저항의식이 깔린 〈화굴강도火窟鋼刀〉와 자유연애를 희구하는 심리극 〈삼웅탈미三雄奪美〉 등 두 작품이다. 정기탁은 1928년에만 3편을 감독, 주연하고 다음해인 1929년에 감독 또는 연기자로 6편의 영화에 관여하였다. 〈여해도〉, 〈진주관〉, 〈정욕보감〉, 〈대파구룡산〉, 〈화소구룡산〉, 〈은막지화〉 그리고 1930년에 〈흑의기사〉로 승승장구했던 정기탁은 무술영화의 액션배우로까지 활동 영역을 넓혔다. 그러던 그가 갑자기 상해의 영화계에서 사라진다. 이필우가 〈흑의기수〉 촬영현장을 보았다는 신문기사로 보면 1930년 1월 이후 상해를 떠났다고 볼 수 있다. '대중화백합영편공사'는 이미 사양길로 접어들었고 정기탁으로서는 또 다른 선택을 할 수밖에 없었던 상황이다. 이필우와 영화를 같이 하기로 약속하였던 정기탁은 남양22으로 떠났다고 한다. 그의 남양행에 대해서는 상해에 거주하던 김명수도 기록을 남기고 있다.23 소설가이자 영화감독인 심훈의 기록 '조선영화인 언파레드'에 따르면 그는 일본 유수의 영화사인 '경도 신흥京都 新興키네마'를 찾아갔고 카메라맨 이창용과 함께 하였다고 전한다.24

상해에서의 활동만으로는 만족할 수 없던 한국인 정기탁이 일본에서 할 수 있는 일

---

22 남양이 구체적으로 어디인지를 알 수 없으나 '남양영편공사' 등의 이름과 상해 곳곳의 간판에서 남양 글자가 보이는 것으로 보아 남양군도가 아닌 중국내 어느 곳이다.

23 全昌根君이 大中華에서 脫退하고 百合公司가亡할 際 鄭은 自己가孤立된줄알때 넘우나 寂漠을늣겻든 것이다. (...) 天一影片公司와씨나리오作成을 期約했는대 그길한아文學的으로다가아울라인을지여달라고 하도졸으기에 (...) 그때문에공연한 腦를섯다. (...) 鄭은 天一에는가지도안코 每日 하이알라이(西班牙賭博)이 밋처단이드니 하로밤은 나에게와서 南洋으로간다고 굿바이를告하엿다(...)
김명수, "나의 映畵人들과의 往來", 《영화시대》(경성: 영화시대사, 1932. 3.), pp.52-53.

24 상해에 가잇다가 돌아와서 『개척자』에 출연한 이후 자비로 『봉황의 면류관』을 박히고 춘희에 주연하얏다. 다시 상해로 뛰여나가 여운형의 소개로 대중화백합영편공사에서 안중근의 최후를 스토리로 한 『愛國魂』, 『黑衣의 기수』등을 감독, 각색, 주연하야 일시 중국인간에 환영을 받고 막대한 수입까지 받앗든 영화계의 풍운아 중의 한사람이다. (...) 지금은 이창용군과 같이 京都 帝키네에서 연구중이라 한다.
심훈, "조선영화인 언파레드", 《동광》 23호, 1931. 7.

은 크게 없었다. 대중잡지 《영화시대》(1931년 6월호)를 보면 영화사 '경도제京都帝키네마'의 멤버들의 사진이 실려 있다. 그 사진에 이창용, 방한준과 함께 무표정한 정기탁이 있다. 그러나 그 영화사가 영화 제작을 했다는 기록은 없다. 그리고 1933년 일본에서 돌아온 정기탁은 '연화영업공사聯華影業公司'와 손을 잡고 영화 〈출로出路〉를 감독한다. 이 영화는 1930년대의 비참한 중국사회현실을 묘사한 작품으로 그 어두운 내용 때문에 라스트에서 주인공이 제1차 상해사변에 참전하는 것으로 내용이 바뀌고 제목도 〈광명지로〉로 강제로 개작되어 공개되었다. 〈광명지로〉의 내용은 소자본 계급 지식인이 실업자가 되어 자동차 사고로 부인까지 잃는데 도적사건에 연루되어 감옥에 간다는 내용이다. 시대의 상황을 주인공의 상황과 결부시켜 개인의 아픔을 극대화한 것이 1932년에 이규환이 감독한 〈임자 없는 나룻배〉와 흡사하다.

그는 이 작품으로 중국영화계에서 인정받는 감독으로 성장하였다. 그가 〈광명지로〉를 완성하고 잠시 귀국을 했을 때의 기사이다.

中國映畫界에

同胞가 大活躍

애인 ○영도의 자살로인하야 새 화제의 주인공이 된 정긔택鄭基鐸 군은 十二일 상해로부터 돌아왔는데 군은중국영화계에 관하야 만흔소식을 가지고왔다

상해에 잇는 연화영편공사제작창聯華影片公司製作창에서는 정긔텍 군 감독 하에 출로出路라는 『토-키-』를 촬영완요 하엿는데 정군리鄭君里군과 담영(담瑛)양의 주연이라한다 그리고 동군 감독 하 차희 작품 황성의 월(荒城의 月)을 촬영하고저 남양南洋으로 『로케-숀』을 가리라는데 이 사진의 주연은 조선 녀자 김마리아라 한다[25]

위 기사에도 언급된 정기탁이 만들려 했다는 〈황성의 월荒城의 月〉은 완성되지 못한 혹은 기획단계에서 중단된 영화로 짐작되며 그 뒤의 후일담은 『중국전영발전사』의 기록에도 없다.

총 12편의 영화에서 감독 또는 주연을 한 정기탁이었지만 그러나 그가 관계한 영

---

[25] 《조선중앙일보》, 1933. 9. 16.

화의 필름은 1편밖에 남아있지 않다. 정기탁의 대표작의 하나이며 그 필름이 남아있는 〈재회파상해〉는 1934년도 작품으로 그 주제가가 지금도 불리고 있으며 당시 스타인 완령옥阮玲玉이 주인공을 맡았다. 〈출로〉가 남성 지식인의 현실과 갈등을 그렸다면 이 영화는 대조적으로 인텔리여성의 자아 찾기를 주제로 유산계급의 부패한 사회상, 물질숭배자들의 타락한 생활, 그리고 남녀들의 방종한 작태와 비참한 환경 등 1930년대 상해의 여러 상황을 보여주고 있다. 스스로의 운명을 개척해 가는 신여성의 삶을 그린 이 〈재회파상해〉 역시 1934년 중국에서 화제가 되었다.

정기탁의 상해에서의 활동에 대한 당시의 동료이며 1940년경의 상해 전영황제電影皇帝인 유경(류충)의 증언이다.

> 「출로」 촬영개시.
>
> 정기탁은 고려인으로...... 약간의 상해어는 말할 수 있지만 발음이 좋지 않다.
> ...... 그래서 고려어를 할 수 있는 사람을 찾아내 통역을 맡겼다. 감독이 「출로」의 스토리 한 구절을 이야기하면 통역이 그 구절을 배우들에게 설명한다. 한난근 등의 배우들은 이런 감독을 만나 일종의 독특한 재미를 느끼고 있다.
>
> 정 감독은 차림새에 정말로 무관심한 사람이다. 양털 같은 천연 파마머리를 날리고, 수염은 열흘을 깎지 않아도 태평이다. 내의는 매일 갈아입는지 모르겠지만, 겉옷은 주름투성이, 먼지투성이의 단벌 신사다. 그와 같은 사람이야말로 중국에서 말하는 '자유인의 풍격'일 것이다.[26]

다음은 『상해의 조선인 영화황제』의 저자 스즈키 쓰네카스와 유경과의 인터뷰 내용이다.

> "30년대 상해에서 조선에서 온 영화인들을 만났습니까?"
> "정기탁은 조선인이었습니다. 우리들은 그를 '고려인'이라고 불렀으니까요. 그가 감독한 작품 「이원염사」梨園艶史가 기억에 남습니다. 전창근이란 이름은 알지 못

---

26   스즈키 쓰네카스 지음, 이상 옮김, 『상해의 조선인 영화황제』(서울: 실천문학사, 1996), p.213. 1933년 중국 상해에서 간행된 《연화화보》 등의 자료를 확인해 썼다고 실려 있다.

하겠군요."

정기탁의 이름은 중국대륙 유일의 영화통사『중국전영발전사』(중국전영출판사, 1963)에도 보이지만 그의 경력과 출신은 기재되어 있지 않았다. 그는 1928년부터 1929년에 걸쳐 상해의 대중화백합영업공사 전속 감독으로서 배우도 겸했다. 완령옥과의 공연 작품도 많다.

그의 감독 데뷔작은 「愛國魂」(1928)으로 조선본국이 총독부의 식민지 지배를 받고 있었기 때문에 제작 불가능한 '애국지사 안중근의 이토 히로부미 사살'을 상해에서 영화화한 것이다. 정기탁은 1933년 김염의 소개에 의해 연화영화로 이적해 「출로」와 「상해여 안녕」을 감독하였다.

(...)

유경은 내게 말하였다.

"정기탁은 배우로서의 연기도 감독으로서의 기량도 모두 뛰어났습니다. 그렇지만 그 후 어떻게 되었는지는 모릅니다."[27]

그는 1934년 완령옥 주연의 영화 〈재회파상해〉(개봉명 : 상해여 잘 있거라)를 만들고 그 필름을 갖고 서울로 돌아온다. 《매일신보》에 그의 귀국을 알리는 기사가 실리기도 했다.[28] 상해에서 보내온 김광주金光洲의 글도 있다.[29]

---

27 스즈키 쓰네카스 지음, 앞의 책, pp.212-213.

28 '上海에서 八年間 映畵藝術에 精進튼 鄭基鐸氏歸鄕'이란 기사와 〈上海야잘잇거라〉의 내용이 소개되어 있다.
    《매일신보》,1935.11.28.

29 最近에는 鄭基鐸氏의 監督主演으로된 「上海야 잘잇거라」가 鄭氏 自身이 歸鄕의 記念膳物로 京城에 갖이고 나갓다는 말을 어느親舊에게서듯자 朝鮮서온 新聞演藝欄을通해서 더욱 仔細히알엇다.
    金狂走, "最近中國映畵街의 動向", (경성:《映畵朝鮮》창간호, 1936. 9.), p.106.
    이 글에서 쓴 김광주(金狂走)라는 이름은 그가 자조적으로 쓴 필명이다.

■ 전창근론

나운규의 고향인 회령에서 1907년에 출생한 전창근은 열여덟 살의 나이에 영화 〈개척자〉의 배우로 정기탁과 함께 출연했다. 전창근은 일제치하 조국 땅에서의 영화 활동을 포기하고 상해로 이주한다. 그는 귀국하기까지 12년간을 상해에서 거주하며 무창대학武昌大學을 졸업하고[30] 임시정부 민족학교인 인성학교(초대교장: 여운형)에서 미술 및 체육교사로 재직하며 영화 활동을 모색하였다. 인성학교 시절 그의 제자인 최윤신[31]의 증언이다.

> 전창근 씨는 제 시절에는 도화가 뭐죠? 그림이죠! 그림도 가르치시고, 체조도
> 가르치시고 그저 한 분이 여러 가지를 가르쳤으니까… 부인되시는 박모란이 제 친
> 구의 언닌데 두 분이 연애 결혼 생활한다는 얘길 들었거든요… 장모님이 우리집에
> 오시면 사위가 돈도 모르고, 글만 쓰고 문학에만 전공하고 처자식 돈벌어 먹일 생
> 각은 안하고 모여서 예술에 대해서만 의논하고 공밥을 먹으며…[32]

전창근은 정기탁이 상해로 온 후 정기탁의 영화 각본을 쓰면서 작가 겸 연기자로 활동하였다. 상해파 영화인들이 처음으로 만든 영화 〈애국혼〉이 전창근의 각본이었다는 기록이 있다.

愛國魂(1928)

편쇄: 전창근, 도연: 정기탁, 촬영사: 주시목

주요연원: 정기탁, 탕천수, 정일송[33]

이것은 『中國無聲電影劇本』에 실린 "편쇄: 정군"이라는 기록과 상반되는 것이다.

---

30 이영일, 『한국영화인 열전』(서울, 영화진흥공사, 1982), p.120.
무창대학은 상해에 있었던 대학이 아니며 무창은 하북성에 있는 도시이다.

31 최윤신(1917년 4월 7일생) 본 논문의 중요 증언자인 최채의 친동생이며 독립기념관장 최창규의 모친이다.

32 최윤신 구술, 2000. 10. 11.

33 程季華 主編, 『中國電影發展史』 第一卷(中國 北京: 中國電影出版社. 1981), p.563.

愛國魂

(대중화백합영화사 1928년)

편제: 왕원룡

편쇄: 정군

도연: 정기탁

주연: 정군.정일송[34]

　　전창근이 〈애국혼〉에서 어떤 역할을 했는지 더 이상의 기록은 없다. 다만 전창근
과 함께 활동했으며 〈양자강〉 당시 조감독이었던 최채의 증언에 따르면 정기탁이 각
본을 썼다는 것을 짐작할 수 있다.

　　다음은 필자와 중국 연길시에 살고 있는 최채의 대담 내용이다.

..............중략.................

(『中國無聲電影劇本』 p.1561 〈애국혼〉을 함께 보면서)

안: 　정군이라는 배우 모르세요? 정군이 주연으로 나와있는데...

최: 　정군이 편극입니다.

안: 　아니, 여기도 정군이예요. 주연에...

최: 　정군이라는... 이름은 모르겠는데... 가명이야. 정기탁입니다. 주연이 말이야.
　　　정기탁이를 갖다가 정군이라고 한 겁니다.

안: 　아... 왜 이름을 그렇게

최: 　이름을 아마 저기했나보죠. 예명을 쓴 거죠. 정기탁이 쓴 게 맞지 정군이라는 말
　　　은 들질 못했네. 정기탁이 각본을 쓴 겁니다. 각본하고 연출하고 주연하고 전부
　　　정기탁이 한 겁니다.

안: 　지금 저는 〈애국혼〉을 전창근이 쓴 걸로 알고 있었거든요? 정기탁이 썼다는 걸
　　　어떻게 아세요?

최: 　아니 글쎄 말야. 내 듣기에는 그렇게 들었습니다. 각본 다 써가지고 여운형이가
　　　보고서, 그 다음에 "가자!" 이러고선 정기탁이를 데리고 '대중화' 총재를 찾아

34　 "愛國魂", 『中國無聲電影劇本』(中國 北京: 中國電影家協會) p.1561

갔습니다. 그 말을 들었습니다.

안: 정기탁 씨하고 여운형 씨하고 서로 알고 있었다는 말입니까?

최: 정기탁이 각본을 써가지고 여운형한테 가서 이런 사진을 찍겠다 이러니까 말야. "좋다! 안중근이 좋다!" 해가지고 그래가지고 여운형 씨가 데리고 가서 그 총재를 만나가지고 말야. 또 안중근이 중국에서 전부 유명하니까 하나는 여운형이를 통해서 들어가고, 하나는 안중근이 각본에 취미를 붙여가지고 데려가서 박게 된 겁니다. 내 기억 가운데 그렇습니다. 그 때 전창근은 하게 되면서 전창근이를 갖다 거기 인사학교 교원하다가 정기탁이 같이 아마 면목이 있었던 모양입니다. 그래 가서 배우 했습니다. 전창근이 했다는 말 못 들었습니다.

안: 그렇다면 정기탁하고 여운형 씨하고 서로 어떻게 알고 있었을까요?

최: 아니, 정기탁이 찾아갔죠. 여운형이가 알 수가 있겠습니까? 독립운동하는 분으로서 영화 방면에 알겠습니까?

안: 정기탁이 28년도에 만들기 전에 그 사람이 1925년도 이전에 상해에 있었어요.[35]

이상의 인터뷰로 미루어 보건데 〈애국혼〉의 각본은 정기탁이 썼을 것으로 추정된다. 김명수가 남긴 또 하나의 자료가 있다.

그러나 그가 再次到着할이때는 自他가 共認하는 朝鮮의 아돌프 맹주라든가. 大衆化百合影片公司總經理 朱菊과 初對面할때 英語通譯으로 내가 갓섯다. 그러고中國에서 둘재가는 훌능한 콘노트路의 撮影場을 구경한 것이다. ×義士一代記(즉 그의 첫作品『愛×魂』)의 參考資料를 엇으러 나는 東奔西走햇섯다. (...)

그래정작 會社와 컨트렉트될제에는 내일홈이쏙빠젓스니 나만그를 同志요 先進이요밋다가헛물만키고말엇다 나도 꽤 純眞햇섯지 副監督을 시켜준다는말을 고지밋고만잇섯스니가. 하, 하, 하[36]

35   崔采의 구술, 2000. 9. 12.
36   김명수, 앞의 책, p.52

이 글에 따르면 정기탁이 상해로 온 후 〈애국혼〉의 제작이 진행된 것으로 보이며 전창근의 이름은 이때까지 보이지 않는다. 따라서 전창근이 미리 각본을 썼다고 볼 수는 없고 김명수가 얻어온 참고자료가 구체적으로 무엇인지는 몰라도 정기탁에 의해 진행되었음을 알 수 있다. 정기탁의 두 번째 영화인 〈화굴강도〉의 각본을 전창근이 썼다는 기록이 있다.

火窟鋼刀(화굴 강도)

(대중화백합영화사 1928년)

극본: 전창근

감독: 정기탁

촬영: 여성삼

주연: 정일송. 탕천수[37]

1930년 〈흑의기사〉 마치고 정기탁이 일본으로 떠난 후 전창근은 이경손과 〈양자강〉을 준비하였다.

최채의 증언이다.

안:　영화 〈양자강〉에서 어떤 분야의 일을 하셨습니까?

최:　중요하긴 내가 상해말을 잘 하고 하니까... 통역할 사람이 없으니까... 내 또한 영화를 좋아하고 하니까 전창근이와 리경손이와 친하게 지냈습니다. 내가 거기서 〈양자강〉할 때 이경손이 조수로서 한족 배우들을 많이 쓰게되니까 그 배우들한테 한족말로써 번역하고서 정신이 없었죠. 조수공작을 했습니다. 그 때 말을 말야... 조리연출이라 했죠.

안:　〈양자강〉을 어떤 회사에서 어떻게 제작하게 됐는지, 제작 경위에 대해서 말씀해주십시오.

최:　그렇습니다. 우리 그 때 말야... 또... 조선 예술 사업하는 사람들이... 이경손이,

37　"고사편(1905-1930)", 『電影 100周年纪念版 中国影编大典』(중국 북경: 중국전영자료관편, 중국전영출판사, 1996), p.168.

전창근이, 김광주... 소설 쓴 사람이죠. 한국에서는 이름 있는 작가죠. 우리 넷이서 동방 예술협회를 탄생했습니다. 조직해가지고 이 영화를 찍기 위해서 동방예술협회를 조직했죠. 조직해가지고 상해 '고성영화공사'가 있습니다. 촬영소... 고성... 고독한 고자, 별 성자. '고성영화회사'하고 계약을 맺었습니다. 합작한 게 아니고 이 사진을... 〈양자강〉을 찍은 후에는 조선으로 나갈 수 있다. 이래가지고 외국까지 진출할 수 있다. '고성영화회사'에서 말야 동의해 가지고 합작해 찍게 됐습니다. 그래서 이 영화를 찍게 됐습니다.

안: 그러니까 합작입니까?

최: 합작해 찍은 거죠. '동방예술협회'하고 '고성영화회사'하고 합작해 찍었죠. 그땐 자금도 없으니까... 그 땐 아무 기재도 없으니까 '고성영화사'에는 촬영장비도 다 있으니까 그래도 명의상 합작해 찍었죠.[38]

전창근과 이경손 등의 활약은 국내신문에도 일제히 실렸다.[39]

〈양자강〉은 중국에서 시사회만 하고 한창섭이 필름을 갖고 서울로 와서 공개된다. 검열에서 일부 내용이 삭제되었으나 결국 중국 인민들의 어려운 삶을 묘사한 내용이었으므로 오히려 일제에 도움을 줄 수 있다고 판단된 듯 무사히 공개가 된다.

최채의 증언이다.

안: 〈楊子江〉을 (상해) 어디에서 개봉했습니까?

최: 아마 9월이나 10월께일 겝니다. 아마 31년돈가? 내가 열일곱 살 때니까 31년

---

38 최채, 앞의 구술.

39 上海同胞의 映畵
『湯子江』完成
一月@八日上海大戱院의試寫
今月中旬서울에上映
임이보도한바 이어니와 중국상해(上海)재류우리동포들이제작중이든영화양자강(楊子江)은 여러가지로 신산안생활중에서제작완성되여 임이지난달 이십팔일오후 다섯시에 상해(上海法界大馬路吉祥街)중화대희원(中華大戱院)에서다수의래빈압헤서시사회(試寫會)를개최하엿다는데만흔 갈채가잇섯다하며 이영화의감독(監督)은조선에서맨처음에 영화감독이엿든 리경손(李慶孫)씨와중국영화계에서도 명성이잇든전창근(全昌根)씨의주연 한창섭(韓昌燮)씨의촬영이라는바이달 중순에는 서울에서 상영되리라한다(上海特電)
《동아일보》, 1931. 2. 3.

도 일겁니다. 아무튼 그 때 추웠으니까...구시월쯤입니다. 그래가지고 다 완성한 거야. 상해 불란서 조계 쪽에 있는 조선 사람들을 갖다가 전부 청해서 먼저 관람시켰습니다. 그게 첫 번째 공연이죠. 하고 난 후에, 그 후에 그 영화를 갖다가서 심사를 말야, 국민당 심사위원회 심사를 받아야 하는데, 심사에서 말야 못하게 검열을 당했죠.

검열을 당한 후에 만약에 할 수 없어 가지고 중도하지 못하고 그 영화를 갖다가서 그 땐 말야... 한국의 서울에 가서 말야 돌렸습니다. 근데, 말을 들어보니까 가가지고 일본 심사하는 것들이 말야, 많이 끊어 버렸다고 그러대요.

안: 내용이 뭐가 문제가 있었던 거죠?

최: 중요한 건 주인공이 북벌전쟁에 참가했는데, 농민이 광동의 북벌전쟁에 거기에 전사로서 참가했는데, 전투하다가서 다리가 부러지게 됐어요. 다리가 부러져 가지고 말야. 다시 고향으로 상해에 와서 거지 노릇하면서 거지가 됐거든요. 이기 말야... 국민당의 말야... 군대의 수치를 보여주는 거다... 이래 가지고 못하게 했어요.[40]

이러한 내용 때문에 〈양자강〉이 중국 내에서도 시사회만 하고 개봉은 안 되었다는 것은 처음 밝혀지는 내용이다. 이경손의 글에 나오는 흥행이 잘되었다고 하는 것[41]과는 상반된 내용이기도 하다. 이 영화를 보고 심훈이 쓴 글에서도 해외 동포들의 활약을 자랑스러워했음을 느낄 수 있다.[42]

이 영화를 본 원로연극인 강계식 배우의 증언이다.

---

40   최채, 앞의 구술.

41   映畵『楊子江』은 完成되어 큰 興行을 보았다. 全의 外交가 어찌나 비범했던지『楊子江』은 아무 政府에게도 稅金 한 닢 안내고 興行을 보아 수지를 맞췄다. 社長은 이「필름」을 韓國에 보내어 利益金을 반씩 나누자고 제안했다. (...)
이경손, 앞의 책, pp. 283-284

42   심혈을 기울인 촬영 과정이 역력히 보여서 눈물겨웠다 기대이상의 작품이다. 조선영화인의 해외 진출로 그녀들의 노력 결정이 수입되기는 내 기억으로는『양자강』이 처음인 것 같다. 내용여하를 불문에 붙이고 위선 경하할 일이다. 중국과 조선은 영화의 처녀기인 점이 같으면서도 풀 한포기 심어볼 수 없는 조선보다는 여러 가지 관계로 중국은 개척할 수 있는 여지와 가능성만은 잇다.『양자강』일편은 그것을 증재한 것이다.
《조선일보》, 1931. 5. 5.

자기가 사랑하는 사람이 결혼을 해요... 그런데 잡혀가는 거야... 날 10분만 봐다 오. 형사도 그러라고...결혼식이 끝나고 주인공 잡혀가다가 튀는 거야. 그래 할 수 없이 양자강에 뛰어들어 시체가 나온 거야. 좋았어... 아주 기가 막혔어 그 전창근 씨라는 분이 눈이 부리부리한 게 그 연기가... 영화연기라는 게 눈연기 거든.[43]

〈양자강〉은 국내 흥행에도 성공한다.[44]

1937년 7월 7일, 일제는 노구교 사건 후 본격적인 중국침략을 시작해 중일전쟁이 시작된다. 그해 11월 남경폭격이 시작되며 동포들은 중국 탈출을 시도하는데 전창근도 그즈음 귀국하게 된다.

▬ 이경손론

이경손은 1904년생으로 서울에서 경성신학원을 다녔다.[45] 그는 '무대극연구회' 라는 단체를 만들어 신극운동을 펼치다가 1924년 부산에서 문을 연 '조선키네마주식회사'에서 영화의 첫발을 내딛는데 그 회사의 첫 작품 〈해의 비곡〉에서 조감독을 맡게 된다. 두 번째 영화 〈운영전〉의 조감독을 거친 이경손은 '윤백남프로덕션'의 첫 작품 〈심청전〉으로 스물한 살에 감독으로 데뷔한다. 그는 이 땅에서 조감독을 거친 최초의 감독인 셈이다. 그러나 이경손은 '윤백남프로덕션'이 재정난으로 문을 닫게 되어 '계림영화협회'의 첫 작품 〈개척자〉를 감독하며 배우공모를 해 정기탁과 전창근을 연기자로 데뷔시킨다. 뜻대로 좋은 영화를 만들 수 없었던 당시의 영화계 사정에서 다음 작품으로 일본의 신파극 〈금색야차〉를 번안한 〈장한몽〉을 감독하였다. 이 영화는 주인공이 뒤바뀌어 1역 2인이 출연하는 소동에도 불구하고 흥행은 되었지만 영화수준은 기대 이하였다. 다음 영화 〈산채왕〉으로 또 한 번 주인공이 바뀌는 소동과 더불어 흥행

---

43 강계식 구술, 1997. 7. 14.
44 방금 시내 조선극장에서 상영중인 『양자강』(楊子江)은 팬들의 열렬한 지지(支持)로 련일 만원되어 오는 바 이 때문에 예정보다 하로를 더 늘이어 작 六일까지 계속 상영하얏스나 오히려 족하지 못함으로 다시금 七일까지 상영하기로 되엇스며 본보독자는 우대한다한다
    《동아일보》, 1931. 5. 8.
45 京城神學院學生으로 2년 공부하고 1년간 실습했다. 京都의 同志社大學의 分校라는 이 학교의 四角帽를 쓰고 나서면 거북하기 짝이 없었다.
    이경손, 앞의 책, p.321

좌절을 겪은 이경손에게 나운규는 자신의 프로덕션 창립작인 〈잘 있거라〉의 감독을 의뢰한다. 이경손이 나운규 주연의 영화를 만들 기회가 온 것이다. 그러나 그것도 정기탁의 연출 제의로 무산된다.[46]

이경손은 정기탁이 만든 '평양키네마사'의 첫 영화 〈봉황의 면류관〉을 감독하나 역시 흥행에 실패하였다. 다만 모던풍의 영화라는 신문의 호평으로 위안 받는 정도였다.[47]

이경손은 다시 '평양키네마사'의 두 번째 영화 〈춘희〉를 감독하였으나 그 역시도 기대에는 못 미치는 범작이었다. 단지 《조선일보》 주최의 영화제 때 나운규만이 우수작 세편의 추천작 중 한편으로 추천 했을 뿐이다.[48] 이때 '베스트 쓰리'에 선정된 무성영화는 〈아리랑〉, 〈임자없는 나룻배〉, 〈장화홍련전薔花紅蓮傳〉이다.

이경손은 본인의 프로덕션을 만들게 되는데, 이것은 이미 나운규가 프로덕션을 만드는 것을 볼 때부터 가졌던 그의 꿈이기도 하였다. 그러나 '이경손프로덕션'의 창립작 〈숙영낭자전〉 역시 실패작으로 끝나고 그는 새로운 길을 모색하지 않을 수 없게 된다. 그는 나운규를 데뷔시켰던 스승과 같은 존재였으나 국내에서의 모든 영광은 나운

---

46   그날 회사로 돌아오니 平壤의 鄭基鐸이 기다리고 있었다. 바로 정기탁은 〈長恨夢〉에서 李秀一의 가슴에 불을 지르는 紳士역을 했다. (...) 그는 培材學堂을 중퇴했고 野球선수였으며 上海에서도 오래 있었다. 그 시절 드물게 보는 英國紳士 맵시였다. (...) 그는 벌써 논 팔고 밭 팔아서 「필름」가지 몇千尺 사놓고 나만 기다리는 중이라고 했다. 撮影機도 세얻어 놓았다는 것이다. (...)
      『어떻게 된거야, 난 내일부터 「잘 있거라!」를 감독해야한단 말이야.』
      『여보, 雲奎가 당신 필요한 사람이요?』
      옳은 말이었다. 雲奎는 이미 成人이었다.
      이경손, 앞의 책, p.348

47   《동아일보》, 1926. 10. 29.

48   우리 映畵界의 三大名作 (전략)
      나운규 그러타면 말하여 보지요 내 생각에는
      薔花紅蓮傳(京城撮影所作品, 文藝峯主演, 二明雨監督)
      먼동이 틀때(鷄林映畵社 作品, 沈熏原作, 監督)
      椿姬(鄭基鐸作品 金一松主演 鄭基鐸監督)
      이러케 골느고 십허요 그 중에서도 『장화홍련전』은 근래의 걸작이어요 배우의 연기 촬영 기술 모든 점으로 보아서 실상 나도 장화홍련전에 야심(野心)이 잇서 여러번 각색(脚色)하려다가 실패햇는데 그러케 십여권으로 압축하여 노흔 각색자에게도 경의를 표하고 싶허요 『춘희』는 촬영기술 말하자면 라이트(조명)라든지 카메라맨의 워크라든지 감독의 수법이라든지 뛰어낫섯지요 심훈씨의 『먼동이 틀때』도작의(作意)도 조왓고 스토리도 자미잇섯고 배우도 조왓섯지요
      "名俳優, 名監督이 모여 「朝鮮映畵」를 말함" (경성: 《삼천리》, 1936. 11.) p.79

규에게 빼앗겼고 결국 상해에서의 활동도 그가 데뷔시켰던 정기탁에게 양보한 결과가 되고 말았다.

1928년 12월 26일 《동아일보》 연예 면에 '중국영화의 현재'란 글을 투고한 것으로 보아 이경손은 1928년 말 우여곡절 끝에 드디어 상해로 온다.

> 내 기억에 남는 「椿姬」의 인상은 단지 주인공의 치마가 매우 보기 좋았다는 것뿐이다. 그러나 東平은 이 映畵로 자기 몫의 재산을 전부 탕진했다. (...) 마치 내가 사람 골라가며 거지 만드는 듯한 자책마저 느꼈다.
>
> 그 후 나는 다시 한번 上海脫出을 기도했다. 그때 旅行證明은 李瑞求의 힘으로 했다. 이유는 지난번 大連公演에 債務를 회수한다는 것이었다. 의심을 덜받기 위해 「도로티」와 동행했다. 그리고 奉天서 中國列車를 타고 天津으로 도망했다. 그러나 역시 실패였다 (...) 경찰서 불려다니면서 전전긍긍하던차 上海서 鄭基鐸의 편지가 왔다. (...) 지금 「上海야 잘 있거라」를 만들 작정인데 나를 꼭 監督으로 하고 싶다는 것이었다. 미리 平壤 자기 아버지에게 連絡했으니 旅費를 받아가지고 곧 上海로 오라는 것이었다. 월급도 풍족한 액수였다. 이번엔 정당하게 旅券을 받았다. 나는 日本刑事의 감시를 받으며 釜山으로 내려갔다. 「도로티」와는 上海서 만날 약속이었다. 그네는 上海서 美國市民權으로 渡美할 예정이었다.
>
> 나는 釜山서 마지막으로 李用璟과 崔錫鳳과 하룻저녁 술을 나누었다. 이튿날 連絡船을 타고 한많은 二十二歲의 젊은 故國생활을 끝냈다.[49]

1934년에 완성되는 〈상해야 잘 있거라〉가 그때 벌써 기획되었던 것인지 이경손의 기억착오인지는 확인할 수가 없다. 상해 도착 후 이경손이 정기탁의 주선으로 '대중화백합영편공사'에서 참여하게 된 첫 작품은 정기탁이 감독과 주연을 맡고 당대 최고의 여배우인 완령옥이 출연한 〈은막지화〉[50]이다.

당시 그의 심정을 다음 글에서 읽을 수 있다.

---

49 이경손, 앞의 책, p.349
50 〈은막지화〉는 일명 이원염사(梨園艶史)의 또 다른 제목으로 추정된다. 이경손이 밝힌 제목인 '어느 여배우의 로맨스'와도 일치되고 1929년에 정기탁과 완령옥이 주인공인 영화는 이것이 유일하다.

나는 다시는 내 조국의 江山을 구경할 수 없을 지도 모른다. 그럴수록 나는 뭣인가 異國에서나마 보람있는 일을 해보고 죽어야 할 것이다. (...) 祖國잃은 설움이 복바쳐 올랐다. 하늘이 우리 민족에게 주는 시련이 너무 컷고 그 것을 甘受克服해야할 내 몸뚱이가 너무 미약했다. (...) 영화사에서는 亡命오자 댓바람에 「梨園艶史」(어느 여배우의 로맨스)의 감독을 떠맡겼다. 男主人公은 鄭基鐸, 女主人公은 阮玲玉이다. (...) 내가 초청되었던 大衆化影片公司는 興行에 실패하고 문을 닫게 되어 나를 醫師처럼 초청하여 놓고 아무 注射라도 놓아달라는 격이었으나 나는 이 醫師노릇에 成功할 수가 없었다.[51]

〈이원염사〉의 감독을 이경손은 본인이 떠맡았다고 하지만 『中國電影發展史』의 기록에는 정기탁이 감독으로 나와있다. 이경손의 상해활동은 난관의 연속이었다.[52] 그리고 얼마 후 한창섭이라는 촬영기사도 이곳으로 온다. 이렇게 해서 영화를 제작할 수 있는 작가, 감독, 촬영기사, 주연배우가 모두 한자리에 모이게 된다. 그들의 나이는 모두 20대였고, 그들이 손잡은 곳은 '남양영편공사'로서 제작될 영화는 〈양자강〉이었다.

한창섭이라는 젊은 촬영기사는 숙영낭자전에서 겨우 정기사가 되더니 어느날 불쑥 상해 내가 있는 전의 처가로 나를 찾아 왔다. (...) . 첫 장면은 그럴 듯한데 다음 내용으로 들어서니 하는 수 없이 나운규 식으로 농촌의 흉년, 세금 못 내어 매 맞는 백성, 어린 누이동생을 강탈해가는 지방장관, 그리고 거기에 반항하다가 체포되고 도주하여 선원이 된 전창근이다. 그리하여 고향에 돌아와 혁명군에 가담하여 장관의 원수를 갚자더니 그만 결말에 가서 (...) 넥타이까지 맨 전창근은 중국중학 2년생인 황소년(15세)를 통역으로 앞세우고 나섰다.(...) 전이 성공적으로 끌어 댄 영화 회사란 중국경내에 들어 있는 사택양옥을 사무소 겸 촬영소로 가진 남양영편공사였다.(...)

---

51 이경손, "上海臨政時代의 自傳", 《新東亞》(서울: 동아일보사, 1965. 3.), pp.277-279.

52 (...) 회사가 문을 닫으리라는 소문은 어떻게 빨리 돌았는지 그날도 전창근이가 나를 찾아 왔다. 그는 어느새 상해에 새어들어와서 장가를 들었는지 프랑스조계안에 있는 장모의 집에서 묵고 있으니 같이 가서 있다가 기회를 보아 같이 영화를 만들어 보자는 것이었다. 나는 덮어 놓고 승낙했다.
이경손, 위의 책, p.280.

양자강은 우리나라 영화로서는 최초의 영화로 외국자막이 나오는 필름이요 처음으로 조명맛을 본 영화였건만 그 필름이 이 아무개의 것이라고도 할 수 없고 김 모의 제작이라고도 할 형편이 못되었으니 할 말이 없기는 없었다. 최초의 한국 영화를 만들어 놓고도 내가 만든 거로 다 하고 이름을 밝혀낼 수 없는 이방인이었으니까.(...) 숨어 사는 망명인가의 슬픔이다.[53]

한편의 영화가 만들어지다 보면 많은 이야기 거리를 낳게 된다. 타국에서 조선인들끼리 모여 만든 영화라 더 많은 이야기가 있었다. 이경손이 투고한 원래 글은 800여 장에 달하는 긴 글인데 우리 영화사에 관련된 부분만《신동아》지가 편집해서 실었기 때문에 더 자세한 내용을 알 수는 없다.[54] 〈양자강〉의 제작 소식은 국내 신문에도 크게 소개되었고, 일제의 억압 속에서 살아야 하는 동포들에게 상해로 간 영화인들의 영화 제작 이야기는 그야말로 희소식이었다. 〈양자강〉은 국내에 수입되어 영화의 개봉을 알리는 신문기사가 나기도 했었다.[55]

촬영기사 한창섭이 상해에서 가져온 영화 〈양자강〉은 흥행에 성공한다. 한창섭은 〈양자강〉을 만주로 가지고 가 역시 흥행에 성공한다. 이상과 같이 〈양자강〉은 국내외 동포 관객들의 관심을 끌며 흥행에 성공하였다. 이 영화는 당시의 사회상의 폭로를 통해 외국의 자본 재벌과 근로계급간의 계급투쟁의 당위성을 역설하고 있다.

다음은 이경손이 서울로 보내온 소식이다.

---

53 이경손, 위의 책, pp.282-284.
54 그 원본을 당시《新東亞》의 편집장이었던 손세일 전 국회의원 등을 통해 추적하였으나 행방이 묘연한 채 발견 되지 않고 있다. 단지 '황소년(15세)'으로 소개된 통역자 崔采만이 중국 연길시에 생존해 있다.
55 上海在留同胞作品
楊子江(全十二卷)
月內團成社開封
상해에 재류하는 조선동포들이 고성영편공사(孤星影片公司)와 악수하야 첫작품으로 내인양자강(楊子江)은 현중국의 사활문제가달린 양자강연안에서 일어난 모든사실을 폭로시킨 한편의 명화이라한다
조선 영화계에 공헌이잇는 리경손(李慶孫)씨의 감독과 상해『내소날카메라맨』협회에서 만히 활동하는 한창섭(韓昌燮)씨의 촬영으로 주연은 원작 각색자인 전창근(全昌根)씨이며 이밧게 조선녀우 남국월(南國月)양과 중국명우 전사앵(錢似鶯)양과 륙복요(陸福曜)씨등의 출연이잇다는데 오는 二十五일게 단성사(團成社)에서 개봉 하리라 한다.
《동아일보》, 1931. 3. 14.

中國映畵界와朝鮮人

李 慶 孫

긴글을못쓰고 紹介만합니다 中國映畵界와 新劇界에 오즉 한아라할수잇는 美
男子 主人公役 金燄君이 조선인이며 그는 自身의歷史가 곳 中國의 새映畵及 새演
劇의 初創歷史라할만치 中國서는 有名한 俳優입니다.

그리고 楊子江에 全昌根君은 映畵界로만 天一公司 大中華公司 孤星公司 王元
龍公司 等의 原作者及 主演者로 有名합니다 이분은 조선서 잘아느니만치 길게 紹
介할必要도 업거니와 요사이 中國 토키界와 新劇界에 새로운 驚異는 이곳音樂家
韋惠園君[56]

이경손은 〈양자강〉 이후 다음 작품을 기획했으나 완성되지는 못했다.[57] 상해에서
그와 함께 같은 방을 쓰며 생활했던 김광주의 인물평이다.

앙칼지기는 했지만 비단결같이 고운 마음씨와 유약한 性格의 소유자인 그에
게는 映畵監督이란 어울리지도 않는 일이고, 조용히 詩를 쓰거나 小說을 써서 마땅
할 인물이라는 생각을 했다. (...)

우리들에게 몸부림만 치게하고 들볶기만 하고 日警의 칼자루 밑에 깩소리도
못하는 〈祖國〉. 李慶孫은 그것을 한발자국이라도 멀리해보자는 도피의 藝術家가

---

56 이경손, "중국영화계와 조선인", 《영화시대》(경성: 영화시대사, 1932. 3.), p.44.
57 上海在留映畵人들의 再活躍 - 新映畵『萬里長城』準備
◇朝鮮封切은 四月中旬頃이 될 듯
일즉이 『양자강』을 조선영화계에 보내어 중국 영화계와의 첫 련락을 맺은 상해의 우리 영화인들은 『양자강』
에서의 모든 실패를 거울 삼아 침묵 속에서도 오래동안 닥가오든 세련된 긔술과 과거의 실패를 회복하고야 말
려는 굳은 결심으로써 전방(錢芳)씨 원작의 신영화『만리장성(萬里長城)』을 촬영하려고 준비에 착수하얏다
는데 이 영화는 장구한 중국의 력사를 슴기고 있는 만리장성을 배경으로 복잡다단한 신중국의 사회상을 그려
내려는 것이라. 특히 주목되는 것은 조선 영화 감독계의 중진 리경손(李慶孫)씨의 각색감독과 리호심(李滬
心)양의 처녀 주연이여 이밖에도 『양자강』에도 출연하였던 전창근(全昌根)과 그 외 중국 남녀 영화인의 공동
출연이 잇스리라 한다. 영화의 제작 때문에 지금은 림시 사무소를 경성부 필운동(弼雲洞) 백七번지에 두고 매
월 상순경에 조선 영화인 멧사람을 더더더 더리고 상해로 건너갈 작정이오 조선에 나오기는 사월 중순경이 되
리라 한다. 그리고 이번 영화제작의 멤버는 다음과 갓다 한다. 李慶孫, 韓昌燮, 錢芳, 全昌根, 韋惠國, 李滬
心, 劉山房, 王世明, 李暎椿, 湯花姬, 王大龍, 金光洲, 李德薰, 張振華, 全炳然, 以下無順
《동아일보》, 1933. 2. 5.

아니었을까?58

그는 상해에서 쫓기는 망명객으로 긴박한 나날 속에 전창근의 처가에서 기거하며 뚜렷한 일자리 없이 번역일도 하고 반일 연극활동 등에 참여하며59 1월 28일 제 2차 상해사변을 목격한다. 그 후 그는 진陳이란 후배와 태국으로 갈 생각으로 일단 홍콩으로 피한다. 일본군은 무석無錫까지 침략하고 남경정부는 항복을 하는데 그 얼마 후 상해에서는 윤봉길 의사가 일본군들의 전승경축기념식장인 홍구虹口공원에서 그들을 향해 폭탄을 투척했다. 그 얼마 후 이경손은 홍콩에서 배를 타고 방콕으로 간다.

■ 상해 탈출

상해로 간 영화인들은 개인별로 상해를 떠나 새로운 활동을 모색한다. 이것은 자발적이었다기보다는 전쟁의 발발과 이념의 분쟁으로 인한 시대상황의 변동으로 인한 것이다. 1926년 전창근이 온 이래 그가 귀국한 1937년까지가 이들의 활동 기간으로 조국이 광복되지도 못했음에도 정기탁과 전창근은 귀국 길에 오르지 않을 수 없었다. 비록 상해가 일본의 수중에 들어갔다 하더라도 중국의 다른 지역이나 타국을 놔두고 절대 위험지역인 고국으로 그들을 내몰았던 절박한 이유는 무엇일까. 이들이 상해에서 했던 항일적 활동은 일제의 주목을 받기에 충분했음에도 왜 이들은 위험을 무릅쓰고 귀국할 수밖에 없었을까. 다음은 이영일의 주장이다.

> 상해망명파조선영화인들의 활동은 1930년대 중반을 넘으면서 막을 내리게
> 된다. 그 원인은 무엇보다도 상해영화계의 변화에서 찾을 수가 있다. 그것을 요약
> 하면
>　1) 상해영화계의 좌경화
>　2) 일본의 노골적인 위협

58　김광주, '상해시절회상기'《세대》(서울: 세대사, 1965. 12), pp.262-267.

59　抗日會의 抗日劇은 언제나 滿員이요, 문짝이 날아나고 문밖에까지 人山人海를 이룰터인 즉 내일아침이면 牛의 가죽을 뒤집어 쓴 여우(密偵)깨나 모여들겠다 생각했다. 그날의 演劇은 예상외로 성공을 거두었지만 그날부터 내 목숨은 왜놈의 손아귀에 잡혀 있는 셈이 되었다.
　　이경손, 앞의 책, p.294.

3) 제2차 상해사변

이러한 사정들은 급박하게 상해영화계에 뒤덮여 불과 2, 3년 후의 중국대륙전체에 태동과 같은 전쟁의 재앙을 가지고 오게 된다.

먼저 첫 번째의 상해영화계의 좌경화에 대해서 간단하게 언급하자.

제1차 상해사변을 전후해서 상해영화계는 좌우익의 중국영화인들이 대립하고 있었지만 특히 영화계에서는 藝華影片公司를 시발로 조직적인 활동을 보였다. 夏衍과 田漢같은 사람이 藝華의 각본編劇 위원회를 장악하고 <民族生存> <肉搏> 같은 <抗日反帝> 영화를 만들어 혁명적인 격정과 올바른 풍격革命的激情和豪邁風格을 표현하였다. 이데 대해서 국민당정부당국은 검열을 강화하는 <檢問法을 제정하고 비밀경찰로 하여금 藝華를 습격하고 테러를 자행하였다. 이들은 <田漢, 夏衍, 卜萬蒼, 胡평, 金焰 등이 각본, 감독, 주연하는 계급투쟁과 빈부대립을 고취하는 영화에 대해 藝華와 같은 습격을 받을 것이다>라고 협박하였다.(註30)

이러한 좌익의 활동은 聯華에도 파급되어 羅明佑가 관장하는 第2廠(촬영소)에서 곪아 터진다 국민당 정부와 마찰이 없던 羅明佑는 <孤島이 두 사람>(吳永剛 감독)을 제작공개하였는데 이것이 社內의 좌익멤버와 여기 동조하는 좌익 <映評小組>의 집요한 메스컴 공세로 실패하자, 그것은 羅明佑의 聯華에서의 인퇴라는 결과를 가지고 왔다. 따라서 그의 실각은 鄭基鐸에게도 영향을 주어 이후의 활동이 멈추어지게 된다(...)[60]

위 글을 보면 당시의 상황은 상해파 영화인들이 더 이상 상해에 머물 수 없었던 상황이었던 것이다. 모택동毛澤東에 의해 확산되어간 사회주의에 상해파 영화인들은 동조하지 않은 것이다. 그것은 그들이 사상적인 면과 출신성분에서 좌파와는 어울릴 수 없는 결과였기 때문이다. 따라서 이들은 좌경화의 흐름에서 벗어나 각기 활로를 찾았으나 자리 잡지 못한 것이다. 또한 상해가 온통 전쟁의 소용돌이에 휘말리며 일본의 영향 아래 들어가자 이들은 급히 피신하지 않으면 안 되었다. 이리하여 상해파 영화인들

---

60   李英一, '1930년대 전후, 上海亡命派영화인의 作品활동(下)', 《영화예술》(서울: 영화예술사, 1995. 6), p.57.

은 제각기 각자의 갈 길로 간다. 그래 택하여진 곳이 이경손의 경우 태국이며 정기탁과 전창근은 고국이었던 것이다.

정기탁은 1934년에 이들 중 제일 먼저 귀국을 하였고 전창근은 계속 상해에 남아 영화 활동을 모색하는데 그도 결국 1937년에 귀국을 한다. 방콕으로 몸을 피한 이경손은 예외지만 정기탁과 전창근은 영화를 계속하고자 했던 것이 분명하다. 그들은 귀국 후 영화 활동을 시도하였고 또 실제로 영화를 만들었다. 영화를 제작하고자 하는 일념에 그들은 목숨을 담보로 귀국하였던 것이다. 위기의 순간에서 또 한 번의 도약을 시도한 상해파 영화인다운 의지인 것이다. 그들은 또 다른 이념의 소용돌이에 휘말리지 않고 오로지 영화를 위해 귀국 길을 택하였던 것이다.

상해파 영화인이 관련된 영화는 미완성작을 뺀 개봉작만을 보면 총 13편이다. 이 기록은 중국영화사의 현존 기록을 근거로 한 것이다.61 그러나 〈만리장성萬里長城〉 같은 영화들은 제작 전방錢芳, 감독 이경손, 촬영 한창섭 등의 영화인들로 라인 업 되었으나 기획단계에서 중단된 듯 후일 관련기사를 찾을 수 없다. 이렇듯 영화명은 존재하나 줄거리라든가 제작사, 개봉년도 같은 기본 자료가 부재하는 영화는 이 논문의 기록에서 제외하였다.

이렇게 보면 기획단계에서 무산되어 실제 제작이 되지 않은 영화들은 상당수에 이를 것으로 판단된다. 또한 12년만의 귀국을 알리는 전창근의 기사에서 그가 원작·각색·감독으로 참여했다는 14편의 영화 〈대지의 비극〉, 〈초악〉, 〈춘시〉, 〈정조〉, 〈양귀비〉 등은 그 기록 자체가 중국영화사 기록에 없거나, 있더라도 전창근의 관련 여부를 확인 할 수는 없다. 따라서 추후 자료의 확보에 따라 상해파 관련 영화의 제작 편수는 늘어날 수도 있다.

---

61   程季華 主編, 앞의 책, pp.563-565.

No.	개봉명	각본	감독	주연	제작사	제작연도
1	애국혼	정기탁	정기탁	정기탁, 정일송	대중화백합영편공사	1928
2	화굴강도	전창근	정기탁	정기탁, 정일송	상동	1928
3	삼웅탈미	정기탁	정기탁	정기탁, 정일송	상동	1928
4	여해도	정기탁	정기탁	정기탁, 정일송	상동	1929
5	진주관	주수국	주수국	정기탁, 완령옥	상동	1929
6	정욕보감	주수국	이평천	정기탁, 완령옥	상동	1929
7	대파구룡산	주수국	주수국	정기탁, 완령옥	상동	1929
8	화소구룡산	주수국	주수국	정기탁, 완령옥	상동	1929
9	은막지화 (이원염사)	주수국	정기탁	정기탁, 완령옥	상동	1929
10	흑의기사	정기탁	정기탁	정기탁	상동	1930
11	양자강	이경손	이경손	전창근, 육복요	고성영편공사	1930
12	광명지로	심 부	정기탁	정군리, 담 영	연화영업공사	1933
13	재회파상해	정기탁	정운파	완령옥, 장 익	상동	1934

(자료: 『中國電影發展史』, 제1권, pp. 517-609)

　　상해파 영화인들은 표 3-1에서 보듯이 〈애국혼〉 이후 〈재회파상해〉까지 총 13편에 참여하였는데 그중 12편이 정기탁에 의해 만들어졌다. 주요 제작사는 대중화백합영편공사로 10편이 만들어졌고 1930년 〈양자강〉 이후 제작사가 다변화된다.

　　영화 주제별로 작품 유형을 분류하면

　　첫째, 역사를 바탕으로 한 대서사극

　　둘째, 사회의 모순을 다룬 고발극

　　셋째, 애정극

　　넷째, 활극 등 네 가지로 분류할 수 있다.

역사를 바탕으로 한 대서사극

—

안중근 의사의 일대기를 영화화한 〈애국혼〉이 있다. 〈애국혼〉은 '대중화백합영편 공사'의 1928년 작품으로 각본 정기탁(혹은 전창근), 감독 정기탁, 주연 정기탁, 정일송 이다. 『中国影编大典』의 영화소개에 감독인 정기탁이 한국인 임을 밝혔다.

> 愛國魂
> 대중화백합영편공사 흑백 편도: 정기탁朝 촬영: 주시목 연원: 정기탁(안중권),
> 탕천수(중권모), 정일송(안옥실)[62]

또 다른 책 『중국전영사전』에도 한국인 중 유일하게 정기탁이 기록되어 있다. 그리고 간략한 〈애국혼〉의 내용도 실려 있다. 〈애국혼〉은 이 민족의 염원인 반제국주의 주제를 담은 영화로서 해외로 나와서야 제작될 수 있었다. 그러나 그나마도 일제의 압력으로 계속 이어지지는 못했다. 정기탁 외 다른 어느 누구도 그와 같은 영화를 제작할 엄두를 못 내었다. 따라서 〈애국혼〉은 일제강점기의 유일한 항일영화로 규정될 수 있는 것이다.

중국 북경대학 '조선문화연구소'가 발간한 『예술사』는 〈애국혼〉에 대해 다음과 같이 기술하고 있다.

> 민족의 운명이 칠성판에 오르고 민족문화가 말살 당하는 그 암담한 력사시기 에 있어서도 조선민족영화의 선구자들은 결코 침략자들에게 굴종하지 않았다. (...) 1928년에 중국 조선인의 첫 민족영화《愛國魂》(《安重根》)을 세상에 내놓았 다. (...)
> 조선의 영화인들인 정기택, 전창근과 리경손 등은 일본제국주의의 혹독한 영 화검열정책을 반대하여 중국에 와서 조선인영화사업을 벌려볼 뜻을 품고 1927년

---

62 "故事片·戲曲片(1905-1930)", 『中國影片大典』(中國 北京: 中國電影資料館編, 中國電影出版社, 1996), p.156.

좌우에 상해로 건너와 자리를 잡았다. (...)

영화 <안중근>은 전창근[2]이 각본을, 정기택[3]이 연출과 안중근 역을, 중국의 녀배우 탕천수 그리고 정기택의 부인 정일송 등이 각기 주요 배역을 맡았다.

영화 <안중근>제작이 끝나고 신문에 광고가 발표되자 상해에 주재하는 일본경찰은 이 영화가 안중근의 이름을 빌어 일본을 반대하는데 그 목적을 두었다고 국민정부에 항의하여 상영금지령을 내리게 되었다. 그리하여 전창근과 정기탁은 <安重根>의 '安'자를 날일자日 아래에 편안안자宴를 달아 영화이름을 <宴重根>으로 고쳐서 돌리기로 협의되였으나 후에 가서는 그도 말썽이 되어 아예 영화이름을 <애국혼>으로 고쳐서 발행하게 되었던 것이다. 국민당당국의 검열 시에 필름 가운데의 반일장면과 민족사상이 표현된 곳을 사정없이 잘라버린 탓으로 영화의 이야기가 잘 이어지지 못한 채 관중과 개면하게 되였는데 이 영화가 곧 조선인이 중국에서 찍은 첫 번째 영화였다.63

『中国影编大典』에서는 〈애국혼〉의 줄거리를 이렇게 전하고 있다. 원문은 중국어이며 이하 국역문이다.

이또오는 이완용을 이용해 여국 국왕을 위협해 매국적인 조약을 맺었다. 이완용은 여국의 정무통감으로 있으며 내부 정권과 외교를 감독했으며, 여국의 태상왕과 다름없었다.

어느 날. 이또오가 이완용과 내국적 조약을 상의할 때 우연히 한 사람이 엿들었다. 그의 이름은 하정순. 그는 나이 많은 애국지사였고, 생각 끝에 황해도 해주의 명망 높은 명족인 안영진(50세)에게 말해 서울의 동지와 연합해 비밀 토론을 거쳐 이또오를 암살키로 했다. 이 때 하정순이 회의석상에서 얘기해 알게 된 안영진의 부인은 걱정스러웠는데, 아들 중근이 이를 알게 되었다. 그 후 위국의 군인이 찾아와 "중근은 국사범이다. 내놔라."고 어머니에게 얘기하자 중근은 참지 못해 그들을 죽이고, 집을 떠나 서울로 왔다가 체포당한다. 그리고 부친은 화형 당하고 중근은 중

---

63 북경대학 조선문화연구소, 『중국조선민족문화사대계(3) 예술사』(중국 북경: 민족출판사, 1994), pp.763-768.

국 상해로 온다.

후에 하정순, 박제명, 조한용, 중근 넷이 암살 계획을 세우던 중 여관 하인이 엿듣고 안중근은 체포됐으나, 조한용, 박제명이 중근을 구출해 탈옥한다. 우여곡절 속에 도강에 도착 장일성의 집에 숨어있다가 의용군을 모집해 도강에 가 기회를 보다가 러시아에 이또오가 오니, 저격을 했다.

그는 체포되어 죽음을 두려워하지 않고, 후에 사형을 당할 때에도 당당했다. 이와 같이 자기 몸을 돌보지 않는 애국의 정신은 후손들이 따를 본이 될 것이다.[64]

이상으로 보아 알 수 있듯, 이는 실화를 영화화 한 것으로 실존 인물의 이름이 등장하고 있다. 극영화의 특성상 많은 부분이 각색되었지만 결국 〈애국혼〉은 안중근 의사의 일대기를 영화화 한 것이다. 또 다른 영화 관련서인 『中國無聲電影劇本』에도 〈애국혼〉의 내용이 자세하게 소개되어 있다.[65]

이상의 내용처럼 〈애국혼〉은 안 의사 의거의 배경부터 전후의 행적 등을 토대로 영화화한 것이다. 최근 박은식 원작의 『애국혼』이라는 안중근 의사의 전기가 발견되었는데, 당시 지하 서적으로 널리 유포되었던 것으로 밝혀졌다.

전 인하대 교수인 윤병석尹炳奭이 펴낸 『안중근전기전집安重根傳記全集』의 글이다.

『만고의사 안중근전』은 1917년 12월 블라디보스톡 新韓村 韓人新報社에서 石版으로 간행된 『愛國魂』에 수록된 안의사의 국문 약전이다. 내용은 1917년 겨울 興凱湖에서 檀玉이란 필명인이 上海에서 간행된 朴殷植의 『安重根傳』을 '간단하게 추린' 국문 초역이다.[66]

따라서 같은 시기에 나온 정기탁의 영화 〈애국혼〉은 이 책을 바탕으로 해서 제작된 것이라고 볼 수 있다. 애국지사 안중근의 이야기를 다룬 영화라는 면에서 볼 때, 〈애국혼〉은 항일영화의 효시임이 분명하다. 일제의 검열을 벗어나 이국땅에서만 제작

---

64 "고사편·희곡편", 앞의 책, p.156.

65 부록1 참조.

66 尹炳奭, 『安重根傳記全集』(서울: 국가보훈처, 1999), p.361.

이 가능했던 영화 〈애국혼〉은 최초로 만들어진 항일영화로서 그 후로 정기탁 본인은 물론 어느 누구도 만들지 못한 일제시대를 통틀어 조선인이 만든 유일한 항일영화인 것이다. 일제의 압제 속에서는 도저히 만들 수 없었던 항일영화가 중국 땅에서 조선 영화인의 주도로 제작된 것이다.

하지만, 안타까운 것은 조선에서처럼 일제의 영향으로 이 영화는 중국에서도 검열 대상이 될 수밖에 없었다는 것이다. 그럼에도 불구하고 영화는 2시간 길이로 공개되었다.

현재 확인된 〈애국혼〉의 유일한 생존 관람자인 최채와 필자의 대담이다.

안:　그 다음, 〈애국혼〉에 대해서 여쭤보겠습니다. 처음의 제목이 〈안중근〉이었죠?

최:　〈안중근〉입니다. 일본 영사관에서 항의 제기해가지고 할 수 없이 고쳐 가지고 날 일자 밑에 안자... 안. 안이라는 성을 고쳐 가지고 했는데도, 그것도 일본놈이 항의해 가지고 맨 나중에는 〈애국혼〉이라는 이름으로 고쳤습니다.

안:　보셨죠?

최:　네 봤습니다.

안:　어떤 내용입니까?

최:　아이구...내 기억이 잘 나지 안납니다.

안:　그래도 대충...

최:　아무튼 내 기억 가운데는 말야. 동북 만주... 만주 독립군 말야. 군대로 서 전투하다가 그 다음엔 하얼빈으로 가서 맨 나중엔 이등박문을 갖다 죽이는 이런 내용인데, 그 구체적인 것은 기억나지 않습니다.

안:　그 먼저 전화 인터뷰 때 두 시간 정도의 분량이었다고 말씀하셨는데, 그렇게 긴 영화였습니까? 〈애국혼〉이...

최:　대개 말야. 본래 그 때 영화들이 전부 두 시간씩 됩니다. 일반 영화들이...

안:　상당히 긴 영화였네요. 검열 당했다는데도 불구하고. 그 영화가 검열이 심했다면서요?

최:　아니, 중국 쪽에서는 검열이 심하진 않았습니다. 〈양자강〉과는 다릅니다.

안:　아니, 영사관에서 항의해가지고.

최: 항의를 제기하니까 말야. 국민당 정부 쪽에서 이름을 고치라고... 근데, 〈안중근〉 촬영하는 데는 내가 전혀 참가하지 않았기 때문에 내가 그쪽에 대해서는 잘 모르겠습니다.

안: 그 정기탁 감독이 만들었는데요.

최: 주연도 정기탁이가 했습니다.

안: 감독 주연을 정기탁이 하고, 각본을 전창근이 쓰고

최: 아니, 각본을 전창근이 안 썼습니다.

안: 아니, 각본이 전창근이 썼습니다. 기록에 나옵니다.

최: 그래요? 그거는 제가 잘 모르겠습니다.

안: 정기탁이라는 사람은 어떤 사람입니까?

최: 본래 한국에 있을 때도 영화 감독한 걸로 알고 있는데, 나는 그 영화... 그 분이 찍은 영화 보진 못했는데, 말은 듣긴 했습니다.

안: 그 사람이 조선에서 영화배우로서 활동하다가 이곳에 와가지고 〈애국혼〉이라 는 영화로 데뷔한 거거든요. 첫 작품입니다. 감독·감독 첫 작품을 해외에 나와 서 한 건데 진짜 대단한 거죠.

최: 그래요? 〈애국혼〉을 말야... 한국에선 감독 안했습니까?

안: 한국에선 안했습니다. 영화배우로서 활동을 했었죠. 나운규처럼 연기를 하다가 나중에 감독을 했던 거죠. 그 당시 검열 받고 했다는데, 상해의 정치적인 분위기 는 어땠나요?

최: 정치적은 말야. 불란서 쪽엔 말야 대부분 독립 운동들이 많고 누가 알선해서 그 렇게 그 영화를 찍게 됐냐면 말야. 여운형이... 여운형 씨가 말야 거기 있어가지 고 말야. '대중화영화' 촬영소를 데리고 가서 소개한 거야. 여운형이라는 분이 그래도 조선인들... 상해에서 명망 있는 분이니까 '대중화영화공사'의 경리가 여운형의 풍채와 모든 것을 보고서는 말야 소개하니까 말야. 쾌히 승낙했죠. 그 래가지고 사진을 찍게 됐습니다. 그건 내가 들었습니다.

안: 근데 그 정기탁이라는 사람이 여기서 영화를 처음 만드는 건데, 여운형 씨가 암 만 명망 있다 그래도 어떻게 그걸 감독을 맡겼을까요?

최: 주역인 여운형 씨 영향이 큽니다. 그 '대중화영화공사'의 경리가 공사의 그러니

까 총재죠. 그러니까 여운형 씨의 풍채와 모든 것 말과 모든 것을 보고 정기탁이를 쓰게 했습니다. 정기탁이가... 총재가 알 수 있겠습니까?

안: 그 회사 이름이 정확히 '대중화백합영편공사'거든요? 어떤 회삽니까?

최: 그 회사... 역시 중국에선 큰 회사 가운데 하나죠. 영화사 가운데. 하나는 '명성.. 영편공사' 이거고, 그 둘이 제일 큰 영화공삽니다. 상해에선. 그 후에 '연화'라든가 하는 것들이 나오게 되죠.

안: 한국인이 와가지고 처음 영화를 만들었는데 그 당시에 처음 반응은 어땠습니까?

최: 근데, 그 영화도 영화관에서 하는 걸 내가 어릴 때 가서 봤는데, 관객들이 많지 않았습니다.

안: 그 당시 안중근 의사 이야기가 사람들한테 많이 알려져 있었죠?

최: 그거야 물론이죠. 중국에서야 안중근... 교과서에도 다 있고 말야. 신문에도 다. 그렇기 때문에 말야. 관중들이 그렇게 많지 않았어요.

안: 근데, 정기탁 감독이 그 영화 이후로 1928년도에만 〈삼웅탈미〉, 〈화굴강도〉 이런 영화를 계속 만들거든요? 계속 감독 주연을 했는데, 그런걸 봐서는 첫 작품이 반응이 좋았으니까 그게 그렇게 된 거 아닌가요?

최: 아무튼 영화계에 데뷔하는 데 있어 가지고는 말야. 그렇게... 괜찮았습니다, 평가. 그런데, 내가 봐선 말야. 관중들은 그리 많지 않고..67

이 증언과 달리 김명수의 회고록을 보면 〈애국혼〉이 흥행에 대성공을 하였다는 기록이 있다.

한국서 「椿姬」를 찍고(이경손 감독) 상해로 건너온 정기탁(평양)과, 김일송양(전주)의 제1차 작품은 안중근 의사의 의거를 각색한 「애국혼」인데, 이것이 중국서 크게 힛트했다. 김일송의 미모에다가 일본제국침략의 대원흉 「이등박문」을 만주 「하얼빈」역두에서 사살하는 영웅적 장면이 중국민중의 대환영을 받은 것이다.68

---

67   부록1 참조.

68   김명수, 『명수산문록』(서울: 삼형문화, 1985), p.260.

〈애국혼〉의 흥행 여부를 기록한 유일한 글이라 생각되는 이 글은 김명수가 말년을 보낸 캐나다 벤쿠버의 교민신문인 《THE KOREANNA》에 실렸던 글인데 그가 65세 이후에 쓴 글이라는 것을 고려한다면 그가 흥행에 대해 좋은 감정으로 감상적인 평이라고 생각할 수도 있다. 그러나 〈애국혼〉 이후 정기탁이 같은 해에 두 편의 영화를 더 만든 것을 보면 이 글의 신빙성을 인정하지 않을 수 없다. 흥행이 안 된 영화를 감독한 외국인에게 계속해서 두 편의 영화를 만들게 할 제작자는 없을 것이다. 그 다음해인 1929년에 정기탁이 무려 6편의 영화에서 감독, 또는 주연을 맡았다는 것이 이 글의 진실성에 대해 확신을 갖게 한다.

현재 〈애국혼〉의 영화 프린트는 소실되었고 중국 북경전영자료관에 스틸 16장만이 남아있다. 영화의 완성도는 높지 않았다는 최채의 증언이지만 〈애국혼〉이 갖는 중요한 의미는 흥행의 성공 여부를 떠나 그 영화가 1928년에 상해에서 한국인들에 의해 기획되고 주도적으로 만들어졌다는 사실과 안중근 의사의 의거를 다룬 내용으로 일제강점기의 유일한 항일영화라는 것이다. 〈애국혼〉 이후에 정기탁을 비롯하여 그 누구도 이 같은 영화를 만들지 못했다.[69]

---

69 『中國無聲電影劇本』의 〈애국혼〉 줄거리가 《電影月報》에서 인용한 글인바 그 책에 더 자세한 기사가 실리지 않았을까 생각되나 그 책을 찾지는 못하였다. 그 외에 《新銀星》, 《影戲雜志》, 《上海》, 《阿房宮大戲園》 등의 영화잡지류와 '고성영편공사' 등의 영화사 홍보물들을 찾아봐야 할 듯하다.

사회의 모순을 다룬 고발극

당시 상해파 영화인들이 사회의 모순을 주제로 다룬 영화로는 자본가에 의해 억울한 죽음을 당한 부모의 복수를 다룬 〈화굴강도〉, 현대중국의 사회상을 계급간의 투쟁으로 폭로한 〈양자강〉, 소자산 계급 지식인이 실업자가 되어 인생을 자각한다는 〈광명지로〉, 신여성이 대도시에서 힘들게 살아가며 자의식을 찾는다는 〈재회파상해〉가 있다.

〈화굴강도〉는 대중화백합영편공사 제작의 1928년도 작품으로서 전창근 각본, 정기탁 감독, 정일송 주연이다.

내용은 다음과 같다.

火窟鋼刀(화굴 강도)

(대중화백합영화사 1928년)

극본: 전창근

감독: 정기탁

촬영: 여성삼

주연: 정일송, 탕천수

석권종은 천성이 흉악하고 백성에게 온갖 행패를 부리는 횡포무도한 깡패였다. 어느 해 겨울, 그는 공장인부를 관리하기 위하여 친하고 믿을만한 사람을 감독으로 쓰게 된다. 이 사람도 잔인하기가 석권종과 다를 바 없었고 서로 상부상조 격으로 인부들을 착취한다.

그 인부 중 쇠약한 노인이 있는데 일이 힘들어 수시로 각혈하였다. 어느 날, 그 노인이 갑자기 땅에 쓰러져 일어서지 못하는데 감독은 일부로 게으름을 피운다며 채찍으로 내리친다. 노인이 애걸했지만 아무 소용이 없었다. 한편, 마음씨 좋아 보이는 젊은 인부 한 명이 보다 못해 구하려는데 감독이 제지시킨다. 이에 다른 인부들은 숨만 죽이고 있었다. 한편, 마침 그 때 노인의 아내가 밥을 갖고 도착하는데 그

광경을 보고 가련하고 안쓰럽고 두렵기도 하여 못 박히듯 서있기만 할 따름이었다. 하지만 그런 두려움도 그녀의 수려한 용모를 감추지는 못했다. 호색한 권종은 미인을 보자 응큼한 마음을 품게 됐다. 그래서, 일부러 감독을 질책하며 노인을 위로하는 척 한다. 뜻하지 않은 관심에 어리둥절한 노인은 아픔마저 잊게 된다.

그날 밤, 앞서 쓰러졌던 그 인부는 石 등의 계략에 의해 찻집으로 향한다. 한편 그의 아내는 두 아들이 잠든 후 홀로 남편이 오기를 기다리고 있었다. 그러나 갑자기 문소리가 나서 나가는데 찾아온 자는 다름 아닌 권종이다. 권종은 집안으로 들어와 온갖 감언이설로 유혹하다가 결국 나중에는 폭력으로 나온다. 윤 씨가 결사적으로 저항하지만 짐승의 손아귀에서 벗어나지는 못한다. 위급한 상황에 큰아들이 깨어나며 침대에서 뛰어내려 큰 바늘로 권종의 다리를 찌르자 화가 난 권종은 순간 땅에 넘어진다. 윤 씨는 그 틈을 타 등을 끄고 자결하고 만다. 권종은 분함을 참지 못해 鋼刀철칼로 인부를 죽이고 집에 불을 지른다.

다행히 두 아들은 그의 손아귀에서 벗어나 타향으로 도망가며 권종의 강도鋼刀를 훗날을 위해 사용하려고 취한다. 두 아들은 부모의 죽음을 생각할 때마다 눈물을 머금고 복수를 다짐한다. 세월은 흘러, 눈 깜짝할 사이에 20년이 흐른다. 민권, 민생은 건장하고 용감하게 자란다. 복수를 더 이상 미룰 수 없다고 생각한 그들은 함께 고향으로 향하는데, 권종은 아직 죽지 않았고 예전과 다름없이 잔인하고 세력도 강했다. 그 지방의 백성들은 권종에 대한 미움이 뼛속까지 사무치던 터라 민권, 민생과 힘을 합쳐 마을을 위해 그 해로운 존재를 제거하고자 한다.

때가 오자 민생은 백성을 인솔하여 석의 집으로 쳐들어갔다. 민생은 권종과 격투를 벌이며 권종의 강도로 그의 몸을 내리치고 자신도 중상을 입은 채 죽게 된다. 민권은 횃불을 높이 쳐들고 석의 집을 불사르고 민생이가 격투 끝에 복수했음을 알고 기뻐하나 사랑하는 동생의 시체를 끌어안고는 대성통곡한다[70]

노동자와 자본가의 계급 투쟁극인 〈화굴강도〉는 노동자가 자본가의 횡포에 맞서 싸우는 사회주의 계열의 영화이다. 현재 프린트는 소실되었고 스틸이 남아있다. 스틸을 보면 음산하면서도 사실적인 스케일이 큰 대륙물의 느낌을 준다. 이런 류의 스토리

---

70 "고사편·희곡편", 앞의 책, pp.168-169

는 중국 활극영화의 원형이 되었는데71 〈화굴강도〉의 주제는 딱딱해도, 관객을 의식한 활극이라고 판단된다. 빈부의 갈등이라든가 노동자들의 계급투쟁 등의 주제를 다룬 영화는 이후 활발히 제작되었는데 활극의 요소는 줄고 사회 현실을 반영한 류의 영화로 정기탁이 만든 〈광명지로〉나 한국 출신의 배우 김염이 출연한 〈대로〉 등의 영화들이 주류를 이루게 된다.

〈양자강〉은 1930년 '고성영편공사' 영화로 이경손 감독, 한창섭 촬영, 전창근 주연, 오운남吳雲男, 송일宋一, 남국월南國月, 전사앵錢似鶯 등이 공연했다.

줄거리는 다음과 같다.

陽子江

(고성 영화사 1930년)

편집: 황문준

감독: 이경

극본: 조설

출연- 서신원(역 장군) 육복요(역 대민) 포고송(역 조대권)

전창근(역 대의) 남국월(역 여동생) 단마님(역 모친)

전이용(역 용란) 조일홍(역 부친) 이홍홍(역 노사)

진자춘(역 배주인) 송인걸(역 군사) 전학문(역 토비수령)

예로부터 양자강은 중화민족의 위대한 공정工程 중의 하나로 그 기세가 장관이었다. 본 극의 제목을 '楊子江'이라 함은 파란만장한 시대에 발생한 비장하고 애절한 이야기를 상징한 것이다. 극의 시작은 넓은 양자강변의 거친 파도 속에서 떠도는 한 청년으로 시작되는데 그가 바로 주인공 대의이다.

10년 전, 독군(민국초, 한 성의 최고장관) 왕모는 곡식을 창고에 쌓아놓고 가격이 폭등하기를 기다리고 있었는데 때마침 흉년이 든다. 굶주린 백성들은 독군의 관청 앞에 모여 양곡을 풀어 목숨을 구해줄 것을 애걸하지만 관리 조대권은 단호하게 거절

---

71 1970년도에 열린 제16회 아시아영화제 감독상 수상작인 장철(張徹) 감독의 〈보구(報仇)〉는 이른바 홍콩느와르의 전형으로 〈화굴강도〉의 설정을 부모 대신 형으로, 자본가 대신 지방군벌로 바꾼 복수극이다.

한다.

　한편, 타향에서 귀향한 조대의의 애인 용란은 소문을 듣고 분노한다. 이때 한 노인이 독군의 앞잡이를 타도하자고 외치는데 대권의 명으로 병사가 노인을 총살한다. 용란이 슬퍼하며 애탄하는데 죽은 이는 다름 아닌 그의 연로하신 아버지였기 때문이다.

　대의와 대권은 원래 형제였지만 서로의 길이 달랐으므로 형제관계를 끊고 지냈다. 어느 날, 급작스러운 병으로 모친이 돌아가시자 대의는 어쩔 수 없이 대권을 찾아가서 장례를 도와 줄 것을 부탁하지만 거절당하고 화가 나 돌아온다.

　수일이 지나 기근은 더욱 심해졌고 굶어죽은 사람이 사방에 널렸다. 관청은 이 기회에 미녀와 양식을 바꾸려고 한다. 용란은 세 사람이 굶어죽기를 앉아서 기다릴 수가 없어 자신과 곡식을 바꿔 형제의 생명을 구한다. 수일 후, 대의가 병이 드는데 마침 대권이가 그 집 앞을 지나가는 것을 동생 소영이가 보고 도움을 청한다. 대권은 은화 10원을 주고 간다. 그 후 대의의 병이 좀 호전되는데 대권이가 갑자기 한 노파와 함께 여동생을 찾아온다. 그는 지난번에 빌려준 돈이 노파 돈이라고 우기며 당장 빚을 갚으라고 한다. 별다른 방법이 없는 소영이는 노파와 함께 떠나는데 결국은 악마의 손아귀에 들어가고 만다.

　양식과 미녀를 교환하는 일의 주동자는 대권으로, 관청에서는 후한 상을 주며 이에 보답하기 위해 동생을 예물로 바치고, 이에 독군은 더욱 흐뭇해한다. 이같은 일이 백성들에게 알려지자 그들은 소영이가 타향으로 탈출하도록 돕는다.

　북벌군이 승승장구하여 부대는 양자강 일대에 도달했는데, 어느 날 우연히 토비굴(비적떼)과 전투를 벌이다가 북벌군들이 붙잡힌다. 포로들을 죽이려 할 때 살려달라는 한 소녀의 비명소리가 들린다. 이 소녀는 다름 아닌 소영이었다. 그 당시, 대의와 동생은 이미 토비굴에 가담해 있었고 북벌군 포로 중에는 소영의 은인인 대민도 있었다. 대민이 혁명에 관해 이야기 해주자 열혈 청년 대의는 대민이와 혁명에 참가한다.

　북벌군이 잠잠해지자 대민, 대의는 군영생활에서 떠나 노빈에서 살 길을 찾는다. 대민은 인력거꾼으로, 소영이는 공장노동자가 되는데, 노동자들에 대한 공장주의 학대가 극히 심했다. 어느 날 대의가 공장에 잠입해 보복을 시도하려는데 한 부인을 만난다. 그 부인은 대의를 보자 총으로 자살하는데 그녀가 바로 용란이었다. 용란이는 죽기 전 대의를 만났으니 여한 없이 눈을 감을 수 있다고 한다. 그런 용란의 시체를 끌어안고 대의는 대성통곡을 한다.

대민이와 소영의 사랑은 점점 무르익어 결혼하게 되었는데 이날은 대의가 판결 받는 날이다. 드디어 재판일은 오고, 높이 앉은 재판관은 형제 대권이 즉 공장주였다.

사형선고가 내려지려고 할 때, 갑자기 청객 중에서 울리는 총소리와 함께 높이 앉았던 대권이가 고꾸라진다. 재판하는 곳은 단숨에 아수라장이 되는데 범인은 다름 아닌 대민이었다. 대우와 대민은 기회를 타서 도망치고, 경찰들의 추격에 그들은 양자강변까지 오는데 앞으로는 깊은 강물이 가로막고 뒤에는 경찰들... 막다른 골목에 이른 그들은 유유히 흐르는 양자강 물속으로 함께 몸을 던진다.[72]

〈광명지로〉는 1933년에 상해 '연화영업공사'(대중화백합영편공사와 민신民新을 흡수 통합한 회사)에서 정기탁이 감독한 영화로 〈출로〉라는 제목에서 〈광명지로〉라고 개명되었다. 총 9권으로 주제는 "참 진리에 눈 떠가는 소시민의 인생 자각"이다. 줄거리는 다음과 같다.

光明之路
(연화영화사 1933년 9본)
극본: 심부
감독: 정기탁
촬영: 배운위
출연: 정군리(역 진태) 담영(역 진의 처) 탕천수(역 장마님) 위종미(역 부자) 유기군(역 복장점주인) 왕계림(역 실업노동자) 조암(역 교육가) 왕묵추(역 기의 처) 엄량군(역 기의 딸) 진해우(역 보배)

진태-그는 많은 교육을 받았지만 생활난으로 한 작은 복장점에서 일한다. 복장

72   "고사편(1905-1930)", 앞의 책, p.254

점은 전쟁의 영향으로 날로 어렵게 되며 결국 얼마 지나지 않아 해고당하게 된다. 진태는 자기만 바라보고 사는 부인을 생각하며 혼자 외롭게 공원에서 고민하고 있는데 공원의 분위기는 그에게 앞날에 대한 망연함을 더해 준다.

진태가 실직하자 부인은 생활에 도움이 되고자 재봉기를 빌려오고 진태 또한 무거운 생활책임을 부인 혼자에게만 지울 수가 없어 여러 곳으로 일자리를 찾아 헤맨다. 비록 그는 두 번이나 실패했지만 끝내는 일자리를 찾게 된다. 하지만 얼마 못 가 그 일자리마저 잃게 되고 자동차에 부딪친다. 병상에 누운 후 부인의 고생은 가중되고 그의 병이 호전되었을 때에는 부인이 또 병으로 사경에서 헤맨다. 진태는 무시로 불행의 공포에 시달리게 되었는데, 결국 부인의 죽음으로 불행은 시작된다. 부인이 죽은 후 옆집 장마님에게 평소에 예뻐해 주던 작은 아들 보배를 맡기고 그는 인력거꾼이 된다.

어느 날, 거리에서 진태는 차와 부딪히게 되는데 한 사람이 경제적인 도움과 정신적인 위로를 준다. 비바람이 몰아치는 밤, 진태가 이웃에서 들려오는 노랫소리를 듣고 정서가 극도로 긴장돼 있는데 한 부잣집에 도둑이 들면서 공교롭게도 진태가 붙잡힌다. 도둑맞은 사람은 예전에 차사고로 진태를 상하게 했던 사람인데, 도둑은 자신에게 도움을 주었던 사람이었다. 도둑맞은 사람은 진태와의 차 사고 때문에 진태가 앙심을 품었다고 의심한다. 그 사이 진짜 도둑은 붙잡히지만 진태는 예전에 도와줬던 은덕을 생각하여 자신의 소행으로 승인하는데, 결과는 명백하게 드러난다. 진태는 매우 괴로워하며, 백성들이 출로(살 길)를 찾기 위해 도둑질하는 위험까지도 감수해야 하는 고통을 호소한다. 그도 생활난을 겪은 그들 중의 한사람으로 이와 같은 많은 장애물을 겪어야 했기 때문이다.

마침내 그에게 출로가 주어진다. 그때 당국에서는 인민들이 서북 개발에 참여하라는 정책 명령이 있었는데 우리의 진태는 흔쾌히 응시했고 개황대오(개발단)를 따라 눈과 얼음이 뒤덮인 땅을 뒤로하며 광명대로를 향해 전진하고 또 전진한다.[73]

인력거 차부가 된 남자 진태가 도적누명을 쓰고 온갖 역경 끝에 광명한 길로 전진

---

[73]　『中國無聲電影劇本』 하권(중국 북경: 중국전영출판사, 1996), pp.2531-2532.

한다는 내용에서 볼 수 있듯이 결말은 어용성이 짙다. 이는 내용이 너무 어둡다는 검열
당국의 지시로 수정한 결과이다.[74]

　　이 영화는 중국영화사에 회자되는 영화로서 시대의 아픔을 담은 사실주의 계열의
영화로 그 사상성이나 영화적 표현이 상해파 영화 중 최대의 걸작이라고 생각된다.

　　〈재회파상해〉는 1934년 '남양영편공사南洋影片公司'(상해동방영편공사, 上海東方影片公
司)의 영화로 정기탁 각본, 감독이다. 당시 최고의 인기를 누리고 있던 완령옥이 출연
하여 선풍적인 화제를 몰고 왔던 모던 풍의 영화로 주제는 '시대상황에 눈 떠가는 신여
성의 자아 찾기'로 운명에 굴복치 않고 자신의 운명을 개척해 나가는 신여성의 모습을
그리고 있다.

　　줄거리는 다음과 같다.

　　　잘 있거라, 상해여-
　　　1934년 연화영업공사
　　　감독: 정운파
　　　촬영: 도사천
　　　출연: 완령옥, 하비광, 장익, 탕천수

　　편벽한 마을에서 소학교 교사를 맡고 있던 백로(완령옥)는 전쟁을 피해 부자인
고모가 있는 상해로 간다.

　　도중 배에서 항해사 황한수를 알게 되며 서로 연애 감정이 생긴다. 고모집에 드
나드는 손님 중 유광휘라는 의사 한 명이 있었는데 백로의 미모에 반해 병원에서
치료한다는 명의로 백로를 속여 순결을 빼앗는다.

　　임신한 백로는 고모집을 떠나고 황한수의 배가 돌아오기를 기다린다. 그러나
배는 조난 당하고 황한수도 행방불명이다. 어쩔 수 없어 백로는 댄서가 된다. 아기

---

[74] 이 영화는 주인공의 비극을 통해 충분히 당시 사회의 실업현상을 반영했다. 마지막 씬은 주인공이 1.28사변
전쟁에 참가해서 '출로'로 되었지만 그 당시 반동파의 심사로 이런 결말대신 반동당국의 호소에 따라 서북으로
개척을 간다는 것으로 제목을 변경하며 의미가 퇴색되었다. 이 영화는1933년 완성하여, 반동파 심사로 개봉
이 지연되어 1934년 2월에 상영되었다.
程季華 主編, 앞의 책, pp.270-271.

가 태어난 후 그는 또다시 가무청에 출연하여 유명댄서 '은사조'가 된다. 하루는 아기가 중병에 걸려 데려온 의사는 다름 아닌 유광휘였다. 유는 뻔뻔스럽게 자신의 죄악을 감추고 떠난다. 아기는 죽었다. 이즈음, 대도시의 온갖 죄악을 간파한 백로는 아무런 미련 없이 상해를 떠난다.[75]

　　정운파鄭云波라는 예명으로 정기탁이 만든 〈재회파상해〉는 줄거리만을 봤을 때에는 멜로적인 요소가 강해 애정극으로 분류되어야 할 듯하나 그 시대의 상황 속에 굴하지 않는 신여성의 자아 찾기를 보여준다는 시사평 내용으로 볼 때 사회의 모순을 다룬 고발극으로 분류되어야 한다. 이 영화의 주제가를 아직도 원로배우 진이가 기억하고 있었다.[76] 이 영화를 찍고 정기탁은 귀국을 하였는데 1935년 3월 8일 완령옥은 전 남편 장달민張達民과의 스캔들이 신문에 폭로되어 사회적 물의를 빚자 그 충격을 못 이겨 그만 음독자살을 한다. 그녀의 죽음은 영화계에 큰 손실이었고 사회적인 충격으로 다가왔고 상징적인 신여성으로 연기하던 그녀의 모습은 신화처럼 추앙되고 있다.

75　『中國無聲電影劇本』하권, 앞의 책, pp.2591-2594.
76　진이 구술, 1997. 7. 26.

애정극

세 남자 사이에 벌어지는 한 여자의 사랑을 다룬 〈삼웅탈미〉와 사랑에 빠져 우여곡절 끝에 사랑하는 여자와 결합하는 〈진주관〉, 실연당한 소녀가 배반한 애인을 죽이는 〈은막지화〉, 실연당한 소녀가 자살한다는 〈정욕보감〉 등이 있다.

〈삼웅탈미〉는 '대중화백합영편공사'가 1928년에 제작한 작품으로 정기탁 각본, 감독, 주연의 영화였으며 정일송도 출연했다. 내용은 한 여자를 둘러싼 세 남자의 다소 경쾌한 애정극이다.

줄거리는 다음과 같다.

三雄奪美
감독: 정기탁
촬영: 주시목
주연: 정기탁, 정일송, 왕정신

우리의 세 영웅은 악호촌惡虎村- 무협지에 나오는 그 영웅들이 아니다. 이들은 부잣집 아들, 호색한, 그리고 한 대학생일 뿐이다.

호색한 왕희만은 부인의 반대에도 불구하고 갖은 방법으로 사냥감을 노리러 다닌다. 그 즈음 그는 부잣집 딸인 김마리를 알게 되는데 마리는 그를 거들떠보지도 않았다. 마리의 부친도 역시 그를 좋아하지 않았다. 마리의 부친인 김관석은 전청前淸 나라의 귀족으로 민국民國이래 부호가 되었지만 부패하지 않았으며 청년들에 대해 관심도 많아서 많은 사람들은 그에게 '늙은 소년'이라는 별명까지 지어주었다. 하지만 그는 딸의 혼사에 대해서만은 절대적인 생각을 갖고 있었는데, 그것은 그의 부인이 임종할 때 딸의 18세 생일날 최총장의 아들과 정혼하라는 유언 때문이었다. 그러나, 최총장의 아들 은성은 비록 다정다감한 젊은이였지만 연분이 없는 관계로 김마리는 그를 싫어했다. 그럼에도 은성은 마리의 곁에서 좀처럼 떠나질 않았고 부모 뜻대로 세상의 모든 사랑은 마음대로 결정될 수 있다고 생각하던 터였다. 그렇지만, 가련하게도 현실은 그렇지 못했다. 왕희만은 갈수록 천성적인 질투가 심해졌고, 마리는 마리대로 은성과 왕희만 두 명에게 아랑곳하지 않았기 때문이다.

마리가 좋아하는 사람은 3·1대학의 학생 - 정대호. 운동을 좋아하는 그는 3·1대학 축구팀의 주전 선수로서, 10월 1일 시합준비로 훈련에 바빴다. 동시에 희만은 마리가 눈길을 주지 않자 어쩔 수 없이 가장 비열한 수단으로 깡패들을 이용해 납치하려 한다. 하지만 공교롭게도 정대호와 다른 학생에게 들키게 되어 결국 일은 성사되지 못한다.

마리의 18세 생일날 저녁, 부모의 명으로 최은성과 정혼하고 이어 결혼식을 올리게 되는데, 한 쪽은 기뻤지만 그 외 두 사람의 상심은 말할 것도 없었다. 그런데, 은성이가 득의양양할 때 귀청을 찢는 듯한 총소리가 나더니 무정한 탄알이 신랑의 가슴에 박힌다. 그리고, 축하객 속에 있던 정대호의 주머니에서는 한가닥 파란 연기가 피어오르고 있었다.

당연히 정대호가 살인혐의를 받게 되는데, 얼마 지나지 않아 진범이 밝혀진다. 원래 왕희만의 살인흉기였던 총을 정대호의 주머니에 슬쩍 집어넣어 죄를 덮어씌우려 했는데, 결국 법망에서 벗어나지 못한다. 그렇게 은성은 죽었고 희만은 법에 의해 잡혔다.

마리의 인생은 과연 누구와 함께 할 것인가? 그의 부친도 더 이상 고집할 수가 없었지만 마리 자신도 결정을 내릴 수 없었다. 그것은 10월 1일 3·1대학 축구시합의 최후 승리를 기다려야 하기 때문이다.

만약 여러분이 김마리가 사랑하는 사람이 누구인지 궁금하다면 10월 1일의 최후 승리를 보기 바란다.[77]

온갖 역경을 딛고 결국 결혼에 이른다는 다소 경쾌한 내용의 이 러브스토리는 세익스피어의 로맨틱 코미디를 연상시키는데 당시 관객들의 구미에 맞춘 흥행용 영화로 상해의 자유연애 분위기를 반영한 남녀관계의 소재였다. 정기탁으로서는 관객을 의식한 영화를 만들 수밖에 없는 현실에의 적응이었다.

〈진주관〉은 1929년 같은 영화사 '화합華合' 조組의 영화로 주수국朱瘦菊 감독, 주시

---

77 『中國無聲電影劇本』, 앞의 책, pp.1589-1590

목周時穆 촬영, 정기탁, 완령옥 주연, 정일생, 오일소 등이 공연했다.

완령옥 사후인 1984년, '중국전영출판사'에서 출간된 사진집에 소개된 내용이다.

"진주관"은 유명하고 진귀한 장신구다. 노빈이 진주관을 훔칠 때 사랑에 바치
게 되는데 한차례 우여곡절 끝에 노빈은 진주관을 포기하고 자신의 사랑하는 여자
와 결합한다.[78]

〈은막지화〉(혹은 이원염사)는 1929년 '화합' 조의 영화로 주수국 각본, 주시목 촬영,
정기탁 감독, 정기탁, 완령옥이 주연이다. 사진집에 실린 내용은 다음과 같다.

한 소녀가 실연 당한 후 배반한 애인을 총으로 쏴 죽이는 이야기.[79]

〈정욕보감情欲宝鉴〉은 1929년 같은 영화사 '화합' 조의 영화로 주수국 각본, 이평천
李萍倩 감독, 주시목 촬영, 정기탁, 완령옥 주연, 임미여, 오일소 등이 공연했다. 내용은
다음과 같다.

한 소녀가 실연을 당하여 애인을 독살하려 했으나 차마 실행에 옮기지 못하고
스스로 독약을 먹고 죽는다.[80]

이상에서 소개된 완령옥 주연 영화는 완령옥의 사진집에도 실려 있듯이 그녀의 대
표작으로 자리하고 있다.

---

78 『阮玲玉』(중국 북경: 중국전영출판사, 1984), p.74.
79 『阮玲玉』, 위의 책, p.74.
80 『阮玲玉』, 위의 책, p.75.

활극

___

당시에 인기 있는 장르는 활극이었다. 줄거리가 전해지지는 않지만 제목으로 짐작
할 수 있는 오락 활극으로 〈여해도女海盜〉와 〈흑의기사〉가 있고 〈대파구룡산〉, 그 속편
인 〈화소구룡산〉 등이 있다.

〈여해도〉는 1929년 같은 영화사 '화합' 조의 흑백영화로 정기탁 각본, 감독, 주시
목 촬영, 정기탁, 정일송 주연, 임미여, 오일소 등이 공연했다. 별 다른 자료가 없어 줄
거리 등을 알 수 없다. 〈대파구룡산〉은 1929년 같은 영화사 '화합' 조의 흑백영화로 주
수국 감독, 주시목 촬영, 정기탁, 완령옥 주연이다. 내용은 다음과 같다.

> 구룡산에 도적이 횡행하여 한 협객이 보검을 만들어 도적을 무찌르고 백성들
> 의 피해를 없애준다.[81]

〈화소구룡산〉은 1929년 같은 영화사 '화합' 조의 흑백영화로 대파구룡산의 속편
이다. 주수국 각본, 감독, 주시목 촬영, 정기탁, 완령옥 주연이며 내용은 다음과 같다.

> 도적의 친구가 요법을 써서 협객에게 복수하려고 하나 오히려 그 요법에 당하
> 고 만다.[82]

〈흑의기사〉는 정기탁이 각색, 감독, 주연했다는 것 외에는 별다른 자료가 없어 줄
거리 등은 알 수 없다. 당시 상해를 방문했던 이필우의 증언[83]과 『中国影编大典』에 내
용 소개 없이 1930년 개봉난에 제목과 함께 대중화백합영편공사, 흑백이라고만 소개
되어 있다.[84]

---

81 『阮玲玉』, 위의 책, p.75.

82 『阮玲玉』, 위의 책, p. 75.

83 본 논문 p.24 (주 38) 참조.

84 "고사편(1905~1930)", 앞의 책, p.237.

상해파 영화의 특징

———

이상에서 살펴본 바와 같이 상해파 영화인이 비교적 당시 유행하던 모든 장르의 영화들을 다루었다는 것은 다음 두 가지로 설명될 수 있을 것이다. 첫째, 상해파 영화인들은 본인들의 의지만으로 영화를 만들 수 없었다. 영화라는 매체가 관객을 대상으로 할 수밖에 없기 때문에 그들은 제작자의 기호에 맞춰 영화를 만들었을 것이다. 〈애국혼〉도 그런 맥락에서 만들어진 영화로 보인다. 대중성을 무시한 독자적인 영화제작은 불가능했고 상해파 영화인들은 달리 선택의 여지가 없었다고 판단할 수 있다.

둘째, 상해파 영화인들 특히 그 중에서도 정기탁은 뛰어난 역량을 가진 영화인이었다. 타국에 와서 중국인을 대상으로 통역자를 통해 영화를 제작한다는 것 자체가 쉬운 일이 아닌데 여러 장르의 영화에서 연출자로 또 주연 연기자로 활동했다는 것은 영화인으로서 뛰어난 역량을 인정받지 않고서는 불가능한 일이었을 것이다. 특히 활극배우로의 변신과 그런 활극영화가 속편까지 제작되었다는 것은 영화제작자의 특별한 배려차원이 아닌 그가 갖고 있는 능력의 결과라고 평가된다. 당시 정기탁이 인기여배우인 완령옥과 감독과 배우의 관계로 혹은 남녀주인공으로 함께 한 작품이 기록에서 밝혀진 것만도 총 6편에 이른다는 것이 그것을 증명한다.[85]

또한 계속해서 영화를 만들 수 있었던 것과 상기 영화들이 중국영화사에서 다뤄지고 있다는 것을 통해 볼 때 정기탁이 1930년도 이전에 비해 일본에서 돌아온 후 만든 〈광명지로〉와 〈재회파상해〉를 통해 감독으로서 시대상황에 눈을 뜬 선각자적인 안목을 보였고 영화작가로서도 개안했다고 평가할 수 있다. 이경손이 만든 〈양자강〉도 국내에서 이전에 본인이 만든 어느 영화보다도 우수했다고 호평[86] 받았던 것도 영화의 완성도가 결코 제작상의 호조건만이 최상의 조건이 아니라는 것을 보여준 것이라 하겠다. 오히려 어려운 악조건에 자극 받아 더욱 심혈을 기울여 높은 완성도를 이룬 것이 아닐까 한다.

결과적으로 정기탁의 마지막 작품이 된 〈재회파상해〉는 무성영화로 중간자막이

---

85 표 3-1 참조.

86 심훈, 《조선일보》, 1931.

변사의 해설을 대신한다.[87] 이야기를 풀어나가는 화면구성이 정공법적인 연출인데 그것은 그가 비록 국내에서 감독을 하지는 않았지만 이경손이나 나운규 등과 함께 영화를 하며 닦은 기초의 결과이다. 실제로 〈애국혼〉의 스틸 중에는 〈아리랑〉의 사막의 환상 장면 같은 몽환적인 스틸을 볼 수 있다. 또한 〈아리랑〉의 남주인공 이름인 '영진永鎭'이가 주인공의 집 문패에 보이기도 한다. 또 이토히로부미를 향해 총을 겨눈 안중근의 모습은 〈아리랑〉에서 낫을 든 영진의 이미지와도 일치된다. 일본인의 탄압에 항거하는 〈아리랑〉의 영진이나 그 일본인에게 응징을 가하는 〈애국혼〉에서의 안중근의 모습은 관객의 뜨거운 호응을 받을 수밖에 없는 조선인의 모습들인 것이다. 이 모든 것은 우연의 일치라기보다는 그 영향으로 볼 수 있다.

정기탁이 중국에서 영화감독으로서 자리를 굳힌 것은 국내에서의 이러한 영화감독 수업의 결과와 상해에서 만든 그로서는 습작이라고도 할 수 있는 10여 편의 영화에서 자신이 직접 연출하거나 동료 감독의 영화에 출연하며 닦은 기량의 결과라 보인다. 또한 그가 3년간 남양, 또는 일본을 떠돌며 영화인으로서 자기 성찰과 번뇌의 세월을 가졌던 결과가 아닌가 싶다. 그러한 모든 것이 공백기 이후 재기한 영화에서 완숙한 연출력을 보여준 계기가 되었다.

스스로의 운명과 싸우는 신여성의 삶을 그린 〈재회파상해〉에서 여주인공인 완령옥이 상해를 떠나기 전에 새장의 새를 풀어주는 상징적인 영상은 지금 보아도 인상적인 영화적 표현이라 할 수 있다. 그러나 완령옥의 내면적인 연기와는 달리 남주인공의 거친 연기는 흠이라 할 수 있으며 그 다음해에 만들어진 오영강의 〈신녀〉[88] 같은 경우는 프린트 결권도 없고 화질도 양호한 편인 것에 비해 화질의 상태가 고르지 못해 아쉬움을 준다. 이상에서 살펴본 바와 같이 상해파 참여 영화 중 한국인이 관련된 분야는 다음과 같다.

---

87 당시 중국 무성영화는 변사가 없었다. (최채의 증언) 현존하는 국내의 무성영화(예를 들어 1948년에 제작된 무성영화 윤대룡의 〈검사와 여선생〉)와 같이 중간자막이 많다.

88 '중국영화제'에서 상영(2000. 11. 24. 서울 동숭아트센터)

NO.	영화명	참여분야	출 연	제작년도	제작회사
1	애국혼	정기탁 각본, 감독	정기탁 정일송	1928	대중화백합영편공사
2	화굴강도	전창근 각본 정기탁 감독	정기탁 정일송	1928	상동
3	삼웅탈미	정기탁 감독	정기탁 정일송	1928	상동
4	여해도	정기탁 각본, 감독	정기탁 정일송	1929	상동
5	진주관		정기탁	1929	상동
6	정욕보감		정기탁	1929	상동
7	대파구룡산		정기탁	1929	상동
8	화소구룡산		정기탁	1929	상동
9	은막지화	정기탁 감독	정기탁	1929	상동
10	흑의기사	정기탁 각본, 감독	정기탁	1930	상동
11	양자강	이경손 감독 한창섭 촬영	전창근 남국월	1930	고성영편공사
12	광명지로	정기탁 감독		1933	연화영업공사
13	재회파상해	정기탁 감독		1934	상동

(『中国影编大典』, 앞의 책, pp.156-254)

상해파 영화인 그 이후의 활동

▬ 정기탁

정기탁은 귀국 후에도 한국 최초의 해양극 영화를 기획하는 등 분주한 활동을 보였다.

> 朝鮮最初의
>
> 海洋劇映畫
>
> 朝鮮銀幕界의 앞잽이인 鄭基鐸씨는
>
> 今番海洋活劇을 撮影하리라는데
>
> 中國領事의 好意로서 中國의 有數한
>
> 男女俳優들도 參加하리라고[89]

이 영화가 완성됐다는 기록은 없으나 정기탁의 활동력과 기획력을 엿볼 수 있는 기사이다. 일에 대한 열정을 보여주는 이 기록이 그의 활동에 대한 마지막 보도이다.

1936년 6월 2일 우미관에서는 〈상해야 잘 있거라〉가 공개되었다. 이 작품은 정기탁이 해외에서 만든 영화 중 처음이자 마지막으로 국내에서 개봉된 영화였다.[90]

이 영화를 통해 관객들과 다시 만난 정기탁의 새로운 소식이 기다려질 즈음인 1937년, 갑자기 정기탁이 대동강물에 빠져 죽었다는 소문이 떠돌았다. 그 해는, 제2차 상해사변이 발발하고 이로 인해 상해는 완전히 일본의 점령 하에 들어간 때였다.

안종화安鍾和의 『한국영화측면비사韓國映畫側面祕史』에는 소문으로만 떠도는 정기탁의 미확인 사망설 기록이 남아있다.[91]

---

89 《조선중앙일보》, 1936. 5. 15.
90 多情多恨한 感傷의 哀想篇!
    六月 二日부터 特別大公開
    上海聯華影業公司 超特作品!
    原作脚色監督 鄭基鐸氏
    上海야 잘잇거라
    中國이 나은 妖艶 美姬
    阮玲玉 大熱演
    위의 신문, 1936. 6. 2.
91 영화〈上海야, 잘 있거라〉의 선전자료를 서울에 보낸 후로도 基鐸은 통 소식이 없었다. 그러더니 다음해에는

상해가 일본군에 의해 침공 당한 후 국내로 들어왔으나 일체의 영화제작 활동을 할 수 없었던 정기탁. 그의 죽음이 갖는 미스테리는 일제강점기를 살던 조선 영화인이 겪었던 수난의 상징일 수 있다. 그의 마지막 행방을 알 수는 없었으나 동료 카메라맨 손용진92은 정기탁이 대동강에서 가난을 이유로 자살하였다는 기사를 남겼다. 소문으로만 떠도는 정기탁의 미확인 사망설을 재확인시켜 주는 기사이다.

> 멋장이 鄭基澤 돈물 쓰듯
>
> 가난의 슬픔 오기 전에 投身
>
> 초창기의 최고 멋쟁이 배우 鄭基澤이 달 밝은 밤에 대동강물에 투신자살을 했다. 1937년이였다. 그날 平壤의 몇몇名妓를 유람선에 담아실은 基澤은 평생 마시지 않았던 몇 잔의 술을 기울이면서 『아아 人生은 덧없구나.』이렇게 술회했다. 그리고 스스로 목숨을 끊었다.93

손용진의 글이 확인할 수 없는 미검증 기사이기는 하지만, 정기탁의 죽음에 관한 당시 유일한 신문기사이다. 그 누구보다도 열정적인 삶을 살았고 초기 한국영화의 개척자로서 진취적인 성격에 끝없는 자기발전을 시도했던 정기탁의 자살설은 믿기지 않는 사실이다.

그래서 그의 죽음은 많은 의문을 남긴다. 하고픈 일이 너무도 많고, 전도유망 했던

그가 자살했다는 소문이 파다하게 들려 왔다. 대동강에서 뱃놀이를 하다가 푸른 물결에 몸을 던져버렸다는 것이었다.

그가 어째서 젊은 나이에 스스로 목숨을 끊어야 했는지, 그것은 아무도 모른다. 다만 基鐸이 우리 나라 남자 영화인으로서는 최초의 자살자였다는 것만이 분명한 사실일 따름. 소문에 의하면 鄭基鐸이 상해로 갈 때에 金一松을 데리고 가서 같이 연화영업공사(聯華影業公司) 전속배우로 있었는데, 一松이 폣병으로 죽은 후에 귀국하여 一松을 잊지 못하고 연연(戀戀)하다가 드디어 자살로써 생애(生涯)를 청산한 것이라고 하나, 물론 확실한 근거는 없는 이야기다.

어쨋든 基鐸이 대동강에 투신 자살을 했다는 소문이 퍼지자, 그를 아끼는 동료요 지기인 영화인들은, "鄭基鐸이 그 녀석 참 멋지게 살다가 멋지게 죽었어!"

모두들 이렇게 차라리 탄성을 섞어가며 말하곤 했다. 鄭基鐸이야말로 화려하게 살다가 화려하게 스러진 예능인의 전형이었다고 할 것인가.

안종화, 『한국영화측면비사』(서울: 춘추각, 1962) pp. 144-146

92 조선총독부에서 근무했었다. 현상기사를 거쳐 이필우의 조수를 했고 이경손, 나운규와 영화를 찍었다. 정기탁과는 상해가기 전인 데뷔 시절 때부터 만났다.

93 孫勇進, "無聲時代- 韓國映畵 草創期의 回顧錄20" (출처 미상의 1962년 3월 신문기사)

33세의 젊은 정기탁. 그해 1937년은 나운규가 36세의 나이로 요절한 해이기도 하다.

상해가 일본군에 의해 침공 당하면서 국내로 들어왔던 정기탁에게 조국은 암울함 그 자체였다. 영화제작을 위해 왕성한 활동을 시도하던 그에게 활동의 장은 닫혀 있었고 그의 활동지 상해도 다시 돌아가 수 없는 곳이 되었지만 굳이 그가 죽음을 택한 이유가 되지는 못했을 것이다. 손용진의 말은 정기탁의 죽음이 다가올 가난에 대한 대책이 없었다는 것이지만 이영일은 그의 죽음이 상해에서의 활동과 관련하여 신변의 위협을 느낀 스트레스성 자살이라고 추정한다.

> 상해망명파는 흩어져 정기탁은 평양에 은거하게 됩니다. 그는 완전히 사회주의에 동조한 영화 관련으로 신변의 위협을 느꼈고 스트레스 자살을 한 것으로 추정됩니다. (...)[94]

그러나 정확한 사망일이라든가 죽음의 동기 등 그의 죽음에 대한 기록이 남아있는 것은 없다.

필자의 의견은 오히려 그가 일제에 의해 테러로 인해 사망한 것이 아닌가 생각된다. 그가 상해에서 만든 〈애국혼〉 및 사회주의 계열의 영화 〈광명지로〉는 이미 그를 요시찰인물로 만들었고 그가 귀국 후 만들겠다던 해양영화도 일제의 심기를 건드려 그를 미궁 속의 죽음에 이르게 하지 않았을까 추정케 하는 것이다. 그의 죽음에 대한 기록은 어디에서고 찾아볼 수 없고 필자가 조사한 바로는 국내 신문 어디에도 정기탁의 사망 보도기사는 없다. 상해에서의 귀국기사로 이목이 집중되었던 정기탁으로서는 너무도 비밀스러운 죽음인 것이다. 영화인장으로 성대히 치러진 그의 동료 나운규의 장례식에 비하면 너무도 대조적인 죽음인 것이다.

당시 그가 기획하고 준비 중이던 해양활극영화는 무엇일까? 〈애국혼〉이라는 항일영화를 만들었던 정기탁이 만들려고 했던 해양영화라면 장보고張保皐나 이순신李舜臣을 다룬 민족적인 내용이 아니었을까 추측할 수 있다. 특히 중국인들이 출연할 것이라는 기사가 그 가능성을 더욱 높여준다. 그런 것들이 그를 죽음에 이르게 하지 않았을까 하는 추리도 가능하다.

94 　이영일 구술, 2000. 1. 26.

한 난봉꾼의 가산탕진과 기생과의 뱃놀이 중 자살했다는 이야기로 호사가들의 입에 오르내리며 그의 죽음에 관한 소문은 세인의 관심에서 멀어져 갔다. 한평생을 영화에 바쳤음에도 불구하고 국내에 큰 족적 없이 사라져간 간 그의 죽음에 대해서는 시간이 흘러 SNS를 통해 미국에 사는 조카 정영익의 제보를 통해 밝혀졌다.[95]

〈표 3-3〉 정기탁 작품 연보

NO.	영화명	참여분야	제작연도	제작회사
1	개척자	출연	1925	고려키네마사
2	산채왕	출연	1925	계림영화협회
3	장한몽	출연	1926	계림영화협회
4	금붕어	출연	1926	조선키네마사
5	봉황의 면류관	제작, 주연	1926	평양키네마사
6	춘희	제작, 주연	1927	평양키네마사
7	애국혼	각본, 감독, 주연	1928	대중화백합영편공사
8	화굴강도	감독, 주연	1928	대중화백합영편공사
9	삼웅탈미	각본, 감독, 주연	1928	상동
10	여해도	각본, 감독, 주연	1929	대중화백합영편공사
11	진주관	주연	1929	상동
12	정욕보감	주연	1929	상동
13	대파구룡산	주연	1929	상동
14	화소구룡산	주연	1929	상동
15	은막지화	감독, 주연	1929	상동
16	흑의기수	각본, 감독, 주연	1930	상동
17	광명지로	감독	1933	연화영업공사
18	재회파상해	감독	1934	연화영업공사

(자료: 전범성, 앞의 책, pp.130-153,
『中国影编大典』, pp.156-254,
『中國無聲電影劇本』하권, pp.2531-2954)

---

95 정기탁 감독은 평양의 대동강에서 물놀이 중 익사한 것이 사실이었고 서울 사는 친형 정영진을 소개해주어 그를 만나 사진 자료 및 더 자세한 이야기를 들을 수 있었다.

■ 전창근

그가 귀국하며 결국 상해로 간 한국영화인들의 활동은 끝나게 된다. 다음은 전창근의 귀국 기사이다.

映畵人 金昌根氏

十二年만의歸國

十二年동안 支那映畵界에서 活動하든 朝鮮映畵人 金昌根씨가이번에 歸國하엿다한다. 氏는 大正十五年支那로 건너가서 武昌大學에 잇다가 上海로와서 李慶孫氏와 握手하야 楊子江을 製作하고 그後에는 氏의 原作 脚色 監督으로 大地의悲劇 貞操等十四本의 大作을 내고 最近에는 輸出映畵楊貴妃를 準備하다가 上海事變으로 因하야 一旦 歸國하엿다는데 앞으로는 支那에 輸出한 映畵를 製作할 計劃이라한다[96]

이름이 김창근으로 나온 것은 오류이거나 의도적인 가명일 수도 있다. 그는 곧 전창근이라는 본명으로 영화제작에 착수한다. 그가 귀국하며 만든 영화는 〈복지만리福地萬里〉[97]이다. '고려영화사'와 '만주영화협회'가 합작을 한 대작 〈복지만리〉에서 전창근은 각본, 감독, 주연, 편집을 맡았다. 하지만 고국에서의 화려한 컴백은 전창근의 수난시대를 예고하고 있었다. 그의 귀국과 영화 활동을 예의 주시하던 일제는 〈복지만리〉가 끝난 뒤 전창근을 체포하였다. 상해시절 김구 선생 밑에서 교편을 잡고 군관학교 사건의 연루자였기 때문이다. 결정적인 이유는 요시찰 대상이었던 전창근이 상해에서 온 사람과 비밀리에 만나다 종로서의 형사에게 발각된 것이다. 3개월이 넘는 고문 끝에 풀려난 전창근은 영화 활동을 그만 두고 극단의 순회공연에 참여하며 지낸다. 일제강점기의 모든 영화사가 '조선영화제작주식회사'[98] 하나로 통합되기 전에 착수되

---

96   위의 신문, 1937. 12. 10.
97   일제에게 옥토를 빼앗긴 한국의 농민들은 만주벌판으로 쫓겨가 그곳에서 집단생활을 하면서 벌목작업을 하고 있었다. 그들은 끓는 향수를 우정과 협동으로 달래였다. 어느 날 이 집단에 작부(酌婦)들이 들어왔다. 이들은 가난한 동포들을 천시한다. 이를 본 청년(전창근)은 그녀들에게 동포끼리 서로 돕고 살도록 설득한다. 그래서 그는 그들을 깨우치기 위해 솔선해서 작부 중 한 여인과 결혼까지 하여 행복을 과시한다. 다른 작부들도 하나하나 동포들과 새 삶을 찾게 된다는 것이 그 줄거리이다.
      노만, 『한국영화사』(서울: 한국배우전문학원, 1964), p.714.

었던 영화인 〈복지만리〉에 대해서는 서로 다른 두 가지 평이 엇갈린다. 영화감독 유현목은 만주벌판에서 온갖 고역을 다 겪는 동포들의 비참한 생활을 그리면서 민족애의 자각을 주제로 한 이 영화는 근래에 보기 드문 민족의식을 고취한 작품이었다.[99]는 것이다. 그러나 신상옥은 이 영화가 친일영화였다고 증언한다.

> 〈복지만리〉는 만주로 이민 가라는 얘기예요. 만주를 개척하라는 얘기지. 내가 중학생 때 봤는데 주제가가 두 가지야 일절은 국어, 이절은 일어... 소재에 구애받지 않고 찍는 것만도 감지덕지할 때지. 가사가 '황야를 달리는 고구려 영토다...' 이런 노래지. 우리 여기서 살아야 한다는 이민 장려하는 영화야. (...) 친일이고 뭐고 안 찍을게 아니야.[100]

이영일도 〈복지만리〉의 내용이 '동아민족東亞民族의 협화協和' 등을 바닥에 깐 것이라고 기술하고 있다.[101] 이것은 대동아공영권을 주창한 일제의 의도를 대변한 것이라고 할 수 있다. 전창근이 이 작품을 일제에 헌납(?)하며 충성 서약했다고까지 할 수는 없지만 당시 만들 수 있는 영화라는 것은 시대적인 제한성으로 친일적인 것 외에는 만들 수가 없었다고 생각된다. 그를 친일파로 구분할 수는 없는 일이지만 그가 귀국하며 활동할 수 있는 선택의 여지가 없었을 것이다. 마음에 드는 작품을 쓰고 상해에서처럼 자유분방한 활동을 기대할 수는 없는 상황에서 친일영화를 만들어야 하는 그의 고뇌가 어떠했을까 짐작이 된다. 그의 이러한 활동에도 불구하고 그는 이후 사상성이 문제

98　1939년 4월 일본에서 日本映畵令이 공포되어 영화계가 戰時動員체제로 전환되자 한국에서도 이에 부응하기 위해 朝鮮總督府는 1939년 10월 영화인들이 자율 결의라는 형식을 빌어 朝鮮映畵人協會라는 단체를 조직하도록 유도하는 한편 모든 영화인은 이 협회에 등록하고 기능증명서를 받도록 했다. 기능증명서가 없으면 일체의 영화 제작에 참여할 수 없도록 함으로써 영화인들은 일본의 정책에 동조하든지 아니면 영화계를 떠나야 했다. (...) 그러나 朝鮮映畵製作協會에 소속되어 있던 映畵社들은 1942년 단일회로 통합되어 일본인 다나까(田中三朗)를 사장으로 한 朝鮮映畵製作株式會社가 발족됨으로써 한국인이 운영하던 영화사는 모두 없어지고 말았으며 朝鮮映畵人協會 역시 해산되었고, 대신 분야별로 조선영화주식회사에 편입되었다.(...)
　　조휘문, 『韓國映畵略史』「영화목록 1992」(서울: 한국영상자료원, 1992) pp.23-24
99　유현목, 『한국영화발달사』(서울: 한진출판사, 1980) p.238
100　신상옥 구술, 2001. 6. 20.
101　이영일, 『한국영화전사』(서울: 삼애사, 1969) p.167

가 되어 3개월간의 옥고를 치르게 된다. 출옥한 전창근은 영화 활동에서 멀어져 순회 공연에 참여하며 만주 등으로 연극 활동을 다니며 생활한다. 당시 이규환, 윤봉춘 등 일부 영화인을 뺀 대부분이 일제가 세운 어용영화사인 '조선영화제작주식회사'에 입사하여 활동하였던 상황에서 끝까지 고집을 꺾지 않은 전창근의 고집스러움을 엿볼 수 있다. 그러나 기록에 의하면 전창근 소속의 고협극단은 조선총독부 주최 연극제에 참여해 전창근이 연출한 〈빙화冰花〉가 단체상인 총독상을 수상키도 했다. 고협극단은 그 후로도 두 번 더 참여하는데 전창근의 추가 수상은 없었다.102 그의 이러한 활동은 연극 활동으로 영화의 욕구를 대신하고자 하기 위한 어쩔 수 없는 일이라고 해도 그의 전력과는 너무도 다른 실망스러운 모습이다.

광복이 되자 전창근은 영화 〈자유만세〉의 각본을 쓰고 주연으로 애국지사의 고뇌를 훌륭히 연기하는 등 영화 활동을 재개하였다. 특히 안중근 의사를 다시 소재로 한 영화 〈고종황제와 의사 안중근〉을 각본, 감독, 주연하는 등 독립운동을 소재로 한 영화들을 만들게 되는데 일선에서 물러난 후 1975년에 숙환으로 세상을 떠난다.

그와 함께 활동한 신상옥의 증언이다.

> 그 양반이야말로 어떻게 영화감독을 했나싶어. 기분파니까... 자세한 게 없어.
> 후배 사랑하는 사람이지. 극본도 쓰고... 영화감독은 세심해야 하는데 아마도 리더
> 십 때문에 감독되신 분이야. 자유분방한 사람이지.103

그의 상해시절 첫 부인과의 사이에서 태어난 딸 전향이는 영화배우로 활동하였고 그녀의 남편 역시 영화배우이며 국회의원을 지낸 이대엽이다.

▬ 이경손

상해에서 영화감독뿐만 아니라 항일 연극 활동도 하며 중국문단에서 작품 활동을 했던 이경손은 일본의 상해 침략 후 방콕으로 이주해 그곳에서 태국인 아내를 얻어 정착하게 되는데, 영화와 무관한 개인 사업을 하다가 다시는 고국으로 돌아오지 못하고

---

102 유민영, 『한국근대연극사』(서울: 단국대 출판부, 1997) p.400
103 신상옥 구술, 2001. 6. 20.

1978년 이국땅에서 생을 마감하였다.

그는 '무성영화시대의 자전'이라는 글을 《신동아》 잡지에 남겼는데 그 자신의 자서전이지만 그가 초창기 영화계에 얼마만큼 중요한 자리를 차지하고 있었나 하는 것을 반증해 주듯 초창기 한국영화사의 주요 인물과 사건들이 망라된, 한국영화사의 맥을 꿰뚫는 듯한 내용이라 하겠다. 그가 타계하기 전인 1970년대 그를 찾아갔던 유현목에 의하면 그는 한국영화계를 잊지 못하며 영화에 대한 미련을 못 버리고 있었다 한다. 젊은 나이에 조국을 등질 수밖에 없었던 일제강점기의 비운을 상징하는 또 하나의 감독이 이경손이다.

〈표 3-4〉 이경손 작품 연보

NO.	영화명	참여분야	제작연도	제작회사
1	심청전	각본, 감독, 조연	1925년	윤백남프로덕션
2	개척자	각색, 감독	상동	고려키네마사
3	장한몽	각색, 감독	상동	계림영화협회
4	산채왕	감독, 편집	상동	상동
5	봉황의 면류관	각본, 감독	1927년	정기탁프로덕션
6	춘희	각본, 감독, 조연, 편집	상동	평양키네마좌
7	숙영낭자전	각본, 감독, 주연, 편집	1927년	이경손프로덕션
8	양자강	각본, 감독	1931년	고성영편공사

(자료: 전범성, 앞의 책, pp. 128-155,
『中國無聲電影劇本』, 앞의 책, p.1911)

■ 한창섭

상해파 영화인의 촬영기사 한창섭은 〈양자강〉 촬영 후 필름을 갖고 귀국하여 흥행에 성공하였고 만주까지 가서 흥행에 성공했다.[104]

그는 국내에서의 흥행 수익금 및 간도에서의 수익금을 갖고 상해로 돌아가지는 않

---

104 韓昌燮 撮影조수로 오래 고생하다가 大志를 품고 上海로 뛰어나가서 경손씨와 『양자강』을 박혀 가지고 와서 일약 조선의 일류기사로 자처하는 친구요 지금 그 사진을 가지고 간도까지 가서 흥행하는 중이라 한다. 눈이 사팔뜨기라 俗稱 벤다―핀이라는 별명을 듣는데 벼룩이와 같이 톡톡 튀기를 잘하고 참새 외딴치게 잘 떠러 댄다. 그도 퍽 젊은 축이다. 처신을 좀더 신중히 하얏으면...
심훈, "조선영화인 언파레드", 《동광 23호》(1931. 7.)

앉다. 그런 그에 대한 이경손의 원망어린 글이 남아있다.[105]

한창섭은 상해로 돌아가지 않고 조국에서 계속 영화촬영에 참여하였다.

━ 김일송

상해파의 여주인공으로서 한 시대를 풍미한 김일송은 정기탁과 사실상의 부부로써 함께 상해로 가 1928년도에만 〈애국혼〉, 〈화굴강도〉, 〈삼웅탈미〉 등 세편의 영화에서 주연을 맡았다. 그러나 1929년 이래로 정기탁이 완령옥과 공연을 하자 상해를 떠나 고국으로 돌아온다.[106]

김일송은 결국 배우로 부활하지는 못했다. 그녀의 마지막은 기생으로서의 삶이었고 폐병으로 죽었다고 전해진다. 그 당시의 여배우의 삶이 모두 그러하듯이 그녀 또한 크게 다르지 않았다.

━ 김광주

전창근, 최채와 함께 동고동락했던 김광주는 상해에서 『전영예술론電影藝術論』 등의 책과 신문에 영화평을 쓰는 등 활동하다가 귀국하여 1935년 〈아름다운 희생〉이라는 영화를 감독하고 경향신문사 문화부장으로 재직하기도 했다. 그는 많은 중국무협 소설을 번역 소개하며 소설가로도 이름이 알려졌다. 그는 《세대》지 1965년 12월호와 1966년 1월호에 '상해시절 회상기'란 글을 남긴다.

---

105 全昌根은 서울 가더라도 日警에게 『나왔습니다』할 처지가 못되고 하여 韓昌燮과 全의 한 고향 청년이 같이 가자고 가서 團成社에서 흥행을 보았다고 한다. 그러나 우리는 그 후 그 흥행의 成績도 評價도 수지결산도 들어 보질 못했다. 남의 돈을 잘라 먹으려면 이왕이면 그렇게 깨끗하게 잘라먹는 게 뚜렷하긴 할 게다. 『揚子江』은 우리나라 映畵로서는 최초의 영화로 外國字幕이 나오는 「필름」이요 처음으로 照明燈맛을 본 영화였건만 그 「필름」이 李아무개의 것이라고도 할 수 없고 金某의 製作이라고도 할 형편이 못되었으니 할 말이 없기는 없었다. 최초의 한국영화를 만들어 놓고도 내가 만든 거로다 하고 이름을 밝혀낼 수 없는 異邦人이었으니까.
이경손, 앞의 책, pp.283-284.

106 鄭基鐸군과 같이 『椿姬』에 출연한 뒤에 鄭군과 손을 잡고 상해로 가서 그와 결혼까지 하고 중국 영화에 여러 번 출연하여 지금도 인기가 남았다 한다. 영화인의 생활이란 轉戀無雙하여 지금은 鄭군과도 이별하고 서울 와 있다고. 매우 소질이 있는 사람이다. 부활할 생각은 없는가?
심훈, 앞의 글.

━ 김명수

1908년 서울 생인 김명수는 1922년부터 1946년까지 상해에서 거주하며 정기탁이 처음 상해로 왔을 때를 기록으로 남겼고[107] 〈애국혼〉 제작 시 정기탁의 명을 받아 자료를 구해주었다. 광복 후 귀국한 그는 이범석 초대 국무총리의 영문비서英文祕書를 거쳐 서울대학교 문리대 교양영어 교수로 근무하였고 1973년에 캐나다로 이주하여 1985년 밴쿠버에서 타계하였다. 저서로 『명수산문록明水散文錄』을 남겼는데 이 책에 상해파 조선영화인에 대한 기록들이 있다.

---

107 鄭이 맨처음上海와서 寶康里×號에留宿하고잇슬때이다. 그는 우리아버지에게서 英語個人敎授를받겠다고 첫날 月謝金만내이고는도저히배호러오자안엇다(...)
김명수, 앞의 책, p.52

국내영화계에 끼친 영향

━ 국내영화계에 끼친 영향

상해파 영화인의 영화 중 국내에 소개된 영화는 〈양자강〉과 〈상해여 잘 있거라〉뿐이다. 〈애국혼〉이 만들어져 중국 내에서 상영됐다는 소식은 《조선일보》에 유일하게 실렸다.

韓末 安重根의 伊藤公 狙擊한 映畵

평양 정긔택이 상해서 박이어

中國 各地 巡廻 興行

조선 사람 안중근安重根이 북만 할빈 명거장에서 이등박문伊藤博文공에게 총을 발사하야 당시 시내 외국 사람의 이목을 경동케 하얏슴은 우리 모다 아는 바인데 이제 평양 사는 정긔탁鄭基鐸군은 상해上海에 잇는 중국 활동사진회사인 백대필림공사(百代필림公司)의 후원을 어더 전긔 안중근의 사건을 촬영하야 가지고 방금 상해를 위시하야 중국 각디로 순회하며 일반에게 관람케하야 중국 사람에게 배일을 고취한다는데 이 사진은 안중근의 ○예와 친족의 실사가 잇다함으로 당디 경찰서에서는 그의 ○처을 엄중히 됴사한다더라(평양)[108]

당시 신문의 검열이 강화된 상태에서 위의 보도만 해도 파격적인 보도라 할 수 있다. 정기탁의 기사는 《조선일보》에서만 발견할 수 있을 뿐 그 후 달리 기사는 없다. 그럼에도 상해파 영화인의 활동은 영화인들 사이에 구전되어 왔다. 그것은 그들의 활동 소식을 접한 일부 영화인들이 상해를 방문하여 중국영화계를 시찰하고 돌아와 그들의 활동상을 전했기 때문이다. 한국 최초의 촬영기사였던 이필우가 상해영화계를 시찰하고 돌아와 《조선일보》에 투고한다. 시찰 시점은 정기탁이 〈애국혼〉을 만들고 〈흑의기사〉까지 10편의 영화에서 감독 또는 주연으로 큰 활약을 했던 1930년 초의 일로 큰

108　《조선일보》, 1928. 10. 5.

자극을 받았던 것을 기사에서 느낄 수 있다.109 그때까지 조선에서 제작된 영화의 총 제작편수는 불과 80여 편에 불과하였던 때였다.

이렇듯 상해파 영화인의 활동은 여러 경로를 통해 구전되어 국내영화인들 사이에 알려졌을 것이다. 그것은 당시 일제에 협력할 수밖에 없었던 식민지 영화인들도 공감할 수 있는 한국인으로서의 자존심이었다. 상해에서 일제의 검열을 피해 만든 〈애국혼〉은 민족적 자긍심을 일깨워 민족영화가 나아갈 길을 제시하였다. 이렇듯 〈애국혼〉은 단순한 애국지사의 전기영화가 아니다. 일제탄압 아래 힘들게 살아가는 한국인들에게 보여주어야 할 그리고 일제의 침략에 직면한 중국인들에게 보여주어야 할, 시대가 요구하는 영화였던 것이다.

따라서 안중근 의사의 숭고한 삶과 정신의 메시지는 애국심으로 승화되어 관객들에게 전해졌고 이러한 영화 활동은 중국대륙에 한국인의 정신과 기개를 심어주었다.

비록 고국의 동포에게 소개될 수는 없었지만 〈애국혼〉은 광복 후 항일 영화의 모범이 됐다. 상해파 영화인의 한 명이었던 전창근이 영화계에 복귀하여 활동을 하며 그 정신은 전해졌다. 전창근이 만든 대다수의 영화들은 상해파 영화인들의 정신을 고스

---

109   中國의 映畵界
上海를 中心으로
李弼雨
華菊組에는 鄭基鐸君이 監督이요 女優에는 金一松孃과 阮玲玉孃이잇고 三〇組에는 史東山氏와 王元〇氏가 監督이오 女優에는 周文珠양이잇다.
(…)
그外에五千餘名의助演者가잇섯다.
(…)
그리고 또 鄭基鐸君의 原作監督인 『女海盜』와 『愛國魂』도 보앗다. 金一松孃의 演技는 尊敬할만치進步되엇고 上海나 南洋方面에는相當한人氣가잇다고한다.
鄭基鐸君의監督術이나 演出은 中國人보다는나흐나아즉進步하여야될餘地가만히잇다고 보앗다. 全昌根君은惡役이敵役이다. 『카메라』를 무서워하지아니하고 몸을잘놀리여만히훌륭한〇〇을보여준다. 그러나君의缺點은 『양키』式이 만흔것이라흐겠다.
이大中華百合影片公司가 一九二九年十月末日頃에 事情에依하여 解散되고말앗는데 筆者도얼마전大中華百合 『스터지오』에서 『크랑크』를 돌리고 잇다가 解散後 鄭基鐸君과 가티 日本 東亞 『키네마』 女優 〇川ろり子와 가티 『싸운드』영화上海行進曲을 『마네통』으로前篇을製作하고 後篇은다시日本서 만나서 『삐타폰』으로 撮影키로 約束하고作別한後에 基鐸君은 南洋方面으로 가고 筆者는 朝鮮으로 왓다.
(…)
朝鮮映畵와가티 撮影機한대가 업서서 撮影機몇〇을가지고 멋곳에서 돌려쓰지는안코 아모리 조고마한곳이라도 二臺以上은 가지고 있다. 언제나우리도 이만한 設備를하고 映畵를製作할가?
이필우, 《조선일보》, 1930. 1. 21.

란히 담고 있었고 민족정신이 충만한 영화들로 전창근이 꼭 만들어야 할 영화들이었다. 광복 이후 전창근이 만든 영화들의 면면을 보면 확인할 수 있다.

<표 3-5> 전창근 주요 작품 연보

No.	영화명	참여 분야	제작 연도
1	복지만리	각본, 감독	1938
2	자유만세	각본, 주연	1946
3	불멸의 밀사	각본	1947
4	해방된 내고향	제작, 각본, 감독	1947
5	민족의 새벽	각본	1947
6	민족의 성벽	각본, 감독	1947
7	바다의 정열	각본	
8	그 얼굴	제작, 각본, 감독	1948
9	여인	제작, 각본, 감독	1948
10	푸른 언덕	각본	
11	파시	각본	1949
12	낙동강	각본, 감독	1952
13	불사조의 언덕	각본, 감독	1955
14	단종애사	감독, 연기	1956
15	마의태자	각색, 감독	1956
16	이국정원	감독	1958
17	수정탑	각색, 감독	
18	고종황제와 의사 안중근	감독, 연기	1959
19	내가 낳은 검둥이	각본	
20	삼일독립운동	감독	1959
21	아! 백범 김구선생	감독, 연기	1960
22	돼지꿈	각본	1961
23	운명의 골짜기	각본, 감독, 연기	1962
24	애정삼백년	각본	
25	차이나타운	감독	1963
26	국경 아닌 국경	연기	1964

(자료 : 『한국영화 1919-1989 작품색인』(서울:영화진흥공사, 1990.), pp.17-233)

상해파 영화인의 활동은 한반도 밖에서의 일이었지만 광복 이후 60년대까지 같이 활동하였던 전창근에 의해 국내로 그 정신은 이어졌다. 광복 후 한국영화 정체성 확립에도 영향을 끼쳐 초창기 민족영화 〈아리랑〉의 맥을 이은 광복영화의 가교 역할을 했다고 할 수 있다. 당시 항일영화 제작 붐은 광복영화로 지칭되며 그 시기적인 특성과 맞물려 한국영화사의 한 장을 차지한다. 이후 항일영화 제작은 한국동란으로 인한 전쟁영화 제작에 밀려난다. 1954년에 이강천의 〈아리랑〉이 만들어지기도 했으나 전쟁 이후 안정기에 접어들며 멜로 드라마의 다작 현상 속에 항일영화 장르는 퇴조하였다. 1957년에 김소동의 〈아리랑〉, 1959년에 전창근의 〈고종황제와 의사 안중근〉 등이 간간이 만들어지기도 하였는데 1960년대에 들어서며 항일영화는 대륙물, 혹은 만주물로 불리는 활극영화로 탈바꿈한다.

1960년에 전창근의 〈아! 백범 김구선생〉, 1966년에 윤봉춘의 〈유관순〉 등의 항일영화가 있었지만 이러한 활극영화의 제작은 회고적 정서에 중국대륙을 무대로 만들어진 철저한 흥미본위의 영화 경향이다. 대표적 작품으로 정창화의 〈대지의 지배자〉, 김묵의 〈대륙의 밀사〉, 권영순의 〈정복자〉, 신상옥의 〈무숙자〉, 임권택의 〈두만강아 잘 있거라〉가 있다. 그리고 1970년대에 들어서 주동진의 〈의사 안중근〉이 만들어지고 북한에서도 엄길선에 의해 〈안중근, 이등박문을 쏘다〉가 제작되었는데 1970년대 중반 태권도 영화 붐으로 중국대륙을 배경으로 한 이두용의 〈용호대련〉 등이 등장한다. 그러나 이러한 영화들은 이미 항일영화와는 거리가 먼 중국을 배경으로 독립군의 활동을 극화한 오락영화일 뿐이다.

이영일은 상해파 영화인에 대해 다음과 같이 피력한다.

> 이들의 작품제작 활동을 보면 그것은 마치 이 나라의 애국지사들이 상해망명 정부를 세우고 일제와 싸웠던 것처럼 투철한 항일민족영화를 만들었으며 또 한편 조국에서 불태우지 못한 영화예술에 대한 정열을 중국영화계서나마 눈부시게 불태운 빛나는 활동이었다.[110]

상해파 영화인들의 활동은 이렇듯 격찬 받아 마땅하다. 그러나 그들이 애국지사처

---

110 '上海亡命派영화인들의 作品活動(上)', 《영화예술》(서울: 영화예술사), p.51.

럼 목숨을 걸고 애국활동을 하기 위해 영화를 만들었다고 단정할 수는 없다. 하지만 그들이 설사 항일, 독립운동의 의지 없이 단순히 흥행만을 목적으로 영화를 만들었다 하더라도 중국인들에게 배일의식을 고취시켰다는 《조선일보》의 기사 내용처럼 영화 한 편이 갖는 영향력을 생각할 때 상해에서 항일영화 〈애국혼〉을 제작했다는 그들의 업적은 국가독립유공자로 지정된 나운규나 윤봉춘에 비해 부족할 것이 없다. 이러한 사실에 대한 영화사적 연구는 너무도 미미하다.

중국영화계에 끼친 영향

중국영화계에 남긴 영향에 대한 상해파 영화인의 뚜렷한 기록도 없다. 그렇다고 그들이 중국영화계에 끼친 영향이 없다는 것은 아니다. 그들은 중국영화 1세대 감독으로 일컬어지는 손유, 오영강, 제초생과 같은 시기에 활동을 한 중국영화 초창기의 감독, 각본가, 촬영기사, 배우인 것이다. 단순히 그 시기에 활동을 했다는 것만 가지고 영향을 논할 수는 없지만 중국영화의 개척기에 대중화백합영편공사 및 다른 유수의 영화사에서 확실히 자리매김을 하고 계속 활동을 하였던 것으로 미루어 볼 때 그 영향력을 유추해 볼 수 있다.

다음은 중국영화감독의 세대별 구분에 대한 글이다.

> 제5세대 영화의 효시는 1984년에 발표된 張軍釗 감독의《一個和八個》와 陳凱歌 감독의《黃土地》였다. 특히 1985년 홍콩영화제를 통해《黃土地》가 서구 영화계의 주목을 받으면서 제5세대 감독의 존재가 확인되고 새로운 중국 영화를 주도해 나갈 세대로서 서구의 영화사들에 의해 그들이 각광을 받기에 이르렀다. 한편 견해가 일치되지 않는 경우도 있지만 대체로 제1세대 감독은 1930년대 上海를 중심으로 하여 중국 영화의 첫 번째 황금기를 주도했던 孫瑜, 吳永剛, 費穆, 蔡楚生 등을 꼽으며, 제2세대 감독으로는 鄭君里, 沈浮, 朱石麟을, 제3세대 감독으로는 謝晉, 崟范을 제4세대 감독으로는 5세대 감독의 선생 겸 후원자라고도 하는 吳天明을 꼽는다.[111]

특히 정기탁의 영화 〈광명지로〉에서 주연을 맡았던 정군리나 각본을 썼던 심유가 후에 감독으로 데뷔해 제2세대 감독이 됐다는 것은 새삼 정기탁이 그들에게 어떤 영향을 끼쳤을까 생각케 하는 부분이다. 한국에서 별로 두각을 보이지 않던 정기탁은 오히려 중국영화계에서 그 위치를 더 확실히 했다. 그가 감독, 각본, 주연 등으로 관여한 영화는 총 12편이다. 정기탁의 데뷔작 〈애국혼〉 및 다른 영화에 대한 평을 찾을 수는

---

[111] "中國映畵略史", 『중국속문학개론』(서울: 한국방송통신대학. 2000.), p.24.

없으나 정기탁이 만든 〈출로〉, 즉 〈광명지로〉에 대한 『중국전영발전사』의 기록은 남아있다.

出路
극본: 심부, 감독: 정운파, 촬영: 배일위

한 소자산계급 지식인이 실업자가 된 후 차에 치어 몸을 다쳤는데, 아내 또한 과로로 인한 병으로 목숨을 잃는다. 그는 마지막으로 어쩔 수 없이 아들을 다른 사람에게 주고, 자신은 인력거꾼이 된다. 그 후 그는 절도 사건에 휘말려 감옥에 갇히고 만다.

비록 주인공이 인정 때문에 겪게 되는 갈등이 표출되고, 그를 도와준 강도에 대한 은혜를 보답한다는 내용이지만 이 인물의 비극을 통하여 당시 사회의 암흑적 상황을 잘 표현하고 있다. 이는 당시 사회 현상을 반영하는 것이라 할 수 있다. 영화의 마지막은 원래 주인공이 1·28 전쟁에 참가하여 이것으로 '출로'를 마련하는 것이다.

반동파의 검열을 거쳐 이 결말은 안동 당국의 호소로 서북 지역을 개간하러 가는 것으로 바뀐다. 따라서 영화 제목도 '광명지로'로 바뀐다. '출로'는 1933년에 완성되었지만, 반동파의 검열로 지연되어 1934년 2월에야 공개 상영된다.[112]

이와 같이 〈광명지로〉에 대한 평은 상당한 호평이다. 이 영화가 공개된 이후로 〈로路〉 연작처럼 교포배우인 김염의 출세작 〈대로大路〉 등이 발표되었다. 정기탁의 다음 영화 〈재회파상해〉 역시 호평을 받아 『중국전영발전사』에 평이 실렸다.

이 영화는 재해를 많이 입은 촌 지식여성이 상해로 와 출로를 찾던 비참한 과정을 묘사했다. 제작자는 이 주인공이 상해에 들어선 후 강간당하고 사기 당하고 자신의 일 찾기를 통하여 자산계급의 사치한 생활과 상층사회를 폭로한다.

그리고 영화에서 주인공은 마지막에 할 수 없이 상해를 떠나 고향으로 가는 것을 통해 어두운 사회에 대하여 무능하고 속수무책인 것을 표현했다.[113]

---

112   程季華 主編, 앞의 책, pp.270-271.

당시 사회상을 잘 보여주는 내용을 다룬 〈재회파상해〉는 이후에 나오는 완령옥 주연의 같은 소재의 영화 〈신녀神女〉, 〈신여성新女性〉 등의 모델이 되었다. 당시 유행하던 "신여성의 자아 찾기"라는 주제의 영화 붐은 그 후 절정을 이뤘다. 정기탁의 사회파 영화들은 이렇듯 중국영화계의 흐름을 이끌어갔다. 정기탁이 이러한 선구자적인 역할을 할 수 있었던 것은 비록 짧기는 했지만 국내에서의 영화 활동에서 기인한다. 그가 출연한 영화들이 계몽주의 영화였던 〈개척자〉, 활극 〈산채왕〉, 사회고발극 〈금붕어〉, 애정극 〈봉황의 면류관〉, 〈춘희〉 등이었다. 정기탁은 이런 영화에 출연하였던 경험으로 중국의 활동에서 그것을 잘 표출하였다. 일제강점기 한국영화의 특성이 정기탁에 의해 중국영화에 이식된 것이라 할 수 있다.

한국영화인의 활동과 영화사적 위치에 대한 북경영화아카데미 진산114 교수의 증언이다.

> 大衆化百合영화사 초기, 즉 오락영화를 찍기 이전의 시기의 영화들이 끼친 영향력이 컸다. 그 주제로는 전쟁반대, 빈부대립 등의 사회성을 내포하는 내용과 애국, 제국주의 반대에 관한 내용이 대부분이다. <愛國魂>, <楊子江>도 모두 이런 내용들을 담고 있다. 그 당시 聯華영화사에서 정기탁은 당시 촉망받는 영화인이었다. 그가 찍은 <光明之路>, <再會吧, 上海>는 이 영화사의 걸출한 작품들이며 또한 聯華영화사 발전에 정기탁을 비롯한 많은 한국영화인들이 막대한 공헌을 했다.115

진산의 증언처럼 상해파 영화인들의 활동은 중국영화사에서도 간과될 수 없는 중요한 위치에 있는 것이다. 이들이 중국영화사에 끼친 영향이 이러할진대 한국과 중국의 영화학자들의 연구는 계속되어야 할 것이다.

이들 영화의 제작지가 한국이 아닌 중국이라는 데서 이들 영화에 대한 중국내의 자료 찾기는 계속되어야 할 것이며 한·중 양국 간의 연구, 협력이 필요하다 하겠다. 이들의 영화가 비록 중국내에서 제작된 중국영화라고는 하지만 다음의 세 가지 이유로 한

113 　程季華 主編, 앞의 책, pp.346-347.

114 　北京電影學院 (理論敎硏室) 副敎授

115 　진산 구술, 1997. 7. 28.

국영화사에 당연히 올라야 한다.

첫째, 감독 및 각본, 촬영 등 주요 스태프가 한국 사람이었다는 점이다.

둘째, 한국 사람이 주연 및 조연으로 출연하고 있다는 점이다.

셋째, 〈애국혼〉과 같은 경우 작품의 소재가 한국인의 이야기라는 점이다. 또한 〈양자강〉의 경우 중국 내에서 검열문제로 결과적으로는 한국의 관객과 중국내 동포들에게만 공개되었다는 점이다.

이러한 한국과의 연관성은 이들 영화가 갖는 정체성의 문제 때문이다. 영화를 만들었던 이들이나 참여했던 사람들이 갖고 있던 생각은 망국민으로서의 아픔이었다. 이들이 만든 모든 영화가 모두 같은 경향으로 똑같지는 않다. 그러나 이들의 상해 망명은 조국을 잃은 망국민으로서 만들고 싶은 영화를 만들고자 함에서이었다.

당시 한국에서 만들 수 없었기에 상해에서 제작되어야 했던 이들의 영화를 한국영화라고는 할 수 없다. 하지만 촬영장소가 중국이고, 관객들이 중국인이며 제작사의 국적이 중국이기 때문에 상해파 영화를 한국영화사의 연구대상에서 뺄 수는 없다고 사료된다. 상해파 영화들이 갖는 영화사적 의의는 초창기 한국영화사의 복원이며, 최초의 항일영화로 후대에 끼친 영향과 의의가 적어도 한국영화사의 큰 연결고리라는 것은 부정할 수 없다.

이상에서 살펴본 바와 같이 중국영화사에도 기록되어진 상해파 영화인들의 활동은 이제 한국영화사의 한 부분으로서 기록되어야 할 것이다. 그것은 우리가 잃고 살아온 지난 역사에 대한 책무라고도 할 수 있을 것이다.

4장
상해파 영화인 정리

미래 연구를 위한 제언

———

상해파 영화에 대한 연구는 증언자의 타계와 해당 영화 프린트의 소실로 인해 연구에 많은 제한점을 갖고 있다. 따라서 추후 연구를 위한 생존자 증언 과정과 자료 발굴 가능성에 대해 밝혀두고자 한다.

━ 최채의 증언

중국 연변자치주의 부서기를 지냈던 최채(한국명: 최윤상)는 영화 〈양자강〉 촬영당시 이경손의 통역 겸 시나리오 번역자로 또 연출부의 일원으로 참여했다. 당시 16세의 최채는 2000년 인터뷰 당시 87세의 노령이나 영화 〈애국혼〉에 대해 또렷한 기억을 가지고 있었다. 이경손이 남긴 수기 '상해림정시대의 자전'에 등장하는 중학생 황군은 최채의 가명이다. 2000년 봄, 그의 연락처를 알아내 전화 인터뷰를 했다.

독립운동으로 투옥되었다가 출옥한 부친 최종호를 따라 중국으로 이주한 최채의 가족은 신변의 위협을 느껴 1936년까지 어머니 황성애 씨의 성을 따라 황 씨 행세를 했다. 최채는 상해에서 중학을 다녔는데 형뻘이던 전창근, 김광주 등과 교유하며 상해파 영화인들과 같이 활동을 하게 된다. 그는 상해파 영화인 중 유일한 생존자였다. 이후 최채는 중국공산당 정부의 관리로 일하다 은퇴하여 연길시에서 살다가 장춘시로 이주하여 별세하였다.

━ 2. 박찬구朴贊球의 증언

연변 거주 영화연구가 박찬구는 1929년생으로 북경대 '조선문화연구소' 발행의 『예술사』 중 '영화사'를 쓰신 분이다. 그는 전라남도 해남에서 소학교를 졸업하고 15살이 되던 1944년 3월에 중국으로 와 영화발행공사(중국영화 심의, 허가, 보급사)에서 번역일을 하였다. 그는 최채와 중국영화사 기록을 통해 상해파의 활동과정을 알 수 있었고 『예술사』에 쓴 기록 외에는 더 이상의 자료가 없다고 한다. 당시의 잡지인 《전영월보》, 《대중화잡지》, 《연화화보》에서도 관련 자료를 못 찾았다 한다. 박찬구는 중국 문화부 국가영화당안관(자료관)과 1920년대 논평자료에서 혹시 자료를 찾을 수도 있지 않을까 주장한다. 더 이상 만날 사람도 없고 73,4년 전의 일이기에 90살이 넘어야 기억이 가능한데 당시 류충(유경) 배우 정도가 증언이 가능할 것이라고 했다. 류충은 스즈끼가 쓴 『상해의 조선인 영화황제』에서 정기탁에 대한 증언을 한 바 있다.

▬ 자료 발굴

상해파 영화들이 갖는 영화사적 의의는 초창기 영화사의 복원이며 영화사의 공백기를 채우는 의미가 있다. 민족영화의 맥을 이으며 최초의 항일영화로 후대에 끼친 영향과 의의가 적어도 한국영화사의 큰 연결고리라는 것은 부정할 수 없다.

이상에서 살펴본 바와 같이 상해파 영화인들은 이국땅에서 영화를 만들고 그 영화는 중국 관객들 앞에 공개되었다. 중국에서의 그들의 활동을 타국에서의 일이라고 간과할 수는 없다. 상해 지역을 돌며 찾아본 당시의 영화잡지에선 미국영화 기사 외엔 볼 수 없었고 도서관의 신문에서조차 관련기사를 읽을 수 없었다. 결국 '북경전영자료관'에서 〈애국혼〉의 스틸 13매를 볼 수 있었다. 그 외 〈화굴강도〉, 〈삼웅탈미〉, 〈양자강〉의 스틸도 찾을 수 있었다. 또 〈재회파상해〉 스틸은 '북경전영예술연구北京電影藝術研究센터'에서 구입한 완령옥의 사진집에서 발견하였다. 〈재회파상해〉의 영화필름도 현존해 있음을 확인했다. 총 11권의 롤 중 9롤뿐이었지만 그것은 한국인이 만든 최고의 현존영화인 것이다. 이상과 같이 필자가 확인한 바로는 '북경전영자료관'에는 또 다른 상해파 영화인의 영화나 관련자료는 없었다. 단지 서안西安에 있는 네가필름전용보관소인 '서안전영자료고西安電影資料庫'나 '대만필름보관소' 그리고 '모스크바필름보관소'를 찾아 국민당 군대와 러시아 군인들이 철수하며 가져갔을 가능성에 기대해 본다.

『中國無聲電影劇本』 중 상해파 영화 줄거리

■ 〈애국혼〉

옛날부터 한 나라의 정치가 잘되고 국력이 강하면 누구도 업신여기지 못한다. 하지만, 만일 정치가 부패하고 국력이 약하면 주위의 강국에서는 그 나라를 살진 고깃덩어리로 보고 한입에 삼키지 못해 안달일 것이며 정권을 간섭하고 땅을 강점하는 횡포도 마다하지 않는다. 어쨌든 힘이 약하면 어쩔 수 없이 수모를 참아야하는 것이다. 유구한 역사를 지닌 나라, 黎(여)국은 세계적으로 명성이 높았지만 근래 간신들이 정권을 잡으면서 전국이 뒤죽박죽이 되었다. 국력이 위태롭자 호시탐탐하던 이웃 강국-魏(위)국에서는 온갖 수단을 동원하여 이간질을 시켰으며 한편으로는 무력으로 압박을 가했다. 여국은 위국의 온갖 유린을 겪으면서도 벙어리 냉가슴 앓는 격 이었고 몇몇 이성을 잃은 간신들은 외세를 이용하여 자신들의 영역을 확장하고 있었다. 말하자면 너무 가증스럽고 분개할 일이 아닐 수 없었다.

이는 여국의 너무도 큰 불행이었다. 공교롭게도 이때 위국에 또 한 인물이 태어났는데 성은 등, 이름은 박문이다. 몇 년 전 영국에서 유학하고 막 귀국하였는데 그는 태어나면서부터 용감한 기상이 가득했고 자신을 비범하다고 여겼으며 심보가 음험하고 악랄하였고 수단이 좋았다. 그는 그야말로 태어나면서부터 정치가, 외교관임이 틀림없었다. 비록 귀국한 지 얼마 안 되는 유학생이지만 국왕은 그의 능력이 보통사람을 능가한다는 것을 일찍이 들어 알고 있는 터라, 그는 왕의 명에 의하여 정치계에 발을 들여놓았으며 국가의 권력을 손안에 넣게 되었다. 이렇게 되어 그는 고기가 물을 만난 격으로 활발히 활동하여 국회를 소집하고 새로운 정책과 헌법을 선포하였다. 행운을 타고 그의 정책은 아무런 장애 없이 통과되었으며 반대하는 그 누구도 없었기에 마음 놓고 일할 수 있었다. 이렇게 얼마 안가서 국력은 예전에 비해 날로 강성해졌으며 그의 야심도 따라서 커졌다. 그는 중국의 만주, 몽골 지방이 면적이 넓고 자원이 풍부하고 대부분 미개발 지역이어서 다스리기 좋은 땅이라는 것을 알고 있었다. 때문에 그는 만주, 몽골을 침략하여 자기 것으로 만들려고 하나, 여국의 위치가 어느 쪽으로도 기울어지지 않은 중국과 위국의 중간에 있어서 먼저 여국을 점령하지 않으면 중간에서 큰 걸림돌이 되리라는 것을 알았다. 그는 모든 힘을 여국에 집중시켰고 먼저 여나라의 간신인 이용을 돈으로 매수시켜 그의 권리를 이용하고 여국의 국왕을 협박하여 매국조약을 체결하려한다. 그는 또 정권이 다른 손으로 넘어가는 것이 두려워 여국의 정무통감으로 자처하고 내정, 외교를 감시하였는데 그의 권력은 다름 아닌 여국의 태상황제나 다름없었다.

어느 날 등박문과 이용이 큰 호텔에서 매국조약에 대해 의논하고 있을 때, 공교롭게도 성이 하이고 이름은 정순이라는 사람이 엿듣게 된다. 이 사람은 원래 연로한 애국지사로서 안용진 그리고 그의 아들 중권과 함께 나라를 위해 목숨 바칠 큰 뜻을 품고 있었다. 그가 못 들었다면 몰라도 들어버린 이상, 예사롭지 못함을 알고 분개한 그는 잠깐 숙고한 끝에 방법을 생각해 낸다.

안용진- 이 사람은 황해성 해주의 명족으로 연령은 약 50세 안팎으로 애국심도 대단했는데 그도 등박문의 음모를 들은 바 있는지라 화가 치밀어 급히 경성에 도착했다. 그리고 몇몇 동지들과 연합하여 한 비밀장소에서 회의를 여는데, 등박문을 암살해 분을 풀고자 하였다. 그런데, 회의 중, 마침 하정순이 도착하여 자기가 들은 소식을 좌중들에게 말하자 그들은 더욱더 분개하여 그들의 계획에 박차를 가한다.

이날 밤, 용진이 밖에서 하는 활동을 알고 있는 부인과 그의 딸- 옥실은 큰 불행이 닥칠까 매우 염려하며 어찌할 바를 몰라 하는데 중권이 돌아와서 상황을 대략 알려주고는 방으로 몸을 피한다. 과연 얼마 지나지 않아 여국의 병사가 들이닥치는데 중권의 모친에게 중권이 정치범이라고 소리지르며 즉시 내놓지 않으면 그의 (모친)생명도 보존하기 어렵다며 연이어 발로 차며 윽박지른다. 문 뒤에서 듣고 있던 중권은 참지 못하고 뛰쳐나오며 무쇠주먹을 날린다. 결국 그렇게 병사를 때려죽인 그는 일이 점점 커짐을 느끼자 집안에는 절대 있을 수 없음을 알고는 모친과 동생에게 작별한 채 집을 떠난다. 그의 모친과 동생은 억지로 숨길 수도 없는지라 눈물을 머금고 그를 떠나보내게 되는데….

중권은 집을 떠난 뒤 잠시 해외로 나가 활동할 기회를 기다리기로 했다. 그러나 부친이 경성에 있기 때문에 가서 말씀드리기로 하고 먼저 경성으로 향한다. 그런데, 공교롭게도 그가 경성에 도착하는 날, 그의 부친(용진)과 하정순은 폭발물을 갖고 등박문이 머물고 있는 호텔 옆에서 기다렸다. 그때 용진이 뛰쳐나가면서 등박문을 향해 던지는데 격분한 감정 탓에 적중을 못하고 그 자리에서 체포된다. 등박문 수하의 사람들은 그를 뼈에 사무치도록 미워하며 당장 화형에 처한다. 뿐만 아니라, 수색 끝에 몇 백명의 애국지사들이 연관되어 참형을 당하는데, 그런 부친의 참사로 인해 중권의 애국심과 복수심은 극에 달한다. 그는 도저히 혼자서는 일을 이루지 못하겠다는 생각에 먼저 많은 동지를 집합시켜야 했으므로, 조용히 상해로 와서 중국의 혁명가 주한룡을 만난다. 두 사람은 만나자 곧 서로에 대해 인정하게 되고 중권은 그의 집에 머물게 된다. 한룡에게는 여동생 한 명이 있었는데 이름은 애란이었다. 그녀는 중권을 잘 따랐으며 중권도 그녀를 매우 예뻐했다.

얼마 후, 중권은 그의 계획을 실행하기 위해 한룡과 함께 등박문을 암살할 준비로 여국의 경성으로 떠난다. 그곳에 도착한 중권은 권총을 감추고 계획대로 등박문의 호텔로 잠입한다. 하지만 그 일은 실패하고 민첩하게 탈출하여 자신의 숙박 호텔로 돌아온다.

그 후 어느 날- 하정순, 박재명, 주한룡, 중권 네 사람은 여관에서 등박문을 암살할 방법을 다시 모색하는데 여관 하인에게 들키고 만다. 그 하인은 큰 공을 세울 줄 알고 위국의 병사에게 이 사실을 알리고 만다. 병사들이 여관을 포위하고 수색을 벌여 중권은 그 자리에서 붙잡히고 하정순은 도망칠 때 총에 맞아 죽고 주한룡과 박재명 두 사람만 요행히 몸을 피할 수 있었다. 하지만, 누구나 양심은 있는 법이다. 자초지종을 알게 된 하인은 자기가 저지른 일 때문에 조국과 희생된 열사들에게 미안한 마음이 들어 조용한 곳에서 자살을 시도하는데 마침 주한룡과 박재명 두 사람이 보게 되어 구하게 된다. 그리고 그의 자살 원인을 알게 되자 그를 동지로 받아들인다. 세 사람은 하나로 뭉쳐 중권을 구할 방법을 연구한다. 이날 밤, 세 사람은 감옥으로 잠입하여 간수를 죽이고 중권을 구하지만 공교롭게도 탈출할 때, 다른 간수들에게 발각되어 총격전이 벌어지고 중권을 비롯한 세 사람은 담을 넘어 탈출하지만 그 하인은 저격 당하고 만다.

세 사람은 탈출 후, 의논 끝에 海埠(부두)로 향하기로 하고 가기 전 먼저 중권의 집에 도착한다. 중권의 여동생 옥실은 여장부로서 그야말로 大事(대사)에 참여하고자 자원하여 세 사람을 따라 나서고, 그들의 모친은 절로 들어가게 된다.

네 사람은 천신만고 끝에 도강에 도착하여 장일성의 집에 머문다. 그러나 소식에 정통한 위국의 병사들이 그들의 종적을 알고 쫓아오며 중권 등은 전쟁을 방불케 하는 총격전을 벌인다. 얼마 안 되어 일성이 중상을 입고 자신은 희망이 없음을 알고는 중권 등에게 11세 된 어린 아들을 맡기며 움막을 통해 도망치라고 이른다. 중권 등은 사태가 위급함을 알고는 일성의 아들을 데리고 홍콩으로 향한다. 도중의 고난은 말할 것도 없었지만 그동안 한룡과 옥실의 사랑은 무르익어간다.

그들 다섯 사람은 홍콩에 도착하여 유동하의 집에 머물고 한룡과 옥실이는 비록 말은 통하지 않지만 글로 적어 대화를 주고받는다. 중권을 떠나보낸 후 상해에 있는 한룡의 동생 애란은 소식도 없는 중권을 한결같이 기다리다 병이 든다. 하루는 중권과 만나 기뻐하는 꿈을 꾸게 되는데 잠에서 깨어난 후, 또다시 슬픔에 잠기다 얼마 못가 숨지고 만다.

중권 등은 海港(러시아)에서 천여 명의 의용군을 모집하여 훈련시키고 인솔하여 圖江(도강)부근까지 와서 조용히 기회를 기다린다. 그러나 어느 날 중권, 옥실, 한룡, 재명 네 사람이 강을 건너 적군을 정탐하는데, 일이 탄로나면서 중권과 옥실을 제외한 두 사람은 위국의 병사들에게 잡힌다. 재명은 그 자리에서 참형 당하고, 한룡은 불에 달군 쇠꼬챙이에 두 눈을 찔려 실명하나 중권의 덕분에 목숨은 보존한다.

어느 날, 중권이 군대를 이끌고 강을 건너 마지막 전투를 치르려는데 유동하가 갑자기 도착하여 러시아 신문에서 등박문이 비밀리에 남북 만주조약을 체결하러 길을 떠나 遼(요)까지 왔으며 곧 하얼빈에 도착한다고 알린다. 이 소식을 들은 중권은 좋은 기회로 생각하고 한룡에게 동생 옥실을 맡기고 작별한다.

옛말에 이르기를 뜻을 품은 자에게는 길이 있다고 한다. 몇 년간 이 하루를 기다려 오던 그는 한번에 성공하여 몇 년간의 원한을 풀게 되며 비록 체포되지만 오래 전에 나라를 위해 목숨을 내놓은 그로서는 사형집행 시에도 얼굴 색 하나 변하지 않고 떳떳하였다.

우리 후손들은 자신을 바쳐 나라를 사랑한 정신을 본받고 찬미해야 할 것이다.

■■■ 〈화굴강도〉

석권종은 흉악무도하고 온갖 비열한 수단으로 재산을 끌어 모은다. 또 많은 깡패들을 데리고 악행을 저지르는 놈이다. 마을사람들은 분했지만 말은 못하고 있었다.

어느 겨울, 그는 집안에서 경영을 벌려 많은 농민을 고용했다. 그는 친하고 믿을만한 사람을 감독으로 썼는데 이 사람 또한 흉악하고 잔인하기 그지없어 노동자들을 짐승 부리듯 하였다. 그야말로 권종의 악당으로 손색이 없었다.

한 나이 많은 노동자가 쇠약해져 노고 끝에 피를 토하는데, 일할 때 갑자기 쓰러져 일어나지 못하였다. 감독은 그가 고의적으로 방해한다며 채찍으로 심하게 내리친다. 노인은 안간힘을 쓰며 애걸하지만 소용이 없었다. 그 때, 한 젊은 노동자가 보고만 있을 수 없어 노인을 구하려고 나서지만 감독이 저지시킨다. 다른 노동자들도 상황을 보면서도 감히 구하지를 못한다. 이때 젊은 노동자의 부인이 밥을 갖고 오는데, 노인이 매 맞는 것을 보고 애처로워 꼼짝 않고 그 자리에 서서 어찌할 바를 모른다. 그녀는 태어나면서 아름다운 용모를 갖고 있었는데 석권종의 주목을 받게 된다. 원래 호색한인 그는 잠깐 생각하더니 꾀가 떠올라 감독을 질책하며 노인을 안위한다. 노인은 갑작스러운 환심에 당황하며 벌벌 떤다.

늦은 밤, 젊은 노동자는 석권종 등의 무리들에게 끌려 함께 찻집으로 향한다. 부인은 두 아이를 재우고 남편이 돌아오기를 기다리다가 문 두드리는 소리가 나서 열어보니 남편이 아닌 석권종이다. 석권종은 집에 들어온 후 감언이설로 유혹하고 애원도 해보지만 부인은 동요하지 않았다. 화가 치밀어 오른 석권종은 폭력을 행한다. 부인은 온 힘을 다해 저항하는데 위험한 찰나에 큰아들이 놀라 깨어, 상황을 보고 긴바늘로 석권종의 다리를 향해 찌른다. 석권종이 대노하여 아이를 때려눕힌다. 부인은 틈을 타서 등을 끄고 몸을 피한다. 그 후 부인은 수치스럽고 분한 나머지 남편과 아들을 두고 목매어 자살한다. 분이 가시지 않은 석권종은 젊은 노동자를 죽이고 그의 집을 불사른다. 노동자의 두 아들은 요행 탈출하여 타향에서 유랑한다. 그들은 부친을 살해한 석권종의 큰칼을 몸에 지니고 복수를 다짐한다. 세월은 유수같이 흘러 20년이 눈 깜짝할 사이에 지난다. 노동자의 두 아들- 민권, 민생은 건장하고 용감하게 자란다. 그들은 석권종이 아직 죽지 않고 더욱 기세당당함을 알고 고향으로 돌아가 백성들과 연합한다. 당시 백성들은 석권종의 수모를 오랫동안 받아온지라 뼈에 사무치도록 미워했다. 그들은 모두 민권, 민생을 따라 고향을 위해 악을 제거하고자 했다. 민생이는 때를 맞추어 백성들을 이끌고 석권종의 집으로 쳐들어간다. 민생은 석권종과 결투를 벌이고 큰 칼로 죽이고 복수를 하여 백성의 원수를 없앤다. 하지만 그도 중상을 입고 죽는다. 민권이 도착해보니 악인은 죽었다. 그는 백성들과 함께 승리를 기뻐하지만 한편 동생의 불행한 희생에 대해서 슬퍼한다.

■ 〈삼웅탈미〉

왕희만은 이미 결혼한 몸이지만 여자들을 찾아다니며 '풍류남'임을 자칭하고 다닌다. 요즘 그는 부잣집 딸 김마리를 점찍고 있었다. 하지만 김마리는 그를 거들떠보지도 않았다. 김마리의 부친은 전청국의 귀족으로 저축한 돈이 많아서 중화민국시에서 이미 부호가 되어 있었다. 보수주의가 아닌 그는 청년들과 교제하기를 즐겼다. 어떤 사람은 그에게 노소년 이라는 별명까지 지어주었다. 그러나 딸의 혼사만큼은 죽은 부인의 유언에 따르기로 한다. 부인은 임종 시 딸의 18살 생일 저녁 최총장의 아들 최은성과 정혼하기를 바랐다. 비록 최은성이 정이 많은 소년이었지만 김마리는 그를 싫어했다. 은성은 부모의 말씀도 있는지라 자주 마리의 주위에서 맴돌며 마리가 필연코 자기 아내가 될 것임을 믿고 있다. 왕희만은 최은성을 몹시 미워하며 마리를 손에 넣을 궁리를 한다. 두 사람의 질투는 마리에게 아무런 동요를 일으키지 못하고 마리는 그들을 내버려둔다. 마리의 마음속의 백마 탄 왕자는 대학생 정대호다. 그는 건장한 청년으로 3.1대학 축구팀의 주력으로 지금 10월 1일의 시합 준비로 바쁘다. 왕희만은 마리의 사랑을 얻지 못하자 가장 비열한 수단을 쓰게 되는데 한 무리 건달들을 이용한다. 기사가 마리를 강제로 끌고 가려고 하는데 공교롭게도 정대호를 비롯한 다른 친구와 맞부딪히게 되며 솜씨 좋은 정대호가 건달들을 쫓아버리고 김마리를 구한다.

마리의 18살 되는 생일. 부모의 명에 의하여 마리는 은성과 정혼한다. 이어서 결혼식을 진행하는데 당연히 기쁜 사람이 있는 곳에는 반면 슬픈 사람도 있었다. 혼례가 진행될 때 갑자기 총소리가 울리며 은성이 땅에 고꾸라진다. 축객 중에 있던 정대호의 호주머니 안에서 파란 연기가 피어오르고 있었다. 의심할 나위 없이 정대호가 살인 혐의를 받게 되고 입이 열 개라도 변명할 방법이 없어서 도망친다.

얼마 지나지 않아, 진상은 밝혀지는데 범인은 다름 아닌 왕희만이었고 그는 어수

선함을 빌어 권총을 정대호의 호주머니에 넣음으로 죄를 덮어씌우고 일석이조를 꿈꾸고 있었다. 그러나 법률의 제재에서는 벗어날 수가 없었다.

은성은 죽고 희만은 심판을 받았다. 김마리의 인생은 마치 해답을 찾은 듯 하였지만 그 자신은 도리어 결정을 내리지 못하고 있었다.

그는 3.1대학 축구시합의 최후 승리를 봐야 했기 때문이다.

■ 〈재회파상해〉

해마다 연속되는 전쟁난으로 한 외진 마을이 경제난에 부딪히게 되는데 학교마저도 지탱해나가기 어렵게 된다. 의지할 곳 없이 외롭게 가난한 교사로 겨우 생활해 나가던 '백로'는 그의 생활기반을 잃게 되며 어쩔 수 없이 날로 늘어가는 난민들을 따라 부자인 고모-왕마님네 집으로 향한다.

배는 중도에서 고장나게 되며 유일하게 위험을 벗어나는 방법은 배의 무게를 덜어내는 것인데 적재함은 극히 적었고 남은 것이라곤 승객들과 짐보따리뿐이었다. 선장은 손님들에게 짐을 바다로 내던지라고 명령하지만 사람들은 명령에 복종하지 않는다. 이때 사리분명한 백로가 나서서 승객들에게 마음을 합하여 곤경에서 벗어나자고 설득하는 한편 솔선수범으로 자신의 모든 물건을 버린다. 이에 많은 사람이 감동하여 서로 위험에서 벗어나도록 노력한다. 백로의 이러한 행동을 1등 항해사인 황한수가 경이롭게 보게 되며 며칠사이 두 사람은 깊은 우정을 맺는다.

동방의 파리라고 불리는 상해에 소문난 名醫가 있는데 이름은 유광휘, 그는 왕마님네 손님으로, 그 집에 자주 드나들었고 王氏의 외동딸 마리와 매우 친했으며 두 사람의 혼사는 기정사실로 사람들은 인정했다. 그러나 풍류 여인 애리사의 눈을 속일수가 없었다. 애리사는 유광휘와 많은 사람들의 情婦로 또한 왕가네와도 왕래했다. 애리사는 유광휘의 마리에 대한 사랑은 단지 왕마님의 재산 때문이라는 것을 알지만 다행히 그녀는 유광휘와 서로가 이용하는 관계라는 사실을 발설하지는 않았다.

왕마님네는 최신 유럽풍을 따르는 가정으로 모든 신식을 구비하였다. 하지만 음란한 악습은 윗사람이나 아랫사람이나 똑같았으며 남녀 하인들도 마찬가지였다. 왕마님과 가정댄스교사 당선생도 깨끗한 관계가 아니었다. 사회 인사들은 그들의 높고 화려한 집 건물을 이야기 했지만 그 집안의 내부에 대해서는 말하는 사람이 없었다.

배는 위험에서 벗어나 무사히 상해에 도착했다. 황한수는 백로에게 상해는 도처에 함정이 도사리고 있는 곳이니, 낯선 땅에서 조심하라고 재삼 충고해주고 고모 집까지 데려다 준다. 그리고 다음 배가 상해에 도착하면 방문할 것을 약속한다.

시골처녀는 갑자기 도시에 오자 모든 것이 낯설고 당황스럽기만 하였다. 왕氏네는 먼 친척에게 관심이 없었고 유광휘만이 그를 다른 눈으로 대한다. 이 소박한 아가씨의 아름다움을 탐하고 있었던 것이다. 때마침 백로가 장시간의 피로로 감기를 앓게 되는데 유광휘의 진단은 엉뚱하게 백로가 옛날 교사생활 시 분필가루가 폐에까지 영향을 미쳤다고 한다. 의사의 말을 누가 감히 의심하겠는가?

폐병의 전염은 누구나 무서워하였고 백로는 어쩔 수 없이 유광휘의 병원에 입원한다. 병원에서 며칠 지내고 백로의 병은 낫는다. 그러나 영문도 모를 혼미 중에서 깨어났을 때 자신의 몸에 이상함을 느낀 그녀는 유광휘에게 묻지만 명예훼손이라며 유광휘는 오히려 화를 낸다. 그녀는 벙어리 냉가슴 앓듯이 어쩔 수 없이 불편한 왕가네 집으로 돌아오고 황한수가 오기만을 기다린다. 얼마 후, 황한수가 오지만 광휘의 계략으로 간절히 그리워하던 여자 친구를 만나기는커녕 소식조차 끊어지게 되고 백로는 아무 것도 모르고 지낸다.

유광휘와 마리는 결혼하게 된다. 왕마님은 애리사에게 들러리를 부탁한다. 애리사는 대답은 했지만 마음이 영 평온하지가 못했다. 결국 유광휘와 한바탕 싸우고 가나 왕마님은 그들 사이의 일을 알 리가 만무하다. 유광휘 또한 좋은 말로 상황을 넘기고 거절 못하는 백로가 대신하기로 한다.

이날 수많은 축객들로 왕가네는 기쁨으로 들끓었다. 유독 큰 상처를 입은 백로만이 자신의 몸이 점점 불어나는 것을 발견하고 걱정, 분노, 공포로 미칠 것만 같았다. 그러나 그는 절대 연약해서는 안 된다고 타이르던 유일한 친구 황한수를 떠올리고 과감히 왕 씨네 집을 떠난다.

그는 한 다락방에 세를 얻고 일자리를 찾는 한편 황한수의 배가 도착하기를 알아본다. 그러나 황한수의 배는 조난당하고, 행방불명이 된 것을 알게 된다. 어쩔 수 없이 백로는 집주인의 권고로 그의 딸과 함께 술집 舞女로 생활을 유지하며 황한수가 꼭 올 거라고 믿고 기다린다. 사실 황한수도 그녀를 찾아 헤맸지만 망망인해에서 만날 길은 없었다.

그의 아름다움은 우울 속에 가려지고 천성으로 무녀생활에 적합하지 않은 그녀는 겨우 생활해 나간다. 점점 배가 불러오자 술집생활은 그녀에게 도움을 주지 못했다. 아기를 낳고 난 후 그의 경제 사정은 점점 좋아졌다. 한 부자가 그를 좋아해서 몸값이 배로 올라갔기 때문이다. 그동안 그는 도시여인들의 자태를 익혔지만 그의 마음은 변하지 않았다.

자신이 산고 끝에 낳은 아이가 비록 사생아였지만 모성애는 속일 수 없었다. 그는 순결한 어린 영혼을 보며 불행을 잠시 잊기로 한다. 원한과 슬픔으로 임신기간을 보낸 그녀로서 아기의 건강은 좋지 않았다. 어느 날, 엄마가 출근했을 때 아기의 병세가 갑자기 악화되자 집주인은 의사를 청하고 한편으로 백로에게 알린다. 의사는 다름 아닌 유광휘였다. 그는 애 어머니가 백로라는 것을 알게 되자 피하려고 하지만 때마침 백로가 도착하여 분노하며 욕을 퍼부으며 또 한편으로 자기 아들을 살려내라고 애걸하지만 손을 쓰기에 때는 이미 늦었다. 유광휘는 끝까지 태연한 척하며 자기 죄를 감춘 채 돌아간다.

상해에서 쓰라린 고통을 겪을 때로 겪은 백로의 귓전에는 황한수와 이별할 때의 충고와 배에서의 당부가 울려 퍼지며 여기에 더 이상 머물러서는 안 되며 황한수를 그대로 앉아 기다릴 수 없음을 깨닫고 상해를 떠난다. 신문에는 유명 舞女 "은사조"가 상해를 떠난 기사가 크게 실린다.

빌딩 건축노동자로 있던 한수가 이 소식을 알게 되고 그의 얼굴에는 옛일과 함께 한 가닥 씁쓸한 미소가 스친다.

최채 인터뷰

—

인터뷰 일시 : 2000년 9월 12일

인터뷰 장소 : 중국 길림성 연길시 최채 자택

대담 및 촬영 : 안태근

배석 : 연변이과대학 최림 교수

안:　최 선생님. 출생연도하고, 출생지... 본인 소개 좀 해주십시오.

최:　나는 1914년도 12월 23일에 출생했습니다. 고향은 황해도 신천에서 출생했죠.

안:　선생님께서는 일찍이 중국 연변주 부서기, 길림성 민족사무소 민족위원회 주임, 길림성 인민대표 대회 상무위원회 부주임으로 계셨다는데, 선생님의 사회 활동... 어떤 일을 하셨는지 직접 말씀해주시죠.

최:　그건..

(중략)

안:　본인의 경력 좀 소개해주십시오.

　　그 얘길 직접 말씀해주시죠. 그냥 간단하게...

최:　내가 동북에 오기는 일본이 투항한 후에 난 맨 마지막으로 1946년도에 왔습니다. 하얼빈 말이야. 조선의용 3지대 46년대 3소대 거기에 있다가 46년 연말에 연변에 도착했습니다. 연변에 와가지고 역시 부대에 있었습니다. 해방 전쟁에 참가하다가서 47년도 연말에 그 복원해가지고 여기에 말야... 길림성 정부의 그 때 민족사무소 일을 했었습니다. 거기서 사업을 하다가 그 후에는 연변일보사...조선족 신문입니다. 연변일보사의 사장으로 있다가서 그 후에 연변시의 선전부장으로 있다, 1천 9백...에...그러니까 말야... 52년도 9월에 자치구를 갖다가 성립하게 됐습니다. 성립할 때, 내가 그 때 부서기에 있게 됐죠. 역시 연변시의 부서기를 겸했댔습니다. 그러다가 그 후에 그... 그러니까 52년도? 58년도에 길림성에 가게 됐죠. 가서 성의 길림 중국공산당 서무위원회 통절부 부부장 겸 민족사무위원회 주임을 했습니다. 하다가서 그 후에 정치협상회...길림성 정

치협상회 부주석하고 그 후에는 말야, 길림성 인민대표대회의 상무위원회 부주임을 했댔습니다. 대략 정보가 이래댔습니다.

안: 문화대혁명 땐 어떤 일을 했습니까?

최: 구류 당해 있었죠. 투쟁 먹고 구류 당해 있었죠.

안: 그리고 끝난 다음엔 어떻게 되셨어요?

최: 끝난 다음에 그 다음에 말야. 다시 정치협상회 부주석 갔다가서 성인민대표회의 서무위원회 부주임으로 하게 됐습니다.

안: 언제 은퇴 하신거죠? 언제 퇴직 하신거죠?

최: 천구백..그러니까 말야...1986년도에 일흔한 살인가? 그때 말야. 은퇴하게 됐습니다. 내가 연변이 출생고향 같아서 그래서 연변에 남아있게 됐습니다.

안: 마지막으로 퇴직하실 때 직책이 어떤 것이었죠?

최: 길림성 인민대표대회 상무위원회 부주임이지요.

안: 특히 소년 시절에 상해에서 공부하면서 전창근, 정기탁과 종종 내왕한 적이 있었다는데 그들과의 교류 얘기를 들려주세요.

최: 이 말야...그러니까 그 때 말야...열 여섯 살 때였을 겁니다. 초등 3학년인가 그 땝니다. 그 때 말야...어렸을 때부터 예술을 좋아하기 때문에 연극이나 이 방면을 좋아하기 때문에 그 때 말이지...정기탁이와는 그렇게 잘 알지 못합니다. 조선 독립 운동가들이 세운 상해 인성학교에 미술교원으로 있었습니다. 그래.. 전창근이를 알게 됐죠. 전창근이가 정기택이가 와 가지고 안중근이 사진 박을 때 역시 전창근이가 거기 참가 하게 됐죠. 왜 그런고하니 전창근이가 나운규하고 친굽니다. 나운규 있지 않습니까? 같은 회령 사람이거든요.. 친구거든요. 본래 그 사람도 미술하면서 영화 관문에 대싱한 사람이니까 그래서 정기탁이가 오게 되니까 안중근이 촬영하게 되면서 그 정기탁이와 함께 일하게 됐습니다. 대중화영화공사에서 일하게 됐습니다. 그래가지고 말야... 전창근을 알게되면서 정기탁도 알게 됐죠. 리경손은 후에 왔습니다. 좀 늦게 왔습니다.

안: 영화 〈양자강〉에서 어떤 분야의 일을 하셨습니까?

최: 중요하긴 내가 상해말을 잘 하니까... 통역할 사람이 없으니까... 내 또한 영화를 좋아하고 하니까 전창근이와 리경손이와 친하게 지냈습니다. 내가 거기

서 양자강할 때 이경손이 조수로서 한족 배우들을 많이 쓰게되니까 그 배우들한테 한족말로써 번역하고서 정신이 없었죠. 조수 공작을 했습니다. 그 때 말을 말야... 조리연출이라 했죠.

안: 〈양자강〉의 감독인 이경손 감독에 대해서 아시는 대로 말씀해주세요.

최: 아주 학자... 그 분은 말야. 어지시고 예술 방면에 연구가 깊고, 중국의 유명한 전한이가... 지금 국가 가사를 쓴 분입니다.

(중략)

아주 어지신 분입니다. 내가 그 분의 영향을 많이 받았습니다.

안: 기억나시는 거 있으시면 어떤 영향 받으셨는지..

최: 각 방면에 처신하는 태도라든가... 우리는 그 때 연극도 했습니다. 연극을 연출하는데 있어서도 이경손이가 감독하고 했는데, 나도 그 때 연극에 참여하게 됐는데말야.

내 동작하는 각본에 있어서 아주 말야..연극 지도를 아주 잘해주셨죠.

안: 제목이 뭐였죠?

최: 일본이 상해에 들이친 후에 애국적인 예술가들이... 반일 그런 연극하는데 전창근이, 나, 또 ○○이 몇 사람이 함께 연극을 했습니다. 역시 일본놈과 투쟁하는 연극이죠. 말은 하지 못하니까 무언극을 했죠. 이경손이 연출을 해가지고 한 거죠. '사망선을 넘어간다'는 연극이었죠. 일본놈이 말야...

안: 전창근 씨에 대해서 말씀해 주시죠.

최: 전창근이는 말야. 바로 우리 옆집에 있었습니다. 상해 임상 학교에서 미술 교육을 하면서 전창근도 예술하는 사람이고, 그러니까 말야 친근하게 지냈죠. 이경손이보다 전창근이하고 접촉이 제일 많았습니다.

안: 〈양자강〉을 어떤 회사에서 어떻게 제작하게 됐는지, 제작 경위에 대해서 말씀해주십시오.

최: 그렇습니다. 우리 그 때 말야... 또... 조선 예술 사업하는 사람들이... 이경손이, 전창근이, 김광주... 소설 쓴 사람이죠. 한국에서는 이름 있는 작가죠.

우리 넷이서 동방 예술협회를 탄생했습니다. 조직해가지고 이 영화를 찍기 위해서 동방예술협회를 조직했죠. 조직해가지고 상해 고성영화공사가 있습니다.

촬영소... 고성... 고독한 고자, 별 성자. 고성영화회사하고 계약을 맺었습니다. 합작한 게 아니고 이 사진을... 양자강을 찍은 후에는 조선으로 나갈 수 있다. 이래가지고 외국까지 진출할 수 있다. 고성 영화회사에서 말야 동의해가지고 합작해 찍게 됐습니다. 그래서 이 영화를 찍게 됐습니다.

안: 그러니까 합작입니까?

최: 합작해 찍은 거죠. 동방예술협회하고 고성영화회사하고 합작해 찍었죠. 그땐 지금도 없으니까... 그땐 아무 기재도 없으니까 고성영화사에는 촬영장비도 다 있으니까 그래도 명의상 합작해 찍었죠.

안: 실제작비는 고성에서 댄 거군요?

최: 그렇죠. 고성영화에서 댄 거죠.

안: 당시에 같이 활동하셨던 분 중에 살아계신 분이 계십니까?

최: 없습니다. 김광주는 직접 영화에 참가하지 않았습니다. 참여한 건 이경손이하고 전창근이하고, 여배우로서 남궁월이 있습니다. 본래 여배우가 아닌데, 상해에서 골라가지고 조선족인데 조선 사람이죠. 그래가지고... 여배우가 있고, 그 다음엔 말야... 이름이...송아리... 전창근이하고 령에서 같이 온 송아리하고, 전창근이하고, 나하고 이 네 사람만이 그 〈양자강〉 만드는데 참가했습니다.

안: 전창근 씨하고는 나이 차이가 어떻게 되셨죠?

최: 많죠. 열 살 정도... 내 어릴 때만해도 열여섯 열일곱 살 땐데, 날 갖다 어린 동생처럼 여겨줬죠.

안: 그 때 어디 학교에 재학하셨어요?

최: 임상학교 졸업하고, 상해 회종 중학에 다녔었죠.

안: 〈양자강〉이 어디에서 개봉했습니까?

최: 아마 9월이나 10월께일 겁니다. 아마 31년돈가? 내가 열일곱 살 때니까 31년도일겁니다. 아무튼 그 때 추웠으니까...구시월쯤입니다. 그래가지고 다 완성한 거야. 상해 불란서 조계 쪽에 있는 조선 사람들을 갖다가 전부 청해서 먼저 관람시켰습니다. 그게 첫 번째 공연이죠. 하고 난 후 에, 그 후에 그 영화를 갖다가서 심사를 말야, 국민당 심사위원회 심사를 받아야 하는데, 심사에서말야 못하게 검열을 당했죠.

검열을 당한 후에 만약에 할 수 없어 가지고 중도하지 못하고 그 영화를 갖다가 서 그 땐 말야... 한국의 서울에 가서말야 돌렸습니다. 근데, 말을 들어보니까 가 지고 일본 심사하는 것들이말야, 많이 끊어 버렸다고 그러대요.

안: 내용이 뭐가 문제가 있었던 거죠?

최: 중요한 건 주인공이 북벌전쟁에 참가했는데, 농민이 광동의 북벌전쟁에 거기에 전사로서 참가했는데, 전투하다가서 다리가 부러지게 됐어요. 다리가 부러져가 지고 말야. 다시 고향으로 상해에 와서 거지 노릇하면서 거지가 됐거든요. 이기 말야... 국민당의 말야... 군대의 수치를 보여주는 거다... 이래가지고 못하게 했 어요.

안: 그 줄거리 좀 자세하게 말씀해주시겠습니까?

최: 농촌에 있는 한 고농의 아들이 있는데, 자기 말야... 애인이 사랑하는 애인이 그 고농의 딸인데, 지주에게 돈에 몰려 끌려가서 그 집에 기녀로 간다고 해서 지주 에게 강간당하고 그랬거든요. 거기에 분노해가지고 농민이 농촌을 뛰어나와 배 의 뱃사공 노릇하다가서 북벌 전쟁이 일어나니까 광주로 내려가서 국민당 군대 에 참석해서 전투하다가서 부상당해서 다시 고향에 돌아오니까 아버지도 죽고, 자기 애인도 어떻게 됐는지 알지 못하고, 다시 유랑해서 상해에 와서 거지 노릇 하면서... 이런 내용이란 말이지. 그러니까 지금 같으면 비교적 절실한데... 국 민당에서 검열시켰죠.

안: 그래가지고 거지가 어떻게 됩니까?

최: 거지가 돼가지고 맨 나중에 죽게 되죠.

안: 제목이 왜 〈양자강〉이죠?

최: 그 고향이 양자강가에 있는 농촌이거든요.

안: 나중에 결혼식 끝나고, 재판 받아가지고 도망가다가 죽고 그런 내용이 많습니까?

최: 아무튼 (중략) 상세하게 잘 기억나지 않습니다.

안: 〈양자강〉 제작하시면서 말도 안통하고, 한족 배우들... 연출한다는 게 쉽지가 않았을 거 아닙니까? 기억나시는 에피소드 있으시면 말씀 좀 해주시죠.

최: 아무튼 그 한족배우로선 주연한 여배우가 첸세잉이라고 전사영이라고 그 여배 우가 있는데, 그 여배우하고 류 뭐라고 내가 그 이름을 잊어 버렸습니다. 그가

지주의 아들 노릇했는데 말이야. 하고 주연 역할을 한 그 두 사람이 주연 역할을 했습니다. 귀하게 번역한 건 그 둘에게 번역한 게 중심이죠. 그 둘이 어떤 걸 이해를 잘 못할 것 같으면 전창근이가 옆에서 동작으로써 표정으로써 가르쳐주고 전창근이도 역시 말야, 이경손이 감독하는데 합류해서도 역시 주연의 통역은 전창근이가 했습니다. 각본도 전창근이가 쓰고 이경손이를 도와서말야 어떻게 하는 형태를 내는 것은 아니지만말야 전창근이가 모양을 내가지고 그걸 가지고서 이런 과정을 통해서 하게 됐습니다. 한적 배우들을 대해선.

안: 그 때 카메라맨이 한국 사람이죠?

최: 한창섭씨. 외눈입니다. 그 분이 과거 서울에서 영화를 할 땐 이경손이와 함께 아마 촬영했던가 봅니다.

안: 그 영화가 조명 맛을 봤다고 누가 썼던데, 조명도 새로운 그런 장비를 썼었나요?

최: 잘못됐어요. 그래가지고 필름도 많이 낭비했습니다. 그것은 비교적 큰 촬영소 안에서 사진 찍음만 못됐어요. 한국에 있을 때 말야. 밖에서 찍은 건 괜찮았는데, 촬영장 안에서 찍는 건 잘되지 못했거든요. 그래가지고 말야.

안: 세트장 조명은 한족이었나요?

최: 한족이었죠. 고성영화사.

안: 〈양자강〉에 관련해서 신문기사나 시나리오나 포스터라든가 갖고 계신 것 있으십니까? 자료. 그 당시에는 있었습니까?

최: 전혀 없습니다.

안: 그 당시에는 있었는데?

최: 과거에도 없었습니다. 보관하지 않았습니다.

안: 그 다음. 〈애국혼〉에 대해서 여쭤보겠습니다. 처음의 제목이 〈안중근〉이었죠?

최: 〈안중근〉입니다. 일본 영사관에서 항의 제기해가지고 할 수 없이 고쳐 가지고 날 일자 밑에 안자... 안. 안이라는 성을 고쳐가지고 했는데도 그것도 일본놈이 항의해가지고 맨 나중에는 〈애국혼〉이라는 이름으로 고쳤습니다.

안: 보셨죠?

최: 네 봤습니다.

안: 어떤 내용입니까?

최: 아이구...내 기억이 잘 나지 안납니다.

안: 그래도 대충...

최: 아무튼 내 기억 가운데는 말야. 동북 만주... 만주 독립군 말야, 군대로서 전투하다가 그 다음엔 하얼빈으로 가서 맨 나중엔 이등박문을 갖다 죽이는 이런 내용인데, 그 구체적인 것은 기억나지 않습니다.

안: 그 먼저 전화 인터뷰 때 두 시간 정도의 분량이었다고 말씀하셨는데, 그렇게 긴 영화였습니까? 〈애국혼〉이...

최: 대개 말야. 본래 그 때 영화들이 전부 두 시간씩 됩니다. 일반 영화들이...

안: 상당히 긴 영화였네요. 검열 당했다는데도 불구하고. 그 영화가 검열이 심했다면서요?

최: 아니, 중국 쪽에서는 검열이 심하진 않았습니다. 〈양자강〉과는 다릅니다.

안: 아니, 영사관에서 항의해가지고.

최: 항의를 제기하니까 말야. 국민당 정부 쪽에서 이름을 고치라고... 근데, 〈안중근〉 촬영하는 데는 내가 전혀 참가하지 않았기 때문에 내가 그쪽에 대해서는 잘 모르겠습니다.

안: 그 정기탁 감독이 만들었는데요.

최: 주연도 정기탁이가 했습니다.

안: 감독 주연을 정기탁이 하고, 각본을 전창근이 쓰고

최: 아니, 각본을 전창근이 안 썼습니다.

안: 아니, 각본이 전창근이 썼습니다. 기록에 나옵니다.

최: 그래요. 그거는 제가 잘 모르겠습니다.

안: 정기탁이라는 사람은 어떤 사람입니다.

최: 본래 한국에 있을 때도 영화 감독한 걸로 알고 있는데, 나는 그 영화... 그 분이 찍은 영화 보진 못했는데, 말은 듣긴 했습니다.

안: 그 사람이 조선에서 영화배우로서 활동하다가 이곳에 와가지고 〈애국혼〉이라는 영화로 데뷔한 거거든요. 첫 작품입니다. 감독. 감독 첫 작품을 해외에 나와서 한 건데 진짜 대단한 거죠.

최: 그래요? 〈애국혼〉을 말야... 한국에선 감독 안했습니까?

안: 한국에선 안했습니다. 영화배우로서 활동을 했었죠. 나운규처럼 연기를 하다가 나중에 감독을 했던 거죠. 그 당시 검열 받고 했다는데, 상해의 정치적인 분위기는 어땠나요?

최: 정치적은 말야. 불란서 쪽엔 말야 대부분 독립 운동들이 많고 누가 알선해서 그렇게 그 영화를 찍게 됐냐면말야. 여운형이... 여운형 씨가 말야 거기 있어가지고 말야 '대중화영화' 촬영소를 데리고 가서 소개한 거야. 여운형이라는 분이 그래도 조선인들...상해에서 명망 있는 분이니까 '대중화영화공사'의 경리가 여운형의 풍채와 모든 것을 보고서는 말야 소개하니까 말야. 쾌히 승낙했죠. 그래가지고 사진을 찍게 됐습니다. 그건 내가 들었습니다.

안: 근데 그 정기탁이라는 사람이 여기서 영화를 처음 만드는 건데, 여운형 씨가 암만 명망 있다 그래도 어떻게 그걸 감독을 맡겼을까요?

최: 주역인 여운형 씨 영향이 큽니다. 그 대중화영화공사의 경리가 공사의 그러니까 총재죠. 그러니까 여운형 씨의 풍채와 모든 것 말과 모든 것을 보고 정기탁이를 쓰게 했습니다. 정기탁이가... 총재가 알 수 있겠습니까?

안: 그 회사 이름이 정확히 '대중화백합영편공사'거든요? 어떤 회삽니까?

최: 그 회사... 역시 중국에선 큰 회사 가운데 하나죠. 영화사 가운데. 하나는 '명성.. 영편공사'이거고, 그 둘이 제일 큰 영화공삽니다. 상해에선. 그 후에 '연화'라든가 하는 것들이 나오게 되죠.

안: 한국인이 와 가지고 처음 영화를 만들었는데 그 당시에 처음 반응은 어땠습니까?

최: 근데, 그 영화도 영화관에서 하는 걸 내가 어릴 때 가서 봤는데, 관객들이 많지 않았습니다.

안: 그 당시 안중근 의사 이야기가 사람들한테 많이 알려져 있었죠?

최: 그거야 물론이죠. 중국에서야 안중근... 교과서에도 다 있고말야. 신문에도 나고... 말야. 일반인들은 다 알죠. 근데 안중근이를... 안중근은 명망은 높은데, 그 영화를 지금 볼 것 같으면, 그렇게 잘된 영화는 못됩니다. 그렇기 때문에 말야. 관중들이 그렇게 많지 않았어요.

안: 근데, 정기탁 감독이 그 영화 이후로 1928년도에만 〈삼웅탈미〉, 〈화굴강도〉 이런 영화를 계속 만들거든요. 계속 감독 주연을 했는데, 그런걸 봐서는 첫 작품이

반응이 좋았으니까 그게 그렇게 된 거 아닌가요?

최: 아무튼 영화계에 데뷔하는 데 있어 가지고는 말야. 그렇게... 괜찮았습니다, 평가가. 그런데, 내○○ 봐선말야. 관중들은 그리 많지 않고...

안: 〈화굴강도〉 보셨습니까? 강세에 벼린 칼이라는 건데...

최: 기억나지 않습니다.

안: 그 다음에 〈삼웅탈미〉라는 영화가 있거든요. 세 영웅의 여인 탈취...

최: 나는 그 때 말야. 계속 공부하니까 그 후에 전창근이가 정기탁이가 감독한 게 아니라 한족 감독이 해가지고 맨든 그런... 주연하고... 전창근이가 연극을 잘 합니다. 주연하고... 그런 영화 찍었다는데 나는 보진 못했습니다.

안: 그 당시에 조선에서 온 사람들에 대한 평가는 어땠습니까? 전창근을 포함해서 다...

최: 평가는 말야. 정기탁에 대한 평가는 말야. 일정하게 좋다는 평이 있었고... 전창근이는 말야. 저 각본이나 이것보다도 배우로서 아주 출중하다고 그랬어요. 연기를 참 잘하거든요.

안: 이경손 감독은 〈양자강〉 하나만 만든 겁니까?

최: 강만 찍고 그대로 떠났습니다. 얼마 안 있어 떠났습니다.

안: 그 세 사람이 주요 활동간데, 김광주씨도 활동 좀 하고 그랬지만 하여튼...

최: 우린 '보헤미안 극좌'라 해가지고 연극하고 그랬습니다. 리경손 씨는 말야. 아마 상해 전쟁 후일 겁니다, 아마. 태국으로 갔습니다. 태국 친구가 있어가지고, 리경손을 따르던 태국에서 와가지고 그 학생이말야. 리경손이를 존중해가지고... 예를 들면 말야. 역시 말야. 태국가서 영화 찍자하고서... 함께 태국으로 갔습니다.

안: 이경손 감독이 처음 와가지고 만든 게 〈이원염사〉, 〈은막지화〉 그런 영화였다는데, 기억나세요?

최: 아니 이경손 씨가? 어디? 중국에서요? 상해에서요? 하나 박곤 갔습니다.

안: 정기탁이 감독을 했는데...

최: 정기탁이는 말야. 내 보긴 말야. 아무튼 말야. 그거 있고 그 다음에 〈재회파상해〉, 〈상해여 잘 있거라〉 하는 말야. 내 그 기억 말고 딴 건 기억나지 않습니다.

안: 정기탁이 감독을 〈은막지화〉라는 걸... 완령옥 아시죠?

최: 완령옥이? 많이 들었어. 〈재회파상해〉, 〈상해여 다시 보자〉도 여기도 완령옥이 여자 주연입니다. 완령옥이 하고는 관계가 아주 좋았습니다. 완령옥이의 힘을 많이 받았죠. 계속 아마 대중화에서 일하게 된 것도 완령옥이의 힘이 내가 보기엔 아마 클 겁니다.

안: 둘이 어떻게 그렇게 콤비가 됐죠? 둘이 어떻게 가까웠죠?

최: 네 가까웠습니다. 나는 뭐 말을 들었습니다, 가깝다는걸…

(중략)

안: 정기탁을 직접 보신 일이 있으세요?

최: 만났죠. 그렇게 내왕을 하거나 그러진 않았습니다.

안: 정기탁이라는 사람은 어떤 사람인가요? 기억나시는 대로 말씀해주세요.

최: 아무튼 예술가 타입으로 그 땐 그렇게 머리가 그렇게 기른 사람은 없습니다. 머리를 잔뜩 길게 하고 말야. 흰 공작복을 입고 이러고 다닐 때, 좀 그런 분이더군요, 보니까.

안: 여배우를 데리고 왔었죠? 그 사람이 한국에서… 김일송.

최: 부인이죠. 예. 데리고 왔습니다. 역시 삼일절 날 전창근이 하고 그 부인하고 이래가지고, 예배당에서 삼일절 기념연극까지 했습니다.

안: 제목이 뭐였죠?

최: 그 때 그 부인을 봤습니다.

안: 연극 제목이 뭐였죠?

최: 제목은 기억이 나지 않습니다.

(중략)

안: 전창근 씨는 그 때 장가 갔었나요?

최: 그럼요. 상해에서 오래 있으면서 박모란이라는 여자하고 결혼했습니다.

(중략)

안: 그 당시에 『애국혼』이라는 안중근 전기가 시중에 배포됐다는데 보신일 있으십니까?

최: 못 봤습니다. 각본이 돌았단 말입니까?

(중략)

최: 나는 팔로군 쪽에서 있었습니다.

(중략)

(박은식의 『애국혼』 책을 앞에 갖다놓고 계속 인터뷰)

안: 〈애국혼〉이라는 영화의 원작이 아니겠느냐?

최: 그건 나는 모르겠습니다. 그럴 가능성이 있을지 모르죠. 어렸을 때니까 이 책을 본 기억이 안 납니다.

(중략)

안: 〈양자강〉이 그 때 개봉돼가지고 말입니다. 관객들 반응이 어땠어요?

최: 중국에서는 하지 못했으니까. 오직 조선 동포들이 봤을 뿐이지 불란서 조계 쪽에 있는 조선 동포들이 봤을 뿐이지 전반적으로 보진 못했습니다. 하루 그저, 그저 하루 했습니다. 〈양자강〉말야.

안: 그럼 제작비를 못 건졌나요? 영화 제작비가 솔찬히 들어갔을 텐데...

최: 네. 빼내진 못했죠. '고성영화공사'에서 밑졌죠. 그저 조선에 가서만 그냥 서울에 가서만 돌렸으니까요, 영화를 갖다가. 돈이 얼마나 나왔겠습니까... 밑졌죠. 그래. '고성영화공사'에서 다시 계약하지 못하게 됐죠. 원래 '고성영화공사'하고 말야. 영화를 리경손이하고 더 할라고 했는데 밑지게 될 것 같으니까 못하게 됐죠.

안: 그래가지고 〈만리장성〉이라는 영화를 할라고 그랬다고 하대요?

최: 없어요. 없습니다. 그런 영화... 하나밖에 없습니다.

(중략)

안: 김염을 만나신 적이 있으십니까?

최: 처음은 말야. 그게 말야. 역시 어릴 땐데, 김염이 말야. 아... 김규식 씨의 조카뻘이 됩니다. 김규식 씨와 교류해서 상해 왔을 때, 어릴 때 한 번 만났습니다.

(중략)

최: '명성'이 제일 돈 많고 다음은 '대중화'고 셋째로 '천일'입니다.

안: 주시목... 잘 찍은 카메라맨인가요?

최: '중화'에서 유명한 카메라맨이죠.

(중략)

(『중국무성전영극본』 p.1561 〈애국혼〉을 함께 보면서)

안: 정군이라는 배우 모르세요? 정군이 주연으로 나와있는데...

최: 정군이 편극입니다.

안: 아니, 여기도 정군이에요. 주연에...

최: 정군이라는... 이름은 모르겠는데.... 가명이야. 정기탁입니다. 주연이 말이야. 정기탁이를 갖다가 정군이라고 한 겁니다.

안: 아... 왜 이름을 그렇게

최: 이름을 아마 저기했나보죠. 예명을 쓴 거죠. 정기탁이 쓴 게 맞지 정군이라는 말은 듣질 못했네. 정기탁이 각본을 쓴 겁니다. 각본하고 연출하고 주연하고 전부 정기탁이 한 겁니다.

안: 지금 저는 〈애국혼〉을 전창근이 쓴 걸로 알고 있었거든요? 정기탁이 썼다는 걸 어떻게 아세요?

최: 아니 글쎄 말야. 내 듣기에는 그렇게 들었습니다. 각본 다 써가지고 여운형이가 보고서, 그 다음에 "가자!" 이러고선 정기탁이를 데리고 '대중화' 총재를 찾아 갔습니다. 그 말을 들었습니다.

안: 정기탁 씨하고 여운형 씨하고 서로 알고 있었다는 말입니까?

최: 정기탁이 각본을 써가지고 여운형한테 가서 이런 사진을 찍겠다 이러니까 말야. "좋다! 〈안중근〉이 좋다!" 해가지고 그래가지고 여운형 씨가 데리고 가서 그 총재를 만나가지고말야. 또 안중근이 중국에서 전부 유명하니까 하나는 여운형이를 통해서 들어가고, 하나는 안중근이 각본에 취미를 붙여가지고 데려가서 박게 된 겁니다. 내 기억 가운데 그렇습니다. 그 때 전창근은 하게 되면서 전창근이를 갖다 거기 인성학교 교원하다가 정기탁이 같이 아마 면목이 있었던 모양입니다. 그래 가서 배우 했습니다. 전창근이 했다는 말 못 들었습니다.

안: 그렇다면 정기탁하고 여운형 씨하고 서로 어떻게 알고 있었을까요?

최: 아니, 정기탁이 찾아갔죠. 여운형이가 알 수가 있겠습니까? 독립운동하는 분으로서 영화방면에 알겠습니까?

안: 정기탁이 28년도에 만들기 전에 그 사람이 1925년도 이전에 상해에 있었어요.

(중략)

(『중국무성전영극본』을 함께 보면서)

안: 〈양자강〉에 감제가 제작자죠?

최: '고성영화공사'의 총경리요.

안: 왜 이경손인데, 이경으로만 나와있습니까?

최: 이경손이라 안하고, 중국에 와선 이경이라고 했습니다. 고쳤죠. 경손이라는 이름을 쓰지 않고 이경이라고 했습니다.

안: 출연자 한 번 쭉 봐주실래요?

최: 화월링... 아, '고성영화사'의 배웁니다. 고송... 한족배웁니다. 남국월... 조선 여잡니다. 누이동생 아닙니까? 친씽... '고성영화공사'의 제일 유명한 여배웁니다. 용란이... 즉, 전창근이 역하는 애인! 니홍홍... 이 여자는 모르겠는데... '고성영화사' 일반 배웁니다. 그 밖에 배우들입니다. 전부 다 한적배우들입니다.

안: 〈광명지로〉라는 영화는 심부? 여기서 '편쇄'라는 말이 무슨 말인가요?

최림: '뺀쉬'라는 말이 무슨 말입니까?

최: 각본 쓴 사람이죠!

안: 심부라는 사람이 각본을 썼고, 촬영이 누구죠?

최림: 배일위...

안: 여기 〈출로〉라는 영화에 정군리가 나오네요.

(중략)

최림: ...왕개빈, 왕추, 진해유, 아시는 배우들이세요?

최: 전부 유명한 배우들입니다. 30년대 전부 이름난 배우들입니다.

('무성전영극본집'을 함께 보면서)

최: 완령옥이 나오고... 〈재회파 상하이〉... 완령옥이도 나오고, 정기탁이도 나오고... 〈재회파 상하이〉... 이건 내가 영화를 봤습니다. 완령옥이가 말야. 유명한 배웁니다. 완령옥이하고 호접이하고 다 제일 유명한 배웁니다. 자살하지 않았습니까? 자살했어요. 본래는 말야. 기녀 노릇하다가영화계에 나와서... 많은 남자들을 대시하게 됐죠. 그래서 말야. 자살했어요. 이것도 역시 그러니까... 정기탁이... 이것도 말야, 이름을 고친 거예요. 정기탁이 이름이야...

안: 이름을 왜 고치게 된 거죠?

최: 각본 정기탁이 하고, 감독도 정기탁이가 하고...

안: 이름을 왜 고치게 된 거죠?

최: 모르죠. 영화하는 사람들이 자기 본명들을 고치는... 편도 아닙니까? 편극하고 각본쓰고 도연했다는거죠.

(중략)

안: 그 영화 보셨다니까 그 영화 얘기 좀 해주세요. 어떤 영합니까?

최: 그 여자가 말야. 상해에서... 잘 기억에 나지 않습니다. 폐병에 걸려가지고 정기탁이가 그 때 의사 노릇했습니다. 의사. 의사로 나왔어요. 병을 고치게되면서 그 여자하고 관계를 맺게 됐어요. 근데, 요새 삼각 연옌가? 그렇게 돼가지고 ○○가 비관해가지고 상해를 떠나는 그런 얘깁니다. 정기탁이가 그... 조선말로 악역인가? 악역적 역할을 했지요. 의사가 여자를 돌봐준다면서 말야. 관계를 맺고...

안: 그 당시에 그런 풍조의 영화가 많았나요?

최: 많지요. 사실로도 많고, 상해에 그런 일이야...

안: 흥행이 괜찮았던 모양인데요?

최: 괜찮았습니다. 관중들이 많았어요.

(중략)

안: 김염이가 정기탁을 '연화영업공사'에 소개도 해주고 그랬더라구요?

최: 아냐... 여운형이 소개해가지고 됐습니다. 그래서 '대중화'에서... 김염이하고 정기탁이 하고 내왕이 없었습니다. 내가 말하지 않았습니까?

(중략)

최: 1월 28일에 전쟁이 일어났거든요. 전쟁나가지고...

(중략)

안: 이 상해 망명파 영화인들에 대한 평가를... 최 선생님이 옆에서 보셨으니까... 그 사람들 어떻게 평가하세요? 조국을 잃고 와가지고 나름대로 여기서 어려움을 딛고 영화를 만들었는데...

최: 아무튼 본래 말야. 내가 상해에서 어렸을 때부터 자라났는데, 상해 영화계, 예

술계에 있어가지고 그렇게 역할을 한 게 없었습니다. 과거에는 정기탁이 오기 이전엔 전혀 없었습니다. 정기탁이가 오고, 리경손이 오고, 또 전창근이 와 가지고, 조선 사람들이 중국에서 말야. 영화계에 있어서 활약한 가치가 있습니다. 김염이는 물론 말할 것도 없는 거고. 제일 유명한 거는 김염입니다. 그 다음에 정기탁이나 전창근이는 전국적으로 이름나진 못했습니다. 그러나 상해에선 말야 영화계, 예술계에 있어가지곤 지명도가 나타나게 됐죠. 아무튼 그런 작용을 했습니다.

안: 그러니까 그 영향을 당시 중국인들한테도 영향을 끼쳤나요?

최: 내가 보기에는 김염이 같이 그렇게 큰 영향을 끼치진 못했습니다. 김염이가 조선 영화사람 중에 제일 영향이 큰 분입니다.

안: 그럼 당시 동포들한테는 힘을 줬겠군요.

최: 동포들이야 다 알죠. 상해의 조선 동포들이야 누구나 다 말이지, 전창근이나 정기탁이라든가 누구나 다 알죠. 그렇지만 이경손은 있던 시간이 짧으니까 그리 많이 아는 이들이 없습니다.

(중략)

안: 한국 사람으로서 그 영화愛國魂를 보고 어떤 감정을 느끼셨습니까?

최: 아무튼 누구나 안중근 역사는 다 아는 거니까, 내가 보기엔 말야… 그 때 안중근 하면 조선 사람들 거의 다 가봤을 겁니다. 불란서 쪽의 사람들보다 일본쪽에서 본 사람이 더 많았습니다.

안: 동포가 상해에 와가지고 저런 영화를 만들었구나… 그런 것들이 조선사람한테 큰 마음의 위안, 힘이 됐을 것 같아요.

최: 아무튼 말야. 그 때 말이지. 영향은 미쳤죠. 영향은 미쳤습니다.

안: 본적이 어딥니까?

최: 황해도 신천입니다.

안: 현재 주소는?

최: 명주시 하남가 33-구4. 우편번호 133001.

안: 생년월일은?

최: 1914년 11월 24일생. 범띠.

안:　올해 연세가 어떻게 되시죠?

최:　조선 나이로 여든여섯.

(중략)

안:　학교를 어딜 다니셨어요?

최:　상해 인성소학교, 혜중惠中중학...

안:　그 당시 중학이 몇 년제죠?

최:　5년제죠. 그 때 영화 찍을 때 중학 다닐 때였죠.

　　(이하 생략)

연대표

———

西紀	檀紀	干支	朝鮮	淸	日本
1895	4228	乙未	高宗 32 / 開國 504	光緒 21	明治 28
1896	4229	丙申	高宗33 / 建陽 1 / 開國 505	光緒 22	明治 29
1897	4230	丁酉	高宗 34 / 光武 1	光緒 23	明治 30
1898	4231	戊戌	高宗 35 / 光武 2	光緒 24	明治 31
1899	4232	己亥	高宗 36 / 光武 3	光緒 25	明治 32
1900	4233	庚子	高宗 37 / 光武 4	光緒 26	明治 33
1901	4234	辛丑	高宗 38 / 光武 5	光緒 27	明治 34
1902	4235	壬寅	高宗 39 / 光武 6	光緒 28	明治 35
1903	4236	癸卯	高宗 40 / 光武 7	光緒 29	明治 36
1904	4237	甲辰	高宗 41 / 光武 8	光緒 30	明治 37
1905	4238	乙巳	高宗 42 / 光武 9	光緒 31	明治 38
1906	4239	丙午	高宗 43 / 光武 10	光緒 32	明治 39
1907	4240	丁未	純宗 1 / 隆熙 1	光緒 33	明治 40
1908	4241	戊申	純宗 2 / 隆熙 2	光緒 34	明治 41
1909	4242	己酉	純宗 3 / 隆熙 3	宣統 帝 宣統 1	明治 42
1910	4243	庚戌	純宗 4 / 隆熙 4	宣統 2	明治 43
1911	4244	辛亥	–	宣統 3	明治 44
1912	4245	壬子	–	中華民國 民國 1	日本 大正1
1913	4246	癸丑	–	民國 2	大正 2
1914	4247	甲寅	–	民國 3	大正 3
1915	4248	乙卯	–	民國 4	大正 4
1916	4249	丙辰	–	民國 5	大正 5
1917	4250	丁巳	–	民國 6	大正 6
1918	4251	戊午	–	民國 7	大正 7
1919	4252	己未	臨政 1	民國 8	大正 8
1920	4253	庚申	臨政 2	民國 9	大正 9
1921	4254	辛酉	臨政 3	民國 10	大正 10

西紀	檀紀	干支	朝鮮	清	日本
1922	4255	壬戌	臨政 4	民國 11	大正 11
1923	4256	癸亥	臨政 5	民國 12	大正 12
1924	4257	甲子	臨政 6	民國 13	大正 13
1925	4258	乙丑	臨政 7	民國 14	大正 14
1926	4259	丙寅	臨政 8	民國 15	昭和 1
1927	4260	丁卯	臨政 9	民國 16	昭和 2
1928	4261	戊辰	臨政 10	民國 17	昭和 3
1929	4262	己巳	臨政 11	民國 18	昭和 4
1930	4263	庚午	臨政 12	民國 19	昭和 5
1931	4264	辛未	臨政 13	民國 20	昭和 6
1932	4265	壬申	臨政 14	民國 21	昭和 7
1933	4266	癸酉	臨政 15	民國 22	昭和 8
1934	4267	甲戌	臨政 16	民國 23	昭和 9
1935	4268	乙亥	臨政 17	民國 24	昭和 10
1936	4269	丙子	臨政 18	民國 25	昭和 11
1937	4270	丁丑	臨政 19	民國 26	昭和 12
1938	4271	戊寅	臨政 20	民國 27	昭和 13
1939	4272	己卯	臨政 21	民國 28	昭和 14
1940	4273	庚辰	臨政 22	民國 29	昭和 15
1941	4274	辛巳	臨政 23	民國 30	昭和 16
1942	4275	壬午	臨政 24	民國 31	昭和 17
1943	4276	癸未	臨政 25	民國 32	昭和 18
1944	4277	甲申	臨政 26	民國 33	昭和 19
1945	4278	乙酉	臨政 27	民國 34	昭和 20

한국영화 100년사
일제강점기

5장
일제강점기 합작영화

일제강점기 합작영화의 출발

한국 합작영화의 역사는 1936년에 처음 시작되었다. 그리고 1940년대에는 일본의 영화사와 국내의 (사)조선영화제작주식회사 간의 합작이 있었는데 이 영화들을 과연 한국영화로 볼 것인가? 하는 문제는 아직도 정확히 규명되지 않았다. 이 영화들은 진정한 합작영화라기보다는 일제의 선전영화로 대상관객이었던 한국인에게 선전효과를 높이고자 한국영화인을 동원한 위장합작영화이다. 이것은 한국영화의 정체성 문제이며 더 이상의 왜곡을 막아야 할 것이다. 굳이 외국영화를 한국영화사에 편입시킬 이유가 없다.

합작영화와 위장합작영화라는 문제의식을 제기하는 이유는 역사적 관점에서 합작의 문제를 재조명하는데 있음은 물론, 영화 역사의 진실을 규명하고자 함이다. 한국영화는 일제강점기에 시작되어 일본과의 첫 합작으로 1935년에 이규환 감독이 〈무지개/홍虹〉을 만들고 이어서 〈나그네/여로旅路〉를 만들었다. 그리고 (사)조선영화제작주식회사는 일제의 선전영화를 일본 도호東宝영화사[116]와 합작으로 제작한다.

1930년에 발족한 사진화학연구소의 후신인 도호는 닛카쓰日活, 쇼치쿠松竹 등과 함께 일본의 3대 메이저 회사다. 〈망루의 결사대望樓の決死隊〉, 〈젊은 자태若き姿〉는 (사)조선영화제작주식회사와 일본 도호영화사의 합작영화다. 〈망루의 결사대〉는 도호영화사가 주체가 되어 제작되었으며 조선총독부가 후원하였다. 〈사랑과 맹세愛と誓ひ〉[117]의 경우도 도호영화사 응원이라고 되어 있지만 실질적인 일본영화로 한국인을 대상 관객으로 하기에 한국영화인을 앞세워 동원한 위장합작영화로 판단된다. 이 영화는 모두 최인규 감독이 적극 참여한 영화들로 우리의 지난 역사 현실을 보여 준다.

신상옥 감독은 "그 시대에는 영화를 만들 수 있는 유일한 방법으로 어쩔 수 없었다."[118]라고 말하지만 당시의 합작 상황이 변명의 차원에서만 이해되어서는 안 될 것

---

116 "사진화학연구소의 제1회 자주작품의 성격은, 후에 도호(東宝)로 발전하는 이 회사의 출발점으로서 암시적이다.", 사토오 다다오, 『일본영화 이야기』, 유현목 옮김, (서울: 다보문화), 1993, 158쪽.

117 〈사랑과 맹서(원제:愛と誓ひ)〉, 한국영화데이터베이스 홈페이지 http://www.kmdb.or.kr(2012.6.8, 검색).

118 신상옥 인터뷰, 분당 자택, 2001.11.16.

이다. 일본의 입장에서 보면 "일본에서 차례로 영화인이 건너와 지금까지 한국영화 중심에 있던 한국인들을 현지 스태프로 쓰면서 여러 편의 영화를 제작했다."[119] 결국 일제강점기 말기의 합작영화는 일제의 필요성에 의해 자행된 형태로 일본영화에 다름없으며 이를 일본영화사日本映畵史에서도 일본영화로 소개하고 있다.[120]

현재 이 영화들은 한국영상자료원의 영화정보검색(KMDb)[121]에 한국영화로 기록되어 있다. 연구 기록에 근거하지 않고 영화의 역사를 평가하는 것은 과학적인 접근이 아니다. 지금까지 연구되지 않은 위장합작의 규명은 한국영화 역사의 정립을 위해서라도 당연한 일이다. 이렇게 밝혀진 위장합작영화는 한국영화 목록에서 원칙적으로 퇴출시켜야 한다. 그것이 올바른 역사 찾기 작업이며 이 글이 한국영화 역사에 기여하는 의의이기도 하다.

과거에 제작된 합작영화들은 오랜 시간이 경과되었고, 그 편수 또한 너무도 방대하다. 또 당시 정황을 입증할 자료 찾기가 힘들고 찾아내더라도 미비한 터라 자료조사에 긴 시간이 걸렸다. 자료의 부족에도 불구하고 위장합작영화에 관한 연구는 더 이상 미룰 수 없는 과제이다. 이러한 문제의식에서 필자는 합작영화를 정리하며 위장합작영화를 규명하고자 한다. 특히 일본영화사 기록을 찾아내어 일제가 제작한 4편의 합작영화가 실제적인 일본영화로 한국영화인을 동원한 위장합작영화임을 밝힌다.

---

119 요모타 이누히코, 『일본영화의 이해』, 박전열 옮김, (서울: 현암사), 2001, 131쪽.

120 만주국 영화를 비롯하여 (사)조선영화제작주사회사의 영화를 일본영화로 소개하고 있다. 사토오 다다오, 앞의 책, 194~203쪽.

121 한국영상자료원의 영화정보검색(www.kmdb.or.kr)은 오·탈자 등 아직도 오류가 많은 자료이기는 하나 현재 가장 많은 양을 보유한 한국영화사의 자료이며 1919년의 〈의리적구토〉부터 2011년 〈최종병기 활〉까지 총 6,494편의 정보검색이 된다(2012.2.29. 검색).

합작영화의 정의와 특징

—

합작영화는 둘 이상의 제작자, 제작 회사가 함께 계획하고 자금을 대서 제작하는 영화다. 굳이 외국과의 합작이 아닌 국내 회사들 간에도 합작영화가 만들어진다.[122] 그러나 영화법상에서 합작영화라 하면 외국과의 합작으로 국한한다. 우리나라 최초의 영화법 규정을 보면 합작영화라 함은 우리나라의 국민과 외국인이 공동으로 제작한 영화이다.[123] 따라서 여기에서 말하는 합작영화는 외국과의 합작영화이다.

즉 "최근에는 제작 자본을 어느 한 나라가 전적으로 담당하지 않고 여러 나라가 부담하는 경우도 상당히 많은 영화에서 찾아볼 수 있다. 이러한 영화들을 '합작영화'라고 부르는데"[124] 결국 합작영화라 함은 자본의 결합으로 만들어진다.

1966년 8월 3일 개정된 영화법을 보면 합작영화라 함은 국내에 주된 사무소를 둔 자와 국외에 주된 사무소를 둔 자가 공동으로 제작한 영화를 말한다.[125] 지금은 합작이라는 용어 대신에 공동제작이라는 용어가 흔히 사용된다.[126] 두 제작자가 각각 다른 나라 소속인 경우에 비로소 국제공동제작이라고 하는데 보통 줄여서 공동제작이라고 하기도 한다.[127]

이제 국제간의 공동제작은 관례화 된 제작 형태이다. 그것은 드라마뿐 아니라 다큐멘터리 제작에서도 활성화 되었다. 필자는 EBS 프로듀서로서 2007년 중국 CCTV와 한중수교 15주년 특집 다큐멘터리 〈청사초롱과 홍등〉 5부작[128]을 제작한 바 있다.

---

122 일제강점기에 이러한 제작형태가 있었다. 〈불망곡(不忘曲)〉과 〈홍련비련(紅戀悲戀)〉 등이 덕영 프로덕션과 토성회 합동작품이고 〈세 동무(三乞人)〉가 금강 키네마와 서광 키네마 합동작품이다. 김종욱, 앞의 책, 436~504쪽 참조.

123 법률 제995호로 1962년 1월 20일에 제정된 영화법.

124 임대근 외, 『중국영화의 이해』(서울: 동녘), 2008, 20쪽.

125 박봉희, 『영화·연예연감』(서울: 국제영화사), 1969, 187쪽.

126 영화진흥위원회가 2000년부터 발행한 보고서에는 모두 '공동제작'이라는 용어를 사용하고 있다. 1996년 7월 1일 신설된 영상진흥법에 의해 '국제공동제작법'이 시행됐다.

127 『BFC Report』, 2010년 가을호, 부산영상위원회, 24쪽.

128 EBS에서 2007년 12월 24일부터 연속 방영되었다. 한국 버전의 연출은 안태근 PD로 중국에서의 촬영 및 연출을 담당했다. 67일간 중국 전역을 촬영한 뒤 30분 편성의 10부작 버전으로 제작하여 중국 측에 전달하였고 CCTV 13ch을 통해 재편집 방송되었다.

제작의 주체는 EBS이지만 국제공동제작으로 완성 버전version은 한국과 중국이 각기 편집을 달리해 방송되었다. 국제공동제작은 역사적 관점의 차이와 촬영하면서 정치, 경제 분야의 비협조로 난항을 겪기도 했다. 67일간 촬영 후 중국 버전으로 30분 편성의 10부작을 전달하여 그들이 재편집과 수정을 통해 중국과 전 세계에 방송했다.

합작영화 이전에는 협력제작 차원의 합동영화라는 것이 있었다.[129] 종전 후 선진국의 촬영 팀이 내한했을 경우 협조자로 동참하는 경우다. 최초의 한·미 합동영화인 〈불멸의 등불The Light of Eastmendied〉에 한국 측의 감독 및 촬영 등 기술자가 참여하였는데, 합동영화의 제작은 처음으로 한·미 간의 문화교류는 물론 한국의 영화기술 향상을 위하여 기대되었다.[130] 합작영화 이전에 취해진 형태의 제작형태로 어느 한쪽이 제작의 전권을 갖고 있다면 합작이라고 할 수 없고 협작協作으로 일부 파트에서 도움을 주는 형태이다. 한국전쟁 이후 한국영화산업이 영세할 때 미국 촬영 팀의 한국 촬영 시에 일부 한국 인력이 구성되어 도움을 주는 형태였다. 1977년에 촬영했던 테렌스 영 감독[131]의 1981년 작 〈오! 인천Oh, Inchon!〉[132]을 촬영할 9대의 카메라 중 한 대는 한국의 구중모 기사가 맡았고[133] 이성구 감독이 통역을 맡는 등 연기자나 엑스트라를 관리하는 연출부가 따로 있었는데 이것이 협력제작의 형태이고 줄여서 협작協作 혹은 협동協同영화라고 했다. 초창기 합작영화라는 말이 쓰이기 전인 1937년 작 〈나그네〉의 경우에도 협동제작協同製作이라고 했다.[134]

반대로 한국영화의 위상이 커져 해외촬영을 할 때 협작協作이라 하여 현지 스태프staff를 고용해 촬영에 도움을 받는 경우도 있다. 가령 김지운 감독의 2008년 작인 〈좋

---

129 협력제작은 합작영화 초창기에 일반화된 형태로 중국에서는 合作片(합작영화), 協拍片(협력제작)으로 부른다.

130 "최초의 한미 합동영화 〈불멸의 등불〉 불원 촬영에 착수", 《동아일보》, 1952.9.21, 2면(Eastmendied란 단어는 오타이다).

131 첩보액션영화 〈007〉 시리즈로 알려진 흥행감독으로 통일교 문선명 교주의 권유로 이 영화의 연출을 맡았다.

132 "北傀는 78년 3월에서 4월에 이르기까지 그들의 신문, 방송 등 선전·선동기관과 어용문화 예술인들을 총동원하다시피 하여 美國의 「원·웨이·프로덕션」이 제작하고 日本의 東宝映畵社가 참여, 韓國서 로케하기로 예정된 유엔軍의 仁川上陸作戰을 주제로 한 영화 〈오! 仁川〉의 제작 기획이 발표되자 이 영화에 온갖 모략과 생트집으로 제작中止까지 辯하는 등의 活動을 부렸다", 「映畵〈오! 仁川〉에 北傀서 생트집」, 「1978년도 판 한국영화연감」, 영화진흥공사, 1979, 82쪽.

133 구중모 인터뷰, 제17회 KBF세미나 녹취록, 한국영상자료원 코파3관, 2012.3.31.

134 합작 관련하여 쓰이는 용어는 일제강점기부터인데 합동작품이라며 시작되어 '협동제작(줄여서 협작)'과 일본영화사의 '제작 응원' 등이 있다. 용어의 차이는 투자와 제작 지원의 규모 차이일 것이다.

은 놈, 나쁜 놈, 이상한 놈〉은 제작비가 110억 원 정도로 중국 둔황사막에서 촬영했다. 국내 촬영 외에 부득이 사막이 배경인 스토리 때문에 해외촬영을 시도하였는데 원활한 촬영을 위해 현지 스태프를 고용하게 되었다.

그런가 하면 협력제작 전단계로 양국의 영화 교환이 추진되기도 한다. 1956년, 영화 업무를 담당했던 문교부는 홍콩의 쇼브라더스로부터 자사自社영화와 한국영화의 유상교환을 제안 받았다.[135] 양국이 자국영화를 수출하기 위한 전 단계일 수도 있는데 이런 모든 단계가 합작영화 제작의 전단계라 할 수 있다. 또 다른 형태로는 영화제에 참가하여 상호 간 합작영화 제작을 추진하기로 하고 구체적인 사안을 협의하는 과정이다. 제3회 아시아영화제는 9개국에서 출품된 영화를 상영하고 아시아영화제작자연맹은 한국의 가입을 승인하였다. 아울러 각국의 합작영화 제작도 추진되었다.[136]

합동제작合同製作[137]은 협작보다 더욱 발전된 제작 형태인데, 1952년 최초의 한·미합동영화 〈불멸의 등불〉의 한국 측 감독은 전창근, 촬영은 이용민이 결정되었다. 영화의 제작비는 미국영화협회와 도쿄에 있는 '코베양 시네마 콤페레숑' 및 한국 은영사가 각각 분담키로 했다.[138] 합동영화 제작은 이후에도 계속되어 1957년에도 '로로르맨 프로덕션'에서 〈제2 전선〉을 한·미합동으로 계획하였다.[139] 이런 과정을 거쳐 1957년 3월에 이르러서야 광복 후 첫 합작영화가 기획되는데 한국연예주식회사의 임화수는 홍콩과의 합작영화 제작을 발표한다.[140]

이런 과정에서 볼 수 있듯이 영화합작이란 상대국과 제작 형평이 맞아야 하고 영화인들이 서로를 이해할 수 있도록 교류 기간이 필요하다. 1977년 한·미합작영화인 〈추격자The Chaser〉는 김선경, 조지 비에이라George Vieira 공동감독으로 제작 차 미국 스태프들이 한국을 방문했다. 그들은 의사소통도 힘들지만 한국의 후시녹음 형태를 보고 합작불가 환경이라며 촬영 중 철수했다. 결국 주인공인 크리스 밋첨Christoper

---

135 "한·중 양국의 영화교환 제의 / 향향중국인회사서", 《조선일보》, 1956.3.28, 3면.

136 "합작영화제작 추진 / 한국가맹 정식승인 / 아세아영화제 성공리 폐막", 《경향신문》, 1956.7.19, 4면.

137 합동제작(영화)은 합작(영화)이전에 사용된 말로 협작(영화)형태보다는 발전된 형태로 제작 전 단계에서부터 개입되나 사전 공동기획이 아니며 협작의 경우처럼 후 참여 형식이다.

138 "양국 감독도 결정 한미 합동영화", 《동아일보》, 1952.9.23, 2면.

139 "[문화계소식] 극영화 〈제2전선〉 / 한미합동제작 계획", 《경향신문》, 1957.3.22, 4면.

140 "[영화계소식] 향항서 합작영화 계약 / 임화수씨가 제작 담당", 위의 신문. 1957.3.22, 4면.

Mitchum을 설득해 한국식인 후시녹음으로 촬영을 마쳤다.141 합작영화 제작에서 무엇보다도 중요한 것은 상호 간의 제작 환경이나 합작 여건보다 관객들이 합작영화를 어떻게 받아들이는가의 문제다. 즉 합작될 영화의 소재가 해당 국가의 관객들이 관람하고자하는 흥행코드와 같아야 한다는 것이다. 또한 역사나 문화도 공유되어야 한다.

그러나 합작영화는 자국영화의 발전을 위해 쉽게 생각할 수 있는 방법이다. 신상옥을 납치한 북한의 김정일은 최은희의 연출작인 〈돌아오지 않는 밀사〉가 1984년 7월 체코에서 열린 카를로바리 국제영화제에서 감독상을 수상하자 신상옥, 최은희 부부를 중앙당 집무실로 초대하여 다음과 같은 영화합작론을 피력한다.

> (…)신필름에서도 다른 놈들 싱가포르에도 좀 내돌리고 그래서 이 좀 한번….
> 지금 뭐 지금 어드래요? 지금 제일 저 외국하고 합작하고 가능한 제일 비슷한 게 어
> 딥니까. 이탈리아죠?… 그래서 내가 말하는 것은 신이탈리아가 드디어 하나 나온
> 다는 겁니다. 하하….142

누구나 생각할 수 있지만 결코 합작영화 제작이란 쉽지 않은 일이며 결국은 양국 회사의 경제적 필요성에 의해서 진행된다. 그리고 양국 주요 스태프들의 이해와 서로의 능력을 배려해주는 것이 필요하다. 합작영화가 쉽지 않은 것은 김수용 감독도 피력한 바 있다.143 합작 계약을 하고 상대국으로 간 감독의 권한이란 상대국 감독의 작업을 지켜보는 수밖에 없다는 것이다. 쉽지 않은 언어소통 문제도 있지만 촬영 현장에서 두 명의 감독이 함께 연출하는 것은 불가능하기 때문이다.

1962년의 합작영화 〈서유기西遊記 / 화염산火焰山, The Flaming Mountain〉144은 국내

---

141 구중모 인터뷰, 개포동 구즈시네 사무실, 2012.3.2; 제17회 KBF세미나, 2012.3.31.

142 카를로바리 국제영화제 감독상을 수상하고 한 달 뒤인 8월 4일 최은희, 신상옥 두 사람과 두 시간 반 동안 북한 영화 발전에 대해 대화를 한다. 「김정일 육성 파일」, 《월간 조선》, 조선일보사, 1995년 10월호, 123쪽.

143 "홍콩 측 감독은 계속 고개만 갸웃거린다. 합작영화에 있어 감독에 대해 꼭 하고 싶은 얘기가 있다. 연출 작업이란 도대체 두 사람이 동시에 해낼 수 있는 성질의 것이 못된다. 하물며 언어, 풍습이 판이하게 다른 두 사람의 감독이 한 편의 영화를 연출하겠다고 나선다면 그것은 그칠 수 없는 충돌을 의미하는 것이다.", 김수용, 『영화를 뜨겁게 하는 것들』, (서울: 대원), 1999, 78쪽.

144 1962.7.25. 홍콩 개봉, "導演: 莫康時, 編劇: 屠光啓, 演員: 金喜甲, 崔茂龍, 丁瑩, 徐小明, 楊勳, 林蛟, 許英秀, 白龍珠", 『香港影片大全』 제5권, 香港電影資料館, 2005, 187쪽.

에도 알려진 손오공과 철선공주의 대결을 그린 활약담이라서 한양영화사가 홍콩의 링광嶺光(영광)전영공사와 합작제작형태로 투자한 영화이다. 김수용 감독은 한국전쟁 때 통역장교 출신이었기 때문에 영어 사용이 가능했고 이 때문에 감독으로 내정되어 홍콩으로 건너가 제작에 참여한다. 그러나 연출전권을 누가 갖는가에 따라 한 사람은 보고 있어야 하는 상황이 될 수밖에 없고 이런 시행착오를 겪으며 합작영화 〈서유기〉가 제작되었다. 이렇듯 합작은 어려운 결정이며 어느 한 쪽에 치우쳐 일방적일 수밖에 없다. 이와 같이 합작영화란 단계를 거쳐 발전되는 것임을 알 수 있다. 스태프들이 단순 제작인력으로 참여하는 협작 단계와 제작 전부터 참여하지만 역시 기획 단계 후 참여하는 방식인 합동제작 단계를 거쳐 본격화된다. 기획 단계에서부터 참여하는 합작 제작은 이들 방식의 완성된 형태이다. 합작영화는 이렇듯 양국 간의 충분한 문화교류를 전제로 한다.

그러나 관련 법률이 정하는 합작 기준에 맞추기 힘든 것은 창조적 의미의 산물인 문화콘텐츠의 특성상 규격화하기 힘들기 때문이다. 사전 계획에 따라 준비하며 기준에 맞추어 제작할 수 있겠지만 특정 관객 대상의 기획영화라 하더라도 얼마든지 자유롭게 구성되며 기획과 창작 과정을 거치며 탈 규격화 될 수밖에 없다. 합작이란 양국의 조건을 맞추는 과정이다. 조건이라는 변수가 따르고 협상에 따라 결정되며 양국의 의견이 첨예화될 소지가 많다. 합작영화의 어려움은 한두 가지가 아니겠지만 이때 중요한 것은 합작영화가 어느 나라의 관객을 대상으로 하고 있는가이다. 또한 제작 과정에서의 각기 언어가 다른 양국 스태프들의 원활한 조화와 운영도 또 다른 어려움이다. 이런 어려움으로 한국 TV드라마는 1980년에 가서야 첫 합작드라마가 제작된다. MBC가 일본의 요미우리TV와 공동 제작한 드라마 〈여인들의 타국〉은 임진왜란 때 일본으로 끌려간 도공의 후예인 심수관을 통해 한·일 간의 문화 교류를 다룬 드라마이다. 그러나 이 드라마는 일본 배우가 출연한다는 이유로 방송부적격 판정을 받아 한국에서는 방송되지 못했다.145 〈여인들의 타국〉146은 한국에서 공동제작의 어려움을 단적으로 보여준다.

---

145   윤재식 외, 『국제공동제작: 글로벌 문화교류의 확장』, 한국방송영상산업진흥원, 2007, 280쪽.
146   일본에선 요미우리TV에서 1980년 11월 6일에 방송되었다.

조선총독부 시기의 합작영화

———

　한국영화의 시초는 1919년 10월 27일부터 단성사에서 공연된 연쇄극 〈의리적구 토義理的仇討〉이다. 당시 단성사 경영주였던 박승필이 제작하고 신파극단 '신극좌新劇座' 를 이끌던 김도산金陶山이 각본과 감독을 맡았으며, 일본에서 데려온 촬영기사가 무대 에서 보여주기 어려운 야외 장면을 필름에 담아 연극 사이에 상영한 것이다.147 그리 고 1923년에 일본인 도오야마 미츠루遠山満, 원산만가 감독한 〈국경國境〉과 같은 해에 조 선총독부가 제작한 윤백남 감독의 〈월하의 맹세月下의 盟誓〉가 제작되었다. 그리고 한국 인만으로 제작된 영화로는 1924년에 박승필이 제작하고 박정현이 감독한 〈장화홍련 전薔花紅蓮傳〉이 있다.148

　일제강점기에 태동한 한국영화는 일본인의 참여에 의해 제작될 수밖에 없었다. 1923년에 제작된 〈춘향전春香傳〉이나 1924년에 제작된 〈해의 비곡海의 祕曲〉 등이 일 본인에 의해 제작된 영화이지만 한국에 주소지를 두고 한국인들을 대상으로 한국인들 의 참여를 통해 제작하였기에 일본영화나 합작영화로 볼 수는 없다. 이 시기 제작된 많 은 영화에 일본인들의 참여가 있었지만 이 영화들이 일본영화 역사에 일본영화로 기 록되지 않는 것과 마찬가지 논리이다. 이는 이른바 '연고지 귀착설'로 영화에 참여한 외국인 국적에 의해 영화의 국적이 바뀌는 것이 아니라는 말과 상통한다.149 또한 일 제강점기 당시의 영화산업을 통제하기 위해 일본과 정책기조는 유사하지만 식민지 통 치를 위해 활동사진 필름 검열규칙이 존재하였다.150 당시 일제강점의 상황에서 조선 영화라고 불린 한국영화는 아직도 두 말이 혼재되어 사용되고 있다. 일제는 조선총독

---

147 안태근, 「초창기 한국영화사 연구」, 『한국영화사연구』 6호, 한국영화사학회, 2007, 72쪽; 김종원 외, 『우리 영화 100년』(서울: 현암사), 2001, 48쪽 참조.

148 김수남은 이 영화를 순수한 한국영화의 효시로 꼽는다. 김수남, 「해방전 한국 사실주의 시나리오작법 고찰」, 동국대학교 대학원 박사논문, 1999, 11~12쪽.

149 "(…)출생지 혹은 국적 여하로 미국영화가 아니라고 하는 말을 들은 적이 없다." 남궁옥, "조선영화의 최고봉을 '나그네'를 보고", 김종원 외, 위의 책, 190~191쪽 재인용.

150 "1926년 7월 5일 제정된 '활동사진 필름 검열규칙'을 통해 조선민의 예술과 사상(특히 좌익사상)에 대한 통제 를 보다 본격적이고 강력하게 시행하겠다는 일제의 의지가 표출된 것이라고 보아야 한다는 것이다." 이영일, 『한국영화전사』 개정증보판, (서울: 소도), 2004, 76쪽.

부를 만들며 조선이라는 호칭을 일본과 차별화시키기 위해 명명하였고 각 분야에 조선이라는 용어를 사용하였다. 조선이라는 호칭이 일제 강점에 대한 기호적 저항이라는 해석[151]도 있지만 이는 의미의 해석을 떠나 일제가 부르는 호칭으로 우리로서는 피동적 호칭이다. 따라서 조선 혹은 조선영화는 한국, 한국영화로 통일되어야 한다. 향후 통일 이후에는 조선영화란 북한영화를 부르는 호칭으로 존재할 것이다.

윤백남, 이경손, 나운규, 윤봉춘, 이규환 등의 많은 영화인들의 헌신적인 노력에 의해 발전된 초창기 한국영화계는 1937년 중일전쟁이 시작되므로 전시체제에 돌입하고 1941년 태평양전쟁이 시작되면서 (사)조선영화제작주식회사를 통해 참전을 고무하는 선전영화 제작에 돌입한다. 한국영화는 일제강점기라는 특수 상황에서 제작 예산이나 기술적 한계를 극복하기 위한 방편으로 일본영화사와의 합작을 시도했다. 대부분 연출이나 각본 혹은 기술적인 지원을 받아 제작하며 합작형태를 띤 것이다. 이는 일제강점기 당시 국가와 국가 차원은 아니지만 영화사와 영화사 간의 합작이라고 명시되었다. 이 문제는 누구를 대상으로 제작했는가에 따라서 영화의 국적성을 논하는 차원을 벗어난 일이다. 이런 합작영화의 공통된 특징은 타 민족 간에 이루어졌으며 당시 일제강점의 상태를 주권국가로 보는가의 역사관에 따라 국가 간의 합작으로 보느냐 아니냐의 차이가 있을 수 있다.

이런 영화들이 합작영화가 아니라는 주장으로 김수용 감독은 한국과 일본이 서로 구별된다는 개념이 모호할 당시의 영화를 합작영화라고 볼 수 없다는 입장이다.[152] 강범구 감독 역시도 같은 입장이다.[153] 그러나 전술한 바와 같이 그 당시 우리는 엄연히 상하이 임시정부로 국가의 명맥을 잇고 있었으므로 강점을 당하여 자주권은 없지만 주권국으로 보아야 하므로 1936년에 제작된 이규환 감독의 〈무지개〉, 〈나그네〉 등 민간차원에서 제작된 영화를 합작영화의 범주에 넣고자 한다. 단 조선총독부가 전액 투자하거나 1941년에 설립된 (사)조선영화제작주식회사가 관여한 영화들은 우리 영화라고 할 수 없다. 그것은 일제에 의해 만들어진 노골적인 선전영화들이며 당시 우리 영

151　김소영, 「반환, 혹은 영화유산의 나눔: Repatriation or Share of Film Heritage: 동아시아의 유실영화 수집과 역사 기술 Lost Film Collection and Description of the History in East Asia」심포지엄 자료집, 한국영상자료원, 2008, 48쪽.

152　김수용 인터뷰, 대한민국 예술원, 2010.3.9.

153　KBF 제17회 세미나 녹취록, 한국영상자료원 코파3관, 2012.3.31.

화인을 앞세워 전쟁 참여를 권장하는 조선총독부 관료들의 의지가 적극적으로 개입된 관제 일본영화이기 때문이다. 즉 일제의 군국주의 선전영화 제작을 위한 방편으로 합작이라는 명분으로 한국영화인이 동원된 위장합작영화라고 할 수 있다.

일본의 영화사映畵史에서도 자국의 영화사에 편입시켜 소개하고 있는 (사)조선영화제작주식회사가 제작한 영화들을 과연 합작영화나 한국영화로 볼 수 있는가 하는 점에선 논란의 여지가 있다. 일본 측은 전쟁시기의 영화사에서 이들 영화를 자국의 영화사에 편입해 소개하고 있는데[154] 이 또한 제국주의 역사의 연장선에서 기술했다고 볼 수 있지만 필자로선 그 영화들이 기록상으로는 한국영화사에서 소개될 수 있으나 혈통적으로는 결코 한국영화일 수 없다는 생각이다. 이것은 영화의 국적을 정하는 기준인 "누구를 대상으로 만들었는가?" 혹은 "주요 관객층이 누구인가?" 등의 기준에서 어긋날 수 있지만 당시 합작영화는 일제가 제작의 전권을 갖고 있었고 또한 선전영화라는 장르의 특성과 일제강점기라는 특수성을 감안하여야 할 것이다. 국내에서 사라진 이 필름들은 1989년과 2009년에 일본에서 보관중인 것을 한국영상자료원이 수집하여 가져왔다. 영화의 저작권 역시도 일본 영화사의 소유다. 이렇듯 일본영화임이 분명한 이 영화들은 한국인을 타깃으로 조선총독부의 기획 하에 (사)조선영화제작주식회사와 일본의 영화사간에 위장합작으로 제작되었다.

이런 선전영화의 제작 이전에 민간에서 제작된 합작영화들은 타 민족 간의 합작이라는 점도 분명하거니와 당시에도 조선영화라 불리며 이질적인 두 민족의 영화로 구분되었으므로 국가 간의 합작으로 보아야 한다. 이러한 민간에서의 합작영화 역시 모두 순수한 극영화만은 아니며 일제강점이라는 상황에서 친일영화를 만들기도 했다. 이러한 주체성 없는 합작은 내용면에서나 현실적으로 정체성 없는 합작 대상국 시각의 영화가 되기 쉽다. 이는 훗날 홍콩과의 합작영화에서도 나타난 문제이지만 주도권을 누가 갖는가에 따라 영화의 정체성도 구별되고 대상 관객층의 선호도 달라진다. 즉 위장합작영화는 외화로서 관객들에게 비호감을 줄 수도 있다.

한국영화사상 첫 합작영화는 영남영화제작소에서 이규환이 감독한 〈무지개 / 虹(홍)〉으로 영남영화제작소 측이 각본, 감독, 출연, 스태프를 담당하며 인건비를 부담하였고 일본의 닛카쓰日活의 기술지원으로 제작되었다.[155] 이규환은 이영일과의 인터뷰

---

154   사또오 다다오, 앞의 책, 194~203쪽.

를 통해 신코키네마 우즈마사太秦발성영화주식회사와 합작을 자세하게 회고하고 있다.156 영화의 내용은 어촌의 노인을 주인공으로 한 가족사이다. 1936년 6월 30일 우미관에서 상영된 이 영화는 영남영화제작소 제작, 교토京都PCC 제공으로 공개되었다.157 이 영화는 〈나그네 / 旅路여로〉158라는 합작영화를 만들기 전으로 이규환 감독이 재정난을 해결하고 일본의 기술력을 유입하고자 자신의 인맥을 통해 만든 영화다. 영화는 합작영화의 시행착오를 겪으며 우여곡절 끝에 완성되었다.159

두 번째 합작영화인 이규환의 1937년 작 〈나그네〉는 홍찬이 설립한 성봉영화원聖峰映畵園과 일본의 신코시네마新興シネマ가 합작하였다. 이 영화는 밀양강 기슭의 어느 촌락을 배경으로 풍비박산난 가족의 비극을 사실주의 기법으로 그려내고 있다.160 합작의 형태는 이규환의 영화 스승인 스즈키 주키치鈴木重吉, 영목중길가 공동감독이며 우리 배우들이 출연하고 일본에서 후반작업 일체를 한 기술지원 형태였다. 1937년 4월 24일부터 5월 5일까지 명치좌와 우미관에서 개봉되었다.161

세 번째 영화는 역시 1937년에 성봉영화원이 일본 도호영화사와 합작한 〈군용열차軍用列車〉162이다. 친일영화의 효시로 평가되는 서광제 감독의 이 영화에는 일본인도

---

155 촬영을 도운 후지이(藤井)는 교토 PCC 소속이며 일본 측 감독인 후까가와는 닛카쓰(日活)촬영소 소속이다. 일본에서는 이규환 각본, 감독 자막 대신에 日活제작부 명의로 개봉된다. 이규환, 「조선영화 고심담」, 『조선영화』, (경성: 조선영화사), 1936, 54~56쪽; 김종욱, 앞의 책, 958~966쪽.

156 한국영화연구소, 『이영일의 한국영화사를 위한 증언록 성동호·이규환·최금동 편』, (서울: 소도), 2003, 158~167쪽; 김려실은 이 인터뷰를 인용하여 우즈마사(太秦)발성영화주식회사를 소개하고 있다. 김려실, 「조선을 '조센'화하기」, 『영화연구』 34호, 한국영화학회, 2007, 102쪽; 홍영철 소장 자료와 인터뷰 참조, 2012.5.22.

157 신문광고, 《조선일보》, 1936.6.30, 홍영철 소장자료.

158 한국영화연구소, 위의 책, 167~177쪽 참조; 현재 필름이 존재하지 않아 한국영상자료원의 KMDb기록은 없다. 그러나 이규환 감독이 각본을 쓴 1961년 작 〈나그네〉의 줄거리를 보면 "주색과 도박으로 세월을 보내던 그는 아버지와 처의 간곡한 설득으로 개과천선한다. 그는 큰 뜻을 품고 고향을 떠난다. 몇 해 후 그는 많은 돈을 벌어 금의환향한다. 그러나 그는 아버지가 친구 손에 무참히 살해당했다는 사실을 알게 된다."라고 소개되어 있다. 한국영화데이터베이스 홈페이지 http://www.kmdb.or.kr(2012.3.6, 검색); 이화진, 『조선영화- 소리의 도입에서 친일 영화까지』, (서울: 책세상), 2005, 84~88쪽 참조.

159 김종욱, 위의 책, 959쪽(1937년 4월 24일부터 5월 5일까지 우미관에서 상영되었다고 하나 이 기록은 오류다.).

160 김려실, 『일본영화와 내셔널리즘』, (서울: 책세상), 2005, 198쪽.

161 김종욱, 『실록 한국영화총사1(하)』, (서울: 국학자료원), 2002, 355~361쪽.

162 "감독: 서광제 / 각색: 기구치 모리오, 조영필 / 제작사: 성봉영화원 / 합작: 동보영화주식회사 / 출연: 왕평, 문예봉, 고바야시 쥬지로, 사사키 노부코, 독은기, 김한, 문동일 / 66분 / 1938-06-29" 한국영화데이터베이스

출연하였으며 내선일체를 소재로 한 국책영화나. 영화는 명치좌에서 1938년 6월 29일부터 7월 3일까지 상영되었고 일본에서는 1939년 11월 30일 개봉했다. 기술적인 문제를 해결하기 위해 결정된 합작이다.

안철영 감독의 1938년 작 〈어화漁火〉 역시 기술적인 문제를 해결하기 위해 일본 쇼치쿠키네마의 후원을 받은 영화다. 극광영화제작소의 제1회작으로 일본 측이 감수, 편집, 녹음, 음악, 미술, 현상을 담당했으며 황금좌에서 1938년 10월 7일부터 10월 14일까지 상영되었다.[163] 이 영화는 일본으로 수출되었는데 본격적인 합작이라기보다는 일본의 기술지원을 받은 영화로 보아야 할 것이다.

1939년 9월 9일 대륙극장에서 개봉된 〈국기 아래서 나는 죽으리〉[164]는 조선문화영화회와 일본문화영화주식회사의 합작으로 이익(훗날 김화랑의 다른 이름)의 각본, 감독작이다. 여기서 국기란 일장기를 뜻하는 전형적인 친일영화다.

〈애련송愛戀頌〉은 김유영 감독 작으로 최금동 원작을 이효석이 각색했으며 녹음기사로 최인규가 참여했다. 연극인, 문화인들이 망라되어 출연하였고 엑스트라 600여 명이 동원되었으며, 1939년 9월 10일 명치좌에서 개봉되어 일주일간 상영되었다.[165] 이 영화는 극연좌劇研座[166] 영화부와 도호영화사가 합작 1회작으로 제작했다고 기록되어 있다. 그러나 극연좌의 제작, 동아일보사의 제작 후원으로 알려진 것으로 보아 도호 측의 제작투자는 없던 것으로 판단되고 기타 비평문에서도 도호영화사와의 합작은 거론되지 않고 있다. 단지 일본 측이 현상, 음악 편곡만을 맡았을 뿐이며 배우나 스태프들은 한국인 일색인 극연좌劇研座 영화부 제작의 영화로 보아야 할 것이다.

홈페이지 http://www.kmdb.or.kr(2012.3.6, 검색); 이 영화를 '조선영화'로서 소개하고 있으며 별다른 내용 없이 특기할만한 작품으로 소개하고 있다. 田中純一郎, 『日本映画発達史 Ⅲ』, (東京: 中央公論社), 1980, 104쪽.

163 김종욱, 앞의 책, 434~437쪽.

164 김종욱, 위의 책, 598~599쪽; 1998년 러시아 고스필모폰드 필름아카이브에서 9분가량이 발견되어 국내에 입수되었다. 총독부 정책에 동참하자는 친일영화로 영화의 제목은 여러 가지로 소개되고 있다. 1939년 5월 12일 《동아일보》 기사에는 〈국기 밑에 나는 죽으리〉로 소개되었으나 이영일은 〈국기 밑에서 나는 죽으리〉, 김종원은 〈국기 아래서 나는 죽다〉, 〈국기 아래서 나는 죽는다〉의 두 가지로 소개하고 있다. 이런 현상은 일본어 제목을 번역하며 생긴 일이다.

165 김종욱, 위의 책, 610~652쪽.

166 극예술연구회의 후신으로 1938년 12월호 《극예술》 제6집을 속간호로 내며 최금동의 《동아일보》 제1회 영화소설 당선작 『환무곡』을 영화화하였다.

중국 상하이에서 1938년에 귀국한 상하이파 한국영화인167 전창근이 만든 〈복지만리福地萬里〉168는 고려영화사와 만주영화협회滿洲映畵協會가 제휴한 합작 영화다. 만주영화협회는 만주국 건국 후 1936년 만주국 수도인 신징新京, 신경에 설립된 영화사로 만주인의 교화와 계몽을 위한 선전영화 제작을 목적으로 세워졌으며 일본인들이 설립을 주도했다. 일본 도호영화사에서 인력과 기술을 지원하고 중국인 신인배우를 출연시켜 1938년부터 선전오락영화를 제작한다. 이곳 출신의 촬영기사인 니시모토 다다시西本正, 서본정은 홍콩 쇼브라더스에 초빙되어 계속 일을 한다. 〈복지만리〉는 1940년에 완성되었고 1941년 3월 22일에 개봉되어 일주일 간 상영되었다.169 이 영화는 만주 이주를 권장하기 위한 목적으로 만든 선전영화로 분류된다.

이런 상황에서 조선영화인협회170가 1939년 8월 16일 발족하였고 조선총독부의 관리 대상이 된다. 조선영화인협회는 영화인 등록제를 실시하여 영화인들을 본격적으로 통제하였는데 영화인에 대한 기능심사를 통해 영화인 등록을 실시한다.171 1940년 1월에 영화법 개정을 통한 '조선영화령'이 제정되고 8월에 시행되었다. 이 영화령은 조선 총독이 영화제작, 배급업에 대한 허가 및 영화인 등록과 취소, 제작신고, 사전검열, 국책영화의 의무상영 등을 통제하는 강력한 규정이다.172 이는 일제의 선전영화

---

167 1928년부터 1938년 사이에 상하이에서 활동한 정기탁, 이경손, 전창근, 정일송, 한창섭 등의 한국영화인들을 칭한다.

168 "기획: 이창용 / 감독: 전창근 / 각본: 전창근 / 제작사: 고려영화협회 / 출연: 전창근, 유계선, 전옥, 전택이", 한국영화데이터베이스 홈페이지 http://www.kmdb.or.kr(2012.3.6, 검색).

169 김종욱, 앞의 책, 652~656쪽.

170 조선영화령 시행규칙 제8조 제2항 제2호의 규정에 의한 기능증명서를 받지 않는 자는 영화인으로 인정받지 못했다. 조선영화인협회의 임원은 회장 안종화, 상무이사 안석영, 이규환, 서월영, 이명우, 상무평의원 김택윤, 평의원 서광제, 최인규, 양세웅, 김한, 이필우, 김정혁 등이었다.

171 전시동원체제와 조선영화령의 반포는 1940년 12월 14일부터였고, 이것은 1943년 10월 7일 조선영화인협회가 해산할 때까지 계속되었다. 이영일, 앞의 책, 196쪽.

172 "조선영화령 [시행 1940. 8. 1] [조선총독부제령 제1호, 1940.1.4, 제정]
영화의 제작·배급·상영 기타 영화에 관하여는 영화법 제19조의 규정을 제외하고 동법에 의한다. 다만, 동법 중 칙령은 조선총독부령으로, 주무대신은 조선총독으로 한다.
부칙 〈조선총독부제령 제1호, 1940.1.4〉
① 이 영의 시행기일은 조선총독이 정한다.
[조선영화령은 1940년 8월 1일부터 시행. 〈1940.7.25 조선총독부령 제180호〉]
② 이 영 시행당시 필요한 규정은 조선총독이 정한다.", 법제처 통합정보시스템 홈페이지 http://www.law.go.kr/lsInfoP.do?lsiSeq=71301#0000 (2012.6.13, 검색).

제작을 의무화하기 위한 조치다. 조선영화령이 시행된 상황에서 그간 존재해 온 민간의 군소 영화사를 강제로 통폐합시켰다. 친일적인 성격의 고려영화사만이 존재했는데 〈복지만리〉의 완성과 개봉 때문이었을 것이라는 추측이다. 일제는 영화인의 등록과 기능을 심사하여 한국영화인들을 관리하며 합작영화 제작이라는 미명 아래 한국인을 동원하는 선전영화 제작에 박차를 가했다. 1942년 9월 29일 전쟁 수행을 홍보하는 선전영화 제작을 위해 (사)조선영화제작주식회사가 설립되었고 일제의 통제 하에서 일본의 도호영화사와 합작이 추진된 것이다. 즉, 일본의 감독들이 한국에 와서 일본의 국책영화를 제작한 것이다. 한국으로서도 이전 민간 영화사의 정상적인 영화제작 활동이 차단된 것으로 결국 관제 일본영화 제작만이 가능케 된 것이다. 비록 대상 관객은 한국인이지만 자율적인 영화예술 창작은 금지되었고 일제의 선전영화 제작으로 한국영화는 말살되었다.

　다음의 영화들은 조선총독부가 직접 제작하거나 (사)조선영화제작주식회사 설립 이후의 영화들로 한국영화인을 동원했을 뿐 사실상의 일본영화다. 이는 한국에서 제작되었지만 민간의 영화사에서 제작한 초창기 한국영화와 확실히 구분되는 관제영화거나 합작 일본영화들이다. 이 영화들의 특징은 내선일체를 표방하며 일본군대 지원을 장려하는 선전영화들로 모두 일본어로 제작되었다. 〈그대와 나(君と僕)〉[173]는 히나쓰 에이타로(日夏英太郎, 일하영태랑)라고 개명한 한국인 허영(許泳)이 감독하였는데 일본 감독 다사카 도모타카(田坂具隆, 전판구융)가 감독지도를 맡은 초유의 대작이었으며 1941년 6월 16일부터 6월 23일까지 명치좌에서 상영하였다.[174] 조선총독부 제작의 이 영화는 '그대'인 일본인과 '나'인 한국인이 하나가 되어 전쟁에 함께 나서자는 내용으로 한국인을 동원하였다. 일제는 이 영화 제작에 허영 감독 외에 일본에 거주하는 일급 영화인을 동원하여 총력 지원하였다. 이 영화는 일본의 영화사가 개입되지는 않았지만 일본에서도 촬영을 하였으며 영화의 내용이나 제작 주체로 보아 실제 일본영화로 분류하여야 마땅할 영화다.

173　"〈그대와 나(君と僕)〉(1941), 감독: 허영 / 각본: 반도정 / 각색: 일본 / 제작사: 조선영화 / 출연: 문예봉, 이향란, 소삼용, 김신재", 한국영화데이터베이스 홈페이지 http://www.kmdb.or.kr(2012.3.6, 검색); 2009년 4월, 일본 국립영화센터에서 24분 분량을 입수하여 이마지카(Imagica)社의 현상소에서 복사하여 가져 왔다; 日夏もえ子, 『越境の映畵監督 日夏英太郎』, (東京: 文藝社), 2011, 참고.

174　김종욱, 앞의 책, 748~758쪽.

1943년 4월 29일부터 5월 7일까지 대륙극장에서 상영한 〈망루의 결사대望樓の決死
隊〉175는 조선총독부 후원, 고려영화협회와 일본 도호영화사가 합작한 전쟁 선전영화
다.176 감독은 이마이 다다시今井正, 금정정로 감독 보補에는 최인규가 참여했고 일본의
배우와 스태프들이 만든 영화로 포스터에도 도호영화사 특작으로 소개된 일본영화
로177 만주와의 국경지대를 배경으로 국경수비대가 주민들과 함께 공비들을 물리치
는 활동을 오락적으로 그린 영화다. 영화 속의 한국인들은 일본인들의 앞잡이로 묘사
되었으며 선전영화로는 흥행에 성공했다.178

〈젊은 모습若き姿〉179은 징병검사를 받을 학생들에게 지원병 제도를 알리고 독려하
기 위한 선전영화로 1943년 12월 1일부터 12월 6일까지 약초극장에서 상영되었다.
이 영화는 (사)조선영화제작주식회사와 조선군사령부, 조선총독부의 협찬을 받아 도
요다 시로豊田四郎, 풍전사랑 감독과 일본 도호, 쇼치쿠, 다이에이의 스태프와 배우들이
동원되었다. 이 영화는 조선영화제작주식회사의 두 번째 영화로 기록되어 있으며 다
른 영화와 달리 일본의 여러 영화사가 개입되었다.180

〈사랑과 맹세愛と誓ひ〉181는 일본해군 보도부가 기획하고 일본 해군성과 조선총독

175　"〈망루의 결사대(원제:望樓の決死隊)〉, 감독: 금정정 / 각본: 산형웅책 / 각색: 山形雄策, 八木隆一 /
　　　제작사: 동보영화(東宝映畵)주식회사 / 출연: 고전염, 재등영웅, 관정일랑, 청수장부, 조우양지조, 천전건
　　　삼", 한국영화데이터베이스 홈페이지 http://www.kmdb.or.kr(2012.3.6, 검색).

176　김종욱, 앞의 책, 683~736쪽.

177　김종원 외, 앞의 책, 214쪽.

178　이마이 다다시는 전쟁 중 협력영화를 몇 편 만든 것에 대해 자기가 범한 실수 중 가장 큰 짓이라고 잘못을 시인
　　　하였다. 今井正,「戰爭と日本映畵」, (東京: 岩波書店), 1986, 205쪽.

179　"〈젊은 모습(원제:若き姿)〉 (1943), 감독: 풍전사랑 / 각본: 팔전상지 / 각색: 일본 / 제작사: 조선영화제작주
　　　식회사 / 출연: 문예봉, 황철, 복혜숙, 이금룡, 서월영, 남홍일, 최운봉", 한국영화데이터베이스 홈페이지
　　　http://www.kmdb.or.kr(2012.3.6, 검색).

180　"〈망루의 결사대〉는 본래 고려영화주식회사와 도호가 합작으로 기획, 제작한 영화였으나, 촬영 도중 영화사
　　　통합이 이루어져 도호가 제작을 담당하고 사단법인 조선영화제작주식회사가 제작응원을 하는 형태로 마무리
　　　되었다. 〈젊은 모습〉은 사단법인 조선영화주식회사의 제2회 작품이었다. 두 작품 모두 일본의 유명 감독이 메
　　　가폰을 잡았고, 따라서 각본, 촬영 등 주요 기술적인 부분과 연기자의 절반 정도를 일본 측에서 담당하였다.",
　　　함충범,「전시체제 하의 조선영화·일본영화 연구(1937~1945)」, 한양대학교 박사논문, 2009, 139쪽; 이 영
　　　화를 "일본 지배 하의 조선에 있어서의 영화"로 소개하고 있다. 佐藤忠男,「日本映画史 2」, (東京: 岩波書
　　　店), 2006, 118~120쪽; 그런가 하면 "조선과 일본의 합작영화"로 소개하고 있다. 加藤厚子,「総動員体制
　　　と映画」, (東京: 新曜社), 2003, 220쪽.

181　"〈사랑과 맹서(원제:愛と誓ひ)〉 (1945), 감독: 최인규 / 각본: 팔목융일 / 각색: 일본 / 제작사: 사단법인 조선
　　　영화사 / 출연: 김신재, 김유호, 독은기, 촌전지영자 / 제작: 전중삼랑" 한국영화데이터베이스 홈페이지

부가 후원해 (사)조선영화제작주식회사와 도호영화사가 합작하였다. 1945년 5월 24일부터 5월 31일까지 명치좌에서 상영된 이 영화는 한국의 청소년에게 해군특별공격대[일명 가미카제특공대神風特攻隊]를 선전할 목적으로 만든 영화다. 주인공이 황국신민임을 자각하고 해군특공대에 지원한다는 내용으로 모두 두 편의 영화를 만들었는데 그 첫 편이 (사)조선영화제작주식회사의 3회작인 〈태양의 아이들太陽の子供達〉182이고 두 번째 편이 (사)조선영화제작주식회사 제5회작인 〈사랑과 맹세〉다.183 이 영화는 일본의 기술자와 배우가 참여한 영화다.184 일설에 이 두 영화가 같은 스태프에 같은 배우들이라 같은 영화라고 추정하나 별개의 영화인 것이 확실하며 〈사랑과 맹서〉가 일제의 적극적 지원에 따라 스토리를 더욱 강화시킨 선전영화인 것이다.185 도요다 시로 감독의 1943년 작 〈젊은 모습〉이나 이마이 다다시 감독의 1943년 작 〈망루의 결사대〉, 최인규 감독의 1945년 작 〈사랑과 맹세〉는 (사)조선영화제작주식회사와 일본 도호영화사의 합작품이다. 〈사랑과 맹세〉는 영화 시작과 함께 도호영화사의 로고가 나오며 영화 자막에는 제작지원이라고 되어있다. 모두 최인규가 적극 참여한 일본영화들이다. 이 영화들은 국내에서는 필름이 사라졌으나 일본 국립영화센터NFC와 도호영화사에는 보관되어 있었다. 한국영상자료원 수집팀은 1989년 2월, 일본의 도호영화사로부터 〈젊은 모습〉, 〈망루의 결사대〉, 〈사랑과 맹세〉를 입수하였고 2009년 3월에는 일본 국립영화센터로부터 〈그대와 나〉를 입수하였다.186

이들 세 편의 영화는 내용적으로 내선일체를 다루며 특히 지원병 모집을 위해 제작된 영화들로서 제작의 주체가 일제이므로 일본영화로 분류되어야 할 것이다. 1989년 도호영화사에서 입수한 세 편의 영화 저작권 역시도 도호영화사가 갖고 있으며 이들

http://www.kmdb.or.kr(2012.3.6, 검색).

182 1944년 11월 4일 명치좌에서 개봉되었다. 《매일신보》, 1944.11.4.

183 1945년 5월 24일 명치좌에서 개봉되었다. 위의 신문, 1945.5.24.

184 "제일작(第一作) 〈태양의 아이들〉은 일본에 보냈던 기술자를 등용(登用)함이 목적이었고, 제이작(第二作) 〈사랑과 맹세〉는 그의 권세(權勢)를 역용(逆用)하여 촬영소를 만들고 일본 최대의 동보영화(東宝映畵)에서 일류 기술자와 저명(著名)한 배우를 불러다가 우리나라 영화인이 내일의 조성(造成)에 도움을 얻기 바라고 나섰던 것이다. 최인규, 「10餘 年의 나의 映畵自敍-〈사랑과 맹세〉」, 崔寅奎 三千里 復刊 第5號 1948年 9月 號", 김종욱, 앞의 책, 761~762쪽 재인용.

185 강성률, 「최인규의 친일영화」, 『영화는 역사다』, (서울: 살림터), 2010, 49~56쪽 참조.

186 DVD 『발굴된 과거 세 번째, 병정님』, 한국영상자료원, 2009, 부록 소책자 6~7쪽.

합작영화 외에 〈그대와 나〉는 일본의 다큐멘터리 감독이 일본 국립영화센터에 기증한 것을 2009년에 입수한 것이다.[187]

〈표 5-1〉 일제강점기에 합작영화로 제작된 일본영화 목록 (1943~1945)[188]

	영화명	제작사	허가일자 (개봉일)	상영 시간	감독	각본	촬영	배역
1	그대와 나	조선영화(주), 조선군보도부	1941.6.16	10권	히나츠 에이타로	이지마 다다시	모리오 데쓰로	문예봉, 이향란, 김신재, 황정순, 나가타 겐지로
2	망루의 결사대	고려영화협회, 東寶映畵	1943.4.29.	10권 95분	이마이 다다시	야마가타 유사큐	스즈키 히로시	진훈, 심영, 다카다 미노루, 김신재, 주인규, 전택이, 하라 세츠코
3	젊은 모습	조선영화(주), 東寶映畵	1943.12.1.	9권	도요다 시로	핫타 나오유키	미우라 미쓰오	문예봉, 황철, 복혜숙, 이금룡, 마루야마 사다오, 미타니 사치코
4	사랑과 맹세	조선영화(주), 東寶映畵	1945.5.24.	12권	최인규, 이마이 다다시	야기 류이치로	한형모, 야마자키 가즈오	문예봉, 김신재, 독은기, 다카다 미노루, 시무라 다카시, 이금룡, 복혜숙

　　실체가 확인된 이들 영화가 일본영화가 확실한 이유는 첫째, 당시 한국의 민간 영화사가 제작한 영화가 아닌 조선총독부이거나 그 산하의 (사)조선영화제작주식회사가 전액 투자한 관제영화이며 둘째, 한국에 거주하는 일본인들이 제작에 참여한 영화가 아닌 일본에서 초빙되어온 유명 감독이나 스태프에 의해 제작된 일본어 영화라는 점. 셋째, 기존의 한국영화와 다르게 세련되고 대규모의 제작비로 일제가 총력 제작한 영화라는 점. 넷째, 합작이라고 하지만 동원된 영화인은 반강제적인 상황에서 동원되어 참여하였다는 점이다. 다섯째, 이러한 영화들까지 한국영화라고 할 당위성이 없는 것이 이 영화들은 일본의 영화사日本映畵史에서도 자국영화로 소개하고 있다는 점이다. 사토오 다다오佐藤忠男, 좌등충남가 지은 『일본영화 이야기』[189]를 보면 〈그대와 나〉의 경우 "이 영화는 조선군 보도부 제작, 육군성 보도부·조선총독부 후원, 미나미 지로오南次郞,

---

187　당시 한국영상자료원 수집팀의 김봉영 팀장 인터뷰, 2012.6.20(1989년 당시 입수 담당자는 사업부의 김창율 부장이었다.).

188　김종욱, 위의 책, 681~762쪽 참조.

189　"이 책의 원본은 『강좌 일본영화』(전8권)와 최근간 『일본영화』에서 '일본영화사'만을 발췌한 것이다," 사토오 다다오, 앞의 책, 3쪽.

남차랑 조선총독, 이다가키 세이시로오板垣征四郎, 판원정사랑 조선사령관 특별출연이란 어마어마한 것이 되어, 쇼치쿠松竹에서 히나쓰 에이타로오日夏英太郎 제작·감독 작품으로서 만들어졌다."190고 밝히고 있다. 그리고 이마이 다다시今井正가 감독한 〈망루의 결사대望樓の決死隊〉도 소개하고 있다.191 이 또한 제국주의적 시각에서 한국영화사를 일본영화사로 편입한 것이라고 볼 수도 있지만 그 어떤 설명으로도 이 영화들이 일본영화임을 부정할 수는 없다. 그리고 〈그대와 나〉를 제외한 이 합작영화들이 일본영화라고 국내에서도 거론되었다.192 지난 70여 년간 이러한 영화들에 대한 우리들의 연구가 부족하여 아직도 이 영화들을 한국영화로 알고 있지만 향후 올바른 시각에서 일제강점기 일제의 국책영화에 대한 연구가 필요하다.

이상의 상황으로 미루어 볼 때 이 영화들은 식민지라는 특수 상황에서 한국인을 대상으로 하였지만 그 제작 의도가 일제의 선전영화이므로 결코 한국영화일 수 없다. 이들 영화 모두 합작을 가장하여 한국인 배우를 동원하여 한국인들을 현혹하고 세뇌하고자 일제가 전액 투자하여 만든 영화다. 공동감독인 최인규를 내세운 것도 선전의 목적을 이루기 위한 계산이며 실제로 제작은 일본에서 초빙되어온 감독과 스태프들이 만든 일본영화이다. 이 영화들이 위장합작영화로 분류되어야 하는 이유는 한국에 거주하고 있던 일본 영화인들이 아닌 감독 이하 실제 제작자인 스태프가 일본의 영화사에서 초빙되어왔기 때문이다. 일제가 (사)조선영화제작주식회사를 통해 제작한 영화는 더 있지만 위의 세 편의 영화들은 도호영화사나 쇼치쿠영화사가 합작한 영화로 저작권이 이들 회사에 있으며 한국에서 상영할 시에는 일본 측의 사전 허락을 얻어야 하

---

190 위의 책, 194쪽; 佐藤忠男, 앞의 책, 70~71쪽(그런가 하면 田中純一郎, 앞의 책, 104쪽이나 櫻本富雄, 『大東亞戰争と日本映畵』, (東京: 青木書店), 1993, 183쪽. 加藤厚子, 앞의 책, 220쪽을 보면 〈그대와 나(君と僕)〉를 별다른 내용 없이 '조선영화'로 소개하고 있다.).

191 "이마이 다다시(今井正) 감독의 〈망루의 결사대(望樓の決死隊)〉(43)는 항일 유격대가 때때로 공격을 걸어오는 한반도 북단 마을을 무대로 하여 거기에 주재하고 있는 일본 무장경찰대와 습격해 오는 항일 유격대와의 전투를 그린 것이다." 위의 책, 202쪽; 일본영화사에서는 대부분 '조선영화' 부분에 소개하고 있으나 그러면서도 '대동아공영권' 내에서의 일본의 '영화공작'이라는 측면과 관련시키고 있다. 아울러 1941년 작 〈그대와 나〉, 1943년 작 〈망루의 결사대〉, 〈젊은 모습〉을 조선과 일본의 합작영화로 소개하고 있다. 櫻本富雄, 앞의 책, 183~185쪽; 그런가 하면 〈망루의 결사대〉는 동경국립근대미술관 필름센터 소장의 일본극영화로 소개되어 있다. 『東京國立近代美術館 フィルムセンター 日本劇映畵』, (東京: 東京國立近代美術館), 1986, 88쪽.

192 "1942년 9월 이후 조선총독부의 〈영화기획심의위원회〉의 심의결과로 만들어진 영화들은 사실상 일본의 국책영화로 친일영화의 목록에서 제외시켜야 하기 때문이다." 김수남, 「일제말기의 어용영화에 대한 논의」, 『조선영화사 논점』, 월인, 2008, 407~408쪽

는193 일본영화들이다. 따라서 이들 영화가 일본영화인 것은 부정할 수 없는 자명한 사실로 마땅히 위장합작영화로 분류되어야 한다. 현재 이들 영화는 보관처인 한국영상자료원에서도 연구 목적으로만 상영하고 있으며 한국영화로서 〈청춘의 십자로〉194와 같이 일반상영은 하지 않고 있다.

같은 시기에 제작된 영화로 지금까지 보존되어 있는 영화로는 〈군용열차〉나 〈어화〉 같은 합작영화를 비롯하여 금강키네마사 제작, 안종화 감독의 1934년 작인 〈청춘의 십자로〉, 경성촬영소 제작, 양주남 감독의 1936년 작인 〈미몽(죽음의 자장가)〉, 고려영화협회 제작, 최인규 감독의 1941년 작인 〈집 없는 천사〉, 명보영화사 제작, 이병일 감독의 1941년 작 〈반도의 봄〉, 동아흥업사 영화부 제작, 안석영 감독의 1941년 작 〈지원병〉, 조선영화제작주식회사 제작, 박기채 감독의 1943년 작 〈조선해협〉, 조선군보도부 제작, 방한준 감독의 1944년 작 〈병정님〉 등의 극영화다. 이들 영화는 합작이라고 판명할 만한 점이 없고 이외 자료글로 살펴볼 수 있는 영화들에서는 일본이 주체적으로 참여한 합작영화는 없었다.

그 외에 다큐멘터리 〈총후의 조선〉, 〈조선 우리의 후방〉, 〈조선의 애국일〉, 〈조선시보 제11보〉 등의 영화는 합작영화의 범주에 들지 않는다. 그 외 1943년 작으로 추정되는 〈아름다운 이웃 사랑隣人愛の麗容〉 등은 주요 스태프와 배우가 일본인이며 제작사 불명으로 합작영화에서 제외한다.195

---

193 김봉영 앞의 인터뷰.

194 1934년 조선극장에서 개봉하였으며 현존하는 최고(最古)의 영화로 금강키네마 제작, 안종화 각본, 감독, 이원웅, 김연실, 신일선이 출연한다. 이 영화는 2012.6.12. 문화역 서울 284(옛 서울역사) 2층 그릴에서 변사 상영을 갖는 등 다른 영화들과 함께 수시로 상영회를 갖는다.

195 "감독: 강기달사(岡崎達司), 촬영: 서천수남(西川秀男), 편집: 세산희대송(細山喜代松), 출연: 박제원(朴齊源), 김소영(金素英), 천영태랑(泉鈴太郎), 하본정정(河本靜汀), 규격: 2,000척(呎), 개봉관: 미상", 김종욱, 앞의 책, 764쪽.

합작영화 연구 서론

■ 1. 연구의 개요

현대 사회의 영화산업은 제작 형태가 글로벌화 되어 영화의 국적을 논하기 어려워지고 있다. 세계는 이미 하나의 시장, 하나의 생활공간으로 바뀌었다. 국가 간의 국경이 무의미해지고 글로컬라이제이션[196]의 단일화 시대로 접어들며 세계화된 지금, 영화의 제작은 합작의 형태를 보이는 것이 흔한 일로 국적을 논하는 것은 무의미한 일일 수도 있다.

그러나 영화의 국적 규명은 문화의 정체성과 영화사적으로 중요한 일이다. 우리나라에서는 1960년대 후반부터 1980년대 후반까지 우리와 전혀 상관없는 많은 외국 영화가 합작영화라는 미명 아래 제작되어 공식적인 한국영화 판정을 받았다. 위장합작은 기획단계에서의 참여가 아닌 상대국에서 제작 중이거나 제작이 끝난 영화를 재가공하여 수입하는 것이다.[197] 당시 제한된 외화 수입 편수와 홍콩영화 수입 규제로 많은 홍콩영화들이 위장합작의 형태로 수입된 것이다. 영화업자[198]들로서는 위장합작을 하면 외화 한 편을 그냥 얻는 것과 다름없었다. 외국영화 한 편을 수입하여 당시 외화의 프리미엄premium 수익을 얻는 이득 외에 외화 수입에 따른 세금도 없고 무엇보다도 한국영화의 의무제작 한 편을 채우게 되니 제작자들로서는 일거삼득이다. 그러다 보니 모두가 문제의식 없이 위장합작을 하게 되어 그 제작편수는 지속적으로 늘어났다. 관객들의 입장에서 보면 그동안 잘 볼 수 없었던 무협영화를 볼 수 있는 기회라는 긍정적인 측면이 있었지만 외국영화가 한국영화로 바뀌는 빌미를 제공하였다. 위장합작은 합작영화 제작과정에서 생겨나 수많은 병폐를 낳았다.

---

[196] "글로컬라이제이션(Glocalization)은 토착화와 세계의 지역화로 이해될 수 있는 용어로 실제로는 '국제적 회사의 상품이나 전략이 지역에 맞도록 어떻게 변모하고 적응하느냐'라는 면과 '지역적인 것이 세계성을 갖도록 어떻게 변모되고 맞추어 지느냐'라는 면, 두 가지 모두가 용해되어 있다." 박치완 외, 『글로컬문화콘텐츠, 어떻게 그리고 왜?』, (서울: 한국외국어대학교 출판부). 2009. 5쪽.

[197] "위장합작의 경우는 합작영화가 기획단계에서부터 대상국과 법에 따라 공정히 분담 제작해야 하는데도 이를 무시, 이미 상대국에서 제작중이거나 끝낸 영화의 일부분을 적당히 우리 것을 끼워 넣어 들여오는 것", "영화계의 毒버섯... 脫法제작", 《경향신문》, 1983.1.31, 12면.

[198] 영화수입업자과 영화제작업자를 통칭 '영화업자'라고 칭한다.

한국의 합작영화사에서 위장합작이 차지하는 비중은 너무도 크다. 이 글은 최초의 합작이 있었던 일제강점기부터 현재까지를 대상으로 한다. 합작영화의 역사는 1936년에 처음 시작되었다. 그리고 1940년대에는 일본의 영화사와 국내의 (사)조선영화제작주식회사 간의 합작이 있었는데 이 영화들을 과연 한국영화로 볼 것인가 하는 문제는 아직도 정확히 규명되지 않았다. 이 글에서는 이 영화들을 진정한 합작영화라기보다는 일제의 선전영화로서 대상 관객이었던 한국인에게 선전효과를 높이고자 한국영화인을 동원한 위장합작영화로 규명한다. 이러한 병폐는 광복 후에도 고스란히 이어지며 위장합작 형태가 이어진다. 그것은 1990년대 초까지 한국영화계의 병폐로 존재하는데 그 봉인된 비밀들은 이제 규명되어야 한다.

광복 후 1957년부터 홍콩과 합작영화를 제작했는데 합작영화의 대부분은 1970년대 전후에 집중되어 있다. 이러한 합작영화는 위장합작영화가 존재했던 1990년까지 모두 205편에 이르는 것으로 확인된다. 그것은 당시 흥행에 성공한 다수의 홍콩영화가 발단이 되었고 외화수입 편수 제한과 홍콩영화 수입 규제로 많은 홍콩영화가 위장합작의 형태로 수입되었기 때문이다. 그 영화들은 당시 수입 배경과 상관없이 현재는 한국의 영화로 등록이 되어 있고 누구도 그에 대한 문제제기를 한 바 없다. 위장합작은 한국영화 역사의 오류이며 명백한 역사 왜곡인데 여러 논문과 책에서 아직도 이들 위장합작영화를 한국영화로 논하고 있는 오류를 범하고 있다.[199] 더구나 여러 영화 관련 행사나 심지어는 방송에서까지 한국영화로 소개하는 잘못을 범하고 있다. 이러한 오류는 바로 잡아져야 하며 이제라도 올바른 역사의 복원이 필요하다. 이러한 문제는 학문적으로 연구되지 않은 미지의 영역이다.

합작은 주로 액션영화 장르에서 이루어졌다. 한국적인 액션영화와 흐름이 다른 이들 합작영화들은 양국의 액션영화 분석을 통해 한국영화가 아님을 입증할 수 있다. 합작영화는 상호간의 제작 교류를 통해 문화를 교류하며 서로의 상업적 이득을 취하기 위한 발판으로 출발하였다. 그러나 위장합작 영화는 이러한 처음의 취지는 사라지고 그 상업적 이득이라는 외형만 남아 성행되었다. 당시 제작사로 허가된 20개 안팎의 영화사는 각기 연간 4편의 외국영화 수입이 가능했는데 그 중에 홍콩영화 수입 역시 규제대상이었다. 1978년도에 이르러서야 영화제작자협회는 중국영화의 수입을 연간

---

199   이효인 외 『한국영화사공부 1960~1979』, (서울: 이채), 2004, 106쪽.

5편으로 건의하기에 이른다.[200]

당시에는 타이완영화나 홍콩영화 등 중국어를 사용하는 영화들을 중국영화라고 불렀는데 실제로 타이완臺灣은 자유중국이라고 불리며 영화 또한 자연스럽게 중국영화라고 불렀다.[201] 당시 중국이라 함은 자연스럽게 자유중국을 뜻했다. 한국사회에서는 1967년 후진취안胡金銓, 호금전 감독의 〈방랑의 결투放浪의 決鬪 / 대취협大醉俠〉이나 1968년, 장처張徹, 장철 감독의 〈의리의 사나이 외팔이 / 독비도獨臂刀〉 이후 폭증하는 중국영화에 대한 갈증과 관객의 수요를 충족시키기 위한 방법이 모색되었고 그 방편이 위장합작 형태였던 것이다. 이렇듯 공공연한 밀거래에 의해 상영된 영화들이 이제는 버젓이 한국영화로 기록되어 있다. 이것은 한국영화의 정체성 문제이며 더 이상의 왜곡을 막아야 할 것이다. 굳이 외국영화를 한국영화사에 편입시킬 이유가 없다.

■ 2. 합작영화와 위장합장영화 문제를 제기하는 목적

합작영화와 위장합작영화라는 논제를 제기하는 이유는 역사적 관점에서 합작의 문제를 재조명하는데 있음은 물론, 영화 역사의 진실을 규명하고자 함이다. 한국영화는 일제강점기에 시작되어 일본과의 첫 합작으로 1935년에 이규환 감독이 〈무지개 / 홍虹〉을 만들고 이어서 〈나그네 / 여로旅路〉를 만들었다. 그리고 (사)조선영화제작주식회사는 일제의 선전영화를 일본 도호東寶영화사[202]와 합작으로 제작한다. 1930년에 발족한 사진화학연구소의 후신인 도호는 닛카쓰日活, 쇼치쿠松竹 등과 함께 일본의 3대 메이저 회사다. 〈망루의 결사대望樓의 決死隊〉, 〈젊은 모습若き姿〉은 (사)조선영화제작주식회사와 일본 도호영화사의 합작영화다. 〈망루의 결사대〉는 도호영화사가 주체가 되어 제작되었으며 조선총독부가 후원하였다. 〈사랑과 맹세愛と誓ひ〉[203]의 경우도 도호영화사 응원이라고 되어 있지만 실질적인 일본영화로 한국인을 대상 관객으로 하기에 한국영화인을 앞세워 동원한 위장합작영화로 판단된다. 이 영화는 모두 최인규 감독이 적극 참여한 영화들로 우리의 지난 역사 현실을 보여 준다. 신상옥 감독은 "그 시대에

200　"중국무술영화 5편 수입토록 건의", 『1978년도 판 한국영화연감』, 영화진흥공사, 1979, 245쪽.

201　『海外映畵市場調査資料』, 영화진흥공사, 1974, 105~106쪽 참조.

202　"사진화학연구소의 제1회 자주작품의 성격은, 후에 도호(東宝)로 발전하는 이 회사의 출발점으로서 암시적이다.", 사토오 다다오, 『일본영화 이야기』, 유현목 옮김, (서울: 다보문화), 1993, 158쪽.

203　〈사랑과 맹서(원제:愛と誓ひ)〉, 한국영화데이터베이스 홈페이지 http://www.kmdb.or.kr(2012.6.8, 검색).

5장 l 일제강점기 합작영화　　　373

는 영화를 만들 수 있는 유일한 방법으로 어쩔 수 없었다."204라고 말하지만 당시의 합작 상황이 변명의 차원에서만 이해되어서는 안 될 것이다. 일본의 입장에서 보면 "일본에서 차례로 영화인이 건너와 지금까지 한국영화 중심에 있던 한국인들을 현지 스태프로 쓰면서 여러 편의 영화를 제작했다."205 결국 일제강점기 말기의 합작영화는 일제의 필요성에 의해 자행된 형태로 일본영화에 다름없으며 이를 일본영화사日本映畵史에서도 일본영화로 소개하고 있다.206

이후 한국의 합작 대상국은 주로 중국어권 국가였다. 특히 1970년대 당시에는 대륙 중국과 수교가207 안되었기 때문에 그 대상국은 홍콩과 타이완이었다. 이미 한·중 간의 영화 교류는 영화 초창기부터 시작되었다. 최초의 중국영화 수입의 기록은 1929년에 수입된 〈삼국지三國志〉이다.208 그리고 1928년에 상하이로 간 한국영화인들은 〈애국혼愛國魂〉209에 이어 1934년 〈상해여 잘 있거라 / 재회파상해再會吧上海〉까지 모두 13편의 영화를 만들었다.210

광복 후 합작영화는 1957년에 한국연예주식회사韓國演藝株式會社와 홍콩 소씨부자유한공사邵氏父子有限公司, Shaw and sons211가 합작한 전창근 감독의 〈이국정원異國情鴛〉으로 이어진다. 그리고 〈이국정원〉보다 늦게 촬영하였으나 일찍 개봉한 김화랑 감독의 〈천지유정天地有情〉, 1958년에는 정창화 감독의 〈망향望鄕〉이 개봉되었다. 이후 몇 편의 합작영화가 더 만들어지고 1967년부터 시작된 홍콩 무협영화 붐으로 이후부터 홍콩과의 합작영화가 성행하기에 이른다. 신필름을 통해 활성화된 합작영화는 그 대

204　신상옥 인터뷰, 분당 자택, 2001.11.16.

205　요모타 이누히코, 『일본영화의 이해』, 박전열 옮김, (서울: 현암사), 2001, 131쪽.

206　만주국 영화를 비롯하여 (사)조선영화제작주사회사의 영화를 일본영화로 소개하고 있다. 사토오 다다오, 앞의 책, 194~203쪽.

207　1992년 8월 24일 한·중 간 수교가 되었다.

208　"이것이 중국영화로는 조선에 첫수입이요 조선사람의 누구나내용을 아는 그만치일반의 긔대는비상하리라더라", 「영화 〈삼국지〉 중국서 수입」, 《중외일보》, 1929.6.1; 임대근, 「초기 한·중 영화교류의 한 면모」, 『영상예술연구』 10호, 영상예술연구회, 2007, 11~17쪽 참조.

209　"鄭基鐸 감독, 주연 작, 1928년 11월 4일 上海中央大戲院에서 상영, 安重根의 伊藤博文 사살을 다루었다.", 黃志偉 主編, 『老上海電影』, (上海: 文匯出版社), 2007.6, 53쪽.

210　안태근, 「日帝强占期 上海派 韓國映畵人 硏究」, 한국외국어대학교 석사논문, 2001, 1쪽.

211　홍콩 쇼브라더스 전신으로 1925년 6월 상하이에서 창립된 天一影片公司로부터 기원한다. 黃愛玲, 『邵氏電影初探』, 香港電影資料館, 2003, 15쪽; Stephen Teo, *Hong Kong Cinema The Extra Dimensions*(London: bfi Publishing), 1997, 29~39쪽 참조.

상이었던 쇼브라더스Shaw Brothers Ltd, 邵氏兄弟(香港)有限公司212와 서로 도움을 주고받는 형태의 합작이었다.

그러나 이후 홍콩과의 합작영화라는 것은 사실 위장이었을 뿐이고 실제 합작 편수는 그 중 극히 일부에 불과하다. 홍콩이나 대만과의 합작영화는 1956년부터 만들어졌는데 위장합작영화는 104편, 위장합작 추정영화 19편이 만들어졌다.213 위장합작영화에 관해서는 워낙에 방대한 신문기사가 있고 생존한 당사자들도 다수이다. 특히 송길한 작가는 "당시 밀실거래로 사세가 월등한 회사의 프린트를 받아 수정 제작해 상영하는 것이 유행했고 한국 배우를 섞어서 우리 식 이야기로 각색했다."고 증언한다.214 현재 이 영화들은 한국영상자료원의 영화정보검색(KMDb)215에 한국영화로 기록되어 있다.

이후 1964년 〈비련의 왕비 달기/ 달기妲己〉216부터 신필름과 쇼브라더스와의 합작이 시작된다. 이렇게 해서 〈대폭군大暴君 / 관세음觀世音〉, 〈철면황제鐵面皇帝 / 철두황제鐵頭皇帝〉, 〈흑도적 / 黑盜賊〉, 〈여마적女馬賊 / 산하혈山河血〉 등의 영화가 제작되었다. 이미 이때부터 위장합작의 가능성이 농후하게 포착되지만 그래도 한국 영화인들이 연출, 촬영 등에 직접 개입하므로 합작으로서의 당위성은 성립되었다고 볼 수 있다. 이후 쇼브라더스에 전속되어 영화를 만들던 정창화 감독이나 장일호 감독이 만든 영화들까지 합작영화로 국내에 소개되기 시작했다. 예를 들면 〈아랑곡의 혈투 / 아랑곡餓狼谷〉, 〈칠인의 협객 / 육자객六刺客〉, 〈옥중도獄中刀 / 혈쇄천뢰血灑天牢〉217, 〈철인鐵人 / 천하제일권天下第一拳〉218 등도 문제이지만 이후 장처張徹 감독이나 꾸이즈홍桂治洪,

---

212 1958년 런런쇼(Run Run Shaw;邵逸夫) 형제에 의해 쇼브라더스로 창립된 이래 홍콩 최대의 영화사로 고전 무협영화 중흥기를 이끌었다.

213 그동안 정확한 규명은 안 되어 있었다. 본 논문에서는 총 205편의 합작영화 중 일본과의 합작영화 8편을 비롯하여 비중국어권 합작영화 8편과 그 외 위장합작영화 104편, 위장합작이라고 단정할 수는 없지만 위장합작영화로 추정되는 19편을 규명한다.

214 송길한 전화 인터뷰, 2012.3.24.

215 한국영상자료원의 영화정보검색(www.kmdb.or.kr)은 오·탈자 등 아직도 오류가 많은 자료이기는 하나 현재 가장 많은 양을 보유한 한국영화사의 자료이며 1919년의 〈의리적구토〉부터 2011년 〈최종병기 활〉까지 총 6,494편의 정보검색이 된다(2012.2.29, 검색).

216 1964년 개봉명은 〈비련의 왕비 달기〉인데 1969년 재개봉 때에는 〈비운의 황후 달기〉였다. 홍콩 제목은 〈妲己〉, 영어제목은 〈The Last Woman of Shang〉이다. 한국영화데이터베이스 홈페이지에서는 〈달기〉로 검색된다. http://www.kmdb.or.kr(2012.6.8, 검색).

217 〈血灑天牢〉의 뜻은 '피 뿌리는 황궁의 감옥'이다.

계치홍 감독, 바오쉐리鮑學禮, 포학례 감독의 〈철수무정鐵手無情〉, 〈음양도陰陽刀 / 태음지太陰指〉, 〈여감방女監房 / 여집중영女集中營〉, 〈13인의 무사13人의 武士 / 심삼태보十三太保〉, 〈흑객黑客 / 악객惡客〉, 〈외팔이권왕외팔이拳王 / 독비권왕獨臂拳王〉, 〈혈육마방血肉磨坊〉, 〈노명검怒鳴劍 / 만인참萬人斬〉, 〈생사투生死鬪 / 벽력권霹靂拳〉 등 많은 영화들이 한·홍합작영화로 국내에 소개되었다. 제9회 부산국제영화제의 "아시아영화 네트워크의 뿌리를 찾아서-한·홍 합작시대"에서 합작영화로 올라있는 영화 목록만 보아도 132편에 이른다.[219] 위장합작영화는 이렇게 합작영화로 공식 인정되었고 상당량의 위장합작영화가 이런 국제 행사를 통해 한국영화로 공인되었다. 영화제라는 축제의 특성을 고려하더라도 위장합작의 학문적 연구의 관점에서는 비합리적인 결정이었다고 보인다.

위장합작 초기에는 한국 배우를 넣어 촬영한 장면이 들어간 한국 버전이 따로 있었다. 이러한 위장합작의 범위를 벗어나 그 이후에는 아예 한국 배우 몇 명을 끼워 제작하며 합작이라고 주장하기도 했다. 부산국제영화제가 오리지널 홍콩영화를 한국영화 반열에 올리고 또 축제의 자리였다지만 누구 하나 의문을 제기하지 않고 행사가 진행되었다는 것은 아쉬운 일이다. 당시 영화제작 기록에 의존했다면 올바른 것이겠지만 문헌과 연구 기록에 근거하지 않고 영화의 역사를 평가하는 것은 과학적인 접근이 아니다. 행사 기획은 사실 근거에 바탕을 두어야 했으며 오리지널 홍콩영화에 한국어 더빙을 했다고 합작영화이고 한국영화로 편입될 수는 없다. 이 글의 범위는 합작이 시작된 일제강점기부터 현재까지를 다루되 위장합작이 계속되었던 1990년까지를 다룬다. 특히 1970년대 전후로 한·홍위장합작영화가 급진적으로 늘어난다. 지금까지 연구되지 않은 이 위장합작의 규명은 한국영화 역사의 정립을 위해서라도 당연한 일이다. 그 영화들은 1990년까지 골고루 분포되어 있다. 이렇게 밝혀진 위장합작영화는 한국영화 목록에서 원칙적으로 퇴출시켜야 한다. 그것이 올바른 역사 찾기 작업이며 이 글이 한국영화 역사에 기여하는 의의이기도 하다.

---

218 정창화 감독의 1972년 영화로 한국에서는 〈철인〉, 홍콩에서는 〈천하제일권〉, 미국에서는 〈Five Fingers of Death〉, 영국에서는〈The King Boxer〉로 개봉되었다.

219 조영정, 『한국영화 회고전, 아시아 영화네트워크의 뿌리를 찾아서: 한·홍 합작시대』, 제9회 부산국제영화제, 2004, 70~77쪽.

■ 3. 합작영화 연구 방법

과거 합작영화의 제작은 오랜 시간이 경과된 일이고 그 편수 또한 너무도 방대하다. 또 당시 정황을 입증할 자료 찾기가 힘들고 찾아내더라도 미비한 터라 자료조사에 긴 시간이 걸렸다. 선행 연구의 부재와 연구 자료의 부족에도 불구하고 위장합작영화에 관한 연구는 더 이상 미룰 수 없는 과제이다. 이러한 문제의식에서 필자는 합작영화를 정리하며 위장합작영화의 규명을 이 글의 목적으로 정하였다. 특히 일제강점기의 위장합작영화 연구는 한국영화사에서 처음 제기되는 논제이기에 일본영화사 기록을 찾아내어 일제가 제작한 4편의 합작영화가 실제적인 일본영화로 한국영화인을 동원한 위장합작영화임을 밝힌다.

광복 이후 위장합작영화의 장르는 거의가 액션영화였다. 이것은 당시 무협영화가 유행했기 때문인 것으로 보인다. 액션영화는 일본에서는 활극이라고 불렸다.[220] 일본 전통 활극을 세분하면 챤바라, 검극劍戟, 검극劍劇으로 나뉜다.[221] 1960년대 이후에는 닌자忍者영화[222]나 임협任俠영화[223]로도 발전된다. 중국에서는 동작動作이라 불리며, 세분하면 무협武俠, 무타武打, 공부功夫 장르로 구분된다.[224] 한국도 액션영화를 초창기부터 활극이라고 불렸으며[225] 1980년대까지도 활극영화라고 통칭했다.[226] 1936년 6월 10일에 개봉된 이명우 감독의 〈홍길동전 후편〉 평문을 보면 "홍길동이는 반 푼半分의 개성個性을 가지지 못하였고 화면에서 날뛰는 것뿐이다."[227]라며 활극을 묘사했다.

---

220 "세련된 기풍의 사와무라(澤村 四郎五郎)도, 오노에의 인기를 따르기 위해 영웅호걸이 악한을 무찌르는 활극에서 주연을 하게 되었다." 사토오 다다오, 앞의 책, 23쪽.

221 챤바라(チャンバラ)는 도검으로 서로 싸우는 것의 의성어이다. 검극(劍戟)은 칼로 서로 베는 싸움이며 검극(劍劇)은 칼로 싸우는 것을 볼만한 장면으로 하는 연극이나 영화. 토미타 미카(富田美香) 강연, "무협서사의 횡단과 동아시아 상상 1", 한국영상자료원 세미나, 2012.3.23.

222 닌자는 사회로부터 존재를 말살당한 인간을 상징하며 1963년 야마모토 사츠오(山本薩夫) 감독의 〈忍びの者〉 시리즈가 시작되었다. 이후 〈자토이치(座頭市)〉 시리즈, 〈아이를 동반한 검객(子連れ浪)〉 시리즈가 유행한다.

223 임협은 의리와 의협의 의미로 야쿠자와 동의어이며 무뢰한들의 무법적인 액션 극이다. 1965년에 시작된 다카구라 켄(高倉健) 주연의 〈쇼와협객전(昭和殘俠傳)〉 시리즈가 유명하다.

224 일반적으로 시대극 액션영화를 무협영화라고 하는데 〈황비홍〉 시리즈 같은 영화는 특히 '무타'라고 한다. 『香港影片大全』 제6권, 香港電影資料館, 2007, 참조.

225 "活劇物의 氾濫 通俗物 다음으로 映畫界의 二大主流를 이룬 것이 活劇物이었다." 『1977년도 판 한국영화연감』, 영화진흥공사, 1978, 46쪽.

226 『1991년도 판 한국영화연감』, 영화진흥공사, 1991, 94쪽.

활극을 주요 소재로 하는 위장합작영화의 판단은 한국을 포함하여 각국의 액션영화 역사를 통해 그 차이성을 비교하여 검증하기로 한다. 또한 한국영화계 인사들의 인터뷰와 『한국영화작품전집』에 실린 합작영화 그리고 당시의 영화법 등의 자료를 찾아 함께 연구하였다. 아울러 홍콩 쇼브라더스의 작품 목록을 활용하였는데, 이는 필모그래피에 제작년도 및 오리지널 감독, 출연자들의 면면을 밝히고 있어 위장합작을 판별할 수 있는 결정적인 증거가 될 수 있기 때문이다.

광복 이후 위장합작은 완성된 영화를 수입하여 국내에서 재촬영하고 한국어 더빙을 한 경우가 대부분이다. 혹은 재촬영도 안한 채 글자 인서트 수정 정도나 한국어 더빙만을 한 경우도 있기에 각 영상 자료를 보며 확인 과정을 거쳐야 한다. 홍콩이나 타이완에서 제작한 영화도 같은 과정을 거쳐 확인을 해야 함은 물론이다. 합작영화와 관련된 일들은 방대하면서도 오랜 기간에 걸쳐 진행되어 왔으므로 자료의 폐기나 방치로 인해 추적이 쉽지 않다.228 그러나 관련된 국내 문헌 및 해외 문헌, 당시 영화사 기록, 영상물 VHS 혹은 DVD 등과 특히 2001년부터 국내외의 관련자 인터뷰 등을 바탕으로 조사를 진행하였다.229 글의 내용은 신상옥 감독, 왕쓰창王嗣常, 왕사상 작가230 그리고 배우나 스태프들의 인터뷰231나 관련 자료에 근거하여 조사, 분석하였다. 특히 필자는 2010년 11월 27일 '한국이소룡기념사업회Korea Bruce Lee Foundation'를 발족하며 매달 한국무술배우들과 영화 관계자를 초청하여 세미나를 개최하고 조사 연구하였다.232

---

227 김종욱, 『실록 한국영화총서(상)』, (서울: 국학자료원), 2002, 352쪽(이 책에는 모두 285편의 영화가 소개되어 있다.)

228 문공부 영화과의 관련 문건은 남아 있다고 하더라도 전산화 되어 있지 않았고 방치되었다고 한다. 조희문 영화진흥위원회 전임위원장 인터뷰, 인사문화포럼, 2012.1.27. (최근 한국영상자료원이 입수한 일부 문건을 내부 검색용으로 전산화하였다.)

229 2007년 한중수교 15주년을 맞아 EBS와 중국 CCTV가 공동제작으로 〈청사초롱과 홍등〉 다큐멘터리를 제작하며 관련자 인터뷰를 하였다. 이때 두 팀이 67일간에 걸쳐 한국과 중국 현지 취재를 하였고 한국에서는 2007년 12월 24일부터 28일까지 5부작 연속 방송되었다.

230 그는 1931년생으로 1960년대에 한국에서 처음으로 〈무유지(武遊誌)〉, 〈비룡(飛龍)〉, 〈비연(飛燕)〉, 〈무림천하(武林天下)〉, 〈야적(夜笛)〉 등의 무협지를 번역한 작가다. 그는 많은 위장합작영화에서 통역가로 활동하였고 시나리오 작가로 참여하였다.

231 2001년 11월부터 신상옥, 최경옥 감독 등 국내영화인을 비롯하여 2007년 10월 홍콩전영자료관 람콕싱(林覺聲)관장, 홍콩 배우 지앙다오(江島), 디롱(狄龍), 류자훼이(劉家輝), 구펑(谷峰), 량자런(梁家仁) 배우와 인터뷰를 가졌고 2012년 7월까지 영화인 50여 명과 인터뷰하였다. 네이버 카페 안태근 http://cafe.naver.com/tgahn2243 참조.

232 한국이소룡기념사업회(KBF)는 이소룡과 한국무술배우를 기리는 모임으로 2010년 11월 27일, 한국영상자

연구방법은 사전조사 단계에서는 과거 주무 기관이었던 영화진흥공사와 공연윤리위원회의 영화심의위원회의 관련 자료를 조사하고 생존 영화인들의 인터뷰를 기초로 한다. 당시 관련자들 중 생존자도 많지 않고 증언도 듣기 쉽지 않은 상황이다. 그럴 경우에는 기존의 인터뷰 자료를 구해보는 방법을 취한다. 그리고 상대 제작사인 홍콩의 쇼브라더스 등의 자료를 활용한다.

위장합작영화의 장르는 거의가 액션영화였다. 이것은 당시 유행하던 무협영화의 영향 때문이다. 위장합작의 검증은 우리나라를 포함하여 각국의 액션영화 역사를 통해 각국의 차이성을 비교하여 검증하며 또 당시의 한국영화계 관련인사들의 인터뷰와 『한국영화총서』,233 『실록 한국영화총서』,234 『한국영화작품전집』,235 연도별 『한국영화연감』,236 그리고 당시의 영화법 등의 자료를 찾아 소개한다. 홍콩 쇼브라더스사의 작품 목록은 그 증거이다. 자사自社 필모그래피에 제작년도 및 오리지널 감독, 출연자들의 면면을 보면 위장합작의 징후가 판정된다. 이 과정 중에 타이완 제작의 영화도 같은 과정을 거쳐 확인을 한다.

료원 코파3관에서 창립 세미나를 가졌고 그동안 한국무술영화를 재조명하며 합작영화 관련 연구를 계속해왔다. 이 논문의 발표 시점인 2012년 6월까지 매달 상암동 한국영상자료원에서 모두 19회의 세미나를 가졌으며 초청자는 당룡, 왕호, 이두용, 황정리, 권일수, 김유행, 조춘, 장일도, 바비김, 한국일, 조춘, 권성영, 거룡 등 무술배우들과 감독, 그리고 안태근 외 조복례, 이형주, 김병윤, 최한승, 신성대, 성낙범, 조희문, 장석용, 삐수신(畢庶信, 필서신), 장규수가 주제발표를 하였다. 특히 제16회 세미나부터는 합작영화를 주제로 왕쓰창, 김종원, 왕호, 김유행, 제17회 세미나에는 왕쓰창, 구중모, 강범구, 황정리, 제18회 세미나에는 윤석훈 작가, 제19회 세미나에는 채수억 무술감독을 초청하였다. KBF 세미나는 그동안 연구되지 않았던 한국액션영화를 연구하는 모임으로 학계에서 외면 받았던 하위 장르에 대한 본격적인 연구 모임으로 자리 잡았다. 아울러 연구중심에서 제외된 주변 장르와 홍콩영화사를 다루며 한국영상자료원의 대관 협조 하에 홍콩 등지에서 활동하던 무술배우를 초청하고 한국액션영화 감독들의 증언을 들었다. 2012년 6월 현재 모두 19번의 세미나를 통해 한국액션영화 관련 주제 발표로 학문적 영역에서 소기의 성과를 거두었다. 이 세미나에서의 한국 액션영화 담론 활동은 앞으로도 계속될 것이며 한국영화사에 일익을 담당하는 연구모임으로 발전할 것이다. 네이버 카페 이소룡기념사업회 http://cafe.naver.com/bruceleekorea 참조.

233 전범성, 『한국영화총서』, 영화진흥조합, 1972.

234 김종욱, 앞의 책, 2002. 285편의 한국영화 관련 글과 기사를 싣고 일부 옛말을 현대어로 수정하였다.

235 『한국영화작품전집(1971~1985)』, 영화진흥공사, 1986.

236 『한국영화연감』, 영화진흥공사, 1977~2011.

합작영화의 시기별 특징

■ 1. 광복 후 합작영화

중국과 국교가 단절되고 타이완과 국교수립이 되었던 시기, 홍콩은 중국문화를 접할 수 있던 또 다른 창구였다. 광복 후 한국에 처음 소개된 홍콩영화는 〈신견접혈기 / 神犬蝶血記〉237 혹은 1956년의 〈해당화 / 海棠花〉다.238 그리고 중국과 소련의 영화가 첫 수입된 것은 1988년으로 중국전영공사가 제작한 〈서태후〉와 세르게이 본다르추크 감독의 〈전쟁과 평화〉이다.239

한국은 미국과 협력제작의 형태를 경험하고 홍콩과 처음으로 합작을 시도하였다. 일제강점기 상하이上海에서 영화 활동을 하던 전창근 감독이 1957년에 촬영을 시작한 〈이국정원/ 異國情鴛〉이 첫 합작영화다. 당시 홍콩의 풍광을 담기 위해 한국 측은 합작을 원했고 한 편의 영화로 탄생되었다. 합작의 주체는 한국연예주식회사와 홍콩의 소씨부자유한공사邵氏父子有限公司였다. 일제강점기 상하이파 영화인이었던 전창근 감독240은 중국어를 구사할 수 있었기에 공동감독을 맡았다. 영화의 내용은 일제강점기에 헤어진 두 남매가 홍콩에서 재회한다는 것이다. 이것은 한·홍간의 혈육애를 표현하기 위함인데 당시 한국과 홍콩을 무대로 하기에 다른 소재보다 쉽게 상상할 수 있는 소재였다. 당시 합작의 형태는 기술적인 부분은 홍콩측이 부담하고 제작비와 연출, 남자배우 연기는 한국 측에서 맡는 것이었다. 우리가 제작비를 부담한 것은 홍콩보다 한국의 합작 의지가 더 강했기 때문이라 여겨진다.241

---

237 이영일, 앞의 책, 343쪽.

238 "홍콩을 비롯한 중국어권 영화가 우리나라에 들어온 때는 일제시대라고 하지만 기록상 '1호'는 1956년 고려영화사에서 수입, 개봉한 홍콩영화 〈해당화 海棠花〉이다." 김지석 외, 『香港電影 1997년』(서울: 한울), 1995, 112~113쪽. 그러나 1929년에 〈삼국지〉가 수입되었고 1930년 이경손 감독의 〈양자강〉, 1934년 정기탁 감독의 〈잘있거라 상하이〉가 개봉되었다. 그외 1940년 2월 12일 중국의 대중화백합영편공사 제작의 〈삼국지〉가 부산 수좌극장에서 개봉되었다. 홍영철, 『부산근대영화사』, (서울: 산지니), 2009, 636쪽 참조.

239 『1989년도 판 한국영화연감』, 영화진흥공사, 1989, 212~213쪽.

240 정기탁 감독과 함께 상하이에서 활동하던 영화인으로 이경손 감독의 1930년 작 〈양자강〉의 주인공을 맡기도 했다. 1937년에 귀국하여 〈복지만리〉를 감독한다. 안태근, 「日帝强占期 上海派 韓國映畵人 研究」, 한국외국어대학교 석사논문, 2001, 91~95쪽 참조.

241 (…)만주에서 활동하던 한 한국인 혁명가는 2차대전 중 그곳에서 죽는다. 그의 중국인 부인은 어린 딸과 함께

〈이국정원〉은 일제강점기의 합작영화 제작 이후 성공적인 합작 사례로 기록된다. 한국 측에서 전창근 감독이 공동연출을 하고 각본은 김석민 작가가 썼고 각색은 유두연 작가가 맡았다. 촬영은 홍콩에서 이루어졌고 소씨부자유한공사가 기재 및 기술을 담당했다. 이 영화에는 감독과 촬영기사 등 일본 측도 참가했으나 당시에는 소개되지 않았다. 당시 일본영화 수입이나 합작이 금지되었던 터라 혹시 있을지 모르는 사태를 예방하기 위한 조치가 아니었을까 생각된다.242 이 영화는 당시 충분히 화제를 끌만하였다. 이국적인 풍광을 담아낸 멜로드라마로 배우들의 캐스팅이 끝나고 제작을 구체화하였다.243 한국과 홍콩의 합작은 한국연예주식회사나 홍콩의 소씨부자유한공사邵氏父子有限公司 뿐만이 아니라 다른 영화사들끼리도 협의되었다. 그러나 합작은 쉽지 않은 제작 형태여서 한형모프로덕션과 홍콩 화다華達, 화달공사촬영소의 합작영화 〈춘향전〉은 완성되지 못했다.244

합작의 의미는 국내 제작 영화의 한계를 넘어 흥행을 목적으로 하지만 또한 영화산업의 발전과 해외 제작을 통한 세계 진출도 중요한 목표다. 많은 난관을 헤치고 합작을 시도했던 임화수는 한국영화의 세계화를 처음으로 시도한 인물이다.245 그런가 하면 쇼브라더스의 사장인 런런쇼 역시 홍콩영화의 세계화를 이루어 낸 기업가이다.246 쇼브라더스는 동양 최대의 영화사를 목표로 우수한 감독들을 전속시키고 남국실험극단을 통해 양성한 배우를 자사 영화에 출연시키는 한편 일본 등 영화선진국의 감독 및 스태프를 초빙해 영화를 만든다. 이러한 투자로 쇼브라더스는 손꼽히는 대영화사로 발돋움한다.

홍콩으로 가고 남자 형제는 한국으로 온다. 세월이 흘러서 그들은 장성한다. 이 형제 중의 하나가 사업차 홍콩엘 갔는데 어떤 대(大)카바레의 가희(歌姬)와 사랑에 빠진다. 곡절 끝에 이 유명한 홍콩의 가희는 그의 누이동생인 것이 밝혀진다, 「한·중 합작영화 실현 / 홍콩서 각본 합동 집필 중」, 《한국일보》, 1957.3.30, 4면.

242 "천연색 〈이국정원〉", 《경향신문》, 1957.4.30, 4면; 『香港影片大全 제4권 1953~1959』, 香港電影資料館, 2003, 224쪽 참조.

243 "[내외문화단신] 〈이국정원〉 배급결정, 한·중합작 천연색영화", 《한국일보》, 1957.5.20, 4면.

244 "한·중합작영화, 천연색 〈춘향전〉", 《경향신문》, 1957.4.30, 4면.

245 "합작영화의 의의 / 임화수(극장협회장)", 《조선일보》, 1957.5.28, 4면.

246 한국을 수시로 방문해 합작영화 파트너를 선정하고 영화 인력을 스카우트하기도 했다. 1979년에는 한국영화 수입타진 차 방한하여 25편의 영화를 관람하기도 했다. 『1979년도 한국영화연감』, 영화진흥공사, 1980, 190쪽.

홍콩하고 한국의 영화적인 교류가 시작되기는 50, 60년대 쇼브라더스 시대 때부터입니다. 일부 영화들은 이쪽 홍콩에 있는 제작사들이 한국에 있는 영화감독을 초대를 해서 홍콩에서 영화를 만들어서 홍콩에서 상영했고 한국에서도 상영한 걸로 알고 있습니다. 그래서 우리 지금 자료관에서도 이 영화가 수집이 되어져 있고 그 다음에 촬영할 때에도 두 나라에서 로케이션을 하기도 했었고 홍콩 자금으로 홍콩 연기자, 이런 식으로 해서 촬영했습니다.[247]

〈이국정원〉은 본격적인 합작영화의 제작을 태동시킨 첫 작품으로 의미가 크다. 이때부터 한국과 홍콩, 타이완과의 합작이 본격적으로 이루어지게 된다.[248] 이국적인 풍광을 담아낸 이 영화 이후 두 번째 합작영화는 1958년 〈천지유정〉이다.[249] 이 영화는 〈이국정원〉에 이은 두 번째 합작영화로 한국연예주식회사의 임화수가 계속해 제작하였다. 김석민 각본으로 김화랑 감독이 홍콩 로케이션으로 촬영하였고 한국 배우 양훈, 양석천과 홍콩 배우 천이陳藝, 진예, 왕위안룽王元龍, 왕원룽, 장광차오將光超, 장광초 등이 출연하였다.[250]

1950년대 후반에는 한국영화가 타이완에 수출되기도 했다. 1958년 윤봉춘 감독의 〈처녀별〉로 김진규, 김승호, 한은진 등이 출연했으며 유치진의 희곡 〈별〉을 영화화한 시대극으로 사랑과 복수를 다룬 전형적인 한국영화다.[251]

한국에서도 수도영화사 홍찬 사장이 대규모의 안양촬영소를 건립한다. 그리고 몇 년 후 신상옥 감독의 신필름이 이곳을 인수한다. 신필름이 메이저 영화사로 자리 잡을

---

247 람콕싱(林覺聲) 인터뷰, 홍콩전영자료관, 2007.10.4.

248 "향항의 영화계(현지통신): 윤일봉, 김진규", 《조선일보》, 1957.8.3, 4면.

249 KMDb의 줄거리를 보면 "아름다운 농촌의 어느 마을에 거복과 대복이라는 쌍둥이 형제가 살고 있었다. 형 거복이 이웃마을의 처녀와 성혼할 즈음 일본군에 강제로 끌려간다. 동남아지역에서 구사일생으로 탈출하여 화교여성을 만난 그는 그곳에서 재생을 길을 걷는다."는 현지 촬영을 고려한 내용이다. 한국영화데이터베이스 홈페이지 http://www.kmdb.or.kr(2012.3.6, 검색).

250 위의 홈페이지(2012.3.6, 검색).

251 KMDb의 줄거리를 보면 "별아기는 아버지가 대감 벼슬까지 지낸 쟁쟁한 집안의 규수로서 어린시절 소꿉친구인 도령과 배필로 짝지어진 사이였으나, 당쟁의 여파로 별아기의 아버지가 도령의 아버지에게 희생된다. 별아기는 죽은 아버지의 복수를 위해 도령 집으로 잠입하지만 도령을 사랑하는 그녀의 마음이 복수의 증오심을 흐리게 한다. 사랑이냐 복수냐의 막다른 갈림길에서 고민하던 별아기는 마침내 복수를 체념하고 도령과 함께 멀리 행복을 찾아 떠난다."로 소개된다. 위의 홈페이지 (2012.2.6, 검색).

즈음 쇼브라더스는 더 빠른 속도로 발전을 거듭한다. 창작 능력도 뛰어나거니와 외국 영화를 모방하기도 하고 외국의 영화인들을 초빙하여 영화제작 노하우를 배워나갔다. 일본의 감독과 카메라맨, 한국의 신상옥 감독도 그 대상이었다.

■■ 2. 신필름의 합작영화

1964년 작 〈비련의 왕비 달기〉부터 신필름과 쇼브라더스의 합작이 시작되었다. 홍콩의 쇼브라더스가 역사극의 마땅한 로케이션 장소를 찾지 못하고 한국의 신필름에 야외촬영을 의뢰하면서 합작으로 발전되었다. 이 영화의 계약은 한국과 해외 일부 지역의 저작권을 갖는 형태가 아닌 한국 내의 저작권만을 양도 받은 형태였다. 즉 한국 배우들이 출연하며 신필름은 한국 내에서의 촬영을 맡아 진행하고 쇼브라더스가 주도적으로 만든 영화인 것이다. 쇼브라더스로서는 야외촬영의 문제를 해결하고 아시아영화제를 통해 알려진 한국 배우들을 출연시킬 수 있는 기회였다. 신필름으로서도 당시 유일한 해외 창구라 할 수 있는 홍콩영화계로부터의 제의였으며, 세계로의 진출을 꿈꾸는 신상옥 감독으로서는 합작을 통해 그 꿈을 실현시킬 수 있는 기회였다.

신필름과 쇼브라더스의 원원win-win전략으로 여러 편의 합작영화가 제작된다. 주로 한국의 연기자들이 홍콩의 스튜디오에서 촬영하는 방식이었는데 쇼브라더스로서는 한국시장이 동남아처럼 놓칠 수 없는 큰 시장이었다. 홍콩의 세레스티얼Celestial사에서 출시된 〈철두황제〉의 DVD 부록의 영화제작노트를 보면 한국시장을 공략하기 위해 한국 측과 공조했다는 내용도 있다.252 이후 〈대폭군 / 觀世音〉, 〈철면황제 / 鐵頭皇帝〉, 〈흑도적 / 黑頭巾〉, 〈여마적 / 山河血〉 등의 영화가 잇따라 제작되었다. 결국 한국과의 합작은 이미 이때부터 위장합작의 가능성이 농후하게 포착되지만 그래도 한국영화인들이 연출, 촬영 등에 직접 개입하므로 합작의 당위성은 평가할 만하다. 그러나 이후 쇼브라더스에 전속되어 영화를 만들던 정창화 감독이나 장일호 감독이 만든 영화도 합작영화라는 이름으로 국내에 상영되기 시작했다. 그런 식의 영화인 〈아랑곡의 혈투〉, 〈옥중도〉, 〈철인〉 등도 문제이지만 이후 홍콩 감독의 많은 영화들이 한·홍 합작이라며 국내에 소개된다.

1964년 〈비련의 왕비 달기〉의 경우 홍콩의 위에펑岳楓 감독이 스튜디오 및 전체 감

---

252 『〈鐵頭皇帝〉電影簡介』, 天映娛樂 DVD Video 101342, 2007.

독을 맡았는데 대규모 전투 장면을 촬영할 장소가 홍콩에서 마땅치 않자 한국을 로케이션 장소로 정하고 신필름에 의뢰해 명목상이나마 합작 형태를 취하게 되었다. 홍콩의 톱스타 린다이林黛, 임대와 한국의 신영균이 출연한 이 영화는 화려한 세트와 컬러영화로 국도극장에서 개봉되어 홍콩영화에 대한 동경심을 자극하였다. 신필름에서는 최인현 감독을 내세워 몹신mob scene 촬영을 했다. 당시 한국은 아직 전편 컬러영화 시대가 아니었는데 홍콩은 이미 컬러 시대를 맞았다. 한국의 첫 시네마스코프cinemascope 컬러영화는 1961년 작인 홍성기 감독의 〈춘향전〉과 동 시기에 제작된 신상옥 감독의 〈성춘향〉이다. 그러나 본격적인 컬러영화시대는 1960년대 말이 되어서야 시작됐다. 〈비련의 왕비 달기〉의 한국 촬영은 지금의 서울 잠실에서 촬영되었는데 당시의 황량한 잠실벌은 지금의 모습을 떠올릴 수 없는 황무지였다. 그 황무지 한 곳에 오픈세트로 성곽城郭이 세워졌고 대규모 전투 장면이 촬영되었다. 이 영화는 국도극장에서 개봉되어 화려한 궁중세트와 볼거리를 제공해 흥행에 성공하였다. 이후 신필름은 합작영화의 상업적인 필요성을 실감하고 본격적인 합작을 시도하게 된다.

그러나 아직은 소극적인 형태로 한국 배우들이 홍콩에 가서 출연하는 정도였다. 그나마 한국영화인들이 연출, 촬영 등에 직접 개입하므로 합작이라는 명분은 갖추었다. 이런 합작형태는 훗날 국적을 특정할 수 없는 합작영화 형태로 퇴화된다. 그 후 신필름에서는 〈손오공과 철선공주〉, 〈대폭군〉, 〈철면황제〉, 〈흑도적〉 등의 합작영화가 연이어 제작되었다. 그러나 이미 이때부터 위장합작의 가능성이 농후하게 포착된다. 그것을 입증하는 것이 홍콩 쇼브라더스 측의 필모그래피이다. 쇼브라더스의 영화잡지 《향항영화香港影畵, Hong Kong Movie News》나 《소씨전영초탐邵氏電影初探》253 필름 목록에는 모두가 쇼브라더스가 단독으로 제작한 영화로 소개되어 있으며 합작이라는 명시는 없다. 세레스티얼 픽쳐스Celestial Pictures, 天映娛樂에서 출시된 쇼브라더스 영화 DVD에도 합작의 명시가 없다.

홍콩에서는 1960년에 276편의 영화가 만들어진다.254 이는 우리와 비교해서 많은 제작 편수이며 1968년부터 우리보다 편수가 적어지는 수치다. 한국의 영화제작편

---

253 黃愛玲, 앞의 책, 282~335쪽 참조(〈이국정원〉과 〈산하혈〉 단 두 편만 합작으로 표기했다.).

254 『香港影片大全 제5권 1960-1964』, 香港電影資料館, 2005, 2~355쪽; 『香港影片大全 제6권1965~1969』, 香港電影資料館, 2007, 2~275쪽.

수는 1960년에 92편이었으나 1968년 212편, 1969년 229편, 1970년 209편으로 증가한다. 한국의 제작편수가 앞선 것과 영화의 질적 완성도가 비례하는 것은 아니다.

〈표 5-2〉 한국과 홍콩의 영화제작 편수 차이 (단위: 편)[255]

연도 국가	1960	1961	1962	1963	1964	1965	1966	1967	1968	1969	1970
한국	92	86	113	144	147	189	136	172	212	229	209
홍콩	276	257	233	251	224	205	166	172	149	135	118

한국의 신필름은 원효로에서 출발해 1966년 안양스튜디오를 인수한다. 신필름은 1960년 서울영화사, 혹은 신상옥 프로덕션에서 신필름으로 등록 후 1961년 7편을 제작하였고 1968년 최고 38편을 제작한다.[256]

홍콩에서는 1963년 〈대지아녀大地兒女〉로 후진취안胡金銓 감독이 데뷔하고 1965년 〈호협섬구虎俠殲仇〉로 장처張徹 감독이 데뷔한다. 왕위王羽, 왕우나 로례羅烈, 라열 쩡페이페이鄭佩佩, 정패패 등은 대중의 인기를 끈 무협배우가 되었다. 1967년 한국에서 홍콩영화 붐을 일으킨 영화가 후진취안 감독의 〈방랑의 결투〉다.[257] 당시 유행하던 서부극의 영향을 받아 그와 유사한 〈방랑의 결투〉라는 제목으로 개봉되어 인기를 끌었고 〈용문龍門의 결투決鬪 / 용문객잔龍門客棧〉과 함께 홍콩영화 붐의 시발점이 된다. 곧이어 장처 감독의 〈대협객大俠客 / 대자객大刺客〉, 〈심야의 결투深夜의 決鬪 / 금연자金燕子〉나 〈의리의 사나이 외팔이 / 독비도獨臂刀〉 등의 무협영화가 국내에서 홍콩영화 전성시대를 연다. 이러한 현상은 그동안 서구영화에만 집중되었던 영화 팬들에게 새로운 검술영화 장르를 체험케 한 것이며 한국영화계의 부진과 맞물려 이들 영화들이 흥행 장르로 자리 잡게 되는 것이다. 이런 배경에는 수입 금지되었던 일본영화를 대신하며 검술영화에 대한 갈증이 있었다. 홍콩의 검술영화가 그것을 해소해주는 역할을 하였는데 쇼브라더스의

---

255 『韓國映畵資料便覽 (草創期~1976年)』, 영화진흥공사, 1977, 46쪽; Law Kar and Frank Bren, *Hong Kong Cinema*, Law Kar and Frank Bren, *Hong Kong Cinema A Cross-Cultural View*(Lanham: The Scarecrow Press, Inc.), 2004. 320쪽.

256 최은희 외, 『영화감독 신상옥 그의 사진풍경 그리고 발언 1926 - 2006』, (서울: 열화당), 2009, 223~225쪽.

257 1966년 서울에서 개최된 제13회 아시아영화제 홍콩 출품작으로 선보이고 이듬해 수입되어 상영되었다. 《영화예술》, (서울: 영화예술사), 1966년 6월호, 73쪽 참조.

사장 런런쇼로서는 이미 홍콩이나 타이완 시장에서 일본영화가 흥행에 성공하는 것을 보고 이를 예상했을 것이다. 그래서 일본영화인들을 영입하여 유사 장르를 육성시켰던 것이 주효하게 된 것이다. 장처 감독의 인기는 〈복수復讐 / 보구報仇〉, 〈십삼인의 무사 / 십삼태보十三太保〉, 〈권격拳擊〉으로 이어진다. 홍콩영화의 붐은 이러한 무협영화에만 국한되지 않고 리칭李靑. 이청의 〈스잔나 / 산산珊珊〉 같은 멜로영화로까지 그 인기를 확장시켰다.

■ 3. 1960년대 이후의 시기별 특징

(1) 1960년대

홍콩영화는 홍콩문화에 대한 호감과 중국문화나 정보에 대한 자연스러운 이해를 갖게 했다. 홍콩영화는 홍콩과 한국에서 다른 흥행 성적을 기록했지만 흥행의 공식에서 크게 벗어나지 않으며 인기를 끌고 있다. 이것은 유사한 양국의 문화나 일제강점기부터 이어져 내려온 영화 역사의 교류와도 무관하지 않은 결과이다. 중국과 국교단절 시기에 홍콩영화를 통해 중국문화와의 교류가 시작되었다고 할 수 있으며 많은 홍콩영화 팬도 생겨났다. 또한 홍콩영화의 붐이 한풀 꺾인 근래 들어 한국영화가 한류 현상으로 홍콩에서 인기를 끌었던 것은 고무적인 일이 아닐 수 없다. 이같이 홍콩영화와 한국과의 인연은 그 어느 나라의 영화와 달리 긴 인연을 통해 친근감을 주고 있다. 아울러 홍콩영화의 흥행 장르와 영화 수입에 따라 한국영화의 장르도 함께 성행했다. 1960년대 말부터 시작된 홍콩영화 붐으로 한국의 홍콩영화 수입이 급증하였다. 그러나 곧 홍콩영화 수입 규제정책이 시행되면서 많은 영화가 합작이라는 형태로 수입되기에 이르렀다. 바로 정부 정책이 위장합작영화가 양산되는 계기로 작용한 것이다. 전세계 어디에서도 찾아볼 수 없는 특수한 제작 형태였다.

합작영화가 본격적으로 대두된 배경에는 1967년 후진취안 감독의 〈방랑의 결투〉의 국내 소개 이후 시작된 급격한 홍콩영화의 붐 때문이었고 이후로 많은 영화가 수입되었다. 1968년도에는 철저한 수입 전 사전심의에 따랐다. 잔혹한 마카로니웨스턴 Macaroni Western 영화 및 왜색이 짙은 중국검술 영화가 국민감정과 청소년에게 악영향을 끼쳤기 때문에 이의 수입을 억제하고, 경과 조치로서 특히 계약된 영화에 한하여 그 수입을 허용하고 분기별로 상영허가를 반드시 받도록 제한하였다.258 이런 결과는 당시에 흥행한 마카로니웨스턴이라고 불리는 이탈리아 서부극의 영향이 컸다. 제목도 '방랑'이나 '무법자' 등 일본에서의 개봉 제목이 난립하던 때이다.[259] 이 해에는 이탈리아에서 제작된 마카로니웨스턴이나 그와 유사한 장르의 영화들이 흥행에 성공했다. 1966년부터 1967년까지 개봉된 마카로니웨스턴 영화 중에서 이탈리아 영화만 뽑아도 〈황야의 무법자〉, 〈속 황야의 무법자〉, 〈황혼의 무법자〉, 〈돌아온 무법자〉, 〈백주의 무법자〉, 〈복수의 건맨〉, 〈황야의 건맨〉, 〈윈체스터 30〉, 〈돌아온 석양의 무법자〉, 〈석양의 건맨〉, 〈황야의 무뢰한〉, 〈필살의 무법자〉, 〈(속)황야의 은화일불〉, 〈최후의 무법자〉, 〈방랑의 무법자〉 등이 있었고 이외에도 영국이나 미국, 프랑스에서 제작한 〈황야의 은화일불〉, 〈링고·킷드〉, 〈쟝고〉 등이 있다.[260] 중국검술 영화 역시도 이와 같은 맥락에서 수입 제한된 것이다.

한국영화에서도 이탈리아 영화나 중국어 영화의 영향으로 무협영화가 양산되었다. 이런 현상은 이전까지 한국영화사에서는 볼 수 없었던 현상으로 영화산업의 새로운 조류로 볼 수 있다. 이렇게 한국영화계에 마카로니웨스턴 풍의 무법자 시리즈나 무협영화가 범람하기 시작한다.[261] 1960년대 한국에서는 언더그라운드 문화를 통해 일본의 영화, 가요, 여성 패션 등의 문화가 유입되며 1960년대 이미 일류日流현상이 있었고 동시에 극장문화를 통해 이른바 '항류香港流현상'[262]이 이미 존재했었다. 한국영

---

258 "계약분의 수입 인정은 申필림의 〈深夜의 決鬪〉, 民都映畵의 〈金盜怪客〉, 泰昌興業의 〈女傑 黑나비〉, 南北映畵公社의 〈大刺客〉 등이 대기중. 自由中國의 검객물과 비슷한 合作이 개봉됨으로서 中國 검객물 만능시대는 한물 꺾이어 1/4반기에 1편씩 수입은 외화 수입업자의 구미에서 점점 멀어가고 있는 실정이다. 〈飛虎〉(第一映畵 제작 權寧純감독), 〈龍門의女劍〉(韓中合作 安賢哲 감독), 〈雙龍劍〉등이 상영이 그의 예인데 1969년도에 들어서는 국산의 유사 中國검객물이 점차 증가일로 예상되는 바이다", 박봉희, 『1970년판 영화·연예연감』, (서울: 국제영화사), 1969, 115쪽.

259 예를 들면 "1967년도 12. 〈방랑의 격투 COME DINK WIVE〉 홍콩 쇼브라더스 35mm 『천연색 대아』, 김동준 1967.3.4~1970.3.3 친·체인"등이 있다, 『韓國映畵資料便覽 (草創期-1976)』, 영화진흥공사, 1977, 109~123쪽.

260 위의 책, 119~126쪽.

261 "60년대에 들어와서의 오락사극은 그 주인공을 슈퍼·맨적인 히어로·타이프로 만들어 내었다. 〈의적 일지매〉(61년=신필림 / 장일호 감독 / 유일수 각본 / 최은희, 신영균 출연) 〈검풍연풍〉, 〈암행어사 박문수〉, 〈불한당〉, 〈대검객〉, 〈쌍검무〉, 〈복면대군〉, 〈일지매〉, 〈필사의 검〉, 〈일지매〉, 〈삼검객〉, 〈황혼의 검객〉, 〈풍운의 검객〉, 〈수라문의 혈투〉, 〈암행어사〉, 〈유랑의 검호〉, 〈대검객〉 이밖에도 여러 가지 작품이 있다. 이와같은 오락사극액션물은 61부터 66년까지의 상반기에서 한동안 성행했다. 그러던 것이 64년에서 66년까지 사이에는 잠시 뜸하다가 67년, 68년, 69년 등 60년대 후반에 들어서서 다시 크게 활기를 띠었다. 이것은 67년부터 수입되어 크게 관객을 동원한 홍콩이나 대만의 검객영화가 크게 히트한데서 다시 자극을 받은 것도 하나의 원인으로 지적할 수가 있다", 이영일, 『한국영화전서』, (서울: 삼애사), 1969, 318쪽.

화는 항류현상으로 인해 위장합작이라는 전대미문의 제작 형태로 스스로의 위상을 깎아내렸다. 문화종속에 다름 아닌 현상이었다. 더구나 이런 현상은 한국영화시장의 위축은 물론이고 감독을 비롯한 배우들 등 많은 영화인들이 홍콩에 대한 동경심으로 한국을 떠나는 인력수출로 이어졌다. 이 당시 액션영화를 부흥시킨 감독 중에 정창화 감독을 들 수 있다. 그는 1953년 〈최후의 유혹〉으로 데뷔하여 〈지평선〉, 〈순간은 영원히〉, 〈위험은 가득히〉, 〈황혼의 검객〉 등을 만들었다. 그가 한국에서 만든 영화들이 합작영화로 소개되고 홍콩 쇼브라더스에서 감독한 영화들이 위장합작영화로 국내에 수입되었다.263 그것은 그의 의지와 상관없이 한국의 영화업자들이 위장 수입하였기 때문이다.

(2) 1970년대

합작영화에 관한 한국뿐만이 아니라 홍콩도 마찬가지다. 일본영화에 왕위를 출연시키며 위장합작 형태의 영화로 제작하면서 지역 판권을 인수하여 동남아와 한국에 수출하였다.

> 홍콩 배우 왕유王羽를 내세워 한국시장을 공략한 이 외팔이와 맹협(1970년 수입)
> 은 합작의 모양새를 갖추긴 했으나 사실상의 일본영화였다.264

1970년 작인 〈외팔이와 맹협盲俠 / 獨臂刀對戰盲俠香港 / 新座頭市破れ! 唐人劍日本〉

---

262 일본에서는 이 현상을 항류(港流)라고 표기한다. 장규수, 「연예매니지먼트시스템의 선진화 방안에 관한 연구」, 한국외국어대학교 대학원 박사학위논문, 2011, 2쪽(홍콩에서도 스스로를 '港'으로 표현한다.)
263 『한국액션영화의 전설 정창화!』, 제8회부산국제영화제 한국영화회고전, 2004, 41쪽.

정창화 감독의 홍콩 제작 영화 및 공동 제작 영화

	Chinese Title	English Title	Prod. Year	Prod. Company
1	망향=야전오문가	Longing for Home	1958	(한·홍합작)
2	장상억	Deep in my Heart	1966	(한·홍합작)
3	염첩신룡	Special Azent X-7	1968	(한·홍합작)
4	천면마녀	Temptress of a Thousand Faces	1969	쇼브라더스
5	봉화청천(화해청앙)	Loveing the Year of War	1969	(한·홍합작)

264 김종원, 『한국영화의 비평의 접점 I』, (서울: 현대미학사), 2007, 255쪽.

은 가쓰 신타로勝新太郞를 주인공으로 한 자토이치座頭市 시리즈265인데 홍콩 스타 왕위를 출연시켜 대결시킨 영화다. 결말에서 주인공의 승리를 각각 달리 만든 버전이 있어 왕위의 승리 버전version은 홍콩과 타이완, 한국, 동남아에서 상영되었다. 1971년 홍콩에서는 리샤오룽李小龍(이소룡)이 컴백하며266 홍콩영화의 흥행기록을 경신한다. 〈당산대형唐山大兄〉, 〈정무문精武門〉, 〈맹룡과강猛龍過江〉, 〈용쟁호투龍爭虎鬪〉 등 그의 출연작은 한국에서도 흥행에 성공한다. 1973년 리샤오룽 사후 한국에서는 권격영화267라고 일컬어지는 중국식 액션영화가 양산되기도 했다. 이렇듯 한국에서의 홍콩영화의 흥행은 사대주의적 발상으로까지 발전할 수 있었다. 그즈음인 1974년 이두용 감독의 〈용호대련龍虎對鍊〉을 시작으로 태권도영화가 '으악새영화'268라는 말을 들으며 수많은 아류영화가 범람하면서 무협영화는 차츰 인기를 잃는다.

　　이런 영화들이 홍콩영화에 비해 완성도가 떨어지고 관객들로부터 외면받자 영화업자들은 홍콩영화를 합작영화로 가장하여 편법으로 수입하게 된다. 그 방법으로 완성된 홍콩영화에 한국 배우 한두 명을 출연시켜 재편집하여 합작 기준에 맞춘 한국영화로 만들거나 아예 홍콩에 가있던 한국 배우들의 출연작을 한·홍합작영화라고 했던 것이다. 홍콩 쇼브라더스와 골든하베스트에서 정창화 감독이 감독한 11편 중 〈천면마녀〉, 〈여협매인두〉, 〈래여풍〉를 제외한 8편의 영화는 이렇게 모두 한·홍합작영화가 되었다. 정창화 감독은 다음과 같이 증언한다.

265　1962년 〈座頭市物語〉로부터 시작된 맹인 검객의 챤바라(칼싸움) 영화로 1971년까지 22편이 만들어진 시리즈 영화다. 佐藤忠男 외, 『チャンバラ映畵史』, (東京: 芳賀書店), 1974.8.10, 154~157쪽. 이후에도 영화 및 TV에서도 계속 제작되어 방송되었으며 홍콩 무술영화에 큰 영향을 미쳤다. 송희복에 의하면 1962년~1989년까지 27년간 26편이 만들어졌다고 한다. 송희복, 『무협의 시대』, (부산: 경성대 출판부), 2008, 166쪽.

266　리샤오룽의 본명은 李振藩이고 1940년 11월 27일 미국 샌프란시스코에서 태어났다. 홍콩으로 돌아와 여러 편의 광동어 영화를 촬영하여 50년대 홍콩의 아역스타가 되었다. 아역시절 24편의 영화에 출연했고 마지막 출연작은 1958년 작 〈인해고홍(人海孤鴻)〉이다. 1959년 그는 다시 미국으로 가서 철학을 전공하고 미국에서 절권도를 창시하고 1966년 TV드라마 〈The Green Hornet〉와 1967년 영화 〈Marlowe〉에 출연했다. 1971년 〈당산대형〉으로 홍콩영화계에 컴백 후 1973년 7월 20일, 그는 〈사망적유희(死亡的游戱)〉를 제작 중에 사망했다.

267　권격(拳擊)이라는 용어는 장처 감독의 1971년 작 〈권격〉 개봉 이후 언론에서부터 상용화되었다.

268　태권도 무술영화에서 나오는 비명 소리를 희화화한 표현으로 발차기 한 번에 수많은 사람들이 '으악'하며 쓰러진다고 붙여진 별칭.

중국 대륙 같은 풍경을 그림에 담을라니까 홍콩에선 도저히 담을 수가 없어서 한국에 와서 그런 걸 많이 찍었는데 그게 계기가 돼서 판권을 한국에 팔면 아까두 말했듯이 위장합작으로 한국에(…)269

이런 무국적 액션영화로 일컬어지는 위장합작영화의 성행은 한국 역사와 민족적 자존심까지 상실한 영화들이었다. 그것은 당시 관계자들이 묵인한 결과로 양산되었고 그로 인해 제작자로서는 상당한 수익이 발생했을 것이다. 제작자는 밀실 담합으로 위장합작을 도모했고 스태프들은 생계용으로 그 일에 동참했다. 스태프들의 이름은 대명되기도 했으며 담당 부처인 문공부는 이를 검증없이 승인해주어 합법적인 제작이 되었다.270

이렇듯 위장합작영화는 쉽게 수익을 남길 수 있는 편법으로 활용된 관객을 기만하는 사기극이었다. 지금의 기록대로라면 정창화 감독은 홍콩에 상주하며 한·홍합작영화를 양산했거나 혹은 홍콩의 장처 감독은 합작영화로 〈철수무정〉, 〈13인의 무사〉, 〈흑객〉을 만들었다고 할 것이다. 물론 이것은 우리만의 주장으로, 홍콩 감독의 입장에서는 한국하고 합작영화를 만들지 않은 것이 자명하다. 그러다 보니 〈망향〉이나 〈관세음〉, 〈비련의 왕비 달기〉 같은 진정한 합작영화조차도 위장합작영화로 간주되기 십상이다. 이렇듯 위장합작영화는 한국영화에 대한 부정적인 인식만 남겼다. 이들 위장합작영화가 한국영화에 끼친 악영향이라면 1970년대 한국 액션영화의 쇠퇴에 직접적인 영향을 준 것이다.

이후 〈음양도陰陽刀〉, 〈옥중도獄中刀〉, 〈대결투 / 낙엽비도落葉飛刀〉271 등 많은 영화들이 위장합작 형태로 수입되거나 혹은 대명貸名으로 제작되었다.272 이들 영화는 현재 한국영상자료원 한국영화데이터베이스(KMDb)에 다른 감독 이름이나 다른 제목으로 한국영화 목록에 올라있다. 예를 들어 〈대결투〉는

---

269 박선영, 『2008년 한국영화사 구술채록연구시리즈(생애사) 정창화』, 한국영상자료원, 2008, 121쪽.

270 송길한 작가 전화 인터뷰, 2012.3.24.

271 쇼브라더스 제작의 〈대결투〉는 1971년, 장처 감독 작이고 〈낙엽비도〉는 1973년, 장일호 감독 작이다.

272 국내의 감독이나 회사의 이름을 빌어 제작하는 형태이다. 위장합작의 경우 외국에서의 촬영에 합류하여 참관하거나 한국 내에서의 추가 촬영을 진행하고 한국어 더빙을 책임진다.

(제작사) 안양영화 (제작년도) 1973년 (감독) 장철 (주연) 링윈, 진봉진, 이려려273

로 되어 있다. 장처 감독의 영화에 링윈凌雲이 출연한 영화는 없으며 〈대결투〉에도 당연히 출연하지 않았다. 결국 〈대결투〉와 〈낙엽비도〉는 전혀 상관없는 영화인데 한국에서는 〈낙엽비도〉의 제목이 〈대결투〉로 바뀌어 소개되며 혼란을 주고 있다.

〈흑령관黑靈官〉274이라는 제목으로 합작영화 신고된 영화의 경우 최종적으로 1972년 11월 12일 〈옥중도〉라는 타이틀로 검열을 통과해 '고교생 이상 관람가' 등급을 받는다. 이 영화는 허멍화何夢華, 하몽화275 감독의 〈흑령관〉으로 합작영화 신고 되었는데 〈일전도一錢刀〉라고 제목이 변경되었고276 주연배우인 당칭唐菁, 당청의 급작스러운 질병으로 인해 완성이 연기되며 결국 〈옥중도〉로 제목이 바뀌었다.

그러나 〈옥중도〉는 홍콩 원제가 〈혈쇄천뢰血灑天牢〉로 처음에 기획했던 〈흑령관〉과 다른 영화인 것은 조연배우는 물론이고 주연배우까지도 모두 다르기 때문이다. 당칭도 출연하지만 이 영화는 로례羅烈, 라열가 주인공이다. 한국 측의 출연배우도 모두 바뀌었다.277 〈흑령관〉이라는 영화는 엄연히 존재하는 〈옥중도〉와는 다른 영화다. 〈흑령관〉에 눈 내리는 장면이나 설경이 소개되기 때문에 한국을 촬영지로 생각하고 합작을 기획했을 수도 있다. 하지만 〈흑령관〉은 합작영화로 완성되지 않았고 대신에 〈옥중도〉가 합작영화로 변경 신고 되었다.

이유는 알 수 없지만 결과적으로 별개의 두 영화가 바뀐 채 위장합작이 되었다. 〈옥중도〉를 시사해보면 쇼브라더스 영화인 것이 뚜렷한데 1969년에 기획하여 1971년 말에 완성한다는 것은 당시 있을 수 없는 제작기간이다. 또 〈옥중도〉의 실제 감독은 신쟝申江, 신강 감독이다. 애초에 위장합작하려던 영화가 바뀌며 이런 일까지 일어난 것이다. 당시 문공부 직원들이 국외사정에 어둔 현실을 이용하여 문서상으로 처리하며

---

273 『한국극영화 보유필름 색인』, 한국영상자료원, 2006, 151쪽.

274 허멍화 감독의 1972년 작, 唐菁, 汪萍, 田豊, 方仁子(한국) 등이 출연했다.

275 1929년 상하이 출신으로 1948년 홍콩으로 건너와서 시나리오 작가로 시작해 1958년 〈말괄량이〉로 감독 데뷔를 한다. 이후 쇼브라더스에 영입되었고 장르를 초월해 수많은 영화를 연출했다.

276 합작영화문서철의 한향 합작영화 〈일전도〉의 제작허가 문서를 보면 참조 난에 "〈일전도〉는 1969.3.20. 일자 검술 합작영화제작 불허 방침에 따른 경과조치 결과 구제하기로 결정된 작품임"이라고 명시되었다. 「문화공보부 영화과 기안문서, 합작극영화 〈일전도〉의 제작허가」, 1969.4.28.

277 "문화공보부 기안문서, 제목 합작 영화 제작 허가 사항 변경 신청 수리 통보", 1971.11.12.

처음에 당칭이 출연한 영화로 위장합작을 하려다가 전혀 다른 영화를 합작영화로 수입하며 생긴 일이다. 이는 명백한 위장합작 과정의 결과다.

그런데 〈흑령관〉은 결국 1972년 10월 28일 〈흑수도黑手刀〉라는 합작영화로 소개되어 개봉된다.278 두 영화는 줄거리가 같고 DVD로 확인한 결과 같은 영화다. 결론적으로 이런 일들이 진행된 것은 당시 담당자들의 업무 소홀과 관리자들의 관리 소홀로 이들 중 누구라도 의문 제기를 하였다면 생길 수 없는 일이다.

또 〈대결투大決鬪〉란 영화는 원래 장처 감독의 영화제목인데도 불구하고 장일호 감독의 〈낙엽비도落葉飛刀〉라는 다른 영화에 그 제목을 붙이기까지 했다. 이 영화는 버젓이 EBS의 〈한국영화특선〉에 장처 감독의 영화라며 소개되어 방송279 후 잘못된 영화 정보를 소개했다며 시청자들의 항의가 있었다. 제작진은 한국영상자료원의 영화정보 기록을 참조했다지만 위장합작영화의 오류가 시정되지 않는 한 이런 일들은 앞으로도 계속될 것이다. 그밖에 포털 사이트 네이버 검색을 해보아도 이 같은 오류를 지적하는 글들이 올라와 있다.280

1969년, 쇼브라더스로 초빙된 정창화 감독은 〈천면마녀千面魔女〉, 〈아랑곡餓浪谷〉, 〈천하제일권天下第一拳〉을 만드는데 특히 〈천하제일권〉은 홍콩영화로 미국에 첫 수출되어 〈Five Fingers of Death죽음의 다섯손가락〉라는 제목으로 1973년 3월 21일 개봉되어 주말 박스오피스 1위를 차지한다. 이 영화는 홍콩영화사상 해외에 수출되어 성공한 첫 번째 영화로, 국제적인 배우가 된 리샤오롱의 출현 이전 기록으로 의미가 있다. 그 〈천하제일권〉이란 영화 역시 국내에서 〈철인鐵人〉이라는 위장합작영화로 개봉된다. 결과는 참담한 흥행 실패였다. 연출자인 정창화 감독은 피해자로서 다음과 같이 자신의 심정을 토로했다.

---

278 "〈흑수도〉(1972) 원제: 〈Heuksudo(Heugsudo)〉 감독: 하몽화 / 각본: 하몽화 / 제작사: 안양영화 / 출연: 방인자, 담청, 최광호 | 대한민국 | 극영화 | 90분 | 중학생가 | 1972-10-28, 궁천룡은 도적인 관운비와 구한을 압송하다 관운비 아들들의 습격을 받아 가족은 몰살당하고 천룡은 부상을 입는다(⋯)", 한국영화데이터베이스 홈페이지 http://www.kmdb.or.kr(2012.1.3, 검색).

279 EBS 한국영화특선 2005.9.11. 23시 30분 방송, EBS 사내 전산망에서 자료검색을 하면 "영화: 대결투– 감독: 장철 / 1973 / 출연: 륑원, 진봉진/ 시간:77′03″ 05년 6월 무브라인 작업(EBS소유), 컬러, C/S(* 저작권관련 자료입니다.)"로 검색된다(2012.1.7, 검색).

280 "네이버 영화소개란에는 제목이 〈대결투〉라고 나와 있는데 검색해 보니 〈낙엽비도〉가 원제목. 감독 장철이 아닌 한국인 감독 '장일호' (⋯)," 네이버 블로그 'blog.naver.com/xlis2000/10100524312' (2012.3.15, 검색).

그 당시에 영화 수입 쿼터가 한 편당 한 3억 이상 그 당시에 액수 3억, 막대한 액수를 들여서 그 영화를 들여가느니 합작영화로 해서 그 영화를 들여가는 것이 말하자면 자기한테 큰 이득이 될 것이다 이렇게 생각했던 거고 (…)그리고 그 당시 검열 기준에 맞추기 위해서 나한테 한마디 말없이 양해 없이 저희들 마음대로 편집을 작품을 변형시켜가지고 합작영화로 둔갑해서 내놨다(…)[281]

정창화 감독으로서는 임의로 붙여진 제목과 상영본 편집에 대한 당연한 반응이다. 이렇듯 아무런 죄의식 없이 범죄가 양산됐다. 1960년대 말 합작의 범주에 포함시킬 수 없는 한·홍합작 영화는 초기 〈철수무정鐵手無情〉에서 보듯이 한국 버전을 따로 찍는 등 소폭적인 수정 제작이 있었으나 이후 한·홍합작은 버젓이 다른 영화제목을 붙이며 양산된다. 홍콩판 DVD가 그 확실한 증거이다. 실제 합작영화도 그 어디에도 합작이라고 명기 되어 있지 않다. 그렇다고 위장합작이 용인될 수도 없는 것이다. 이렇듯 엄연한 외국영화가 한국영화로 인정되었다.

위장합작 여부가 명확치 않은 영화는 이런 자료부터 확인해보면 파악해낼 수 있는 일이다. 우선 영상자료원에 보관 중인 시나리오부터 확인해보면 알 수 있다. 위장합작의 시나리오는 극중 인물 이름부터가 다르고 중국어 번역임이 확연하다. 〈철장鐵掌〉이라는 제목으로 인쇄된 번역대본은 합작영화 허가용 대본으로 제출된 것인데 이 영화는 〈철인鐵人〉이라는 제목으로 개봉되었다. 이 대본을 읽어보면 우리식 시나리오 작법[282]이 아닌 중국식 시나리오의 번역본이라는 것을 바로 알 수 있다. 당시 이런 일들은 비일비재했고 공공연한 비밀이었다. 대다수의 시나리오는 작가가 투입되어 한국형 시나리오로 바뀌어 쓰였다. 이렇듯 홍콩과 타이완의 위장합작영화 시나리오는 번역된 중국어 대본을 바탕으로 다시 각색되었다.

〈십삼태보〉라는 장처 감독의 영화도 〈십삼인의 검객〉이라는 합작영화 대본을 심의에 넣었고 개봉 제목은 구로사와 아키라 감독의 1954년 작인 〈칠인의 사무라이七人の侍, Seven Samurai〉를 본 딴 〈십삼인의 무사〉가 되었다. 한국인 배우 남석훈, 진봉진,

---

281 안태근, 「영화감독 정창화 인터뷰」, 『글로벌문화콘텐츠』, 2호, 글로벌문화콘텐츠학회, 2009, 275쪽.
282 우리나라의 시나리오 작법은 일본식으로 장소별 구성에 의해 보통 150씬 내외로 씌어진다. 〈철장〉의 대본은 중국 방식의 시퀀스 구성으로 60여 개의 씬으로 구성되어 있다.

홍성중이 출연했다는 것이 합작영화의 요건을 갖춘 것이었다. 〈권격拳擊〉의 속편인 〈흑객黑客〉의 경우는 홍콩 제목이 〈악객惡客〉이다. 이 영화 역시 시나리오의 배경은 홍콩과 한국으로 되어 있지만 홍콩과 일본에서 촬영되었으며 하네다 공항, 도쿄 시내, 일본 경찰이 등장한다. 그럼에도 한·홍 합작영화로 통과되었다. 물론 합작기준에 맞추기 위해 출연자는 당시 홍콩 쇼브라더스에 전속되었던 김기주, 홍성중과 초빙되어간 방인자가 출연했을 뿐이고 한국의 어느 곳에서도 촬영되지 않았고 한국 측 감독도 부재하다. 관객도 의문을 가질 합작영화다.

대본의 사전심의나 완성된 영화의 검열이 엄격하던 그 시절에 심의위원들이 이런 일들을 모를 리 없을 것이다. 당시 관련 공무원들을 옹호하는 의견도 있지만[283] 그들 간의 공모 없이는 생길 수 없는 일이다. 이런 일들은 도덕적으로 아무런 죄의식 없이 행해졌고 위장합작영화에 자신의 이름이나 명예를 도용당한 피해자들도 조차도 무심코 넘어갔다. 이런 일들이 횡행한 것은 당시의 시대 분위기의 영향이며 영화제작자들에게 밉보일 수 있다는 우려 때문에 빚어진 일이다.[284]

1978년 홍콩에서 청룽成龍의 코믹쿵후영화의 〈취권醉拳〉은 그해 최고 흥행작이 되었다. 당시 청룽의 인기는 리샤오룽의 인기를 바탕으로 〈소권괴초笑拳怪招〉, 〈사제출마師弟出馬〉, 〈용소야龍少爺〉 등 특유의 코믹액션으로 계속 인기를 끌었다.

(3) 1980년대

1970년대의 홍콩영화 붐은 장처 감독의 영화와 리샤오룽에 의해 시작되어 1980년대에는 청룽에 의해 지속적으로 이어졌다. 그런가 하면 쉬관원許冠文, 허관문, 쉬관제許冠杰, 허관걸형제의 〈미스터 부Mr. Boo!〉시리즈가 한국에서는 뒤늦게 개봉되었지만 홍콩에서처럼 인기를 끌지는 못했다. 이것은 희극을 소화하는 양국문화의 차이 때문일 것이다. 이 영화의 원제는 첫 편이 1974년 작인 〈귀마쌍성鬼馬雙星〉이고 그 후 〈반근팔냥半斤八兩〉등의 시리즈가 제작된다. 리샤오룽의 영화를 패러디한 이런 코미디 영화들은 홍콩인을 매료시키며 홍콩 흥행기록을 경신한다.

---

283 "그것도 통과될만한 근거가 있으니까 통과가 됐겠지. 정부에 있는 사람들도 바보가 아닌데(…)" 강범구 인터뷰, 제17회 KBF세미나, 한국영상자료원 코파3관, 2012.3.31.

284 "강범구: 근데 그때 거절 못했어? 그때 규명해야지. 구중모: 아니 규명이 아니라 그 당시에는 제작자들도 다 알고 하니까 사과를 하고 하지만 고소할 시간이 되지 않았다고 나도(…)", 위의 세미나.

한국에서는 리샤오룽 아류의 영화 대신에 청룽의 흥행작인 〈취권〉류의 영화가 만들어져 〈애권愛拳〉, 〈소애권笑愛拳〉, 그 외 〈소림사少林寺〉나 〈산동山東〉 시리즈 등의 영화가 만들어졌다. 이런 코믹액션영화들은 중국무술과 중국을 배경으로 한 영화들로 무국적영화라는 혹평을 들었고 관객들로 하여금 한국영화의 기피증을 주기에 충분했다. 한국영화계는 한국영화와 무술영화 두 장르로 양분되었는데 영화인들은 비연기자들로 구성되어 만들어지는 무술영화를 비하했다. 실제로 무술영화는 의무제작 편수를 채울 목적으로 소모품처럼 만들어져 서울의 변두리 극장에서 상영되거나 지방흥행 후에는 해외에 원판negative film채 수출되었다. 그 원판들은 반환되기도 했으나 통관비 문제로 찾아가는 업자가 없을 경우에는 서울세관에서 소각되기도 했다.[285]

1980년대 초중반에 집중적으로 만들어진 합작영화들은 중국영화의 인기에 편승하려는 위장합작영화가 대부분이며 우진필름의 대표인 정진우 감독은 이 사실에 대해 자신이 제작한 영화를 포함하여 위장합작영화에 대해 폭넓게 증언했다. 그는 한국영화사에서 합작영화사는 위장합작의 역사라고까지 말한다. 특히 이상스러운 제목의 영화는 모두 위장합작영화이며 자신은 1980년 제5공화국 시절 한국영화제작자협회 부회장의 자격으로 영화자율정화위원회[286]의 위원장으로 활동했는데 영화계 불법행위인 사전제작, 대명제작 그리고 위장합작영화 등을 판정했다고 한다.[287]

이즈음 리샤오룽 영화의 인기를 계승한 청룽의 영화는 〈쾌찬차快餐車〉, 〈복성고조福星高照〉의 흥행으로 시대 배경이 현대화되었다. 이 영화의 감독인 홍진바오洪金寶, 홍금보도 인기정상에 올랐는데 〈귀타귀鬼打鬼〉로 강시영화가 인기를 끌게 된다. 이어 린쩡

---

285 정진우 인터뷰, 서울 신사동 한국영화인복지재단 사무실, 2007.1.4.

286 제5공화국 시절, 영화자율정화위원회는 남산 입구의 적십자사 건물에서 5년간 활동했다. 정진우 감독이 1985년 방콕에서 열린 아시아영화제 때 출국하자 한국영화제작자협회가 그의 공석을 틈타 불신임안을 가결하여 그의 영화자율정화위원회 활동은 끝이 난다. 그는 합작영화에 대하여 중국과의 정식합작영화는 적었으며 심의위원과 정부가 용인했다는 의견을 갖고 있다. 정진우 인터뷰, 위의 장소, 2012.5.8.

287 당시 각 부문에 걸쳐 자율정화위원회 활동이 있어 부정행위자에 대한 추방운동이 있었으며 영화계에서는 고질적인 병폐인 위장합작영화를 색출해 내는 일이 시행되었다. 합작영화의 판정권을 갖는다는 것은 검열에서 불합격시킬 수 있는 막강한 권한을 갖는 것이다. 그가 규정하는 합작영화는 한국에서 자본을 대등하게 투자해야 하고 스토리가 합작영화다워야 하며 감독을 비롯한 스태프, 출연자가 골고루 구성되어야 한다는 것이다. 그래서 한국의 합작영화는 대부분 위장합작이라는 것이다. 그의 이러한 활동은 1970년에 있은 한국영화인협회의 위장합작영화 긴급 대응책과 일맥상통하는 것이다. 그의 결론은 합작영화가 아닌데 합작영화라고 해서는 안 된다는 것이다. 그는 광범위한 위장합작영화제작에 자신이 제작한 영화도 포함되며 합작영화사 기술에 특별한 주의를 당부했다. 정진우 위의 인터뷰.

잉林正英, 임정영의 〈강시도사殭屍道士〉 시리즈가 나오며 중국귀신이 한국에서 흥행코드 가 되기도 했다. 1980년대 초 한국에서는 청룽과 후관원, 홍진바오, 리롄제李連杰, 이연 걸의 출연작들이 연이어 개봉되었다. 그런가 하면 리롄제가 〈소림사少林寺〉로 데뷔해 꾸준히 활동한다. 1986년, 서울의 화양극장에서 개봉된 한 편의 느와르 영화 〈영웅본 색英雄本色〉이 홍콩느와르영화의 시작이 되었다. 저우룬파周潤發, 주윤발, 장궈룽張國榮, 장 국영은 남자의 의리를 주제로 한국에서 홍콩느와르 영화 붐을 일으킨다. 이 영화를 시 작으로 〈영웅무언英雄無言〉등이 개봉되는데 일본 판 야쿠자 주인공의 암흑영화 장르에 홍콩식 액션을 가미한 이런 영화가 홍콩느와르라는 이름으로 흥행에 성공한다. 청룽 의 신작 영화도 꾸준히 개봉되며 1983년 작인 〈프로젝트A / A計劃Project.A〉와 1985 년 작인 〈폴리스 스토리 / 警察故事Police Story〉, 1986년 작인 〈용형호제龍兄虎弟〉가 청 룽의 인기를 확인시켰다. 그의 출연 영화는 명절인 설날과 추석 프로그램으로 상영이 되고 TV에서도 방영된다. 어느 틈엔가 한국의 청소년들에게 홍콩 배우는 자연스럽게 우상으로 자리하며 각종 영화잡지에는 홍콩영화의 부록이 끼워지고 그들이 출연한 CF의 상품들은 인기품목이 되었다. 홍콩느와르의 틈새에 1989년 작인 〈도신賭神〉, 1990년 작인 〈도성賭聖〉 등의 도박영화가 개봉되며 저우룬파와 함께 저우싱츠周星馳, 주성치라는 배우가 홍콩영화 애호가들의 지지를 받는다.

(4) 1990년대

저우싱츠는 1992년 서울 국립극장에서 열린 제35회 아시아영화제에서 〈심사관審 死官〉으로 남우주연상을 받더니 1999년 작 〈희극지왕喜劇之王〉으로 홍콩 최고의 스타 가 된다. 그의 한국에서의 인기는 대중적인 인기보다는 소수이지만 열광적인 팬들의 지지로부터 시작되었다. 그런가 하면 청샤오둥程小東, 정소동 감독은 〈천녀유혼倩女幽魂〉 으로 왕쭈셴王祖賢, 왕조현 신드롬을 일으킨다. 우위썬吳宇森, 오우삼은 1989년 작인 〈첩혈 쌍웅喋血雙雄〉과 1990년 작인 〈첩혈가두喋血街頭〉 등 꾸준히 홍콩느와르 영화를 만들다 가 할리우드로 진출해 1997년 작인 〈페이스오프Face Off〉, 2000년 작인 〈미션임파서 블2Mission : ImpossibleⅡ〉를 연출한다. 청룽도 끊임없이 신작을 선보였는데 1995년 작 인 〈홍번구紅番區〉와 그 후 2005년 〈폴리스 스토리警察故事〉 시리즈 등으로 꾸준히 인기 를 끌었고 새로운 스타들의 등장 속에서도 〈아비정전阿飛正傳〉의 류더화劉德華, 유덕화나 왕자웨이王家衛, 왕가위 감독의 1994년 작인 〈중경삼림重慶森林〉 등도 홍콩영화의 인기를 유지시켰다. 저우싱츠는 2001년 작 〈소림축구少林足球〉와 〈쿵후허슬功夫, Kung Fu Hustle〉로 그의 인기를 재확인시켰고 그런가 하면 〈무간도無間道〉 등의 새로운 홍콩느와르영화도 홍콩영화의 재기 가능성을 보여주고 있다.

그러나 2000년대 들어 홍콩을 포함한 중국영화가 보여주는 것은 국수주의적인 대형사극이다. 장이머우張藝謀, 장예모의 2002년 작 〈영웅英雄〉, 2004년 작 〈연인戀人〉과 펑샤오깡馮小剛, 풍소강 감독의 〈야연夜宴〉 등에 이어 리런깡李仁港, 이인항 감독의 2008년 작 〈삼국지 용의 부활〉, 우위썬 감독의 2008년 작 〈적벽대전赤壁〉 등은 중화사상을 강조하려는 분명한 목적을 지닌 영화들이다. 이러한 현상은 중국영화가 타국에서 외면받는 주요 원인이다. 중국영화계는 홍콩영화인들을 영입하여 거대시장을 발판으로 외형상 비약적인 성장을 이루었지만 흥행은 이전에 비해 미미한 수준이다. 한국에서의 항류현상은 1997년 홍콩의 중국 반환을 기점으로 급격히 쇠퇴했다.[288] 한때 합작 파트너로서 동경의 대상이며 롤모델role model이었던 홍콩영화계의 부진은 한국영화의 미래에 대한 경고일 수도 있다.

1990년 작 〈용의 유혼龍의 幽魂〉 이후부터 한국에서는 더 이상 위장합작영화가 제작되지 않는다. 그러나 정식합작영화의 제작은 계속되고 더욱 활성화 된다. 1991년 1월 8일 문화부는 전격적으로 일본문화 부분 개방에 이어 일본과의 합작영화 허용발표를 한다.

> 문화부는 '한일 간의 역사성을 소재로 한 예술성 높은 작품'부터 시작해서 한일
> 합작영화 제작을 단계적으로 허용할 것이라고 밝혀, 파문을 일으켰다.[289]

이후 한국영화는 글로벌 시대를 맞아 본격적인 합작영화 시대를 맞이한다. 1993년 문화부가 정부조직법에 의거 문화체육부로 개명되어 3월 6일, 제9차 개정영화법

---

288 항류(港流)의 최전성기는 1995년이다. 당시 비디오샵이 4만여 곳이 있었는데 3만장 이상 판매된 영화가 1986년 작 〈영웅본색〉, 1989년 작 〈지존무상 / 至尊無上〉이 2부작, 1990년 작 〈천장지구(天長地久) / 天若有情(천약유정)〉, 1991년 작 〈정전자 3 / 征戰者 3〉, 〈종횡사해 / 縱橫四海〉, 1992년 작 〈옥보단(玉潽團)〉, 1994년 작 〈천여지(天與地)〉, 1998년 작 〈신당산대형 / 戰狼傳說(전랑전설)〉 등이다. 성낙범 당시 미주영화사 이사 인터뷰, EBS, 2012.7.2.

289 『1992년도 판 한국영화연감』, 영화진흥공사, 1992, 199쪽.

이 법률 4541호로 공포 시행되었다. 그 후 영화제정기본법이 제기되어 추진되다가 범위를 축소하여 1995년 12월 30일, 영화진흥법이 개정된다. 법률 제5129호에 의해 영상진흥법이 1996년 7월 1일, 시행되는데 이때 공동영화 제작업이 신설되었다. 그리고 공동제작영화는 허가가 아닌 신고만으로 제작이 가능하게 되었다.[290] 달라진 제작환경으로 인해 과거의 합작영화 법규로는 새로운 제작 형태를 수용할 수가 없기에 공동영화 제작업이 신설된 것이다.

1990년대 말부터 2000년대 들어 본격적인 합작영화들이 제작되었다. 다음의 영화들은 양국의 배우나 스태프들이 참여한 실제 합작영화들이다.[291] 김수용 감독의 1997년 작인 〈사랑의 묵시록〉도 일본의 제작투자로 합작되었고 두치팽杜琪峰(두기봉) 감독의 1997년 작 〈캘리포니아〉는 (주)드림시네마 제작으로 홍콩 시나리오이며 진청우金城武(금성무), 리루어퉁李若彤(이약동), 변우민이 출연했다. 문승욱 감독의 1998년 작인 〈이방인〉은 폴란드와 합작으로 안제이 야로쉐비치가 촬영했다. 이 영화는 폴란드의 제5회 카메르이마주 국제 촬영예술영화제 특별상영 부문에 공식 초청되었다.[292] 1999년 박철수 감독의 〈가족시네마〉는 일본의 제작지원을 받았으며, 프랑스와의 합작인 박광수 감독의 〈이재수의 난〉, 합작은 아니지만 1999년 작인 〈벌이 날다〉는 타지키스탄에서 촬영했으며 민병훈과 잠셋 우스만 오프가 공동감독하였다.

(5) 2000년대 이후

2000년대에는 영화진흥법 시행규칙에서 공동제작 영화규정을 단순화하였다. 공동제작 영화에 참여하는 한국인 비율과 출자비율의 규정이 삭제되며 2002년 6월 이후에는 자본만 20% 혹은 10% 이상이면 공동제작 영화로 인정받아 한국영화로 인정받게 되었다.[293]

2000년에도 홍콩과의 액션영화 공동제작이 계속되었는데 가오페이高飛(고비) 감독의 〈의혈〉[294], 2001년 작 〈캅링크〉[295]가 있다. 유영식 감독의 2000년 작인 〈아나키스

290　유지나 외, 『한국영화사 공부 1980~1997』, 한국영상자료원, 2005, 178쪽.

291　한국영화데이타베이스 홈페이지 http://www.kmdb.or.kr(2011.6.5, 검색).

292　『1998년도 판 한국영화연감』, 영화진흥공사, 1998, 233쪽.

293　『아시아공동제작현황과 발전방안』, 영화진흥위원회, 2002, 85쪽 참조; 김동호 외, 앞의 책, 311쪽 참조.

294　가오페이 감독의 합작영화이다. 채수억 무술감독 인터뷰, 제19회 KBF세미나, 한국영상자료원 코파3관,

트〉는 ㈜씨네월드가 상하이영화제작소SFS의 제작협조를 받아 만들어진 협작協作영화
다. 이 때 함께 제작된 김영준 감독의 〈비천무〉도 같은 케이스이다. 같은 해 한국의 쿠앤
필름과 일본이 합작한 이재용 감독의 〈순애보〉는 일본 원작을 영화화했다. 〈라스트씬〉
은 기획자 조성규가 참여했지만 일본영화라고 해도 무방할 일본인 위주의 영화다. 허준
호 감독의 〈봄날은 간다〉도 같은 해에 일본의 쇼치쿠 컴퍼니와 공동 제작되었다. 사카모
도 준지 감독의 2001년 작 〈케이티KT〉의 제작사는 씨네콰논, 디지털사이트코리아㈜,
마이니치방송㈜위성극장이며 주연은 김차운, 김갑수, 마수오, 사토 코우이치이다.

　　김성수 감독의 2001년 작인 〈무사〉는 장쯔이 등의 홍콩여배우들이 출연했지만 국
내 자본에 의한 한국영화다. 이러한 협력제작 형태로 공동제작영화가 만들어졌다. 이
사오 유키사다 감독의 〈고 / Go〉도 합작되었는데 김진과 명계남 등이 출연하였으나
한국관객들은 이 영화를 일본영화로 받아들였다.296 2002년에는 김지운 감독이 참여
한 한·홍·태 3개국의 공동제작영화 〈쓰리Three〉가 제작되었고 나가사와 마사이코 감
독의 〈서울〉은 일본 도호영화사가 제작한 일본영화로 한국 배우들이 참여했다. 사이
토 고우이치 감독의 〈미션 바라바〉도 키네마 도쿄와 키네마 서울의 공동제작영화다.
이밖에 중국과 〈크라잉 우먼Crying Woman〉, 〈임소요Unknown Pleasure〉, 태국과 〈아 유
레디?R U Ready?〉가 공동제작되었다. 협작이라고 명시된 〈천년호〉는 이광훈 감독의
2003년 작으로 ㈜한맥영화 / 중국전영합작제편공사中國電影合作制片公司, 중국전영집
단제편분공사中國電影集團制片分公司의 협작이며 정준호, 김효진, 김혜리, 최원석, 이한갈
이 출연했다.

　　그 외 2001년 배창호 감독의 〈흑수선〉, 2002년 이시명 감독의 〈2009 로스트 메
모리즈〉, 2002년 육상효 감독의 〈아이언팜〉, 2003년 김은숙 감독의 〈빙우〉, 2004년
양윤호 감독의 〈바람의 파이터〉, 같은 해 공수창 감독의 〈알포인트 / R-point〉, 임필
성 감독의 〈남극일기〉, 정용기 감독의 〈인형사〉는 해외로케이션의 협조를 받은 공동
제작영화다. 김기덕 감독의 2003년 작 〈봄, 여름, 가을, 그리고 겨울〉은 한·독 공동제

2012.6.24(이 영화는 일체의 기록이 없이 KMDb에는 제목만 검색된다.).

295　합작영화로 홍콩의 가오페이 감독과 양리칭이 방한하여 보름간 촬영했고 그 후 한국 배우 조주연 등을 홍콩으
　　로 데려가 마무리 촬영을 하였다. 채수억 인터뷰, EBS, 2012.4.15.

296　『아시아공동제작현황과 발전방안』, 위의 책, 79쪽.

작으로 독일에서 후반작업을 했으며 전수일 감독의 2003년 작 〈파괴〉는 한·불 공동
제작으로 프랑스에서 후반작업을 하였다.

2004년, 한·홍·일 공동으로 제작한 〈쓰리 몬스터〉는 박찬욱, 프루트 첸, 미이케
다카시가 연출했다. 각국이 40분 내외로 중편을 제작하여 한 편의 장편을 만들었다.
같은 해 송해성이 연출한 〈역도산〉은 한·일 공동제작으로 양국의 배우가 출연했고 같
은 해 홍상수 감독의 〈여자는 남자의 미래다〉는 한·불 공동제작으로 한국 국적의 영화
다. 같은 해 곽재용 감독의 〈내 여자 친구를 소개합니다〉는 한·홍 공동제작이며 김기
덕 감독의 〈빈집〉은 한·일·프랑스의 공동제작이다. 공동제작이지만 투자만 하면서 영
화의 국적은 한 국가에만 귀속되는 경우도 생긴다. 2004년의 이런 공동제작 붐은 높
아진 한국영화의 위상과 부산국제영화제 등의 국제행사 때문으로 풀이된다.

2005년, 〈로프트〉는 한·일 공동제작이지만 구로사와 기요시 연출로 영화의 국적
은 일본영화다.297 쉬커徐克, 서극 감독의 〈칠검〉은 국내 자본이 투입된 홍콩과의 합작
영화로 국내에서는 2005년 9월 29일 개봉되었다. 천카이거陈凯歌, 진가개 감독의 〈무
극〉은 2006년 1월 26일 국내에서 개봉되었으며 장동건을 비롯하여 홍콩, 일본의 배
우가 출연하고 3개국의 자본으로 만들어진 다국적 합작영화다. 중국 현지의 흥행기록
에 비해 국내 흥행은 저조했다. 한국, 일본, 중국, 홍콩의 다국적 합작영화인 〈묵공〉은
장즈량張之亮, 장지량 감독의 2006년 작으로 류더화, 안성기, 최시원이 출연했다. 이 영
화는 북한과의 합작으로 장즈량의 홍콩 마이다스 측의 자본과 기술로 북한의 정주산
성과 금강산, 해금강에서 촬영을 하고 북한군 20만 명을 엑스트라로 동원하는 것으로
발표되었으나 무산되었고 결국 한국과 합작하게 되었다.298 리런깡李仁港, 이인항 감독
의 2008년 작인 〈삼국지 용의 부활〉은 한국의 ㈜태원엔터테인먼트를 비롯하여 홍콩
의 비주얼라이저 필름 프로덕션Visualizer Film Productions, 중국의 차이나 필름 그룹
China Film Group이 참여한 합작영화였다.

에바진 감독의 2009년 작 〈소피의 연애매뉴얼〉은 할리우드식 로맨틱 코미디이
다. 장쯔이章子怡가 맡은 소피는 자신을 배신한 옛 애인을 되찾기 위한 작전에 돌입한
다. 여기서 배신자 애인 역을 한국 배우 소지섭이 맡았다. 감상 후 언뜻 드는 느낌은

---

297 『국제공동제작영화 사례집』, 영화진흥위원회, 2004, 34쪽.

298 "張之亮(장지량)감독 "오늘 방북" 北(북)-홍콩 합작영화 추진", 《동아일보》, 1998.4.27, 6면.

MBC드라마 〈내 이름은 김삼순〉 같기도 하고 장쯔이의 이미지는 김삼순 역의 김선아와 흡사하다. 그녀는 조력자의 도움으로 엎치락뒤치락 슬랩스틱 코미디를 보이다가 결국 해피엔딩으로 끝을 맺는다. 이 영화는 국내최대의 투자배급사인 CJ엔터테인먼트가 공동제작자로 나서 중국과 합작을 했다지만 영화 내내 합작이라는 것을 볼 수 없으며 크레디트 타이틀credite title에 가서야 공동투자로 소개된다. 그러나 잘 드러나지 않는 공동투자 자막만 뺀다면 누구도 한·중합작이라는 것을 알 수 없는데 투자만으로 진정한 합작이라고 할 수 없다. 영화합작은 공동기획이나 공동연출이어야 하고 양국 연기자가 주요 배역으로 참여하여야 한다. 이렇듯 공동제작에 걸맞은 주요 스태프들의 참여도가 있어야 설득력이 있는 것이다. 그러다 보니 〈소피의 연애매뉴얼〉은 한·중합작이라는 것을 굳이 강조하지 않으며 영화의 국적도 중국으로 되어있다. 이런 합작은 예나 지금이나 비즈니스의 수단일 뿐이다. 즉 한류 팬들을 목표로 특정 타깃을 정해 놓은 마케팅에 따라 기획되어 투자하는 제작형식인 것이다. 〈소피의 연애매뉴얼〉이 CJ엔터테인먼트가 글로벌 원년을 선포하고 투자한 첫 번째 영화라는 점에서 향후 국제공동제작 비즈니스의 전형을 잘 보여준다고 할 수 있다.

〈옹박〉으로 알려진 프라챠 핀카엡Prachya Pinkaew 감독과 이종석 감독이 공동연출한 2011년 작 〈더 킥/The kick〉[299]은 한국의 더 킥 컴퍼니The kick company와 바람유 프로덕션Baa Ram Ewe Production, 태국의 방콕 필름 스튜디오Bankok Film Studio가 공동제작하였다. 태국을 무대로 태권도장 관장과 한국인 악당의 액션영화로 양국의 배우가 출연했다. 제16회 부산국제영화제에 공식 초청되었고 한국에서의 흥행은 부진했지만 전 세계 36개국에서 개봉되었다. 이 영화는 이종석 감독이 시나리오를 썼으며 태권도 소재를 글로벌 프로젝트로 추진하여 만든 공동제작이다.

〈백자의 사람: 조선의 흙이 되다/道, 白磁の人〉은 2012년 타카하시 반메이高橋伴明 감독의 일본영화나 한국 로케이션 및 한국인의 참여로 제작되었다. 내용은 일제강점기를 배경으로 한국인을 사랑하고 한국의 삼림과 문화를 사랑했던 일본인 아사카와 타쿠미의 일대기다. 양국의 배우들과 한국의 스태프들이 참여하여 제작할 수밖에 없는 소재였는데 굳이 합작영화는 아니더라도 향후 공동제작은 늘어날 것이며 이런 유형으로 글로벌 콘텐츠화 될 것이다.

---

299 더 킥 홈페이지 http://www.thekick.co.kr(2012.2.5, 검색).

합작영화 논의의 전제

■ 1. 영화정책 및 법규의 분석

영화법을 분석함은 합작영화를 규명하기 위한 첫 단계이다. 어느 나라건 영화법이 있어 자국 영화산업의 육성과 보호에 대해 법으로 규정하고 있다. 금지 조항이 많은 건 그만큼 영화를 규제하기 위함이고 합작영화 규정도 이와 같다. 그러나 법이란 국민들이 어떻게 준수하느냐에 따라 관계법령을 악법으로 전락시키는 결과를 낳을 수도 있다. 모든 사회적 결과에는 그 원인을 제공한 정책이 존재한다. 합작영화와 한국영화의 의무제작으로 영화산업 진흥과 영화인들의 일자리 창출을 염두에 둔 정책이지만 생각지 못한 역효과도 있었으니 그것을 극명하게 보여준 것이 합작영화 관련 법규이다. 비록 위장합작영화를 권장하지는 않았지만 결과적으로 미비된 법규가 위장합작영화 양산이라는 결과를 만들었다.

(1) 영화정책의 변천

한국의 영화법은 조선총독부의 조선영화령부터 시작한다. 1939년 영화 통제를 목적으로 해 첫 제정된 영화법은 일제의 통치목적을 위해 영화를 규제하기 위한 것이다. 이때부터 영화도 일본어로만 제작할 수 있었다.[300] 1940년 1월에 조선영화령이 공포되고 제작되는 영화를 통제하기 위한 법령으로 만들어져 결국 한국영화를 말살시켰다. 이 법에 따라 1940년 12월 10일, 조선영화제작자협회가 결성된다. 조선총독부는 1942년 9월 29일, (사)조선영화제작주식회사를 설립하고 1943년 전쟁총동원령 이후 종전까지 일제를 위한 선전영화만이 만들어졌다. 그것은 당시 각 분야에서 벌어졌던 강제동원과 다르지 않다. 모든 영화계 인사는 등록제에 의해 선별되었고 그들만이 영화 활동을 할 수 있었다. 그들은 곧 일제의 선전영화에 동원되었는데 그것은 불가항력으로 합작영화라는 미명 아래 제작된 일본영화로 위장합작에 다름 아니다.

광복 후 한국영화는 시대의 변화와 환희를 영화화하며 일제의 암흑기를 벗어난다.

---

300 "1939 日帝의 映畵統制를 目的으로한 映畵法이 施行, 韓國映畵는 이때부터 倭語使用", 정순태, 「紀錄篇 韓國演藝六十年年表」, 『한국연예대감』, 앞의 책, 405쪽.

그러나 사회적 혼란기를 맞아 영화산업의 부흥으로까지 이어지지는 못했다. 광복 후 초기에는 외화 수입이나 검열을 총괄하는 공식적인 영화 담당기구도 없었다. 1948년에 대한민국 정부가 수립되고 영화인들이 한국영화윤리위원회를 구성하여 자율적인 검열을 시작하였다. 그러나 흥행 허가는 문교부가 담당하였다.301

그리고 1962년에 문교부와 한국영화윤리위원회와 제작자협회의 갈등이 심해지며 문교부가 이들 업무를 모두 관장하기 시작한다. 이렇게 영화 분야도 문교부가 상영 허가에 따른 제반업무를 관장하며 지금은 폐지된 기나긴 검열의 역사가 시작된다. 1960년대는 자유민주주의 운동이 학생들을 중심으로 시작되었다. 이러한 여파로 영화의 검열도 영화인들의 자율적인 기구인 한국영화윤리위원회를 구성토록 하였고 문교부는 이를 지휘 감독하였으나 결국에는 문교부가 독자적으로 검열을 맡게 되었다.302

1962년 1월 25일, 한국정부 최초로 영화에 대한 법률이 제정되었다.303 영화법 시행령은 1962년 3월 3일, 각령 제545호로 공표되었다. 이때 합작영화에 대한 별도 조항이 명시되어 영화업계의 불법, 탈법에 의한 위장합작을 예방하였다. 당시 영화의 합작은 국위선양이나 기술의 향상을 위한 방법이었고 수출을 위한 전략이기도 했다.304 1962년 12월 21일에는 71개의 영화사가 16개로 자진 통폐합되고305 영화사

---

301 "문교부 장관의 발표에 의하면 문교, 경무, 공보부에서 각각 취급하던 흥행허가 사무를 문교부에서만 하기로 국무총리 통첩으로 각 지방장관에게 발송하였음으로 금후 흥행과 예술운동은 문교부 관할 아래 일원화하리라 한다.", 《경향신문》, 1949.1.23, 4면.

302 "映倫의 誕生, 自由黨이 물러나자 學生들의 힘으로 이루어진 民主黨은 政治 經濟社會 文化등 모든 面에서 제대로 질서를 잡지 못해 허둥지둥 하는중 그래도 映畵檢閱을 映畵人들의 自律에 맡겨 보겠다고 韓國映畵倫理委員會를 構成, 이곳에서 우선 作品을 試寫한 後에 贊否를 文敎部에 通告하여 文敎部에서 上映許可를 하게 되었다. 文敎部의 映畵政策이 再檢討되게 이르러 얼마되지 않아 映倫과 文敎部는 極度의 對立을 보게 되고 終末에는 文敎部가 映倫을 無視하고 單獨으로 檢閱을 하게 되었으니 映倫은 有名無實이 아니라 存在의 義意가 없게끔 됨에 이르렀다." 정순태, 앞의 책, 56~57쪽.

303 "한편 영화계는 50년대의 프로덕션 亂立이라는 이유로 業界의 대대적인 改編이 단행되었다. 50년대말의 71개 映畵社와 프로덕션은 62년 1월 25일의 映畵法의 改正施行으로 16個社로 통합되었다. 이로 인하여 個人프로덕션은 그 자취를 감추게 되고 말았다.『사진으로 본 한국영화 60년』, 영화진흥공사, 1980, 154쪽.

304 "關係法令集 1962.1.20. 法律 第995號 映畵法 第2條 3항을 보면 "本法에서 合作映畵라 함은 우리나라의 國民과 外國人 共同으로 製作한 映畵를 말한다(…) 第5條 (合作映畵) 製作業者가 合作映畵를 製作하고자 할 때에는 公報部令의 定하는 바에 依하여 公寶部 長官의 수입추천을 받아야 한다(…) 第9條 (合作映畵의 輸出地域) 合作映畵의 輸出에 있어서는 그 合作契約에서 約定된 上映地域 以外의 地域에 對한 輸出만을 輸出로 認定한다(…)", 앞의 책, 448~449쪽.

는 그 후 소폭으로 증가해 1978년에는 20개사로 정착된다.[306]

　　1967년에 후진취안 감독의 홍콩영화 〈방랑의 결투〉가 수입되어 흥행에 성공하였고 1968년 장처 감독의 〈의리의 사나이 외팔이〉 다시 흥행에 성공하자 당시 중국영화[307] 수입은 업자들이 선망하는 수익 사업이 되었다. 꼭 무협영화 장르가 아니더라도, 당시 홍콩영화는 할리우드영화를 능가하는 흥행력을 가졌다. 같은 동양권이라서 외모나 정서가 우리와 닮았기 때문이다. 리칭이 주연한 〈스잔나 / 珊珊〉는 당시 중고생들의 화제작으로 멜로영화이면서도 흥행에 성공했다. 이런 상황이 되자 영화업자들은 너도나도 중국영화 수입을 희망하였다. 중국영화 수입은 결국 규제의 대상이 되었고 1974년에는 일 년에 4편으로 수입제한이 되었다. 이렇듯 중국영화 수입을 위한 줄서기까지 있었고 중국어 영화 수입은 큰 이권의 하나였다. 영화계에 갑자기 중국영화의 붐이 시작되었다. 이러한 수요 공급의 원칙을 채워준 것이 합작영화 방식이다. 신필름과 쇼브라더스사의 합작영화 〈달기〉의 방식으로 합작을 하면 되는 일이었다. 그러나 합작영화가 쉬운 일은 아니었고 당장 수익성을 따져본 업자들은 편법을 동원했다. 이미 완성된 홍콩영화를 수입하며 합작 처리하는 방법을 생각해낸 것으로 완성된 영화를 합작영화 기준에 맞추어 재가공하면 되는 것이다.[308]

　　1960년대 후반 메이저major급의 쇼브라더스 뿐만이 아니라 타이완과 홍콩의 영세 프로덕션 역시도 한국의 제작사와 합작을 시도하는데 제작비 절감을 위해 합작 형

305　이영일, 『한국영화전사』, (서울: 삼애사), 1969, 252~259쪽 참조.

306　이효인 외, 앞의 책, 178쪽, 김동호 표 재인용.

307　정확히 말하면 중국어 영화이다. 당시에는 중국영화라는 말이 보편화되어 사용되었는데 때로는 한홍합작, 한중합작이란 말이 혼재되어 사용되었다. 중국이라는 명칭은 '자유중국'이라는 국명과도 상관 있다.

308　"1974年度 映畫施策
　　5)중국극영화
　　ㅇ 자유중국 및 홍콩에서 제작한 중국극영화는 연 6편 이내에서 수입 추천한다.
　　ㅇ 단순한 오락위주의 무술영화는 원칙적으로 수입을 제한한다.
　　ㅇ 중국극영화의 수입추천은 분기별로 2편을 초과할 수 없다.
　　(…)
　　라. 합작극영화 제작허가
　　합작극영화는 영화법 및 영화법시행규칙의 규정이외에 다음 조건에 맞는 경우에 한하여 제작허가한다.
　　ㅇ 우리나라 영화법 및 영화법시행규칙의 규정이외에 다음 조건에 맞는 경우에 한하여 제작허가한다.
　　ㅇ 우리나라 영화제작 기술의 향상 및 국위선양에 기여할 수 있어야 한다.
　　ㅇ 출연자는 주연 1명, 조연 2명 이상씩으로 혼성하되 상대국 영화사에 전속된 우리나라 배우는 우리 측 배우로 인정하지 아니한다.", 『韓國映畫資料便覽 (草創期~1976)』, 영화진흥공사, 1977, 228~229쪽.

식으로 한국에 진출했다. 그 당시 타이완이나 홍콩에서 한국으로 영화 제작을 위해 진출한 회사들은 한국의 제작사에게 촬영보조비 명목으로 미화 2천불 정도를 지급하고 감독과 배우, 무술 팀들을 투입하여 한국 측과 합작을 시도했다. 그것은 자신들이 제작을 할 경우와 비교해 인건비 절감과 촬영 진행비를 절감할 수 있는 방편이었다.309

한국 측은 그렇게 제작한 완성 프린트를 가져다 한국에서 부분 수정을 하고 한국어 더빙을 하는 것이다. 촬영을 다시 할 수도 있고, 아니면 인서트 정도만 바꾸어 합작영화 기준에 최소한으로 접근하는 것이다. 그런 예가 신필름의 후신인 안양영화제작주식회사의 〈흑객黑客〉이다. 홍콩영화를 위장합작하며 극중 인서트인 일본어 쪽지 글을 한국어 쪽지로 바꾸는데 원본의 손과 의상이 보이지 않도록 근접촬영close up하여 보여주고 한국어 더빙을 하였다.

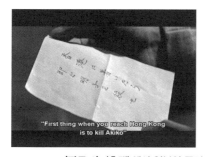

〈자료 1〉 〈흑객〉에서 일본어 쪽지 글을 한국어 쪽지글로 바꾼 장면

홍콩에서의 원제목이 〈악객惡客〉인 장처 감독의 이 영화는 쇼브라더스 필모그래피에 합작영화라는 언급이 없다. 이는 영화 완성 때까지 한국 언론에서도 합작에 대한 일체의 보도가 없이 진행되었는데 결국 한국과의 합작은 위장합작이라는 반증이다. 이렇듯 장처 감독처럼 유명감독일 경우에는 감독 이름을 실명으로 쓰기도 했으나 대개 공동감독으로 한국 감독의 이름을 빌린다. 한국 감독은 국내 촬영 분을 맡아서 했던 감독이거나 혹은 대명일 수 있다.

대명 감독들이 합작 제작의 현장에 있지 않거나 연출 참여가 유명무실했음이 자명한 것은 서로간의 연출 스타일이 너무도 다르기 때문이다. 이형표 감독이 청샤오둥程小

---

309 왕쓰창 인터뷰, 앞의 세미나.

東 감독의 데뷔작 〈생사결生死決〉을 함께 만들지 않은 것이 확실한 이형표 감독이 만든 당룡唐龍310의 출연작 〈아가씨 참으세요〉와는 너무도 차이나는 연출이기 때문이다.

쇼브라더스의 사장인 런런쇼와 한국기자와의 인터뷰를 보면 진짜 합작은 5~6편 정도였다.311 그런데 한국에서 상영된 합작영화는 1990년까지 200편 이상으로 추정된다. 물론 쇼브라더스 말고도 다른 제작사들이 있었겠지만 합작영화 대부분은 쇼브라더스 영화들이다. 이렇듯 대다수의 합작영화들이 위장합작되었다는 것은 상대국 제작자에 의해 언급되며 그 비밀이 밝혀지기 시작했다.

이렇듯 위장의 증거를 밝혀보면 증거는 산재해있다. 우선 대본을 보면 그 형식이나 서술이 한국식의 대본이 아니다. 내용 또한 억지로 꿰맞춘 역사극인데 우리식의 발상일 수 없다. 당연한 것이 중국 역사 소재에 한국 상황을 가져왔으니 어색한 것이다. 배우 또한 구색을 맞추기 위해 한국인을 동원했지만 그 배우들은 홍콩에 있던 쇼브라더스 전속 배우들이다. 감독 또한 홍콩으로 초빙되어 간 감독들이다. 온 신문지상에 소개되었으니 모를 수가 없는 일로 누구나가 봐도 알만한 위장합작의 상황이다. 그런 위장합작에 대한 징후는 영화관계자가 아닌 일반 관객들도 알 정도였다. 문공부 관계자들도 이런 사실들을 알고 있었다.312

그러나 한 두 편도 아니고 120여 편의 영화들이 검열을 통과하고 합작영화로 개봉되었다. 어느 상황을 봐도 합작일 수 없는 영화들이 합작영화로 개봉된 것이다. 단지 한국에 와서 촬영을 했거나 또 그것과 상관없이 장면 전체가 외국이어도 합작영화이다. 주인공이나 조연은 물론 모든 출연자가 외국인들인 경우도 있다.

홍콩이나 타이완의 제작진은 한국의 시골이나 민속촌, 혹은 고궁, 왕릉에서 촬영을 했다. 주요 내용은 무술 대결인데 모두가 중국식 복장을 하고 있다. 말이 합작이지 시나리오는 억지 설정이고 주요 출연자는 황정리 등 유명 배우를 빼고는 모두 중국인이다. 한국 측 주요 출연자는 남궁훈, 당룡, 황인식, 김기주, 진봉진, 홍성중 등이다. 모

---

310 김태정(1957~2011), 〈死亡遊戲〉에서 리샤오룽의 대역을 맡았던 한국 배우다.

311 "런런쇼 인터뷰 기사", 《동아일보》, 1978.2.9.

312 "十二. 映畵業계의 不法. 脫法行爲에 對한 制裁
    4)僞裝合作
    中國·홍콩과의 合作映畵는 相當數가 外國映畵를 一部 改作하는 등 僞裝合作한 映畵임", 『韓國映畵資料便覽 (草創期~1976年)』,영화진흥공사, 1977, 231쪽.

두가 홍콩 현지에서 활동 중이던 배우들이다. 내용대로라면 한국의 역사, 문화와는 상관없이 한국은 중국 변경의 마을로 인상지어진다. 당시 이런 영화가 합작영화라며 버젓이 소개되었으니 아무리 영화적 설정이라지만 모두가 이국적이다.

당시의 검열은 한국영화의 암흑기를 초래할 정도로 너무나 엄격했다. 한국영화에 엄격한 기준으로 심의를 하였으나 합작영화 검열의 기준은 관용도에서 차이가 있었다. 온 나라가 폭력영화, 저질영화 시비로 신문지상이 떠들썩하고 해마다 영화법 시행규칙으로 단속을 했지만 정작 심의위원들만은 합작영화에 관해서는 관대했었다. 그 의문을 풀기위해 당시의 시대상을 살펴보자. 1960년대 말부터 1980년대 말까지의 일인데 당시는 제3공화국부터 제5공화국 시절이었고 다음의 일들을 추론해볼 수 있다.

추론 1. 정책적 측면에서 살펴본다면 정책 입안자나 관련자들은 한국영화산업의 성장을 위해선 필요하다고 생각했고 위장합작영화임을 알지만 이를 묵인하여 주었다. 이른바 영화산업의 보호육성, 수출 드라이브 정책의 시도였다. 실제로 이런 무협영화들은 홍콩이나 타이완, 동남아에서 환영받던 장르이기도 하다. 또한 관객의 수요에 비해 부족한 것이 중국영화였다. 다른 외화에 비해 상대적으로 합작이 쉬운 같은 동양권의 영화였기에 영화업자들이 관객들의 수요에 부응했을 것이다. 또한 한국영화는 의무제작으로 외화 수입권을 따기 위한 수단이었던 시절이라 외화에 비해 경쟁력이 떨어졌다. 한국액션영화는 합작을 통해서 질적 향상을 꾀했다.

추론 2. 경제적 측면에서 합작영화는 수익사업이 될 수 있었다. 다른 외화에 비해 중국영화는 저가로 수입이 가능하였다. 그리고 우리의 정서가 비슷하였고 따라서 정서 교류나 그에 따른 영화의 변형이 다른 나라의 영화에 비해 쉽게 가능하였다. 따라서 이런 수익사업에 따른 담당 공무원과 심의위원, 영화업자들 간에 부당한 거래를 추정해볼 수 있다.[313] 그러니까 한국영화와 다른 잣대로 합작영화를 심의하였던 것이다. 물론 그들이 당시 정보에 어둡고 신고서류가 요건을 완벽히 갖추어 판단이 어려운 측면도 있었다. 그러나 위장의 증거는 조금만 살펴보더라도 판단이 되는 것이다. 한두명이 아닌 여러 심의위원들이 모두 실수했을 리는 없고 그들 모두 합작영화 심의 시에

---

313 정진우 감독은 이들의 뒷거래를 확신하며 실명을 거명하기도 한다. 정진우 앞의 인터뷰.

청탁을 받았고 한국영화와 다른 기준으로 심의했을 것이라는 추정이다. 당시 큰 이권인 외화 쿼터를 얻기 위해 대종상영화제를 둘러싼 비리와 잡음이 심했던 시절이다. 합리적인 판단이 청탁에 의해 흐려졌을 것이다. 이를 뒷받침하는 증거는 「스크린 뒤의 非理」 기사에도 나와 있다.[314]

추론 3. 무협영화는 오락적으로 손색없는 장르로 해당 담당 관리들의 개인적 취향이었으며 당시는 일본영화가 수입금지 되었던 시절이라 홍콩영화가 대용품으로 각광받았다. 일제강점기를 보낸 그들에게 무협영화는 취향에 맞았을 것이다. 1970년대 초기에는 비디오도 없었던 시절이며 정식으로 수입되는 여섯 편의 영화로는 그들도 부족하였을 것이다. 합작영화는 거의가 무협영화였고 그러니 위장합작영화가 묵인되어 의기투합되었다.

이와 같이 추정해 볼 때 위장합작영화는 이 모든 가능성이 망라된 총체적인 비리라고 볼 수 있다. 그것은 당시 홍콩영화나 타이완영화를 포함한 중국어권 영화 수입은 일년에 다섯 편만이 허가되었기 때문에 이런 추정이 가능한 것이다. 관객의 수요는 많은데 공급이 안 되니 그것은 당시 영화계에 만연된 한탕주의로 인해 비리 사고를 가져왔지만 이미 그들은 범죄행위에 둔감해져 있었을 것이다. 그러니 적은 공급은 수요를 낳았고 자연스럽게 위장합작이 기획되고 수입할 중국어권 영화들은 위장합작이 될 가능성이 농후하였다. 당시 한국영화의 자구책과 더불어 합작영화에 대해서도 호의적으로 판단하였는데 무협영화나 저가의 멜로영화를 주로 만들었던 홍콩영화가 동남아 시장에서 환영받았던 만큼 홍콩영화의 흥행성은 한국에서도 인정되었다. 이에 따라 합작영화가 증가하였다.

한국영화는 70년대 들어서는 수출 드라이브정책을 강력하게 쓸 때고, 그 다음에 이런 저러한 영화계 또는 외부 시장 환경 여건이 복잡하게 설정이 돼가지고 도전과 시련에 직면한 영화업계로서는 그런 측면이고 그런 것을 타계하기 위한 실질적인 효과가 합작영화일 수도 있습니다. 그것은 첫째 배급 면에서 또는 흥행담보라

---

314 "大鐘賞잡음"을 계기로 본 實態, '卞이사장解明 납득안가'...뒷공론풍성 위장合作·출연료詐取등 醜態공공연," '스크린 뒤의 非理', 《동아일보》, 1982.6.28, 12면.

는 보증수표라고 할 수는 없습니다만 흥행 면으로써 비교적 안정성을 유지할 수 있었고 그 다음에 제작비를 상당히 절약할 수 있다고 할 수 있나요? 하여튼 서류적 환경만 잘 만들면 영화업계로서는 합작영화를 통해서 수익이 보장되는 그런 효과와 제작 편수도 무난히 채울 수 있는, 그래서 나름대로 상당히 이른바 실력 있는 그런 영화업자들이 많이 진출했습니다.[315]

한편 1960년대 말부터 TV의 영향으로 극장의 관객 수가 급격히 감소하였다. 이러한 상황과 맞물려 국산영화 진흥책으로 한국영화 수출정책을 도모하였다. 1969년 한국영화가 급격하게 퇴조하자 유럽에 시찰단을 파견하였다. 한편 그 해 6월 20일, 필리핀 마닐라에서 제15회 아시아영화제가 개최되자 필리핀과 일본에서 '한국영화견본시韓國映畵見本市'를 마련했다. 한국영화의 수출을 위한 견본시장으로서의 전시회는 이것이 처음이다. 그러나 1970년에도 거의가 동남아 지역에 멜로영화나 검술영화가 수출되었을 뿐이며 1974년도에 최초로 아프리카 지역에 수출되었다. 영화 수출은 시장의 확대가 중요한 목표이고 또 정상적인 가격에 의한 수출의 증대가 요망되던 때이다.[316]

(2) 합작영화 관련 법규

1960년대 초의 합작영화 규정을 보면 주연 1명, 조연 2명씩으로 하되 상대국 영화사에 전속된 우리나라 연기자는 우리 측 출연자로 인정하지 않았다. 또 우리의 주체성을 상실했거나 국위선양에 도움이 되지 않는 영화들은 제작할 수가 없었다.

8. 合作劇映畵 製作許可

合作劇映畵는 映畵關係法令의 規定 以外에 다음 條件에 맞는 경우에 限하여 製作許可한다.

○ 우리나라 映畵製作技術의 向上 및 國威宣揚에 寄與할 수 있어야 한다.

○ 映畵의 製作이나 上映權 設定時 主體性을 缺하거나 內容이 外國映畵로 誤

---

315 박진석 인터뷰, 한국영상자료원, 2010.8.11(박진석은 1980년 영화진흥공사 진흥부에 근무하며 문공부의 합작영화 매뉴얼(manual)에 따라 시나리오 사전심의를 담당했다.).

316 『韓國映畵資料便覽 (草創期~1976年)』, 영화진흥공사. 1977, 77쪽.

認되지 않도록 하여야 한다.317

　이 조건을 맞추어 합작영화를 제작하기란 쉬운 일이 아님에도 불구하고 합작영화는 지속적으로 제작되기 시작했다. 당시 위장합작으로 추정되는 영화가 많았음은 이미 기정사실화되었다. 그럼에도 위장합작은 계속 되었는데 이는 당시 영화업자와 이를 묵인한 공무원과 영화 심의위원들의 결탁 때문일 수도 있고 미비한 법규 때문일 수도 있다. 영화법은 해마다 조금씩 바뀌었지만 합작영화에 관련된 조항은 큰 변화가 없었다.

　1968년부터는 우수영화보상제도가 시행되었는데 우수영화를 제작하면 1편의 외화수입권을 준 이른바 쿼터제도가 시작되었다. 심사대상 기간 내에 상영되거나 TV에서 방영한 작품을 A, B, C 등급으로 점수를 주어 총점으로 제한하여 보상하였다.318 합작영화도 이름만 내건 위장합작영화를 우려하여 공동출자도 총제작비용의 30%이상을 출자하도록 하였고 촬영장면도 국내촬영분이 30% 이상이어야 한다고 정했다. 당시 필름 품귀현상으로 합작영화를 제작한다며 필름을 위장 수입하는 사례가 빈발하자 원판 필름 즉 네거티브 필름음화, negative film의 반입도 전체 상영길이의 150%를 초과하여 반입할 수 없다고 명시하였다.319 그러나 이 모든 것은 지켜지지 않았고 탈법행위로 위장합작영화가 양산된다. 다음은 1977년 한국영화연감320의 영화법 중 합

317　『韓國映畵資料便覽 (草創期~1976年)』, 위의 책, 238쪽.

318　"2. 국산영화 보상제도 변천,
　　6. 1968년- 1969년 문화공보부 고시 제34호 및 제75호
　　가. 우수 국산영화(최우수작품상 1편에 한하여 외화 수입권 1편 보상) 여타는 점수제 (평점제) 적용
　　문예영화 A급 100점 계몽영화 B급 80점 반공영화 C급 60점
　　ㄱ. 우수 국산영화 부문에 배정된 수입편수를 총점으로 제한 비율만 보상
　　ㄴ. 68년 하반기부터는 문예영화부분을 인정치 않음
　　ㄷ. 1969년부터는 심사대상 기간 내에 극장에 상영되었거나 TV에 방영한 작품으로 한정함.", 『韓國映畵資料便覽 (草創期-1976年)』, 앞의 책, 243~245쪽.

319　"3. 映畵法 施行規則
　　第3條 (合作映畵) 1. 令 第7條 第2項 第2號의 規定에 의한 合作映畵 製作費用의 共同出資 比率은 國內映畵業者가 그 製作費用의 100分의 30以上을 出資하는 것으로 한다.
　　2. 合作映畵는 國內撮影場面이 全 場面의 100分의 30以上이어야 한다.
　　3. 合作映畵를 製作하기 위하여 合作相對方으로부터 原版필름을 搬入하는 경우에는 그 製作할 映畵의 上映길이의 100分의 150을 超過하여 搬入할 수 없다.", 위의 책, 270쪽.

320　1977년 한국영화연감이 한국에서는 연감 첫 호이며 1978년 11월 30일에 영화진흥공사가 발행하였다.

작영화 관련법규 중 합작영화 신고에서 허가까지의 절차다.

제7조 (合作映畵의 製作許可 申請) ①法 第9조의 規定에 의하여 合作映畵의 製作許可를 받고자 하는 者는 別紙 第5號書式에 의한 合作映畵製作許可申請書에 다음 各號의 書類를 添付하여 文化公報部長官에게 提出하여야 한다.

合作契約書 寫本 (合作相對國駐在 公館長의 確認을 받은 것이어야 한다)

臺本 2部

原作者의 映畵製作承諾書 (原作者가 版權을 讓渡한 경우에는 그 版權讓渡를 證明하는 書類)

製作計劃書 (製作費明細書를 包含한다)

②文化公報部長官은 第1項의 規定에 의하여 合作映畵 製作許可의 申請을 받은 때에는 그 申請內容이 다음 各號에 適合한 경우에 限하여 이를 許可할 수 있다.

映畵의 製作을 共同으로 할 것

文化公報部令으로 定하는 比率에 따라 製作費用을 公同으로 出資할 것

主演 및 助演級 出演者의 配役을 混成하여 製作할 것

③文化公報部長官은 合作映畵의 製作許可를 한 때에는 別紙 第6號書式에 의한 合作映畵製作許可證을 그 申請人에게 交付한다.[321]

이상의 서류절차는 합작영화 제작을 위한 기본적인 사항일 뿐이며 실제 위장합작 여부를 판별할 수 있는 장치는 찾아볼 수 없다. 정식합작일 경우에는 별 문제가 없지만 위장합작일 경우 얼마든지 묘책이 있을 수 있다. 결국 영화업자들의 양심에 맡기는 수밖에 없는 상태인데 그것은 문서 위조도 가능했기 때문이다. 이런 허술한 법규로 인해 위장합작영화가 늘어날 수밖에 없었다. 당시 업무담당자로선 영화업자들이 제출한 서류의 부정 여부 심의보다는 시나리오 사전 심의나 최종 완성된 영화의 폭력성이나 선정성 검열에 더욱 신경을 썼다.

그 당시는 검열이라는 최후의 절차가 있었습니다만, 검열에 있어서도 합작영

---

321 『1977년도 판 한국영화연감』, 영화진흥공사, 1978, 197쪽.

화의 경우에는 그러한 경우에 엄격한 하게 되는 경우는 이런저런 문제가 있었기 때문에 합작영화 나름대로의 뭐랄까요 기준? 애매한, 모호한 그런 것이 나름대로 어쩔 수 없이 고려가 되었을 그런 가능성도 충분히 있지 않았을까? 라고 생각을 해봅니다. 영화 자체를 보면 분간이 안 되는데 서류적 환경에서는 그러한 문제들을 제한하도록 장치나 화면삭제나 화면단축이나 이런, 이런 것 제한을 했고, 막상 그것이 많은 자본을 들여서 필름으로 만들어져서 완성물로 만들어져서 심의를 할 경우에는 그런 문제를 원칙적으로 들어낼 경우에 그 영화는 상영이 불가능하죠, 그래서 큰 틀에서의 합작영화의 제작허가기준을 넘어온 것들이라는 것을 나름대로 전제해서 후반에는 좀 완화된 기준으로 적용되지 않았을까? 이것은 뭐 제가 당시 검열에 참여하지 않아서 막연한 추측이나... 그런 허가기준을 일차적으로 통과하였기 때문에 검열의 잣대는 굉장히 냉정하기 때문에 그 기준을 적용했을 경우 시장에서 상영하는 게 현실적으로 불가능 한 그런 면도 있었기 때문에 일차관문을 통과했다는 점에서 나름대로 완화된 그런 기준을 적용하지도 있지 않았을까 라고 생각을 하게 됩니다(…)[322]

이상의 과정을 여러 상황의 변화로 서류 절차가 많았던 위장합작영화 〈옥중도〉를 예로 살펴본다.[323] 당시 제작사(안양영화제작주식회사)가 합작영화 신고를 하면서 신고서에 상대 외국회사(홍콩 쇼브라더스)의 계약문건이 첨부된다. 그리고 오가는 문건은 사안에 따라 다르겠지만 대략 20여 건에서 30여 건 정도다. 사안별로 기안이 이루어지면서 관련문서가 늘어난다.

우선 합작영화제작 허가신청서가 문공부 영화과에 접수될 때 영화화권 취득증명서가 첨부된다. 이는 요식행위일 뿐 가짜 서명이 들어간 서류이다. 합작영화 제작신고서는 확인서 및 상대사인 쇼브라더스의 문건이 첨부되어 제출된다. 시간 경과되며 변경사항이 있다면 이에 대한 추가계약서가 있어야 했다. 그리고 한국영화심의위원회의 심의를 득하고 영화제작신고서가 들어간다. 이후 제작허가에 따른 문공부의 기안서가

---

322 박진석 앞의 인터뷰.

323 이 영화는 처음 〈흑령관〉이라는 영화를 합작한다며 신고 된다. 이 관련 서류들은 영상물등급위원회가 보관 중이던 한국공연윤리위원회의 서류들로서 보존기간이 지남에 따라 한국영상자료원이 입수하여 비공개로 보관 중인 관련서류들의 일부이다.

작성된다. 촬영 중 출연자가 바뀌거나 제작기간이 연장될 경우 그에 따른 출연자 변경서나 제작허가 기간연장 신청서를 접수해야 한다. 그 외 사안별로 문공부 영화과와 제작사 간 민원신청과 결과 통보 문건이 오고간다. 변경조치에 대해서는 사안별로 기안서류가 만들어져 보고되고 결재 후 제작사에 통보된다. 제목 변경에 따른 신청서가 접수될 경우 한국예술문화윤리위원회의 개제改題신청 결과보고서가 통보된다.

이후 촬영이 완료되면 합작영화 네거티브 필름의 반출입이 통관 추천되어 완성된 영화의 복사원본이 반입된다. 최종적으로 합작영화 검열신청서를 제출 후 검열 심의 후 검열합격증이 교부되면 상영이 가능해진다. 이때 예고편도 같은 절차로 검열을 받는다. 그러면 상영허가증을 받게 되는데 그 많은 문건들이 완벽하게 처리되지 못하면 허가 취소가 되기 때문에 담당자들의 문서 처리는 꼼꼼할 수밖에 없다. 이 같은 처리 과정에서 위장합작문건이 자연스럽게 결재되었고 위법성은 적발되지 않았다. 지금에 와서 그 문서들을 살펴본다면 앞뒤의 정황이 맞지 않고 임시방편의 편법으로 작성된 것임을 확인할 수 있다. 그것은 문서 제출 양식에 따른 요식행위일 뿐이며 가짜 서명 및 날조된 문서임을 쉽게 알 수 있다.

그러나 계약서만큼은 상대회사와 이종異種의 계약서가 관행화되었다. 홍콩의 영화사들은 한국에 영화를 수출하려면 합작형태를 취해야 한다는 묵계가 이루어져 계약 이면의 문서작업이 이루어진 것이다. 즉 쇼브라더스나 골든하베스트 등 홍콩영화사의 계약서를 살펴보면 서명 등 완벽한 형태를 갖추고 있어 한국 측의 요구에 협조해준 것을 알 수 있다. 위 두 회사의 합작관련 서류들은 한국공연윤리위원회 서류를 입수한 한국영상자료원의 소장 자료로서 본 논문을 통해 처음 공개된다. 아래는 그 당시 관련 문건들이며 〈옥중도〉는 처음 〈흑령관〉의 허가 신청으로부터 시작되었다.

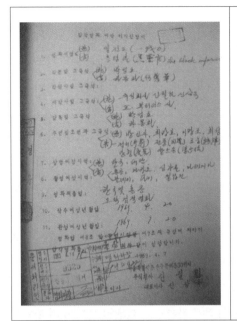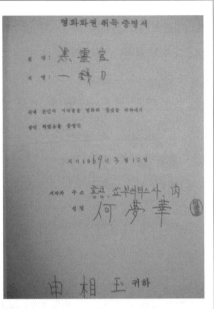

〈자료 2〉 〈흑령관〉의 합작영화 제작 허가신청서, 영화화권 취득 증명서

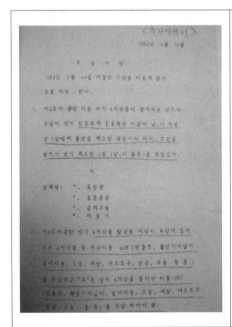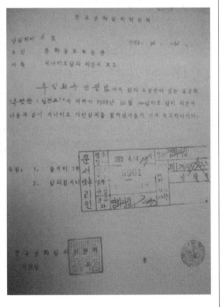

〈자료 3〉 〈흑령관〉의 추가계약서, 한국영화심의위원회 의견서

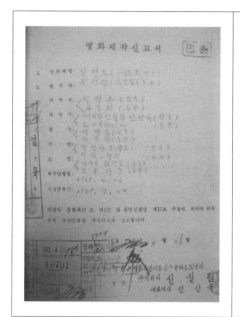
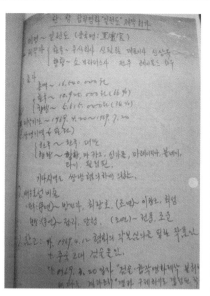

〈자료 4〉 〈흑령관〉의 영화제작신고서, 〈일전도〉 제작허가서

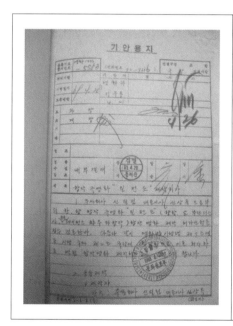
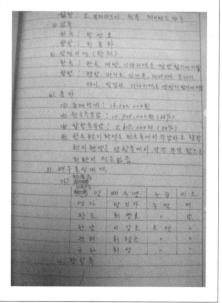

〈자료 5〉 합작영화 〈일전도〉 제작허가 기안서

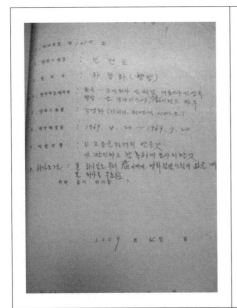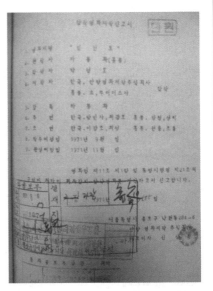

〈자료 6〉 합작영화 〈일전도〉 제작신고서

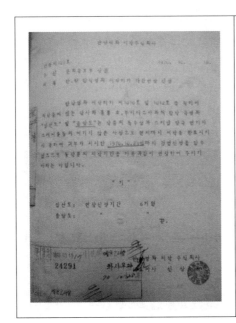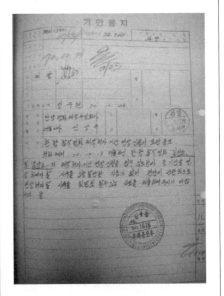

〈자료 7〉 합작영화 〈일전도〉 제작허가 기간연장 기안서

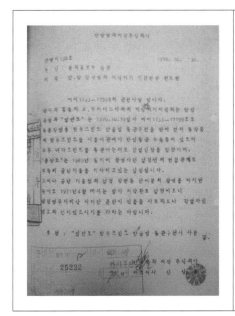
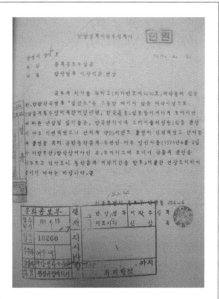

〈자료 8〉 합작영화 제작허가 기간연장 신청서

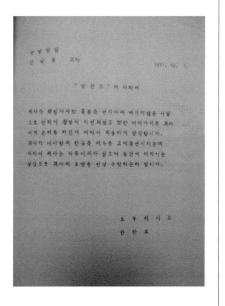

〈자료 9〉 쇼브라더스 합작영화 계약서, 번역문서

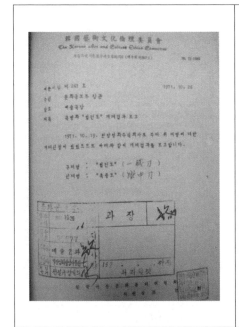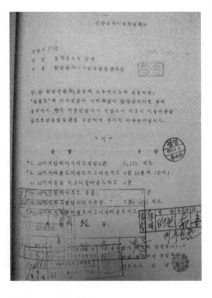

〈자료 10〉 〈옥중도〉 한국예술문화윤리위원회 보고서, 〈옥중도〉 네가(필름) 반출입 통관 민원서

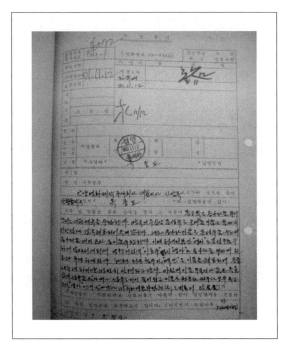

〈자료 11〉 〈옥중도〉 문공부 내부 기안문서

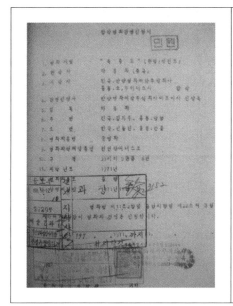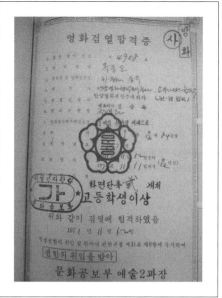

〈자료 12〉〈옥중도〉 검열신청서, 영화검열 합격증

　해외 정보에 어두웠다고 하지만 이런 문서들이 쉽게 결재 된 것은 이해할 수 없는 일이다. 이렇듯 합작영화 관련 법규가 다소 두루뭉술하여 얼마든지 불법제작이 가능하였고 제출 문서에 대한 검증도 없어 〈흑령관〉의 경우처럼 편법으로 처리된 사례가 생겼다. 이처럼 당시의 영화법 시행령에 준하여 서류를 갖추고 문공부에 제출하면 위장합작은 얼마든 가능했다. 따라서 이런 요식행위는 얼마든지 가능한 것이고 이로 인해 위장합작 추정영화를 포함하여 120여 편이 넘는 위장합작영화가 나오게 되었다.

　아래 자료는 홍콩 골든하베스트와 한국의 우진필름으로 합작 신고된 〈흑야괴객〉의 관련서류다. 이 영화는 왕쓰창王嗣常(왕사상)의 증언[324]에 의하면 영화 배급업자가 합작사를 찾던 중 우진필름이 선정되어 합작된 영화이다. 한국 측 제작사 대표인 정진우 감독의 증언에 의하면 한국 판권료 3만 달러에 비례해서 2만 달러의 제작비를 투자하고 촬영기 대여 및 촬영을 알선한 합작영화라고 한다.[325] 출연자 변경신청서를 보면 리샤오룽이 출연키로 되어 있었지만 커쥔슝柯俊雄(가준웅)으로 바뀌어 있다. 이 영화는

324　왕쓰창 앞의 인터뷰.

325　정진우 앞의 인터뷰.

신생 골든하베스트가 설립이 되면서 모든 게 충분치 않아 결국은 한국에 와서 로케이션 촬영을 하게 되었다.326 한·홍합작영화로 신고된 이 영화는 바다에서 인양한 황금을 둘러싸고 홍콩과 한국에서 벌어지는 액션영화로 원제는 〈침입자〉이었지만 〈흑야괴객〉으로 변경되었다. 고독한 영웅의 이미지였던 찰스 브론슨Charles Bronson의 영화 중에는 한국 개봉 순으로 1969년 〈방문객〉, 1970년 〈빗속의 방문객〉, 〈방랑객〉, 1971년 〈밤의 불청객〉, 〈무명객〉, 1974년 〈추방객〉 등 유난히 게스트guest, 客 시리즈가 많다. 그중 〈밤의 불청객〉과 〈흑야괴객〉이 제목부터 내용까지 모두 흡사한데 표절이 의심된다. 정창화 감독으로서는 모를 수도 있겠지만 당시 홍콩의 시나리오 작가들의 남의 시나리오 베끼기는 만연했다. 홍콩에서 정창화 감독의 마지막 연출작이며 한국에서는 김시현, 우위선吳宇森 공동감독의 합작영화로 소개된 1977년 작 〈충열도忠烈圖 / 破戒(파계)〉도 1973년 작 일본영화 〈수라설희修羅雪姬〉의 표절이 의심된다.

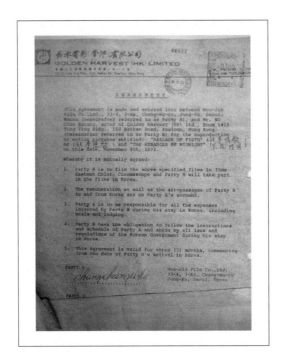

---

326 안태근, 「영화감독 정창화 인터뷰」, 앞의 책, 280쪽 참조.

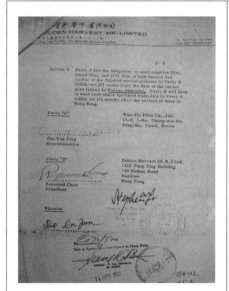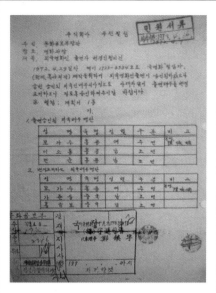

〈자료 13〉〈흑야괴객〉의 합작 신고 서류

1977년도의 영화수급 계획을 보면 한국영화제작은 각 제작사별로 최저 8편을 제작하여 연간 122편 이상을 만들도록 배정되었고 외화는 80여 편을 수입할 수 있었다. 상대적으로 외화는 부족하고 한국영화는 벅찬 제작량이었는데 이는 영화제작을 시장구조에 맡기는 자율적인 제작이 아닌 강제 제작형태로 완성도가 담보될 수 없는 의무제작형태였다.327 이런 상황이 위장합작영화 제작을 부추겼다. 즉 위장합작영화를 한편 제작한다면 불법으로 외화 수입을 하면서 더불어 한국영화를 한 편을 제작하여 의무제작 편수를 채우게 되는 셈이다. 합작영화가 정착되지 않으면서 위장합작이 성행하자 당시 영화연감의 서울개봉관 국산영화 흥행 「베스트 10」에는 '합작영화 제외'라고 되어있다.328 당시 합작영화를 보는 시각이 어떠했는지를 보여주는 사례다. 다음은 1978년도 판 한국영화연감에 소개된 합작영화의 현황이다.329

---

327 『1977년도 판 한국영화연감』, 영화진흥공사, 1978, 212~214쪽.

328 위의 책, 14~15쪽.

329 『1978년도 판 한국영화연감』, 영화진흥공사, 1979, 98쪽.

<표 5-3> 합작극영화 제작허가 현황[330]

년도	자유중국	홍콩	미국	이태리	터키	비율빈	태국	계
1970		6	2	1				9
1971	1	7						8
1972	1	7						8
1973	1	9						10
1974	3	4			2	1		10
1975	2	5						7
1976	1	12	1			2	1	17
1977	1	12					1	14
1978	2	11	1					14
계	12	73	4	1	2	3	2	97

이 연감에 따르면 1970년의 합작기록은 9편으로 한국영화연감에 소개된 공식 첫 기록이다. 1978년까지 홍콩과 자유중국을 제외한 국가와의 합작은 12편에 이른다. 이들 중국영화의 수입 제한으로 합작영화 건수는 증가할 수밖에 없었다. 1978년도 판 영화연감[331]을 보면 영화제작자협회는 중국 무술영화에 대한 수입을 5편으로 증가 책정해줄 것을 건의를 하고 있다.[332] 영화제작자협회는 전형위원회를 구성하여 중국무술영화의 후속 수입사를 결정했다. 이는 이권이 걸린 문제로 두 달간의 협의 끝에 결정된 것이다.[333]

1980년도 판 영화연감의 영화법 시행령 시행규칙을 보면 합작영화에 대해 보다 상세하게 명시를 하여 변화를 주었다. 그것은 각 언론매체들이 위장합작영화의 편법과 청소년유해성 내용에 관해 계속 기사화했기 때문이다. 또한 위장합작영화의 문제가 계속 제기됨에 따라 합작 상대국 주재 공관장의 확인서를 제출하도록 했다. 다음은 영화관계 규정과 행정지시 사항이다.

---

330 '문화공보부 허가기준'으로 허가 편수일 뿐이며 실제 제작 편수와는 다르다.

331 한국영화연감으로는 두 번째 연감이다. 한국영화연감은 1977년도 판 이후 매년 발행되었는데 출판연도는 당연히 다음 해였다. 그런데 1983년도 판이 발행되지 않으면서 1984년도 판부터 당해년도에 발행되어 지금에 이르고 있다.

332 "중국무술영화 5편 수입토록 건의", 『1978년도 판 한국영화연감』, 앞의 책, 245쪽.

333 "중국영화 수입사 결정", 위의 책, 257쪽.

영화관계규정. 행정지시사항

영화검열심의위원회규정

1979. 4. 10 제정

1979. 6. 23 개정

합작영화제작에 관한 유의사항

1977. 3. 11 문화공보부 영화 1733-3297

영화법 시행령 제5조 동 시행규칙 제 3조에 의거.

1. 시나리오

시나리오에는 국내에서 촬영할 장면과 합작 상대국에서 촬영할 장면을 구분 명시하여야 함.

2. 출연자

영화법 시행령 제7조 제2항에 의한 출연자 배역 혼성을 확인할 수 있도록 등장 인물과 출연자 대비 표를 제출하여야 함(주·조연급 주요등장인물은 국별, 성명 명 시, 기타 등장인물은 국별만 명시).

3. 감독

합작영화는 반드시 한국 측 감독이 참여한 공동감독이어야 함.

4. 기타 사항

시나리오 및 한국 측 출연자, 감독의 변경은 불허한다. 단 부득이한 사유로 변 경하고자 할 때는 사전 당부의 승인을 받아야함.

1978. 4. 27 문화공보부 영화 1733-7585

영화법 시행령 제7조 동 시행규칙 제3조에 의거.

1. 시나리오는 합작 당사국 주연 및 조연이 영화의 각 장면마다 혼성하여 출연 할 수 있도록 작성하여야 함.

2. 영화검열 신청 시에는 실제로 합작하였음을 확인하는 상대국 주재 공관장 의 확인서를 제출하여야 함.[334]

---

[334] 『1980년도 판 한국영화연감』, 영화진흥공사, 1981, 268쪽.

이외에 폭력 및 퇴폐영화제작규정방침, 문화유적지 등에서의 영화촬영에 관한 유의사항 등이 수록되었다. 이렇듯 위장합작영화를 방지하기 위한 여러 장치가 명시되었지만 현실적인 방지책이 되지 못했다. 1982년도에는 외화의 제목이 수입사의 결정에 따라 바뀌는 것에 대한 문제가 제기되었다. 이는 합작영화에도 해당되는 문제이다. 이는 흥행전략이기도 하지만 관객을 기만하는 행위다.[335] 지금 이렇게 잘못 붙여진 영화제목의 예를 들자면 흥행작의 제목을 무단 차용한 〈대결투〉나 〈충열도〉, 〈천하제일권〉이 있고 또 원제를 임의 번역한 〈연애도적〉, 〈사문의 승객〉, 〈심판자〉가 있다. 그 외 뜻 모를 제목의 〈신용검객〉, 〈대표객〉, 〈흑발〉, 〈흑연비수〉, 〈황비〉, 〈흑무사〉, 〈반혼녀〉 등은 관련 수입업자들이 임의로 붙인 제목인데 문제는 이들 영화들이 원제를 밝히지 않고 있다. 이것은 관객동원의 목적도 갖고 있지만 위장합작의 증거를 말살하기 위함이기도 하다. 예를 들어 장일호 감독의 1972년 작인 〈흑발〉은 홍콩 제목이 〈섭청귀懾靑鬼〉로 신상옥, 장일호 공동감독으로 되어 있다.

이런 이유 때문에 영화사 기록에 오류가 시작되었는데 당시에는 숨겨졌던 제목이 인터넷을 통한 검색과 다양해진 DVD 출시를 통해 하나씩 밝혀졌다. 그러나 이렇게 원제를 숨기던 상황으로 인해 아직도 같은 영화인지 다른 영화인지도 모르는 상태에서 감독이나 출연자, 줄거리를 통해 원제를 유추해볼 뿐이다. 그래도 심하게 왜곡된 경우에는 혼선을 빚어 남아있는 자료만으로는 원제 추적이 어렵다. 이렇듯 위장합작영화의 폐단은 사실 은폐를 위한 왜곡은 물론이고 합작기준에 맞추기 위해 무단 삭제 및 재편집을 하며 영화의 완성도를 떨어뜨렸다. 이러한 제작경향은 일부 순수한 한국영화 제작에도 영향을 끼치며 한국영화의 완성도를 저하시키는 원인이 되었다.[336]

1970년대 후반을 기점으로 합작영화 제작 편수는 급감한다. 이것은 중국무술영화 장르의 변화시기인데 청룽의 출세작인 〈취권〉 이후로 코믹액션 쿵후영화가 흥행될 즈음이다. 이는 리샤오룽 식의 무술영화가 급감하던 시기와 일치된다. 코믹액션영화는 한국인에게는 낯선 장르이고 정서적으로도 시도되지 않은 힘든 소재이다. 그래서 우리와 합작영화로 만들어지기에는 정서적으로 힘든 장르이기에 합작영화의 편수가 줄어든 것이다. 그러나 한국영화로 이러한 중국식 코믹액션영화가 정진화, 거룡 주연

---

335 "엉뚱한 영화제목 관객은 속고 있다", 『1982년도 판 한국영화연감』, 영화진흥공사, 1983, 196쪽.

336 "저질 부르는 방화의무 제작", 『1982년도 판 한국영화연감』, 앞의 책, 197쪽.

으로 만들어진다. 그리고 타이완과의 무술영화 합작이 계속된 것은 그곳에서의 영화는 장르의 큰 변화 없이 종래의 무협영화 붐이 지속되었기 때문으로 풀이된다. 1980년대 이후에도 검술영화인 〈소림과 태극문〉 등의 무협영화가 위장합작되었다.[337] 홍콩에서 검술영화 제작이 끝난 후에도 타이완에서의 검술영화 제작은 지금까지 계속되고 있다.

다음은 1971년 이후 20여 년간의 문화부 합작기준의 합작영화도표이다. 통계가 시작되고 위장합작영화가 거론되는 1990년까지 합작영화 통계를 보여주는데 1989년부터 합작영화는 없다.[338] 그러나 실제로는 1990년에도 미국, 홍콩과의 합작영화 2편이 존재하는데 표에는 누락되어 있다.

〈표 5-4〉 합작극영화 제작 현황[339]

년도	자유중국	홍콩	미국	이태리	터키	비율빈	태국	계
1971	1	7						8
1972	1	7						8
1973	1	9						10
1974	3	4			2	1		10
1975	2	5						7
1976	1	12	1			2	1	17
1977	1	12					1	14
1978	2	11	1					14
1979		2						2
1980		2						2
1981						1		1
1982	4	2						6
1984	1	2	2					5

---

[337] 합작영화라고 하나 〈소림과 태극문〉은 타이완에 배우들만 가서 촬영했다. 한국 측 감독인 이영우는 동협상사 기획실 직원이다. 이성훈 배우 인터뷰, EBS, 2011.11.3.

[338] 『1991년도 판 한국영화연감』, 영화진흥공사, 1991, 94쪽.

[339] 앞의 책, 94쪽(이 표는 65쪽의 〈표 3〉의 '합작영화 제작허가현황'과 1978년까지 수치가 똑같은데 제목은 '합작극영화 제작 현황'으로 바뀌었다. 이는 기록상의 오류이며 '제작 허가'와 '제작 현황'은 분명히 다른 건이며 이 통계는 진정한 제작 현황일 수 없다.).

연도								계
1985	4	2	1					7
1986	2							2
1987								0
1988	1							1
1989								0
1990								0

이 표를 보면 1971년부터 1990년까지 홍콩이 총 합작편수 114편 중 77편으로 압도적이다. 다음이 자유중국으로 24편이며 기타 국가들이 13편으로 적은 편수이다. 이들 영화들은 통계기록에는 집계되어 있으나 그중 일부 영화는 세부 기록이 없는 경우도 있는데 이는 미제작된 것으로 추정된다.

■■ 2. 한국과 홍콩의 액션영화

한국과 합작영화의 주요 대상국인 홍콩의 액션영화 장르의 변천을 알기 위해 두 나라 액션영화의 특징과 역사를 알아볼 필요가 있다. 당시의 합작영화 장르가 주로 액션영화였기 때문이다. 물론 멜로영화도 없지 않았지만 주류는 역시나 액션영화다. 홍콩과 우리의 액션영화 발전사는 판이하다. 일제강점기에 시작된 한국 액션영화는 광복 후 여러 유형의 액션영화로 발전했는데 과거 액션영화의 맥을 이으며 서구영화의 영향을 받았기 때문이다.

홍콩이나 타이완 역시도 자국의 전통을 이어가며 액션영화를 발전시켜왔다. 그들의 액션영화 전통은 주로 무협영화와 무술영화로 압축된다. 그들은 우리에게는 다소 생소한 장르인 무술영화를 계속 만들어 왔다. 그것은 중국 무협소설의 영향이며 각종 무술이 성행했기 때문이다. 쿵후영화를 원조로 하는 중국 액션영화는 꾸준히 무술영화 장르를 발전시켜왔고 일본의 영향으로 검술영화 장르에서 획기적인 발전을 이루어냈다. 이러한 두 나라의 액션영화를 살펴보는 것도 위장합작영화를 규명하는데 필요한 일이다.

(1) 한국의 액션영화

가. 초창기 한국영화

1910년 8월 29일 한일합병조약이 일제의 강압으로 체결된 이후 한국 액션영화는 활극으로서 볼거리를 제공하는 영화와 시대적 상황으로 나라 잃은 국민들의 아픔을 담은 영화와 일제에 저항하는 요소를 상징화시킨 저항영화로 그 맥을 이어왔다. 일제의 조선총독부가 식민정책을 시행해오던 1919년에는 반일감정이 극도로 악화되어 3·1독립운동이 일어났다. 한국영화는 그해에 키노드라마kino-drama라고 일컫는 연쇄극 〈의리적구토義理的仇討〉가 10월 27일 단성사團成社에서 상영되었으며 그날을 우리영화의 출발점으로 한다.340

연쇄극은 무대에서 도저히 실연할 수 없는 야외 활극장면만을 찍어 연극과 연결시킨 활동사진이다. 연쇄극의 주요내용은 권선징악을 내용으로 한 신파적인 내용을 담은 연극이었으나 당시의 관객들은 연쇄극 출현에 환호하였다. 이후 1923년에 완전한 형태의 영화가 만들어졌으니 윤백남 각본, 감독의 〈월하의 맹세〉이다. 또 다른 학설은 극영화의 효시로 〈의리적구토〉의 감독인 김도산이 참여해서 만든 송죽영화사의 〈국경國境〉을 지목하는 것이다.341 김도산은 그동안 8편의 연쇄극을 각색, 감독, 주연까지 해오며 쌓은 기량을 토대로 활극인 〈국경〉에 참여하게 된 것이다.342 김도산 감독은 1922년 초겨울 이 작품의 마지막 장면을 촬영하러 가다가 불의의 교통사고로 부상을 당한다. 그는 세브란스 병원에서 치료를 받다가 사망을 했으나 영화는 개봉되었다. 이 영화는 처음 알려진 바와 달리 김도산 감독의 연출이 아니고 일본인 도오야마 미츠루遠山滿 원작, 각본, 감독으로 송죽키노드라마주식회사 제작인데 이 영화를 '귀착지 연고설'에 의해 한국영화의 효시로 인정했다. 그러나 이 영화는 일본의 쇼치쿠 영화사가 당시 유행하던 만주 배경의 활극영화로 제작한 영화 중 한 편이다.343 여기서 송죽키

---

340 이날이 '한국영화의 날'의 기점이 되어 매년 행사가 치러지고 있다.

341 조희문은 2004년 논문 「극영화 〈국경〉과 초창기 한국영화 생성」에서 "이 영화가 독립된 극영화로서의 요건을 갖추고 있으며 극장에서 일반인들을 대상으로 유료 상영을 했다"고 평가했다.

342 "그는 극영화 첫 작품으로 활극인 〈國境〉의 제작에 착수하였다. 그때가 1922년 10월 초순이었다. 다음해인 1923년 1월 11일자에 게재된 東亞日報 광고란을 보면 「朝鮮 最初의 活劇映畵 〈國境〉 團成社 上映中」이라고 기록되어 있다.", 유현목, 『한국영화발달사』, (서울: 한진출판사), 1980, 70~71쪽.

343 한국예술연구소, 『이영일의 한국영화사 강의록』, (서울: 소도), 2002. 121쪽.

노드라마주식회사가 일본의 쇼치쿠松竹영화사인지는 정확히 밝혀지지 않고 있으나 최근 쇼치쿠영화사로도 소개된다.[344]

영화에서 액션은 필수적이며 시대적으로 볼 때 무성영화시대부터 시작되었다. 이 시기 영화들의 특색이라면 활극이 영화마다 들어간다는 것과 애정관계의 묘사 속에 이상 심리갈등을 들 수 있다. 주요 영화를 살펴보면 이경손이 1926년 〈산채왕〉을 만들었고 1927년에는 첫 번째 스릴러 영화인 〈괴인의 정체〉가 등장한다. 이 영화는 동아일보사 기자로 있었던 김철산의 작품으로 미국 파라마운트사의 영화를 수입, 배급하려는 계획을 세우고 관객들의 기호와 감상 수준을 알아보기 위하여 제작한 것이다. 〈괴인의 정체〉는 범죄자인 괴한을 뒤쫓는 민완형사의 추격담으로서 당시로서는 꽤 선구적인 영화였다. 이렇듯 액션장면은 영화의 필수요소이며 초창기 한국영화에는 활극, 즉 액션영화가 많았다. 액션영화란 격투, 전쟁, 총격, 무술 등 활발한 액션을 보여줌으로써 관객에게 영화적 흥미로 어필하는 장르의 영화이다. 영화란 활동사진이라는 말과 일맥상통한다. 그러나 한국영화 장르의 대세는 전통적으로 멜로영화였다. 한민족의 심성과 맞아 떨어지는 장르가 멜로영화였다. 액션영화는 그 다음 순이며 한국의 액션영화 비중을 살펴 보기위해 다음의 표를 인용해본다.[345]

〈표 5-5〉 국산 극영화 내용별 제작 현황 (1967~1970)[346]

내용\년도	멜로	액션	스릴러	희극	시대	괴기	문예	군사	반공	계몽	전기	음악	검술	종교	기타	계
1967	89	29	3	11	10	7	14	7	5	4	1	1			4	185
1968	96	26	4	18	16	3	2	3	22	4		3	9		6	212
1969	106	55	4	24	4	6	9	3	11		2	2		1	2	229
1970	95	73	6	28	4	6	4	2	11	1	1					231

---

344 "『송죽 영화 80년』에도 〈국경〉에 대한 언급이 없는 것으로 알려져 있어(…)", 김종원 외, 『우리 영화 100년』 (서울: 현암사), 2001, 80쪽; "그런가 하면 일본의 쇼치쿠영화사 제작으로 기술하는 책도 있다.", 구견서, 『일본영화의 시대성』, (서울: 제이앤씨), 2007, 188쪽.

345 『韓國映畵資料便覽 (草創期~1976年)』, 영화진흥공사, 1977, 46~47쪽.

346 「문화공보부 검열기준」, 『1977년도 판 한국영화연감』, 영화진흥공사, 1978, 73쪽.

『한국영화자료편람』은 영화진흥조합 이후 영화진흥공사로 공사화 되며 발간된 것으로 처음으로 영화 통계가 시작되었다. 연쇄극이 아닌 극영화로서 첫 제작된 한국영화는 1923년의 〈월하의 맹세〉로 그해에 총 3편이 제작되었다. 이후 한국영화 제작편수는 증가하여 한국영화사상 최고의 제작편수는 1970년의 231편이다.[347] 그중 액션영화는 멜로영화 다음으로 많이 제작된 장르이다. 편수도 계속 상승세였고 1970년에 들어서서 73편이 제작되었다.

검술영화 장르는 초창기 한국영화에서 제작이 흔치 않은 생소한 장르이다. 1926년에 제작된 이경손 감독의 〈산채왕〉도 있었고 1934년에는 이명우 감독의 〈홍길동전〉도 있었다.[348] 하지만 본격적인 검술영화라고는 볼 수 없는 모방영화 수준이며 그 이후 더 이상 검술영화는 찾아보기 힘들 정도이다. 이는 기술적으로 검술영화의 제작이 수월치 않음과도 관련이 있다.

1927년 나운규는 〈아리랑〉의 성공 후 활극풍의 신파극 〈들쥐野鼠〉를 만들고 1930년 〈철인도鐵人都〉를 만든다. 1932년에는 강홍식 주연의 〈홍길동〉이 만들어졌고 조선영화제작주식회사의 경성촬영소는 1934년에 와케지마 슈지로分島周次郎 제작, 김소봉金蘇峰[349] 감독의 활극영화 〈홍길동전〉, 1935년 〈대도전〉을 발표하고 1936년에는 동시녹음 영화 〈홍길동전 속편〉을 발표하는 등 다수의 활극영화를 제작한다.

당시 일본영화는 검술영화 장르가 붐이었다. 그리고 쉽게 따라 만들 수 없는 완성도 있는 영화들이 국내에 개봉됨에 따라 한국영화인들은 제작할 엄두를 내지 못했을 것이다. 이렇듯 제작이 없었던 검술영화는 1967년 〈방랑의 결투〉가 수입되고 흥행하며 1968년에 9편이 제작되었다. 그리고 1967년에 29편이던 액션영화도 1970년에는 73편으로까지 급증한다. 1991년도 한국영화연감에 의하면 1971년 이후의 각 장르별 통계가 나와 있다. 이 표에서 멜로영화는 통속, 액션영화는 활극이라고 명시되어 있다. 액션영화는 제작 편수가 1970년을 정점으로 해서 1990년에는 8편으로 줄었다. 이는 관객들이 그만큼 줄어들었기 때문이기도 한데 위장합작영화의 제작 편수 추이와

347　각주 130과 수치가 다르다. 『韓國映畵資料便覽 (草創期~1976年)』, 위의 책, 46쪽('국산영화 연도별 검열현황'에는 209편이다.).

348　본격 활극을 표방했는데 촬영 때에는 연기자의 잦은 부상을 액땜하고자 제작을 담당한 경성촬영소에서 고사를 지냈다는 기록도 있다.

349　"한국식 이름을 가진 일본인 감독이다.", 김종원 외, 앞의 책, 178쪽.

비례한다. 다음은 한국 극영화의 장르별 제작 현황이다.

<표 5-6> 한국 극영화 내용별 제작 현황 (1971~1990)[350]

내용 연별	통속	활극	수사	희극	시대	괴기	문예	군사	반공	계몽	청소년	사회	무협	종교	계
1971	85	48		15	15	5	2	3	2	10			18		202
1972	43	22		3	11	5	4	1	5	21			7		122
1973	58	26		8	11	9	1		6	5			1		125
1974	54	27		6	9	7	18	4	10	6					141
1975	38	24		4	1	3	11		1	3					94
1976	68	32	4	4	2	5	2		12	5					134
1977	49	33	2		2	1	3	4	3	2				2	101
1978	48	37	1		3		12	1	12					2	117
1979	47	15	1	7	5	1	14	1	5						96
1980	39	14		9		5	7		4	1			8		91
1981	30	25	6	6	1	8	7		1					3	87
1982	58	26	1			5	2	1	1	1				2	91
1983	50	16	3	2		6		1	1		7	3		2	91
1984	42	3	1		1	3		1	3		7	15	1	4	81
1985	54	6		2	3	4			2		8	1			80
1986	41	5			5	2			2		17		1		73
1987	41	5		4	18		3		2		15	1			89
1988	49			2	16				1		11	3		1	87
1989	62	12		1	4			1			19	6		5	110
1990	60	8		3				1	2	1	24	11		1	111

또 『1991년도 판 한국영화연감』에 의하면 외화수입국 중 홍콩이 미국에 이어 2위를 차지하고 있다. 그 외 외국영화 국가별 수입 현황은 다음 쪽 표와 같다.

---

350 『1991년도 판 한국영화연감』, 영화진흥공사, 1991, 94쪽(공윤 심의기준이다.).

<表 5-7> 외국영화 국가별 수입 현황[351]

지역	'73	'74	'75	'76	'77	'78	'79	'80	'81	'82	'83	'84	'85	'86	'87	'88	'89	'90
홍콩	4	6	2	2	2	1	3	4	5	4	3	4	6	4	17	46	88	79
자유중국	5		1	1	1	2	1					1			3	9	10	6
미국	33	19	17	17	21	17	23	21	10	21	16	21	23	39	57	76	10	12
영국	1	4	3	1	4	2	2	6	1		1			3	1	4	5	3
프랑스	7	2	4	2	1	2	2	4	1	1	1		1	3	4	12	6	7
이태리	7	5	6	5	11	6	1	1	3	1	2				1	13	13	21
서독	1			2	1	1			1	2	1					5	29	17
스웨덴																	9	1
스페인					1											2	3	
그리스		1	1														1	7
멕시코	1																	1
알젠틴				1			1											
캐나다				1			1										2	
필리핀		2																1
인도			1															
호주																1	1	
소련																4	1	1
중국																3	1	4
유고																1	4	3
네덜란드																		1
터키																	1	
덴마크																	1	
스위스																	1	
벨지움																	1	
기타 3							1					2		2	2	1		4
계	60	39	35	43	42	31	33	39	31	29	26	26	30	51	84	176	278	276

---

351 「영화수출입」, 앞의 책, 96쪽.

나. 합작영화 시기

1970년대 한국영화는 1960년대 호황에 힘입어 출발했지만 경제적인 성장으로 인해 관객을 각종 레저활동에 빼앗기고 영화의 사양화라는 세계적인 현상으로 관객동원에 큰 타격을 입는다. 또한 TV와 경쟁하며 종래의 멜로영화 관객마저 안방극장에 빼앗기는 결과를 가져온다.

한편 영화사들은 개정된 새 영화법에 의해 재등록을 하게 되었고 영화검열은 더욱 강화되었다. 1970년대 중반부터 시작된 우수영화 제도로 몇 편의 목적영화를 뺀 나머지 영화들은 완성도 측면에서 저질영화라고 불리는 결과를 초래하였다. 특히 액션영화는 코미디영화와 더불어 평론가들로부터 무시되었고 관객으로부터도 외면 받았다. 제작편수로 보아 가장 쇠퇴한 것은 첩보영화와 검술영화로 자멸을 초래했다. 이 두 장르는 위장합작영화의 영향으로 한국영화계에서 사라지고 전쟁영화 또한 흥행의 부진과 제작여건의 어려움으로 제작편수가 급격히 줄어들었다.

액션영화에서 이런 장르가 퇴보한 것은 태권도영화의 등장이 이유이기도 한데 그것은 1973년 7월 20일 타계한 리샤오룽 영화의 선풍 때문이다. 하지만 태권도 종주국으로서 세계진출을 위해 태권도를 소재로 영화를 만들고자 하는 의지도 있었다. 그러나 리샤오룽을 흉내 낸 모방작들이 넘쳐나며 아류영화가 양산되었다. 또한 위장합작영화까지 개봉되면서 1975년 이두용의 〈무장해제〉 등 국적 있는 영화들마저 아류영화로 취급당하며 관객들의 외면을 받게 되었다. 이 시기를 살펴보면 1974년 이두용의 〈용호대련〉, 최영철의 〈후계자〉, 김선경의 〈빌리장〉, 1975년 이두용의 〈사생결단〉, 박우상의 〈죽음의 승부〉, 김시현의 〈강인의 무덤〉, 1976년 이두용의 〈아메리카 방문객〉, 1977년 김정용의 〈사대철인〉, 박우상의 〈귀문의 왼발잡이〉 등의 영화가 제작되었다. 1970년대의 한국영화계가 전반적인 침체현상을 보이고 폭력물에 대한 검열규제로 인하여 액션영화 역시도 그 질과 작품 경향에서 현저한 퇴보를 보일 수밖에 없었다.

(2) 홍콩의 액션영화

가. 홍콩영화의 기원

홍콩영화의 역사를 이해하는 것은 합작영화를 이해하고 위장합작영화를 규명하기 위해 필요하다. 홍콩영화의 기원은 상하이영화에서 출발한다. 1896년 8월 11일 상하이에서 〈서양영희西洋影戲〉란 영화가 최초로 상영되었고 1903년 베이징에서 중국인 린주싼林祝三이 서양에서 가져온 영화를 상영하였다. 그리고 1905년 가을 베이징에서 〈정군산定軍山〉이란 중국영화로서는 첫 번째 극영화가 베이징의 펑타이豊泰사진관 직원들에 의해 만들어졌다.

그러나 그 후 중국영화는 상하이에서 주로 만들어졌고 1920년대 상하이는 국제도시의 면모를 갖추고 영화산업은 동양의 할리우드로 불릴 정도로 번성했다.

1925년 6월에는 무협영화의 산실 쇼브라더스의 전신인 티엔이天一영편공사가 상하이에서 창업한다. 이 영화사의 사장은 쇼브라더스 회장이었던 현 TVB352의 전 회장 사오이푸邵逸夫(소일부, 런런쇼, RunRun Shaw)의 맏형인 사오쭈이웡邵醉翁(소취옹)이다. 그들의 형제인 사오런메이邵仁枚(소인매, Runme Shaw)와 동생 샤오이푸는 이 시기에 싱가포르에서 영화 배급 및 극장 체인업 회사를 설립하였고 1937년에 시작된 중일전쟁을 피해 이곳에 정착한다.353

1926년부터 중국영화계에서 패사영화稗史映畵354가 유행하기 시작했다. 그리고 전통적인 도덕이나 삶 등을 다뤄서는 대중의 인기를 끌 수 없다고 판단하여 관객들의 호응을 받고자 1927년부터 〈남녀영웅男女英雄〉 등의 무협영화가 제작되며 〈대협감봉지大俠甘鳳池〉, 〈아녀영웅전兒女英雄傳〉, 〈방세옥 무술시합에 나가다方世玉打擂臺〉, 〈야광주夜光珠〉 등의 무협영화가 연간 80여 편 제작된다.355

한국에서 〈봉황의 면류관〉, 〈춘희〉의 배우 겸 제작자로 활동했던 정기탁 감독이 1928년에 상하이에서 안중근 의사의 이토 히로부미 암살을 다룬 〈애국혼愛國魂〉의 각본, 감독, 주연을 맡았다. 제작사는 대중화백합영편공사大中華百合影片公司였다. 같은 해에 핑장부샤오썽平江不肖生 / 평강불초생356의 베스트셀러였던 『강호기협전江湖奇俠傳』을 원작으로 〈화소홍련사火燒紅蓮寺〉라는 무협영화도 만들어져 그 후 총 18편의 시리즈가

352 홍콩 최대의 TV 방송사로 1967년 11월에 개국하여 상업방송 프로그램을 제작 방송한다.

353 『邵氏電影初探』, 香港電影資料館, 2003, 1~28쪽.

354 일상의 사소한 일을 기술한 야사소설을 원작으로 한 영화.

355 루훙스, 슈샤오밍, 『차이나 시네마』, 김정욱 옮김, (서울: 동인), 2002, 54쪽.

356 "1920년대 말 무협소설의 거두로 평강불초생(1889~1957)은 필명이고 본명은 샹카이란(向愷然)으로 호남(湖南)의 핑장(平江)출신이다." 임대근 강연, "무협서사의 횡단과 동아시아 상상 1", 한국영상자료원 세미나, 2012.5.25.

만들어졌다. 상하이파 한국영화인 정기탁도 그 무렵인 1929년, 〈대파구룡산大破九龍山〉, 〈화소구룡산火燒九龍山〉 등 구룡산 시리즈 무협영화에 출연을 한다.

나. 쇼브라더스와 골든하베스트

싱가폴로 이주했던 쇼브라더스는 1958년에 홍콩에서 영화제작사 쇼브라더스유한공사邵氏兄弟(香港)有限公司를 설립하였다. 그들은 1961년 지우룽 칭쉐이완다오九龍 淸水灣道(구룡 청수만도)에 대규모 스튜디오를 건립하고 본격적인 제작에 들어간다. 쇼브라더스는 북경어로 무협영화를 제작하였는데 동남아 각지에 흩어져 있는 화교들을 대상으로 꿈과 가상의 세계를 소재로 한 영화를 제작하였는데 주로 황매조영화357와 무협영화, 궁중영화, 애정영화들이었다.

1960년대 중반부터 무협영화에서 구색을 맞추어 출연했던 여배우들의 액션영화(俠義, 武俠, 偵探, 動作장르)가 만들어진다. 시대액션영화와 함께 천바오주陳寶珠(진보주)를 주인공으로 한 여성액션영화는 〈無敵女殺手, 무적여살수〉 등의 영화를 거쳐 〈千面魔女, 천면마녀〉가 만들어진다.358 1960년대 후반, 홍콩의 영화경향에 중대한 변화가 일어난다. 중국의 문화대혁명은 홍콩 영화계에 파급되었다. 이런 사회분위기와 맞물린 무협영화 제작으로 관객이 급증한 쇼브라더스는 큰 발전을 하여 흥행기록 백만 불 시대를 맞는다. 쇼브라더스는 무협신세기정략武俠新世紀政略359을 전개하였고 1967년에는 44편의 영화를 제작하였다. 1960년대 중반 이래로 매년 흥행영화 20편 중 절반 이상이 쇼브라더스의 영화였다. 이 시기 쇼브라더스는 대규모의 스튜디오와 직원이 있었고 런런쇼 사장은 표준어(만다린어)영화 제작으로 전 세계의 화교를 대상으로 하는 수출용 영화 제작 전략을 중시한다. 1960년대 중반부터 신무협영화를 만든 쇼브라더스는 감독들을 중국어권은 물론이고 외국에서도 충원하여 홍콩영화의 발전을 이룩했다.

---

357 〈강산미인(江山美人)〉, 〈양산백과 축영태(梁山伯與祝英台)〉 등 1960년대를 풍미한 중국 고전 소재의 창극으로 여성들을 중심으로 구성한 전통 오페라 극영화이다.

358 唐佳와 劉家良이 무술지도를 맡은 초기작인 1966년 작 〈雲海玉弓緣〉, 〈女殺手〉, 1967년 작 〈玉女金剛〉, 〈女黑俠威震地獄門〉, 〈玉女的秘密〉, 〈無敵女殺手〉는 현대 여성액션영화로 007영화의 영향을 받았다. 『香港影片大全 제6권 1965~1969』, 香港電影資料館, 2007, 66~170쪽.

359 무협영화의 본격적인 부흥을 시도하여 후진취안, 장처 감독이 전면에 부상해 일본무협영화를 모방하여 검술영화를 제작한다.

1970년 레이몬드 초우鄒文懷(쩌우원화이)가 쇼브라더스를 떠나 골든하베스트嘉禾電影有限公司를 설립한다. 골든하베스트는 새로운 스타를 찾아 미국에서 활동 중이던 리샤오룽과 출연 계약을 맺게 됐다. 리샤오룽은 1971년 〈당산대형〉에 주연으로 나섰는데 기대 이상으로 320만 홍콩달러로 흥행기록을 경신한다. 그 후 골든하베스트는 1972년 〈정무문〉, 〈맹룡과강〉, 1973년 〈용쟁호투〉로 흥행 성공을 했고 골든하베스트는 쉬관원許冠文(허관문), 쉬관제許冠傑(허관걸)형제와 청룽, 홍진바오 등과 흥행작을 계속해 만든다. 골든하베스트는 홍콩은 물론이고 세계적으로 많은 흥행작을 양산하며 1970년대 후반에는 홍콩영화계의 정상에 오른다 .

홍콩영화를 통해 우리가 알 수 있는 것은 우리 액션영화사와 다른 장르의 영화를 만들어왔다는 점이다. 그들이 주로 무술영화 위주의 액션영화를 만들어 왔다면 우리는 무술영화를 제외한 다양한 장르의 액션영화를 만들어 왔다. 두 나라는 합작영화로 서로의 주력 장르를 탈피하여 합작을 시도했다. 비록 영화산업의 특성인 상업적인 이득을 추구하며 실리적으로 시작되었지만 서로 간 장르의 벽을 넘어서 문화교류를 시도한 것이다. 이러한 처음의 순수한 의도와 달리 후에는 서로간의 수익과 실리만을 추구하며 변칙적인 형태의 합작영화가 만들어졌다. 이런 과정을 통해 위장합작영화가 성행하게 되고 홍콩 측으로서는 수출의 형태이지만 한국으로서는 홍콩영화의 또 다른 수입 모델로서 합작영화 제작이 이루어지게 된 것이다.

제야 떳떳했었다
제 진짜 일ᄅᆞᆨ 국민이 되는구나

폐하의 방패가 되어
나아가는 이 몸은.....

6장
위장합작영화 분류

합작영화의 제 문제

1. 한·홍합작영화의 제작

위장합작영화가 20여 년간에 걸쳐 계속되다가 중단된 것은 1980년대 후반이다. 그것은 외국영화 수입자유화로 누구나 외화를 편수에 제한 없이 수입이 가능해졌기 때문이다. 또한 한국의 영화산업도 제작자유화되며 의무제작이라는 형태도 사라졌기에 무리한 제작을 피할 수 있었다. 수입제한으로 금지되었던 일본영화도 수입되며 홍콩영화는 예전 같은 관심 대상이 아니었다. 우위선 감독의 〈영웅본색〉이 개봉된 1986년을 기점으로 홍콩영화는 범죄영화 붐을 맞게 된다. 범죄영화 장르의 합작영화는 쉽지 않다.

무엇보다도 아시안경기대회나 서울올림픽을 치르며 한국은 경제나 문화적 선진국으로 발돋움하였고 문화콘텐츠산업의 각 분야가 비약적으로 발전했다. 위장합작은 상호간의 필요성에 의해 결정되는 것인데 더 이상 수익창출 모델이 되지 않으므로 자연스럽게 중단된 것이다. 결국 위장합작영화란 한국의 경제성장기에 영화산업이 가졌던 취약성으로 인해 생겨난 돌연변이 형태의 산업구조라고 풀이된다. 위장합작은 정부가 의도했던 수출 정책과는 동떨어진 영화업자들의 변태영업으로 자신들의 치부를 위해 존재했던 기형적인 수익창출 모델이라고 할 수 있다.

이런 위장합작영화의 병폐는 당시보다도 역사의 기록으로 남는 후대에 더욱 큰 문제가 된다. 1970년을 전후로 급증한 합작영화 제작은 사실과 달리 왜곡된 것으로 그러한 거짓된 사실들이 인터넷과 DVD를 통해 밝혀지고 있다. 그 예로 제9회 부산영화제가 밝힌 한·홍합작영화 목록은 검증이 되지 않은 자료들이다. 위장합작영화를 정상적인 합작영화로 규정한 것은 물론이고 관련 없는 영화들까지 들어가 있다. 예를 들어 1958년 작으로 기록된 〈장상사長相思〉는 애정영화로 한국과는 전혀 상관없는 홍콩의 다관大觀(대관)영화사 출품작이다. 감독은 자오수찬趙樹燦(조수찬), 배우는 어우양사페이歐陽莎菲(구양사비), 황허黃河(황하), 리얼麗兒(려아), 장추이잉張翠英(장취영), 가오산高山(고산), 장광차오張光超(장광초)이다[360] 따라서 이 영화는 우리나라와는 아무 연관도 없으며 제

---

[360] 『香港影片大全 제4권 1953~1959』, 앞의 책, 76쪽.

직년도도 1954년 영화로 기록되어 있다.

광복 후 첫 합작영화인 〈이국정원〉과 〈천지유정〉의 촬영 이후 한·홍합작영화인 〈망향望鄉〉361의 촬영차 정창화 감독을 비롯한 스태프와 배우들이 1957년 8월 15일 홍콩으로 갔다.362 이들의 합작은 순탄치만은 않았다. 여배우인 샤허우란夏厚蘭(하후란) 양은 영화의 줄거리를 읽어보고 양국의 문화교류에 역행한다며 출연을 거부하는 사태가 벌어졌다.363 이렇게 해서 샤허우란이 빠지고 새롭게 캐스팅하여 〈망향〉은 촬영을 시작하였다.364

이렇듯 합작영화는 국제간 문화교류와 관련하여 합작의 당위성부터 시나리오에 묘사된 배역의 캐릭터character 문제를 둘러싸고 배우들의 출연 문제까지 국내 제작에 비해 불협화음이 더 많을 수밖에 없었다. 다른 합작영화들도 상황은 마찬가지였을 것이다. 해외촬영지에 도착한 제작진은 배우 섭외를 다시 할 수밖에 없고 스케줄을 재조정을 해야 하는 어려움 속에서 제작하였다. 이런 상황에도 불구하고 합작영화가 계속 추진된 것은 국내제작의 한계를 탈피하고 이국적인 정서를 담아내는 해외촬영의 흥행성 때문이다.

다음은 홍콩전영자료관香港電影資料館에서 간행한 『향항영편대전香港影片大全』(1950~1974)의 각 연도별 기록을 바탕으로 한홍합작영화를 검증한 결과이다. 이 책에서는 공동연출일 경우에는 "도연導演:○○○, 연합도연聯合導演:○○○"으로 표기했다. 그러나 한홍합작영화로 알려진 영화들 중에 위와 같은 공동연출 표기는 많지 않다. 이것은 합작영화라고 하더라도 한국 감독의 연출 비중이 적거나 홍콩 감독들이 실제 연출을 맡았기 때문일 수도 있고 아니면 위장합작영화이기 때문이다. 그들은 정식 합작영화라면 〈금도괴객 / 金刀怪客〉의 경우 "룽거龍國와 타이완 타이허영업공사臺灣 泰和影業公司 합작, 타이완에서 촬영"이라고 밝히고 있다.365

그러나 한국의 영화사나 한국영화인이 참여한 영화 중에 이러한 기록 역시 찾아보

---

361 홍콩에서는 같은 제목으로 1958년에 개봉되었다. 『香港影片大全 제4권 1953~1959』, 앞의 책, 261쪽.

362 "한·중합작영화 "망향" / 하후란양이 주연 / 한국측 일행 향항 출발", 《조선일보》, 1957.8.16, 4면.

363 "하후란양 한·중합작영화 출연거부 / 「씨나리오」에 불만 / 본사에 보낸 서한서 양국간 친선 강조", 위의 신문, 1957.8.25, 2면.

364 "[내외문화단신]한·중영화 "망향" 홍콩서 촬영개시", 《한국일보》, 1957.9.4, 4면.

365 "1969년 작으로 1월 25일에 개봉", 『香港影片大全 제6권 1965~1969』, 香港電影資料館, 2005, 227쪽.

기 힘들다. 이것은 한국과의 합작이 사실이 아니며 따라서 우리가 밝힌 합작이라 함은 허위사실일 가능성이 농후하다. 그러나 필자로서는 이 또한 검증하여야 할 부분으로 한국에서의 촬영에서 모든 협조를 받고 한국에서의 상영판권을 넘긴 경우에 그들은 기록에서 합작 사실을 부정하여 뺐을 수도 있다. 따라서 이 책의 기록에서 빠졌다고 하더라도 우리로서는 합작이 사실이므로 합작영화라고 볼 수 있다. 그러므로 우리가 합작영화로 신고하고 내용상 한국인의 개입이 검증되는 영화들은 합작영화로 판정한다. 다음은 한국인들이 주요 스태프나 출연자로 참여하여 제작된 영화들이다. 즉 합작이 아닌 영화도 포함된 한국인들이 참여한 26편의 영화들이다.

1. 1958년 3월 6일 〈이국정원異國情鴛〉366 邵氏 출품, 華克毅, 屠光啓, 全昌根 도연, 편극編劇: 金石民, 程剛, 연원: 尤敏, 金杭奎, 楊志卿, 陳藝이다.

2. 1958 7월 18일 (臺灣) 〈천지유정天地有情〉367 金鳳 출품, 감제 王龍, 도연: 金火浪, 연원: 金石民, 王元龍, 陳藝, 楊勳, 梁錫天의 가창애정극. 부주: 香港 王龍의 金鳳公司와 南韓演藝株式會社 합작영화이다.

3. 1958년 〈망향望鄕〉 亞洲 (南韓)星光 감제: 朴承鶴, 도연: 鄭昌和, 편극: - 연원: 盧熊杰, 梁美姬, 劉亮華, 上官清華. 부주: 마카오 촬영을 했다.

4. 1959년 1월 29일 〈우불쇄화화불홍雨不灑花花不紅〉368 출품: 南韓 光榮 도연: 屠光啓, 田澤二 연원: 李湄, 羅維, 李澤昀, 王元龍, 高寶樹, 童眞, 畢寶搖, 崔智姬다.

5. 1959년 2월 24일 (臺灣) 〈다정한多情恨〉369 애정문예 출품 金鳳, 도연: 金火浪, 편극: 金火浪, 연원: 白光, 王豪, 羅維, 賀賓, 張意虹, 陳濠, 朱牧. 부주: 香港, 南韓합작제작, 林和秀의 韓國演藝株式會社가 출자하여 南漢내의 판권소유, 王龍의 金鳳公司 측은 배우와 스태프 임금을 부담하며 동남아 판권을 소유했다.370

이렇게 1953년에서 1959년 사이에 합작된 영화는 모두 5편이며 1960년부터

---

366 『香港影片大全 제4권 1953~1959』, 앞의 책, 224쪽.

367 위의 책, 240쪽.

368 위의 책, 266쪽; 한국명은 〈애정무한〉이다.

369 위의 책, 271쪽.

370 위의 책, 401~409쪽; 한국명은 〈그림자 사랑〉이다.

1964년까지의 공식 합작영화는 다음과 같다.

1. 〈화염산火焰山〉371 1962년 7월 25일 93분 출품: 嶺光(南韓)漢陽, 촬제: 華達, 감제: 黃卓漢, 제편: 江蔓, 도연: 莫康時, 편극: 屠光啓, 원저: (明)吳承恩 〈西遊記〉, 촬영: 王吉馨, 연원: 金喜甲, 崔茂龍, 丁瑩, 徐小明, 楊勳, 許英秀, 白龍珠. 부주: 향·한합작으로 한국의 영제 崔茂龍, 영후 金芝美 참가했고 특기부분으로 일본팀이 촬영했다. 장항: 한국예술문화진흥회 최우수합작연출상, 최우수연기상丁瑩; 漢城大學편극영예상을 수상했다.372

2. 〈달기妲己〉 1964년 8월 27일 출품: 邵氏, 감제: 邵逸夫, 도연: 岳楓, 편극: 王月汀, 무도지도: 정패패, 연원: 林黛, 丁紅, 申榮均, 李藝春, 南宮遠, 楊志卿, 將光超, 井森. 부주附註:1. 본편은 邵氏와 한국 감독 申相玉 사장의 신필름이 합작촬제, 한국에서 로케이션 촬영, 한국 연기자 申榮均, 南宮遠, 李藝春 등이 참가했다.373

딩잉정영, 丁瑩은 합작영화의 주요 배우로 꾸준히 합작영화에 출연했다. 1960년부터 1964년까지의 합작영화로는 〈화염산〉과 〈달기〉까지 두 편이 검증되었다. 이후 1974년까지의 합작영화는 다음과 같다.

1. 1967년 2월 18일 〈몽면대협幪面大俠〉374 도연: 嚴俊, 연원: 方盈, 金振奎, 張燕, 朴魯植, 嚴俊, 田豊, 崔星湖. 부주: 한국 로케이션 촬영을 하였다.375

2. 1967년 3월 22일 〈관세음觀世音〉376은 도연: 申相玉, 林元植, 편극: 왕류조, 연원: 李麗華, 崔星湖, 金勝鎬, 金振奎, 將光超. 부주: 본 편은 국어와 한국어 판본, 한국어 판본은 崔銀姬가 묘선妙善역을 맡았다. 한국 로케이션 촬영을 했다.377

371　한국명은 〈손오공〉이다.

372　『香港影片大全 제5권 1960~1964』, 앞의 책, 187쪽.

373　위의 책, 334쪽.

374　한국명은 〈흑도적〉이다.

375　『香港影片大全 제6권 1965~1969』, 앞의 책, 123쪽.

376　한국명은 〈대폭군〉으로 한국의 기록에는 임원식 감독 작이다.

377　위의 책, 128쪽.

3. 1967년 5월 31일 〈염첩신룡艶諜神龍〉378 도연: 鄭昌和, 편극: 郭一路, 연원: 南宮遠, 張仲文, 金惠貞, 崔星湖. 부주: 타이완, 일본, 한국에서 촬영을 했다.379

4. 1967년 7월 5일 〈철두황제鐵頭皇帝〉380 도연: 何夢華, 편극: 汪榴照, 연원: 申榮均, 李菁, 沈衣, 黃宗번. 부주: 邵氏와 한국 감독 申相玉의 신필름 합작촬영, 서울 촬영은 부분 스튜디오 촬영으로 신필름에서 했다.381

5. 1967년 8월 26일 〈국제여간첩國際女間諜〉 도연: 申相玉, 연원: 丁瑩, 李湄, 朴魯植, 李鄕이다.382

6. 1967 10월 12일 〈장상억長相憶〉383 李知龍 제작, 도연: 鄭昌和, 편극: 辛奉承, 연원: 丁瑩, 申星一, 南貞妊, 張儀, 黃貞順, 金勝鎬다.384

7. 1968년 2월 8일 〈가녀백난화歌女白蘭花〉 李浪觀 제작, 도연: 張一湖, 연원: 艾黎, 南宮遠, 李大燁, 曾江이다.385

8. 1968년 5월 2일 〈신용탄극대神勇坦克隊〉386 도연 金東鶴, 연원: 申榮均, 丁瑩, 張英才, 楊薰, 崔星, 趙恒, 文珠蘭, 金勝이다.387

9. 1969년 4월 10일 〈천면마녀千面魔女〉388 도연: 鄭昌和, 연원: 宋金 金霏, 丁紅, 陳亮, 楊志卿이다.389

10. 1969년 6월 27일 〈산하혈山河血〉390 도연: 崔慶玉, 편극: 郭一路, 연원: 李麗華, 申榮均, 朴魯植이다.391

---

378 한국명은 〈순간은 영원히〉이다.

379 『香港影片大全 제6권 1965~1969』, 앞의 책, 137쪽.

380 한국명은 〈철면황제〉이다.

381 위의 책, 140쪽.

382 위의 책, 149쪽; 신상옥 감독의 이 영화는 KMDb 자료검색이 안되며 편극이 빠져있으나 출연자들로 보아 최경옥 감독의 〈SOS홍콩〉으로 추정된다.

383 한국명은 〈조용한 이별〉이다.

384 위의 책, 156~157쪽.

385 위의 책, 176~177쪽; 한국명은 〈국제금괴사건〉이다.

386 한국명은 〈장렬 509 대전차대(壯烈 509 大戰車隊)〉이다.

387 위의 책, 189쪽.

388 프랑스영화 〈판토마〉의 영향을 받았으나 1960년대 중반부터 유행한 여성액션영화의 맥을 잇고 있다.

389 위의 책, 238쪽.

390 한국명은 〈여마적〉이다.

391 위의 책, 251쪽.

11. 1969년 11월 7일 〈봉화정천烽火情天〉392 도연: 鄭昌和, 편극: 鄭昌和, 연위: 王天麗, 南宮遠, 王豪, 監天이다.393

12. 1970년 1월 31일 〈나정裸情〉 도연: 全右烈, 편극: 郭一路, 촬영: 裵聖學, 연원: 方盈, 申榮均, 王俠, 張赫, 南貞姬, 許長江이다.394

13. 1970년 10월 31일 〈쌍룡검雙龍劍〉 제편: 金敬植, 도연: 孫亞夫, 편극: 魯漢, 연원: 張楊, 朴魯植, 金惠卿, 文心, 白榮民, 丁敏, 楊薰, 白景柱다.395

14. 1971년 1월 9일 〈관외쌍웅關外雙雄〉396 도연: 申相玉, 편극: 郭一路, 연원: 于倩, 申榮均, 王俠, 朴魯植, 黃海, 崔星湖다.397

15. 1971년 3월 11일 〈맹협비룡검盲俠飛龍劍〉 도연: 姜照遠, 편극: 李斗衡, 촬영: 泰吉成, 연원: 江南, 黃俊, 池芳銀, 安吉遠, 李紫暎, 金基範, 張宗國, 金永仁이다.398

16. 1971년 5월 22일 〈천년호千年狐〉 도연: 申相玉, 편극: 郭一路, 촬영: 崔承雨, 연원: 申榮均, 金芝秀, 金惠靜, 李雲星, 金蘭英, 姜桂植, 姜成姬, 李基永이다.399

17. 1973년 8월 3일 〈흑야괴객黑夜怪客〉 출품: 宇進, 발행: 嘉禾, 감제: 鄒文懷, 도연: 鄭昌和, 편극: 鄭昌和, 촬영: 崔浩鎭, 王永隆 연원: 柯俊雄, 苗可秀, 南宮勳, 易原, 洪金寶, 黃仁植, 楊威, 李英蘭이다.400

18. 1974년 1월 22일 〈황비홍소림권黃飛鴻少林拳〉401 출품: 合同, 발행: 嘉禾, 감제: 鄒文懷, 도연: 鄭昌和, 연원: 關德興, 黃家達, 洪金寶, 趙雄, 黃仁植, 司馬華龍, 苗可秀, 李昆, 遊龍이다.402

19. 1974년 3월 14일 〈염녀환혼艶女還魂〉403 출품: 邵氏, 감제: 邵仁枚, 도연: 申相

392　한국명은 〈비련〉이다.

393　위의 책, 268쪽.

394　『香港影片大全 제7권 1970~1974』, 香港電影資料館, 2010, 5쪽; 한국명은 〈낮과 밤〉이다.

395　위의 책, 48쪽; 출연진을 보면 권영순 감독의 〈비호〉로 추정된다.

396　한국명은 〈마적〉이다.

397　위의 책, 61쪽.

398　위의 책, 69쪽; 감독과 출연자로 보아 한국명은 〈이대검왕〉으로 추정된다.

399　위의 책, 77쪽; 쇼브라더스가 저작권 소유를 주장하는 〈천년호〉는 신필름 제작의 한국영화다.

400　위의 책, 185~186쪽.

401　한국명은 〈황비〉이다.

402　위의 책, 671~672쪽.

403　한국명은 〈반혼녀〉이다.

玉, 편극: 郭一路, 촬영: 崔承敏, 연원: 李菁, 李勝龍, 高善愛, 金武榮, 朱英, 王淸河, 金琪珠다.404

1958년 〈이국정원〉부터 1974년까지 〈달기〉 등을 포함하여 이상의 26편의 영화에 한국인이 관련되어 있으나 순수한 한국영화인 〈천년호〉나 외화로 수입된 〈천면마녀〉405와 위장합작영화임이 명백한 〈황비홍소림권〉을 뺀 23편이 합작영화로 인정된다. 이상 합작영화로 판명되는 23편의 영화들을 표로 정리하여 보면 다음과 같다.

〈표 6-1〉 홍콩과의 합작영화 목록 (1958~1974)406

순번	영화제목	상영일자	출품	제작자	각본/원작	감독	주요 배우	부주
1	이국정원 (異國情鴛)	1958. 3.6.	邵氏	邵仁枚	金石民, 程剛	華克毅, 屠光啓, 全昌根	尤敏, 金振奎, 楊志卿, 陣藝, 尹一峰, 姜南, 金三和	邵氏公司와南 韓演藝株式會 社합작
2	천지유정 (天地有情)	1958. 7.18.	金鳳	王龍	金石民	金火浪	金石民, 王元龍, 陳藝, 楊勳, 梁錫天	金鳳公司와 南韓演藝株式 會社합작
3	망향 (望鄕)	1958.	亞州, [南韓]星光	朴承鶴		鄭昌和	盧熊杰, 美姬, 劉亮華, 上官淸華, 李英, 朱善泰, 賀賓, 阮兆輝	마카오 촬영
4	우불쇄화화불홍 (雨不灑花花不紅)	1959. 1.29.	[南韓] 光榮			屠光啓, 田澤二	李湄, 羅維, 李澤畇, 王元龍, 高寶樹, 童眞, 畢寶瑤, 崔智姬	港·韓합작
5	다정한 (多情恨)	1959. 2.24.	金鳳		金火浪	金火浪	白光, 王豪, 羅維, 賀賓, 張意虹, 陣濠. 朱牧	香港, 南韓합작

---

404 위의 책, 222쪽.

405 쇼브라더스에서 정창화 감독의 첫 감독 작으로 한국에서는 1970년 12월 23일부터 상영허가를 받아 서울 파라마운트 극장에서 개봉되었다. 『韓國映畫資料便覽 (草創期~1976)』, 앞의 책, 135쪽 참조.

406 부주(附註)는 홍콩 측의 자료대로 인용함.

순번	영화제목	상영일자	출품	제작자	각본/원작	감독	주요배우	부주
6	화염산 (火焰山)	1962. 7.25.	嶺光, [南韓]漢陽	黃卓漢	屠光啓	莫康時	金喜甲, 崔戊龍, 丁瑩, 徐小明, 楊勳, 許英秀, 白龍珠	港·韓합작, 한국의 影帝 최무룡과 影后 김지미 참가, 일본팀이 촬영
7	달기 (妲己)	1964. 8.27.	邵氏	邵逸夫	王月汀	岳楓	林黛, 丁紅, 申榮均, 李藝春, 南宮遠, 楊志卿, 獎光超, 井森	邵氏와 申相玉 사장의 신필름이 합작
8	몽면대협 (幪面大俠)	1967. 2.18.	邵氏	邵逸夫		嚴俊	方盈, 金振奎, 張燕, 朴魯植, 嚴俊, 田豊, 獎光超, 崔星湖	한국 로케이션 촬영
9	관세음 (觀世音)	1967. 3.22.	邵氏	邵仁枚	汪榴照	申相玉, 林元植	李麗華, 崔星湖, 金勝鎬, 金振奎, 將光超	한국어 판본은 최은희가 묘선 역, 한국 로케이션 촬영
10	염첩신룡 (艶諜神龍)	1967. 5.31.	玉聯	黃玉麟	郭一路	鄭昌和	南宮遠, 張仲文, 金惠貞, 崔星湖, 王豪, 尹一峰	대만, 일본, 한국에서 촬영
11	철두황제 (鐵頭皇帝)	1967. 7.5.	邵氏	邵仁枚	汪榴照	何夢華	申榮均, 李菁, 沈依, 黃宗迅, 金勝鎬, 李麗麗, 井森, 歐陽莎菲	소씨와 신필름 합작촬영, 서울 촬영은 스튜디오 촬영
12	국제여간첩 (國際女間諜)	1967. 8.26.	嶺光	黃卓漢		申相玉	丁瑩, 李湄, 朴魯植, 李鄕	한국 촬영
13	장상억 (長相憶)	1967. 10.12.	嶺光	黃卓漢 (製片)李知龍	辛奉承	鄭昌和	丁瑩, 申星一, 南貞姬, 張儀, 黃貞順, 金勝鎬	한국 로케이션 촬영
14	가녀백난화 (歌女白蘭花)	1968. 2.8.	堅華	李浪觀		張一湖	艾黎, 南宮遠, 李大煒, 曾江, 江紋, 姜南, 李英	싱가폴, 말레이시아, 한국 촬영
15	신용탄극대 (神勇坦克隊)	1968. 5.2.	嶺光	黃卓漢		金東鶴	申榮均, 丁瑩, 張英才, 楊薰, 崔星, 趙恒, 文珠蘭, 金勝	남한 38선 부근 설원에서 촬영

순번	영화제목	상영 일자	출품	제작자	각본/ 원작	감독	주요 배우	부주
16	산하혈 (山河血)	1969. 6.27.	邵氏	邵仁枚	郭一路	崔慶玉	李麗華, 申榮均, 朴魯植, 鄭珉, 趙正一, 崔佛岩, 黃海	한국 촬영
17	봉화정천 (烽火情天)	1969. 11.7.	玉聯	黃玉麟	鄭昌和	鄭昌和	王天麗, 南宮遠, 王豪, 監天, 尹一峰, 高銀兒, 錢秋萍, 李曼華	
18	나정 (裸情)	1970. 1.31.	邵氏	邵仁枚	郭一路	全右烈	方盈, 申榮均, 王俠, 張赫, 南貞姙, 許長江	韓國 로케이션 촬영
19	쌍룡검 (雙龍劍)	1970. 10.31. (타이 완)	嘉華	黃玉麟 (製片) 金敬植	魯漢	孫亞夫	張楊, 朴魯植, 金惠卿, 文沁, 白榮民, 丁敏, 楊薰, 白景柱	洪性憲 찬조 촬영
20	관외쌍웅 (關外雙雄, 原名:强盜)	1971. 1.9.	邵氏	邵逸夫	郭一路	申相玉	于倩, 申榮均, 王俠, 朴魯植, 黃海, 崔星湖	한국 서울 근교 초원 촬영
21	맹협비룡검 (盲俠飛龍劍)	1971. 3.11	萬邦	田錫津	李斗衡	姜照遠	江南, 黃俊, 池芳銀, 安吉遠, 李紫暎, 金基範, 張宗國, 金永仁	
22	흑야괴객 (黑夜怪客)	1973. 8.3.	宇進	鄒文懷	鄭昌和	鄭昌和	柯俊雄, 苗可秀, 南宮動, 易原, 洪金寶, 黃仁植, 楊威	한국 로케이션, 최호진 촬영기사 사망.
23	염녀환혼 (艶女還魂)	1974. 3.14.	邵氏	邵仁枚	郭一路	申相玉	李菁, 林偉圖, 高善愛, 金武榮, 朱英, 王淸河, 金琪珠	한국판의 남주인공은 李勝龍이다.

1974년까지의 기록 중에서 이들 23편의 영화를 뺀 나머지 한국인 참여 영화들은 위장합작영화임이 유력하며 합작영화이지만 『香港影片大全』의 기록에서 누락되어 있는 영화들은 기타 자료와 관련자 인터뷰를 통해 재검증해야 한다.

(1) 합작영화의 제작 현황

광복 후 합작영화는 건실한 목적 아래 한국영화의 세계화를 목표로 시작되었다. 〈이국정원〉은 한국연예주식회사와 홍콩 소씨부자유한공사와의 합작영화였다.407 이는 대중의 관심을 끌끔한 일이었고 합작영화의 결과를 기대케 하는 화젯거리였다.408 합작영화는 침체된 한국영화계에 청신호였다. 그리고 관객에게도 한국영화에 대한 기대와 희망을 갖게 하는 일이었다.409 그리고 이왕에 비싼 외화를 들여 제작하는 것이니 한국적인 소재를 택해야 한다는 정론적인 글도 있다. 홍콩 등지를 배경으로 한 범죄영화 등보다는 우리만의 영화소재를 외국 관객들에게 보여주자는 내용이다.410 그러나 이러한 합작영화를 제작함에 있어 국산영화의 해외 진출을 위해 국가적인 지원이 뒤따라야 한다는 글도 있었다. 아울러 북한과의 경쟁관계를 고려하여 공동제작영화를 제작하여야 한다는 의견도 이어져 있다.411

한국연예주식회사의 임화수412는 제작자로서 합작영화를 처음 제작하면서 느낀 소회를 발표했다. 그는 합작영화의 필요성에 대해 "첫째, 해외시장 진출을 위함. 둘째, 우리 문화를 소개하고 우방국과 문화교류를 위함. 셋째, 우리 영화의 기술향상을 위함"이라고 말하고 투자 형식만으로는 제대로 된 우리 영화를 만들기 힘들기 때문에 합작영화의 투자 보상 내지는 보장과 자유로운 투자의 필요함을 역설했다. 그는 〈이국정원〉 제작 후 합작영화의 발전을 위한 정부시책의 변화를 요구했다.413 〈이국정원〉은 개봉 후 작위적인 내용 전개로 좋은 평을 듣진 못했지만 컬러영화로써 이국의 풍광을 담아낸 점 등은 평가를 받았다.414 아무래도 첫 합작영화이다 보니 아쉬운 점이나 시행착오를 겪을 수밖에 없었다. 무리한 해피엔딩과 자기 나라의 선전 등 지나친 미화로

---

407 "중국진이 내한 / 첫 한·중합작영화인 〈이국정원〉 촬영차", 《동아일보》, 1957.9.13, 4면.

408 "한국571001(4) 한·중 합작영화 〈망향〉 / 마카오 「로케」 완료 곧 개봉", 《한국일보》, 1957. 10.1, 4면.

409 "영화계 해외진출과 합작영화의 등장 / 활기를 회복한 영화계: 유한철", 《조선일보》, 1957.12.26, 4면.

410 "[백·밀러]합작영화", 《서울신문》, 1958.2.16, 4면.

411 "〈이국정원〉이 주는 교훈 / 합작영화의 해외진출에 현명한 국책의 뒷받침을", 《동아일보》, 1958.2.18, 4면.

412 임화수(1924~1961)는 정치깡패이며 영화제작자로 5·16군사정변 후 군사재판에서 사형을 언도받았다. 그는 광복 후 한국에서 영화 해외합작을 처음 성사시키고 수출까지 한 인물이다. 그를 모델로 한 TV드라마 〈빛과 그림자〉가 2011년 11월부터 2012년 6월까지 총 64부작으로 MBC에서 방송되었다.

413 "합작영화의 가능성 / 임화수", 《조선일보》, 1958.2.20, 4면.

414 "[신영화]〈이국정원〉 / 선명한 천연색", 《서울신문》, 1958.2.20, 4면.

리얼리티가 결여되었다는 지적이다.415 해외진출을 위한 합작영화의 시도가 바람직했지만 처음 있는 사례라 시행착오가 있을 수밖에 없었다. 그것은 합작 파트너와의 관계 문제일 수도 있고 당사국 관객들의 기호에 따른 문제일 수도 있다. 이 영화의 시나리오를 쓴 유두연은 "한국인들이 비극을 좋아한다면 중국인들은 희극을 좋아한다."고 했다.416

1957년 12월에 타이완과의 합작영화인 〈천지유정〉의 촬영이 있었다. 윤인자, 양석천, 양훈 등 영화배우가 2개월간의 촬영을 마치고 홍콩에서 귀국했다.417 1958년에는 홍콩에서 촬영된 정창화 감독의 〈망향〉이 개봉되었다. 〈망향〉은 갱스터 영화를 표방하여 홍콩과 마카오를 무대로 한국과 중국의 악당들이 금괴를 둘러싸고 벌이는 액션영화다.418 1958년에는 전택이419 감독의 〈애정무한〉도 제작되었다. 이 영화는 이국의 풍취를 배경으로 두 나라 연인들의 슬픈 사랑이야기를 다룬 멜로영화다.420 이후 말레이시아와 합작을 한 영화 〈사랑하는 까닭에〉가 있다. 한중합작을 탈피하여 새로운 합작파트너를 찾았는데 태평양전쟁 시기 현지에 잔류한 남편과 공연을 간 무용수 부인의 사연을 담은 멜로영화다. 당시는 해외여행이 자유롭지 못했기 때문에 일단 해외풍광을 담았다는 것만 해도 화제가 되었다.421 이 영화는 광복 후 합작영화 최초로 동남아시아 일대의 영화배급사인 홍콩의 즈여우영업공사自由影業公司에 수출되기도 한다. 이 역시 임화수 씨의 수완이었다.422 1959년 8월에도 또 한 편의 합작영화 〈양지를 찾아서〉가 개봉된다.423 새로움을 광고했지만 평범한 줄거리의 멜로영화다.

1959년 8월에는 존 포드 감독의 프랑스 합작영화도 거론되었다. 세계연극총회ITI에 참석한 극작가 겸 시나리오 작가인 오영진이 프랑스의 제작자 미제 롯찌 와 협의된

---

415 "지나친 미화관념 / 〈이국정원(異國情鴦)〉", 《조선일보》, 1958.2.21, 4면.

416 "합작영화의 애로 / 〈이국정원〉의 경우 / 유두연", 위의 신문, 4면.

417 "[내외문화단신] 윤인자씨 등 귀국", 《한국일보》, 1957.12.20, 4면.

418 "[신영화] 마카오·홍콩 무대의 「갱」영화 / 양미희·노능걸의 〈망향〉", 위의 신문, 1958.2.22, 4면.

419 전택이 감독은 일제강점기부터 활동한 원로배우로 광복 후에는 감독 활동도 하였다.

420 "[신영화] 한·중 합작의 「멜로드라마」 / 전택이 감독의 〈애정무한〉", 위의 신문, 1958.8.14, 4면.

421 "[영화장평] 한·마래(馬來) 합작영화 / 〈사랑하는 까닭에〉", 《조선일보》, 1958.12.7, 4면.

422 "한국590426(5) 국산영화 최초로 해외수출 / 삼천불에 팔린 〈사랑하는 까닭에〉", 《한국일보》, 1959.4.26, 5면.

423 "[신영화] 평범한 합작영화 / 〈양지를 찾아서〉", 《서울신문》, 1959.8.6, 4면.

것이다. 이런 합작영화 기획은 국제적인 교류뿐만이 아니라 한국의 관광, 홍보에 성과를 기대하게 했다.[424] 그러나 이 영화는 계약을 앞두고 취소된 듯 더 이상의 보도는 없었다. 그리고 1961년 1월, 대영주식회사와 프랑스 판단필름사 간에 추진되어 오던 한·불합작영화 〈화려한 구름다리〉(가제)의 계약이 체결되었다는 소식도 있었다.[425] 그 해 같은 영화의 제목이 〈고요한 아침의 날〉로 바뀌어 제작 준비 중이라는 기사가 소개되었으나[426] 더 이상의 기사는 없었다.

1962년 5월, 홍콩 쇼브라더스의 런런쇼는 한국을 방문하여 아시아영화제를 통하여 양국 간의 영화교류를 하고 좋은 내용이라면 합작영화로 제휴할 것이라고 소신을 피력했다.[427] 같은 해 6월 24일에는 한국전쟁을 배경으로 한 전쟁영화가 기획되었다. 프랑스와의 합작도 한국전쟁 소재였는데 미국 역시도 마찬가지로 한국전쟁이 소재였다. 필립 안의 주선으로 추진된 〈Long Way from Home고향을 멀리 떠나서〉은 한국인과 미군 사이에 국경을 초월한 우애와 휴머니즘을 다루고 있다. 그러나 한국영화의 제작 규모와 차이가 큰 제작비는 한국 측에는 부담스러운 금액이었다.[428] 당시 아시아영화제는 각국 간의 영화 교류를 논의하는 주요 영화제였다. 1962년에는 사상 초유의 8개국 합작영화가 논의되기도 했다. 제10회 아시아영화제를 앞두고 〈프랜드쉽〉이라는 영화제작에 관한 합작 논의가 있었다.[429] 이렇게 합작영화 붐이 본격화되며 보다 활발한 합작영화가 추진되었다. 신필름과 홍콩의 쇼브라더스는 〈달기妲己〉와 〈보은의 구름다리〉라는 두 편의 사극영화를 합작하기로 하였다. 홍콩으로서는 대규모 로케이션 장소가 없어 장소를 물색하다가 한국을 합작파트너로 선정하게 되었다. 한국으로서도 대규모 물량의 제작비를 엄두내지 못하다가 비교적 좋은 조건인 한국 내의 상영권을 갖는 조건으로 합작에 동의했다. 이제는 한쪽의 일방적인 요구가 아닌 쌍방 간의 필요

---

424   "[오락] 넓어지는 테두리 / 합작영화 한·불 간에 기획진행", 《동아일보》, 1959.8.7, 4면.

425   "[연예] 합작영화를 제작 / 한·불 양사(兩社) 간에 계약", 《서울신문》, 1961.1.20, 4면.

426   "한국소재 〈고요한 아침의 나라〉 / 한·불합작영화를 제작키로", 《조선일보》, 1961.6.14, 4면.

427   "〈아시아영화제 향항 대표〉『란란·쇼』씨는 말한다. 합작영화도 구상 / 활발한 한·중 교류 희망", 《동아일보》, 1962.5.9, 4면.

428   "한미 합작영화를 추진 / 6.25 동란을 배경으로 한 영화극 『필립안』 기획으로 / 할리우드 배우들 출연도 계획 / "양국민의 우애" 담아…", 위의 신문, 1962.6.24, 4면.

429   "[영화] 8개국 합작영화는 〈우정〉으로 결정 / 한국서 11월 첫 촬영 / FPA회의, 10회 영화제도 논의", 《서울신문》, 1962.8.21, 4면.

에 의한 합작이 성사된 것이다.[430]

이런 배경으로 국내촬영을 하게 된 신필름은 홍콩에서 위에펑岳楓 감독이 일체의
소도구를 가져와 몹씬mob scene촬영을 하였는데 잠실에 대규모 성곽 세트를 세워 신
상옥 감독의 조감독이었던 최인현 감독이 연출을 맡았다.[431] 이 영화를 계기로 신필름
은 여러 편의 합작영화에 참여하였다. 한국에서 합작영화는 이제 특별할 것 없는 상황
이 되었다. 홍콩과의 합작 외에 필리핀 등 동남아시아 국가와 합작을 기획하였다.
1958년 한국에서 〈나의 아내는 한국여성〉이라는 필리핀 영화가 개봉되었다. 이후 필
리핀의 타마로우스 스튜디오와 공동제작한 한·비 합작 전쟁영화 〈나갈 길은 없다No
Way Out〉가 착수되는데 태평양전쟁 시기 항일투쟁을 하는 한국과 필리핀 사람들을 소
재로 했다. 심지어는 영화시장 개방이 안 되었고 교류가 없었던 일본과의 원작소설 판
권 구입을 교섭하였다.[432]

1962년 아시아영화제에서 논의가 된 합작영화 붐boom은 한국 배우가 현지로 가서
찍거나 미국과의 합작이 구체화되고 일본과 8개국 간의 합작도 시나리오 초안을 쓰는
등 계속 논의되었다.[433] 이렇듯 합작영화 논의가 무성해지면서 신필름의 신상옥 감독
은 홍콩과 기획했던 합작영화 〈보은의 구름다리〉와 〈달기〉 제작에 본격적으로 착수한
다.[434] 신필름과 추진하려던 한·미합작영화는 한양영화사와 합작하기로 했다는 소식
이다.[435] 합작영화의 첫 조건인 막대한 제작비를 감당하기 어려웠을 상황이다. 당시
신필름은 가장 왕성하게 합작영화를 추진한 회사로 홍콩의 쇼브라더스와 함께 합작영
화 활동을 계속하였다.[436]

---

430 "한국620824(5) 두 작품을 합작 / 신필름·향항과 계약", 《한국일보》, 1962.8.24, 5면.

431 〈달기〉도 한·중합작으로 참여하시면서 가발 영향 받으셨잖아요? 그럼. 그게 한국 쪽 감독이 최인현 감독이야. 어
     마어마한 대작이야. 잠실운동장 있지? 거기가 옛날에 모래밭이야, 백사장. 광주서 내려오는 강, 또 북한강에서 내
     려오는 강이 이렇게 흐르거든, 그 가운데가 백사장이야. 거기다가 그냥 밥솥 큰 거 갖다 놓고 지어 먹으면서 그 뜨거
     운 여름에 엑스트라를 천삼백 명인가 동원했어(…)", 송일근 편, 『한국영화를 말한다 3권』, 한국영상자료원,
     2006, 78쪽.

432 "[연예] 합작영화 『붐』 / 이달에 우리 「멤버」 향비(向比) / 전쟁 극영화… 〈나갈 길은 없다〉 제작 / 일본 작품
     수편도 영화화", 《조선일보》, 1962.10.13, 5면.

433 "서두르는 합작영화 / 〈우정〉은 아주영화제 참가 8개국서", 《서울신문》, 1962.12.20, 4면.

434 "한·향 합작영화 제작 / 신「필름」과 「쇼·브러더스」", 《조선일보》, 1963.2.26, 5면.

435 "「한양」과 제휴키로 / 한미 합작영화 〈롱웨이·프롬·홈〉", 《동아일보》, 1963.4.9, 6면.

436 "“슬픈 이야기 좋아해요” / 내한한「홍콩」스타 이향군(李香君) 양", 《한국일보》, 1963.8.9, 7면.

합작영화가 안고 있는 문제점 중 하나인 외화통관세 문제가 처음 노출된 것은 필리핀과 합작한 〈나갈 길은 없다〉이다. 한국의 대종영화사와 필리핀의 타마로우 영화사가 합작하여 영어 대사로 동시녹음하고 완성 후 영문판 프린트가 세관에 도착하자 내용을 본 재무부 당국자가 외화통관세를 과세한 것이었다. 그러나 이는 합작영화에 대한 몰이해로 벌어진 일이며 현지어로 제작함에 따라 외화로 오인하여 생긴 일이었다. 이에 대해 공보부는 영화법 시행령을 근거로 국산영화에 준하는 세심稅審 적용을 요청했다.437

합작영화가 갖고 있는 또 하나의 허점은 합작의 조건이 불분명하게 이루어지며 편법으로 제작되기 시작했다는 것이다. 시나리오를 한국 측이 담당해도 해당국의 관객층에 맞춘 작위적인 내용도 문제였고 우리 관객이 보기에도 어색했다. 또한 임시방편의 연출로 촬영되며 편법 제작이 되기 십상이며, 양국의 언어가 들리는 등 조잡한 녹음 상태의 기술적인 문제점까지 드러났다.438 그래도 합작은 계획대로 추진되었고 〈달기〉의 촬영차 쇼브라더스의 위에펑 감독과 스태프가 내한하였다. 이들은 열흘간의 야외촬영을 마치고 출국하였는데 홍콩에서 스튜디오 촬영을 할 것이며 제작비는 50만 달러라고 소개했다.439 신상옥은 끊임없이 합작을 모색했고 일본과의 합작으로 일본 원작소설 『이조잔영』의 영화화를 시도한다. 일제강점기 일본인 교사와 한국인 기생의 비련을 다룬 멜로영화로 한·일 간 첫 합작영화가 성사될지 주목받았다.440 1965년 홍콩의 톱스타 리리화李麗華(이려화)가 신필름과 합작할 〈대폭군〉의 촬영차 홍콩 감독과 함께 내한했다. 우리가 가기도 했지만 홍콩의 스타가 촬영차 내한한 것이다. 한 달간 체류할 예정이라며 지금에 못지않은 국제교류가 시작되었다.441

신상옥은 〈이조잔영〉의 합작을 시도하며 다이에이大映와 합작으로 요시가와 에이지吉川英治 원작의 『삼국지』를 준비한다.442 그가 이후 위장합작의 장본인으로 거론되

437 "한·비 합작영화 〈나갈 길이 없다〉 / 통관세 부과로 파문", 《동아일보》, 1963.8.12, 6면.

438 "[영화평] 느린「템포」의 합작 사극 / 〈보은의 구름다리〉(신필름) 이서구 원작으로 연속방송극의 전파를 탔던 오락사극", 《조선일보》, 1963.10.10, 5면.

439 "[연예수첩] (···)국제 합작 새 영화", 《동아일보》, 1963.12.19, 6면.

440 "[내외문화단신] 첫 한·일 합작영화 미산(梶山)씨, 구체안 협의위해 2월 내한", 《한국일보》, 1965.1.28, 7면.

441 "[스케치]「40」의 발랄한 젊음 /「홍콩」여배우 이려화 양 내한", 《동아일보》, 1965.7.22, 5면.

442 "크랑크인한「영화국교」/ 해방 후 첫 한일합작 / 신필름, 동영(東映) 새해 삼국지 촬영", 《조선일보》, 1965.12.26, 7면.

지만 그의 이러한 공로는 간과할 수 없는 일이다. 그러나 한·일 간의 영화합작은 시기 상조로 결국 무산되고 말았는데 총제작비 2억 엔 규모의 공동제작은 쉽지 않은 일이며 의욕만을 앞세운 결과였다. 신상옥은 이 시기 자신의 연출작인 〈빨간 마후라〉를 일본에 수출하며 쇼치쿠가 전국 배급을 맡았다.443

1966년도 즈음엔 한국영화 해외출장중이라는 기사가 뜰 정도로 한국영화의 합작이 두드러졌고 해외촬영이 일상화되었다. 한편 한일 간의 합작이나 배우 교류도 실현될 듯한 분위기였다.444 이런 분위기에서 외국 배우들의 내한도 잇따랐다. 〈국제금괴사건〉의 촬영을 위해 자유중국의 배우들이 내한하였는데 한국의 영화인들도 해외촬영에 나서 기획중인 영화를 포함하여 한 해에 20여 편의 합작영화가 나올 것이라는 전망을 했다.445 합작영화가 아니더라도 해외촬영으로 국내배우들의 외유가 늘어나며 국내 스케줄은 자연스럽게 바빠졌다.446 국내배우들도 제작에 나섰는데 합작영화인 점이 주목된다. 한국과 자유중국, 필리핀, 말레이시아, 태국 등 5개국의 배우가 출연할 〈배후의 5인〉이라는 영화의 제작을 자유중국과 한국이 맡기로 했는데 제작비 20만 달러로 배우 신영균이 함께 제작에 참여한다는 것이다.447 아시아영화제라는 국제행사가 문화교류와 아울러 합작영화의 분위기를 고조시킨 결과였다.

(2) 합작영화의 변형

이러던 중 합작영화에 제동이 걸린 사건이 발생한다. 신필름이 쇼브라더스와 합작으로 제작했다는 임원식 감독의 〈서유기西遊記(The Monkey Goes West)〉가 주인공의 출연 장면만 바꿔서 촬영하고 편집하였는데 문제가 된 것이다. 〈서유기〉는 이미 상영을 마친 홍콩영화448로 한국에서의 상영 시 수입을 하여야 당연한 외화이다. 하지만 신필름은 정식 외화수입의 절차를 거치지 않고 재가공하여 위장합작영화의 형태로 들여오

---

443 "[소묘] 한·일 합작영화 「삼국지」 유산될 듯", 앞의 신문, 1966.2.24, 5면.

444 "[연예] 스타들 출국붐 /「로케」를 외국에서 / 합작영화 20편도 겹쳐 / 아시아영화제로 배우교류 더욱 활기 / 홍콩·일본서 찍는 것만 7편", 《서울신문》, 1966.5.12, 8면.

445 "〈국제금괴사건〉 / 두 중국 배우 내한", 위의 신문, 1966.5.12, 8면.

446 "[연예] (…)주연A급 남우들로 국내 스케줄은 빽빽", 위의 신문, 1966.5.12, 8면.

447 "[램프안팎] 5개국 합작영화에 매듭, 대만 남우 왕호 씨 귀국", 《조선일보》, 1966.5.19, 7면.

448 1966년 1월 18일 홍콩 개봉, 쇼브라더스 제작, 허명화(何夢華, 하몽화) 감독 작이다.

다가 적발되었다. 〈서유기〉는 홍콩영화로서 주인공의 얼굴이 나오는 장면을 한국 배우로 바꾼 가짜 합작영화449로서 제작자 신상옥은 사기 및 관세법 위반 혐의로 입건됐고 영화는 상영 금지 처분을 받았다. 이는 한국의 합작영화사에서 위장합작이 시작되는 계기가 되는 중요한 사건으로 기록된다.450

신상옥은 이미 완성된 영화에 몇 장면을 바꿔치기 하는 방법으로 합작영화라는 명분 하에 가장 손쉽게 할 수 있는 제작 형태를 취했던 것이고 그것이 문제가 된 것이다. 서울 지구 밀수합동수사반은 신상옥에 대해 관세포탈액 4백여 만 원의 4배에 해당하는 추징금 1천 6백만 원을 결정했다.451 벌금을 배상했지만 그것은 손쉽게 외화를 수입하는 방법이다. 이에 대해 신상옥은 검찰조사에서 "한국영화계가 경비를 절약하기 위해 합작영화는 주로 주연배우만 바꿔치는 일이 상례"라고 진술했다.

이 사건으로 신상옥 감독이 위장합작의 첫 사례자가 되며 이런 제작형태는 차후 위장합작영화 제작의 빌미를 제공하는 단초가 되었다. 신상옥 감독이 영화적인 관행이라 하여 이 사건이 무마가 되자 많은 영화인은 이런 형태의 제작도 합작영화로 허용이 되는 것으로 악용하여 위장합작영화가 양산되기에 이른다. 이미 완성된 외국영화에 한국 배우의 장면을 편집하여 넣는 것만으로도 합작영화가 만들어질 수 있다는 것은 본의건 아니건 간에 영화업자들에게 합작에 관련해서 기막힌 아이디어를 제공한 셈이 되었다.452 〈서유기〉가 무혐의로 상영이 허가가 되자 정식합작을 계획했던 영화제작자들도 이 방법을 택하기에 이른다.453 〈서유기〉는 공보부의 상영허가를 얻음으로 합작영화로 인정받았다. 당시로는 무혐의로 처리된 평범한 사건일 수 있지만 이 사건은 이후 합작영화 제작에 있어서 일대 변혁을 가져온 기록적인 사건이다. 이국적인 세트와 배경은 이 영화가 쇼브라더스의 영화이고 손오공 역으로 배우 박노식이 등장하긴 하지만 이 영화가 홍콩영화임은 누구나 알 수 있는 일이다. 〈서유기〉 사례로 인해 합작

---

449 당시에는 '위장합작'이란 말이 사용되지 않았고 '가짜'라는 표현을 하였다.

450 "가짜 합작 〈서유기〉 / 중국영화에 주연 얼굴만 갈아 / 신상옥 씨 입건", 《신아일보》, 1966.7.16, 7면.

451 "이 영화의 주연배우로 등장한 박노식 씨는 지난 6월 「홍콩」 출장 중 신 씨의 요청에 따라 3일 동안 야간에만 「세트」 촬영한 일이 있을 뿐이라고 말했다", 「둔갑한 〈서유기〉에 천 6백만 원 추징금」, 《중앙일보》, 1966.7.20, 3면.

452 "[영화] 〈서유기〉 상영보류, 향항 측 작품 속에 주역을 삽입", 《조선일보》, 1966.7.21, 5면.

453 "[문화 단신] 〈서유기〉 상영허가", 《신아일보》, 1966.8.11, 5면.

영화제작에서 최소의 제작비로 혹은 실제와 관련 없이 얼마든 외국영화를 수입하여 위장합작할 수 있는 방편을 제시해놓은 것이다. 이렇듯 〈서유기〉는 광복 후 위장합작 영화로서 첫 사례를 남긴 영화가 되었다.454

이후 합작영화는 무리 없이 손쉬운 방법으로 다양한 유형의 영화들이 제작된다. 한국은 아시아영화제에서 김승호, 신영균, 박노식 배우가 남우주연상을 수상하며 연기력을 인정받았는데 신필름과 쇼브라더스는 중국무협식의 영화에 한국의 인기배우들을 기용해 오락사극을 만들었다. 이렇게 만들어진 〈흑도적〉은 오락적으로 관객들의 시선을 끌었지만 아무래도 우리 것이 아닌 중국식이었다.455 다소 저예산으로 제작된 〈흑도적〉은 한국에서 로케이션을 하고 홍콩의 스튜디오에서 제작되는 시스템으로 만들어졌다. 이때만 해도 합작으로서 최소한의 형태는 유지하고 있었다.456

〈대폭군〉에서는 한국과 홍콩의 두 여배우가 묘선공주라는 같은 역할을 맡아 각기 다른 두 버전의 영화를 찍게 된다. 한국에서 상영될 버전의 주인공은 최은희가 맡고 홍콩버전은 이려화가 주인공을 맡았다. 이러한 제작형태는 앞서 문제가 되었던 〈서유기〉 형식의 변형인데 일견 설득력 있는 합작의 형태이다.457

그리고 합작영화의 촬영으로 한국을 방문한다는 두 여배우가 소개되기도 한다. 신필름과 홍콩의 링광蘭光전영공사와 합작인 최경옥 감독의 첩보영화 〈SOS 홍콩〉에 출연키 위함이다.458 이때가 합작영화 사상 가장 활발했던 때이다. 특히 최경옥 감독은 신필름에서 단연 합작영화로는 가장 많은 활동을 했던 감독이다. 장일호 감독의 〈국제금괴사건〉도 개봉되었다.459 그런가 하면 김수용 감독은 광복 이후 처음으로 일본에 로케이션을 가서 일본의 풍광을 담아낸 영화를 만든다. 재일교포와 조총련간의 대결을 그린 〈잘있거라 일본땅〉이다.460

홍콩에서는 〈관세음〉으로 개봉된 한·홍합작영화 〈대폭군〉이 국내에서 개봉되어

---

454 "[새영화] 한·중합작의 준(準) 만화영화 〈서유기〉", 위의 신문, 1966.9.6, 4면.

455 "[새영화] 호쾌한 오락사극 / 최경옥 감독 〈흑도적〉", 《서울신문》, 1966.9.8, 8면.

456 "[새영화] 따분한 기봉재록(奇逢再綠) 되풀이… / 최경옥 감독 〈흑도적〉", 《신아일보》, 1966.9.13, 5면.

457 "[오늘의 얼굴] 한국·향항 스타 경연 꼭 같은 역을 맡는 최은희·이려화 양", 《서울신문》, 1966.9.17, 5면.

458 "〈SOS홍콩〉 촬영차 정형(丁瑩)·이미(李湄) 양 내한", 위의 신문. 1966.9.17, 5면.

459 "추석프로「가이드」/「칼러」로 다채로운 흥행가", 《서울신문》, 1966.9.24, 5면.

460 위의 신문, 5면.

호평을 받는다. 온갖 볼거리와 내용이 외화 〈쿼바디스〉를 연상케 하는 대형 사극이었다.[461] 이런 합작영화의 붐을 타고 일본과의 협력제작도 시도되었다. 조남사 원작의 〈동경나그네〉를 영화화한 〈고안(동경 요정)〉은 일본 도에이東映가 공동각본 및 배우, 무대장치, 미술, 음악 등을 협력한 한·일협력영화다.[462] 1966년 11월 5일 드디어 합작영화 〈고안〉의 촬영이 시작되었다.

그러나 당시는 한일국교가 정상화되어 있지 않은 상태라 협력제작조차도 승인이 안 되었다. 결국 이 영화는 제작중지 명령이 내려졌다.[463] 이는 암묵적으로 일본과의 합작을 준비하고 있던 당국에서 합작영화 규칙이 미비하여 생긴 일이다. 유사한 사례로 세기상사 제작의 〈총독의 딸〉 역시 일본배우 출연으로 상영허가를 받지 못하였다. 급기야 〈고안〉은 촬영 중지령이 떨어졌고 제작자인 최무룡은 재고 신청을 한다. 감독이 사전에 충분히 협의가 안 된 상태에서 무리하게 추진하던 중 발생된 일이기도 하지만 주무처인 공보부가 사안마다 다른 기준으로 일을 처리했기 때문이기도 하다.[464]

정창화 감독이 합작영화 〈비련〉을 연출하던 중 사고를 당한 기사도 있다. 제작하는 이 영화의 전투장면을 찍으러 가다가 금곡에서 미군 트럭과 아세아필름이 충돌을 피하려다 일어난 사고다.[465] 상영허가 없이 상영되던 〈SOS 홍콩〉이 단속당하는 일도 생겼다. 행정절차를 거치지 않은 상황에서 벌어진 일로 외국에서 현지 촬영을 하였더라도 제작진이 모두 한국인이면 합작요건이 안 된다는 사례로 관세법 위반 혐의가 적용되었다. 위장합작 기준 미달 영화에 대한 적발 사례이기도 했다.[466] 이 당시 흥행작인 〈007〉 시리즈의 영향으로 스파이를 주인공으로 하는 국제간첩단은 단골소재였다. 또한 대공간첩단 소탕작전의 배경장소로 국제도시 홍콩은 적합하였다.[467] 이렇게 많

---

461 "[영화] 큰 규모의 스펙터클 〈대폭군〉 (신필름)", 《조선일보》, 1966.10.13, 5면.

462 "첫 한·일 협력 영화 / 작품명 〈고안〉···5일 「크랑크·인」 / 박암 등 출연, 일(日) 선 남관수랑(嵐寬壽郞)", 《중앙일보》, 1966.11.5, 7면.

463 "제작 중지 명령 제 1호 /「크랑크·인」된 영화 〈고안〉에 조처 / "일 배우 출연하면 안 된다" / 신고 내용과 실지 촬영이 달라 / 아쉬운 근본정책 / 일화(日畵)에의 대책도 서야", 《대한일보》, 1966.11.12, 5면.

464 "TBC의 〈동경나그네〉 / 일본 현지 촬영중지령 / 최무룡 감독, 내용 바꿔 재고 신청", 《중앙일보》, 1966.12.3, 5면.

465 "정창화 감독 부상, 교통사고로", 《조선일보》, 1966.11.27, 6면.

466 "〈영화 SOS〉 홍콩 관세법 위반 조사", 《동아일보》, 1966.11.29, 7면.

467 "「영화」한·중 합동 스파이 액션 〈스타베리 김〉", 《조선일보》, 1966.11.29, 5면.

은 합작영화는 해외 로케이션이라는 구경거리를 제공하였지만 비슷한 내용에 비슷한 영상 구성으로 대중들을 식상케 했다.468 이런 형국이다 보니 애써 만든 합작영화도 대중들에게 그렇게 큰 호응을 받지 못하고 흥행의 돌파구가 되지는 못했다.469

합작영화로 바빴던 1966년의 평가는 그렇게 호평은 아니었지만 순수한 열정으로 합작영화가 제작된 한해로 평가될 수 있다. 당시 제작되어 홍콩으로 수출된 정창화 감독의 〈조용한 이별〉은 홍콩 배우 두 명을 출연시킨 합작영화로 소개 되었다. 이 영화는 홍콩에서는 〈장상억〉이란 영화로 소개되었다. 기사 중 "합작영화 케이스"란 뉘앙스에서도 느껴지듯이 이 영화가 비록 합작영화라고 소개되었지만 감독이나 주연 남녀배우가 모두 한국 배우인 한국영화다.470 그해 설날 대목에는 "해외로케나 합작영화 붐도 주춤"471 이라는 기사가 실린다. 그런가 하면 다시 미국과의 합작이 거론되었다.472 신필름과 스트래튼 프로덕션이 합작한다는 기사로 펄벅Pearl Sydenstricker Buck 작가의 소설 〈놀부장군〉을 영화화한다고 했지만 실현되지는 않았다. 신상옥 감독은 홍콩 배우를 초빙해 당시 유행하던 마카로니 웨스턴 스타일의 동양판 서부극 〈마적〉과 〈여마적〉을 기획한다.473 이 영화는 완성 후 홍콩에서 한·홍합작영화로 개봉되는데 홍콩 현지 제목은 〈관외쌍웅關外雙雄〉과 〈산하혈山河血〉이었다.474

1967년의 기록할 만한 일은 후진취안 감독의 〈방랑의 결투〉가 개봉된 것이다. 이 영화는 검객영화의 선풍을 예고했는데 제목에서 알 수 있듯이 마카로니웨스턴 영화의 붐에 편승하여 수입된 홍콩영화다.475 〈방랑의 결투〉는 홍콩 무협영화의 본격적인 흥행을 예고했는데 흥행은 기대 이상이었고476 한국영화계에 검술영화 장르를 유행시

---

468 "실없는 합작과 로케", 《경향신문》, 1966.12.17, 5면.

469 "66년의 영화가 / 방=백40·외=60편이 다퉈 「양」에 이기고 「질」에 진", 《대한일보》, 1966.12.17, 5면.

470 "[영화] 국제결혼에 얽힌 눈물 〈조용한 이별〉", 《조선일보》, 1967.1.22, 5면.

471 "구정 대목 방화가 / 「눈에 안 띄는 수작」 / 「로케」·합작「붐」도 주춤", 《대한일보》, 1967.2.4, 5면.

472 "[연예계스냅] 첫 한·미 합작 〈놀부장군〉", 《중앙일보》, 1967.5.13, 5면.

473 "[중계차] 오픈세트 1만 5천여 평···첫 「오리엔탈」 서부극 촬영 / 신상옥 감독의 제1호 〈마적〉", 《서울신문》, 1967.6.29, 8면.

474 홍콩에서의 개봉은 〈산하혈〉이 1969년 6월 17일이고 〈관외쌍웅〉이 1971년 9월 1일이다. 『香港影片大全 제6권 1965-1969』, 香港電影資料館, 2007, 123쪽;『香港影片大全 제7권 1970~1974』, 香港電影資料館, 2010, 61쪽.

475 "[영화가] 검객영화의 선풍시대 / 관심은 '박진감을 보여줄까' 에", 《신아일보》, 1967.9.14, 5면.

476 18만 명이라는 기사의 기록 외에 정확한 흥행기록은 남아 있지 않다. 흥행기록은 『韓國映畫資料便覽 (草創

킨다. 한국영화계에 갑자기 검술영화 붐이 시작되며 〈수라문의 혈투〉, 〈풍운의 검객〉, 〈황혼의 검객〉 등이 제작된다.[477]

　　1968년에 수입된 장처 감독의 영화 〈심야의 결투〉, 〈3인의 협객〉, 〈의리의 사나이 외팔이〉 모두 18만 명 이상의 관객을 동원하며 흥행에서 대성공을 거둔다.[478] 장처 감독의 무협영화가 연속해 흥행에 성공하며 한국의 영화제작사들은 홍콩의 영화사들과 영화 계약을 하게 된다. 또 마카로니웨스턴의 유행으로 1968년에 들어서며 공보부는 이들 영화와 홍콩영화의 수입제한을 발표한다. 흥미 위주로 잔인하여 국민정서를 해칠 뿐만 아니라 청소년 교육에 미치는 악영향을 고려한 것이다. 연간 50여 편의 외화를 수입하면서 마카로니웨스턴이나 홍콩영화로만 채울 수는 없다는 것도 그 이유 중 하나다.[479]

　　1968년의 합작영화는 모두 5편이다. 모든 합작영화가 언론의 주목을 받을 수는 없겠지만 보도 기사 한 줄 없이 〈비련〉, 〈순간은 영원히〉, 〈대폭군〉, 〈스타베리 김〉 등 네 편이 1967년 하반기 우수영화로 선정되었다. 이는 정상적인 합작 케이스에서는 볼 수 없는 현상이다.[480] 또 권영순 감독의 〈비호〉와 〈쌍용검〉 그리고 장진원, 룽강龍剛 감독의 〈신룡검객〉 같은 영화에 대한 정보는 아예 찾을 수 없다. 권영순 감독의 두 편은 쑨야푸孫亞夫 감독과 공동연출이라지만 국내 보도기사도 없고 공동감독이 같은 사람이라는 점 등[481]을 보면 위장합작의 정황이 농후하다.

　　이러한 영화정책의 경향에 따라 한국영화 또한 흥행이 쇠퇴하기 시작한다. 그러나 제작편수는 늘어나며 아이디어 부재라는 저질영화 논란이 시작된다. 한국영화 침체의 원인을 모색하며 해외시장에서 극복해보려는 개선책으로 합작영화를 거론한다.[482] 이처럼 합작영화 제작이 불황 타파의 일환이기도 했지만 1967년도에 이르면 합작영화에 외화 쿼터를 적용하면서 합작영화는 전무했다. 그러자 하반기부터 합작영화에

期~1976)』에 1971년부터 집계되어 있다. 참조로 1967년 한국영화 최고 흥행기록은 〈팔도강산〉으로 31만 명을 기록했다. 『韓國映畵資料便覽 (草創期~1976年)』, 앞의 책, 632쪽.

477　"영화계의 두 붐 「문예」, 「검객」 그 행방과 문제점", 《동아일보》, 1967.11.11, 5면.

478　『신문기사로 본 한국영화 1968』, 한국영상자료원, 2009, 6쪽.

479　"서부극에 정화(淨化) 바람 / 마카로니웨스턴 등 금수(禁輸)", 《경향신문》, 1968.6.15, 5면.

480　"[내외문화단신] 〈돌무지〉 등 19편 뽑아 / 67년 하반 우수영화", 《서울신문》, 1968.2.22, 5면.

481　조영정, 앞의 책, 71~75쪽.

482　위의 책, 170쪽.

쿼터 적용을 하지 않는다는 당국의 언질과 흥행부진을 만회해 보려는 의도로 다시 합작영화의 제작이 늘어난다. 제일영화사는 무려 동남아 5개국과 8편의 합작영화를 기획한다. 합작영화를 제대로만 만들면 해외시장 개척과 문화교류라는 두 가지 목적을 달성할 수 있는 이점이 있다고 판단했기 때문이다.[483]

1968년 12월에 쇼브라더스의 런런쇼가 새로운 감독과 배우를 물색하기 위해 한국을 찾는다. 그와 합작을 원하는 회사들은 신필름에서 더 확산되어 다변화되어 있었다. 런런쇼는 35년 전 영화사를 시작으로 동남아에 2백여 개의 극장을 갖고 있으며 전속배우만도 150여 명, 한국 배우도 성훈 등 3명이 전속되어 있으며 1년에 약 45편의 영화를 제작하고 있다며 인터뷰했다. 그는 이때 한국과는 그동안 5편의 합작영화를 제작했다고 말했는데[484] 1968년 12월까지 단 5편밖에 합작영화가 없었다는 말은 5편 외의 쇼브라더스와 한국과의 합작영화들은 모두 위장합작영화라는 반증이기도 하다. 1968년 이전에 제작된 5편의 합작영화는 1953년 작 〈이국정원〉을 비롯하여 〈비련의 왕비 달기〉, 〈흑도적〉, 〈대폭군〉, 〈철면황제〉로 추정된다. 런런쇼의 증언과 같이 이 5편의 영화만이 합작영화라는 것은 다른 합작영화들은 위장합작이라는 것에 다름 아니다.

윤일봉 배우는 자유중국으로 가서 합작영화에 출연한다. 그러나 배우 한 명이 나가 촬영한다고 합작영화일 수는 없다.[485] 이런 경우는 쇼브라더스에 전속되어 출연한 배우들의 영화를 합작이라고 하는 것과 같은 경우다. 언론은 위장합작으로 2만 달러의 수익이 예상된다며 계속해 위장합작영화의 병폐를 기사화했고 제작자들의 양심적 자세를 거론했다.[486]

그런가하면 미국과의 합작영화 추진은 계속되었다. 〈서울의 정사〉, 〈EC121〉 등의 영화에 할리우드 스타를 캐스팅하고 한국과 합작을 시도한다. 이는 한·홍, 혹은 한·

---

483 "하한기의 영화제작 경향 / 소극·합작물의 범람 / 거의 예술성을 외면 / 「아이디어」부족 소재도 소속 / 관람성향에 편승 / 인니·태국과 합작도 기획", 《대한일보》, 1968.7.20, 6면.

484 "[트랩주변] 한·중 합작영화 제작...쇼브러더즈 사장 내한", 《신아일보》, 1968.12.13, 3면.

485 "[영화] 윤일봉, 「대비관」서 주역 / 한·중 합작… 위험한 액션연기도", 《조선일보》, 1969.6.1, 5면.

486 "기획 또는 촬영 중인 한·중, 한·향 합작영화를 훑어보면 신「필름」의 〈대음지〉, 〈흑령관〉, 대양의 〈피귀〉, 〈너를 위해 좋은 울린다〉, 「아시아필름」의 〈철수무정〉, 〈아랑곡의 혈투〉, 제일의 〈황제의 밀사〉, 〈야도〉, 〈괴검객 해당화〉 등 10여 편을 헤아린다", "합작영화 제작 활발 / 한·중, 한·향 일변도서 탈피 / 해외시장 개척 목적 / 미·일과도 폭넓은 접촉 / 제작자들의 양심적 자세 선행돼야", 《대한일보》, 1969.8.25, 6면.

중에만 국한되어 있는 합작 라인을 미국으로 확장하여 세계 진출을 모색하기 위함이다.[487] 〈서울의 정사〉는 한·미 최초의 합작영화라고 광고되었다. 한국의 장일호, 이형표 감독과 미국의 데이비드 릿취 감독의 공동감독으로 신영균, 최지희와 아리타 에그버그가 출연했다.[488] 〈EC121〉은 주인공 글렌 포드가 1969년 8월 3일에 내한하여 합작 가능성을 협의했지만 결국 협상은 결렬되고 제작은 무산되었다. 이유는 양국의 영화제작 예산의 큰 차이 때문일 것으로 추정된다.

1969년에는 한국영화제작가협회에서 일본영화 5편의 감상회를 가졌으나 한국영화 육성과 국민정서에 부작용을 염려하여 시기상조라는 의견만 있었다. 아직 한국영화가 세계화되기까지는 영화인들의 안목도 문제였지만 더 큰 문제는 영세한 자본의 한계 때문이기도 하다. 1969년도를 결산해보면 액션영화 등 작품의 제작편수는 늘었지만 수준은 저하되었다. 정부는 한국영화 진흥의 타개책으로 합작영화를 장려하기에 이른다. 그러나 이때부터 위장이라는 말이 등장하며 신인배우만 참여한 〈석양의 협객〉이나 일부 장면에만 한국 배우가 등장하는 〈철수무정〉 등 여러 합작영화가 합작을 가장한 위장수입영화라며 문제가 대두된다.[489] 정부의 의도와 달리 합작영화는 제도의 맹점을 이용한 위장합작영화의 제작을 부추겼고 결국 이를 걱정하는 기사가 나타나며 위장합작영화에 대한 우려가 본격화되기 시작했다.

(3) 위장합작영화의 성행

위장합작영화가 한국영화에 끼친 폐해에 대해 한국영화인협회는 이를 문건화하여 상급기관에 건의를 하였다. 그 내용은 합작을 빙자하는 국적불명의 위장합작 검술영화를 저질영화로 지적하며 이런 영화의 범람에 대한 피해와 합작영화에 대한 허가 규정을 보완토록 건의하는 것이다. 결론적으로 위장합작영화는 우리 민족의 주체성을

---

[487] "첫 한·미 합작영화 추진 / 〈서울의 정사〉와 〈EC121〉 / 남궁원, 에크버그와 공연 / 정보기 장교엔 글렌·포드 / 금괴 밀수 드릴러… 워커힐·고궁배경", 《중앙일보》, 1969.7.8, 7면.

[488] 〈서울의 정사〉는 KMDb에서도 검색이 안 되는 영화로 최지희 배우가 대본을 갖고 있는데 하나는 장일호 감독이고 다른 하나에는 이형표 감독으로 되어있다. 잡지광고에 의하면 1970년 설날 특선으로 국제극장에서 개봉되었다. 최지희 인터뷰, 부암동 자택, 2012.6.9.

[489] "합작영화인 〈마곡의 결투〉, 〈용문의 여검〉, 〈비호〉가 8만 이상의 관객을 동원하며 흥행에 성공했을 뿐 〈3인의 여검객〉, 〈무정검〉, 〈백면검귀〉, 〈의적 홍길동〉 등 한국형 검객영화는 중국제 검객영화의 벽을 넘지는 못했다(…)", 한국영화연구소, 『신문기사로 본 한국영화 1969(상 1월~6월)』, 한국영상자료원, 2010, 11쪽.

무시한 반민족적인 상행위라고 규정하였다.[490] 1970년의 일이니 당시에도 위장합작영화를 경계하였지만 일부 영화업자들은 제도의 허점을 악용해 법망을 빠져나가며 그이후로도 수많은 위장합작영화를 만들어냈다.

1970년 들어 신필름은 쇼브라더스와 대규모로 합작계약을 맺고 〈13인의 무사〉, 〈음양도〉 등을 합작하기에 이른다. 그러나 이들 영화는 홍콩에서 완성한 개봉작으로서 신필름은 클린 버전clean virsion의 듀프 네가dufe nagertive film를 들여와 한국어 더빙을 하거나 혹은 부분적인 수정을 하여 위장합작영화를 양산하기에 이른다. 이미 사업적으로 난항을 겪고 있는 신필름으로서는 최후의 방법을 시도하고 있었다. 이미 이때부터 신필름의 이상 전조는 시작되었다고 할 수 있다. 끊임없는 부도 위기로 영화사업 자체가 위축되었다.[491] 신필름의 합작영화 사업이 뜸해지자 다른 영화사들이 끊임

---

490 "70년대에 들어서면서 우리나라 영화는 양적 생산에 반비례하여 질적 저하를 초래하고야 말았다. 그래서 영화사전에도 없는 저질영화라는 숙어를 낳기까지 하였다. 그 대표적인 예가 바로 본 건의서에서 지적하고 있는 합작을 빙자한 국적 불명의 검술영화였다(⋯) 1969년 12월 17일 본 한국영화인협회는 사이비 합작영화의 범람에 따르는 피해를 우려하면서 합작영화에 대한 허가규정을 보완토록 건의하여 당국으로부터 그 시정을 약속받은 바 있었습니다. 그럼에도 불구하고 최근 국내 영화 시장에는 도저히 합작영화라고 생각할 수 없는 중국영화가 범람하면서 방화 육성에 치명적인 타격을 주고 있어 1970년 11월 3일의 본 한국영화인협회 제 7차 이사회는 소위 위장합작영화가 방화계 뿐 아니라 나아가서는 우리 문화에 미치는 악영향과 해독성에 대하여 다각도로 논의한 끝에 이미 상영된 위장합작영화 및 앞으로 수입 상영하고자 법적 수속 절차를 밟고 있는 모든 위장합작영화는 합작영화에 관한 근본 법정신이나 정책적인 목적에 위배될 뿐만 아니라 법의 맹점을 악용하여 개인의 이익만을 추구하면서 우리 민족의 주체성을 무시하고 민족 문화를 말살시키는 반민족적인 악랄한 상행위라고 규정하였습니다. 천하가 공지하는 바와 같이 이미 합작영화라는 미명하에 상영된 수편의 중국계 저질 검객영화(「아랑곡의 혈투」, 「13인의 무사」 등)가 합작영화 본래의 목적인 우리 영화의 해외시장 개척이나 우리 문화의 해외 소개 및 국위 선양과는 하등의 연관조차 없을 뿐만 아니라 외화 쿼타의 적용 없이 관세를 포탈하면서 저질의 외화를 들여와서 우리 영화 시장을 잠식케하는 문화적 침략 결과를 가져온데 지나지 않는 것입니다. 따라서 이에 대한 당국의 슬기로운 정책적 용단이 없는 한 우리 영화는 급속한 전멸의 위기를 면치 못할 것이라는 슬픈 결론을 내리는 동시에 당국에 의하여 이에 대한 적절한 조처가 취해지지 않는다면 부득이 본회 전체 회원은 자위책의 일환으로서 앞으로 여사한 영화를 수입한 제작회사에 대해서는 일체의 협조를 거부하기로 결의하면서 다음과 같이 그 시정을 건의하는 바입니다.
    -기-
    1. 사계의 권위자들을 동원하여 이미 허가된 문제의 위장합작영화에 대한 합작영화로서의 타당성 여부를 가름하기 위한 공청회를 개최할 것
    2. 위의 공청회에서 위장합작영화로 규명될 경우 즉시 상영 허가를 취소하실 것.
    3. 현재 국내 상영을 목적으로 하고 있는 모든 합작영화에 대하여 그 정당성 여부를 영화법 본연의 입법정신에 입각하여 재검토하실 것. 1970년 11월 3일 사단법인 한국영화인협회.", 「한국영화인협회 위장합작영화의 범람에 관한 건의서」, 한국영화인협회, 1970.11.3.; 《주간한국》 320호, 한국일보사, 1970.11.15, 참조; 「다시 고개든 위장합작 시비」, 《주간경향》, 경향신문사, 1970.12.2, 참조.
491 이것은 사업부진과 정부와 마찰을 빚은 신상옥 감독의 거취와 연관되어 있다. 신필름 출신인 장형일 PD는 당

없이 합작영화를 시도한다.[492]

리샤오룽이 사망한 1973년 7월 20일 이후 세계 액션영화계에서는 갑자기 무술영화 장르의 제작 편수가 급증한다. 이런 현상은 홍콩과 우리나라도 마찬가지였다. 리샤오룽은 태권도 스승으로 알려진 이준구Jhoon Rhee를 홍콩으로 초청해 황펑黃楓 감독의 〈흑권 / 跆拳震九州, 태권진구주〉에 출연시켰다. 이런 영화도 합작영화로 소개된다.[493] 그런가 하면 한국에서 많은 영화를 촬영했던 홍콩 골든하베스트의 황펑 감독은 한국을 방문해 합작영화로 〈소림천하〉를 제작한다. 그는 홍콩의 오리지널 영화가 한·홍합작영화로 개봉되었는데 제목이 달라져 다 알 수는 없다며 〈사대문파〉, 〈소림통천문〉, 〈풍협과객〉등을 거론했다.[494] 리샤오룽의 등장 후 이미 홍콩의 쇼브라더스는 경쟁사인 골든하베스트에 뒤처져 영화제작 편수가 줄었다. 1976년에는 홍콩영화 〈여감방〉의 번외편番外篇 시리즈 〈여수대탈옥〉의 촬영을 위해 홍콩 배우들이 한국을 찾았다.[495] 그런가 하면 한국 배우들이 외국 현지로 나가기도 했다. 까오바오수高寶樹(고보수) 감독은 아역배우 김정훈을 출연시킬 합작영화 〈몸부림〉을 기획했다.[496]

1976년, 한국영화계에서는 하이틴영화가 붐을 타며 합작영화의 제작 편수도 줄어들었다. 회사마다 외화쿼터를 위한 의무제작에 쫓겨 제작이 일시적으로 증가하기도 했으며 상반기 마감일을 앞두고 3편의 의무제작 편수를 맞추기 위한 졸속제작이 성행했다.[497] 〈킹콩의 대역습〉은 괴수를 소재로 한 여름방학용 어린이 영화로 기획되었다. 스케일이나 특수촬영 때문에 합작영화로 기획되었는데 한·미합작영화이다.[498] 당시에는 폭력영화가 사회문제가 되었던 시절이다. 지금 기준으로 보면 그 수위가 높지도 않았지만 영화를 통제수단으로 삼던 시절이니 조금이라도 거친 대사나 영상 표현은

시 월급이 제대로 지급이 안 되었으며 1971년 KBS로 이직했다고 증언한다.

492 "한·중코미디 촬영, 한국의 우진필름과 자유중국의 만강프로덕션이 합작하는 코미디영화 춘풍연풍이 크랭크 인했다", 《경향신문》, 1976.1.21, 8면.

493 "재미(在美) 태권도 사범(師範) 이준구(李俊九) 씨 중국 무술영화(흑권[黑拳])에 출연", 《조선일보》, 1973.9.7, 8면.

494 한국1978.6.12. [일요 인터뷰] 홍콩 영화감독 황풍 "한국은 쿵후물촬영에 최적지", 조영정, 앞의 책, 65~67쪽 재인용.

495 "홍콩 톱스타 금비, 장패산 내한", 《경향신문》, 1976.3.11, 8면(개봉명은 〈여수 407호〉이다.).

496 "몸부림 해외로케", 위의 신문, 1976.5.26, 8면.

497 "이상 熱氣…邦畵제작", 《경향신문》, 1976.6.14, 8면.

498 "방학을 즐겁게 어린이 영화", 《동아일보》, 1976.7.21, 5면.

검열의 대상이었다. 그리고 아직도 합작영화가 시도되었으나 제작 편수는 줄어들었다. 상대적으로 합작영화 제목으로나 어울릴만한 중국영화 제목의 한국액션 영화들이 전체 제작양의 절반가량으로 대량 제작되었다. 제목을 보면 합작영화로는〈화천무火千武〉,〈용사왕龍蛇王〉,〈사왕녀蛇王女〉,〈여신탐女神探〉이 있고 한국영화임에도〈정의의 정무문正義의 精武門〉,〈의혈문義血門〉,〈밀명객密命客〉,〈육애肉愛〉,〈비천괴수飛天怪獸〉 등 중국영화를 연상시킨다.499

1977년의 영화시책은 합작영화 제작에 관한 한 "제작기술의 향상 및 국위선양에 기여할 수 있는 경우와 영화의 내용이 외국영화로 오인되지 않는 경우에 한해 제작허가를 해주게 된다."며 예전과 큰 차이는 없다.500 이는 합작영화에서 위장합작을 근절시키기 위해서 통상적으로 쓰이던 표현이다. 당시 리샤오룽식 무술영화는 홍콩을 비롯하여 한국에서 계속해서 제작되었다. 특히나 이런 닮은 꼴 영화들은 자기복제를 계속하며 리샤오룽 식의 액션을 답습하였다.501 1977년도엔 유독 무술영화가 많이 제작되었다. 리샤오룽 영화의 후폭풍이라고 할 만큼 붐을 이루었는데 수입 규제를 당할수록 이런 장르의 영화제작은 늘어났다. 이런 아이러니한 현상은 리샤오룽이라는 슈퍼스타의 영향이며 이는 이소룡 문화현상502이라 불릴 만하다.503 그의 유작인〈사망유희〉는 한국인 배우 당룡唐龍을 주인공으로 하여 완성을 마친다. 당룡을 비롯하여 황정리, 왕호 등 1970년대 중반에 홍콩으로 건너간 무술배우들의 출연작도 거의가 한·홍합작영화로 소개된다.504

최은희의 북한 공작원 납북설이 알려진 것도 1978년이다. 최은희의 홍콩행이 합작영화 관련이라 해서 합작영화는 다시 한 번 세간의 관심이 되었다. 지난 1970년부터 1978년까지의 합작영화는 모두 100여 편 이상이었다. 1977년의 경우〈중원호객〉,〈신당산대형〉,〈소림사 흑표〉,〈쌍용비객〉,〈추아 내사랑〉 등 홍콩과 10편, 자유

---

499 "暴力映畵 다시 붐",《경향신문》, 1976.10.13, 8면.

500 "국산영화에 새 활로, 올해 문공부의 영화시책",《동아일보》, 1977.2.11, 5면.

501 "광고 합작이 아닌 완전 중국영화! 77신무술-〈소림사 십대제자〉 감독 팅충 챵이 차링 왕따오",《경향신문》, 1977.10.21, 8면.

502 '이소룡 문화현상'은 이소룡 사후 40여 년 가까운 지금까지 그와 관련된 영화, 저술, 의상, 팬사이트 등이 유행되고 있는 글로벌 현상이다.

503 "活劇物의 氾濫",『1977년도 판 한국영화연감』, 영화진흥공사, 1978, 46쪽 참조.

504 "한국 배우 당룡 왕호 홍콩서 인기",《동아일보》, 1978.1.13, 5면.

중국과 〈흑도〉, 태국과 〈악어의 공포〉를 합작했다.505 영화인들은 한국영화의 발전을 위해 합작영화를 말하지만 실제 상황은 전혀 그러하지 못했다. 쇼브라더스의 런런쇼는 이때도 한국을 방문하여 합작영화를 추진했다. 지금까지 5~6편을 한국과 합작했으며 자신의 회사는 10편의 합작영화를 제작중이며 한국과도 여건만 맞으면 합작을 하고 싶다고 피력했다.506

합작영화가 제 역할을 못하고 지탄의 대상이 되자 개선책을 요구하는 말들이 무성했다. 하지만 현실적으로는 개선될 수 없는 상황이었다. 그것은 영화업자들이 합작영화를 치부의 수단으로 생각했기 때문이었다. 한국영화의 발전을 위한 기술력 증진이나 수출 장려를 목적으로 한 정부 의도와는 달리 현실은 정반대로 전개되었다. 1년에 한 편씩으로 제한되어 있는 합작영화는 무협영화 일색으로 제작되었다. 합작영화의 취지는 외국과의 합동제작을 통해 국내 영화기술의 향상과 상업성을 높이자는 것인데 그 목적과는 동떨어진 결과였다.507 이런 와중에 태국과 합작한 〈악어의 공포〉가 최고가로 수출되기도 한다. 한진영화사는 사상 최고가인 10만 달러에 이 영화를 홍콩 골든하베스트에 수출했다. 이전의 최고 수출액은 임권택 감독의 〈증언〉으로 2만 달러였다.508

공보부는 1978년에 6개의 영화사 신설을 허가했다. 홍콩에서 활동하던 정창화 감독 외 국내의 영화감독들이 신청한 영화사를 허가하기 위함이었다.509 이것은 한국영화의 발전을 위한 영화인들의 의견을 수렴한 결과였다. 그러나 한국영화 발전에 대한 기대와는 달리 그들도 외화쿼터를 얻기 위한 의무제작을 위해 무국적 무술영화를 제작했다.510 1980년에는 문제의 심각성에 한국영화인협회가 위장합작영화 근절을 위한 대책을 마련했다. 위장합작에 대한 원성이 너무도 심해지며 영화인들도 생계 수단으로 생각했던 위장합작영화의 제작 참여를 거부하였다.511 정부 또한 이러한 위장합

---

505 "한·중합작영화 이상 있다. – 최은희씨 사건을 계기로 알아본 문제점", 위의 신문, 1978.2.9, 5면.
506 "좋은 착상 있으면 합작 계속할 터", 앞의 신문, 1978.2.18, 5면.
507 "「무협」일색의 합작영화", 위의 신문, 1978.3.18, 5면.
508 "한·태합작 악어...10만 불에 홍콩수출", 위의 신문, 1978.8.5, 5면.
509 이 때 화풍실업, 신한문예, 한림영화, 대양필름, 동협상사, 현진영화 등 6개의 회사가 허가되었다.
510 "새 영화사 출범 3개월 흥행에 치우치고 있다. "좋은 작품 제작" 약속도 말뿐 10편중에 3편이 무술영화", 위의 신문, 1978.12.4, 5면.
511 "고질수술에 과감한 처방 영협·음반협, 자체정화추진지침 마련", 《경향신문》, 1980.10.4, 5면.

작영화의 폐해를 방지하기 위해 항상 그러했듯이 해가 바뀌면 새해 영화시책에 넣어 근절시키도록 한다. 특히 폭력이나 권법, 괴기영화의 합작은 허용하지 않기로 한다. 특히 외화로 오인되지 않도록 주도적 역할을 하여야 하며 국위를 선양하는데 기여해야 한다고 명시했다.[512]

그러나 위장합작영화의 제작은 근절될 수 없는 일이었다. 합작영화를 찾는 관객들이 있고 법망을 교묘히 빠져나가 합작영화 제작을 치부의 수단으로 생각하는 업자들의 의식이 변하지 않았기 때문이다. 이것은 애초부터 잘못 시행된 위장합작영화의 제작관례가 근절되지 않고 영화인들의 그릇된 의식 속에 만연해 있었기 때문이었다. 또 제작자들은 범죄라는 생각이 없었고 영화 스태프들은 생활고로 인해 위장합작영화에 참여하게 되었다. 이 모두 영세한 한국영화의 산업 구조로 인해 생겨난 현상이다. 문공부는 국적불명의 합작영화 근절대책을 내세웠지만 근본적인 해결책이 될 수 없었다.[513]

위장합작영화 제작의 결정적인 원인으로 지적할 점은 잘못된 영화 시책이다. 한국영화와 외화의 교차상영제(스크린쿼터제)는 한국영화 보호를 위해 장치된 것이지만 위장합작영화를 제작하게 되면 외화로 인정받지 않았으므로 이런 위장합작영화 현상을 부추겼다고 볼 수 있다.[514] 이 시기 모든 신문매체가 위장합작영화에 대한 근절을 호소하고 있다. 그러나 그러한 위법행위가 근절되지 않는 것은 관련자들이 그동안 상당한 이득을 취했고 아울러 죄의식을 느끼지 못하고 있다는 것을 반증해주는 것이다. 위장합작에 대한 신문기사의 보도와 정부의 정책에도 불구하고 위장합작영화는 지속적으로 제작되었다. 꾸이즈훙桂治洪(계치홍) 감독의 〈노명검〉은 쇼브라더스 제작으로 누구나 알아볼 수 있는 위장합작영화다. 그럼에도 불구하고 버젓이 합작영화로 개봉된다.[515] 이 영화는 장처 감독의 촬영기사 출신인 꾸이즈훙이 만든 오리지널 홍콩영화로 장처 감독이 만든 〈철수무정〉의 새로운 버전이다.

이때에도 위장합작영화가 타이틀을 바꾸며 원제도 밝히지 않고 임의로 제목을 바

---

512 "권법 등 괴기물 합작불허, 문공부 새해영화시책 발표", 《동아일보》, 1981.1.6, 12면.

513 "무국적 합작영화 근절", 《매일경제신문》, 1981.1.6, 12면.

514 "외화상영뒤에는 반드시 방화를 상영해야하는 방외화교차상영제(스크린쿼터제)는 방화 향상을 위해 계속키로 했는데 극장은 1년 중 외화를 2백10일 이상 상영치 못하도록 제한했다. 따라서 방화를 최저 1백45일 이상 상영해야 한다는 것인데(…)", 위의 신문, 12면.

515 "새 영화 〈노명검〉", 《동아일보》, 1981.3.26, 12면.

꾸거나 기존 영화의 타이틀을 무단으로 쓰는 사례가 있어 문제가 되었다. 번역 등의 과정에서 외화의 제목이 바뀌는 일은 있지만 원래의 제목은 소개되었다. 하지만 위장합작은 다른 제목을 쓰며 원제를 의도적으로 속이고 있다. 심지어 흥행된 기존 영화의 제목을 그대로 쓰거나 감독의 이름까지도 바꿔버렸다. 그것은 흥행을 위하여 관객들을 기만하는 것으로 사기나 다름없다.516 이러한 위장합작영화가 근절되지 않는 이유는 우선 영화법상 외화 수입을 할 때에는 4천만 원의 진흥기금을 내야 하는데 이를 면제받을 수 있었기 때문이다.517 한국영화 제작이 외화수입을 위한 의무제작의 형태이고 합작을 통해 외화를 편법 수입했던 그 시절 한국영화에 대한 모두의 불신과 침체된 산업구조에서 영화 제작자를 포함한 영화인들의 정상제작 의욕은 상실되었다.518 이런 와중에 영화진흥공사가 운영해오던 홍콩의 홍콩유한공사를 동아수출공사 이우석 대표가 인수한다. 명분은 홍콩을 중심으로 한 동남아 시장으로의 진출이다. 그는 홍콩영화사와 합작을 시도해 〈생사결〉, 〈속 귀타귀〉를 제작하지만 이 영화들도 위장합작영화다.519

　이때 합작영화 허가에 대한 업무가 문공부에서 산하기관인 영화진흥공사로 이전되었다. 이는 변함없는 위장합작에 대한 문공부의 부담을 덜고 영화인들의 자율적인 정화를 기대하는 조치이다. 그러나 이런 업무 이관으로 해결될 수 있는 사안이 아니었다.520 더욱 엄격한 관리를 해야 하는 상황에서 문제의 해결을 도모한다기보다는 회피성 정책이었다. 영화계의 비리는 대종상 수상을 둘러싸고 잡음이 심했고 위장합작과 대명제작521으로 외화유출과 탈세가 비일비재했다. 위장합작을 둘러싼 폐해는 한두 가지가 아닌데 정작 제작에 참여한 영화인들의 임금까지도 착취하는 사례가 빈번했다.522

516　"엉뚱한 映畫제목 觀客은 속고 있다", 『1982년도 한국영화연감』, 영화진흥공사, 1983, 196쪽 참조.

517　"올해 외화 23편 수입", 《매일경제》, 1982.1.6, 9면.

518　"영화시책 획기적 전환할 때", 《동아일보》, 1981.1.8, 12면.

519　"동남아시장 노리는 홍콩의 한국영화인들", 《경향신문》, 1982.10.4, 12면.

520　"영진공, 일부 기구 개편", 위의 신문, 1982.4.26, 12면.

521　"대명(貸名)제작: 1962년 영화법 제정이후 등록된 제작사만이 영화제작을 할 수 있게 됨에 따라 등록을 할 수 없었던 기존 제작사의 개인 프로듀서가 등록된 소수의 영화사의 이름을 빌려서 영화를 제작하는 방식을 일컫는다. 상호를 대여하는 개인 프로듀서는 그 대가로 대명 수수료(세금 선납)에 해당하는 일정 금액을 등록 제작사에게 주어야 했다". 안재석, 『〈주제사〉 1960~1970년대 영화관2 양춘, 김형종, 이지룡』, 한국영상자료원, 한국영화사연구소, 2010, 268쪽 각주 재인용.

522　"스크린 뒤의 非理「大鐘賞잡음」을 계기로 본 實態", 《동아일보》, 1982.6.28, 12면.

1982년의 특징이라면 대명제작이나 하청제작523이 성행하던 때이다. 대명제작은 이름을 빌리거나 빌려주는 제작형태로 비정상적인 형태의 제작이다. 이는 의무제작 편수를 채우지 못한 영화사들이 저예산 영화라도 만들어서 수익을 남기려는 군소프로 덕션의 영화인들과 결탁하여 만들어내는 또 하나의 제작 시스템이었다. 이런 비정상적인 형태의 제작은 영화산업을 통제하고 규제하려는 관행에서 발생된 것이다. 자율적으로 발전하고 쇠퇴하는 것이 산업의 논리이지만 이를 간섭하고 관리하려 하면서 부작용이 생겼다. 그리고 해결책으로 제시된 것이 자율적인 정화였지만 영화업자들로는 사업차원에서 최대 수익만을 남기려 했을 뿐이다. 정부 측은 제대로 관리가 안 되면서 법망을 피해 부조리를 저지르는 영화인들에게 달리 방도가 없었다. 정부로서는 계속해 주의를 주었지만 사실상 관리가 안 되었다.524

이런 상황에서도 영화사들의 위장합작은 계속되었다. 큰 수익을 남기는 사업을 외면할 수 없었던 이유다. 〈생사결 / 生死決〉은 골든하베스트의 영화로 청샤오둥程小東(정소동) 감독의 데뷔작이다. 그것이 한국에서는 이형표 공동감독의 영화로 되어 개봉되었다. 한국 버전에만 자신의 이름을 얹는 행위에 자괴감도 들었을 것이나 금전적인 이득 외에 향후 거래나 인정상 등의 여러 이유들이 있었을 것이다.525 〈생사결〉은 줄거리와 달리 전형적인 중국 무협영화인데 고려시대로 설정한 것이나 한국 배우들을 열거하며 홍보성으로 보도한 것은 영화사측의 보도 자료에 의한 것이다. 영화담당 기자가 중국과 일본이 주 무대인 이 영화를 보고 소개하였더라면 전혀 다른 기사가 씌어졌을 것이다.

1982년 10월에 들어서며 합작영화 관련 사업은 근본적인 해결책을 모색하게 되며 규제와 관리보다는 최후의 방법일 수 있는 영화인들의 자율에 맡기기로 결정한다.526 그런가 하면 홍콩영화는 장르상 크게 변화되어갔다. 리샤오룽 사후 코믹액션영

---

523 대명제작이 이름을 빌리는 형태라면 하청제작은 제3자에게 도급을 주는 방식으로 회사의 이름을 빌려주며 대신 제작시키는 방식이다. 물론 이 두 가지 형태의 제작방식은 상호간에 이해가 맞아야 하며 금전적인 이득이 뒤따른다.

524 "하청. 대명제작 없도록 문공부, 제협에 엄중지시", 《동아일보》, 1982.8.7, 12면.

525 "추석대목 노리는 극장가", 《경향신문》, 1982.9.28, 12면.

526 "국무회의는 말썽 많은 합작영화제작을 정부관리보다는 영화인 자율에 맡기기로 하며 영화법 개정을 의결한다. 정부로서도 더 이상의 개선책이 없음을 깨닫고 영화인들의 영화제작 자유화라는 시대의 흐름을 받아들여 법 개정의 수순을 밟았다. 국무회의는 14일 합작영화의 제작을 허가제에서 신고제로 바꾸고 극영화를 제작하

화로 변화하여 강시영화로 붐을 이루었다. 〈속 귀타귀〉는 홍진바오 주연의 영화다. 중국의 귀신영화까지 합작영화의 대상이 되었는데 납득할 수 없는 일이었다. 영화인들에게 합작영화 제작을 자율적으로 맡겨도 오래된 관행이 쉽게 바뀌지는 않았다.[527] 영화제작자유화가 되었음에도 탈법제작의 중심엔 항상 합작영화가 거론되었다. 관련법이 바뀌든 그 어떤 언론의 질타에도 불구하고 위장합작영화의 범법행위는 근절되지 않고 있다.[528]

영화계에는 변화가 시작되었고 영화제작자협회 모임이 해산되고 한국영화제작 협동조합이 창설되기에 이른다. 제5공화국이 들어서며 영화제작자유화로 영화인들의 의식이 바뀌기 시작했고 한국영화제작자들의 의식도 바뀌기 시작했다. 이런 과정을 거치며 한국영화인들의 한국영화 발전에 대한 기대감도 커져 갔다. 위장합작의 잘못된 관행도 영화인들이 나서서 개선되어야 한다고 자정을 촉구했다. 그러나 관행상 해왔던 불법사례는 그치질 않았다.[529] (사)한국영화제작자협회는 영화자율정화위원회를 구성하여 한국영화 제작신고와 합작영화, 영화 검열에까지 관여한다. 이런 위장합작영화가 성행하는 가운데 올바른 합작영화가 없었던 것은 아니다. 촬영 전부터 감독의 동정이 소개되는 케이스는 거의가 제대로 이루어지는 합작영화라는 것을 증명한다. 1985년 〈여자정신대〉로 개봉된 〈에미는 조센삐였다〉의 경우 양국의 스태프는 물론 구체적인 일정이 기사화되었다.[530] 대부분의 위장합작영화는 한국 감독의 소개도 없이 영화의 내용만을 소개하고 있다.[531] 신상옥 감독이 납북되고 없는 한국에서 정창

는 업자만이 수입할 수 있던 외국영화를 모든 영화업자 및 영화진흥공사가 수입할 수 있도록 하는 것을 주요골자로 하는 영화법 중 개정 법률안을 의결했다. 개정안은 또 문공부장관이 영화의 수급상 필요하다고 인정할 경우 국산영화의 제작편수를 조절할 수 있도록 되어있던 제도를 폐지, 영화제작편수를 영화업자가 자율적으로 조정하도록 했다.", 《동아일보》, 1982.10.14, 12면.

527 "세밑 극장가 판치는 외화", 《동아일보》, 1982.12.28, 11면.

528 "위장합작의 경우는 합작영화가 기획단계에서부터 대상국과 법에 따라 공정히 분담 제작해야 하는데도 이를 무시, 이미 상대국에서 제작중이거나 끝낸 영화의 일부분을 적당히 우리 것을 끼워 넣어 들여오는 것. 연초 귀국한 홍콩거주 K모 감독에 의하면 영화사가 아닌 개인제작팀이 두 팀이나 홍콩에 체류 하는 것을 보았다며 합작을 하는 눈치였으나 무슨 영화 인지는 쉬쉬하더라고 전했다", 「영화계 독버섯...탈법제작」, 《경향신문》, 1983.1.31, 12면.

529 "영화제작협 해산총회, 협회기능조합서 관장", 위의 신문, 1983.10.11, 12면.

530 "한·중합작 에미는...이상언감독 연출 맡아", 위의 신문, 1984.11.1, 12면.

531 "올 연말 劇場街도 오락外畵 일색 〈신서유기〉 韓振흥업과 홍콩 휠링라인사합작", 위의 신문, 1985.12.19, 11면.

화 감독은 쇼브라더스의 주요 합작 파트너가 되었다.532

1990년의 합작 이후로 홍콩이나 타이완과의 위장합작영화 제작은 표면적으로는 끝이 난다.533 1988년의 유일한 합작영화인 〈칠소여복성〉은 남아진흥이 홍콩과 합작한 여성 액션영화다. 한국 측은 강범구 감독으로 1988년 2월 26일 심의를 거쳐 오스카 극장에서 1988년 3월 26일에 개봉되었다. 이미 합작영화의 특수特需가 지난 터라 변두리 극장에서 개봉되었다.534 1990년에 홍재균 감독의 〈용의 유혼龍의 幽魂〉이라는 위장합작영화가 제작되었다. 1992년 8월부터 중국과 수교하며 타이완과는 단교조치가 내려지므로 합작제작은 더 이상 없었다.

1984년, 누구나 신고하면 영화를 제작할 수 있는 영화제작 자율화를 중점으로 하는 제5차 영화법 개정535 이후 1985년 외화 수입 자율화를 거쳐 누구든 외화를 수입할 수 있게 되었다. 1986년 5월 2일 문화공보부령 제91호로 개정된 영화법 시행규칙 제4조를 보면 제작비용 30% 출자, 촬영장면 30% 등 합작영화 제작에 관한한 변함없는 규정이다.536 외화 수입 자율화와 한국영화 의무제작 철폐로 인해 위장합작영화 제작은 급격히 줄어들었다. 1985년의 외화 수입 자율화 조치 이후 위장합작의 필요성이 없어진 것이다. 그 외 1986년 홍콩느와르 영화의 효시격인 〈영웅본색〉의 개봉 이후 홍콩영화의 흥행 장르 변동이 있으며 홍콩느와르라는 장르는 소재 특성상 합작영화로는 부적합한 소재였다. 또한 비디오 시대를 맞아 이제 홍콩영화를 꼭 위장합작영화를 통해서만이 볼 수 있는 것은 아니었다. 수많은 홍콩영화 비디오가 출시되며 다양한 수요층에 맞는 다양한 영화들이 비디오를 통해 소개되었다. 이렇게 해서 약 반 세기에 걸친 지난한 위장합작영화의 시대가 끝나게 된다.

한국 정부는 1986년에 제1차 한·미 영화협상을 타결 짓고 영화법 개정을 거쳐 미

---

532 "합작 〈소림용문방〉", 위의 신문, 11면.

533 『1992년도 판 한국영화연감』, 영화진흥공사, 1992, 93쪽(표의 내용은 제대로 조사되지 않은 오류로 미국과 타이완과의 합작영화가 더 있다.).

534 『1989년도 판 한국영화연감』, 영화진흥공사, 1989, 287쪽.

535 "영화제작사의 독점에 대한 자율화와 영화시장의 개방화에 따른 개정의 필요성에 따라 1981년 국회의원들이 발의하여 영화법 시행규칙이 1985년 7월 5일 문화공보부령 제87호로 개정되었다. 이후 독립 프로덕션이 늘어나며 기존의 사업수익과 이권이 줄어듦에 따라 기존의 제작사들은 차차 줄게 된다." 『1987년도 한국영화연감』, 영화진흥공사, 1987, 265쪽 참조.

536 위의 책, 265쪽.

국영화 직배 허용 협상에 합의가 이루어짐으로써 우리 영화업계는 새로운 상황을 맞이했다. 영화인들의 반대에도 불구하고 1987년도 이후 한국영화계는 미국영화 직배 사태[537]에 당면하고 소련과 합작을 추진하는 등 급변하는 세계화 시대를 맞는다. 한국영화는 1987년 제44회 베니스국제영화제에서 임권택 감독의 〈씨받이〉가 본상(여우주연상)을 수상하고 국제영화제 수상이 탄력을 받으며 차차 그 위상이 세계에 알려진다. 이후 한국영화의 수출이 본격화되어 1990년의 한국영화 수출실적은 1,579,326 달러로 1989년의 365,660 달러에 비해 무려 4배가 넘는 비약적인 발전을 이룬다. 비록 그 해만의 일시적인 현상이긴 하지만 한국영화의 붐이 시작되었다는 의미가 있다.[538]

■ 2. 위장합작영화 문제의 대두

한국영화사의 봉인封印이라 할 수 있는 위장합작의 역사를 합법적인 합작영화로 인정한 것이 2004년에 있었던 제9회 부산국제영화제 때이다. "아시아영화 네트워크의 뿌리를 찾아서: 한 - 홍 합작시대"라는 한국영화 회고전에서 총 132편의 영화가 공식적인 합작영화로 추인되기에 이르렀다. 제9회 부산국제영화제 회고전에서는 모두 9편의 합작영화가 상영되었다. "한-홍 합작영화 회고전"이라는 이름으로 〈옥중도〉, 〈여선생〉, 〈흑발〉, 〈흑권〉, 〈비련의 왕비 달기〉, 〈대폭군〉, 〈여감방〉, 〈용호문〉, 〈생사결〉 등 총 9편의 영화가 상영되었다.[539] 국제영화제를 통하여 영화사의 편법적인 수익 모델model이었던 위장합작영화가 포함되어 상영되었다.

물론 〈비련의 왕비 달기〉, 〈대폭군〉은 순수한 의미의 합작영화이다. 그러나 〈여선생〉은 홍콩 여배우 리칭을 초빙해 만든 순수 한국영화이다. 당시 분위기나 흥행을 위해 합작이라고 한 것도 또 다른 위장이다. 〈흑권〉 같이 한국인 이준구가 출연하거나 한국에서 찍은 영화도 위장된 합작영화이지만 〈옥중도〉, 〈생사결〉, 〈흑발〉 같은 오리지널 홍콩영화는 위장합작인 것이 확실한 영화이다. 이와 같은 일은 국제영화제의 성격상 합작영화의 역사를 알리기 위해 기획한 행사로 위장합작영화까지 포함하여 편수가 늘어난 것이다. 합작대상국의 관련자들도 인정치 않는 합작영화를 우리만 합작영화라

---

537 1988년 1월, 서울에 현지법인을 설치한 UIP코리아사는 추석특선으로 〈위험한 정사〉를 직접 배급하였다.

538 『1991년도 한국영화연감』, 영화진흥공사, 1991, 95쪽 참조.

539 제9회 부산국제영화제 홈페이지 www.piff.org(2010.5.1, 검색).

고 인정한 셈이 되었다.

영화제가 발표한 합작영화 소개 글을 보면 행사 주최 측은 이 행사를 기획하면서도 위장합작에 대한 의구심을 가졌고 대개가 위장합작영화임을 알고 있었다. "아시아영화 네트워크의 뿌리를 찾아서: 한홍 합작시대"의 소개 글에서 쇼브라더스의 한국영화인 영입으로 합작영화가 시작되었지만 이 영화들은 엄밀히 말해 진정한 합작영화는 아니라고 규정하면서도 합작영화라는 모순적인 결정을 내린다.540 다음은 제9회 부산국제영화제 측이 발표한 합작영화 132편의 목록이다.541 이 목록은 영화제 측이 한국영상자료원이 확보한 서류기록을 확인하여 1차 리스트를 뽑고 신문기사에서 합작영화 기사를 참조하여 선정하였다. 그리고 최종적으로 빠진 영화를 추가하여 최종 선정하였다고 한다. 이때 신상옥 감독과 인터뷰를 하였다고 하니 위장합작의 영화가 그의 입장에서 서술되었을 것이다.542 신상옥 감독은 1964년 〈비련의 왕비 달기〉 등의 합작영화를 통하여 한국영화의 글로벌화에 이바지한 공은 크지만 합작영화에 관한한 주인공만 교체 편집하여 물의를 일으킨 임원식 감독의 〈서유기〉 사건을 통해 향후 위장합작영화 범람의 단초를 제공하였다. 다음은 영화제측이 발표한 합작영화 리스트다.

---

540 "한국과의 합작에 있어서 기존의 합작방식을 택하는 것에 대해서는 회의적이었지만 효율적으로 일하는 한국 감독에 대해서 깊은 인상을 받았던 쇼브라더스는 액션영화로 정평이 나있던 정창화 감독을 초청하였고, 신필름에서 장일호 감독을 영입하였다. 뿐만 아니라 합작영화를 만들기 위해 홍콩에 머물렀던 신필름 소속의 한국 배우들을 대여형식으로 계속해서 기용하였다. 이들은 의사소통의 원활함을 위하여 한국 감독이 연출하는 영화에 출연하였다. 따라서 이 영화들은 쇼브라더스 영화였지만 한국영화인들이 참여했으므로 합작영화의 외양을 갖출 수 있었다. 따라서 이 시기의 합작영화들은 대부분 한국영화인이 참여한 홍콩영화였다고 할 수 있을 것이다. 이 영화들은 엄밀히 말해 합작영화는 아니었다. 하지만 이 영화들은 양국의 이익을 위해 합작영화로 유통되었다. 1954년부터 한국은 엄격하게 수입영화의 편수를 제한했고 1967년부터는 스크린 쿼터제(Screen Quota制)를 도입하였다. 한국 입장에서는 스크린 쿼터에 구애받지 않고 당시 인기가 높았던 홍콩영화를 한국영화로서 수입할 수 있었고, 이런 사실을 잘 알고 있던 홍콩의 영화사 역시 수출계약서 대신 합작 계약서를 작성해 주었다. 게다가 1966년 개정된 영화법에 영화수출에 대한 포상제도(외화수입쿼터를 배정하는 방식)가 추가되면서 이러한 부류의 합작영화는 더욱 성행하기 시작하였다. 이러한 점들이 1970년대까지 합작이 성행하게 되는 중요한 이유가 되었다. 위와 같은 합작의 주 대상은 홍콩의 쇼브라더스였다. 이미 신필름과의 합작을 통해 한국과의 친분이 쌓여 있었던 쇼브라더스는 한국영화인을 초빙해 인력을 확보하고 있었기 때문에 그 어느 곳보다 합작에 있어서 유리한 위치에 있었다. 정창화 감독과 장일호 감독의 영화는 물론이고 남석훈(남궁훈)이나 진봉진, 김기주 등 쇼브라더스에서 활동하던 한국 배우가 등장한 영화 역시 합작영화로 소개되었다. 정창화 감독의 〈아랑곡의 혈투〉나 김기주가 출연한 〈옥중도〉 등이 대표적인 예라고 할 수 있을 것이다", 조영정, 앞의 책, 20~21쪽.

541 위의 책, 70~77쪽, 다소 오타도 있지만 원문을 그대로 인용했다.

542 조영정 전화 인터뷰, 2012.5.30; 당시 자문을 했던 김병학에 의하면 홍콩 자료인 쇼브라더스의『邵氏電影初探』을 참조하여 누락영화를 추가했다고 한다. 김병학 인터뷰, EBS, 2012.5.30.

Kor. Title	Eng. Title	Director	Pro. Yr.	Country
이국정원	Love with an Alien	전창근, 도광계, 와카츠카 미츠오	1957	홍콩
애정무한 (HK:雨不酒花花不紅)	Red Tum the Flower When Down Come the Showers	전택이	1958	홍콩
장상사	Everlasing Love		1958	홍콩
천지유정	Love in Heaven and Earth	김화랑	1958	홍콩
다정한	Sorrow of Love		1959	홍콩
나갈 길이 없다	No Way Out	이한욱	1964	필리핀
달기	The Last Women of Shang	악풍	1964	홍콩
국제금괴사건	International Affair of the Stolen Gold	장일호	1966	중국
나는 매국노	I Am a Trailor	임원식	1966	홍콩
대폭군(HK:觀世音)	The Goddess of Mercy	임원식	1966	홍콩
비련 (HK: 烽火情天, 1969)	Tragic Love	정창화	1966	홍콩
서유기	Journey to the West	임원식	1966	홍콩
스타베리 김	Starferry Kim	고영남	1966	
탈출명령	A command to Escape	강범구	1966	홍콩
국제여간첩	International Secret Agent		1967	홍콩
남남서로 직행하라	Rush to South by Southwest	장일호	1967	홍콩
마적(HK:關ое雙雄)	The Bandits	신상옥	1967	홍콩
손오공과 칠선공주 (HK:鐵扇公主)	Princess Iron Fan	최경옥, 하몽화	1967	홍콩
조용한 이별	Deep in My Heart(HK長相憶)	정창화	1967	홍콩
철면황제 (HK: 鐵頭皇帝)	The King with My Face	최경옥, 하동화	1967	홍콩
흑도적(HK:몽면대협)	That Man in Chang-an	엄준, 최경옥	1967	홍콩
낮과 밤	Day and Night	전우열	1968	홍콩
비호	Flying Tiger	권영순, 송(손)아부	1968	홍콩

Kor. Title	Eng. Title	Director	Pro. Yr.	Country
순간은 영원히	Special Agent X-7	정창화	1968	홍콩
신룡검객	Dragon Swordsman	장진원, 용강	1968	홍콩
쌍용검	Twin Swords, the Magnificent	권영순, 송(손)아부	1968	홍콩
내장성의 대복수	Revenge at Naejang Castle	안달호	1969	홍콩
마곡의 결투	Duel at the Valley of the Evil	안현철, 이관장	1969	중국
신검마검	Devine Sward vs Magic Sword	전조명	1969	홍콩
여마적(HK: 山河血)	The Partisan Lovers	최경옥	1969	홍콩
용문의 여검	The Sword of Dragon Gate	안현철, 이관장	1969	홍콩
천면마녀	Temptress of a Thousand Faces	정창화	1969	홍콩
한 맺힌 여 검객	Swordswoman with Vengence	안달호	1969	홍콩
나정543	Naked Love	전우열	1970	홍콩
밀사	The Secret Envoy	김건국	1970	홍콩
아랑곡의 혈투 (HK:餓狼곡)	Valley of the fangs	정창화	1970	홍콩
여협매인두	heads for sale	정창화	1970	홍콩
7인의 협객 (HK:六刺客)	Six Assassins	정창화	1971	홍콩
독용마검	Evil Sword with Dragon Poison	검용	1971	홍콩
래여풍	The Swift Knight	정창화	1971	홍콩
신도	Devil Spider	권영순	1971	홍콩
연애도적(HK:鑽石艶盜)	Venus Tear Diamond	신상옥, 이너우에 우메츠	1971	홍콩
옥중도(HK:血灑天牢)	The Rescue	신강	1971	홍콩
용호7협	The Heroic Seven	검용, 김기	1971	홍콩
음양도(HK:太陰指)	Finger of Doom	하몽화	1971	홍콩
천년호	Thousand Years Fox	신상옥	1971	홍콩
철낭자(HK:鳳飛飛)	Lady with a Sword	고보수	1971	중국
케이라스의황금	The Gold of Keirath	강조원	1971	이탈리아

Kor. Title	Eng. Title	Director	Pro. Yr.	Country
포상금	The Reward	이경태	1971	홍콩
흑야비룡도	Dragon Sword of the Darkest	김묵	1971	홍콩
대결투(HK:落葉飛刀) (a.k.a鐵拳燕子飛)	Deadly Knives	장일호	1972	홍콩
대표객(HK:山東響馬)	Bandits from Shantung	황풍	1972	홍콩
신풍협객	The trap	김시현	1972	홍콩
여당수(HK:鐵掌旋風腿)	Lady Whirlwind	황풍	1972	홍콩
여선생	Schoolmistress	이형표	1972	홍콩
왜왜부인	The merry wife	김수용	1972	홍콩
우중화	Flower in the rain	김수용	1972	홍콩
정도(HK:唐手跆拳道)	Crush	도광계	1972	홍콩
철인(HK:天下第一拳)	Five fingers of death	정창화	1972	홍콩
풍사만의노도(HK: 烈日狂風)	Stormy sun	황태래	1972	중국
흑수도(HK: 黑靈官)	Black enforcer	하몽화	1972	홍콩
여감방(HK:女集中營)	The bamboo house of doiis	계치홍	1973	홍콩
처녀의 수첩 (HK:我愛金龜壻)	We love millionaires	엄준, 이노우에 우메츠	1973	홍콩
흑권(HK:跆拳震九州)	When taekwondo strikes	황풍	1973	홍콩
흑야괴객	The devil's treasure	정창화	1973	홍콩
검은 야광주	The black marble	장일호	1974	홍콩
나이도 어린데	Too Young to Love	강대진, 유기창	1974	타이완
반혼녀(HK:艷女還魂)	The Ghost Lovers	신상옥	1974	홍콩
일대영웅	A great hero	강범구, 평창꾸이	1974	홍콩
철권(HK:鐵韓)	The Lron Man	장일호	1974	대만
풍운의 권객	A Soldier of Fortune	강범구, 탁모화	1974	홍콩
하남별곡	Song of Farewell	김명용, 허국	1974	홍콩
황비(HK:黃飛鴻少林拳)	The Skyhawk	정창화	1974	홍콩
흑발	Black Hair	장일호	1974	홍콩

Kor. Title	Eng. Title	Director	Pro. Yr.	Country
흑연비수(HK:合氣道)	Hap Ki Do	황풍	1974	홍콩
소림사의결투	A Duei at Shaoiln Temple	채양영, 최현민	1975	홍콩
여자태권군영회	The Dragon Tamers	오우삼	1975	홍콩
흑무사(HK:艶窟神探)	The Association	정창화	1975	홍콩
용호문(HK: 少林門)	Hand of Death	김점용, 오우삼	1975	홍콩
인사여무	Human Affaires are Nothing	권영순, 홍홍	1975	필리핀
심판자(HK:鬼計雙雄)	Hhe Double Crossers	정창화	1976	홍콩
비밀객(HK: 南拳北腿)	The Secet Rivals	오시원	1976	홍콩
사랑의 스잔나	Chelsia My Love	송존수(홍), 김정용	1976	홍콩
옥중녀	A Woman in Prison	장일호, 로키	1976	홍콩
흑객(HK: 惡客)	The Angry Guest	장철	1976	홍콩
흑귀	Black Ghost	이용민	1976	홍콩
몸부림(HK: 下流社會)	Wong Side of the Track	김점용, 고보수	1977	홍콩
사대맹룡	The Blood of Dragon4	김정용	1977	홍콩
사대문파	The shaolin plot	김정용, 황풍	1977	홍콩
사대철인	Four Iron men	김정용	1977	홍콩
삼인호객	Three fighters	정진우, 서성란 (홍콩)	1977	홍콩
신당산대형 (HK: 劍花煙雨江南)	To kill with Intrigue	나유, 김진태	1977	홍콩
유성검(HK:風雨雙流星)	The killer meteors	정희, 나유	1977	홍콩
중원호객	The Iron-fisted monk	이정호, 홍금보	1977	홍콩
파계	Broken oath	정창화	1977	홍콩
흑도	Black thief	김시현	1977	중국
초녀	Naked comes the huntress	홍금보	1978	홍콩
대사부(HK: 大武士與小票客)	Hero of the wild (a.k.a Heroes of Shaolin)	권영순, 장기	1978	홍콩

Kor. Title	Eng. Title	Director	Pro. Yr.	Country
백사전	Love of the white snake	진지화 (홍콩), 최동준	1978	홍콩
비호상쟁	Fist of flying tiger	전조명, 노준	1978	홍콩
사대통의문	Four gatesof justice	김정용	1978	홍콩
사학비권 (HK: 蛇鶴八步)	Snake and crane Arts of shaolin	김진태, 진지화	1978	홍콩, 중국
소림관문돌파 (HK:龍形刀手金鍾軍)	The magnificent	진소봉, 김형준	1978	홍콩
소림백호문 (HK:密宗聖水)	Himalayan	황풍, 김영효	1978	홍콩
소림사 목련도사 (HK:猛男痴女)	Manhunt	이혁수, 강양	1978	홍콩
소림사 흑표	Tigresses	이혁수	1978	홍콩
소림천하(HK:浪子一招)	The Trap (a.k.a Legendary Strike)	황풍, 김종성	1978	홍콩
소림통천문 (HK:十代掌門鬪小林)	Fight for Survive	남석훈, 텐풍(홍콩)	1978	홍콩
쌍면객	You can never Double Cross Me	김형준	1978	홍콩
악어의 공포	Crocodile Fangs	이원세	1978	태국
오룡대협	Half a Loaf of Kung Fu	김진태, 진지화	1978	홍콩
외팔이 권왕	One Armed Dragon One Armed Swordsman Against Nine Killers	이정호, 서종굉	1978	홍콩
추하 내 사랑	Rainbow in My Heart	김종성, 송존수 (홍콩)	1978	홍콩
칠협팔의	Sevenmen Man of Kung-Fu	이혁주, 장형(홍콩)	1978	홍콩
사문의 승객 (HK: 空山靈雨)	Raining in the mountain	호금전	1979	홍콩
노마비사	The secret treasure	남기남, 소목(홍콩)	1979	홍콩
당산비권	The wild big boss	이정호	1979	홍콩

Kor. Title	Eng. Title	Director	Pro. Yr.	Country
비취호리	Jade fox	이완재, 고보수 (홍콩)	1979	홍콩
산중전기	Legend of the mountain	호금전	1979	홍콩
혈육마방	Bloody treasury fight	김영효, 포학례 (홍콩)	1979	홍콩
무림악인전	The villain chronicle	김정용	1980	홍콩
사망탑	Tower of death	오사원, 강범구	1980	홍콩
쌍웅 (HK:鷹爪鐵布衫,1977)	Invincible armour	이두용, 오사원	1980	홍콩
통천노호	Master strikes	임원식, 고보수 (홍콩)	1980	홍콩
괴시	Zombie	강범구	1981	타이완
노명검(HK:萬人斬)	Killer constable	김선경, 계치홍 (홍콩)	1981	홍콩
사향마곡	The valley of evil snake	권영순	1981	필리핀
복마전	Demon's liar	김종선, 이호(홍콩)	1982	홍콩
생사결	Duel to the death	이형표, 정소동	1982	홍콩
신서유기	The new journey to india	김종성, 조사룡 (중국)	1982	대만
외팔이 여신용	heroine of tribulation	이혁수, 후쟁	1982	중국
정리의 용형마교	Evil clan of dragon	박윤교, 오사원	1982	홍콩
용의인자 (HK:黑龍通牒狀)	Ninja in the dragon's den	남기남	1985	홍콩

---

543 〈나정〉은 〈낮과 밤〉과 같은 영화로 이중 작성되었다.

이상의 합작영화 목록을 보면 정식 합작영화와 위장합작영화, 그리고 한국영화가 구분 없이 수록되어 있다. 당시 관심 있게 영화를 본 영화사 연구가들이 있고 합작영화 제작업무의 관련자들이 생존해 있었다. 그런데 제9회 부산국제영화제에서는 합작영화 회고전 상영작의 불분명한 선별로 인해 합작영화 회고전이 위장합작영화 회고전이 되었다.

목록에 나오는 영화들 중 1958년 작인 〈장상사〉는 우리와 관련 없는 홍콩영화이며 1966년 작 〈나는 매국노〉, 1967년 작 〈남남서로 직행하라〉, 1971년 작 〈천년호〉, 1972년 작 〈여선생〉, 1977년 작 〈사대맹룡〉, 〈사대철인〉, 1978년 작 〈사대통의문〉, 〈소림목련도사〉, 〈소림사 흑표〉, 1980년 작 〈무림악인전〉은 한국영화다. 1981년 작 〈괴시〉는 합작 관련 자료가 불확실한 영화로 합작기준 미달 영화다. 그리고 한국인 감독들이 1968년 이후 쇼브라더스에 전속되어 연출한 영화는 모두 한국과 무관한 홍콩영화다. 정창화 감독의 1969년 작 〈천면마녀〉, 1970년 작 〈여협매인두〉, 1971년 작 〈래여풍〉 등 세 편의 영화는 합작영화로 개봉되지도 않은 쇼브라더스의 영화이며 그 외 8편의 영화는 위장합작으로 수입된 영화들이다. 또 김수용 감독의 1972년 작인 〈왜왜부인〉과 〈우중화〉 등 두 편, 장일호 감독의 〈낙엽비도〉 이후 4편의 홍콩영화 연출 작 모두는 쇼브라더스의 영화다. 단 전우열 감독의 1968년 작 〈나정〉은 한국에서 촬영된 합작영화다. 그리고 1978년 작 〈초녀〉의 경우는 존재하지 않는 영화다. 이러한 오류에도 불구하고 이 목록은 합작영화를 처음으로 정리했다는 점에서 의미가 있다.

▬ 3. 합작영화 목록

다음 〈표 6-3〉 자료는 한국영화사에서 처음으로 합작영화 제작이 있었던 1936년부터 마지막 위장합작영화가 추정되는 1990년까지의 합작영화목록이다. 그러나 이 목록의 영화들이 합작영화의 개념이나 관련법의 요건을 모두 충족시키는 정식합작영화는 아니다. 이렇게 기록상 합작으로 명시된 영화를 추적하여 『한국영화총서』, 『한국영화전집』, 『한국영화연감』, 『실록 한국영화총서』 등의 한국영화사 자료와 홍콩영화자료관香港電影資料館 간행의 문헌자료 등을 바탕으로 작성하였다. 그러나 많은 영화의 자료에 합작사실이 명시되어 있지 않으며 KMDb 검색에서도 대한민국의 영화로 표기되어 있다. 그리고 합작영화로 표기된 영화는 100여 편 미만이지만 여러 자료를 중복 검증하면 합작영화는 205편에 이른다.

일제강점기의 합작영화는 합작이 공식 명시된 민간 주도의 영화와 그 외 (사)조선 영화제작주식회사가 참여한 〈사랑과 맹세〉까지를 포함한다. 이중 (사)조선영화제작주식회사의 영화들은 진정한 의미의 합작영화가 아닌 일제의 필요성에 의해 일본인들의 주도하에 한국인들이 동원되어 제작된 위장합작영화다. 1950년대 후반에 제작된 〈천지유정〉과 〈이국정원〉은 개봉 순서대로 정리되었지만 합작영화 판정이 애매해지는 시기는 1960년대 후반부터이다. 합작영화의 주요 파트너인 쇼브라더스는 자사 작품 목록에서 〈달기〉와 〈여마적〉 두 편만을 합작으로 기록하고 있다. 전우열 감독의 〈나정〉 같은 경우도 한국외경(로케이션)으로 되어 있으며 이 영화도 신영균 배우를 빼곤 모두 홍콩 배우들이다. 그러니 합작영화가 아닌 쇼브라더스 제작영화인 것이다. 우리만 주장하는 합작영화인 것이다.

그러나 이러한 홍콩 측의 자료만을 신임하는 것도 불공평하다고 판단되는 것이 여러 사업적인 상황에 의해 합작이라는 방법을 채택하면서도 이를 인정치 않고 자국의 영화라고 주장하는 불공정한 사례가 추정되기 때문이다. 그래서 한국의 영화법이 정한 합작영화 기준544에 합당한 영화들은 홍콩 영화 기록에 상관없이 정식 합작영화로 인정한다. 일례로 박윤교 감독의 〈인무가인忍無可忍〉의 경우 홍콩 제목은 〈차도살인借刀殺人〉이다. 홍콩의 정리프로덕션正利電影公司 제작으로 황정리 배우가 제작, 감독, 주연, 무술감독을 맡았다. 스태프와 배우 사례는 홍콩 측에서 부담하여 해외 판권을 소유했다. 그리고 촬영은 주로 한국에서 하였고 한국의 합작사인 대양필름은 촬영 진행비를 부담하며 한국 판권을 가졌다. 이는 홍콩 제작사로서는 제작비를 절감하고 한국 측으로서도 촬영과 후반작업의 비용만 부담하며 한국 판권을 갖는 한편 한국영화 의무제작 한 편을 해결하는 윈윈 전략으로 볼 수 있다.545 이러한 사례는 합작영화라고 할 수 있다.

다음 표는 한국영화사에 첫 합작영화로 기록되어 있는 1936년 작 이규환 감독의

544 시기별로 바뀌기는 하였지만 30% 이상의 출자로 한국에서 30% 이상을 촬영한 영화로 한국인이 공동감독으로 참여하여야 하고 공동 주·조연으로 출연해야 한다. 각주 168 참조.

545 황정리 감독 인터뷰, 쌍림동 당수도 체육관, 2012년 1월 30일, 참조; 제16회 KBF세미나 녹취록, 한국영상자료원 코파 3관, 2012.3.31; 대양필름의 대표인 한상훈은 합작이 아니라고 했지만 홍콩판권 양도는 인정했다. 한상훈 전화 인터뷰, 2012.5.28(수출이 아닌 판권 양도는 곧 합작을 의미한다.).

〈무지개〉부터 마지막 위장합작영화로 추정되는 1990년 작 〈용의 유혼〉까지 모두 205편의 합작영화 목록으로 이 표에는 위장합작영화가 포함되어 있으며 위장합작영화는 별도의 표로 다시 작성하여 구분한다. 이 조사는 당시 활동했던 한국영화인 50여 명의 인터뷰를 통해 검증받았으며 표의 내용은 상기 자료 기록의 표기를 따르되 단 자료의 정보 중 확실한 오류는 다른 기록과 비교하여 바로 잡았다. 예를 들어 이규환 감독의 〈무지개〉와 〈나그네〉를 촬영하며 대구보진일로 알려진 촬영기사의 실제 이름은 오쿠보 타쓰오大久保辰雄, 대구보진웅이다.546

〈표 6-3〉 한국의 합작영화 목록(1936~1990)

	영화명	제작사	허가일자(개봉일)	상영시간	감독	각본	촬영	배역
1	무지개	영남영화제작소, 교토 PCC	1936.6.30.	9권	이규환	이규환	선우 학, 대구보진웅	문예봉, 독은기
2	나그네	성봉영화원, 신흥시네마	1937.4.24.	10권	이규환, 영목중길	이규환	대구보진웅	왕평, 박제행, 문예봉, 독은기
3	군용열차	성봉영화원, 동보영화사	1938.6.29.	66분	서광제	기구치 모리오, 조영필	양세웅	왕평, 문예봉, 고바야시 쥬시로, 사사키 노부코
4	국기 아래서 나는 죽으리	조선문화영화회, 일본문화영화(주)	1939.9.9.		이익	이익	최순흥, 강야진일	김건, 복혜숙, 최운봉, 김일해
5	복지만리	고려영화사, 만주영화협회	1941.3.22.	10권	전창근	전창근	이명우	전창근, 유계선, 전옥, 전택이

---

546 한국영화연구소, 『이영일의 한국영화사를 위한 증언록 성동호 · 이규환 · 최금동 편』, (서울: 소도), 2003, 170쪽.(오쿠고 다토오는 오쿠보 타쓰오의 오류다)

547 〈천지유정〉이 개봉은 먼저 하였어도 첫 합작영화는 〈이국정원〉이다. 〈천지유정〉은 저예산영화로 한국 배우들은 보름 만에 촬영을 마쳤다. 윤일봉 전화 인터뷰, 2012.3.24.

	영화명	제작사	허가일자 (개봉일)	상영 시간	감독	각본	촬영	배역
6	망루의 결사대	고려영화협회, 동보영화사	1943.4.29.	10권 95분	금정정	산형웅책	영목박	고전염, 재등영웅, 관정일랑, 청수장부
7	젊은 모습	조선영화(주), 송죽, 동보 합작	1943.12.1.	9권	풍전사랑	팔전상지	삼포광웅	문예봉, 황철, 복혜숙, 이금룡
8	사랑과 맹세	조선영화(주), 동보영화사	1945.5.24.	12권	최인규, 금정정	팔목융일랑	한형모, 산기일웅	문예봉, 김신재, 김유호, 독은기, 촌전지영자, 고전념
9	천지유정[547]	한국연예사, 홍콩금봉공사 합작	1957.12.5.	10권	김화랑	김석민	임병호	왕원룡, 진예, 심운, 이영, 장광초, 양훈, 양석천, 김진규, 최무룡
10	이국정원	한국연예사, 한향합작	1958.2.6.	10권	전창근	유두연, 김석민	강영화	김진규, 윤일봉, 김삼화
11	망향 (야전오문가)	성광영화사	1958.2.18.		정창화		정인엽	양미희, 노능걸, 주선태, 김석훈,
12	애정무한 (애정무정)	광성영화사	1958.8.10		전택이	김석민		이택균, 이미, 황정순, 최지희
13	사랑하는 까닭에[548]	한국연예사, 자유영업공사	1958.(미상)		한형모	박성호	한형모	김진규, 서애자, 윤일봉, 이대엽

---

548 중국제목 〈성월쟁휘(星月爭輝)〉 주연: 王元龍, 陳藝, 金振奎(…). 말레이시아와 합작영화로 알려져 있다.

	영화명	제작사	허가일자 (개봉일)	상영 시간	감독	각본	촬영	배역
14	그림자 사랑	한국연예사, 한향합작	1958.7.3.	11권	김화랑	유두연	임병호	최무룡, 윤일봉, 이룡, 백광
15	언제까지나 그대만을	신광영화사, 한향합작	1959.4.11.	10권	권영순	박종호	서정민	이택균, 종정, 이빈화
16	양지를 찾아서	성광영화사, 한향합작	1959.8. (미상)		권영순	유두연	정인엽	이택균, 유량화, 양미희
17	손오공 (화염산)	한양영화사, 한향합작	1962.10.20.	10권	김수용	김성민	왕오형 (향)	김희갑, 최무룡, 김지미, 양훈
18	보은의 구름다리	신필름, 한향합작	1963.10.		최경옥	김강윤	김종래	신영균, 이향군, 한은진
19	나갈 길이 없다	한국영화사, 한비합작	1964.1.23.	10권	이한욱	돌후베니아		김승호, 박노식, 최지희
20	달기549	신필림, 한향합작	1964.9.19.	10권	최인현		서본 (일인)	신영균, 린다이, 김승호, 최은희
21	여간첩 에리샤550	스타필름, 영광영업공사	1965.7.10.		최경옥	김강윤	정해준	박노식, 정영, 이둔, 이향
22	흑도적	신필림, 한향합작	1966.8.30.	9권	최경옥	곽일로	김종래	최은희, 김진규, 박노식
23	서유기	신필림, 한향합작	1966.9.16.	9권	임원식	박경		박노식, 최은희, 봉팽
24	대폭군551	스타필림, 쇼브라더스	1966.9.29.	10권	임원식	엄준	최경옥	최은희, 김승호, 남궁원
25	스타베리김	연합영화사, 한향합작	1966.11.25.		고영남	김동현	홍동혁	박노식, 김혜정. 윤일봉

---

549 중국제목은 〈달기(妲己)〉로 기록에는 한·홍합작영화 명기가 없다.

	영화명	제작사	허가일자 (개봉일)	상영 시간	감 독	각 본	촬 영	배 역
26	SOS 홍콩	신필림, 한향합작	1966.12.10.	9권	최경옥	강근식	김종래	박노식, 성소민, 이향, 최삼
27	순간은 영원히 (염첩신룡)	아세아필름, 금해영업공사,	1966.12.11.		정창화	곽일로	배성학	남궁원, 김혜정, 윤일봉
28	국제금괴 사건	연방영화사	1966.(미상)		장일호	김동현	김재영	이대엽, 남궁원, 왕령
29	철면황제	안양필름	1967.5.14.		최경옥	유일수	김종래	신영균, 리칭, 김승호
30	조용한 이별 (장상억)	아세아필름, 영광영업공사	1967.(미상)		정창화	신봉승	배성학	신성일, 남정임, 정영, 장의
31	비련 (烽火情天)	아세아필름	1967.(미상)		정창화	신봉승	배성학	고은아, 남궁원, 왕천려
32	철선공주	덕흥영화사, 한향합작	1967.(미상)	9권	최경옥	박경	김종래	박노식, 팽붕
33	낮과 밤	아세아필름, 한중합작	1968.7.6.	9권	전우열	곽일로	배성학	신영균, 남정임, 허장강
34	비호	제일영화사, 한향합작	1969.1.17.	9권	권영순		이성휘	박노식, 백영민
35	용문의 여검	극동필림, 한향합작	1969.1.30.	9권	안현철	김용진	이병삼 552	이대엽, 이선, 강문
36	마곡의 결투	덕영필림, 한향합작	1969.5.16.	9권	안현철, 이광장	김용진	안면희	정강, 김청자, 최성호, 이선
37	야적	제일영화사, 한향합작	1969.9.3.	9권	안현철	김용진	정치조	이룡, 양명, 명창
38	석양의 협객	연방영화사, 한향합작	1969.12.6.	9권	라식	윤삼육	전조명	김철, 반영자, 재량
39	맹강녀곡도 만리장성	연방영화사, 홍콩 용화영업공사	1969.(미상)		요봉반	요봉반		

550 중국제목은 〈국제여간첩(國際女間諜)〉, 국내 기록이 최경옥 감독인데 중국기록은 신상옥 감독으로 되어 있다.

	영화명	제작사	허가일자 (개봉일)	상영 시간	감 독	각 본	촬 영	배 역
40	쌍용검	제일영화사	1969.(미상)		권영순, 손야프	김용진	김명제	박노식, 김혜경, 허장강
41	한맺힌 여검객	대동영화사	1969.(미상)		안달호	김연파	최승우	이향, 신동일, 호령령, 정번영
42	신검마검	연방영화사, 한중합작	1970.1.1.	9권	전조명	(타이완)	전조명	주연
43	독룡마검	대양영화사, 한중합작	1970.2.6.	9권	임학, 검룡		안창복	김운하, 진주
44	용호칠협	대양영화사, 한중합작	1970.2.14.	9권	김기	전범성	안창복	하명중
45	대벽관	아세아필림, 한중합작	1970.4.18.	9권	장진원, 후청촤	진용(중)	진청량	심설진, 윤일봉, 조건, 전몽
46	야광주	연방영화사, 한홍합작	1970.5.16.	8권	안현철	최석규	최수영	오지명, 이려화, 문오장,
47	중원제일검	태창흥업, 한홍합작	1970.5.29.	9권	사병록	유동훈	박승배	임해림, 왕이, 향혜령, 송천
48	이대검왕	신창흥업, 한홍합작	1970.8.22.	8권	강조원	이두형	태길성	강남, 이자영, 김영인
49	아빠는 플레이보이	안양영화, 쇼브라더스	1970.12.2.					윤일봉, 남석훈, 한문정
50	칠인의 협객	안양영화, 쇼브라더스	1970.12.31. (심의필)	9권	정창화	강일문		능운, 하범, 남석훈, 윤일봉
51	아랑곡의 혈투	아세아필름, 쇼브라더스	1970.(미상)	93분	정창화, 짱킹퍼			리칭, 로례, 성훈, 왕샤, 젠옌옌,

	영화명	제작사	허가일자 (개봉일)	상영 시간	감 독	각 본	촬 영	배 역
52	밀사	제일영화주식회사	1970.(미상)		김병국	왕쓰창	안진학	백영민, 김지수
53	용호칠협	대양영화사	1970.(미상)		김기, 검룡	전범성	안창복	하명중, 최무웅
54	금문의 결투	극동영화	1971.1.9.	80분	이대련	한유림	김영진	진원, 여화
55	서울의 정사	합동영화, 미MCR프로덕션	1971.1.25.		장일호, 이형표, 데이비드·릿치			신영균, 최지희, 아니타 에그버그
56	음양도	안양영화	1971.1.26.	98분	하몽화	하몽화		진봉진, 박지연
57	케이라스의 황금	극동영화, 카라멜로 푸로덕션 (이탈리아)	1971.3.10.	89분	강조원, P.G. 카라멜로	렌죠 포그리, 로마노 퐈르띠	이석기	남궁원, 이예춘, 최지희, 최성, 잔 도르,
58	철낭자	안양영화	1971.4.29.	87분	고보수	악풍		남석훈, 호리리
59	용호투금강	신창흥업	1971.5.24.	86분	김룡	강조원	이종관	이훈, 왕룡
60	흑야비룡도	신창흥업	1971.6.25.	77분	김묵	강조원	이종관	이훈, 장청
61	연애도적	안양영화	1971.6.26.	108분	신상옥 엄준	신상옥		룅윈, 트위스트김
62	독룡	한국예술영화, 한홍합작	1971.6.28.	90분	장진원 왕천림	왕쓰창		방수일, 정홍
63	신도	한국예술영화	1971.7.1	104분	권영순	조진구	이성휘	독고성, 강명
64	신용검객	한국예술영화, 한홍합작	1971.7.3.	90분	장진원, 왕천림	왕쓰창	황덕명	방수일, 정홍
65	설로혈로	태창영화	1971.7.12.	95분	임복지 (홍)	임복지	여적염	전야, 오경아
66	포상금	안양영화	1971.10.3.	88분	이경태	강일료	최승우	남진, 한미자
67	대표객	안양영화	1971.10.16.	79분	황풍	황풍	최승우	김기범, 짱위
68	옥중도	안양영화	1971.11.12.	84분	하몽화	하몽화		당청, 김지수
69	13인의 무사	안양영화	1971.(미상)	미상	장철			남석훈, 강대위, 추룡

	영화명	제작사	허가일자 (개봉일)	상영 시간	감독	각본	촬영	배역
70	철수무정	태창흥업	1971.11.26.	86분	장철, 왕복일	왕복일		라열, 리칭, 오경아
71	신풍협객	한국예술영화	1972.2.14.		김시현	유열		남일, 장평
72	여당수	안양영화	1972.2.14.	84분	황풍	황풍	이유당	오경아, 짱위
73	풍사만의 노도	신창흥업	1972.4.12.	100분	임원직	임원직	서정민	김남일, 장익
74	흑매	태창흥업	1972.4.27.	96분	사병록	안준오	박승배	김지수, 장익
75	혈보산천[553]	안양영화	1972.5.10.		설태호	박철민	안창복	강용석, 신희
76	흑객	안양영화	1972.8.3.	75분	장철	니쾅	최경옥	강대위, 추룡
77	유랑의 쌍검녀	삼영필름	1972.8.12.	80분	지용구	이진모	유재형	신미나, 이훈
78	흑수도	안양영화	1972.9.21.	90분	하몽화	하몽화		방인자, 담청, 최광호
79	철인	안양영화	1972.11.29.	85분	정창화	강일문, 웨이풍	최승우	로례, 남석훈, 윙핑
80	용호표	보한산업	1972.12.23.	98분	금용	최진영	영민문	최성, 이혜숙, 장청청
81	대결투	안양영화	1973.2.2.	75분	장철	한보옥	최경옥	렁원, 진봉진, 이려려
82	처녀의 수첩	안양영화	1973.4.14.	80분	엄준	엄준, 신상옥	최승우	최지숙, 호리리, 링원
83	정도	한진흥업	1973.5.12	85분	강유신	유일수	안창복	방수일, 김석훈, 공희배
84	흑야괴객	우진필름	1973.5.25.	83분	정창화	장천호, 정창화	최호진, 배성학	가준웅, 묘가수, 남석훈
85	흑권	안양영화	1973.9.1.	91분	황풍	곽일로	최종걸	이준구, 모영, 황가달
86	흑연비수	우진필름	1973.9.10.	95분	정창화	곽일로, 정창화		황가달, 모영, 황의식
87	철권	합동영화	1973.9.21.	86분	장일호	김하림		윤일봉, 왕우, 김정훈

	영화명	제작사	허가일자 (개봉일)	상영 시간	감독	각본	촬영	배역
88	반혼녀 (염녀환혼)	신프로덕션, 쇼브라더스	1973.11.30.	90분	신상옥	곽일로, 유일수	최승우	이승용, 리칭, 고선애
89	일대영웅	동아 수출공사	1973.12.13.	102분	팽장귀, 강범구	장천호	강원명	박종국, 이이, 방수일
90	쌍권도	신프로덕션	1973.12.20.	82분	나기	곽일로	최승우	모로, 진봉진, 김필순
91	여감방	신프로덕션	1973.12.24.	90분	계치홍	곽일로		고상미, 이혜숙, 로례
92	생사투	신프로덕션	1974.1.5.	70분	장철	곽일로	최승우	남석훈, 원상, 김기수
93	철면객	합동영화	1974.1.19.	90분	무민용, 이형표	무민용	강용남	주증녀, 장청천, 임해림
94	황비	합동영화	1974.1.22.	90분	정창화	김하림	서정민	황인식, 고은아, 관덕흥, 묘가수, 홍금보, 황가달
95	검은 야광주	신프로덕션	1974.4.5.	80분	장일호	곽일로	최승우	리칭, 이승룡, 김무영
96	흑표객	연방영화	1974.4.29.	96분	최훈, 라마	윤석훈	정운교, 왕강평	김진팔, 남석훈, 방야
97	흑발	신프로덕션	1974.5.17.	96분	장일호	곽일로	최승우	진평, 이혜숙, 김무영
98	풍운의 권객	대영흥행	1974.6.14	85분	강범구, 탁모화	박찬성	이석기	이해룡, 황준, 최성
99	하남별곡	대영흥행	1974.6.21.	90분	김명용, 허국	장천호	이종관	유영, 윤소라, 김희갑
100	위험한 영웅	동아수출공사	1974.6.28.	94분	오우삼, 김명용	김하림	이성춘	이대엽, 김창숙, 우연정

	영화명	제작사	허가일자 (개봉일)	상영 시간	감독	각본	촬영	배역
101	흑무사	화천공사	1974.10.21.	80분	정창화	이희우	유재형	유병용, 모영, 김기주
102	나이도 어린데	삼영필름	1974.12.6.	77분	강대진, 유가창	강대진, 유가창	강원명	곡명윤, 박남옥, 독고성
103	5천리 대도망	삼영	1974.12.16.	107분	강대진, 유가창	강대진, 유가창	강원명	독고성, 이해룡, 박남옥
104	소림사의 결투	동아흥행, 제일영업기구유한 공사 공동제작	1975.2.7.	115분	최인현, 채석명	손노훈	정영현	최성, 여수진, 최남현
105	인사여무	한진흥업, KINAVESA ENTERPRISE 합작	1975.7.9.	90분	권영순	문상훈		남수정, 최무웅, 황근하
106	용호문	국제영화흥업	1975.8.20.	106분	김정용, 오우삼	왕쓰창	양영길	김기주, 담도랑, 진봉진
107	비밀객	합동영화	1975.11.12.	90분	남석훈, 오사원	유동훈	장청	왕도, 담도랑, 여수진
108	장미와 들개	합동영화	1975.12.31.	110분	신상옥	신상옥		오수미, 등광영, 금비
109	용비	남아진흥	1976.3.6.	90분	김정용, 린치호	왕사성	양영길	현길수, 주선선
110	흑귀	연방영화사	1976.5.8.	90분	이용민	허승집	정운교	윤양하, 장건, 하옥화
111	옥중녀	태창흥업	1976.5.29.	90분	장일호, 로키	이문웅	이성춘	한문정, 장태산, 윤미라
112	심판자	화천공사	1976.7.2.	85분	정창화	우상호		신일용, 이예민
113	킹콩의 대역습	국제영화흥업	1976.7.20.	80분	최영철, 리더폴	왕쓰창		이낙훈, 알렉스 니콜
114	사랑의 스잔나	동아흥행	1976.7.29.	105분	김정용, 송존수	이문웅	진청거	이승룡, 진추하, 남미리

	영화명	제작사	허가일자 (개봉일)	상영 시간	감독	각본	촬영	배역
115	용사왕	남아진흥	1976.12.10.	100분	권영순	안준오	김남진	방희정, 김종숙
116	여신탐	우성사	1976.12.30.	85분	최훈	왕사성	배성학	김정란, 남성훈
117	춘풍연풍	우진필름	1976.(미상)	80분	이신명	이정호	우자주	서미경, 상관량, 도금봉
118	사대문파	국제영화흥업, 가화전영유한공사	1976.12.30.	85분	김정용, 황풍	왕쓰창	이유당	왕호, 권영문, 홍금보
119	속 정무문	남아진흥, 홍콩합작	1977.1.28.	110분	남석훈	이일목	마이크	여소룡, 김정란
120	유성검	삼영필름, 홍콩합작	1977.2.17.	110분	김진태	이문웅	진종원	이여룡, 배수천
121	흑도	남아진흥, 홍콩합작	1977.2.17.	90분	김시현	이정의 (이일목)	신명의	여수진, 진봉진
122	충렬도	화천공사, 홍콩합작	1977.2.17.	115분	김시현	장천호	유재형	진봉진, 김기주, 전숙
123	몸부림	동아수출공사	1977.3.19.	80분	김정용, 고보수	왕쓰창	이유당	김정훈, 호은, 이가정
124	삼인호객	우진필름, 홍콩합작	1977.7.30.	93분	정진우	문상훈		장일도, 여수진
125	풍협과객	대영흥행, 홍콩합작	1977.8.25.	97분	김종성	윤석훈	이유당	서영란, 최무웅, 진성
126	중원호객	동아수출공사, 홍콩합작	1977.9.9.	90분	이정호, 홍금보 (향)	윤석훈	최정원	왕호, 김영숙
127	용왕 삼태자	우성사	1977.9.22.	90분	최동준	최영철, 왕쓰창(향)	구중모	김정란, 전효진
128	신 당산대형	삼영필림, 홍콩합작	1977.9.24.	110분	김진태, 로레이	이문웅	진종원	정희, 성룡, 신일룡
129	쌍용비객 (복권)	합동영화, 홍콩합작	1977.9.26.		김명용	윤삼육	손현채	허쭝도, 로레, 장일식
130	소림통천문	태창흥업, 홍콩합작	1977.12.21.	105분	남석훈, 텐풍 (향)	이일목		최명철, 사마룡, 상관영봉

	영화명	제작사	허가일자 (개봉일)	상영 시간	감독	각본	촬영	배역
131	사학비권 (사학팔보)	삼영필림, 홍콩합작	1978.1.19.	100분	김진태, 로웨이 (홍콩)	허진	진종원 (홍콩)	김정란, 성용, 이영국
132	소림사흑표	태창흥업	1978.1.21.	80분	이혁수	이일목	이석기	상관영봉, 김정란, 이강조
133	소림백호문	우진필림, 홍콩합작	1978.3.16.	105분	김영효, 황풍 (홍콩)	문상훈	이유당 (홍콩)	진성, 사오잉, 황은희
134	비호상쟁554	연방영화	1978.3.16.	95분	전조명, 노순 (홍콩)	김동오	전조명	장일도, 황향수, 장일식
135	대사부	남아진흥, 홍콩합작	1978.3.17.	85분	권영순, 장기 (홍콩)	권영순	정일만	진성, 황정리, 조영숙
136	추하 내사랑	동아흥행, 가화전영	1978.3.25.	95분	김종성, 송존수	이문웅	마리관	남궁원, 진추아, 종진도
137	쌍면객	연방영화	1978.3.30	85분	김형준	장천호		장일식, 박주희, 로렌 촤링
138	백사전	우성사, 홍콩합작	1978.8.5.	105분	최동준, 이한상 (홍콩)	서인경	진명화, 최수영	이예성, 임청하, 진지민
139	중원대협	남아진흥, 홍콩합작	1978.8.12.	85분	권영순	안준오	정일만	왕호, 유충량
140	소림관문돌파	화천공사, 찬사오팽 (향항)	1978.9.11.	95분	김명용, 찬사오팽 (향항)	장천호	신명의	왕호, 진성, 문거룡
141	오룡대협	삼영필림, 향항합작	1978.9.13.	105분	김진태, 진지화 (향항)	최석규	진청거 (향항)	성용, 김정란, 이해룡
142	칠협팔의	태창흥업, 자유중국	1978.9.16.	88분	이혁수, 장형	허진	이성섭	장복건, 오미숙, 로례
143	악어의 공포	한진흥업	1978.10.14	100분	이원세	유열, 여수중	정일성, 박승배	민우, 신인일, 왕은희, 바암 유갈리

	영화명	제작사	허가일자 (개봉일)	상영 시간	감독	각본	촬영	배역
144	소림천하	동아수출공사, 향항	1978.10.28.	100분	김정송	김정용	이유당	왕호, 모잉, 주강
145	천하제일권	우성사, 향항합작	1978.12.6.	90분	최동준, 홍금보 (향항)	서인경	최수영, 이유당 (향항)	왕호, 홍금보, 양성오
146	천하무적	국제영화흥업, 자유중국합작	1978.12.20.	90분	김정성, 손정중	김정용	손재용	맹비, 황가달, 장망
147	신권비객555	합동영화	1978.12.21.	95분	김형준	이익태	김영대	황가달, 허정연, 능비
148	외팔이 권왕	대영흥행, 향항합작	1978.12.29.	94분	이정호, 서증굉 (향항)	홍종원	양영길	최성, 왕후, 박미영
149	용문호객	신한문예영화	1979.1.13.	80분	안현철	김기영	최찬규	박종국, 진성, 한소룡
150	사호무협	우성사	1979.1.24.	95분	최동준	서인경	오작화	한송희, 황가달, 곽무성
151	당산비권 (용권)	동아흥행	1979.1.27.	95분	이정호	홍종원	임진환	성룡, 김영일, 임은주
152	혈육마방	우진필름, 향항합작	1979.3.31.	90분	김영효	문상훈	오국효	강대위, 담도량, 진혜민
153	비취호리	남아진흥, 향항합작	1979.4.7.	100분	이완재, 고보수	오광제	우승화	전붕, 라열, 김사옥
154	노마비사	세경흥업, 향항합작	1979.4.13.	100분	남기남, 소목(향)	오광제	임진환	안진수, 백응
155	추격자	삼영필림	1979.7.13.	90분	조지 비에이라, 김선경	캐더린 쇼어, 리처드 쇼어	구중모, 잭 베켓	크리스 밋첨, 권부길, 윤일봉, 윌리암 제카
156	사문의 승객	한진흥업, 향항합작	1979.11.23.	92분	이영우	김문엽	이승언	서풍, 진봉진
157	산중전기	세경흥업, 향항합작	1979.11.29.	92분	박윤교, 호금전	김대희	호금전	김인정, 서풍

	영화명	제작사	허가일자 (개봉일)	상영 시간	감독	각본	촬영	배역
158	사망탑	동아수출공사	1980.2.28.	75분	오사원, 강범구	김정용	양희명	김태정, 황정리
159	괴시	한림영화 (주)	1980.4.10.	85분	강범구	주동진	양영길	유광옥, 강명, 박암, 왕옥환
160	탈명비주	삼영필림	1980.7.31.	95분	김진태	고성의	양영길	곽무성, 민복희, 무계화
161	쌍웅	합동영화, 향항합작	1980.9.13.	90분	이두용, 오사원	한우정	손현채	유충량, 황정희, 현길수
162	통천노호	태창흥업, 향항합작	1980.9.18.	90분	임원식, 고보수 (향항)	이일목	정필시	왕호, 맹원문, 윤상미
163	소림용문방	화풍흥업, 향항합작	1980.9.19.	107분	김종성, 유가량 (향항)	장천호	손현채	권영문, 유가휘, 김기종
164	노명검	화풍흥업, 향항합작	1980.10.24.	100분	김선경, 계치홍 (향항)	장천호	구문석	진관태, 권영문, 김사옥
165	용권사수	신한문예	1981.2.4.	95분	김시현, 하지강	이정근	신명의	거룡, 맹추, 이예민
166	인무가인	대양필림	1981.5.3.	90분	박윤교	권혁진	안창복	황정리, 번매생, 왕장, 고웅, 장일식, 변대성
167	사향마곡	태창흥업 (필리핀합작)	1981.10.31.	90분	권영순, 데디 취이	권영순	김남진, 준 라스카	강희영, 국정환
168	밀명마상객	합동영화	1981.12.3.	95분	신위균	오광제	김안홍	양양문, 국정숙, 양가인
169	쌍배	현진	1981.12.21.	95분	최동준	신문일	김안홍	당룡, 이소영, 최신영

	영화명	제작사	허가일자 (개봉일)	상영 시간	감독	각본	촬영	배역
170	금강혈인 (정권)	삼영필림	1981.12.26.	98분	김진태	송길한	진영호	이해룡, 성룡, 이동춘
171	금룡 삼십칠계	세경흥업	1981.12.30.	89분	남기남	안준오	임진환	곽무성, 임자호, 진지피
172	복마전	동아수출공사	1982.9.9.	81분	김종성	허진	최수영	이경춘, 진성, 장규수, 이재영
173	생사결	동아수출공사	1982.9.16.	83분	이형표, 정소동 (홍콩)	최진	유흥천 (홍콩)	왕호, 서소강, 권영문
174	외팔이 여신용	태창흥업, 중국합작	1982.9.27.	85분	이혁수, 후쟁	이일목	이성섭	상관영봉, 강용식, 권일수
175	정리의 용형마교	한진흥업(주)	1982.11.20.	92분	오사원, 박윤교	이문웅	안창복	황정리, 김용, 권용문, 신재철
176	속 귀타귀	동아수출공사	1982.12.30.	92분	김정용, 신위균	황병요	양희명	홍금보, 허양미, 이월령
177	신서유기 (손오공대전 비인)	한진흥업, 뢰문전영기업(주) 합작	1983.1.1.	95분	김종성, 조사룡	김종성	안창복	김용만, 양소신, 유삼경
178	흑장미	화풍흥업	1983.2.13.	93분	이초남, 신위균	홍종원	신명의	양혜산, 박예나, 이혜민
179	심지마	합동영화(주)	1983.5.7.	85분	이헌우	김종성	김안홍	김석봉, 주문리,태일
180	소림과 태극문	동협상사	1983.6.3.	90분	이영우	윤석훈	팽정문	김영일, 최의정
181	몽녀한	우진필림 합작	1983.7.30.	90분	강범구	주동운	손현채, 염진봉	국정숙, 투이수핑, 김세옥
182	웬일이니	화풍흥업	1983.9.21.	87분	김종성, 진중량	김종성	주중량	김순천, 허블료

	영화명	제작사	허가일자 (개봉일)	상영 시간	감독	각본	촬영	배역
183	비호문	화풍흥업	1983.10.14.	88분	이현우	김정용	김안홍	맹비비, 양균균, 김왕준
184	구룡독나비	동협상사, 호천향업유한공사(중국)	1983.12.31.	90분	김종성, 한보장	김종성	임진환	왕관일, 진익솔, 낙일영
185	사랑 그리고 이별556	동아흥행, 타이완합작	1984.3.10.	118분	변장호	이희우, 김강윤	이석기	장미희, 후이밍, 신영일
186	소림대사	㈜삼영필림	1984.5.5.	83분	남기남	안준오	김안홍	장산, 장일도, 김산, 라예
187	구사일생	동아수출공사	1984.7.31.	95분	신위균	레오날드호	양희명	하요심, 이혜숙, 박일권
188	홍병매	화풍흥업	1984.7.31.	85분	김시현	홍종원	신명의	김민경, 서옥모, 맹현장
189	용호쌍권	세경흥업	1984.12.31.	85분	최동준	최재원	양영길	왕용, 최성식, 김영일
190	흑삼귀	㈜대영영화	1985.2.16.	85분	남기남	안준오	양영길	권영문, 장춘산, 양웅주, 진성
191	양귀비	동협상사, 합작	1985.2.19.	95분	고응호, 오가준	허준		김민정, 어서홍 (중)
192	여자정신대	대양필림, 합작	1985.6.27.	87분	이상언, 정중	김강윤, 윤정모	김안홍	박준금, 화국동 (중)
193	밤을 먹고 사는 여인	동협상사, 합작	1985.7.11.	90분	고응호, 이작남	김경일	이성섭	김민경, 위소(중)
194	오늘만은 참으세요	동아수출공사, 합작	1985.9.5.	90분	신위균, 예대위	레오날드 게이씨호	박승배	원남, 채풍화 (중)
195	신술마술	동협상사, 합작	1985.9.10.	85분	김종성	김종성	안태완	남혜경, 호원치, 문미봉

---

551 중국제목 〈관세음(觀世音)〉 주연: 李麗華, 金振奎(···).

	영화명	제작사	허가일자 (개봉일)	상영 시간	감독	각본	촬영	배역
196	불춤	화풍흥업, 합작	1985.9.24.	86분	고응호, 이작남	안진원	신명의	김민경, 상충전, 서옥모
197	손오공 대전홍해야	한진흥업, 합작	1985.12.19.	85분	김종성	김종성	한창복	이광열, 유상겸, 박효근
198	흑룡통첩장	동아흥행, 홍콩사원영업공사	1986.5.10.	85분	남기남, 원규	홍종원	김안홍	박희진, 이원패, 권영문
199	스잔나의 체험	우진필름	1986.6.14.	90분	설태호	문상훈	이석기	차오텐리, 유영국, 박원숙
200	칠소여복성	남아진흥, 신홍콩전영성 유한공사	1988.3.26.	95분	강범구	주동운, 구화한	안태완	김성미, 조정현
201	똘똘이 소강시	삼영필름, 타이완	1989.1.14.	90분	강구연	강구연	강대용	정태우, 박미향, 권성영, 이영만
202	외계인과 콩콩강시	화풍흥업, 타이완	1989.8.9.	80분	이윤재	안승호	송행기	권성영, 김명희, 유명완
203	죄없는 병사들	시네코필름	1990.3.17.	105분	정한우	데니스 크리스틴, 정한우	신옥현	서은경, 안용남, 문혁
204	용의 유혼	㈜조양필름	1990.8.24.	87분	홍재균	김정용	김안홍	추봉, 이예민, 장복건
205	금병풍월	합동영화㈜	1993.11.13	84분	고영남	남균	안창복	단입문, 이완숙

---

552 이병삼 촬영기사의 조카인 이석기가 실제 촬영을 했다.

553 안양영화제작주식회사 제작이라지만 원래는 한진흥업의 한갑진이 제작했으며 홍콩의 텐풍(田豊), 손아부 감독의 부인 등의 배우와 감독이 방한하여 안양촬영소와 철원 일대에서 촬영했다고 설태호 감독이 증언하였다.

554 홍콩에서 감독과 배우, 무술감독이 방한하여 연천과 한탄강 일대에서 촬영했다고 전조명 감독이 증언하였다.

555 실제는 김명용 감독작으로 임원식 전무 시절 홍콩에서 황가달 등 배우 7~8명이 방한하여 두 달간 체류하며 촬영하였다. 한국에서 비용대고 한국판권을 가졌다고 김영대 촬영감독이 증언하였다. 김영대 감독은 1970년 이후 한국촬영감독위원회에 조사위원으로 투서함을 만들어 각종 비리 및 위장합작영화를 적발하기도 했다. 당시 위장합작영화는 외화쿼터를 받기 위해 성행했는데 당연히 제 개런티를 받지 못했다.

이상과 같이 일제강점기 이규환 감독의 1936년 작인 〈무지개〉로부터 합작영화 제작은 시작되었고 마지막 위장합작영화로 추정되는 1993년 작까지 합작영화는 모두 205편이다.

이중에 일제강점기인 1938년 작 〈태풍颱風〉은 동경 아세아영화사 제1회 작품으로 한국인들이 참여하였는데 개봉 여부가 미상이고 합작 여부를 알 수 없어 이 목록에서는 뺐다. 또 광복 후 〈애정무한〉과 〈보은의 구름다리〉, 〈양지를 찾아서〉, 〈스타베리 김〉, 〈아빠는 플레이보이〉는 『한국영화총서』의 합작영화 기록에 빠져있는 것을 신문기사를 통해 찾아낸 영화다. 그러나 신문기사에서는 검색되었지만 KMDb 기록에는 빠져있는 〈화천무〉와 〈용왕녀〉는 영화의 존재와 내역을 알 수 없어 목록에서는 빠져 있다. 그중 황풍黃楓감독의 〈화천무〉는 시나리오가 존재하는 것으로 보아 KMDb 기록에는 빠져있지만 제작되었을 수도 있는 영화다. 1967년 신상옥 감독 작으로 알려져 있는 홍콩영화 〈강도强盜〉도 우리영화와 상관이 없는 영화로 합작목록에서는 빠졌다. 그밖에 자료가 명확치 않고 개봉 기록이 없는 영화로 장일호 감독의 1966년 작 〈국제금괴사건〉, 1969년 작 〈맹강녀곡도만리장성孟姜女哭倒萬里長城〉557와 정창화 감독이 합작영화라고 말하는558 우위썬 감독의 〈위험한 영웅 / 여자태권군영회女子跆拳群英會〉는 추가되었다. 그 외 김윤덕 조명감독이 증언한 〈흑삼귀〉, 〈심지마〉와 김안홍 감독이 증언한 〈여자정신대〉, 〈소림대사〉, 〈용의 유혼〉도 합작영화로 추가되었다. 제9회 부산 국제영화제가 합작영화라고 밝힌 1978년 작 〈사대통의문〉, 1980년 작 〈무림악인전〉, 1981년 작 〈대형출도〉, 〈취팔권 광팔권〉, 〈팔대취권〉, 1982년 작 〈혈우천하〉 등은 중국식 제목의 한국영화이므로 목록에서 빠졌다. 그 외 1972년 작 〈제3의 추적〉, 1976년 작 〈용비〉, 1978년 작 〈소림사 목련도사〉, 1978년 작 〈정무지보〉, 1979년 작 〈불타는 소림사〉, 〈무림오걸〉, 1981년 작 〈일소일권〉, 〈돌아온 쌍룡〉, 〈귀적귀무〉는 합작영화로 추정되었으나 중국식 제목의 한국영화다. 1985년 작 〈뼈와 살이 타는

556 "한국 (동아흥행)과 자유중국 (항기기업)합작으로 제작된다", 『1979년도 판 한국영화연감』, 영화진흥공사, 1979, 182쪽.

557 왕쓰창 작가의 기억으로 찾아낸 영화로 시나리오는 남아 있지만 영화의 필름을 비롯한 일체의 정보가 없는 정식합작영화이다. 왕쓰창 작가의 증언에 따르면 제작자는 리밍(利銘, 이명)영화사의 탕난화(湯蘭花, 탕란화)로 기억한다. 왕쓰창 인터뷰, 한국영상자료원 코파3관, 2012.3.30.

558 박선영, 『2008년 한국영화사 구술채록연구시리즈(생애사) 정창화』, 한국영상자료원, 2008, 123쪽.

밤〉은 극영화 해외촬영, 외국인 출연승인을 받은 합작영화로 판단되나 국산영화로 신고하고 검열을 받았다. 같은 해에 개봉된 〈차이나타운〉은 외국영화를 재편집한 영화며[559] 1980년 작인 〈소림용문방 / 少林搭棚大師소림탑봉대사〉의 경우가 특이한 것은 상영 허가와 개봉은 1980년이나 기사 검색은 1985년인 경우도 있다.[560]

그리고 〈표 5-3〉 '합작극영화 제작허가 현황'과 〈표 5-4〉 '합작극영화 제작 현황'에는 비중국어권 합작영화 16편이 집계된다. 합작은 미국과 7편, 이탈리아와 1편, 터키와 2편, 필리핀과 4편, 태국과 2편이다. 그 외 말레이시아와의 합작영화로 알려진 〈사랑하는 까닭에〉는 집계에서 누락되어 있는데 배급사인 즈여우영업공사自由影業公司와의 합작영화로 되어 빠져있을 수도 있다. 그래서 1964년 필리핀과의 합작 〈나갈 길이 없다〉, 1971년 미국과의 합작 〈서울의 정사〉, 이탈리아와의 합작 〈케이라스의 황금〉, 1975년 필리핀과의 합작 〈인사여무〉, 미국과의 합작 〈추격자〉, 1976년 미국과의 합작 〈킹콩의 대역습〉, 1978년 태국과의 합작 〈악어의 공포〉, 1981년 필리핀과의 합작 〈사향마곡〉 등 8편만이 확인되었다. 나머지 8편의 기록은 찾지 못했는데 미국과의 합작영화 4편, 터키와의 합작영화 2편, 필리핀과의 합작 1편, 태국과의 합작 1편 등이다. 이들 영화는 합작영화로 신고는 되었지만 자료가 존재하지 않는다. 따라서 신고는 되었지만 완성되지는 않은 영화로 추정되며 그 예로 1961년에 기사화 된 〈고요한 아침의 나라〉나 1962년에 기사화 된 〈가을의 노래〉, 〈두 개의 평화훈장〉은 KMDb나 기타 자료에서 검색되지 않는 영화로 기획 후 제작과정에서 중단된 영화로 추정된다. 따라서 이들 영화는 합작영화 총 편수에서는 빠져서 결국 1936년부터 1990년까지의 합작영화는 205편이 된다. 그 중 위장합작영화와 위장합작추정영화가 123편인데 일제강점기의 합작영화 8편 중 4편도 위장합작영화이며 비중국어권 합작영화가 8편이다. 결국 홍콩이나 타이완과의 정식합작영화는 모두 70편 미만으로 산정되나 이는 아직 추정 편수일 뿐이다.

이외 타이완영화 기록을 보면 〈대박살大搏殺〉[561]은 한국 배우 양훈 배우가 출연한 영화다. 타이완영화 중에서는 1967년, 한국의 연방영화사 제작인 〈내 몫까지 살아주〉

---

559 장현호 인터뷰, 부천시 DVC 픽쳐스 사무실, 2012.7.1.

560 부정확한 기록이 아니면 재개봉 때문으로 추정된다.『1980년도 한국영화연감』, 영화진흥공사, 1980, 308쪽.

561 우민시옹(巫敏雄, 무민웅) 감독 작으로 국내 제목을 알 수 없다.

가 타이완의 영화 기록에는 제목이 〈왕사영아심쇄往事令我心碎〉로 개봉되었다. 이 영화는 타이완의 완샹영업고빈유한공사萬祥影業股份有限公司, 만상영화주식회사와 한국의 한국방영화주식회사韓國邦映畵株式會社 출품으로 되어 있다.562 이는 타이완에 수출되면서 중국어 더빙 등의 후반작업을 하면서 제작사가 바뀌는데 타이완 식의 위장합작으로 보인다. 이외 〈엄마의 한鬼報仇〉563이나 〈꼬마신랑小新郞〉564 등은 〈울지도 못합니다我要哭〉565나 〈못 잊을 당신白薔薇的悲哀〉566 등과 달리 제작국의 명기 없이 소개되어 있다. 그 외 다른 한국영화들도 수출되면서 중국어 제목으로 바뀌고 더빙 등의 후반작업을 한 후 자연스럽게 타이완과 홍콩의 제작사 명의로 바뀐다. 이를 타이완 측의 위장합작으로 보아야 할지 그곳의 특수성으로 보아야 할지는 향후 연구할 필요성이 있다.

1990년대에는 외화 수입자유화가 되면서 종래의 위장합작영화는 사라졌고 현대 액션영화의 합작도 줄어들었다. 그리고 일본과의 애니메이션영화 합작 제작이 활성화되며 2000년대 이후 중국과의 합작 등 한국의 합작영화는 글로벌화 된다.

---

562 臺灣電影資料庫 홈페이지 http://cinema.nccu.edu.tw/cinemaV2/film.htm(2007.4.1, 검색); (財)國家電影資料館 홈페이지 http://www.ctfa.org.tw/publication/yearbook/index.php(2007.4.1, 검색); 중국고전영화방영사이트 홈페이지 http://www.youku.com(2007.4.1, 검색).

563 한국영화임에도 중화(中華) 출품으로 되어 있다.

564 한국 회사명이 아닌 신싱(新興) 출품으로 되어 있다.

565 한국 제작임을 밝히고 통화(統華) 출품으로 되어 있다.

566 한국 제작임을 밝히고 샹강룽화(香港榮華公司) 출품으로 되어 있다.

위장합작영화의 규명

■ 1. 위장합작영화의 문제

앞서 말한 바와 같이 위장합작영화라 함은 일제강점기 일본인들이 주체가 되어 한국인을 동원하여 합작한 영화거나 외국에서 완성된 영화를 수입하여 한국의 합작영화 기준에 맞추어 재촬영하여 완성시킨 영화, 그리고 합작영화 기준에 미달하는 영화다. 합작영화의 역사가 시작되고 위장합작영화 제작이라는 불법사례가 광복 이후에도 우리 영화계에 엄연히 존재해왔는데 특히 1960~1970년대의 별 의식 없이 이런 제작형태가 성행했다. 이런 위장합작영화는 우리 영화계에 불법, 비리의 온상으로 처음에 의도했던 한국영화의 발전은 고사하고 퇴보의 직접적인 원인이 되었다.

합작영화는 처음 상호간의 제작 협력을 통해 문화를 교류하며 서로의 상업적 이득을 취하기 위한 원원전략으로 시도된 것이다. 그러나 위장합작 영화는 이러한 처음의 덕목은 사라지고 그 상업적 이득이라는 외형만 남아 성행되었다. 당시 제작사로 허가된 20개 안팎의 영화사는 연간 4편 이내의 외국영화 수입이 가능했는데 그 중에 홍콩영화 수입은 또 규제대상이었다. 그러므로 〈방랑의 결투〉, 〈의리의 사나이 외팔이〉 이후 폭증하는 홍콩영화에 대한 갈증과 관객의 수요를 충족시키기 위한 방법이 모색되었고 그 방편이 위장합작 형태였던 것이다. 당시 홍콩영화의 인기로 인해 합작이라고 해야 흥행이 되기 때문에 위장합작이 더욱 성행했다.[567] 이렇듯 공공연한 비밀이 하나의 걸림장치도 없이 한국영화로 자리하고 있는 것이다. 이것은 한국영화의 정체성의 문제이다. 올바른 역사 전달만이 후손들에게 역사 왜곡을 막는 길이다.

1960년대 말 합작의 형태를 달리한 한·홍합작 영화는 초기 〈철수무정〉에서 보듯이 한국버전을 따로 찍었으나 많은 영화는 이런 제작형태도 아닌 완성된 영화를 수입하여 부분 교체하여 합작영화 신고를 하였다. 이후 한·홍합작은 버젓이 다른 영화제목을 붙이며 무수히 제작된다. 2004년 부산국제영화제에서 한·홍합작영화로 상영된 〈여선생〉은 홍콩여배우 리칭을 초빙해 만든 순수 한국영화이다. 당시에 흥행을 위해 합작이라고 한 것도 또 다른 위장이다. 〈옥중도〉, 〈생사결〉, 〈흑발〉, 〈여감방〉 같은 오

567　고응호 감독 전화인터뷰, 2012.3.24.

리지널 홍콩영화는 위장합작인 것이 확실한 영화이다. 〈흑권〉이나 〈용호문〉처럼 한국인 이준구가 출연하거나 한국에서 찍었다고 순수한 합작일 수 없다. 이 영화들은 한국에 와서 촬영한 홍콩과 타이완영화의 제작지원을 나간 영화들인데 그 대가로 한국 영화사는 한국의 상영판권을 얻었다. 이 영화들은 외국에서 출시된 DVD의 어디에서도 한국과의 합작을 밝히지 않고 있다. 이러한 사례의 영화들은 위장합작영화로 분류되는데 예를 들어 〈정도〉, 〈흑귀〉, 〈하남별곡〉 등이다.

그러나 실제 합작영화임에도 그 기록이나 DVD에 합작이라고 명기 되어 있지 않다고 함께 위장합작영화로 판단할 수 없는 것이다. 그래서 영화의 기록과 대본을 검토해보아야 하고 필름이나 DVD가 있다면 일일이 시사를 해봐야 한다. 그러한 과정을 거치치 않은 엄연한 외국영화를 한국영화로 인정할 수는 없다. 또한 한국영화법에서 정한 합작기준에 미달된 경우도 위장합작으로 판정한다. 이는 한국은 물론 합작기준에 미달된 소수의 외국 배우만 참가한 경우다. 합작이라는 명분을 위해 극소수의 인력만이 참여한 합작영화가 정상적인 형태일 수 없기 때문이다. 지금도 국내에 수많은 증인들이 건재하고 상대국의 증인과 기록들이 남아 있다. 위장의 판별이 쉽지 않은 영화는 당시 자료부터 확인해 공인 과정을 거쳐야 할 일이다.

■ 2. 위장합작영화의 유형 분류

『한국영화총서』[568]에는 한국영화의 시작 시기인 1919년부터 1970년까지의 한국영화 총목록이 실려 있다. 또 『한국영화전집』[569]에는 1971년부터 1985년까지의 한국영화 총목록이 수록되어 있다. 이 두 책은 영화진흥조합과 그 후신인 영화진흥공사가 발간한 자료집이다. 조사해 본 결과 1970년의 제작목록이 부정확하고 전체적으로 누락된 편수가 있어 다소의 오차가 발견되는데 장처 감독의 영화로 위장합작영화인 안양영화제작주식회사의 〈13인의 무사〉 등이 누락되어 있다. 그러나 현재로는 이 자료가 가장 확실한 한국영화 제작 목록이다. 또한 『실록 한국영화총서』 역시 옛 신문기사를 중심으로 초창기 한국영화의 목록과 합작 여부를 확인할 수 있는 자료다.

이 모두를 통하여 확인한 결과로는 일제강점기의 위장합작영화 4편을 포함하여

---

568   전범성, 『한국영화총서』, 영화진흥조합, 1972.

569   『한국영화전집』, 영화진흥공사, 1986.

광복 이후 1993년까지 제작된 위장합작영화의 총 편수는 123편이다. 이 편수는 최종 확정 편수가 아닌 추정 편수이며 조사에 따라서는 그 편수가 더 늘어날 수도 있다. 결정적인 증거자료가 있는 경우에는 위장합작의 판단에 별 문제가 없지만 대다수의 영화가 증거자료를 찾기가 쉽지 않다. 또한 감독을 제외한 관계자는 위장합작을 증언하지만 당사자인 감독은 위장합작을 부정하는 경우도 있다. 그런가 하면 우진필름의 정진우 감독은 제작자로서 소수의 영화를 빼고는 위장합작영화라며 한국의 합작영화 역사는 위장합작의 역사라고 단언한다.[570] 국내 영화 자료 분석과 인터뷰에 따라 합작영화로 등록된 영화는 다음과 같이 정식합작영화, 위장합작영화, 합작기준 미달영화로 분류할 수 있다.

첫째, 정식 합작영화는 일제강점기 이규환 감독의 〈무지개〉를 시작으로 〈군용열차〉 등의 영화이며 기술력의 필요성으로 합작된 영화들이다. 물론 감독 등의 주도권은 우리가 갖고 있었다. 광복 후 순수한 합작영화인 〈이국정원〉, 〈천지유정〉 등도 이러한 경우이며 이후 〈비련의 왕비 달기〉, 〈흑도적〉도 역시 주도권은 홍콩 쇼브라더스가 갖고 있으며 파트너인 신필름은 야외 촬영장면에 협력해 한국 판권을 확보했다. 하지만 문화공보부에 정식으로 합작절차를 거친 합작영화로 기록된다.

둘째, 위장합작영화는 일제강점기 조선총독부나 ㈜조선영화제작주식회사가 제작한 합작영화들로 〈그대와 나〉, 〈망루의 결사대〉, 〈젊은 모습〉, 〈사랑과 맹세〉가 합작이라고는 하지만 기획, 제작, 연출, 기술 등을 일본인이 주도한 일본영화들이다. 그들은 합작이라며 한국영화인들을 동원하여 제작에 참여시켰다. 그리고 광복 후 한국 측 영화사에 의해 합작제작 신고가 되어 있지만 위장수입의 형태인 경우다. 또한 위장합작영화는 완성된 홍콩영화를 수입해 합작영화 기준에 맞추어 일부 장면을 교체하고 한국어 더빙을 하는 등 한국버전을 따로 만든 영화들이다. 이들 영화들의 저작권은 당연히 상대국 회사이며 내용은 한국 버전과 다를 수 있다. 후진취안 감독의 〈사문의 승객死門의 僧客 / 공산영우空山靈雨〉와 〈산중전기山中傳寄〉의 사례는 저예산으로 만들다 보니 한국 영화법에 의한 합작영화 제작의 특혜를 누리기 위해 한국 촬영을 하며 한국 배우 김인정 등을 단역 출연시킨 합작영화로 기록된다.[571] 그러나 이는 합작이라는 명분

---

570   정진우, 앞의 인터뷰.

571   "〈공산영우〉를 준비하고 있을 때, 물론 홍콩의 제작자들이 자본을 댔지만, 그것으로는 부족했던 차에 합작영

을 갖추기 위한 것이며 홍콩영화자료관의 『香港影片大全』572이나 발매된 DVD 등에
도 홍콩영화로 기록되어 있다.

왕다오王道(왕도)와 리우중량劉忠良(류충량) 주연의 〈중원대협〉도 홍콩의 기우영업홍
콩공사旗和影業(香港)公司가 한국촬영을 하며 남아진흥과 합작으로 신고하였다. 그런가
하면 〈비밀객 / 南拳北褪〉의 경우도 우쓰위안吳思遠 감독이 한국 촬영을 하면서 출연자
인 남석훈 배우가 한국 측 감독으로 합작신고되었다. 그러나 〈남권북퇴〉란 홍콩영화
와 해외버전에 한국과 합작의 명시는 없다. 이런 영화인 장처 감독의 〈13인의 무사〉,
〈흑객〉, 그리고 정창화 감독의 〈철인 / 天下第一拳〉같은 영화 등은 명백한 위장합작영
화다. 그러나 당시 이러한 일들은 관행처럼 행해져 범죄의식조차 갖지 않았고 오히려
사업 수완의 능력으로 보았다.

〈정리와 용형마교〉는 우쓰위안 감독의 〈용형마교〉를 박윤교 감독이 재가공한 영
화다. 홍콩 버전에서 황정리는 후반부에만 출연하나 한국버전에서는 황정리를 주인공
으로 만들었다. 이는 같은 감독의 〈인무가인〉과 미묘한 차이지만 〈용형마교〉의 경우
홍콩 완성본이 먼저 있었기에 위장합작영화로 규명된다.

그리고 쇼브라더스처럼 정확한 기록을 갖고 있지 않은 소규모 영화사들의 경우는
합작의 추적이 어렵다. 이들 영화는 위장합작영화로 추정되지만 명확한 증거가 없는
영화들이다. 이른바 위장합작 추정영화로 합작영화의 대부분을 차지하는 이런 영화들
은 모든 것이 애매모호하고 증거조차 확실치 않기 때문에 위장합작 추정 영화로 분류
한다. 이들 영화에 대해서는 지속적인 연구를 하여 확증을 찾으면 바로 위장합작영화
로 분류해야 한다.

셋째, 합작기준 미달영화는 주로 한국에서 만들어진 영화로 합작기준 미달의 영화
인데 30% 이상의 투자나 국내촬영에서 미달되거나 주·조연 3명 이상의 출연이 아닌
경우다. 해외스타를 초청해 국내에서 촬영을 하고 합작영화 신고를 한 영화들도 있으

화에 대한 한국정부의 지원제도가 있었던 것입니다. 합작에 대한 정부지원을 통해서 한국투자자들을 끌어들
인 것이지요. 그러나 지원을 받기 위해서는 세 가지 조건을 충족시켜야 했습니다. 첫째는 주요한 배역에 적어
도 한국 배우를 한명 이상 쓸 것, 둘째, 한국스태프를 규정에 따라 채용할 것, 세 번째는 최소한 두 편 이상의 합
작영화를 제작할 것이 그 조건이었습니다. 그래서 원래 계획은 한국에서 〈공산영우〉를 찍는 것이었지만 〈산중
전기〉가 추가된 것입니다", 『메가토크 2001』, 부천국제판타스틱영화제(서울: 소도), 2002.7.5, 148쪽.

572 『香港影片大全』, 香港電影資料館, 2000년~2010년 사이에 총 5권 발간.

며 국내 출신의 화교배우들을 출연시켜 합작기준에 맞추거나 때로는 대명을 하여 합작기준에 맞추려고 편법을 썼던 영화들이다. 이런 검증단계를 거쳐 위장합작영화로 판명되면 다시 세 가지 유형으로 나뉜다. 이 규명은 민감한 일로 판정이 까다롭다. 우선 위장합작영화는 거의 기초 자료가 부재한 상태이다. 한국영상자료원이 입수한 일부 문건 자료도 있지만 자료 자체가 부재하거나 시간이 40여 년 지나며 소실된 상태라 단지 관련자 인터뷰에 의존해야 하는 경우가 많다.

첫째, 합작영화 신고가 되어 있지만 일본이나 홍콩, 타이완의 영화로서 그 자료를 보건데 외국영화임이 분명한 경우다. 일본영화사에 언급된 영화들이거나 홍콩영화자료관의 『香港影片大全』에 홍콩제작 영화목록에 합작의 명시가 없는 영화의 경우에는 홍콩영화임이 분명하다. 이런 영화들은 DVD가 출시되어 있는 경우가 많아 명확한 자료로서 근거가 될 것이다. 그러나 국내에서 개봉하며 제목이 바뀌었을 수도 있으므로 영화의 내용을 참조하여야 한다. 후진취안 감독의 〈산중전기〉나 이준구가 출연한 〈흑권〉, 당룽이 출연한 〈쌍배〉가 이에 해당된다.

둘째, 국내에서 촬영한 외국영화들로 외국영화임이 추정되나 자료가 부재하여 불명확한 경우다. 홍콩이나 타이완의 군소제작사 경우에는 자료를 찾기가 힘들다. 대부분 홍콩이나 타이완의 배우들이 주인공으로 출연한 영화들인데 비디오나 DVD도 출시가 되어 있지 않을 경우에는 국내 자료로써만 확인을 하여야 하며 이 역시 인터뷰에 의존하여 조사하여야 할 것이다. 여러 외국 배우들이 국내에 들어와 촬영한 영화들이 이에 포함된다.

셋째, 한국에서 합작영화라고 신고하고 소수의 외국 배우들을 출연시켜 합작영화로 개봉시킨 경우다. 이는 흥행에서의 이득을 꾀한 경우로 감독도 없이 배우 한 두 명이 방한하여 촬영을 한 한국영화들 역시도 위장합작영화다. 그러나 해외 스타들이 다수와 공동감독으로 외국 감독이 방한하여 촬영한 경우는 정식합작영화이다. 이는 관련자 인터뷰로 위장합작 경위 등을 밝혀내야 한다.

그 외 한국의 위장합작영화 케이스처럼 외국에서도 한국영화의 국적이 바뀌어 홍콩영화화 된 경우가 있다. 〈날으는 일지매〉나 〈무장해제〉, 〈아메리카 방문객〉의 경우로 한국 스태프 이름을 중국식으로 붙여 상영하였거나 혹은 DVD로 발매되어 있는 영화들이다. 이는 우리나라에서 촬영하여 우리나라에 먼저 개봉되었으나 해외로 수출되어 그곳에서 재편집 또는 재녹음 되어 해외영화가 된 경우다. 이것은 지금 불법으로 출시되고 있는 옛 한국영화의 외국어 버전도 포함된다. 〈날으는 일지매〉의 경우 고응호 감독을 고호 감독으로 하고 〈Il chi mae the flying boy〉로 했고 이두용 감독의 〈무장해제〉는 〈Kill the Shogun〉, 〈아메리카 방문객〉은 〈Bruce Lee Fights back from the Grave〉라는 타이틀이다.

그리고 한국영화도 합작영화도 아닌 오리지널 외국영화 촬영에 협력을 한 〈오! 인천〉같은 영화도 있다. 협력영화는 제작사에서 일당을 받으며 도우미 역할을 하는 형식으로 많은 합작영화도 실제로는 이와 같은 협력영화 방식이었다. 또 중국영화 선호의식에 편승하여 중국식 제목을 붙여 관객동원을 하려했던 한국영화가 있어 연구에 혼선을 주었다. 〈제3의 추적〉, 〈용비〉, 〈여수 407호〉, 〈달마신공〉, 〈소림사 목련도사〉, 〈대형출도〉 같은 경우는 한국 화교 배우를 출연시키거나 홍콩 배우 한두 명을 출연시킨 경우로 관객들을 현혹하여 동원할 수 있다는 계산 때문이었다. 이런 영화들은 합작영화 편수를 상회하는데 국내 상영 후 네가 필름을 수출하여 지금은 볼 수 없는 영화들도 많다. 이 모든 상황을 고려하여 진정한 합작영화로 공인되려면 위장합작의 혐의를 부인할 수 있는 자료가 있어야 할 것이다. 이 논문에서는 관련자의 인터뷰와 자료 그리고 DVD를 포함한 홍콩 측 자료들의 검증을 통해 위장합작영화를 밝혀낸다.

■ 3. 위장합작영화 목록

한국영화에서 합작은 일제강점기부터 시작되었다. 1940년대 일본영화사와 국내의 (사)조선영화제작주식회사 간의 합작이 있었고 1950년대부터는 홍콩과의 합작이 이루어졌다. 그리고 최근에는 중국과의 합작이 계속되었다. 한국영화사 초기부터 위장합작영화가 제작된 1990년까지의 합작영화 총 편수는 205편에 이르는 것으로 확인되었다.

위장합작영화는 1970년대 이후에 집중되어 있다. 그것은 당시 흥행에 성공한 다수의 홍콩영화 때문이었다. 제한된 외화수입 편수와 홍콩영화 수입 규제로 많은 홍콩영화들이 위장합작의 형태로 수입된 것이다. 그 영화들이 당시 수입배경과 상관없이 현재는 대한민국의 영화로 등록되었고 누구도 그에 대한 문제제기를 한 바 없다. 이는 명백한 역사 왜곡이며 한국영화사의 오류이다. 더구나 여러 행사나 심지어는 방송에서까지 잘못 소개되는 우를 범하고 있다. 대다수의 위장합작영화들은 보충촬영이나 후반작업에 동원된 국내영화인들로 구성되었거나 혹은 이름만 빌린 형태로 대명한 경우다. 공동감독의 경우 실제 촬영현장에 없었으며 대명했던 것은 여러 인터뷰를 통해 확인되었다. 이렇듯 위장합작영화의 검증은 대명을 했는지의 여부로 검증하였다.

위장합작영화를 분류함에 있어 다음과 같은 오류가 생길 수 있다. 우선 홍콩영화를 수입하며 합작 신고한 위장합작영화도 있지만 홍콩영화를 흉내 낸 중국식 제목을 붙인 한국영화가 많다. 이 영화들은 한국영화임에도 불구하고 제목도 중국영화 스타일이지만 내용 역시 중국식 무술영화이다. 이러니 위장합작영화와 같은 제목으로 중국영화로 오인케 한다. 이는 중국영화 팬들을 유치하려는 제작자들의 의도이다. 또 한국영화이지만 타이완배우나 국내의 화교배우 등을 출연시켜 합작영화 분위기를 내려한 경우다. 정식 합작영화로 외국 배우들이 출연한 영화도 있을 수 있지만 초창기 〈비호〉 같은 영화는 홍콩의 배우 몇 명만을 초청해 만든 합작영화 기준 미달의 영화이며 홍콩 배우 류자훼이劉家輝만 단독으로 출연한 영화도 있다. 심지어 한국 배우이면서도 중국식 예명을 사용한 경우가 많다. 유명 배우의 경우에는 알아볼 수 있지만 무명배우의 경우 국적마저도 혼란스러울 수 있다.[573] 중국 감독의 이름 또한 우리 발음 표기로 혼란을 주고 있다.[574] 작가들도 자신이 사용하는 본명이나 필명 대신 가명을 사용하고 있다.[575]

그러나 진짜 혼돈스러운 것은 제목이 뒤바뀐 경우다. 정창화 감독의 〈파계〉가 김시현 감독의 〈충렬도〉로 바뀌었는데 정작 〈충렬도〉[576]는 후진취안 감독의 영화 제목이기도 하다. 또 외국에서 출시된 DVD는 더더욱 영문제목이라 원래의 제목을 알 수 없다. 아래 표의 목록은 합작영화 목록에서 위장합작의 진위를 가려 정식 합작영화가 제외된 위장합작영화로 추정되는 영화들의 목록이다. 이 목록은 당시의 한국영화계

---

573 강용석(강룡), 김영호(왕호), 황태수(황정리), 김영일(한응, 한잉), 서병현(하후성) 이선(최무웅), 최창규(최기풍, 최민규), 권성영(조무성), 이재영(장철), 김성용(왕룡), 강원희(강청), 임자호(본명), 곽무성(본명), 이예민(본명) 등. 모사성은 한국화교이며 장태산, 위자운, 유충량, 금강, 왕대위는 타이완 배우다.

574 예를 들면 임복지는 홍콩 감독, 이광장은 타이완 감독, 정강, 이선, 강문(강명)은 타이완 배우다.

575 예를 들면 최상규는 최석규 작가의 오기이며 이정의는 이일목 작가의 본명이다.

576 "〈충렬도(忠烈圖, The Valiant Ones)〉 홍콩 / 1975년 / 107분 / 35m / 컬러 / 2.35 / Mono / Director / Producer / Screenwriter King Hu", 『메가토크 2001』, 앞의 책, 142쪽.

관련인사들의 인터뷰와 『한국영화총서』, 『한국영화작품전집』의 합작영화, 그리고 기타 자료를 찾아 소개한다. 그중 홍콩 쇼브라더스의 작품 목록은 결정적인 증거이다. 자사 필모그래피에 제작년도 및 오리지널 감독, 출연자들의 면면을 보면 위장합작의 징후가 판정된다.

이런 모든 검증을 통해 관련자 인터뷰577나 관련 자료578에 근거하여 다음의 표를 작성했다. 특히 시나리오 작가 왕쓰창은 주요 영화에 대해 증언을 했는데 그는 화교로서 당시 합작영화의 통역을 맡았었다. 표의 영화 세부 내용은 영화진흥조합의 『한국영화총서』와 영화진흥공사의 『한국영화전집』, 한국영상자료원의 KMDb내용과 표기를 따르되 오타는 중복 검증하여 수정하였다.

---

577 촬영이나 면담, 혹은 전화인터뷰로 다음과 같이 확인하였다. 신상옥 감독, 2001.11.16; 최경옥 감독, 2006.7.1; 지앙다오(江島), 2007.10.4; 홍콩전영자료관 람콕싱(林覺聲) 관장, 2007.10.5; 류자훼이(劉家輝) 배우, 2007.10.5; 구펑(谷峰) 배우, 2007.10.5; 량자런(梁家仁) 배우, 2007.10.5; 디롱(狄龍) 배우, 2007.10.5; 한국영상자료원 경영기획부 박진석 부장, 2010.8.11; 왕호 배우, 2011.1.17; 장일도 배우, 2011.1.18; 이성훈 배우, 2011.11.3; 최석규, 박동희 시나리오 작가, 2012.1.27; 황정리 배우, 2012.1.30; 권성영 배우, 김병학 중국영화연구가 2012.2.8; 안현철 감독, 2012.2.9; 강범구 감독, 2012.2.19; 왕호 배우, 2012.2.21; 구중모 촬영감독, 2012.2.28; 정창화 감독, 2012.3.16; 윤일봉 배우, 안창복 촬영감독, 2012.3.17; 송길한 작가, 고응호 감독, 김정용 감독, 2012.3.24; 윤석훈 작가, 2012.4.3; 정진우 감독, 채수억 무술감독, 2012.5.8; 이석기 촬영감독, 2012.5.10; 박경원 촬영감독, 2012.5.11; 홍영철 한국영화자료연구원 원장, 2012.5.22; 안창복 촬영감독, 설태호 감독, 전조명 촬영감독, 서정민 촬영감독, 김안홍 촬영감독, 김기현 감독, 김영대 촬영감독, 김윤덕 조명감독, 한상훈 감독, 2012.5.28; 조영정, 2012.5.30; 김갑의 기획자, 이해룡 배우, 2012.6.7; 최지희 배우, 김기풍 감독, 2012.6.9; 장형일PD, 2012.6.11; 김봉영 한국영상자료원 보존기술센터장, 2012.6.20; 문상훈 작가, 2012.6.23; 장현호 제작부장, 2012.6.30; 성낙범 미주영화사 이사, 2012.7.2; 창다오 홍콩 배우, 2012.7.2; 유성완 배우, 2012.7.3; 이동삼 촬영감독, 2012.7.4; 그 외 2012.2.15. 포털 사이트 네이버의 무협·무술영화관 카페 http://cafe.naver.com/zmfpdlstjdwl, 한용철(챠리셀) 팬카페 http://cafe.naver.com/koreaaction, 쿵푸스타 카페 http://cafe.daum.net/kungfustar 운영자와 인터뷰를 통해 검증하였다.

578 한국영상자료원 및 영화진흥위원회 소장 시나리오와 각종 해외 DVD, VCD를 입수하여 시사하였다.

연번	영화명	제작사	허가일자	상영시간	감독	각본	촬영	배역
		위장합작 사유						
1	망루의 결사대	고려영화협회, 동보영화사	1943.4.29.	10권 95분	금정정	산형웅책	영목박	고전염, 재등영웅, 관정일랑, 청수장부
	일제가 전쟁의 당위성과 미화를 위해 일본영화인을 총동원하여 만든 선전영화다.							
2	젊은 모습	(사)조선영화, 송죽, 동보 합작	1943.12.1.	9권	풍전사랑	팔전상지	삼포광웅	문예봉, 황철, 복혜숙, 이금룡
	일본인 스태프에 한국인 배우들을 출연시킨 선전영화다.							
3	사랑과 맹세	(사)조선영화, 동보영화사	1945.5.24.	12권	최인규, 금정정	팔목융일랑	한형모, 산기일웅	문예봉, 김신재, 김유호, 독은기, 촌전지영자, 고전념
	〈태양의 아이들〉의 후속편으로 일본 제작진이 투입되어 만든 선전영화다.							
4	서유기	신필림, 한향합작	1966.9.16.	9권	임원식	박경		박노식, 최은희, 봉팽
	이미 완성된 영화에서 주인공의 배역만 한국의 박노식 배우가 별도로 촬영하여 편집하였다.							
5	스타베리 김	연합영화사, 한향합작	1966.11.25.		고영남	김동현	홍동혁	박노식, 김혜정, 윤일봉
	해외 촬영을 하였지만 한국인 스탭들과 배우들만으로 만들어진 영화로 합작요건을 충족시키지 못한 영화다.							
6	SOS 홍콩	신필림, 한향합작	1966.12.10.	9권	최경옥	강근식	김종래	박노식, 성소민, 이향
	해외 촬영을 하였지만 한국인 스탭들과 배우들만으로 만들어진 영화로 합작요건을 충족시키지 못한 영화다.							

---

579 윤석훈은 합작영화를 세 가지로 분류했는데 ①정식합작영화, ②합작기준에는 미달하지만 한국 배우와 한국촬영으로 완성된 합작영화, ③위장합작영화이다. 윤석훈 작가 인터뷰, 한국시나리오작가협회 사무실, 2012.4.3

연번	영화명	제작사	허가일자	상영시간	감독	각본	촬영	배역
				위장합작 사유				
7	철선공주	덕흥영화사, 한항합작	1967.미상	9권	최경옥	박경	김종래	박노식, 팽붕
		이미 완성된 영화에서 주인공만 한국 배우로 편집했으며 홍콩 DVD를 보면 홍콩 쇼브라더스 영화로 합작영화 명기가 없다.						
8	비호	제일영화사, 한항합작	1969.1.17.	9권	권영순		이성휘	박노식, 백영민
		홍콩 배우 채양명 만이 참여한 영화로 왕쓰창 작가도 위장합작으로 지목한 합작영화 기준 미달의 영화다.						
9	석양의 협객		1969.12.6.		엄준			
		1969.12.4. 신아일보에 위장합작영화로 기사화되었다.						
10	대벽관	아세아필림, 한중합작	1970.4.18.	9권	장진원 후청촤	진용 (중)	진청량	심설진, 윤일봉, 조건, 전몽
		윤일봉 배우도 "말이 합작이지 한국 감독도 없었던 타이완영화로 아세아필름은 대명된 회사"라고 증언했으며 왕쓰창 작가도 위장합작영화로 지목했다.						
11	아빠는 플레이보이	안양영화사, 쇼브라더스	1970.12.2.					윤일봉, 남석훈, 한문정
		쇼브라더스 영화로 일본 감독 이노우에 우메지(井上梅次) 연출이다.						
12	칠인의 협객	안양영화사	1970.12.31.	9권	정창화	강일문		능운, 허범, 남석훈, 윤일봉
		쇼브라더스의 〈육자객(六刺客)〉이다. 정창화 감독 작으로 일본영화 〈칠인의 사무라이〉를 본 딴 제목으로 바뀌었다.						
13	아랑곡의 혈투	아세아필름, 쇼브라더스	1970.	93분	정창화, 짱킹퍼			리칭, 로례, 성훈, 왕샤, 젠옌옌
		쇼브라더스의 원제는 〈아랑곡(餓狼谷)〉으로 정창화 감독도 인정한 전형적인 위장합작영화다. 짱킹퍼는 張景坡다.						

(그는 오랜 기간 영화계에서 활동하여 합작영화의 역사를 소상히 증언해주었다.).

580 홍콩의 이유당(李裕堂) 촬영기사는 빨리 찍기와 위장합작으로 유명하다. 왕쓰창 인터뷰, 제16회 KBF세미나,

연번	영화명	제작사	허가일자	상영시간	감독	각본	촬영	배역
		위장합작 사유						
14	금문의 결투	극동영화	1971.1.9.	80분	이대련	한유림	김영진	진원, 여화
		〈동백아가씨〉의 제작자인 노헌조의 아들이 실제 제작자이며, 지방흥행사들에게 제작비를 더 받아내기 위한 방법으로 타이완 배우 2~3명이 출연한 합작 기준 미달의 영화다.[579]						
15	음양도	안양영화	1971.1.26.	98분	하몽화	하몽화		진봉진, 박지연
		쇼브라더스 영화 〈태음지(太陰指)〉로 실제 감독은 포학례다.						
16	철낭자	안양영화	1971.4.29.	87분	고보수	악풍		남석훈, 호리리
		쇼브라더스 영화 〈봉비비(鳳飛飛)〉다. 남석훈 배우는 딜러로도 활동한 배우다.						
17	용호투금강	신창흥업	1971.5.24.	86분	검룡	강조원	이종관	남석훈, 호리리
		홍콩 제일영화사 제작, 黃卓漢 제작, 田歌 각본으로 홍콩 배우들 일색이다. 홍콩 개봉은 한국보다 늦은 1971년 8월 19일이다.						
18	흑야비룡도	신창흥업	1971.6.25.	77분	김묵	강조원	이종관	남석훈, 호리리
		신창흥업이 〈용호투금강(龍虎鬪金剛)〉과 동시에 제작한 영화로 같은 사례다.						
19	연애도적	안양영화	1971.6.26.	108분	신상옥, 엄준	신상옥		룅윈, 트위스트김
		홍콩영화 〈찬석염도(鑽石艶盜)〉로 실제 감독은 신상옥, 엄준이 아니라 이노우에 우메지(井上梅次)다.						
20	대표객	안양영화	1971.10.16.	79분	황풍	황풍	최승주	김기범 짱위
		홍콩영화 〈산동향마(山東响馬)〉다.						
21	옥중도	안양영화	1971.11.12.	84분	하몽화	하몽화		당청, 김지수
		홍콩영화 〈혈쇄천뢰(血灑天牢)〉로 신강 감독 작이며 라열 출연. 전형적인 위장합작영화다.						
22	13인의 무사	안양영화	1971.	미상	장철			남석훈, 강대위, 적룡
		홍콩영화 〈십삼태보(十三太保)〉로 더빙만 한국어로 하였다.						

한국영상자료원 코파3관, 2012.2.25.

581 김승경, 『2009년도 원로영화인 구술채록사업 (생애사) 이해룡』, 한국영상자료원, 2009, 104~241쪽.

연번	영화명	제작사	허가일자	상영시간	감독	각본	촬영	배역
		위장합작 사유						
23	철수무정	태창흥업	1971.11.26.	86분	장철, 왕복일	왕복일		라열, 이청, 오경아
		장철 감독이 오리지널 영화에 없는 한국 배우 출연의 한국버전을 따로 촬영하며 합작 기준에 맞추려고 했던 영화. 1969.12.4. 신아일보에 2만 불 선지급한 위장합작영화로 기사화 됨. 당시 태창의 김갑의 기획자는 대명제작으로 증언했다.						
24	신풍협객	한국예술영화	1972.2.14.		김시현	유열		남일, 장평
		합작 기준 미달의 영화다. 타이완 번역본 시나리오로 시나리오 표지에는 김용진, 속지에는 유열로 되어 있는데 이는 대명 증거다.						
25	여당수	안양영화	1972.2.14.	84분	황풍	황풍	이유당580	오경아, 짱위
		홍콩영화 〈철장선풍퇴(鐵掌旋風腿)〉로 영문 제목은 〈Lady Whirlwind〉이다.						
26	풍사만의 노도	신창흥업	1972.4.12.	100분	임원직	임원직	서정민	김남일, 장익, 백응
		巫敏雄 감독의 〈열일광풍(烈日狂風)〉이다.						
27	흑매	태창흥업	1972.4.27.	96분	사병록	안준오	박승배	김지수, 장익
		대명제작이며 장익을 초청해 만든 합작 기준 미달의 영화다.						
28	흑객	안양영화	1972.8.3.	75분	장철	니쾅	최경옥	강대위, 적룡
		홍콩영화 〈악객(惡客)〉으로 한국경찰이 영화에선 일본경찰로 나온 전형적인 위장합작영화다.						
29	유랑의 쌍검녀	삼영필름	1972.8.12.	80분	지용구	이진모	유재형	신미나, 이훈
		의무제작 편수를 채우기 위한 합작영화로 기준 미달의 영화다.						
30	흑수도	안양영화	1972.9.21.	90분	하몽화	하몽화		방인자, 담청, 최광호
		홍콩영화 〈흑령관(黑靈官)〉으로 한국어 더빙만 했던 위장합작이다.						
31	철인	안양영화	1972.11.29.	85분	정창화	강일문, 웨이풍	최승우	로레, 남석훈, 윙핑
		홍콩영화 〈천하제일권(天下第一拳)〉으로 위장합작에 대해 정창화 감독이 직접 밝힌 영화다.						
32	용호표	보한산업	1972.12.23.	98분	금용	최진영	영민문	최성, 이혜숙, 장청청
		금용 감독 작으로 합작 기준 미달의 영화다.						

연번	영화명	제작사	허가일자	상영시간	감독	각본	촬영	배역
				위장합작 사유				
33	대결투 (낙엽비도, 신권연자)	안양영화, 쇼브라더스	1973.2.23.	75분	장일호, 장철	한보옥	최경옥	링원, 진봉진, 이려려
	EBS 〈한국영화걸작선〉에 잘못 소개되어 문제가 된 영화로 장일호 감독의 〈낙엽비도(落葉飛刀)〉이다.							
34	처녀의 수첩	안양영화, 쇼브라더스	1973.4.14.	80분	엄준	엄준, 신상옥	최승우	최지숙, 호리리, 링원
	이노우에 우메지(井上梅次) 감독 작으로 일본에서 촬영된 홍콩영화 〈아애금구서(我愛金龜婿)〉이다.							
35	정도	한진흥업, 한향합작	1973.5.12.	85분	강유신	유일수	안창복	방수일, 김석훈, 공희배
	홍콩영화 〈당수태권도(唐手跆拳道)〉로 한국 촬영을 했던 합작영화 기준 미달의 영화다.							
36	흑연비수	우진필름	1973.9.10.	95분	정창화	곽일로, 정창화		황가달, 모영, 황인식
	위장합작으로 원제가 〈합기도(合氣道)〉이고 황풍 감독의 홍콩영화다. 곽일로 작가는 위장합작의 주요 영화에 관련되어 있다.							
37	철권	합동영화	1973.9.21.	86분	장일호	김하림		윤일봉, 왕우, 김정훈
	홍콩영화 〈철한(鐵漢)〉이며 합작영화 기준 미달의 영화다.							
38	쌍권도	신푸로덕숀	1973.12.20.	82분	나기	곽일로	최승우	모로, 진봉진, 김필순
	합작 기준 미달의 영화로 시나리오도 남아있지 않다.							
39	여감방	신푸로덕숀	1973.12.24.	90분	계치홍	곽일로		고상미, 이혜숙, 로례
	홍콩영화 〈女集中營〉이다.							
40	생사투	신프로덕션	1974.1.5.	70분	장철	곽일로	최승우	남석훈, 원상, 김기주
	장일호 감독 작으로 원제는 〈벽력권(霹靂拳)〉이다.							
41	철면객	합동영화	1974.1.19.	90분	무민웅, 이형표	무민웅	강용남	주증녀, 장청천. 임해림
	이형표 감독이 밝힌 무민웅 감독의 영화로 합작기준 미달 영화다.							

연번	영화명	제작사	허가일자	상영시간	감독	각본	촬영	배역
					위장합작 사유			
42	검은 야광주	신프로덕션	1974.4.5.	80분	장일호	곽일로	최승우	리칭, 이승룡. 김무영
		장일호 감독의 쇼브라더스 영화다.						
43	흑표객	연방영화, 홍콩계발 영업공사	1974.4.29.	96분	최훈, 라마	윤석훈	정운교,왕 강평	김진팔, 남석훈, 방야
		홍콩영화 〈흑인물(黑人物)〉로 영문제목은 〈Black guide〉다. 합작시나리오는 113씬으로 윤석훈이 번역 시놉시스(sinopsise)를 받아 1주일 만에 각색. 홍콩의 무술감독과 배우가 방한하여 추가 촬영. 1974.4.17. 매일경제신문은 최훈 감독의 반론을 기사화했다.						
44	흑발	신프로덕션, 쇼브라더스	1974.5.17.	96분	장일호	곽일로	최승우	진평, 남석훈, 이혜숙, 김무영
		쇼브라더스의 〈섭청귀(懾靑鬼)〉로 로례(羅烮)가 출연했으며 홍콩에선 1975년 3월 15일 개봉된 신상옥, 장일호 감독 작이다. 그러나 한국에선 장일호 감독 작으로 하여 일찍 개봉되었다.						
45	흑무사	화천공사	1974.10.21.	80분	정창화	이희우	유재형	유병용, 오영, 김기주
		홍콩영화 〈염굴신탐(艶窟神探)〉으로 영문제목은 〈Association〉이다.						
46	나이도 어린데	삼영필름	1974.12.6.	77분	강대진, 유가창	강대진, 유가창	강원명	곡명윤, 박남옥, 독고성
		타이완 중앙영화사 영화다.						
47	5천리 대도망	삼영필름	1974.12.16.	107분	강대진, 유가창	강대진, 유가창	강원명	독고성, 이해룡, 박남옥
		타이완영화 〈설화편편(雪花片片)〉581으로 〈나이도 어린데〉와 함께 수입했다.						
48	소림사의 결투	동아흥행, 제일영업기구 유한공사	1975.2.7.	115분	최인현, 채석명	손노훈	정영현	진성, 여수진, 최남현
		홍콩영화 〈소림화상(少林和尙)〉으로 영문제목은 〈Furious Monk from shaolin〉이다. 실제 감독은 후쟁(侯錚)으로 위장합작이 확실한 영화다.						
49	춘풍연풍	우진필름	1976.	80분	이신명	이정호	우자주	서미경, 상관량, 도금봉
		이신명 감독과 이정호 작가 콤비의 합작영화 기준 미달 영화다.						

연번	영화명	제작사	허가일자	상영시간	감독	각본	촬영	배역
					위장합작 사유			
50	용비	남아진흥	1976.3.6.	90분	김정용, 린지호	왕쓰창	양영길	현길수, 주선선, 김남일
		합작 기준 미달의 한국영화다.						
51	심판자	화천공사	1976.7.2.	85분	정창화	우상호		신일용, 이예민
		홍콩제목은 〈귀계쌍웅(鬼計双雄)〉으로 합작영화 기준에 맞추어 재제작한 영화다.						
52	여신탐	우성사	1976.12.30.	85분	최훈	왕사성	배성학	김정란, 남성훈
		포학례 감독의 〈초탐여교왜(俏探女嬌娃)〉로 영문제목은 〈Deadly Angels〉다. 일부 장면을 한국에서 촬영했다.						
53	사대문파	국제영화흥업	1976.12.30.	85분	김정용, 황풍	왕쓰창	이유당	김영호, 권영문, 홍금보
		황풍 감독이 자신의 연출작으로 밝혔으며 영문제목은 〈Shaolin plot〉이다. 왕호 배우도 황풍 감독의 영화로 증언했으며 창경궁, 경복궁, 제주도에서 촬영했다.						
54	속 정무문	남아진흥, 홍콩합작	1977.1.28.	110분	남석훈	이일목	마이크	여소룡, 진성, 김정란, 배수천
		지방흥행업자들의 요청으로 홍콩 배우만 초청한 합작 기준 미달의 영화다.						
55	유성검	삼영필름, 홍콩합작	1977.2.17.	110분	김진태	이문웅	진종원	이여룡, 배수천
		홍콩영화 〈풍우쌍유성(風雨雙流星)〉으로 합작 기준 미달의 영화다.						
56	흑도	남아진흥, 홍콩합작	1977.2.17.	90분	김시현	이정의	신명의	여수진, 진봉진
		합작영화 기준 미달의 영화로 한국에선 주인공인 담도량, 왕도 등의 이름을 뺀 조연 이름만 소개되어 있다.						
57	충렬도	화천공사, 홍콩합작	1977.2.17.	115분	김시현	장천호	유재형	진봉진,김기주, 전숙
		정창화 감독의 홍콩영화인 〈파계(破戒)〉다.						
58	삼인호객	우진필름, 홍콩합작	1977.7.30.	93분	정진우	문상훈		장일도, 여수진
		원제가 〈취호당랑무영각(醉虎螳螂無影却)〉으로 합작 기준 미달의 영화다.						

연번	영화명	제작사	허가일자	상영시간	감독	각본	촬영	배역
		위장합작 사유						
59	풍협과객	대영흥행, 홍콩합작	1977.8.25.	97분	김종성	윤석훈	이유당	서영란, 최무웅
		황풍 감독이 자신의 연출작으로 밝힌 합작 기준 미달 영화다.						
60	중원호객	동아수출공사, 홍콩합작	1977.9.9.	90분	이정호, 홍금보 (향항)	윤석훈	최정원	왕호, 김영숙
		홍콩영화 〈삼덕화상여춘미육(三德和尙與春米六)〉으로 홍금보 감독 작. 영어제목은 〈Iron Monk Fist〉, 국내 비디오 제목은 〈철권도사〉. 제작자 이우석의 친구인 이정호를 감독으로 대명했다.						
61	용왕 삼태자	우성사	1977.9.22.	90분	최동준	최영철, 왕쓰창 (향)	구중모	김정란, 전효진 (아역)
		합작 기준 미달 작품으로 특수 촬영된 원본을 가져와 설악산에서 보충 촬영했다.						
62	신 당산대형	삼영필림, 홍콩합작	1977.9.24.	110분	김진태, 로웨이	이문웅	진종원	정희, 성룡, 신일룡
		로웨이 감독의 〈검화연우강남(劍花煙雨江南)〉으로 합작 기준 미달의 영화다.						
63	소림통천문	태창흥업, 홍콩합작	1977.12.21.	105분	남석훈, 텐풍 (향)	이일목	이석기	최병철, 사마룡, 상관영봉
		황풍 감독이 자신의 연출으로 밝혔고 한국에서 재촬영된 위장합작영화다.						
64	소림백호문	우진필림, 홍콩합작	1978.3.3.	105분	김영효, 황풍 (홍콩)	문상훈	이유당 (홍콩)	진성, 사오잉, 황은희
		황풍 감독 작으로 원제는 〈밀종성수(密宗聖手)〉로 히말라야의 밀교 소재다.						
65	대사부	남아진흥, 홍콩합작	1978.3.17.	85분	권영순, 장기 (홍콩)	권영순	정일만	진성, 황정리, 조영숙
		장기 감독의 원제가 〈대무사여소표객(大武士與小標客)〉이고 권영순 감독 작으로 위장되어 전국 최초로 부산 〈부산극장〉에서 1978년 개봉하여 권격영화로는 드물게 22일간 장기상영을 했던 흥행작이다.						
66	백사전	우성사, 홍콩합작	1978.8.5.	105분	최동준, 이한상 (홍콩)	서인경	진명화, 최수영	이예성, 임청하, 진지민
		이한상 감독 작으로 원제는 〈신백사전(新白蛇傳)〉으로 영문제목은 〈Love of the white snake〉다.						

연번	영화명	제작사	허가일자	상영시간	감 독	각 본	촬 영	배 역
		위장합작 사유						
67	중원대협	남아진흥, 홍콩합작	1978.8.12.	85분	권영순	안준오	정일만	왕호, 유충량, 김청자
		장기 감독, 왕도 주연 작으로 한국 민속촌 등에서 촬영하였으며 원제는 〈형수당랑퇴(形手螳螂腿)〉, 영문제목은 〈Death Dule of kungfu〉다. 다. 남아진흥은 유현목 감독의 〈장마〉등을 제작한 우수영화 제작사이지만 편법으로 의무제작 편수를 채웠다.						
68	소림관문돌파	화천공사, 찬사오팽(향항)	1978.9.11.	95분	김명용, 찬샤오팽 (향항)	장천호	신명의	왕호, 진성, 문거룡
		원제도 〈소림관문돌파(少林關門突破)〉이며 영문원제는 〈The Magnificent〉로 진성, 황가달이 출연했다.						
69	오룡대협	삼영필림, 향항합작	1978.9.13.	105분	김진태, 진지화 (향항)	최상규	진청거 (향항)	성용, 김정란, 이해룡
		줄거리와 원안은 한국적이지만 홍콩의 진지화 감독 작이다. 최상규는 최석규의 오류다.						
70	소림천하	동아수출공사,향항	1978.10.28.	100분	김종성	김정용	이유당	왕호, 모잉, 주강
		황풍 감독의 홍콩 원제는 〈낭자일초(浪子一招)〉, 비디오 출시 제목은 〈전설의 달마사리〉이고 동아수출공사의 위장합작이다.						
71	천하제일권	우성사, 향항합작	1978.12.6.	90분	최동준, 홍금보 (향항)	서인경	최수영,이 유당 (향항)	왕호, 홍금보, 양성오
		원제는 〈찬선생여조전화(贊先生與找錢華)〉로 홍금보 감독 작이다.						
72	정무지보	연방영화, 향항합작	1978.12.16.	100분	김시현	장천호	신명의	거룡, 최민국, 엠이런
		합작영화로 신고 되었지만 한국영화다.						
73	외팔이 권왕	대영흥행, 향항합작	1978.12.29.	94분	이정호, 서증굉 (향항)	홍종원	양영길	최성, 왕우, 박미영
		홍콩영화로 원제는 〈독비권왕(獨臂拳王)〉이다.						
74	용문호객	신한문예영화	1979.1.13.	80분	안현철	김기영	최찬규	박종국, 진성, 한소룡
		한국 출연진 박종국, 곽무성, 김혜숙 외에 홍콩의 진성, 양소룡, 위관군 출연작. 시나리오 작가로 김기영 제작자가 스스로 대명했다.						

연번	영화명	제작사	허가일자	상영시간	감독	각본	촬영	배역
					위장합작 사유			
75	혈육마방	우진필름, 향항합작	1979.3.31.	90분	김영효	문상훈	오국효	강대위, 담도량, 진혜민
		포학례 감독 작으로 합작영화 기준 미달의 영화다. 의무제작 편수를 채우기 위해 위장합작했다.						
76	비취호리	남아진흥, 향항합작	1979.4.7.	100분	이완재, 고보수	오광제	우승화	전붕, 라열, 김사옥
		고보수 감독 작으로 기준 미달의 영화다. 이완재는 고영남 감독의 조감독으로 감독분과위원회 비회원임에도 대명되었다.						
77	노마비사	세경흥업, 향항합작	1979.4.13.	100분	남기남, 소목 (향)	오광제	임진환	왕도, 안진수, 백응, 모영
		유병완 배우의 증언에 의하면 위장합작영화다.						
78	사문의 승객	한진흥업, 향항합작	1979.11.23.	92분	이영우	김문엽	이승언	서풍, 진봉진
		후진취안 감독 작품으로 한국 스태프 모두를 대명했다.						
79	산중전기	세경흥업, 향항합작	1979.11.29.	92분	박윤교, 호금전	김대희	호금전	김인정, 서풍
		후진취안 감독 작품으로 한국 스태프 모두를 대명했다.						
80	사망탑	동아수출공사	1980.2.28.	75분	오사원, 강범구	김정용	양희명	김태정, 황정리
		오사원 감독 작품으로 여러 가지의 편집버전이 있다. 한국 스태프 모두를 대명했다.						
81	탈명비주	삼영필림	1980.7.31.	95분	김진태	고성의	양영길	곽무성, 민복희, 무계화
		합작 기준 미달의 영화다.						
82	쌍웅	합동영화, 향항합작	1980.9.13.	90분	이두용, 오사원	한우정	손현채	유충량, 황정리, 현길수, 박희진
		홍콩 제목은 〈응조철포삼(鷹爪鐵布衫)〉이고 오사원 감독 작, 유충량, 맹해, 고비 등이 출연한 홍콩영화를 합동영화사에서 재제작 했다.						

연번	영화명	제작사	허가일자	상영시간	감독	각본	촬영	배역
				위장합작 사유				
83	통천노호	태창흥업, 향항합작	1980.9.18.	90분	임원식, 고보수 (향항)	이일목	정필시	왕호, 맹원문, 윤상미
		왕호 배우가 고보수 감독 영화라고 증언하였다.						
84	소림 용문방	화풍흥업, 향항합작	1980.9.19.	107분	김종성, 유가량 (향항)	장천호	손현채	권영문, 유가휘, 김기종
		유가량 감독 작으로 원제는 〈소림탑붕대사(少林搭棚大師)〉다.						
85	노명검	화풍흥업, 향항합작	1980.10.24.	100분	김선경, 계치홍 (향항)	장천호	구문석	진관태, 권영문, 김사옥
		계치홍 감독의 〈만인참(萬人斬)〉으로 한국어 더빙만 하였다.						
86	밀명 마상객	합동영화	1981.12.3.	95분	신위균	오광제	김안홍	양영문, 국정숙, 양가인
		우인태 감독 작으로 원제는 〈순성마(巡城馬)〉이며 제주도에서 한 달 가량 촬영하였으나 합작 기준 미달의 영화다.						
87	쌍배	현진	1981.12.21.	95분	최동준	신문일	김안홍	당룡, 이소영, 최신영
		당룡의 증언에 따르면 타이완영화로 타이완의 감독과 스태프가 한국에서 촬영하였으나 최동준 감독이 재제작 했다.						
88	금룡 삼십칠계	세경흥업	1982.3.7.	83분	남기남	안준오	임진환	곽무성, 임자호, 진가계
		원제는 〈리룡삼십칠계〉로 위장합작영화다.						
89	생사결	동아수출공사	1982.9.16.	83분	이형표, 정소동 (홍콩)	최진	유홍천 (홍콩)	왕호, 서소강, 권영문
		정소동의 데뷔작으로 위장합작영화다.						
90	속 귀타귀	동아수출공사	1982.12.30.	92분	김정용, 신위균, 우마	황병요	양희명	홍금보, 허양미, 이월령
		홍콩 원제는 〈인혁인(人赫人)〉으로 우마 감독 작이다.						

연번	영화명	제작사	허가일자	상영시간	감독	각본	촬영	배역
				위장합작 사유				
91	심지마	합동영화(주)	1983.5.7.	85분	이헌우	김종성	김안홍	김석봉, 주문리, 태일
		합작 기준 미달의 영화다.						
92	웬일이니	화풍흥업	1983.9.21.	87분	김종성, 진중량	김종성	주중량	김순천, 허불료
		홍콩영화로 일부 자료에 구중모 촬영으로 되어 있다.						
93	비호문	화풍흥업	1983.12.10.	88분	이헌우	김정용	김안홍	맹비비, 양균균, 김왕준
		홍콩영화로 화풍흥업 직원인 이헌우의 감독 작은 모두가 위장합작영화이다.						
94	소림대사	㈜삼영필림	1984.5.5	83분	남기남	안준오	김안홍	장산, 장일도, 라예
		합작 기준 미달의 영화다.						
95	구사일생	동아수출공사	1984.7.31.	95분	신위균	레오날드 호	양희명	하요심, 이혜숙, 박일권
		처음 신고 제목은 〈흑사단〉으로 오우삼 감독의 홍콩느와르 초기작이다.						
96	홍병매	화풍흥업	1984.7.31.	85분	김시현	홍종원	신명의	김민경, 서옥모, 맹현장
		당시 비디오 영화 붐에 편승하여 위장합작된 중국영화다.						
97	몽녀한	우진필름	1984.8.28.	90분	강범구	주동운	손현채, 엽진봉	문태선, 첸리원, 국정숙, 츄이소핑
		강범구 감독이 영화인 구술채록에서 위장합작으로 밝힌 영화다.						
98	용호쌍권	세경흥업	1984.12.31.	85분	최동준	최재원	양영길	왕용, 최성식, 김영일, 나예
		타이완 배우 나예가 출연한 영화로 합작 기준 미달의 영화다.						

연번	영화명	제작사	허가일자	상영시간	감독	각본	촬영	배역
				위장합작 사유				
99	흑삼귀	㈜대영영화	1985.2.16.	85분	남기남	안준오	양영길	권영문, 장춘산, 양웅주, 진성
		합작 기준 미달 영화로 위장합작의 전형이다.						
100	신술마술	동협상사, 합작	1985.9.10.	85분	김종성	김종성	안태완	남혜경, 호원치, 문미봉
		합작 기준 미달의 영화다.						
101	불춤	화풍흥업, 합작	1985.9.24.	86분	고응호, 이작남	안진원	신명의	김민경, 상충전, 서옥모
		이작남 감독 작으로 고응호 감독 증언에 따르면 의무편수를 채우기 위해 위장합작 했다고 한다.						
102	흑룡통첩장	동아흥행, 홍콩사원영업공사	1986.5.10.	85분	남기남, 원규	홍종원	김안홍	박희진, 이원패, 권영문
		원규 감독의 〈용지인자〉다.						
103	용의 유혼	㈜조양필름	1990.8.24	87분	홍재균	김정용	김안홍	추봉, 이예민, 장복권
		리샤오룽의 죽음을 다룬 타이완영화로 김안홍 촬영감독은 대명을 증언했다.						
104	금병풍월	합동영화㈜ 이한상	1993.11.13	84분	고영남	남륜	안창복	단입문, 이완숙
		1990년 이한상 감독 작으로 한국 로케이션을 하였다.						

　　이상 위장합작영화의 총 편수는 104편이다. '〈표 6-3〉 한국의 합작영화 목록'과 일자가 다른 경우는 『한국영화영화총서』나 『한국영화전집』의 자료와 KMDb의 기록의 차이 때문이다. 목록 중 남기남 감독의 〈흑룡통첩장〉의 경우가 위장합작의 대표적인 사례이다. 홍콩의 위안쿠이元奎 감독의 〈용지인자龍之忍者〉를 수입해 재촬영하였는데, 주인공인 사나다 히로유키 역을 〈흑룡통첩장〉에서는 박희진으로 대체 촬영하고 재편집하여 개봉하였다. 이렇게 영화를 짜깁기하다 보니 완성도는 오리지널 버전과 비교되었다. 1978년 작 〈소림사흑표〉는 〈소림통천문〉을 촬영하고 상관링펑上官靈鳳,

상관영봉과 한 편 더 촬영한 한국영화다. 〈일소일권〉과 〈용권사수〉는 김시현 감독 작이지만 홍콩의 허즈창何志强, 하지강이 수입하여 자신의 영화로 재가공한 영화다. 그리고 〈손오공 대전홍해아〉는 스태프와 출연자의 위장합작 여부의 주장이 엇갈리는 영화이나 위장합작영화 목록에서 빠졌다. 원로영화인 구술채록 자료집에 의하면 합작영화 관련영화인들이 합작영화에 대해 구술하지 않고 있다. 합작영화 제작이라는 의미 있는 사실을 애써 피하는 것은 그들의 역할이 구술의 가치가 없거나 숨기고 싶은 이유일 것이다. 이강원 감독이 그렇고 이형표 감독 역시 짧게 위장합작영화의 상황을 시인하고 있다.582

〈장미와 들개〉는 합작영화 중에서도 특이한 사례인데 홍콩과 합작으로 신고 되어 있다.583 그러나 이 영화의 예고편에 검열에서의 삭제 장면인 키스 씬이 상영되며 행정명령 위반으로 제작사인 신프로덕션의 허가가 취소되었다.584 이 영화는 결국 합동영화사 명의의 영화로 개봉된다. 당시 연출자인 신상옥 감독은 〈철인들(원제: 골리앗)〉과 〈여수 407호(원제: 노호령 여감방)〉 촬영 중이었다. 그로서는 영화사 허가 취소가 과도한 처분임에도 소송은 물론이고 일체의 문제제기도 하지 않았다. 당시 그가 느꼈을 정권의 압력이 그를 그렇게 만들었다. 신상옥 감독이 포기하지 않았더라면 〈장미와 들개〉는 합작영화로 개봉되었을 것이다.

> 「장미와 들개」 문제의 필름에 대해 신상옥 감독은 "이 영화가 합작영화이기 때문에 상영하는 나라에 따라 필름 편집이 약간씩 다르다. 아마도 해외수출용 필름이 바뀌어 들어간 듯하다"고 했고,(⋯)585

1975년도 각 영화사의 방화 제작현황을 보면 신필름의 라인업line up 14편 중에

---

582 "근데 그거는 이렇게 이름만 빌려준 거예요. 그리고 무슨 증거가 있어야 하니까 내가 홍콩여행 한번 하고 가서 술만 먹고 놀다 왔어요(⋯)", 이순진, 『2005년 한국근현대예술사 구술채록 연구시리즈』, 한국문화예술위원회, 2006, 273쪽.

583 한국영상자료원은 타이완전영자료관에서 2010년 이 영화를 입수하였다.

584 당시 영화 검열실은 경복궁내의 국립영화제작소 2층에 있었다. 서울 스카라 극장에서 이 영화의 예고편이 상영되자 단체 관람한 여학교의 교사가 조선일보에 제보하였고 이를 확인한 서청원 기자가 기사를 쓰며 결국은 신프로덕션 허가 취소라는 초유의 사건이 발생된 것이다. 김갑의 인터뷰, 한국영화인원로회, 2012.6.7.

585 박경룡 외, 『영화의 메카 충무로』, 서울특별시 중구문화원, 2005, 238쪽.

〈장미와 들개〉 외에 〈장미의 관〉이 합작영화로 신상옥 감독, 남궁원, 덩광룽鄧光榮, 등광영 주연으로 올라있다.586 〈장미와 들개〉는 신상옥 감독의 형인 신태선이 대표로 있는 신프로덕션과 홍콩의 고아영화사유라시아 필름센터, 何鴻鄕大厦棟 소재와의 합작영화다. 〈장미와 들개〉의 1975년 시나리오 심의 결과보고를 보면 〈장미와 들개〉는 원래 〈장미의 관〉으로 홍콩 배경의 시나리오다. 이 영화는 합작제작 신고되었는데 첸코타이 원작으로 외국대본 승인을 받아 합작허가 신청을 하였다. 고아영화사는 신필름이 홍콩에 주재하던 김사옥을 통해 만든 유령회사다.587 심의 결과보고서 허가내용 사항을 보면 "일본 시나리오의 표절이 아닌가 우려되지만 확인할 방법이 없다"라고 되어있다. 그리고 1975년 4월에 감독 변경 신청이 있었다. 제작사항 중 감독 변경 신청이 있어 신상옥 감독에서 이경태 감독으로 바뀌고 얼마 후 또 변경 신청을 하여 다시 신상옥 감독으로 바뀌었다. 무슨 일이 있었기에 이러한 일들이 일어났는지는 확인할 길이 없다.

그런 후 1975년 6월 제명변경 요청이 있어 〈장미의 관〉은 〈장미와 들개〉로 바뀐다. 〈장미의 관〉이 괴기영화를 유추케 해 제목 변경을 신청하였다고 한다. 원래 이 두 영화는 별개의 영화들로서 각기 라인업 상태였다. 1975년 10월 〈장미와 들개〉가 완성이 되고 검열신청이 들어왔으나 이 영화는 검열에서 불합격하였다. 사유는 영화법 시행규칙 제3조 2항을 위배해 합작에 따른 허가조건을 준수하지 않아 불합격된 것이다. 이런 과정을 거쳐 검열재신청이 들어왔고 이때 곽정환 사장의 합동영화주식회사로 신청되었다.

이때 영화 〈장미와 들개〉의 권리 양도증이 첨부되었는데 양도증의 내용은 "검열 및 일체의 권한을 양도합니다."라고 하여 곽정환이 권리를 승계했음을 증명한다. 그러나 이 모든 것은 형식적인 것이었으며 20여 개의 영화사 중에서 합동영화사가 선택되어 마무리 지어진 것뿐이다.588 이 영화는 홍콩의 유령회사를 통하여 합작신고를 하고 촬영은 홍콩 현지에서 하였지만 합작영화로서 덕목이나 의미는 상실한 채 흥행만을 목적으로 한 위장합작영화의 전형으로 기록된다. 이 영화는 신프로덕션의 영업 허가를 취소시키고 신상옥 감독이 당시 이 땅을 떠난 계기가 되었다. 그리고 합동영화사 제

---

586   《스크린》, 월간 스크린사, 1976년 신년호, 118쪽.
587   김갑의, 앞의 인터뷰.
588   김갑의, 위의 인터뷰.

작의 한국영화가 되어 1976년 3월 19일 서울 스카라 극장에서 개봉된다. 이 사건 후 홍콩에서 최은희 배우의 실종이 알려지고 신상옥 감독은 홍콩에 체류 중 북한 공작원에게 납치되어 북으로 간다.

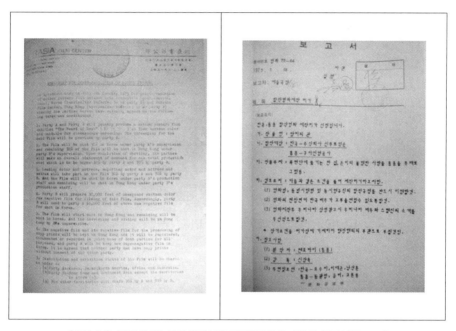

〈자료 14〉 〈장미의 관〉 홍콩 유라시아 필름센터와의 계약서, 합작영화보고서

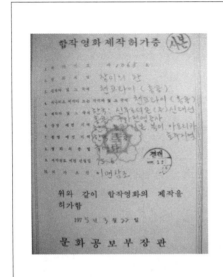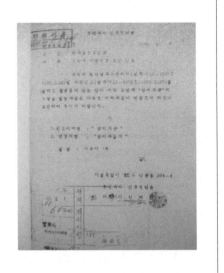

〈자료 15〉 〈장미의 관〉 합작영화 제작허가증, 제명변경 승인신청서

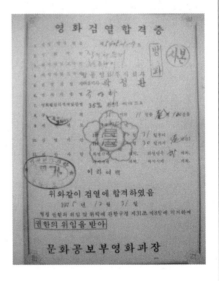

〈자료 16〉 〈장미와 들개〉 영화검열신청서, 영화검열합격증

〈장미의 관〉은 이렇게 〈장미와 들개〉가 되어 다른 회사인 합동영화사 명의로 개봉되었다. 과연 〈장미의 관〉이 〈장미와 들개〉인지는 확인할 수 없다. 단지 당시 영화잡지인 《스크린》지 1976년 신년호에는 분명히 두 영화가 별개의 영화이며 다른 출연자로 라인업line-up되어 있었다. 이렇듯 당시의 기록은 많은 부분이 불확실하다. 1960년대 합작영화 초창기에 제작된 순수한 합작영화 외에 위장합작영화의 증거를 찾기 위해서는 위조된 자료를 찾는 것보다는 관련자 인터뷰가 절대적이다. 그러나 많은 관련자는 이미 사망했거나 진실한 증언을 거부하여 증거 확보가 불가능한 경우도 있다. 이는 증언자에 따라 입장과 기억의 차이로 각기 증언이 달라져 진실 규명에 많은 어려움이 있다. 다음은 조사 과정에서 위장합작영화가 아닌 것으로 주장되는 영화들이다. 이는 감독이나 배우, 촬영감독의 증언에 따른 것이지만 위장합작영화의 판정에서 자유로울 수는 없다.

연번	영화명	제작사	허가일자	상영시간	감독	각본	촬영	배역
		위장합작 사유						
1	독룡마검	대양영화사, 한중합작	1970.2.6.	9권	임학, 검룡		안창복	김운하, 진주, 최무웅
		자토이치 시리즈를 모방한 장애인 영화로 안창복 촬영감독의 증언에 의하면 대양영화사 제작으로 손아부 감독의 부인 등 타이완 배우 10여 명이 왔고 타이완의 원로 무술영화 감독인 검룡이 감독한 영화로 현장에 한국 감독은 없었다.						
2	용호칠협	대양영화사, 한중합작	1970.2.14.	9권	김기현	전범성	안창복	하명중
		〈독룡마검〉과 동시에 촬영된 영화로 시나리오는 65씬. 전범성 각본, 검룡 연출. 무술감독 조수로 성룡도 출연한 영화다. 필름은 남아있지 않다. 대양영화사는 한진영화사의 전신으로 〈미워도 다시한번〉 이후로 한진영화사가 설립된다.						
3	설로혈로	태창영화	1971.7.12.	95분	임복지	임복지	여적염	전야, 오경아
		1970년 12월 18일 홍콩서 개봉한 영화로 한국 촬영은 물론 『홍콩영편대전 제7권』에 의하면 북한에서도 촬영한 영화라고 소개되어 있다.						
4	제3의 추적	대양영화	1972.12.30.	80분	김시현	유열	이종방	우연정, 모사성, 고광
		모사성은 한국 출신 화교이고 합작 기준 미달의 영화다.						
5	흑권	안양영화	1973.9.1.	91분	황풍	곽일로	최종걸	이준구, 모영, 황가달
		안양영화사가 한국 판권을 갖기로 하여 협작을 했지만 홍콩 골든하베스트의 영화로 알려졌으며 황풍 감독의 영화다.						
6	황비	합동영화	1974.1.22.	90분	정창화	김하림	서정민	황인식, 고은아, 관덕흥
		홍콩영화 〈황비홍소림권(黃飛紅少林拳)〉으로 영문제목은 〈Skyhawk〉다. 국내 비디오 제목은 〈소림제일권〉으로 서정민 촬영감독은 대명임을 증언하였다.						
7	옥중녀	태창흥업	1976.5.29.	90분	장일호, 로키	이문웅	이성춘	한문정, 장태산, 윤미라
		서울에서 촬영하였으나 홍콩 측 배우만 참여한 합작 기준 미달의 영화다.						
8	비호상쟁	연방영화	1978.3.16.	95분	전조명, 노순	김동오	전조명	장일도, 황향수, 장일식
		서울 등지에서 촬영하였으나 합작 기준 미달의 영화다.						

연번	영화명	제작사	허가일자	상영시간	감독	각본	촬영	배역
		위장합작 사유						
9	칠협팔의	태창흥업, 자유중국	1978.9.16.	88분	이혁수, 장형	허진	이성섭	장복건, 오미숙, 로례
		합작 기준 미달의 영화다. 권성영 배우의 증언에 따르면 이혁수 감독이 직접 촬영했다.						
10	불타는 소림사	남아진흥	1979.1.10.	90분	남기남	오광재	임진환	강호, 매링, 배수천, 마빈
		합작 기준 미달의 영화다.						
11	사호무협	우성사	1979.1.24.	95분	최동준	서인경	오작화	한송희, 황가달, 곽무성
		황가달이 혼자 내한하여 촬영한 기준 미달의 영화다. 동남아에 수출되었다.						
12	괴시	한림영화	1981.4.10.	85분	강범구	주동운	양영길	유광옥, 강명, 박암
		타이완의 배우만 방한하여 촬영한 합작 기준 미달의 영화다.						
13	외팔이 여신용	태창흥업, 중국합작	1982.9.27.	85분	이혁수, 후 쟁	이일목	이성섭	상관영봉, 강용식, 권일수
		합작 기준 미달의 영화다.						
14	정리와 용형마교	한진흥업, 홍콩합작	1982.11.20.	92분	박윤교, 오사원	이문웅	안창복	황정리, 김용, 신재철, 지윤주
		오사원 감독의 영화 〈용형마교(龍形摩嬌)〉를 박윤교 감독이 재제작하여 한진흥업이 합작으로 신고했다.						
15	신서유기 (손오공대전 비인)	한진흥업, 타이완 뢰문전영기업㈜ 합작	1983.1.1.	95분	김종성, 조사룡	김종성	안창복	김용만, 양소신, 유삼경, 김유행
		속리산 문장대에서 촬영했으나 합작 기준 미달의 영화다.						
16	흑장미	화풍흥업	1983.2.13.	93분	이초남, 신위균	홍종원	신명의	양혜산, 박예나, 이예민
		합작 기준 미달의 영화다.						

연번	영화명	제작사	허가일자	상영시간	감독	각본	촬영	배역
					위장합작 사유			
17	구룡독나비	동협상사, 호천항업유한공사(중국)	1983.12.31.	90분	김종성, 한보장	김종성	임진환	왕관일, 진익솔, 낙일영
		타이완 감독이 촬영했다는 유병완 배우의 증언이며 합작 기준 미달의 영화다.						
18	밤을 먹고 사는 여인	동협상사, 합작	1985.7.11.	90분	고응호, 이작남	김경일	이성섭	김민경, 위소(중)
		고응호 감독이 〈양귀비〉 촬영차 대만에 가서 한 편을 더 만들었다고 한다.						
19	칠소여복성	남아진흥, 신홍콩전영성유한공사	1988.3.26.	95분	강범구, 신위균	주동운, 구화한	안태완	김성미, 조정현, 엽덕한
		합작 기준 미달의 영화다.						

이상의 19편은 합작영화라고 하지만 합작영화 기준에 미달되기 때문에 위장합작 영화로 추정된다. 〈인사여무〉의 경우 문상훈 작가에 의하면 번역본을 각색해주었지만 권영순 감독이 필리핀에서 현지 촬영을 하였다는 증언으로 정식합작영화에 포함되었 다. 〈밤을 먹고 사는 여인〉 또한 고응호 감독이 〈양귀비〉 촬영차 타이완에 가서 한 편 을 더 만든 경우라는데 리쭤난李作南(이작남) 감독이 2/3, 고응호 감독이 1/3을 촬영한 영화로 한국 스태프와 배우가 타이완의 세트장에서 촬영하였다고 증언하였다. 그러나 시나리오가 녹음기사 김경일로 되어 있는 등 의문점이 많아 위장합작 추정영화에 포 함하였다. 〈괴시〉는 타이완 배우가 출연하였지만 강범구 감독의 연출작으로 합작영화 기준 미달이며 〈칠소여복성〉의 경우 한국에서 배우 선발을 하고 홍콩에서 촬영하였다 고 강범구 감독이 구술[589]하였기에 위장합작영화에서 추정영화로 포함하였다. 이들 19편의 영화는 앞으로 검증을 거쳐 더 정확한 자료가 발굴되어야 정식합작영화로 기 록될 수 있을 것이다.

---

589 권용숙, 『2011년 한국영화사 구술채록연구 시리즈 〈생애사〉』, 한국영상자료원, 2011. 306~314쪽.

결론

한국합작영화의 역사는 참으로 지난한 기록을 남기고 있다. 일제강점기부터 일본의 영화사映畵社 지원 아래 기술력을 보완하거나 일제 선전영화가 만들어졌다. 한국영화사에서 위장합작영화의 시작은 여기서부터 시작되었고 광복 이후 홍콩과의 합작영화는 주체적 입장에서 시도되었다. 그러나 한국영화 제작사들의 편법적인 제작으로 위장합작영화가 범람하였고 결국 언론으로부터 지탄의 대상이 되었다. 그동안 교묘하게 이어져왔던 위장합작영화의 제작도 1990년이 지나서 비로소 사라지게 된다.

일제강점기의 합작영화는 조선총독부의 국책영화 제작 정책으로 태평양전쟁의 참여와 호전적인 내용을 완성도 있게 만들기 위해 진행되었다. 이 영화들은 한국영화사에 기록되었지만 한국영화로 받아들이기에 문제가 있다. 그것은 혈통상 한국영화라고 볼 수 없거니와 일제가 제작의 주체로 전액 투자하였고 감독 이하 스태프들이 일본에서 초빙되어온 일본영화인들로 이들 영화의 크레디트 타이틀credit title에 기록된 한국영화인들은 명목상으로 이용되었기 때문이다. 당시 실상을 보면 조선총독부가 전하고자 하는 군국주의적 메시지를 전달하기 위해 일본인 감독이 연출하고 한국영화인들은 강제적으로 참여되었을 뿐이다. 이러한 상황에서 한국영화인의 의견이 개입될 여지는 전혀 없었다. 결국 (사)조선영화제작주식회사의 영화들은 위장합작영화로 일본영화 제작에 한국영화인이 협력한 것이다. 이 문제에 대한 논의는 한국영화사에서 아직 쟁점화 되지 않았으며 향후 정확히 규명하여 정리되어야 할 것이다. 아울러 조선영화사朝鮮映畵史라고 통칭되는 초창기 한국영화사韓國映畵史의 명칭도 일본인 시각에서의 호칭일 뿐이다. 우리의 조국인 대한제국이 강제 합병되어 나라 이름을 잃었기 때문에 생긴 일이다. 조선총독부가 만들어지고 일본인들이 비하의 시각으로 불렀던 조선이란 호칭을 우리가 그대로 사용할 이유가 없다. 스스로 대한국인임을 선언했던 안중근 의사의 대한국 선언은 이미 1910년의 일이다. 조선영화라는 호칭은 통일 이후 북한영화를 호칭할 수밖에 없기 때문이기도 하며 이제부터라도 한국영화사로 기술되어야 할 것이다.

광복 후 자유스러워진 제작 분위기에서도 합작영화는 한국영화의 제작환경이 열

악한 탓으로 단순한 협력제작자로 기록되었을 뿐이다. 한국전쟁의 영향도 있겠지만 실제적인 합작까지는 13년이라는 긴 시간이 소요되었다. 1958년 한국연예주식회사 임화수의 시도로 홍콩의 소씨부자유한공사와 〈이국정원〉을 합작하여 제작함으로써 명실공히 한국합작영화의 역사가 시작된다. 그 후 한국의 신필름과 쇼브라더스간의 합작이 본격화되었지만 합작영화의 특성상 편법이 시도되고 임원식 감독의 〈서유기〉란 영화가 위장합작영화의 단초를 제공한다. 이 영화는 몇 장면을 바꿔치기 하므로 합작영화 판정을 받게 되었고 많은 영화사들이 이런 식으로 위장합작영화 제작을 시도하며 갑작스러운 합작영화의 범람을 맞게 된다. 당시 쇼브라더스에 전속되어 홍콩에 가있던 한국영화인들이 관여된 홍콩영화들은 거의가 위장합작영화로 국내에 수입된다. 그러나 이들이 참여한 영화들이 위장합작인 것은 자명한 사실이다. 국내 합작영화 기준에 맞추어 홍콩의 완성 클린버전을 수입해 부분적으로 수정 편집하고 한국어 더빙을 하여 이들 영화는 합작영화 판정을 받았고 지금도 한국영화 목록에 버젓이 올라가 있다. 그것이 104편에 이르고 그 외 19편 역시도 위장합작영화로 추정되고 있다. 1994년 제9회 부산국제영화제에서는 이들 영화를 합작영화로 공식 인정하기도 하는 현실을 보면서 정식합작영화보다 위장합작영화가 더 많았던 사실을 확인하였다.

이상에서 살펴본 바와 같이 한국영화사에서 일제강점기인 1936년부터 마지막 위장합작영화가 제작된 1993년까지의 합작영화의 총 편수는 205편으로 밝혀졌다. 일제강점기의 일본과의 합작영화도 8편으로 확인된다. 이중 4편은 사실상 일본영화로 확인되어 위장합작영화임이 밝혀졌다. 광복 이후 외국영화를 수입해 재가공하거나 영화법의 합작영화 제작 기준에 미달된 영화 등 위장합작 관련 영화는 모두 123편이다. 이중 위장합작영화가 분명한 것은 104편으로 (사)조선영화제작주식회사의 영화 4편을 포함한다. 그리고 명확치 않은 위장합작 추정영화는 19편이다. 또한 자료 추적이 불가능한 비중국어권 합작영화 16편 중 영화제작 기록이 남아있는 8편을 제외한 8편의 영화는 기획이나 촬영단계에서 무산된 영화들로 추정된다. 결국 홍콩이나 타이완과의 정식합작영화는 모두 70편으로 파악된다. 한국영화사에 기록된 위장합작영화를 밝혀내고자 하는 것은 기록의 오류를 밝혀내어 한국영화사를 정립하고자 함이다.

이러한 오류는 한국영화사의 왜곡이 시정되지 않는 한 앞으로 계속될 것이다. 장일호 감독의 〈낙엽비도〉는 장처 감독의 〈대결투〉로 바뀌어 TV영화의 프로그램에 소개되고 있는 현실이다. 이러한 경우는 위장합작영화의 제목이 대부분 원제와 다른 제목으로 바뀌고 심지어 감독의 이름까지도 바뀌어 있다는 점 등에서 심각하다. 한국영상자료원의 KMDb 검색에도 이들 영화가 합작영화로 기록되는 잘못이 많다. 이런 문제점을 해결하기 위해 한국영상자료원이나 영화진흥위원회에 보관 중인 시나리오부터 확인해 보면 위장합작영화의 시나리오는 극중 인물 이름부터 다르고 중국어 번역임이 확연히 드러난다. 필자가 소장한 〈철장〉이라는 시나리오 대본은 정창화 감독의 〈천하제일권(홍콩명)〉 혹은 〈죽음의 다섯 손가락(미국명)〉이라는 제목인데 국내에서는 〈철인〉이란 제목으로 개봉되었다. 이 대본이 중국어 번역본인 것을 단번에 알 수 있다. 처음 〈철사장〉으로 인쇄된 번역대본에서 '사'를 삭제하고 〈철장〉이란 위장합작영화 대본으로 제출한 것이다. 당시 이런 일들은 빈번하였고 공공연한 비밀이었다. 정창화 감독이 바뀐 제목과 상영본 편집에 격앙한 것은 당연한 일이다. 〈십삼태보〉라는 장처 감독의 영화도 〈십삼인의 검객〉이라는 제목으로 대본심의에 제출하였고 개봉 제목은 구로자와 아키라의 명작 〈칠인의 사무라이〉를 본 딴 〈십삼인의 무사〉가 되었다. 한국인 배우 남석훈, 진봉진, 홍성중이 출연한 것은 합작영화의 요건을 갖추기 위한 편법이었다. 위장합작영화는 엄연한 외국영화로 한국영화라고 볼 수 없다. 거짓과 왜곡으로 점철된 한국영화사의 왜곡은 영화사로서 기록의 가치를 잃고 말 것이다.

위장합작영화의 장르는 거의가 액션영화였다. 이것은 당시 유행하던 무협영화의 영향 때문이다. 위장합작의 검증은 우리나라를 포함하여 각국의 액션영화사를 통해 각국의 차이점을 비교하였다. 검증과정에서 당시의 한국영화계 관련인사들의 인터뷰와 『한국영화총서』, 『한국영화작품전집』의 합작영화 그리고 영화법 등의 자료를 찾아 정리하였다. 홍콩 쇼브라더스사의 영화목록은 결정적인 증거자료로 자사 필모그래피에 제작년도, 오리지널 감독, 출연자들의 이름을 보면 위장합작의 징후가 판정된다. 위장합작영화는 완성 본을 수입하여 국내에서 재촬영하고 한국어 더빙을 한 경우이나 혹은 재촬영도 안하고 글자나 인서트 장면 수정만 하여 한국어 더빙을 한 경우도 있다. 이런 일들은 타이완 제작의 영화에서도 볼 수 있다. 이런 모든 과정은 생존자 인터뷰나 관련 자료에 근거하여 밝혀낼 수 있었다. 이제부터 밝혀진 위장합작영화는 한국영화사의 목록에서 삭제되어야 한다.

지금까지 논의한 결과, 위장합작영화가 한국영화 및 한국사회와 문화에 끼친 영향은 다음과 같다.

첫째, 한국관객들에게 한국영화에 대한 열등의식을 갖게 하였고 한국영화에 대한 불신감을 조장하였다.

둘째, 한국영화업자들의 사고를 안이 하게 만들어 한국영화 발전을 저해시켰다.

셋째, 한국 검술영화 퇴진의 직접적인 동기가 되었다.

넷째, 한국문화의 전통과 역사를 왜곡시켰다.

이렇듯 위장합작영화의 제작행태가 한국영화계와 한국문화에 끼친 폐해는 실로 막대하다. 이 일은 한국영화와 관련된 일을 한 영화인들은 누구나 다 아는 사실이며 의외로 많은 자료가 남아있다. 옛 신문 기사에는 많은 합작영화 관련 기사가 남아 있고 그 기사들은 위장합작의 부당성을 논하고 있다. 영화업자들로서는 당시에 외화수입이 쉽지 않았고 그런 영화들을 관객들에게 보여주기 위해선 어쩔 수 없었다고 말할 수 있다. 그러나 생존한 관계자들은 이 일을 함구하고 있으니 그것은 위장합작의 갖는 비도덕적인 면을 잘 알고 있기 때문이다. 그리고 그것을 묵인한 심의 관련자들의 일처리 또한 거론될 수밖에 없다. 홍콩의 장처 감독, 후진취안 감독은 합작영화에 관한 한 우리와는 상관없는 외국의 감독일 뿐이다. 그들의 영화가 한국어로 더빙되었다고 한국영화일 수는 없다. 그들이 한국과 합작했다고 기록되어 있는 영화들은 모두 외국영화로 영화를 공부하는 후학들에게 외국영화를 한국영화로 왜곡시킬 수는 없는 일이다. 이제 한국영화계의 공공연한 비밀은 밝혀져야 할 것이다.

그동안 한국영화사에서 다뤄지지 않았던 위장합작영화는 벌써 70여 년 전부터 시작된 일로 지금이라도 밝혀져야 할 당면과제였다. 이 글에서 밝히고자 하는 세 가지의 주요 논점은 다음과 같다.

첫째, 한국 초창기 영화의 표기를 조선영화가 아닌 한국영화로 통일한다. 현재 일제강점기의 용어를 우리 식으로 바꾸어 사용하듯이 한국영화사에서도 일제가 규정한 차별의 용어 대신에 우리의 능동적인 역사관에 의거해 올바른 용어 사용으로 한국영화의 역사를 정립하여야 한다.

둘째, 일제강점기의 합작영화 중 민간영화사에 의해 합작된 4편을 제외한 (사)조선영화제작주식회사 제작의 합작영화 3편은 제작의 기획자나 주요 스태프 등 주체가 일본인이므로 혈통 상 한국영화도 아닐 뿐더러 한국인을 동원한 일본영화이다. 저작권 역시 당연히 일본이 갖고 있다. 이들 일본영화는 결론적으로 한국인을 앞세운 위장합작영화이며 이 쟁점은 향후 한국영화사에 새로운 연구과제로 부각되어야 한다.

셋째, 한국에서 합작영화로 제작된 205편의 영화중에서 123편은 위장합작영화다. 일제강점기 민간영화사 합작의 4편을 포함하여 비중국어권 영화 8편을 빼면 중국어권 영화중에서 실제 합작은 70편이다.

이렇게 위장합작영화의 제작 편수가 많았던 것은 1970년대 이후로 홍콩영화의 위장 수입이 많았기 때문이다. 이중에서 위장합작영화가 아니라고 주장되는 19편을 포함하여 위장합작 관련영화가 모두 123편이라는 주장은 한국영화사 연구에서 선행연구가 없었던 연구이다. 이 글을 준비하기 위해 2007년부터 홍콩전영자료관 람콕싱 원장 인터뷰를 시작으로 디롱, 류자훼이, 창다오 등 홍콩영화인 인터뷰를 비롯하여 한국 이소룡기념사업회KBF의 세미나 개최 및 50여 명의 한국영화인을 인터뷰하였다. 많은 분들이 흔쾌히 진실을 밝혀준 것은 필자가 한국시나리오작가협회 회원으로 같은 영화인이라는 의식도 있었지만 왜곡된 역사의 바로잡기에 공감하여 동참한 것으로 본다. 〈서울의 정사〉의 경우 이 작품에 주인공으로 출연한 최지희 배우를 만나 확인하고 시나리오와 신문광고를 통해 검증한 후 합작영화 목록에 넣었다. 빠져있는 영화가 이 한 편만이 아니라는 것은 엄연한 현실이며 이 글이 한국영화사에서 미개척 분야인 합작영화에 대한 연구를 시작함으로 이제 한국영화사의 위상은 진일보할 것이다.

1936년 이규환 감독의 합작영화 〈무지개〉부터 1990년의 위장합작영화 〈용의 유혼〉까지 실로 54년간에 걸친 한국합작영화에 대한 연구는 모든 면에서 미개지 그 자체였다. 우선 일제강점기의 합작영화 연구도 시작 단계에 불과하고 한·홍합작영화 연구는 선행연구가 없는 전인미답의 영역이었다. 그만큼 연구의 1차 자료도 부족하고 해당 영화들 또한 찾기 어려운 현실이다. 많지 않은 생존자들의 증언을 기대했지만 그들은 함구하였고 한국영화사에 기록은 왜곡된 자료들로 가득 차 있어 필자를 당혹케 하였다. 홍콩의 참조문헌들 조차도 확신할 수 없는 자료로 그들의 입장에서의 자료일 뿐이다. 그만큼 위장합작영화의 제작에 관한 사실을 밝혀내기가 쉽지 않은 일이다. 그래도 소신 있게 증언을 해주신 분들의 인터뷰들도 긴 시간의 경과에 따라 사실 확인이 모호함을 인정하지 않을 수 없다.

합작영화에 대한 이 글은 앞으로 얼마든지 수정될 수 있는 소지가 있음을 인정한다. 편수의 통계 또한 아직 확정지을 수 없다. 영화가 남겨져 있지 않고 자료가 부재한 까닭도 있지만 남겨져 있는 자료들의 접근마저도 쉽지 않은데다가 모든 증언자들의 양심선언을 기대할 수 없기 때문이다. 이러한 연구의 한계를 안고 있는 합작영화연구는 반드시 우리시대에 정리되어야 할 과제임은 분명하다. 이미 밝혀진 정식 합작영화 70편의 명예를 위해서라도 꼭 필요한 일이다. 이 글을 토대로 하여 후속 연구에 의해 다른 오류가 밝혀지기를 기대해본다.

부록

—

▬ 1. 홍콩 쇼브라더스 제작 목록 (1968~1970)

쇼브라더스 전체 목록 중 주요 합작으로 거론되는 1969년부터 1970년까지의 목록 중에서 한국과 관련된 영화만 따로 뽑았다. 부주附註란에는 실제 합작일 경우 관련 기록이 있다.

〈표 6-6〉 홍콩 쇼브라더스 제작 목록 (1969~1970)[590]

순서	영화제목	상영 일자	출품	제작자	각본/ 원작	감독	주요 배우	부주
1	陰陽刀	1969. 1.1.	邵氏兄弟	邵仁枚	邱剛健	陶秦	淩雲, 井莉, 陳鴻烈,尤倩	
2	千面魔女	1969. 4.10.	邵氏兄弟	邵仁枚		鄭昌和	陳亮, 金霏, 丁紅, 劉亮華	
3	山河血	1969. 6.27.	邵氏兄弟	邵仁枚		崔慶玉	申榮均,李麗華 ,朴魯直,雷震	港,韓合作
4	鐵手無情	1969. 7.1.	邵氏兄弟	邵逸夫	倪匡	張徹	羅烈, 李菁, 姜大衛,穀峰	攝影:龔慕鐸 (宮木幸雄)/ 剪接:姜興隆/ 美術:曹壯生/ 武術指導:劉家 良, 唐佳/ 錄音:王永華/ 音樂:王福齡
5	裸情	1970. 1.30.	邵氏兄弟		郭一路	全右烈	申榮均,方盈, 王俠, 翟诺	韓国外景
6	女俠賣人頭	1970. 5.6.	邵氏兄弟		叶逸芳	鄭昌和	陳亮, 焦娇, 王俠, 馬海倫	

---

590 『邵氏電影初探』, 앞의 책, 303~306쪽(1934.12.28.부터 2002.5.16.까지 1,077편의 제작목록이 있다.)

순서	영화제목	상영일자	출품	제작자	각본/원작	감독	주요배우	부주
7	十三太保	1970.8.14.	邵氏兄弟	邵逸夫	倪匡、張徹	張徹	姜大衛,狄龍,李麗麗,金漢,南宮薰	攝影:龔慕鐸(宮木幸雄)/剪接:姜興隆/美術:黃金巴,曹壯生/武術指導:唐佳,劉家良,劉家榮/錄音:王永華/音樂:王福齡
8	餓狼谷	1970.10.6.	邵氏兄弟	邵逸夫	王卜一	鄭昌和	羅烈,李菁,王俠	

━ 2. 중국식 제목의 한국영화

연구과정에서 합작영화로 혼선을 주었던 중국식 제목의 한국영화들만 추려본다. 이들 영화 외에도 중국식 제목의 영화는 더 존재하며 이 영화들은 합작영화로 오인되는 한국영화들이다.

〈표 6-7〉 중국식 제목의 한국영화

	제목	제작자 및 비고	허가일자	상영시간	감독	각본	촬영	배우
1	무정검	세기상사	1969	95분	권영순	박남주	이성휘	홍세미, 박노식
2	제3의 추적	대양영화	1972.12.30.	80분	김시현	유열	이종방	우연정, 모사성, 고광
3	협기	태창흥업	1973.8.18.	86분	장진원	한유림, 문상훈	최종걸	백표, 안길원
4	황사진	동아수출공사	1973.12.1.	95분	김시현	장천호	구무석	모사성, 우연정, 윤양하
5	용호대련	㈜합동영화	1974.3.15.	95분	이두용	이두용	최종걸	한용철, 우연정, 배수천
6	흑묘	우진필림	1975.1.25.	98분	김시현	유일수	이종관	황인식, 김기주, 우연정

	제목	제작자 및 비고	허가 일자	상영 시간	감독	각본	촬영	배우
7	원한의 여권	대영영화	1975.2.1.	81분	이혁수	이혁수	김영대	권영문, 임은주, 이강조
8	흑백대권	국제영화흥업	1975.3.28.	85분	최영철	최영철	양영길	한용철, 이강조, 김영인
9	대비상망	남아진흥	1975.6.6.	87분	전우열	최진	유재형	한용철, 여수진, 오경아
10	흑거미	화천공사	1975.9.19.	95분	김시현	유열	유재형	황인식, 여수진, 김기주
11	설중매	남아진흥	1976	76분	김시현	이희우	유재형	황인식,맹추, 장일도
12	특명	우성사	1976	82분	김선경	최영철	구중모	라호룡, 김정란, 장일식
13	파라문	남아진흥	1976.1.24.	87분	박우상	홍지운	최종걸	이관영, 권영문, 김기주
14	여수 407호	합동영화	1976.2.27.	94분	신상옥	이상현	최길선	허진, 호픽유, 진봉진
15	악충	대영흥행	1976.3.13.	80분	이혁수	이일목	김영대	권영문, 임은주, 이강조
16	왕룡	태창흥업	1976.3.20.	90분	고영남	김하림	이석기	바비김, 로례, 한문숙
17	속 여수 407호	합동영화	1976.4.17.	100분	신상옥	이상현	최길선	허진, 호픽유, 서미경
18	국제경찰	태창흥업	1976.5.14.	90분	고영남	윤삼육	이석기	바비김, 로례, 김지혜
19	수제자	남아진흥	1976.9.2.	95분	고영남	이일목	정필시	김일, 황인식
20	흑룡강	동아수출공사	1976.10.9.	100분	김선경	강근식	구중모	왕호, 장순자, 황태수
21	밀명객	동아수출공사	1976.10.23.	100분	김선경	장천호	구중모	왕호, 김순복, 황태수
22	쾌걸일지매	우진필림	1976.10.23.	90분	김시현	유일수	손현채	모사성, 황인식, 김지혜
23	의혈문	대영흥행	1976.11.13.	90분	이혁수, 이현구	윤석훈	권재홍	김훈, 김남일, 배수천
24	속 비밀객	합동영화	1977.1.1.	100분	이두용	김하림, 윤석훈	손현채	안태섭, 현길수, 신우철

	제목	제작자 및 비고	허가 일자	상영 시간	감독	각본	촬영	배 우
25	최후의 정무문	태창흥업	1977.1.13.	110분	김시현	이일목	신명의	거룡, 김기주, 최민규
26	비룡문	동아수출공사	1977.4.15.	90분	김선경	이대호	이석기	박종국, 장일식, 문영애
27	일격필살	동아수출공사	1977.7.16.	100분	박호태	박철민	김남진	안태섭, 김남일, 최병철
28	사대철인	국제영화흥업	1977.8.27.	92분	김정용	강대하	양영길	남충일, 양위, 임은주
29	무명객	남아진흥	1977.9.17.	98분	김시현	오광재	신명의	모사성, 김기주, 현길수
30	사생문	태창흥업	1977.11.5.	79분	남기남	오광재	정일성	안태섭, 장일도, 배수천
31	사대맹룡	국제영화흥업	1977.11.26.	90분	김정용	김정용	안창복	왕호, 서영난, 장일식
32	사대독자	태창흥업	1978.2.4.	85분	심우섭	이일목	양영길	바비킴, 안길원, 안구섭
33	불타는정무문	남아진흥	1978.2.6.	95분	남기남	오광재	정일만	여소룡, 진성, 배수천
34	소림사 무협문	태창흥업	1978.3.16.	80분	김선경	오광재	양영길	왕호, 양위
35	파천신권	태창흥업	1978.4.1.	95분	이혁수	허승집	양영길	왕호, 임은주, 최봉
36	오대제자	화천공사	1978.6.9.	100분	김시현	장천호	신명의	거룡, 김기주, 권현정
37	정무신권	동아흥행	1978.6.17.	85분	김정용	홍종원	안창복	강용석, 서영란, 모사성
38	날으는 일지매	대영흥행	1978.7.27.	90분	고응호	오광재	유재형	오영주, 박희준, 한상호
39	흑룡표	남아진흥	1978.8.19.	95분	이상구	장천호	구문석	바비김, 임은주, 배수천
40	십이대천왕	태창흥업	1978.8.26.	100분	이혁수	이일목	이성섭	하후성, 김민정, 김영인
41	소림사 십대장문	삼영필림	1978.8.26.	100분	김선경	고성의	김영대	왕룡, 설지연, 장엽, 양위
42	팔대장문	남아진흥	1978.9.2.	90분	김시현	허승집	신명의	강청, 최민규, 김기주

	제목	제작자 및 비고	허가 일자	상영 시간	감독	각본	촬영	배 우
43	사대통의문	국제영화흥업	1978.9.30	93분	김정용	김정용	정일만	강용석, 서영란, 장망, 남충일
44	달마신공	우성사	1978.10.14.	100분	이혁수	서인경	이성섭	장일도, 임은주, 금강
45	십자수권	태창흥업	1978.11.3.	80분	최우영	허진	진영호	여소룡, 여수진, 박동룡
46	호림사대통관	세경흥업	1978.11.17.	100분	남기남	오광재	임진환	곽무성, 배수천, 이강조,
47	소림사 목련도사	태창흥업	1978. 12.2.	100분	이혁수	김정용	이성섭	권영문, 김민정, 최봉, 로례
48	낭화비권591	대양필름	1979.1.10.	85분	박윤교	송길한	김영대	나열, 이예민, 김영일
49	불타는 소림사	남아진흥	1979.1.18.	90분	남기남	오광재	임진환	강호, 매링, 배수천
50	무림대협	동아흥행	1979.1.19.	100분	김선경	홍종원	구중모	왕룡, 장개, 서영란
51	오대관문	동아수출공사	1979.3.17.	100분	김정용	김정용	정일만	왕호, 김기주, 윤인하
52	흑룡	삼영필름	1979.5.29.	93분	김선경	김하림	구중모	권영문, 임은주, 장일식
53	맹룡아호	국제영화흥업	1979.6.28.	90분	김정용	김정용	정일만	왕호, 윤인하, 곽부성
54	무림18여걸	화천공사	1979.11.4.	90분	김정용	김영한	정일만	거룡, 장일도, 임은주
55	무림오걸	우진필름	1980.1.30.	80분	김시현	문상훈	신명의	임지호, 장일도, 강청
56	천용란	대영영화(주)	1980.2.20.	95분	이혁수	김영한	이성섭	황정리, 김기주, 지윤주,
57	무림악인전	㈜한진흥업	1980.4.10.	95분	김정용	김정용	정일만	전진화, 서영란, 장일식
58	애권	태창흥업(주)	1980.4.24.	90분	이형표	이일목	양영길	강용석, 배수천, 옹소호
59	지옥12관문	㈜화천공사	1980.5.24.	80분	이혁수	윤삼육	이성섭	거룡, 김영일, 김민정

	제목	제작자 및 비고	허가 일자	상영 시간	감독	각본	촬영	배우
60	소권	태창흥업(주)	1980.6.8.	86분	이혁수	홍지운	이성섭	서병현, 옹소호, 김사옥
61	복권	한진흥업(주)	1980.6.21.	97분	김정용	김정용	정일만	정진화, 김명아, 김기주
62	요사권	㈜태창흥업	1980.8.1.	89분	이형표	이일목	전조명	서영란, 김사옥, 왕룡
63	매권	우진필림	1980.9.5.	95분	김시현	이정근	신명의	거룡, 황가달, 최민규
64	비천권	대양필림	1980.9.23.	95분	박윤교	허진	안창복	황정리, 곽무성, 설지연
65	일소일권	연방영화	1981.1.1.	95분	김시현, 하지강	이정근	신명의	거룡, 이영주, 김사옥
66	금강선법	세경흥업	1981.2.7.	86분	남기남	안준오	임진환	임자호, 민복기, 김국현
67	대형출도	㈜동협상사	1981.2.28.	90분	곽소동	허진	정일만	왕룡, 유가휘, 설지연
68	돌아온 용쟁호투	㈜현진	1981.3.5.	105분	박우상	홍지운	김안홍	이준구, 한국일
69	십팔통문방	국제영화흥업	1981.4.4.	100분	김시현	김경일	신명의	거룡, 맹추, 감가봉
70	사형삼걸	대양필림	1981.5.23.	81분	오광재	남기남	임진환	거룡, 여소룡, 장정의
71	괴초도사	㈜화풍흥업	1981.6.5.	100분	신위균	이중헌	전조명	정진화, 김명아, 배수천
72	취팔권광팔권 (소림취팔권)	동협상사	1981.9.10.	80분	이영우, 구양준	이일목	김안홍	유가휘, 장미희, 김재우
73	괴도출마	신한문예영화 (주)	1981.9.11.	80분	최영철	최영철	민완기	문태선, 안길원, 황정리
74	월광쌍수	㈜태창흥업	1981.10.16.	85분	김진태	오광재	이성섭	거룡, 장력, 김기주
75	소림사 주방장	㈜우성사	1981.11.1.	100분	김정용	윤석훈	정일만	정진화, 왕룡, 김영일
76	팔대취권	태창흥업(주)	1981.11.20.	100분	강범구	이중헌	이성춘	왕대위, 김영일, 장일식

	제목	제작자 및 비고	허가 일자	상영 시간	감독	각본	촬영	배우
77	흑표비객		1981.12.10.	100분	김시현	장천호	신명의	거룡, 왕호, 최민규
78	돌아온 쌍용	한림흥업	1981.12.30.	79분	남기남	오광제	임진환	임자호, 백한기, 최종숙
79	용문파계제자	㈜삼영필림	1982.1.1.	110분	김시현	김경일, 장천호	신명의	거룡, 최민규, 장일도
80	귀적귀무	삼영필름	1982.1.12.	82분	이혁수	고성의	이성섭	하후성, 최호선, 권일수
81	혈우천하[592]	동협상사	1982.1.20.	82분	최현민	이일목	김안홍	유가휘, 장일도, 이정희
82	소림십대여걸	㈜우성사	1982.1.25.	95분	김정용	윤석훈	정일만	정진화, 왕룡 김명아
83	소림사 물장수	태창흥업(주)	1982.1.28.	85분	임원식	이형우, 황태현	최정완	허석철, 강용규, 국정숙
84	칠지수	㈜대양필림	1982.4.11.	80분	남기남	오광재	임진환	왕호, 한지하, 김국현
85	무림사부대행	우성사	1982.6.6.	95분	김정용	윤석훈	정일만	정진화, 왕룡, 진누리
86	산동물장수	대영영화(주)	1982.8.1.	97분	김선경	윤석훈	박성덕	채은희, 김영일, 이재영
87	인자문살수	국제영화흥업	1982.8.14.	95분	김시현	모작, 장천호	신명의	거룡, 황정리, 임자호
88	사형사제	대영영화(주)	1982.9.18.	90분	최우형	윤석훈	신명의	서병현, 황정리, 국정숙
89	무림걸식도사	국제영화흥업 (주)	1982.11.5.	90분	김정용	윤석훈	정일만	정진화, 왕룡, 진누리
90	소림관 지배인	㈜태차흥업	1982.12.3.		박우상	홍지운	임진환	최순석, 국정숙, 임형국
91	소화성 장의사	국제영화흥업 (주)	1983	96분	김정용	윤석훈	정일만	정진화, 왕룡, 진누리
92	산동여자물장수	대영영화(주)	1983.2.25.	95분	김선경	김세호	양영길	서병현, 김영길, 송정아
93	광동관 소화자	한림영화	1983.3.19.	85분	박우상	홍지운	임진환	최순석, 황정리, 유소전, 소화자

	제목	제작자 및 비고	허가 일자	상영 시간	감독	각본	촬영	배 우
94	기문사육방	국제영화흥업	1983.3.25.	89분	최우형	김정용	유만문	유홍의, 후조성, 현길수, 국정숙
95	소림사 용팔이	한림영화(주)	1983.5.	98분	김시현	장천호	신명의	거룡, 황정리, 최민규
96	뇌권	화풍흥업(주)	1983.6.4.	95분	김시현	장천호	신명의	거룡, 황정리, 최희정
97	광동살무사	㈜현진	1983.8.13.	80분	황정리	홍지훈	신명의	황정리, 권일수, 한희
98	산동반점	신한영화,	1983.11.2.	102분	김선경	김세호	양영길	서병헌, 송정아, 김영일
99	소애권	㈜태창필림	1983.11.26.	86분	이형표	이일목	양영길	강용석, 배수천, 윤정임
100	북소림 남태권	대양필림	1984.2.1.	91분	왕호	고성의	최정원	왕호, 김영일, 강명화
101	사대소림사	태흥영화사	1984.8.25.	90분	박우상	홍지운	임진환	손국명, 황정리
102	마검야도	국제영화흥업 (주)	1985.10.19.	83분	왕호	김진혁	임진환	왕호, 왕룡
103	아라한	한진흥업(주)	1986.12.18.	95분	김정용	김정용	정일만	정진화, 김나희, 김영일
104	용호의 권	KMDb 목록에 없는 제목						이광수, 이주철
105	사대철인	국제영화흥업	1987.8.27.	92분	김정용	강대하	양영길	왕호, 곽무성, 김기주
106	냉혈자	㈜두손필림	1987.11.21.	92분	왕호	왕호	임진환	왕호, 김상욱, 홍연의
107	강시훈련원	㈜삼진필림	1988.7.9.	92분	최기풍	최기풍	신명의	김동호, 남경희, 마도식

591 대양필름 창립작으로 홍콩과 타이완에 수출 기록이 있다. 『1979년도 판 한국영화연감』, 영화진흥공사, 1979, 106쪽 참조; 박윤교 감독의 오리지널 시나리오를 송길한이 각색, 김영대의 촬영은 오류 내지는 대명이며 한상훈 사장에 의하면 실제 촬영은 안창복이다, 한상훈 앞의 인터뷰.

592 유가휘와 장일도의 출연작인 것으로 보아 〈소림형제〉로 추정된다.

■ 3. 한국영화로 알려진 합작영화

제작과정에서 한국인들이 개입되었으나 사실과 다르게 알려진 영화들이다. 위장합작영화와 중복되지 않는 이유는 한국영화로 되어있거나 한국과의 합작이 아닌 경우다.

〈표 6-8〉 한국영화로 알려진 합작영화

	제목	제작자, 감독 및 비고	배우
1	장미와 들개	1975년 신상옥 감독이 홍콩에서 촬영한 영화로 합작신고 되었으나 합동영화사가 판권을 인수하여 한국영화로 검열 합격함.	오수미, 등광영, 금비
2	오, 인천!	1981년 테렌스 영 감독 작, 문선명, 사카구치 마츠사부로 제작으로 미·일 합작영화다. 한국영화인은 협업으로 참여하였다.	로렌스 올리비에, 재클린 비셋, 미후네 도시로
3	정무문 81	타이완 배우들 위주로 타이완에서 촬영된 영화이나 한국영화로 신고 되었다.	거룡, 이숙진, 주은섭, 장력

■ 4. 영어 제목으로 출시된 한국영화

한국영화이지만 외국에서 DVD로 제작되어 외국영화로 오인되는 한국영화들이다.

〈표 6-9〉 영어 제목으로 출시된 한국영화 예

	제목	제작자, 감독 및 비고	배우
1	〈Il chi mae the Flying Boy〉	고응호 감독의 〈날으는 일지매〉	박희준, 윤유선
2	〈The Korean Connection〉	이두용 감독의 〈돌아온 외다리〉	한용철, 김문주
3	〈Kill the Shogun〉	이두용 감독의 〈무장해제〉를 재편집하여 DVD 출시.	강대희, 남석훈, 배수천
4	〈Ninja Terminator〉	김시현 감독의 〈스타페리불청객〉으로 홍콩에서 재촬영되어 DVD 출시.	임자호, 황정리, 리챠드 해리스, 고비
5	〈Bruce Lee Fights back from the Grave〉	이두용 감독의 〈아메리카 방문객〉을 영어 더빙하여 DVD 출시.	정준, 김문주, 배수천
6	〈Hong Kong Connection〉	이두용 감독의 〈해결사〉로 홍콩의 토마스 탕이 재촬영하고 재편집하여 DVD 출시.	신우철, 황정리, 권일수
7	〈Dragon Lee vs 5 Brothers〉	김시현 감독의 〈오대제자〉	거룡, 찌앙우엔추

■■ 5. 합작영화 신고 시나리오

합작영화로 신고 되거나 제작된 영화들의 시나리오다. 제작 신고 후에 무산되거나 한국영화로 검열을 받은 경우도 있는데 이들 시나리오의 내용을 살펴보면 중국 대본을 번역한 시나리오들도 많다. 대개 한국의 시나리오 작가가 번역된 중국 대본을 각색한 경우도 많다. 합작의 상대 제작사가 시나리오를 맡은 경우도 있으므로 이 시나리오를 위장합작의 증거로 하기에는 무리가 있으며 다만 참조용일 뿐이다. 그러나 위장 수입 된 위장합작영화의 시나리오는 모두가 번역용 시나리오인 것은 참고할 필요가 있다.

〈표 6-10〉 합작영화 신고 시나리오[593]

	제 목	개 봉	위장 여부	장면 수	비 고
1	언제까지나 그대만을	1959	한국 시나리오	77씬	박종호 각본
2	손오공	1960	번역본	113씬	김수용 감독
3	달기	1964	번역본	74씬	김강윤 각본
4	나갈 길이 없다	1964	번역본	101씬	롤프 베이어 각본
5	대폭군	1966	번역본	77씬	미상
6	순간은 영원히	1966	한국 시나리오	171씬	곽일로 각본
7	국제금괴사건	1966	한국 시나리오	213씬	김동현 각본, 장일호 감독
8	흑도적	1966.8.30.	번역본	77씬	각본 공백
9	서유기	1966.9.16.	번역본	40씬	박경 각본
10	서유기	1966.9.16.	번역본	39장	오승은 (중국) 원작, 박경 각본
11	남남서로 직행하라	1967	한국 시나리오	181씬	유일수 각본
12	비련	1967	한국 시나리오	162씬	신봉승 각본
13	철면황제	1967.9.4.	번역본	71씬	유일수 각본
14	철선공주	1967.12.20.	번역본	57씬	박경 각본
15	낮과 밤	1968	번역본	105씬	곽일로 각본

---

593 한국영상자료원 열람실 소장본은 2010.8.6, 영화진흥위원회 열람실 소장본은 2010.8.9. 조사하여 연대순으로 정리하였으며 〈서울의 정사〉는 최지희 배우의 소장본이며 〈십삼인의 무사〉와 〈흑객〉 등 주요 위장합작영화의 대본은 부재하다.

	제 목	개 봉	위장 여부	장면 수	비 고
16	마적	1968.1.12.	한국 시나리오	142씬	곽일로 각본
17	비호	1969	한국 시나리오	124씬	김용진 각본
18	쌍용검	1969	한국 시나리오	115씬	김용진 각본
19	마곡의 결투	1969	한국 시나리오	100씬	김용진 각본
20	한맺힌 여검객	1969	번역본	59씬	녹음대본
21	용문의 여검	1969	번역본 / 합작 명시	89씬	안현철 감독, 김용진 각본
22	내장성의 대복수	1969	한국 시나리오	117씬	김연파 각본, 안달호 감독
23	석양의 협객	1969	번역본	53씬	검열대본
24	야적	1969	번역본	91씬	미상
25	중원 제일검	1970	한국 시나리오	124씬	유동훈 각본
26	야광주	1970	한국 시나리오	120씬	최석규 각본
27	아랑곡의 혈투	1970	번역본	51씬	왕복일 각본
28	용호칠협	1970	한국 합작 명시, 번역본	65씬	전범성 각본, 김기현 감독
29	신검마검	1970	한국 시나리오	89씬	윤삼육 각본
30	밀사	1970	미상(未祥)	51씬	김철, 녹음대본
31	칠인의 협객	1971	번역본	77씬	9권
32	금문의 결투	1971	번역본(미상)	91씬	한유림 각본
33	서울의 정사	1971	번역본	473씬	폴로스
34	음양도	1971.2.11.	번역본	49씬	각본 공백
35	철낭자	1971.4.30.	번역본	56씬	김일문 각본
36	흑야비룡도	1971.6.26.	번역본	93씬	강조원 각본
37	연애도적	1971.6.26.	한국적인 작법	159씬	신상옥 각본, 감독
38	설로혈로	1971.8.13.	번역본	62씬	임복지 각본
39	독룡	1971.9.17.	번역본	41씬	왕쓰창 각본
40	대표객	1971.10.16.	번역본	268컷	황풍 각본
41	옥중도	1971.11.13.	번역본	36씬	검열대본
42	철수무정	1971.11.27.	번역본	45씬	각본(검열기준이 첨부되어 있다.)

	제 목	개 봉	위장 여부	장면 수	비 고
43	철수무정	1971.11.27.	번역본	49씬	검열대본
44	신용검객	1971.11.27.	번역본	42씬	검열대본
45	신풍대협객	1972	한국 시나리오	100씬	표지에는 김용진 각본 (내용에는 유열 각본)
46	신풍협객	1972.2.23.	미상	69씬	유열, 녹음대본
47	유랑의 쌍검녀	1972	한국 시나리오	130씬	이진모 각본
48	여당수	1972.3.10.	번역본	28씬	황풍 각본
49	풍사만의 노도	1972.4.12.	한국 시나리오(미상)	74씬	임원직 각본
50	흑매	1972.4.26.	번역본	52씬	안준오 각본
51	리칭의 여선생	1972.7.6.	한국 시나리오	99씬	곽일로, 검열대본
52	흑수도	1972.10.28.	번역본	롤넘버	하몽화 각본
53	철인	1972.12.2.	번역본	59씬	강일문 각본
54	제3의 추적	1973.2.19.	한국 시나리오	137씬	유열 각본
55	처녀의 수첩	1973.4.14.	번역본	103씬	신상옥 각본, 감독
56	정도	1973.5.12.	한국 시나리오	58씬	유일수
57	흑야괴객	1973.6.7.	한국 시나리오	128씬	장천호 각본
58	흑권	1973.9.9.	번역본 추정	38씬	곽일로 각본
59	반혼녀	1973.12.1.	번역본	88씬	곽일로 각본
60	쌍권도	1973.12.20.	번역본	58씬	곽일로 각본
61	여감방	1973.12.25.	번역본	롤넘버 10권	곽일로 각본
62	철면객	1974.1.23.	번역본	63씬	무민용 각본
63	황비	1974.2.17.	번역본	48씬	검열대본
64	흑연비수	1974.3.9.	번역본	36씬	검열대본
65	일대영웅	1974.2.16.	번역본	85씬	곽일로 각본
66	생사투	1974.2.28.	번역본	롤넘버 10권	곽일로 각본
67	흑발	1974.5.18.	번역본	62씬	곽일로 각본
68	흑표객	1974.6.5.	한국 시나리오	113씬	윤석훈 각본
69	하남별곡	1974.6.21.	한국 시나리오(미상)	85씬	장천호 각본
70	흑무사	1974.11.21.	번역본	62씬	이희우 각본

	제 목	개 봉	위장 여부	장면 수	비 고
71	나이도 어린데	1974.12.18.	번역본	65씬	유가창, 강대선 공동 각본, 감독
72	소림사의 결투	1975.2.15.	번역본	52씬	손노훈 각본
73	용호문	1975.8.23.	한국 시나리오(미상)	108씬	왕쓰창 각본
74	춘풍연풍	1976	미상	100씬	이종호 각본
75	춘풍연풍	1976	한국 시나리오	87씬	검열대본
76	여수 407호	1976.2.27.	한국 시나리오	207씬	이상현 각본
77	장미와 들개	1976.3.19.	번역본	106씬	검열대본
78	속 여수 407호	1976.4.17.	한국 시나리오	160씬	검열대본
79	흑귀	1976.5.8.	한국 시나리오	121씬	허승집 각본
80	옥중녀	1976.5.29.	한국 시나리오	117씬	이문웅 각본
81	우중화	1976.5.29.	번역본	134씬	표지 김수용, 속지 장일호 감독
82	옥중녀	1976.5.29.	미상		최명희 출연, 제작 태창, 검열대본
83	킹콩의 대역습	1976.7.23.	한국 시나리오	139씬	왕쓰창 각본
84	(속) 비밀객	1977.1.1.	한국 시나리오	96씬	김하림, 윤석훈 각본
85	(속) 정무문	1977.3.19.	한국 시나리오	116씬	이일목 각본
86	흑도	1977.3.19.	한국 시나리오	95씬	이정의 각본
87	몸부림	1977.3.19.	한국 시나리오(미상)	137씬	왕쓰창 각본
88	사대문파	1977.4.1.	한국 시나리오(미상)	62씬	왕쓰창 각본
89	사대철인	1977.8.27.	한국 시나리오	96씬	강대하 각본
90	무명객	1977.9.17.	번역본	55씬	검열대본
91	신 당산대형	1977.9.24.	한국 시나리오(미상)	61씬	이문웅 각본
92	사대맹룡	1977.11.26.	한국 시나리오(미상)	91씬	김정용 각본, 감독
93	소림사흑표	1978.1.21.	한국 시나리오(미상)	97씬	이일목 각본
94	사학비권	1978.2.7.	번역본	55씬	검열대본
95	비호상쟁	1978.3.16.	한국 시나리오(미상)	111씬	김동오 각본
96	소림백호문	1978.3.16.	번역본	73씬	문상훈 각본
97	추하내사랑	1978.3.25.	번역본	74씬	이문웅 각본
98	쌍면객	1978.3.30.	한국 시나리오(미상)	85씬	장철호 각본, 검열대본

	제 목	개 봉	위장 여부	장면 수	비 고
99	소림통천문	1978.4.1.	한국 시나리오(미상)	66씬	이일목 각본, 검열대본
100	백사전	1978.8.6.	번역본	83씬	서인경 각본
101	소림사십대장문	1978.8.26.	미상	87씬	고성의 각본
102	팔대장문	1978.9.2.	한국 시나리오	77씬	허승집 각본
103	오룡대협	1978.11.11.	번역본	38씬	최석규 각본, 검열대본
104	대사부	1978.11.23.	번역본	71씬	권영순 각본
105	칠협팔의	1978.12.1.	번역본(미상)	104씬	검열대본
106	소림사 목련도사	1978.12.2.	한국 시나리오(미상)	84씬	김정용 각본
107	소림관문돌파	1978.12.9.	번역본	69씬	장천호 각본, 검열대본
108	천하무적	1979.1.1.	번역본	57씬	검열대본
109	불타는 소림사	1979.1.18.	번역본	76씬	검열대본
110	무림대협	1979.1.19.	번역본(미상)	103씬	검열대본, 김선경 감독
111	쌍용통첩장	1979.2.22.	번역본(미상)	110씬	오광재 각본
112	당산비권	1979.3.3.	번역본	72씬	홍종원 각본
113	외팔이 권왕	1979.3.30.	번역본	58씬	홍종원 각본
114	천하제일권	1979.4.5.	번역본	37씬	검열대본
115	맹룡아호	1979.6.28.	한국 시나리오	61씬	김정용 각본
116	추격자	1979.7.13.	한국 시나리오	113씬	미상
117	사호무협	1979.8.18.	번역본	59씬	서인경 각본
118	혈육마방	1979.9.16.	번역본		검열대본
119	사문의 승객	1979.12.8.	번역본	102씬	검열대본, 호금전 시나리오
120	산중전기	1979.12.23.	한국 시나리오(미상)	170씬	김대희 각본
121	산중전기	1979.12.23.	번역본	66씬	호금전 시나리오, 검열대본
122	무림오걸	1980.1.30.	한국 시나리오	81씬	문상훈 각본
123	사망탑	1980.3.1.	번역본	39씬	김정용 각본
124	무림악인전	1980.4.10.	한국 시나리오	88씬	김정용 각본, 감독
125	쌍웅	1980.12.20.	한국 시나리오	103씬	한우정 각본
126	탈명비주	1981.1.1.	한국 시나리오	99씬	고성의 각본
127	대형출도	1981.2.28.	한국 시나리오	127씬	검열대본
128	대형출도	1981.2.28.	한국 시나리오	149씬	검열대본
129	노명검	1981.3.20.	번역본	88씬	장천호 각본

	제 목	개 봉	위장 여부	장면 수	비 고
130	취팔권 광팔권	1981.10.1.	미상	82씬	녹음대본, 검열대본
131	사향마곡	1981.11.1.	한국 시나리오	145씬	권영순 각본
132	사향마곡	1981.11.1.	한국 시나리오	74씬	검열대본
133	쌍배	1982.1.23.	번역본	64씬	검열대본
134	금강혈인	1982.3.12.	번역본	54씬	검열대본
135	혈우천하	1982.4.24.	한국 시나리오	110씬	이일목 각본
136	혈우천하	1982.4.24.	번역본	86씬	녹음대본
137	생사결	1982.10.1.	번역본	67씬	최진, 검열대본
138	돌아온 쌍용	1982.11.29.	한국 시나리오	87씬	오광재 각본
139	외팔이 여신용	1982.12.11.	번역본(미상)	61씬	검열대본
140	속 귀타귀	1983.1.1.	번역본	45씬	검열대본
141	신 서유기	1983.1.1.	한국 시나리오	69씬	김종성 각본
142	흑장미	1983.2.13.	한국 시나리오	93씬	홍종원 각본
143	웬일이니?	1983.9.21.	번역본	78씬	김종성 각본
144	비호문	1983.12.10.	번역본	48씬	검열대본
145	여걸 청나비	1984.1.14.	한국 시나리오	97씬	김영한 각본
146	몽녀한	1984.8.18.	한국 시나리오	87씬	주동운 각본
147	홍병매	1984.11.3.	번역본	74씬	홍종원 각본
148	구사일생	1984.11.30.	번역본	92씬	레오날드 호 각본
149	양귀비	1985.3.1.	한국 시나리오	153씬	고응호 각본, 감독
150	차이나타운	1985.3.23.	한국 시나리오	118씬	홍지운 각본
151	불춤	1986.10.11.	번역본	116씬	소녀경(원제)
152	신술마술	1987.7.18.	번역본	70씬	김종성 각본

▬ 6. KBF 세미나 녹취록

제 16회 KBF세미나 녹취록(일부 발췌)

일시: 2012.2.25.(일) 오후 1시

장소: 한국영상자료원 코파3관

참석자: 안태근, 왕쓰창, 왕호, 김종원, 김유행
제목: 위장합작영화 규명 (1)

안태근: 한국 무협영화에 왕사상 작가님 시나리오가 많이 있습니다. 그래서 이렇게 초청한 것이고요. 그 다음에 〈용문의 여검〉도 말씀해주시죠. 안현철 감독, 이광장 감독. 이땐 어떤 일을 하셨습니까?

왕쓰창: 이 영화에서 시나리오도 좀 도와서 하고 현장에서 현장 촬영 과정, 그 당시 〈마곡의 결투〉랑 〈용문의 여검〉을 같이 찍었어요. 그래서 먼저 찍고 하기도 했지만 그 당시에 대만 이명영화사 작품인데, 그 전에 전석진 씨가 찍은 〈509전차부대〉 찍을 때 대만 쪽에 제작부장으로 있던 분이 그 이듬해에 와서 작품을 많이 찍었어요. 나하고 일곱 작품을 찍었는데 〈용문의 여검〉, 〈마곡의 결투〉를 위시해서 이 전에 연방영화사에서 찍은 작품. 제가 알기로는 〈타파백련교〉를 위시해서 2년 동안 일곱 작품을 찍었어요. 이분들은 정식으로 합작을 하기 위해서 준비를 해서 온 분들이에요. 여기 오면 프로덕션 하고 계약에 의해서 먼저 2천 불 보조금을 줘요. 그리고 한국 쪽에서는 온 배우들, 스태프들 호텔비, 식숙비를 제공하고 한국 측이 책임지고 끝까지 다 찍어요. 주로 제가 현장까지 가가지고 촬영할 때 의사소통이 돼서 통역까지 한 작품들이 많아요. 그래서 어떤 영화에 대해서는 내가 몸소 현장에서 봤기 때문에 그래서 비교적 제가 진짜냐 가짜냐 하는 것을 알 수가 있어요.

안태근: 이건 정식으로 합작한 거죠?

왕쓰창: 〈용문의 여검〉하고 〈마곡의 결투〉 그리고 〈야적〉까지.

안태근: 예, 그럼 제가 이 세 작품은 위장합작 추정에서 빼겠습니다.

왕쓰창: 이 〈비호〉는요, 제일영화사에 홍콩 감독이 하나가 왔습니다. 홍콩 감독은 손 아부라는 사람이에요. 그리고 배우가 한 사람 밖에 안 왔어요. 주연 배우가 채양명이라고 지금 그분이 대만에서 유명한 감독이 되어 있어요. 두 명밖에 안 왔어요. 제일영화사 홍성철 씨가 한 건데 감독은 권영순이라고 되어 있는데 감독은 홍콩서 오신 분인데 영화사는 제일영화삽니다. 이거는 사실 따지고 보면 정식 합작이라고 할 수가 없어요.

안태근: 〈비호〉가요?

왕쓰창: 예 〈비호〉. 대만 배우 한 사람 밖에 안 왔거든요. 대만에서 홍콩 감독 한 분이 왔거든요. 감독 한 사람, 배우 한 사람. 두 사람 밖에 안 왔어요.

안태근: 근데요, 지금 보면 이게 참 미묘하거든요. 아까도 제가 합작영화 기준을 말씀 드렸지만 오리지널 버전이 있는 영화를 짜깁기 한 영화를 위장합작으로 생각 하는 거거든요.

왕쓰창: 그 이외에 우리가 나중에 합작영화라고 하는 것은 박통 때 열 세 개 회사가 등 록이 되고 그 전에 우후죽순처럼 프로덕션 회사만 백 개가 넘는데 박통이 열 세 개 회사를 선정 하고 그때 합작영화에 대한 규정이 엄격해지게 되었죠. 그 전에는 합작영화 짜깁기 한 영화가 많았어요. 제가 볼 때는 60년대 신상옥 감 독이 배우를 홍콩에 보내서 찍은 대부분의 영화가 그냥 짜깁기 한 영화에요. 근데 정식으로 하는 영화는 주연배우 한 사람, 조연배우 두 사람이 끼어야 하 는데 우선에 배우 한 사람만 있으면 사실상 이미 규정에 위배되는 거예요. 그 건 이제 보면 여기서도 손아부 감독이 오고 배우도 한 사람이 있었지만 정식 합작영화라고 보기는 힘들 겁니다(…)

제 17회 KBF세미나 녹취록(일부 발췌)

일시: 2012.3.31.(일) 오후 1시

장소: 한국영상자료원 코파3관

참석자: 안태근, 왕쓰창, 황정리, 구중모, 강범구

제목: 위장합작영화 규명 (2)

안태근: 이러다 보면 뭐가 문제냐면 합작영화에 대한 전체적인 불신이죠. 불신이기 때문에 올바른 합작영화마저도 제대로 평가를 못 받고 있는 거죠. 50년대 〈이국정원〉 이라던가 60년대 〈달기〉, 이런 영화들은 정식합작이었음에도 불구하고 다 똑같이 뭉뚱그려져가지고 합작영화에 대한 올바르지 않은 인식 때문에 제대로 평가받지 못하기 때문에 이것을 올바르게 밝혀줘야겠다. 향후 에라도 후배들이 후속연구가 있다면 선배로서 한국역사의 정립을 위해서라

도 내가 이 작업을 해야겠다는 생각에 제가 논문을 쓰게 된 거죠. 그동안에 꼼꼼하게 봐주셔서 지금 많이 바로 잡았습니다만 아직도 좀 더 봐야 될 거예요. 왜냐면 "단 한 편이라도 잘못 돼서 정식 합작영화가 위장합작영화로, 위장합작이 정식합작으로 돼 있다"고 하면 역사 왜곡이고 혼란을 가중시킬 수 있어서 제대로 규명을 해보고 싶은 생각입니다.

강범구: 그게 밝혀내기 어렵다고 보는데.

구중모: 나도 영화를 보는데 갑자기 구중모 이름이 나온 거야. 그 양반이 죽었는데 이름만 걸어 놓은 거야 나 모르게. 인터넷에 올려 있는 걸 삭제 시키려고 하는데 그건 또 내가 피해를 보는 거야. 왜냐면 이름만 걸어놓고 위장합작이니까. 그게 뭐냐면 70년대부터 80년대까지 우리의 한국 영화가 20개 영화사가 있었잖아요. 74~75년도 때부터 88~89년도까지 주로 액션영화를 많이 했단 말이야. 그때 위장합작이 제일 많았다고. 그러니까 지금 해명도 좋지만 그때 당시에 내가 촬영도 안 했는데 이름 걸어놓는 건 있을 수도 없는 일이야. 남의 이름 팔고, 그건 명예 도용이지. 그런 작품이 있었어.

강범구: 근데 왜 그때 거절 못했어? 그때 규명을 해야지.

구중모: 아니 규명이 아니라 그 당시에는 제작자도 다 알고 하니까 사과를 하고 하지만 고소할 시간이 되지 않았다고 나도(⋯)

제 18회 KBF세미나 녹취록(일부 발췌)

일시: 2012.5.27.(일) 오후 1시

장소: 한국영상자료원 코파3관

참석자: 안태근, 윤석훈

제목: 위장합작영화 규명 (3)

안태근: 이정호 씨가 아마 이우석 사장 친구라고 그러죠? 이게 사실 홍금보 감독의 〈삼덕화상여용미육〉이라 해가지고 홍금보 감독 영화죠.

윤석훈: 거의 다가 이름 빌려주는 값, 돈 주는 것들은 돈이 얼마인지 계산도 못해요. 여기 보면 다 그 회사의 오랫동안 친분이 있거나 많은 글을 썼던 사람들이다

이걸 해주는 거예요. 아무한테나 해 달라, 그러진 않아 왜냐하면 인감증명 해 줘야지 해주는 게 많아요. 그때도 위장합작 단속한다 해서 걸리면 여러 가지로 골치 아파서 안 해주는데 친하니깐 해준 거예요(…)

통째로 바꿔가지고 대명된 걸 위장합작으로 볼 거냐 아니면 이정도 한 3분의 1정도 배우도 오고 자본도 들어가고 얘깃거리도 바꾸고 3분의 1정도를 갖다가 집어넣어가지고 찍어서 이렇게 반반씩 나눠 작품을 두 개를 만들어 와서 가져가고 여기서 했을 경우에 이게 과연 정식합작으로 볼 수 있는 거냐? 위장합작으로 볼 수 있는 거냐? 거기에 해석이 여러 가지로 분분하다 그거지. 제작자는 뭐냐면 어떻게 위장합작이냐? 얘깃거리는 그쪽에서 그만큼 찍어왔지만 반은 우리 것이 들어간 게 아니냐? 하면 아주 난감하다고. 그러니깐 쉽게 얘기해서 저 바꿔 놓고 생각을 해서 대만이나 홍콩에서 이렇게 찍어서 가져갔잖아. 그럼 걔네들도 야 너 위장합작한 거냐? 이렇게 얘기를 할 거 아냐? 아니면 그쪽에서 이렇게 해가지고 너 로케이션 해가지고 이런 얘기로 바꿔치기 해서 보충촬영해서 한국 배우들도 했는데 그냥 이걸 합작으로 볼 것이냐? 저쪽 편에서도 이렇게 보면 이게 참 애매모호 한 거야.

안태근: 그러니깐 지금 김진태라는 분이 공동감독으로 〈신 당산대형〉에 돼있지만 사실상 로웨이 감독이 다 연출한 거죠?(…) 그러니깐 이걸 서울에서 3분의 1정도 찍었다 하더라고 합작으로 볼 수는 없는 거죠. 그러니깐 이런 걸 저는 합작 기준 미달로 보는 거죠.(…)

■ 7. 합작영화 관련 자료

〈자료 1〉 협동영화 〈나그네〉 신문광고	〈자료 2〉 합작영화 〈사랑과 맹세〉 신문광고

〈자료 3〉 협작영화 〈오! 인천〉 촬영 스냅[594]	〈자료 4〉 한·미합작영화 〈추격자〉 촬영스냅

〈자료 5〉 한·홍합작영화 〈서유기〉	〈자료 6〉 한·미합작영화 〈서울의 정사〉

〈자료 7〉 〈이국정원〉의 한·홍 양국의 포스터

---

594 밀짚모자 쓴 이가 테렌스 영 감독이고 그 우측이 이성구 감독이다. 카메라 앞이 구중모 기사.

〈자료 8〉 한국 포스터 〈비련의 왕비 달기〉와 홍콩 포스터 〈달기〉

〈자료 9〉 1960년대 당시의 홍콩영화 중 한국 흥행작들

〈자료 10〉 위장합작영화 DVD 재킷(jacket)

〈자료 11〉〈대결투〉와 〈낙엽비도〉

〈자료 12〉 한·중합작영화 시리즈로 출시된 위장합작영화들

한국영화 100년사
일제강점기

참고문헌

■ Ⅰ. 국내문헌

1. 단행본

구견서, 『일본영화의 시대성』, (서울: 제이앤씨), 2007.

권용숙, 『2011년 한국영화사 구술채록연구 시리즈 〈생애사〉 강범구』, 한국영상자료원, 2011.

김동호 외, 『한국영화정책사』, (서울: 나남), 2005.

김려실, 『일본영화와 내셔널리즘』, (서울: 책세상), 2005.

――――, 『투시하는 제국 투영하는 식민지』, (서울: 삼인), 2006.

김소영 외, 『아시아 영화: 창조와 유산』, 부천국제판타스틱영화제, 2008.

김수남, 『한국영화의 쟁점과 사유』, 문예마당, 1997.

김수남, 『조선영화사 논점』, (서울: 월인), 2008.

김수용, 『영화를 뜨겁게 하는 것들』, (서울: 대원), 1999.

김승경, 『2009년도 원로영화인 구술채록사업 (생애사) 이해룡』, 한국영상자료원, 2009.

김종욱, 『실록 한국영화총서(상)』, (서울: 국학자료원), 2002.

――――, 『실록 한국영화총서(하)』, (서울; 국학자료원), 2002.

김종원, 『한국영화감독사전』, (서울: 국학자료원), 2004.

――――, 『한국영화의 비평의 접점 Ⅰ』, (서울: 현대미학사), 2007.

김종원 외, 『우리영화 100년』, (서울: 현암사), 2001.

나운규, 『아리랑을 만들 때』, 문화부, 1991.

노만, 『한국영화사』, 한국배우전문학원, 1964.

박진, 『歲歲年年』, 京和出版社, 1966.

박경룡 외, 『영화의 메카 충무로』, 서울특별시 중구문화원, 2005.

박봉희, 『1970년판 영화·연예연감』, (서울: 국제영화사), 1969.

박치완 외, 『글로컬문화콘텐츠, 어떻게 그리고 왜?』, (서울: 한국외국어대학교출판부), 2009.

박희성 외, 『중국영화산업백서 Ⅰ』, 영화진흥위원회, 2001.

송일근, 『한국영화를 말한다 3권』, 한국영상자료원, 2006.

스즈키 스네카스 지음, 이상 옮김, 『상해의 조선인 영화 황제』, 실천문학사, 1996.

안재석, 『〈주제사〉 1960~1970년대 영화관2 양춘, 김형종, 이지룡』, 한국영상자료원, 한국영화사연구소, 2010.

안종화, 『한국영화측면비사』, 춘추각, 1962.

앙마뉘엘 툴레 저, 김희균 역, 『영화의 탄생』, 시공사, 1996.

영화진흥조합편, 『한국영화총서』, 1972.

유민영, 『한국근대연극사』, 단국대 출판부, 1996.

尹炳奭, 『安重根傳記全集』, 국가보훈처, 1999.

유지나 외, 『한국영화사 공부 1980~1997』, 한국영상자료원, 2005.

유현목, 『한국영화발달사』, (서울: 한진출판사), 1980.

유현목·이영일, 『한국예술총집, 연구편 I 연극 영화 무용』, 대한민국예술원, 1989.

윤재식 외, 『국제공동제작: 글로벌 문화교류의 확장』, 한국방송영상산업진흥원, 2007.

이영일, 『한국영화전서』, (서울: 삼애사), 1969.

_____, 『한국영화인열전』영화진흥공사, 1982.

──, 『한국영화전서 개정판』, (서울: 소도), 2004.

이화진, 『조선영화- 소리의 도입에서 친일 영화까지』, (서울: 책세상), 2005.

이효인 외, 『한국영화사공부』, 한국영상자료원, 2004.

임대근, 『중국영화 이야기』, (서울: 살림), 2004.

임대근 외, 『중국영화의 이해』, (서울: 동녘), 2008.

전범성, 『한국영화총서』, 한국영화진흥조합, 1972.

정순태, 『한국연예대감』, (서울: 성영문화사), 1962.

정종화, 『한국영화사』, 한국영상자료원, 2008.

제라르 베통 저 조병옥 역, 『영화사』, 탐구당, 1987.

조준형, 『영화제국신필름』, 한국영상자료원, 2009.

조영정, 『한국영화 회고전, 아시아 영화네트워크의 뿌리를 찾아서: 한-홍 합작시대』, 제9회 부산국제영화제, 2004.

주윤탁·김지석 책임편집, 『아시아영화의 이해』, 제3문학사., 1993.

최경옥 외, 『2008한국영화사 구술채록연구 시리즈 〈주제사〉 신필름1』, 한국영상자료원, 2008.

최은희 외, 『영화감독 신상옥 그의 사진풍경 그리고 발언 1926~2006』, (서울: 열화당), 2009.

한국예술연구소, 『이영일의 한국영화사 강의록』, (서울: 소도), 2002.

허문영 외, 『한국액션영화의 전설, 정창화!』, 제8회 부산국제영화제, 2003.

허지웅, 『망령의 기억』, 한국영상자료원, 2010.

호현찬, 『한국영화백년』, (서울: 문학사상사), 2000.

홍영철, 『부산근대영화사』, (서울: 산지니), 2009.

『中國映畵略史』, 한국방송통신대학. 2000.

『8월의 문화인물 안중근』, 문화부, 1993.

2. 역서

루홍스 외, 『차이나시네마』, 김정욱 옮김, (서울: 동인), 2002.

사토오 다다오, 『일본영화 이야기』, 유현목 옮김, (서울: 다보문화), 1993.

슈테판 크라머, 『중국영화사』, 황진자 옮김, (서울: 이산), 2000.

요모타 이누히코, 『일본영화의 이해』, 박전열 옮김, (서울: 현암사), 2001.

3. 논문

강성률, 「친일영화의 내적 논리 연구 ─푸코의 담론 이론을 중심으로─」, 동국대학교 박사논문, 2007.

김수남, 나운규의 민족영화제고, 한국영화학회지, 한국영화학회, 1990.

─────, 「일제말기의 어용영화에 대한 논의」, 조선영화의 쟁점. 2008.

─────, 「해방전 한국 사실주의 시나리오작법 고찰」, 동국대학교 박사논문, 1999.

김종욱, 「아리랑 재조명, 영화 「아리랑」에 관한 몇가지 문제」, 1995.

안태근, 「영화감독 정창화 인터뷰」, 『글로벌문화콘텐츠』2호, 글로벌문화콘텐츠학회, 2009.

─────, 「일제강점기의 상해파 한국영화인 연구」, 한국외국어대학교 석사논문, 2001.

─────, 「초창기 한국영화사 연구」, 『한국영화사연구』6호, 한국영화사학회, 2007.

임대근, 「초기 한-중 영화교류의 한 면모」, 『영상예술연구』10호, 영상예술연구회, 2007.

장규수, 「연예매니지먼트시스템의 선진화 방안에 관한 연구」, 한국외국어대학교 박사논문, 2011.

조희문, 초창기 한국영화사 연구 : 영화의 전래와 수용(1896~1923), 중앙대, 1992.

_____, "영화 아리랑의 재평가", 한국영화학회 세미나, 1997.

함충범, 「전시체제 하의 조선영화·일본영화 연구(1937~1945)」, 한양대학교 박사논문, 2009.

4. 기타

『국제공동제작: 글로벌 문화교류의 확장』, 한국방송영상산업진흥원, 2007.

『국제공동제작영화 사례집』, 영화진흥위원회, 2004.

『메가토크 2001』, 부천국제판타스틱영화제, (서울: 소도), 2002.

『武俠·功夫片 쇼 브라더스 무협·쿵후영화』, (서울: ㈜스펙트럼디브이디), 2005.

『민중 에센스 국어사전』, (서울: 민중서림), 2009.

『사진으로 보는 한국영화 60년』, 영화진흥공사, 1980.

『식민지 시대의 영화 검열』, 한국영상자료원, 2009.

『신문기사로 본 조선영화 1911~1917』, 한국영상자료원, 2008.

『신문기사로 본 조선영화 1918~1920』, 한국영상자료원, 2009.

『신문기사로 본 조선영화 1921~1922』, 한국영상자료원, 2010.

『신문기사로 본 조선영화 1923』, 한국영상자료원, 2011.

『신문기사로 본 한국영화 1945~1957』, 한국영상자료원, 2004.

『신문기사로 본 한국영화 1958~1961』, 한국영상자료원, 2005.

『신문기사로 본 한국영화 1962~1964』, 한국영상자료원, 2006.

『신문기사로 본 한국영화 1965』, 한국영상자료원, 2007.

『신문기사로 본 한국영화 1966』, 한국영상자료원, 2007.

『신문기사로 본 한국영화 1967』, 한국영상자료원, 2008.

『신문기사로 본 한국영화 1968』, 한국영상자료원, 2009.

『신문기사로 본 한국영화 1969(상1~6)』, 한국영상자료원, 2010.

『신문기사로 본 한국영화 1969(하7~12)』, 한국영상자료원, 2010.

『조선영화』, (경성: 조선영화사), 1936.

『아시아공동제작현황과 발전방안』, 영화진흥위원회, 2002.

『아시아영화제』, 아시아영화제견본시, 1972.

『영화목록』, 한국필름보관소, 2004.

『외국영화수입총람〈Ⅱ〉(1962~1970)』, 영화진흥공사, 1971.

『정창화 감독 회고전』, 한국영상자료원, 2011.

『한국극영화 보유필름 색인』, 한국영상자료원, 2006.

『한국액션영화의 전설, 정창화!』, 제8회 부산국제영화제, 2003.

『한국영화를 말한다』, 한국영상자료원, 2007.

『한국영화를 말한다; 한국영화의 르네상스 1』, 한국영상자료원, 2005.

『한국영화사연구 제6호』, 한국영화사학회, (서울: 월인), 2007.

『한국영화역사연구 제8호』, 한국영화역사학회, (서울: 월인), 2009.

『한국영화의 새로운 발견』, 한국영화학회, (서울: 예건사), 1993.

『한국영화자료편람(초창기~1976)』, 영화진흥공사, 1977.

『한국영화작품색인』, 영화진흥공사, 1990.

『한국영화작품전집(1971~1985)』, 영화진흥공사, 1986.

『합작영화문서』, 문공부, 1962.11.17.~1975.9.30.

『해외영화시장조사자료』, 영화진흥공사, 1974.

『1977년도 판 한국영화연감』, 영화진흥공사, 1978.

『1978년도 판 한국영화연감』, 영화진흥공사, 1979.

『1979년도 판 한국영화연감』, 영화진흥공사, 1980.

『1980년도 판 한국영화연감』, 영화진흥공사, 1981.

『1981년도 판 한국영화연감』, 영화진흥공사, 1982.

『1982년도 판 한국영화연감』, 영화진흥공사, 1983.

『1984년도 판 한국영화연감』, 영화진흥공사, 1984.

『1985년도 판 한국영화연감』, 영화진흥공사, 1985.

『1986년도 판 한국영화연감』, 영화진흥공사, 1986.

『1987년도 판 한국영화연감』, 영화진흥공사, 1987.

『1988년도 판 한국영화연감』, 영화진흥공사, 1988.

『1989년도 판 한국영화연감』, 영화진흥공사, 1989.

『1990년도 판 한국영화연감』, 영화진흥공사, 1990.

『1991년도 판 한국영화연감』, 영화진흥공사, 1991.

『1992년도 판 한국영화연감』, 영화진흥공사, 1992.

『1998년도 판 한국영화연감』, 영화진흥공사, 1992.

『2011 한국영화사 구술채록연구 시리즈 〈생애사〉 강범구』, 한국영상자료원, 2011.

KBF 세미나 1회~19회 녹취록, 2010.11.~2012.6.

5. 신문 및 잡지

《스크린》, 서울: 월간 스크린사, 1976년 신년호.

《영화예술》, 서울: 영화예술사, 1966년 6월호.

《영화천국》, 한국영상자료원, 2011년 9월호.

《월간 영화》, 영화진흥공사, 1979년 9월호.

《월간 조선》, 조선일보사, 1995년 10월호.

《주간경향》, 경향신문사, 1970년 12월 2일호.

《BFC Report》, 부산영상위원회, 2010년 가을호.

《동아일보》

《매일신문》

《조선일보》

《조선중앙일보》

《중외일보》

《황성신문》

《삼천리》

《세대》, 서울: 세대사, 1965. 12

《新東亞》, 동아일보사, 1964. 12- 1965. 1

《영화시대》, 영화시대사, 1932-1934

《영화예술》, 월간영화예술사, 1995

《영화조선》, 영화조선사, 1936

《주간경향》, 경향신문사

6. 영상자료

김수용 인터뷰, 대한민국예술원, 2010.

〈발굴된 과거 세 번째, 병정님〉, 한국영상자료원, 2009.

홍콩 天映娛樂 DVD 〈鐵頭皇帝〉, 〈十三太保〉, 〈惡客〉 등 다수.

한국영상자료원 소장 영화, 〈그대와 나〉, 〈젊은 모습〉, 〈망루의 결사대〉, 〈사랑과 맹세〉.

EBS 다큐멘터리 〈거장 신상옥, 영화를 말하다〉.

EBS 다큐멘터리 〈청사초롱과 홍등〉 촬영본.

EBS, "역사속으로의 여행, 한국영화 개척자 춘사 나운규", 1997. 2. 25

EBS, "광복절 특집, 일제강점기의 여행", 1997. 8. 15

KBF 세미나 녹화 DVD.

〈재회파상해〉

〈검사와 여선생〉

〈신녀〉

■ II. 외국문헌

1. 단행본

日夏もえ子, 『越境の映畫監督 日夏英太郎』, (東京: 文藝社), 2011.

飯島正, 『戰中映畫史 私記』, (東京: (株)エムツ出版), 1984.

今井正, 『戰爭と日本映畫』, (東京: 岩波書店), 1986.

佐藤忠男, 『アジア 映畫 小辭典』, 三一書房.

加藤厚子, 『総動員体制と映画』, (東京: 新曜社), 2003.

桜本富雄, 『大東亜戦争と日本映画』, (東京: 青木書店), 1993.

佐藤忠男 外, 『チャンバラ映畫史』, (東京: 芳賀書店), 1974.

佐藤忠男, 『日本映画史 2』, (東京: 岩波書店), 2006.

田中純一郎, 『日本映画発達史 III』, (東京: 中央公論社), 1980.

成平, 『中國電影圖誌』, (珠海: 中國電影藝術研究中心) 외, 1995.

陳墨, 『中國武俠電影史』, (北京: 中國電影出版社), 2005.

黃愛玲, 『邵氏電影初探』, (香港: 香港電影資料館), 2003.

黃志偉 主編, 『老上海電影』, (上海: 文匯出版社), 2007.

岩崎 昶, 『日本電影史』, (北京: 中國電影出版社), 1985.

李多鈺, 『中國電影百年, 1905～1976』, (北京: 中國廣播電視出版社), 2005.

李多鈺 外, 『中國電影百年, 1977～2005』, (北京: 中國廣播電視出版社), 2006.

佐藤忠男, 『中國電影百年』, 世紀出版集團, (上海: 上海書店出版社), 2005.

張徹, 『張徹 回憶錄·影評集』, (香港: 香港電影資料館), 2002.

上海キネマポート, 佐藤忠男 刈間文俊 共著, 凱風社.

Chang Cheh, *Chang Cheh: A Memoir*, (Hong Kong: Hong Kong Film Archive), 2004.

Joint Publishing & Celestial Pictures Ltd, *The Complete Celestial's Shaw Brothers Film Collection*, (Hong Kong: CELESTIAL PICTURES), 2004.

Law Kar and Frank Bren, *Hong Kong Cinema A Cross-Cultural View*, (Lanham: The Scarecrow Press, Inc.), 2004.

Stephen Teo, *HONG KONG CINEMA The Extra Dimensions*, (London: bfi Publishing), 1997.

2. 기타

『東京國立近代美術館 フィルムセンター 日本劇映畫』, (東京: 東京國立近代美術館), 1986.

『風花雪月李翰祥』, (香港: 香港電影資料館), 2007.

『胡金銓與張愛玲』, (香港: 香港國際電影節), 1998.

『香港影片大全 第三卷 1950～1952』, (香港: 香港電影資料館), 2000.

『香港影片大全 第四卷 1953～1959』, (香港: 香港電影資料館), 2003.

『香港影片大全 第五卷 1960～1964』, (香港: 香港電影資料館), 2005.

『香港影片大全 第六卷 1965～1969』, (香港: 香港電影資料館), 2007.

『香港影片大全 第七卷 1970～1974』, (香港: 香港電影資料館), 2010.

『香港影人 口述歷史叢書 2』, (香港: 香港電影資料館), 2001.

『中國影片大全, 1905～1930』, (北京: 中國電影出版社), 1996.

『中國無聲電影史』, (北京: 中國電影出版社), 1996.

『中國早期電影史1896～1937』, 世紀出版集團, (上海: 人民出版社), 2010.

『玩玲玉』, 中國電影出版社, 1984.

『電影 100周年記念版 中國影片大典』, 中國電影出版社, 1996.

『中國影片大典』, 中國電影出版社, 1996.

『中國電影發展史 (第一卷)』, 中國電影出版社, 1981.

『中國電影發展史 (第一卷)』, 中國電影出版社, 1981.

『中國電影圖誌』, 中國電影資料館, 中國電影藝術研究中心, 珠海出版社, 1995.

『중국조선민족문화사대계3 예술사』, 민족출판사, 1994.

3. 웹사이트

http://blog.naver.com/xlis2000/10100524312

http://cafe.daum.net/kungfustar

http://cafe.naver.com/bruceleekorea

http://cafe.naver.com/koreaaction

http://cafe.naver.com/tgahn2243

http://cafe.naver.com/zmfpdlstjdwl

http://www.lcsd.gov.hk

http://www.kmdb.or.kr

http://www.law.go.kr/lsInfoP.do?lsiSeq=71301#0000

http://www.piff.org

http://www.thekick.co.kr

찾아보기

한국영화 100년사 일제강점기

© 안태근, 2023

1판 1쇄 인쇄__2023년 07월 20일
1판 1쇄 발행__2023년 07월 30일

지은이__안태근
펴낸이__홍정표
펴낸곳__글로벌콘텐츠
　　　　등록__제25100-2008-000024호

공급처__(주)글로벌콘텐츠출판그룹
　　　　대표_홍정표 이사_김미미 편집_임세원 강민욱 백승민 권군오 기획·마케팅_이종훈 홍민지
　　　　주소__서울특별시 강동구 풍성로 87-6
　　　　전화__02) 488-3280 팩스__02) 488-3281
　　　　홈페이지__http://www.gcbook.co.kr
　　　　이메일__edit@gcbook.co.kr

값 45,000원
ISBN 979-11-5852-391-6 93680